Schöler

Inkscape

Ihr Plus – digitale Zusatzinhalte!

Auf unserem Download-Portal finden Sie zu diesem Titel kostenloses Zusatzmaterial.

Geben Sie auf **plus.hanser-fachbuch.de** einfach diesen Code ein:

plus-Ce3np-5kRim

Bleiben Sie auf dem Laufenden!

Unser **Computerbuch-Newsletter** informiert Sie monatlich über neue Bücher und Termine. Profitieren Sie auch von Gewinnspielen und exklusiven Leseproben. Gleich anmelden unter:

www.hanser-fachbuch.de/newsletter

Uwe Schöler

Inkscape

Der Weg zur professionellen Vektorgrafik

2., völlig überarbeitete und erweiterte Auflage

HANSER

Aus Gründen der besseren Lesbarkeit wird auf die gleichzeitige Verwendung der Sprachformen männlich, weiblich und divers (m/w/d) verzichtet. Sämtliche Personenbezeichnungen gelten gleichermaßen für alle Geschlechter.

Bibliografische Information der Deutschen Nationalbibliothek:

Die Deutsche Nationalbibliothek verzeichnet diese Publikation in der Deutschen Nationalbibliografie; detaillierte bibliografische Daten sind im Internet über http://dnb.d-nb.de abrufbar.

Lektorat: Brigitte Bauer-Schiewek
Copy editing: Petra Kienle, Fürstenfeldbruck
Umschlagdesign: Marc Müller-Bremer, www.rebranding.de, München
Umschlagrealisation: Max Kostopoulos
Satz: Eberl & Koesel Studio, Kempten
Druck und Bindung: CPI books GmbH, Leck
Printed in Germany

Print-ISBN: 978-3-446-47801-5
E-Book-ISBN: 978-3-446-47929-6
E-Pub-ISBN: 978-3-446-48051-3

Inhalt

1 Inkscape? Inkscape!

Hallo Inkscape-Welt!

Es ist sehr lange her, als ich das letzte Buch beziehungsweise die erste Auflage dieses Buchs geschrieben habe. Inzwischen sind einige Jahre vergangen und ich habe recht wenig mit dem Programm gemacht. Dennoch ist der Einstieg sehr leicht und mit Leichtigkeit sind eigene Projekte umgesetzt. Inkscape hat sich inzwischen weiterentwickelt und wir gehen in dieser Auflage auch explizit auf die Neuerungen ein.

Es gibt kaum Grenzen für das, was Sie mit Inkscape erreichen können - solange Sie wissen, wie es geht. Diese Schritt-für-Schritt-Anleitung für die verschiedenen Facetten des Programms und der damit verbundenen Möglichkeiten beinhaltet alles, was Sie brauchen, um Ihr Wissen zu vertiefen. Die hier im Buch gezeigten Beispiele decken dabei viele unterschiedliche Gebiete ab - von der Arbeit mit Filtern, dem Erstellen eigener Filter bis hin zu imposanten Vektorgrafiken. Damit erreichen Sie mit Inkscape eine ganz neue und aufregende Arbeitsebene - alles mit einfach zu folgenden, bebilderten Anweisungen und minimalen technischen Begriffen.

Dieses Buch voller Informationen und praktischer Beispiele soll Ihnen helfen, tiefer in die Funktionalität und den Umfang von Inkscape und seiner Arbeitsweise einzusteigen. Es soll Ihnen aufzeigen, mit welchen Schritten Sie zu optimalen Ergebnissen bei Ihren Grafiken kommen.

Inkscape ist ein sehr leistungsfähiges OpenSource-Vektorgrafikprogramm mit vielen Im- und Exportformaten. Der Name, der sich aus den beiden englischen Wörtern „**ink**“ (Tinte) und „**scape**“ („-schaft“, wie in Landschaft) zusammensetzt, beschreibt den gesamten Ablauf, von der Idee im Kopf bis zur Umsetzung als Skizze auf Papier oder Computer. Dabei werden Sie von einer Vielzahl an Werkzeugen unterstützt und Sie können Ihre Objekte zu einer kompletten Landschaft zusammensetzen. Mit dem Programm können Sie eine Fülle an Aufgaben einschließlich des Vektorisierens von Bildern, Bildkompositionen und -malerei bewältigen.

Eine große Stärke von Inkscape ist seine Erweiterbarkeit. Es wurde von Grund auf so entworfen, dass es durch verschiedenste Erweiterungen fast beliebige neue Funktionen erhalten kann.

Auf Grund seines enormen Umfangs ist Inkscape für viele Anwender im ersten Augenblick umständlich und nicht leicht zu verstehen. Hier im Buch auf die kompletten Bedienelemente und die Programmoberfläche einzugehen, würde auch den Rahmen sprengen. Dennoch finden Sie hier viele detaillierte Informationen.

Inkscape bietet Ihnen eine breite Werkzeugpalette, die über das Erstellen von verschiedenen Formen wie Spiralen, Ellipsen, Sternen und Rechteck bis hin zu Knotenbearbeitung, Pfaden und Texten reicht. Haben Sie erst einmal mit dem Programm gearbeitet, werden Sie sicher schnell viele Ideen zu „Papier“ bringen. Durch die Community (zu Deutsch Gemeinschaft) und die vielen helfenden Hände gibt es in der Zwischenzeit viele übersetzte Einführungen (engl. Tutorials), die Sie weiter unterstützen, und das Buch gibt Ihnen die Möglichkeit, sich anhand der einzelnen Workshops intensiver mit diesem Grafikprogramm zu beschäftigen.

So wie die Community viele helfende Hände hat, baut auch dieses Buch auf der Teamarbeit einiger Menschen auf, denen ich an dieser Stelle danken möchte: Als Erstes gilt der Dank meiner Familie, die mir die Freiräume geschaffen hat, um dieses Buch zu schreiben. Weiter gilt mein besonderer Dank meinem Freund Mark Leinhoß, der mich mit vielen Ideen unterstützt hat, sowie meiner Kollegin Katrin Junkers und meinem Kollegen Maik Lewalter, die Inkscape auf dem Mac installiert und die passenden Bilder geliefert haben. Ebenso geht ein großer Dank an das Lektorat und Frau Brigitte Bauer-Schiewek, ohne die es keine zweite Auflage gegeben hätte.

Es hat mir viel Freude bereitet, meine Gedanken in diesem Buch Gestalt zu geben und alles zu Papier zu bringen. Ich hoffe, Sie haben genauso viel Freude beim Lesen und bei der Umsetzung Ihrer eigenen Ideen.

Viel Erfolg bei der Umsetzung der eigenen Ideen wünscht

Uwe Schöler

Der Autor

Uwe Schöler ist begeisterter Anhänger quelloffener Anwendungen, der sich seit 2006 mit verschiedenen OpenSource-Projekten beschäftigt hat. Einen großen Beitrag leistete er für das deutsche Projekt von OpenOffice.org, welches inzwischen unter Libreoffice.org geführt wird.

Ebenfalls zu dieser Zeit kam er als Übersetzer zum Inkscape-Projekt und half beim Übersetzen der Programmoberfläche und der Beiträge auf der Webseite. Zwischendurch war er fester Bestandteil des Übersetzerteams.

Seine Freizeit verbringt er am liebsten mit seiner Familie und Freunden, im Verein oder in seinem Garten.

Kontakt: mail@uwe-schoeler.de

2 Einleitung

Das Kapitel im Überblick

- Vektorgrafik vs. Pixelgrafik
- Über dieses Buch
- Sprachregelungen
- Hinweise zur Version
- Mithelfen – aber wie?
- Das SVG-Format
- Über die GPL

Inkscape - Draw freely

Heutzutage lernt man bereits in der Schule den Umgang mit Computer und Textverarbeitungsprogrammen als Unterstützung zur täglichen Arbeit. Dabei geht es meist um Zeitersparnis, Reproduzierbarkeit oder Arbeitserleichterung. Gerade die Anwendungen in Office-Paketen, wie die von OpenOffice.org-Suite oder Microsoft, sind ähnlich aufgebaut und haben gleiche Tastenkombinationen, die eine einfache Bedienung zulassen. So finden Sie sich schnell in allen Programmteilen zurecht.

Nutzt man ein Grafikprogramm, so gehören das Öffnen, Speichern und Schließen von Dokumenten oder Bildern noch zu den einfachen Dingen. Weitaus schwieriger wird es, wenn komplexe Ideen umgesetzt werden sollen. Meist braucht man dann tiefgreifendes Wissen über das Programm und hofft auf eine ausführliche Hilfe beziehungsweise individuelle Einführungen.

Dieses Buch hier beschäftigt sich nicht nur mit dem Erstellen einer einfachen Zeichnung, sondern gibt Einblick in die vielen Funktionen, die das Programm bereithält. Inkscape unterstützt das skalierbare Vektorgrafikformat (SVG) des World-Wide-Web-Konsortiums[1]. SVG-Eigenschaften sind zum Beispiel einfache Formen wie Spirale, Stern oder Ellipse. Pfade, Texte, Markierungen, Klonen, Transparenzeffekte gehören ebenso dazu, wie Transformation, Farbverläufe, Muster und Gruppen. Seit der Version 0.46 von Inkscape ist es sogar möglich, bestimmte Bereiche zu maskieren bzw. Ausschneidepfade zu setzen, was wunderschöne Effekte hervorbringt. In der aktuelleren Version 0.92 wurde das Verlaufsgitter hinzugefügt, mit dem sich Farbverläufe viel granularer bearbeiten lassen.

Das Buch ist in zweierlei Hinsicht hilfreich: Zum einen bietet es Zugriff auf verschiedene Workshops, die Sie Schritt für Schritt durcharbeiten können, und zum anderen stellt es eine Referenz für Ihre Arbeiten dar. Hier werden Sie viele hilfreiche Tipps finden, um das Beste für sich aus dem Programm zu holen.

Mögliche Einsatzgebiete von Inkscape sind:

- Logos, Visitenkarten, Illustrationen im Internet
- Einfache Liniengrafiken
- Organigramme
- Cartoons, Karikaturen und Entwürfe
- Figuren
- komplexe und fotorealistische Bilder
- Gestaltungen von Webseiten (Templates)

Das Dateiformat der Vektorgrafik ist dabei sehr klein und der Inhalt - Ihre Zeichnungen also - lässt sich in jedwede Größe ohne Qualitätsverlust skalieren, wohingegen die Pixelgrafik in Form einer Bitmap oder eines JPG beim Skalieren schnell klotzig, grob und verwaschen wirkt.

Das Programm unterstützt Ebenen wie Adobe Photoshop oder GIMP sowie Knotenbearbeitung von Pfaden oder pfadgebundene Texte. Als Standarddateinamenserweiterung

[1] *http://www.w3.org/*

verwendet Inkscape **.svg*, das für Standard-Vektor-Grafik steht. Inkscape unterstützt den Import von PostScript, EPS, TIFF und PNG sowie den Export nach PNG und anderen vektorbasierenden Formaten.

Die Inkscape-Community möchte mit dem Programm ein Zeichenwerkzeug zur Verfügung stellen, das vollkommen W3C-konformes XML, SVG und CSS2 erzeugt. Im Fokus der Entwickler steht ebenso ein schlanker Programmkern, mit dennoch umfangreichen Möglichkeiten. Jeder kann seinen Beitrag zur Weiterentwicklung leisten. Ich unterstütze die deutsche Community seit geraumer Zeit durch das Übersetzen der kompletten grafischen Oberfläche sowie von Hilfetexten, Werkzeugtipps oder sonstigen Texten vom Englischen ins Deutsche.

Fotorealistische Bilder lassen sich mit Inkscape allerdings nur am Rande bearbeiten; hier gibt es aber ebenfalls OpenSource-Software, wie zum Beispiel das freie Bildbearbeitungsprogramm GIMP[2] (GNU Image Manipulation Program). Beide sind die ideale Voraussetzung für die Umwandlung einer Rastergrafik in eine vektorbasierte Grafik.

2.1 Vektorgrafik vs. Pixelgrafik

Worin besteht eigentlich der Unterschied zwischen beiden? Fangen wir mit der Pixelgrafik an.

In den meisten Anwendungen begegnen uns Bilder in Form von Bitmaps, die eine sehr systemnahe Abstraktion eines Bilds darstellen. In einer Bitmap werden Farb- und gegebenenfalls Transparenzinformationen für jedes einzelne Pixel abgespeichert.

Verdeutlicht man nun das Ganze am Beispiel eines Kreises, so sieht der Betrachter in Wirklichkeit keinen schwarzen Kreis, sondern nur die Aneinanderreihung bestimmter schwarzer und weißer Pixel. Nur durch das Gesamtbild nimmt der Betrachter es als Kreis wahr. Mit dem Computer können Sie das Bild auf bestimmte Weise anpassen; Sie können zum Beispiel alle weißen Pixel in rote umwandeln, aber die Rechenmaschine kann den Kreis nicht transformieren, da der Computer keinerlei Informationen über die Form des Kreises hat. Für Sie wird es sich ebenfalls schwierig gestalten, vor allem, wenn die Bitmap durch das sogenannte „Anti-Aliasing“ (Treppeneffektglättung) Pixel beinhaltet, die halb schwarz und halb weiß sind.

Vektorgrafiken verhalten sich im Gegensatz zu Pixelgrafiken komplett anders. Hier sind die Informationen über den Kreis als solchen gespeichert, zusammen mit seinen Eigenschaften. Das bedeutet, dass Vektorgrafiken Informationen enthalten, die den Kreis als solches darstellen lassen. Somit wird nicht jeder Punkt auf dem Kreis abgespeichert, sondern nur zwei Punkte und die Information über das Merkmal der gebogenen Linie, die dargestellt werden soll. Dadurch kann man sie skalieren, also in den Proportionen verändern und sie verbrauchen im Vergleich zu Rastergrafiken viel weniger Speicherplatz.

---

2 *http://www.gimp.org/*

Ändern Sie den Maßstab, so bleibt das relative Verhältnis der Punkte zueinander gleich. Folglich lassen sich die einzelnen Objekte separat bearbeiten und der Computer kann diese Arbeiten automatisiert durchführen.

Zusammenfassend lässt sich also sagen, dass Vektorgrafiken jederzeit bearbeitbar und in der Größe veränderbar sind. Das Ergebnis besteht nicht mehr aus zackigen Pixeln und Unschärfen und kann in jedweder Auflösung ohne Qualitätsverlust betrachtet und exportiert werden. Zudem lassen sich die Vektorgrafiken einfach erstellen und die Objekte durch Transformieren oder Verschieben auch animieren. Allerdings ist man durch das Zeichenprogramm, dessen Grafikstandards und Werkzeuge eingegrenzt. Sie können aber eine Bitmap-Grafik in eine Vektorgrafik einbinden und diese mit anderen Objekten verbinden.

2.2 Über dieses Buch

Der Inhalt des Buchs richtet sich an alle Nutzer und Interessenten skalierbarer Vektorgrafiken. Ob Sie nun noch nie mit Inkscape gearbeitet oder bereits die ersten Ideen umgesetzt haben, in diesem Buch werden Sie viel Material finden, das Ihnen den Umgang mit den einzelnen Funktionen erleichtert.

Vom Design her gliedert sich das Buch in zwei Teile: eine kurze Einführung in die Programmoberfläche und ihre Werkzeuge sowie verschiedene Workshops, um einen tieferen Einblick in die Möglichkeiten des Programms zu erhalten. Die ersten Kapitel enthalten grundlegende Dinge und Erläuterungen, damit Sie genau wissen, mit welchem Werkzeug gute Resultate erzielt werden können.

Das Buch enthält folgende Kapitel:

- **Kapitel 1: Inkscape? Inkscape!**
  Der Grundgedanke zum Programm und zu OpenSource.
- **Kapitel 2: Einleitung**
  Die Idee hinter dem Programm.
- **Kapitel 3: Schnelleinstieg**
  Hier gibt es einen Überblick über die Programmoberfläche und das Kapitel bietet mit der Übung „Die ersten Schritte“ einen ersten Einblick in die Arbeitsweise von Inkscape.
- **Kapitel 4: Inkscape Basics**
  Das Kapitel gibt Aufschluss über alle Grundformen von Inkscape und deren Anwendung.
- **Kapitel 5: Farbmanagement**
  Farbe ist nicht gleich Farbe, vor allem, wenn es später um Printmedien geht. In diesem Kapitel gehen wir auf die Farbverwaltung ein und stellen den Farbeimer und das Verlaufswerkzeug vor.

- **Kapitel 6: Pfade, Effekte und Bearbeitungswerkzeuge**
  Mit Pfaden können Sie Ihre Objekte modifizieren und ihnen den Feinschliff geben. Die Bearbeitung über Pfade ist ein sehr mächtiges Werkzeug. Daher widmen wir uns hier ausgiebig den einzelnen Tools und stellen auch die einzelnen Pfadeffekte vor.
- **Kapitel 7: Text**
  Texteingabe, Besonderheiten und Möglichkeiten mit Text werden hier behandelt.
- **Kapitel 8: Ausschneidungen, Maskierungen und Ebenen**
  Hier zeigen wir auf, wie Sie verschiedene Effekte mit diesen Werkzeugen erzielen und was Sie mit Ebenen erreichen können.
- **Kapitel 9: Inkscape und das World Wide Web**
  Mit Inkscape lassen sich sehr schnell Vorlagen, die sogenannten Templates für Webseiten erstellen.
- **Kapitel 10: Filter**
  Filter helfen Ihnen, Ihre Dokumente grafisch aufzubessern, und bewirken mit wenigen Klicks wunderschöne Effekte, für die Sie sonst in Einzelschritten viel Zeit benötigen würden.
- **Kapitel 11: Benutzerkonfiguration**
  Das Kapitel zeigt Ihnen die Standardkonfiguration und die Einstellungsmöglichkeiten für Ihre Zeichnungen.
- **Kapitel 12: Erweiterungen**
  Viele Erweiterungen – so genannte „Plug-ins“ oder „Extensions“ – helfen Ihnen, langwierige Schritte automatisiert abzuarbeiten. Neben den bereits im Programm verfügbaren Zusätzen gibt es im Internet weitere zum einfachen Integrieren in Ihre Inkscape-Version.
- **Kapitel 13: Der Umgang mit Dateien**
  Dieser Bereich befasst sich mit dem Öffnen, Importieren, Speichern und Drucken der Zeichnung und der Weiterverwendung über die Exportfunktion in anderen Programmen.
- **Anhang A: Glossar**
  Schlagen Sie hier die Beschreibungen von Begriffen nach, die im Buch verwendet werden.
- **Anhang B: Tastenkombinationen**
  Hier finden Sie wichtige Tastenkombinationen, die Ihnen die Arbeit erleichtern.
- **Anhang C: Die Filtereffekte im Gesamtüberblick**
  Hier finden Sie alle Filtereffekte von Inkscape nach den Menüeinträgen aufgeschlüsselt.
- **Anhang D: Nützliche Links**
  Das Kapitel beinhaltet weiterführende Informationen über zusätzliches Inkscape-Material.

Im weiteren Verlauf werden verschiedene Symbole und Hervorhebungen zur schnelleren Orientierung verwendet. Diese lehnen sich an die vom Verlag empfohlenen Hinweiszeichen an.

Folgende Symbole werden verwendet:

Hier erhalten Sie weiterführende Informationen zu speziellen Situationen. Hinweise helfen Ihnen, sich schneller zurechtzufinden. Ebenso finden Sie hier praxisorientierte Tipps, die Ihnen eigenes Herumprobieren ersparen. Tipps helfen Ihnen, Arbeitsabläufe zu beschleunigen und produktiver zu sein.

Hinweise auf Eingaben, die zu Fehlern führen können. Das Zeichen weist Sie darauf hin, vorsichtig zu sein.

Hier finden Sie entsprechende Übungen und Verweise auf Beispieldateien.

Hier finden Sie Zusammenfassungen zu bestimmten Abhandlungen.

2.3 Sprachregelungen

Da in einem Buch über Computer und deren Anwendungen meist Tastaturbeschreibungen verwendet werden und man sich auf eine einheitliche Schreibweise verständigen muss, finden Sie hier noch eine kurze Begriffserklärung:

Kontextmenü, oder auch **Kontext**, bezeichnet das sich öffnende Menü, wenn Sie mit der rechten Maustaste ein Objekt, eine Form oder was auch immer anklicken.

Hier werden deutsche und englische Tastaturbeschriftungen verwendet.

Tabelle 2.1 Bezeichnungsunterschiede

Deutsch	Englisch
Steuerung (STRG)	Control (CTRL)
Umschalttaste oder Umschalt	Shift
Eingabetaste	Return oder Enter
Entf	Del
Rücktaste	Backspace

Typografische Konventionen

In diesem Buch gelten folgende typografischen Konventionen:

- Datei-, Verzeichnis-, Host- und Domain-Namen sind *kursiv* ausgezeichnet.
- Tastenkombinationen werden ***fett kursiv*** dargestellt.

2.4 Hinweise zur Version

Der Inhalt des Buchs bezieht sich auf die derzeit (Juli 2023) verfügbare Version 1.3 des Programms, der Programmkomponenten, Screenshots und Grafiken.

Inkscape können Sie aktuell von der Projektwebseite[3] herunterladen und auf Ihrem PC installieren. Natürlich sind auch aktuelle Entwicklerversionen verfügbar, die allerdings nicht für den produktiven Einsatz gedacht sind, da sie noch Fehler enthalten können. Diese finden Sie ebenfalls auf der Projektwebseite.

Wollen Sie das Programm benutzen, ohne es auf Ihrem Rechner zu installieren - zum Beispiel von einem USB-Stick aus -, gibt es für das Betriebssystem Windows auch eine portable Version, die Sie über die Projektseite von „PortableApps.com“[4] herunterladen können. Auf die Nutzung der portablen Version wird im Buch allerdings nicht eingegangen und ob der Funktionsumfang analog zur installierten Version ist, wurde nicht ermittelt. Da es sich allerdings um die gleiche Versionsnummer 1.3 handelt, kann man davon ausgehen, dass der Umfang identisch ist.

Zu Ihrer Sicherheit sollten Sie die heruntergeladene Datei mit einem Virenscanner überprüfen, bevor Sie die Installation beginnen, auch wenn sich alle Beteiligten bemühen, die Datei virenfrei zu halten.

2.4.1 Systemanforderungen

Da Inkscape für verschiedene Betriebssysteme wie Windows, Unix/Linux oder Mac OS X erhältlich ist, gibt es auch unterschiedliche Systemanforderungen an die einzusetzende Hardware.

Generelle Anforderungen

- 640 MB freier Festplattenplatz. Da auch die ausführbare Installationsdatei schon circa 141 MB mitbringt, sollten Sie ungefähr 800 MB verfügbar haben.

[3] *http://www.inkscape.org/*

[4] *https://portableapps.com/de/apps/graphics_pictures/inkscape_portable*

- Grafikkarte mit einer Auflösung von mindestens 800 × 600 Bildpunkten und 256 Farben. Für eine optimale Bearbeitung Ihrer Grafiken lohnt sich ein größerer Monitor mit entsprechender Auflösung.

Besondere Anforderungen

Bei dem Betriebssystem MAC OS X müssen vor der Installation von Inkscape erst alle systemnahen Aktualisierungen eingespielt werden, sonst kann es zu fehlerhafter Darstellung beziehungsweise anderen Nebeneffekten kommen.

> Haben Sie auf Ihrem Mac das Betriebssystem macOS Ventura installiert, gibt es ein offenes Problem, das derzeit alle GTK3-basierten Apps auf macOS Ventura betrifft und dazu führt, dass die Anwendung nicht auf bestimmte Mausereignisse reagiert. GTK wird von vielen verschiedenen Programmen verwendet und erstellt die Benutzeroberflächen dieser Applikationen, mit denen Sie interagieren können.

Im Anhang D finden Sie die entsprechenden weiterführenden Informationen wie Webseiten, Links etc.

2.5 Mithelfen – aber wie?

Das Inkscape-Projekt ist auf die Mitarbeit vieler aktiver Helfer angewiesen und mithelfen kann eigentlich jeder. Wie einfach das ist und wie es funktioniert, ist im Internet auf der Inkscape-Seite[5] ausführlich beschrieben. In Auszügen versuche ich das hier im Buch wiederzugeben.

Laden Sie sich den Quellcode von der Projektwebseite herunter und fangen Sie an, Code zu schreiben, der Sie interessiert. Senden Sie eine Aktualisierung ein, wenn Sie möchten, dass auch andere davon profitieren beziehungsweise daran mitarbeiten. Schreiben Sie Erweiterungen. Dazu hat die Gemeinschaft einen Entwicklerbereich[6] mit Informationen. Haben Sie keine Programmierkenntnisse – wahrscheinlich wie die meisten Benutzer –, können Sie Fehler im Programm, sogenannte Bugs, an die Entwickler weiterleiten oder diese bestätigen, um die Qualität der OpenSource-Software entscheidend zu verbessern.

Selbstverständlich können Sie auch Tutorials schreiben oder Videos aufnehmen. Verraten Sie anderen Benutzern Ihre Tipps und Tricks. Erstellen Sie Clip Arts und laden Sie diese in die OpenClipart-Library[7], damit auch andere von Ihren Zeichnungen profitieren können, oder übersetzen Sie die Inkscape-Webseiten beziehungsweise die Benutzeroberfläche von Inkscape.

---

[5] *https://inkscape.org/de/mitmachen/*

[6] *https://inkscape.org/de/mitmachen/*

[7] *http://www.openclipart.org/*

Natürlich haben Sie auch die Möglichkeit, Geld an den Inkscape Fund zu spenden, um mitzuhelfen, die laufenden Ausgaben zu decken.

2.6 Das SVG-Format

Die Abkürzung steht für skalierbare Vektorgrafik und das bedeutet, dass Sie Ihre Zeichnung in jede mögliche Größe verändern können, ohne dass die Qualität beeinträchtigt wird. Den Inhalt stellen zweidimensionale Objekte dar, die im XML-Format abgelegt sind. XML ist ein offener Standard zur Beschreibung eines Dokuments. Die Dateien lassen sich dabei problemlos mit einem Texteditor bearbeiten.

Das SVG-Format unterstützt die drei unterschiedlichen Elemente der Vektorgrafik, Bitmap-Grafik und Text, der allerdings in einer Schriftart vorliegen muss, die durch das Renderprogramm unterstützt wird. Anderenfalls wird die nicht verfügbare Schrift durch eine Ersatzschriftart bereitgestellt.

Jede SVG-Datei beginnt mit der Deklaration der XML-Version und des Doctype.

```
<?xml version="1.0" encoding="UTF-8" standalone="no"?>
```

Danach kommen verschiedene Einträge, die das SVG bestimmen und die jeweilige Nomenklatur festlegen, unter anderem natürlich die Inkscape-Version, mit der die Zeichnung erstellt wurde.

Hier folgendes Beispiel:

Listing 2.1 Auszug

```
svg
   width="210mm"
   height="297mm"
   viewBox="0 0 210 297"
   version="1.1"
   id="svg5"
   inkscape:version="1.2.2 (732a01da63, 2022-12-09)"
   sodipodi:docname="Dart.svg"
   xmlns:inkscape="http://www.inkscape.org/namespaces/inkscape"
   xmlns:sodipodi="http://sodipodi.sourceforge.net/DTD/sodipodi-0.dtd"
   xmlns=http://www.w3.org/2000/svg
   xmlns:svg="http://www.w3.org/2000/svg">
```

Im Anschluss erscheinen dann die verschiedenen Attribute, die den Inhalt der eigentlichen Zeichnung darstellen. In den folgenden Zeilen möchte ich Ihnen exemplarisch ein paar vorstellen:

```
<linearGradient> . . . </linearGradient>
<radialGradient> . . . </radialGradient>
<meshgradient> . . . </meshgradient>
```

beschreibt einen linearen beziehungsweise radialen Farbverlauf sowie das Verlaufsgitter. Zwischen dem Start- und End-Tag können noch verschiedene STOP sein.

```
<filter> . . . </filter>
```

Dieser Tag bestimmt, ob Filter verwendet wurden.

```
<clipPath> . . . </clipPath>
```

bestimmt einen Ausschneidungspfad.

```
<path> . . . />
```

beinhaltet Angaben über Pfade inklusive der ID, Verbindungen, Knoten, Füllung und Kontur.

```
<rect />
<ellipse />
```

bestimmt ein Rechteck über die Position der linken oberen Ecke, Höhe und Breite. Bei abgerundeten Ecken gibt es weitere Werte beziehungsweise eine Ellipse.

Weiterführende Informationen finden Sie auf der Webseite des WorldWideWeb-Konsortiums und bei Wikipedia unter http://de.wikipedia.org/wiki/SVG.

2.7 Neues in der Version 1.3

Inkscape wird durch die vielen Hände in der Community ständig weiterentwickelt und so hat jede stabile Version neue Filter, Werkzeuge, Exportmöglichkeiten oder sonstige Verbesserungen. Oft sieht man sie auch nicht auf den ersten Blick. Vor allem nicht, wenn es Änderungen am Code selbst gibt, die Inkscape stabiler und schneller machen, oder auch Fehlerbehebungen, um eventuelle Abstürze zu verhindern.

Die herausragendsten Veränderungen gegenüber der letzten Version 1.2.2 sind das Formenerstellungs-Werkzeug (Shape Builder-Tool) und das Bearbeiten von Mustern. Dazu gibt es einen passenden Editor. Ebenso wurde an der Leistungssteigerung gearbeitet, damit zum Beispiel das Rendering in mehreren Threads ausgesteuert werden kann. Hierbei ist eine Leistungssteigerung vom 2- bis zum 4-fachen beim Zoomen, Schwenken oder Transformieren von Objekten möglich.

Das Formenerstellungswerkzeug ist komplett neu und bietet das Anfertigen von Formen aus sich überschneidenden Objekten an. In der Werkzeugleiste hat es den Platz des Modellierwerkzeugs eingenommen und befindet sich direkt als dritte Schaltfläche nach den Werkzeugen „Auswahl" und „Knoten". Neu ist zudem der Überblick mit den Zeichnungsbestandteilen, den Sie über das Menü Datei → Dokumentüberblick erreichen. Darauf gehe ich in Kapitel 11 genauer ein.

Die Schriftartensammlung ist ebenfalls eine neue Funktion, die Sie bei der Kategorisierung der Schriften unterstützt. Sie ist über den Dialog „Text und Schrift“ erreichbar. Bei der Arbeit mit Mustern gibt es auch eine Neuerung. Sie können die Muster nun im Dialog anpassen beziehungsweise direkt in der Zeichnung am Objekt bearbeiten. Dazu zeigt Inkscape die passenden Griffe am Muster.

Ebenso aktualisiert wurden das Knotenwerkzeug, die Ebenen, der PDF-Import, der Filtereditor und die Farbpalette. In den entsprechenden Kapiteln werde ich auf die Neuerungen besonders eingehen.

2.8 Über die GPL

Ich möchte hier die Gelegenheit nutzen und ein paar Worte über die *„GNU General Public License“* (GPL) schreiben, unter der Inkscape lizenziert wurde. In vielen Köpfen kursiert noch der Gedanke, dass man Software, die unter GPL steht, nicht kommerziell nutzen darf. Das ist falsch, denn Sie können Ihre mit Inkscape erstellten Grafiken verkaufen. Die GPL wurde geschaffen, damit Programmentwickler ihren erzeugten Programmcode der breiten Öffentlichkeit zur Verfügung stellen können, ohne dass sie dabei auf alle ihre Rechte als Autor beziehungsweise Entwickler verzichten müssen.

Weiterführende Informationen finden Sie hier:

- Freie Software Foundation (FSF): http://www.fsf.org/
- GPL auf Wikipedia: http://de.wikipedia.org/wiki/GPL

Die Version 1.3 von Inkscape wird in der GPL „GNU General Public License“ Version 2 lizenziert.

2.9 Zusatzmaterial

Das Zusatzmaterial zu diesem Buch können Sie sich unter

plus.hanser-fachbuch.de

mit dem Code

`plus-Ce3np-5kRim`

herunterladen.

3 Schnelleinstieg

Das Kapitel im Überblick

- Inkscape installieren
- Die Programmoberfläche
- Die Formen
- Pfadwerkzeuge
- Farb- und Füllwerkzeug
- Weitere Werkzeuge
- Die Zeichenhilfsmittel
- Workshop 1: Die ersten Schritte

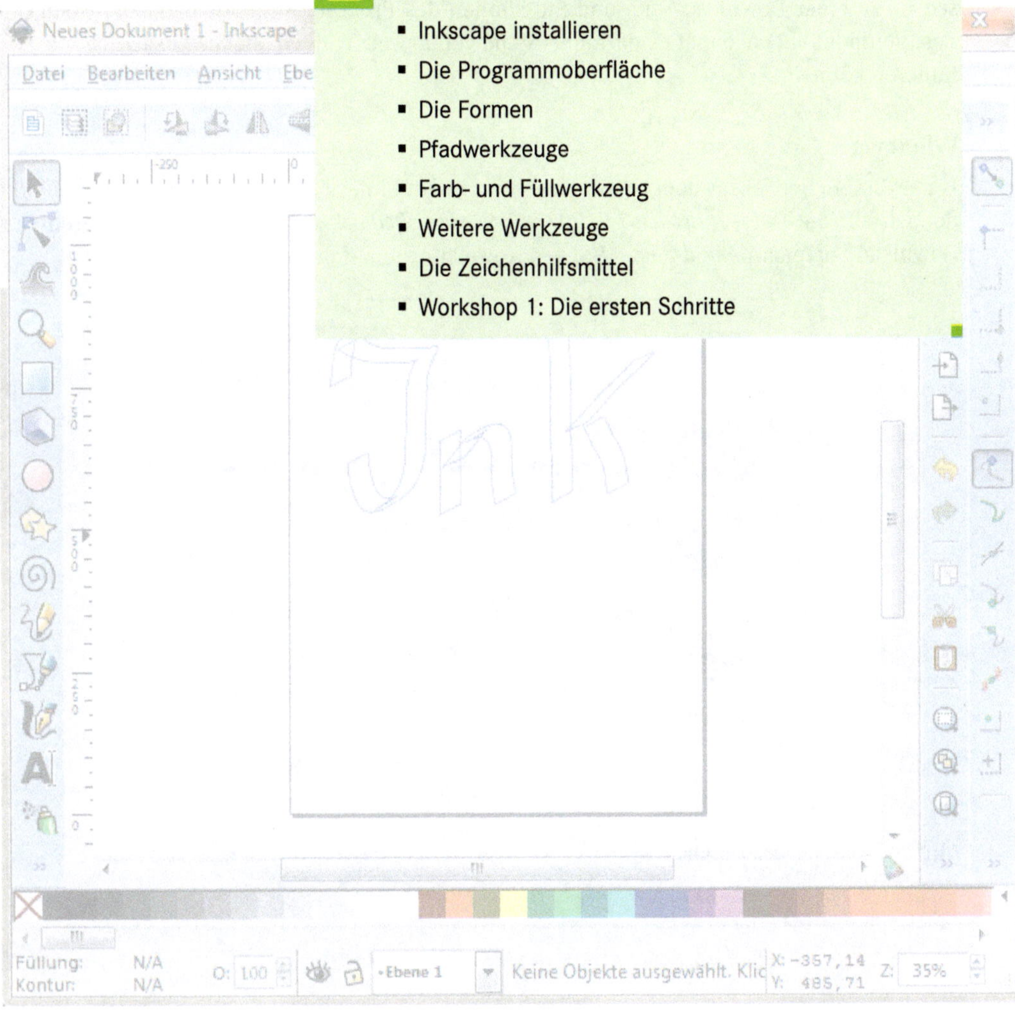

So ziemlich jeder, der ein neues Programm benutzt, möchte gleich zu Beginn erste Erfolge verzeichnen und genau hier setzt dieser Schnelleinstieg an. Nach der Vorstellung der Programmoberfläche werden die Formenwerkzeuge vorgestellt und Sie haben sofort die Möglichkeit, aktiv zu werden. Der erste Workshop zeigt Ihnen, wie einfach es ist, mit dem Programm zu arbeiten.

3.1 Inkscape installieren

Inkscape ist für die Betriebssysteme Windows, UNIX/Linux und MAC OS X verfügbar. Die jeweils aktuellste Version des Programms finden Sie im Internet über *http://www.inkscape.org*. Dort verlinkt die Projektübersicht unter *http://sourceforge.net/projects/inkscape/* zu einer Download-Seite und Sie können das Programm für Ihr Betriebssystem herunterladen. Ebenso gibt es dort eine Reihe von Erweiterungen, die Sie zusätzlich installieren können.

Windows

Unter diesem Betriebssystem ist die Anwendung sehr einfach zu installieren. Klicken Sie doppelt auf die Datei *inkscape-1.3_2023-07-21_0e150ed6c4-x64_31XBEKV.msi* in Ihrem Download-Verzeichnis und folgen Sie den Anweisungen auf dem Bildschirm.

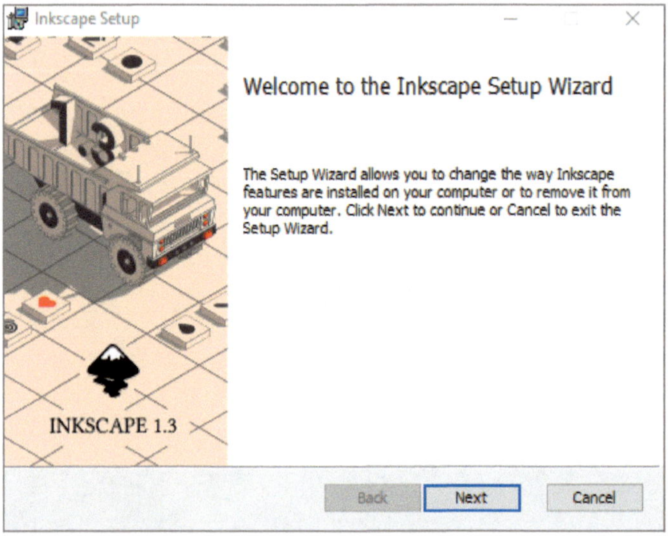

Bild 3.1 Willkommensbildschirm

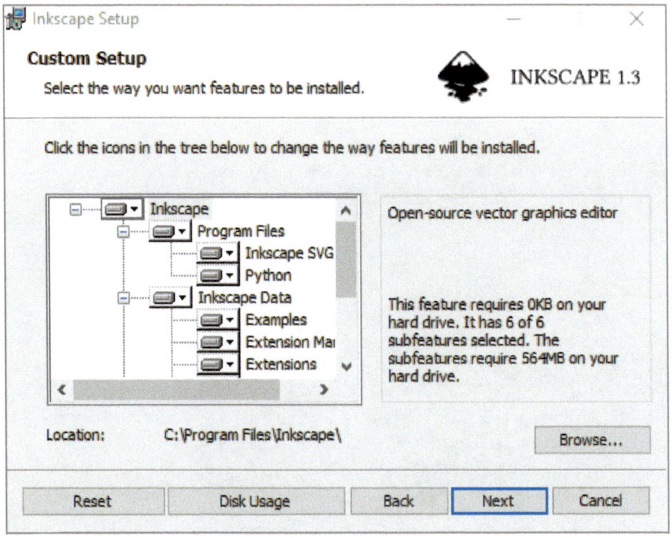

Bild 3.2 Setup der Installation

Auch wenn hier die Oberfläche auf Englisch gezeigt wird, ist das Programm und die Arbeitsfläche danach auf Deutsch. Sie wählen das Installationsverzeichnis aus und geben an, welche Programmteile Sie installieren möchten.

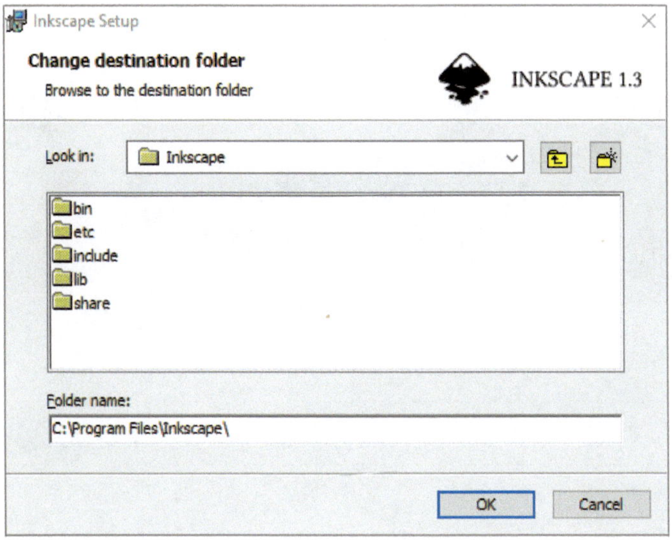

Bild 3.3 Auswahl für Installationsordner

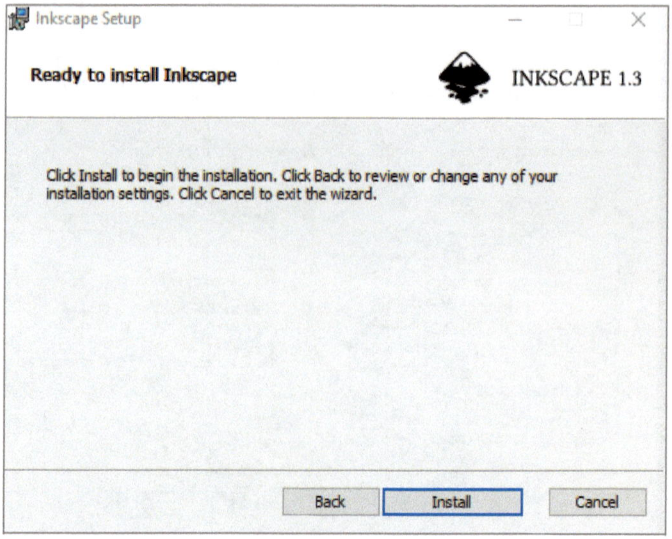

Bild 3.4 Start der Installation

Mit einem Klick auf „Install“ wird Inkscape auf Ihrem Rechner installiert.

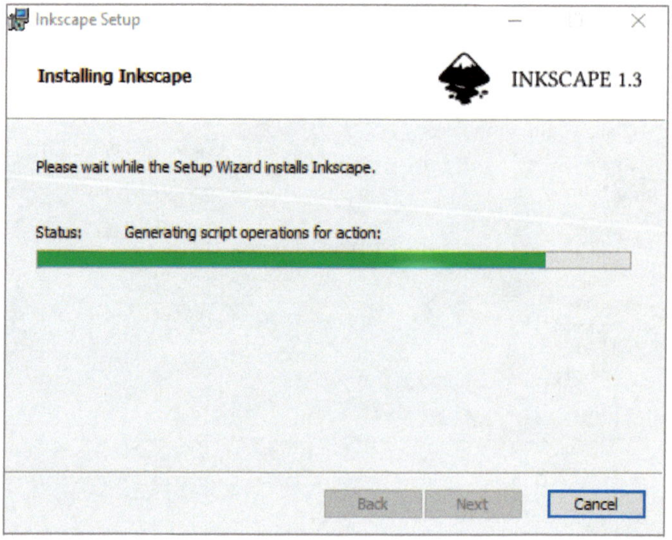

Bild 3.5 Fortschritt der Installation

Die Anwendung wird installiert.

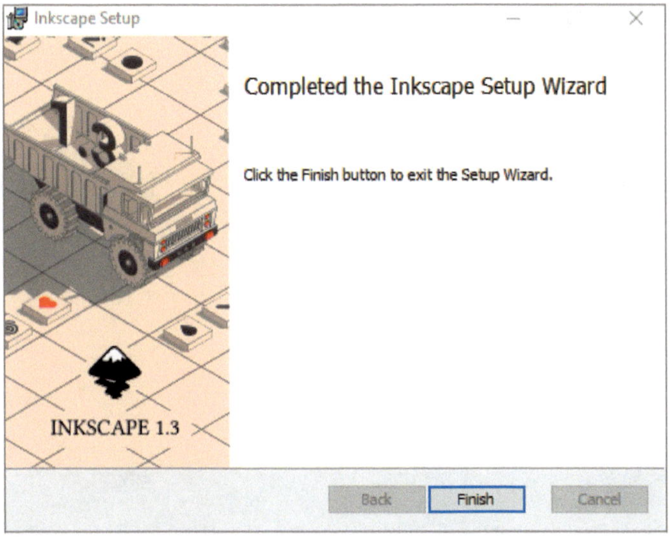

Bild 3.6 Abgeschlossene Installation

Inkscape ist auf dem Rechner installiert und mit „Finish“ beenden Sie die Installationsroutine.

Linux

Auch hier sollte es keinerlei Schwierigkeiten bereiten, Inkscape für dieses Betriebssystem zu installieren. Neben dem Download von der Webseite finden Sie das Programm auf jeden Fall auch in der Paketverwaltung Ihrer Linux-Distribution. Da sich diese allerdings unterscheiden, gibt es keine allgemein gültige Anleitung zur Installation. Hilfe erhalten Sie aber sicher auf den Webseiten Ihrer Distribution.

Mac OS X

Inkscape lässt sich wie jede andere Anwendung einfach installieren. Jedoch sollten Sie systemnahe Aktualisierungen einspielen, um unerwünschte Nebeneffekte und fehlerhafte Darstellungen zu vermeiden.

Sie benötigen ein installiertes XQUARTZ 2.3.4+, um Inkscape zu starten.

> Aktualisieren Sie nicht auf macOS Ventura, wenn Sie auf Inkscape angewiesen sind. Es besteht ein offenes Problem, das derzeit alle GTK3-basierten Apps auf macOS Ventura betrifft. Die Anwendung reagiert nicht auf bestimmte Mauszeigerereignisse. GTK wird von vielen verschiedenen Programmen verwendet und dient zur Erstellung von Benutzeroberflächen von Anwendungen, mit denen Sie interagieren.

Laden Sie sich Inkscape von der Webseite herunter und öffnen Sie im Anschluss den „Downloads-Ordner“ Mit Doppelklick auf die Inkscape-DMG-Datei öffnen Sie diese.

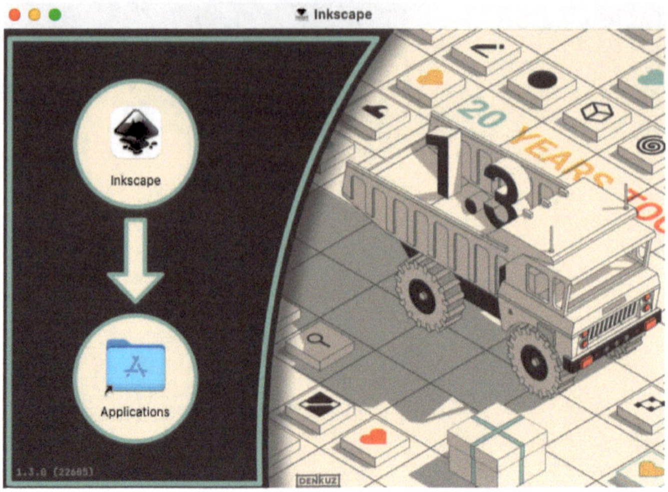

Bild 3.7 Inkscape auf dem Mac

Ziehen Sie danach „Inkscape.app“ auf den Applications-Ordner. Danach wird Inkscape in den Ordner kopiert.

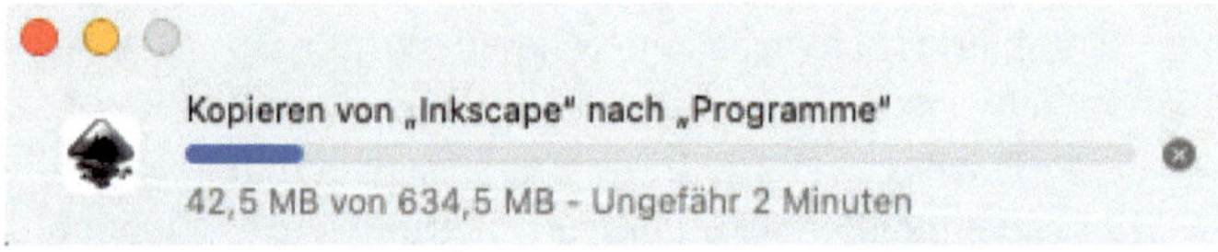

Bild 3.8 Inkscape Kopier-Bildschirm

Nach dem ersten Start können Sie die Programmoberfläche nach Ihren Wünschen einrichten.

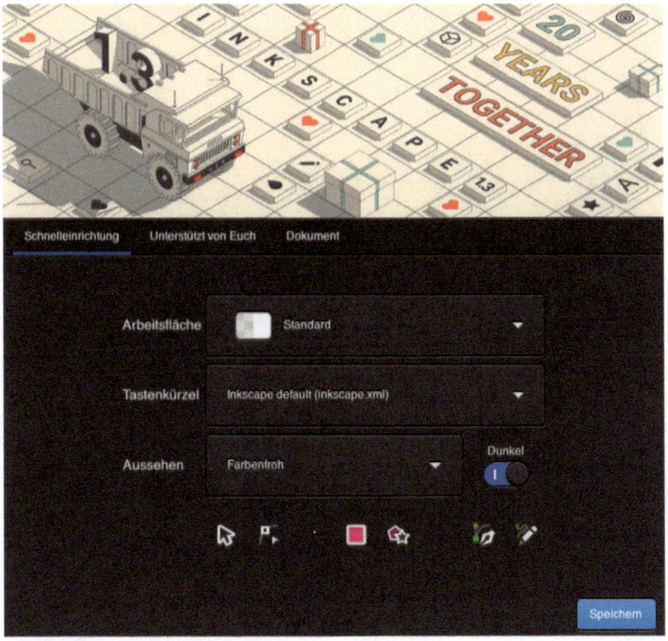

Bild 3.9 Inkscape einrichten

3.2 Die Programmoberfläche

Wer ein neues Programm benutzt, der möchte meistens gleich nach dem ersten Starten der Anwendungen professionelle Grafiken erstellen. Damit dies ohne weiteres möglich ist, werden wir in diesem Kapitel auf die Programmoberfläche eingehen und die einzelnen Werkzeuge erläutern. Sie haben durch den ersten Workshop auch sofort die Möglichkeit, aktiv zu werden.

Nach dem ersten Start von Inkscape werden Sie aufgefordert, die grundlegende Ansicht der Programmoberfläche festzulegen.

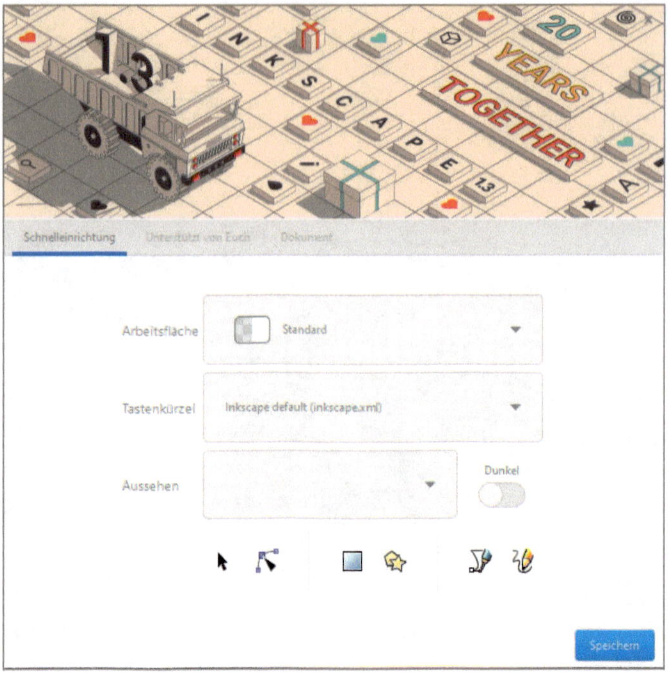

Bild 3.10 Schnelleinrichtungsdialog

In der ersten Liste legen Sie fest, wie Inkscape erscheinen soll.

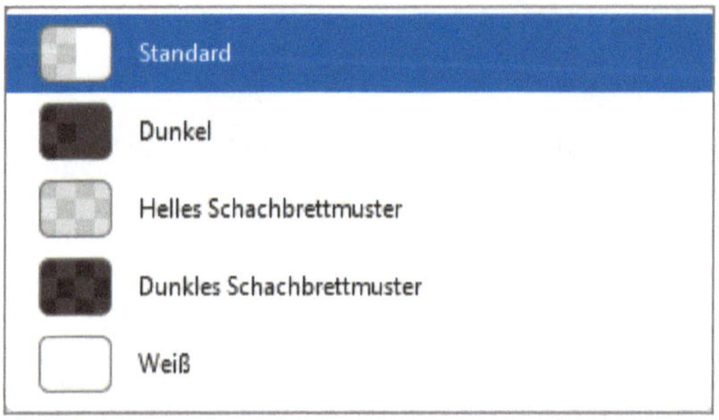

Bild 3.11 Festlegen der Arbeitsfläche

Mittels der Liste bei „Tastenkürzel" entscheiden Sie sich, welche Kürzel Sie später nutzen wollen.

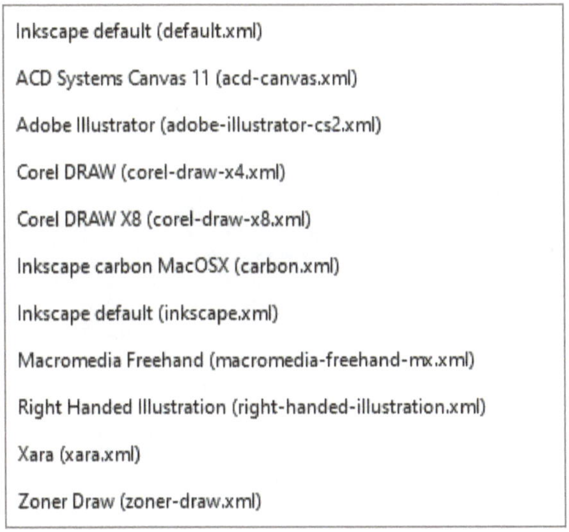

Bild 3.12 Tastenkürzel mittels Datei festlegen

Über das Drop-down-Feld „Aussehen“ legen Sie fest, wie Inkscape starten soll. Hier haben Sie ein paar Möglichkeiten zur Auswahl.

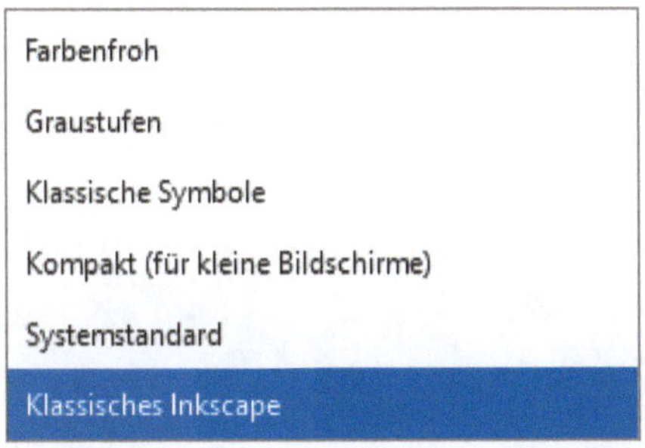

Bild 3.13
Aussehen der Programmoberfläche festlegen

Zuletzt entscheiden Sie, ob Sie eine vorhandene Zeichnung öffnen, ein neues Dokument anfangen oder aus einer der vielen Vorlagen wählen wollen.

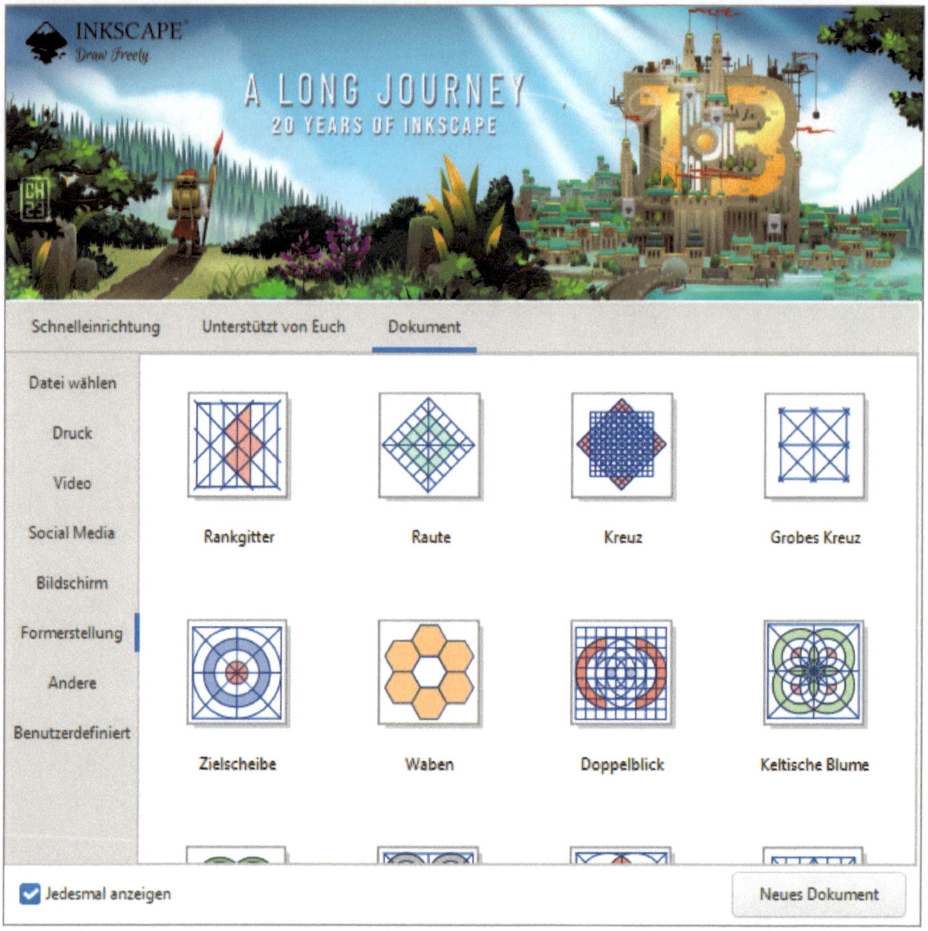

Bild 3.14 Dokumentvorlagen

Lassen Sie uns nun beginnen und die Begriffe erläutern. Dabei beschreibe ich zuerst die oberen Leisten, dann die unteren und zum Schluss die Werkzeugleiste, da ich dieser mehr Aufmerksamkeit widmen werde.

Bild 3.15 Programmoberfläche

Im oberen Bereich befindet sich die Werkzeugeinstellungsleiste. Am linken Rand sehen Sie die Werkzeugleiste mit den einzelnen Arbeitsmitteln und in der Mitte finden Sie Ihr leeres Dokument. Auf der rechten Seite sind die Menü- und die Einrastleiste untergebracht sowie Schaltflächen, um verschiedene Inkscape-Menüeinstellungen aufzurufen. Den Abschluss zum Zeichenblatt bilden die Lineale, die in der Grundeinstellung angezeigt werden. Diese lassen sich mit der Tastenkombination **Strg** + **R** ein- beziehungsweise ausblenden. Unterhalb der Zeichenfläche finden Sie zudem die Leiste für die verschiedenen Farbpaletten sowie die Leiste für den Status mit wertvollen, auf den Kontext bezogenen Informationen. Sollte eine der aufgeführten Leisten nicht zu sehen sein, lassen sich diese über das Menü **Ansicht** → **Anzeigen/Ausblenden** sichtbar oder unsichtbar schalten.

Zeichnungsfläche

Für die Zeichnungsfläche oder auch Leinwand genannt gibt es in der aktuellen Version nun einige Anzeigemöglichkeiten, wie den Anzeigemodus und die geteilte Ansicht, auf die ich näher eingehe.

Zum einen gibt es im Menü **Ansicht -> Anzeigemodus** nun fünf unterschiedliche Einstellungen, mit denen Sie sich die Arbeit an Ihren Zeichnungen leichter machen können.

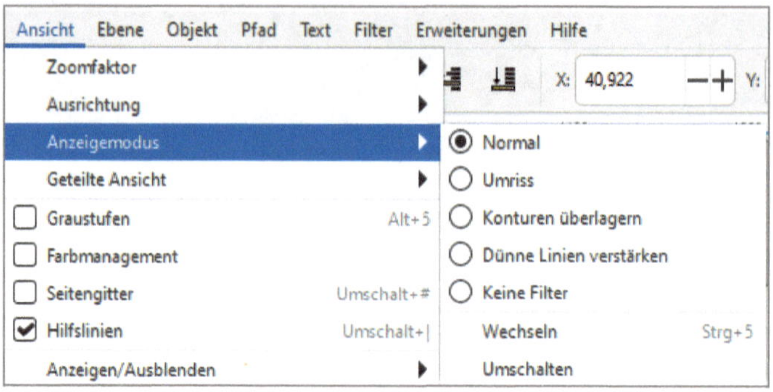

Bild 3.16 Ansichtsdialog mit Anzeigemodus

Dabei ist „Normal“ die ganz normale Ansicht, wie Sie sie vielleicht schon gesehen haben. Die nachfolgenden Bilder verdeutlichen den jeweiligen Modus. Der Menüpunkt „Umriss“ zeigt in Ihrer Zeichnung nur noch die Außenlinien der Objekte an.

Bild 3.17
Ansicht: Umrisse der Objekte

Als nächsten Unterpunkt im Menü finden Sie „Konturen überlagern“. Das sieht folgendermaßen aus:

Bild 3.18
Ansicht: Konturen überlagern

Weiter gibt es den Punkt „**Dünne Linien verstärken**".

Bild 3.19
Ansicht: Dünne Linien verstärken

Der letzte neue Modus im Menü ist „**Keine Filter**". Hierbei werden vorhandene Filter weg geblendet.

Bild 3.20
Ansicht: keine Filter

Mit der Tastenkombination **STRG** + **5** können die Modi der Reihe nach durchschalten und der Punkt **Umschalten** bringt Sie direkt wieder auf **Normal.**

Neben der Auswahl im Menü können Sie die Ansichten auch über das kleine Bildschirm-Symbol, rechts am oberen Lineal umschalten.

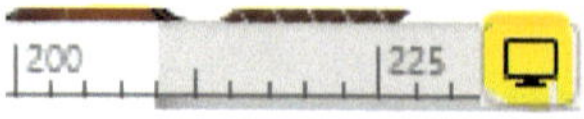

Bild 3.21
Bildschirmsymbol, gelb markiert.

Dazu müssen aber die Bildlaufleisten eingeschaltet sein. Diese können Sie mit der Tastenkombination **STRG** + **B** Ein- bzw. ausschalten.

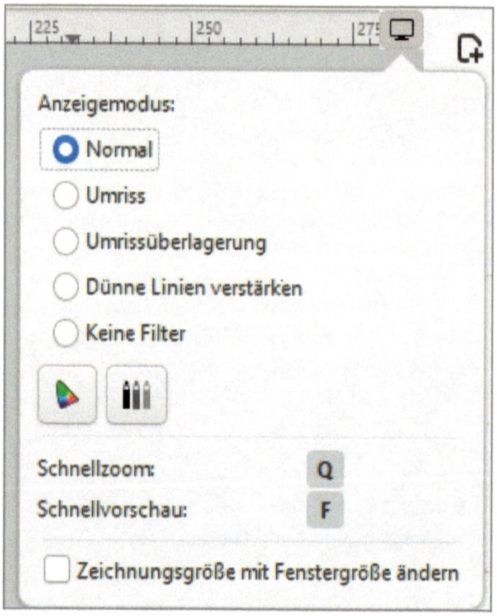

Bild 3.22
Anzeigemodus vom Symbol her

Neben den verschiedenen Modi können Sie auch zwischen normaler und Graustufen-Ansicht wechseln. Ebenso sehen Sie die beiden Tastenkombinationen für Schnellzoom **Q** und-vorschau **F**. Diese müssen Sie aber gedrückt halten, damit Sie das Ergebnis sehen.

Neu in der Version 1.3 ist auch die geteilte Ansicht, die Sie ebenfalls über das Menü Ansicht -> Geteilte Ansicht erreichen.

Bild 3.23
Untermenü Geteilte Ansicht

Beim „Teilen“ bekommen Sie einen senkrechten Strich mit einem Anfasser auf die Leinwand. Über die entsprechenden Griffe ziehen Sie einfach die Teilung auf die Objekte, wo sie diese benötigen.

Bild 3.24
geteilte Ansicht mit Anfasser

Beim Modus „Röntgen“ bekommen Sie einen kreisrunden Ausschnitt unter dem Mauszeiger, mit dem Sie dann über Ihre Objekte gehen können.

Bild 3.25
runder Ausschnitt vom Röntgen-Modus

> Die Tastenkombinationen sind **STRG** + **6** für das Teilen und **ALT** + **6** für Röntgen.

44Um das Schwenken, Zoomen oder Drehen zu beschleunigen, wurde dem Programm ein experimentelles Open GL (GPU) beschleunigtes Leinwand-Rendering hinzugefügt. Zwar ist es nicht vollständig GPU-basiert, aber die Darstellung und eine geringere CPU-Belastung lassen sich schon erreichen.

Die Option ist standardmäßig ausgeschaltet. Sie können sie über die Einstellungen verwalten und nach Ihren Wünschen nutzen.

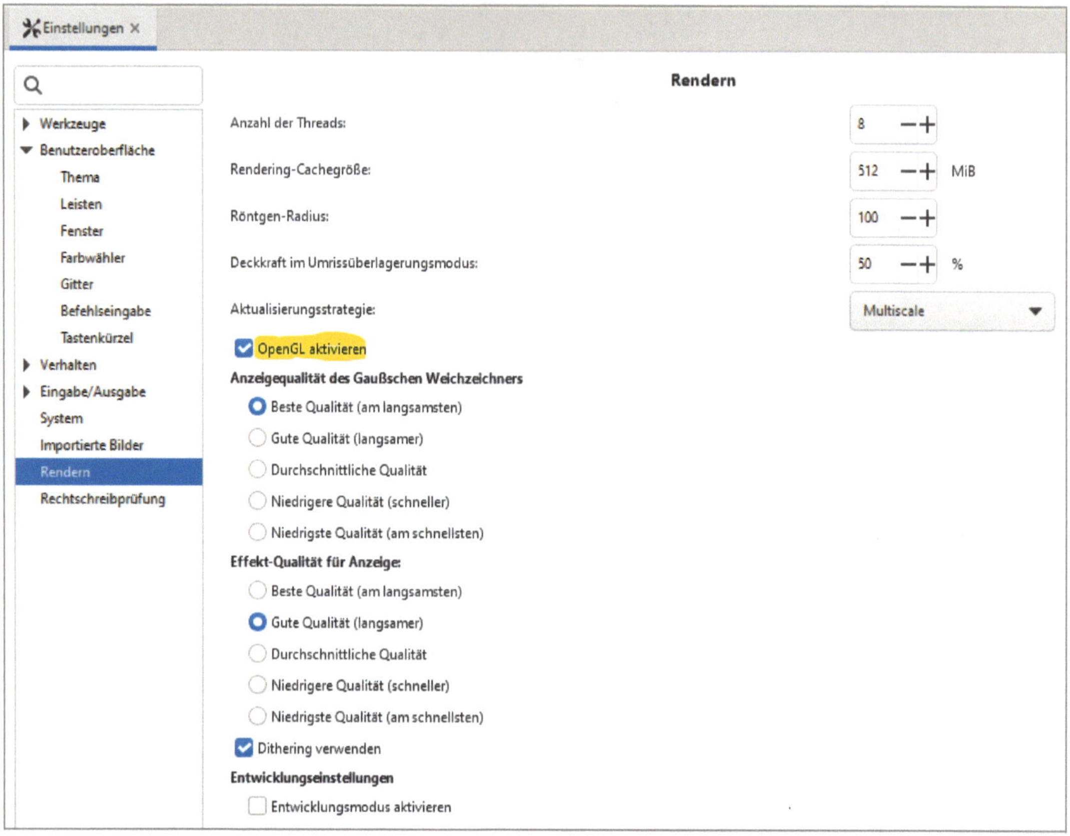

Bild 3.26 Einstellungen: OpenGL ein- bzw. ausschalten (gelb markiert)

Wie Sie im Bild sehen können, gibt es noch einige weitere Einstellungsmöglichkeiten, die sich auf die Anzeige auswirken.

Beachten Sie aber bitte bei der Nutzung von OpenGL folgendes:

Durch Probleme beim Erstellen der Installationsmedien auf Linux funktioniert die OpenGL-Unterstützung bei der Nutzung des Linux App-Image entweder nicht (auf X11) oder sie stürzt ab (auf Image „Wayland"). Ebenso gibt es noch Fehler bei GTK3, sodass OpenGL auch unter dem Betriebssystem Windows abstürzen kann oder dass der Bildschirm in MacOS verdunkelt wird. Der OpenGL-Modus ist langsamer als das Software-Rendering auf Lunix X11 und sollte daher nur unter dem Image „Wayland" verwendet werden.

Die Entwickler hoffen, dass mit der Implementierung von GTK4 einige Fehler behoben werden können.

Ein weiteres Highlight in der aktuellen Version ist das flüssigere automatische Scrollen, wenn Sie ein Objekt über den Rand der Zeichnungsfläche ziehen. Nun wird die Ansicht automatisch gescrollt, damit Sie Ihr ausgewähltes Objekt weiterhin angezeigt bekommen.

Die Menüleiste

Sie hat sich gegenüber der Vorgängerversion nicht verändert; in den einzelnen Bereichen sind allerdings neue Funktionen hinzugekommen.

Bild 3.27 Die Menüleiste

- **Datei** bietet Zugang auf die grundlegenden Programmfunktionen inklusive Laden, Speichern, Exportieren und die Dokument-Einstellungen.
- **Bearbeiten** gewährt Zugriff auf Befehle wie Ausschneiden, Kopieren, Einfügen, Alles markieren, Klonen usw. sowie den XML-Editor, die Möglichkeit, Grafiktablets einzurichten und die Programmeinstellungen.
- **Ansicht** beinhaltet die Aktionen für Zoom, Gitter, Führungslinien und die Farbverwaltungsansicht. In dem Menü stellen Sie auch das Aussehen des Programmfensters und seiner Anzeigeleisten ein. Neu sind die Anzeigemodi sowie die Einstellungen für die geteilte Ansicht.
- **Ebene** enthält die nötigen Werkzeuge für die Verwaltung der Ebenen. Hier können Sie diese anheben, absenken oder auch Objekte zwischen den Schichten verschieben.
- **Objekt** bietet Zugriff auf Gruppierungen, Objekteigenschaften, Anordnung sowie Ausschneidungen (Clipping) und Masken. Sie können Objekte anheben oder absenken und das Dialogfenster „Füllung und Kontur“ öffnen.
- **Pfad** beinhaltet die Befehle zur Bearbeitung von Pfaden, den Pfad-Effekt-Editor sowie die Möglichkeit, über ***Bitmap nachzeichnen***, Bilder zu vektorisieren.
- **Text** umfasst die Möglichkeiten der Textbearbeitung, eine Rechtschreibprüfung sowie die Formatierungseinstellungen.
- **Filter** gliedert sich in viele vorgefertigte Funktionen und Abfolgen, mit denen Sie Ihre Objekte und Skizzen modifizieren können. Ebenso gewährt das Menü Zugriff auf den Filter-Editor.
- **Erweiterungen** sind zusätzliche Funktionen, die Sie beim Erstellen beziehungsweise Verändern Ihrer Arbeiten unterstützen. Im Internet gibt es zudem verschiedene Erweiterungen, die die Interaktionen mit anderen Anwendungen ermöglichen.
- **Hilfe** bietet Zugriff auf das englischsprachige Handbuch im Internet, Tastaturbefehle, Fragen und Einführungen (die sogenannten Tutorials) sowie die Speicherauslastung des Programms.

Die Befehlsleiste

Die Befehlsleiste, die sich standardmäßig am rechten Zeichnungsrand präsentiert, bietet Zugriff auf alle wichtigen Instrumente und Dialoge. Im Vergleich zu früheren Versionen können die Leisten nun nicht mehr abgedockt, also verschoben werden. Allerdings können Sie sie über das Menü **Ansicht** mit dem Modus „Widescreen" entsprechend verändern. Dabei „rutscht" die Leiste entweder über die Zeichnungsfläche oder an den rechten Rand.

Bild 3.28 Die Befehlsleiste

Sie bietet Ihnen den sofortigen Zugriff auf alle notwendigen Aktionen. Sie haben die Möglichkeit, über die Pfeil-Icons Arbeitsschritte rückgängig zu machen oder Ihre Zeichnung zu speichern beziehungsweise zu drucken. Ebenso einfach können Sie sich die wichtigsten Dialogfenster wie *„Füllung und Kontur"*, *„Text"*, *„Abstände angleichen"*, *„Ebenen"* oder *„Einstellungen"* mit einem Klick öffnen.

Die Einrastleiste

Seit Version 0.47 schon gibt es die komfortable Leiste, die sich erst auf der rechten Seite neben dem Rollbalken platziert und dann senkrecht angezeigt wurde. Inzwischen sind es nur noch zwei Schaltflächen 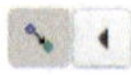. Mit der linken wird die Funktion aktiviert oder ausgeschaltet und der Pfeil öffnet einen Dialog und bietet somit Zugriff auf die einzelnen Möglichkeiten.

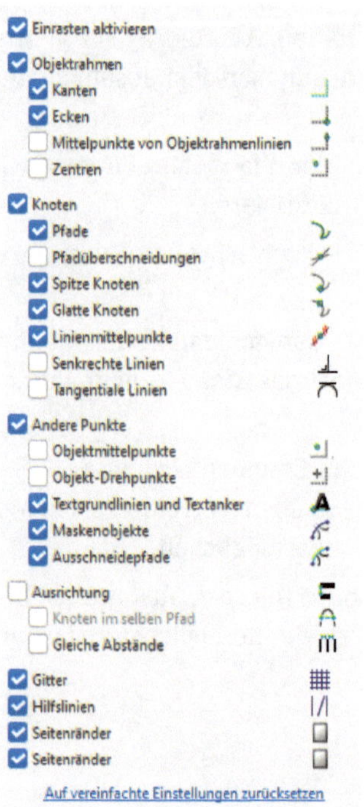

Bild 3.29
Dialogfenster für die Einrastfunktionen

Die Auswahlbox unterteilt die Liste in verschiedene Gruppen, die wiederum die Funktionen für Objektrahmen, Pfade (Knoten), Objektzentren, Textanker (neu seit Version 0.91) und Rotationspunkte zur Verfügung stellen. Ebenso können Sie Ihre Objekte an der Seite, dem Gitter oder den Führungslinien einrasten lassen. Auch wenn das sehr komfortabel ist, so kann es durchaus in manchen Situationen die Arbeit erschweren. Vor allem, wenn Inkscape versucht, das Objekt an den eingeschalteten Einrastpunkten abzulegen. Die Aktionen jeder Schaltfläche sind selbsterklärend.

Die Werkzeugeinstellungsleiste

Jedes Werkzeug hat eine eigene Befehlsleiste mit zusätzlichen Schaltflächen und Parametern.

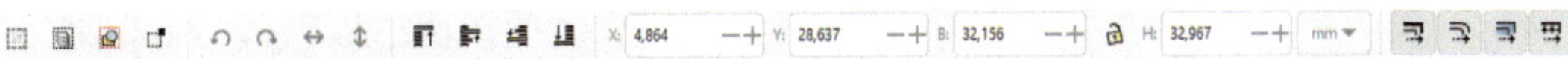

Bild 3.30 Die Werkzeugeinstellungsleiste

Da diese Leiste großer Aufmerksamkeit bedarf, wird sie bei den Werkzeugen ausführlich beschrieben.

Die Farbpalette

Unterhalb der Arbeitsfläche befindet sich die Farbpalette in der Inkscape-Standardkonfiguration.

Bild 3.31 Die Farbpalette

Die Abbildung ist allerdings nicht komplett; sie würde nicht auf diese Buchseite passen und lässt sich durch die vielen Farben wahrscheinlich nur mit einer sehr großen Auflösung des Monitors vollständig anzeigen. Damit Sie dennoch auf alle Farben Zugriff bekommen, können Sie nun mit dem Mauszeiger auf die Leiste gehen und mit dem Mausrad die einzelnen Farben weiterscrollen.

Beginnend mit „*keine Farbe*" verläuft die Palette über Schwarz und die Grautöne zu Weiß und danach auf die Grundfarben. Haben Sie auf der Zeichenfläche ein Objekt markiert, können Sie diesem mit einem einfachen Klick auf ein kleines Farbquadrat die entsprechende Farbfüllung zuweisen. Wenn Sie dabei die **UMSCHALT**-Taste gedrückt halten, wird die Farbe auf die Kontur, also die Umrandung des Objekts, angewendet.

Ganz rechts an der Farbpalette befinden sich zwei Dreiecke und eine Menüschaltfläche (im folgenden Bild gelb markiert). Mit den Dreiecken wählen Sie sowohl die nächsten als auch die vorherigen Farbreihen aus und das Menü bietet Ihnen sofortigen Zugriff auf andere Farbpaletten sowie auf die Einstellungen der Farbleiste.

Bild 3.32 Schaltflächen und Menü

In dem senkrechten Menü können Sie zwischen 24 Farbpaletten wählen.

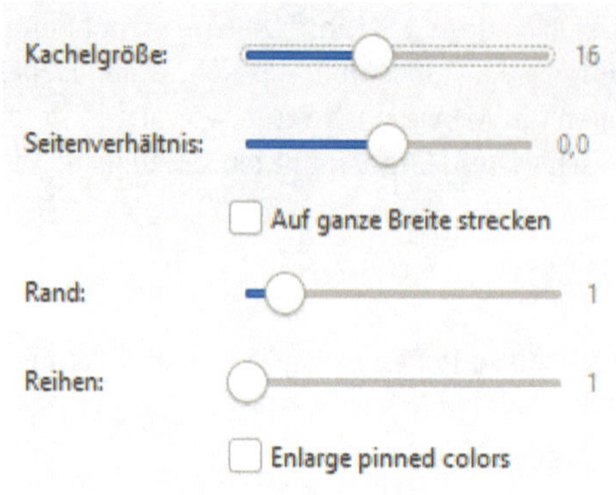

Bild 3.33
Dialog zum Einstellen der einzelnen Farbfelder

Eine mehrzeilige Anzeige ist auch möglich. Neu hinzugekommen ist die Möglichkeit, einen Rand um die kleinen Farbfelder einzublenden beziehungsweise mehrere Reihen der Farbpalette einzustellen. Damit vergrößert sich zwar die Zeile, aber Sie müssen eventuell nicht mehr so oft zwischen den viel genutzten Farben hin und her scrollen. Über „Kachelgröße“ und „Seitenverhältnis“ legen Sie fest, wie die kleinen Farbflächen aussehen sollen.

Die Statusleiste

Am unteren Rand der Zeichnung befindet sich die Statusleiste, die über ein markiertes Objekt beziehungsweise mögliche Tastenkombinationen oder Farbcodes Aufschluss gibt.

Bild 3.34 Die Statusleiste mit entsprechenden Informationen

Sie unterteilt sich in fünf größere Bereiche: die Anzeige für Füll- und Konturfarbe sowie Strichdicke, die Deckkraft des Objekts (O steht für Opazität), die Ebenen, ein größeres Feld für Informationen und den Zoom- sowie Rotationsbereich, der sich auf der rechten Seite der Leiste befindet. Haben Sie nichts ausgewählt, so werden verschiedene Bereiche grau dargestellt.

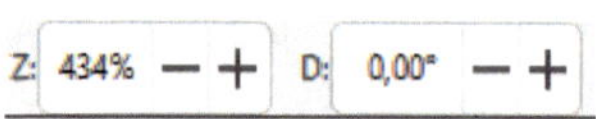

Bild 3.35
Z=Zoom, D=Drehung der Arbeitsfläche

Sie können dabei Werte per Hand eintragen (auf die Prozentzahl klicken) oder entsprechend mit Plus und Minus verändern. Einstellbar sind sie im Bereich von 1,0 % bis 25 600 %. Den beiderseitigen Nullpunkt bildet die linke obere Zeichnungsecke, der Zoomfaktor (Z) ist davon nicht abhängig.

Die Werkzeugleiste

Das wohl wichtigste Utensil von Inkscape ist die Werkzeugleiste, über die Sie auf alle notwendigen Formen und Pfade per Mausklick sofortigen Zugriff haben. Sie unterteilt sich in Auswahl-, Modifikations-, Formen-, Pfad- und Zeichenwerkzeuge und beinhaltet zudem Farb- und Füllhilfsmittel. Ebenso sind hier Schaltflächen für Text, Lupe, Objektverbinder, Pipette, Spray, Radierer, Messwerkzeug und neu das Seitenwerkzeug integriert.

Bild 3.36
Werkzeugleiste

3.3 Die Formen

Die Formen - beginnend ab dem Rechteck - sind ein wichtiges Hilfsmittel bei der Gestaltung Ihrer Zeichnungen. Rechtecke beziehungsweise Quadrate, Kreise oder Ellipsen, Polygone, Sterne und Spiralen gehören in diesen Bereich und wenn wir später in den Workshops komplexere Objekte erstellen, lassen sich viele Teilbereiche in die eigentlichen Grundformen zerlegen. Mit einfachen Formen gestalten wir den Einstieg in die Materie und auf den folgenden Seiten bekommen Sie einen kurzen Einblick.

Inkscape liefert Ihnen insgesamt fünf Werkzeuge, mit denen Sie Grundformen erstellen können: Rechteck, 3D-Box, Ellipse, Stern und Spirale.

	Rechteck/Quadrat:	erstellt Rechtecke, Würfel und andere Vierecke mit spitzen oder abgerundeten Ecken
	Ellipse/Kreis:	erstellt Ellipsen, Kreise, Kreisbögen und -segmente
	Stern/Polygon:	Sterne und Polygone, die mit Parametern abgerundet und/oder per Zufall geändert werden können
	3D-Box:	Es werden dreidimensionale Objekte erstellt, bei denen die Perspektive in allen drei Achsen bestimmt werden kann.
	Spirale:	erzeugt spiralförmige Gebilde mit einem Start- und einem Endpunkt

Eine Form wird im Allgemeinen diagonal von links oben nach rechts unten mit gedrückter Maustaste aufgezogen. Danach kann diese mit den für die Form spezifischen Angriffspunkten (in Inkscape auch Anfasser/Griffe genannt) bearbeitet beziehungsweise mit dem Auswahlwerkzeug positioniert oder skaliert werden.

Rechteckwerkzeug

Das Rechteckwerkzeug erzeugt Quadrate, Rechtecke und sonstige verschiedene Vierecke mit spitzen Ecken oder abgerundeten Bögen. Alternativ ist das Rechteckwerkzeug auch mit der Funktionstaste **F4** erreichbar.

Bild 3.37 Werkzeugeinstellungsleiste für das Rechteck

Das obige Bild zeigt die Einstellungsleiste für das gewählte Werkzeug. Die Werte für B: (Breite) und H: (Höhe) sind dabei entweder leer oder zeigen die entsprechende Breite und Höhe eines bereits vorhandenen Rechtecks, die Sie dort auch folglich anpassen können. Die beiden folgenden Werte Rx: und Ry: erlauben das Verändern des Rundungsradius der Ecken. Die Einheit px können Sie ebenfalls ändern, wenn Sie vielleicht mit Millimetern arbeiten. Die kleine abschließende Schaltfläche mit der Ecke setzt die Rundung der Ecken wieder auf den Wert null zurück.

Bild 3.38
Beispiele von Rechtecken

Relativ neu ist ein kleiner Bereich auf der rechten Seite der Werkzeugeinstellungsleiste (oberhalb der Zeichnungsfläche), der bei den Form- und Pfadwerkzeugen Füllung und Kontur beinhaltet.

Bild 3.39
Dialog für Füllung und Kontur

Wenn Sie den Bereich mit dem Mauszeiger anklicken, gelangen Sie sofort in den Einstellungsdialog, um eventuelle Veränderungen vorzunehmen. Dort können Sie entweder immer den zuletzt benutzten Stil verwenden, für jedes Formwerkzeug einen eigenen Stil einstellen oder einen Stil aus einer Objektauswahl auf Ihrer Zeichnung übernehmen.

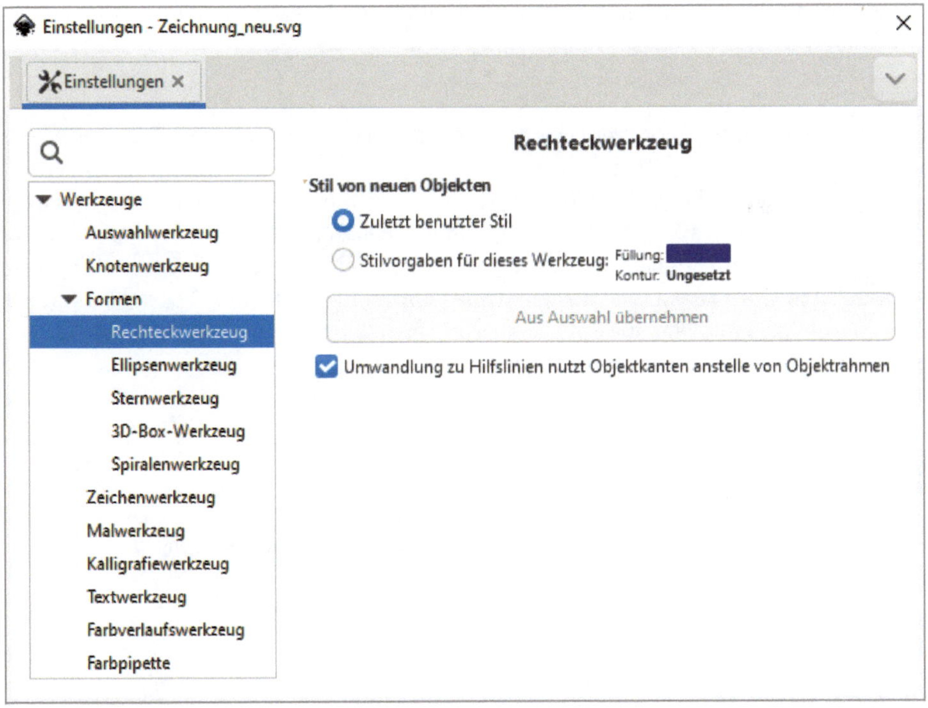

Bild 3.40 Einstellungsdialog: Rechteckwerkzeug

Ellipsenwerkzeug

Das Ellipsenwerkzeug erzeugt Ellipsen, Kreise, Kreisbögen und -segmente.

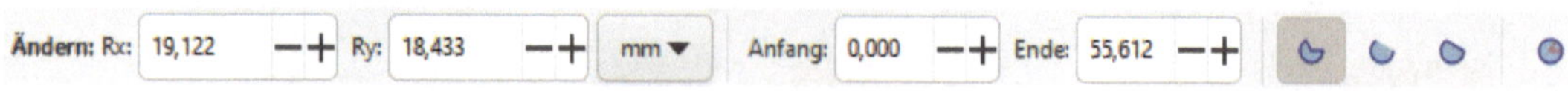

Bild 3.41 Werkzeugeinstellungsleiste für die Ellipse

Die möglichen Einstellungen für Anfang und Ende beziehen sich hierbei nur auf Kreissegmente und -bögen. Mit den entsprechenden Schaltflächen auf der rechten Seite können Sie die einzelnen Formen umschalten beziehungsweise auf den normalen Kreis zurückgehen. Die Schaltflächen auf der rechten Seite im sind dann aktiv, wenn es ein Kreissegment oder -bogen ist.

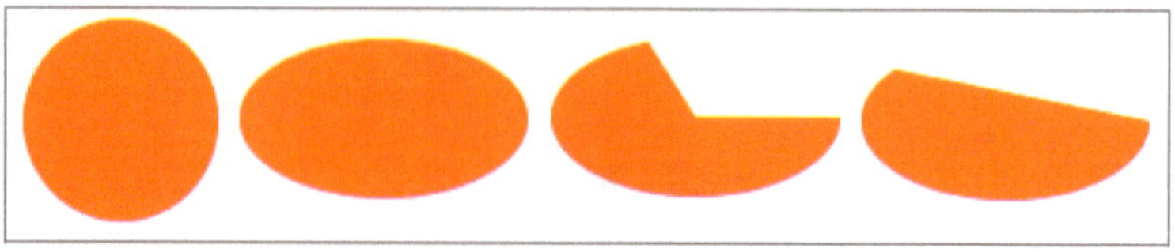

Bild 3.42 Kreis, Ellipse, Kreissegment und Kreisbogen

Stern- beziehungsweise Polygonwerkzeug

Das Stern- beziehungsweise Polygonwerkzeug erstellt Sterne oder Polygone, die mit möglichen Parametern abgerundet und/oder durch Zufall verändert werden können.

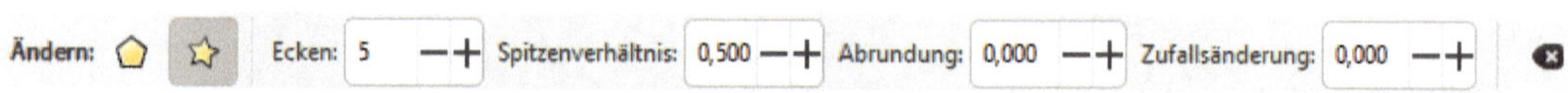

Bild 3.43 Werkzeugeinstellungsleiste bei der Sternform

Die beiden linken Schaltflächen legen fest, ob Sie einen Stern oder ein Polygon erzeugen wollen, und mit dem Wert für die **Ecken:** stellen Sie deren Anzahl ein. Der Parameter für das Spitzenverhältnis gilt dabei nur für den Stern; beim Polygon ist dieser Wert nicht aktiv, also nicht zu sehen. Die Einstellung der Abrundung rundet die Ecken oder Spitzen entsprechend ab und über die Zufallsänderung erstellen Sie ungewöhnliche Formen. Der Pinsel rechts stellt alle Parameter wieder auf den Ausgangszustand.

Bild 3.44 Stern, Stern mit abgerundeten Ecken, Polygon mit abgerundeten Ecken, Polygon

3D-Werkzeug

Das 3D-Werkzeug erstellt dreidimensionale Objekte, bei denen die Perspektive in allen drei Achsen eingestellt werden kann.

Bild 3.45 Werkzeugeinstellungsleiste bei der 3D-Box

Hier lassen sich die Werte für die Winkel für X:, Y: und Z: einstellen sowie die Fluchtpunkte mit aktivierter Schaltfläche auf endlich oder unendlich setzen.

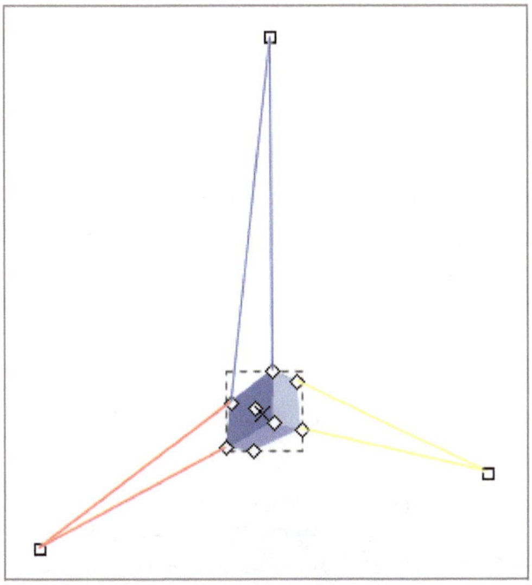

Bild 3.46
3D-Box mit Fluchtpunkten

Spiralwerkzeug

Das Spiralwerkzeug erstellt - wie der Name schon vermuten lässt - spiralförmige Gebilde.

Bild 3.47 Werkzeugeinstellungsleiste bei der Spirale

Der Wert für Umdrehungen setzt die Anzahl der Rotationen fest und die Abweichung bestimmt die Proportion zwischen den einzelnen Spiralkreisen. Dabei ist der Wert „**1,0**“ die Grundeinstellung. Größere Werte lassen die einzelnen Rotationen auseinandergehen, kleinere hingegen zusammen.

Der Wert „**0,0**“ stellt nur noch einen Kreis dar, da alle Spiralkreise übereinanderliegen. Ebenso lassen weitaus größere Werte die Spirale langsam wie eine Gerade aussehen. Hierbei spielt die Anzahl an Umdrehungen natürlich eine entscheidende Rolle. Das Pinselsymbol kennen Sie ja bereits vom Sternwerkzeug; der Pinsel führt die Parameter in den Ausgangszustand zurück.

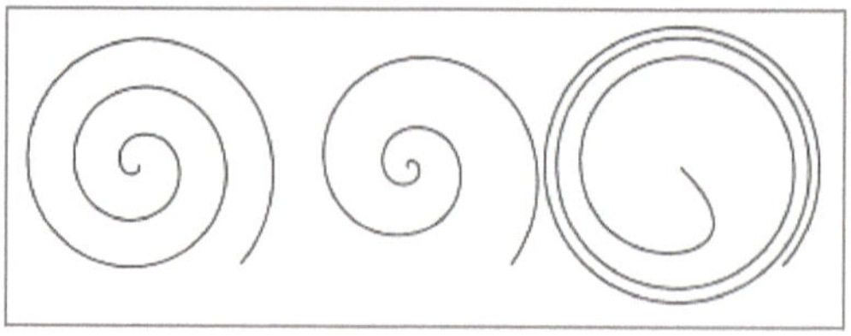

Bild 3.48 Spirale normal und mit verschiedenen Abweichungen

3.4 Pfadwerkzeuge

Neben den reinen Formwerkzeugen bietet Inkscape auch Pfadbearbeitung an. Man kann mit Sicherheit viele komplexe Objekte oder Zeichnungen in viele einzelne Grundformen zerlegen, um am Ende Rechtecke oder Kreise zu sehen. Manchmal reicht das aber nicht aus und man kommt um die Pfadbearbeitung nicht herum.

Hierfür bietet Inkscape den Zugriff auf folgende Hilfsmittel:

	Freihandlinien: Malwerkzeug	erstellt einfache Freihandlinien, die viele Knoten besitzen
	Bézierkurven und gerade Linien: Zeichenwerkzeug	zeichnet Bézier-Kurven, die eine genauere Kontrolle über das Aussehen des Pfades haben. Es lassen sich auch gerade Linien erstellen.
	Kalligrafie:	erzeugt kalligrafische Linien, die bezogen auf den Pfad einen annähernd parallelen Sub-Pfad mitbringen
	Spraydose:	Mit der Spraydose lassen sich schnell Kopien oder Klone von Objekten erzeugen beziehungsweise diese in einen einzelnen Pfad sprühen.
	Pfade entfernen:	wie ein Radiergummi (roter Strich), entfernt erstellte Objekte oder Pfade

Freihandwerkzeug

Drücken Sie die Taste **F6**, greifen Sie auf das Freihandwerkzeug zu. Über die Werkzeugeinstellungsleiste können Sie dabei festlegen, wie das Endergebnis der Linie aussehen soll.

Bild 3.50 Werkzeugeinstellungsleiste des Freihandwerkzeugs

Mittels der drei Schaltflächen bei Modus stellen Sie entweder den Bézier-, Spiral- oder B-Spline-Pfad ein und legen die Glättung der Linie fest. Niedrigere Werte erzeugen hier mehr Knoten, höhere Werte lassen den Pfad hingegen glatter werden. Arbeiten Sie mit einem druckempfindlichen Eingabegerät, können Sie mit Klick auf die Schaltfläche den minimalen und maximalen Anpressdruck festlegen, sowie die Linienenden und die Glättung einstellen.

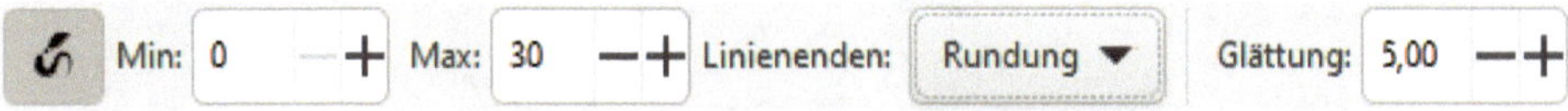

Bild 3.51 Werkzeugeinstellungsleiste für das Eingabegerät

Mit der Schaltfläche stellen Sie das pfadeffektbasierte, interaktive Vereinfachen des Pfads ein. Wenn Sie darauf klicken, erscheint ein weiteres Symbol , mit dem Sie den vereinfachten Pfadeffekt in einen normalen Pfad umwandeln. Über das Auswahlmenü Form bestimmen Sie, ob der Pfad eine bestimmte Ausprägung haben soll.

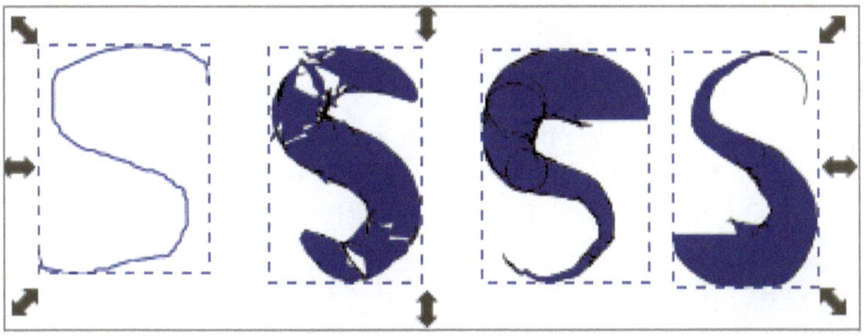

Bild 3.52 Freihandlinie normal, als Ellipse, mit Form „Dreieck Anfang" und „Dreieck Ende"

Haben Sie sich für eine Form entschieden, dann können sie über den Wert Skalierung festlegen, wie breit der Pfad werden soll. Der Bereich kann zwischen 0,00 und 1000,00 entweder über Plus und Minus in Schritten von 0,5 oder durch direkte Eingabe, dann auch in Abstufungen von 0,01 eingestellt werden.

Bézier-Kurven

Möchten Sie Bézier-Kurven oder gerade Linien zeichnen, drücken Sie einfach die Tastenkombination **Umschalt** + **F6**, um auf das Werkzeug zuzugreifen.

Bild 3.53 Werkzeugeinstellungsleiste des Bézier-Werkzeugs

Hier können Sie noch zusätzlich einstellen, ob Sie eine Abfolge von geraden oder achsparallelen Liniensegmenten zeichnen wollen. Wie schon bei der Freihandlinie sind hier ebenfalls bestimmte Formen auswählbar und auch hier können Sie über die Skalierung die Breite des Pfads festlegen.

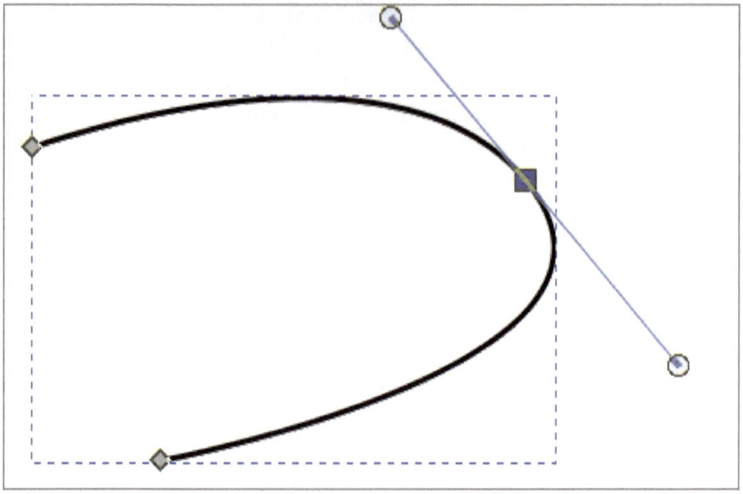

Bild 3.54 Bézier-Kurve (schwarz) mit Knotenanfassern (blau und grau)

Kalligrafisch zeichnen

Als weiteres Zeichenwerkzeug bietet Inkscape das kalligrafische Zeichnen über die Tastenkombination **Strg + F6**. Bei diesem Werkzeug haben Sie wohl auch die meisten Einstellungsmöglichkeiten, die die Einstellungsleiste zur Verfügung stellt.

Bild 3.55 Werkzeugeinstellungsleiste für das Kalligrafie-Werkzeug

Neben der Wahl einer Vorlage wie Tuschstift, Filzstift, Pinsel etc. und der Stärke können Sie den Winkel und die Ausrichtung variieren, ebenso Zittern, Wackeln und die Masse, die auf dem Werkzeug wirken soll. So lassen sich natürliche Tuschzeichnungen herstellen.

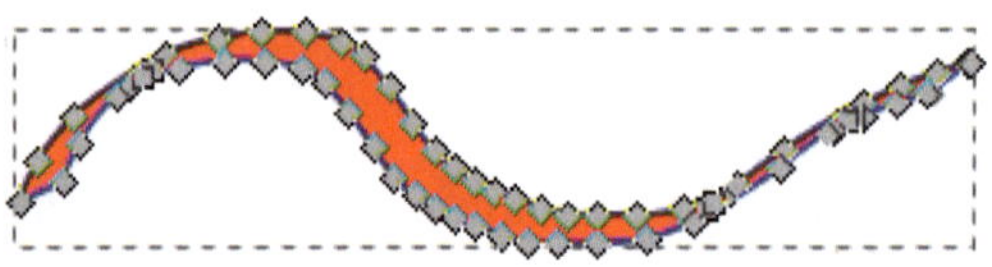

Bild 3.56 Kalligrafische Linie mit sichtbaren Knoten

Mit der neuen Schaltfläche rechts neben den Vorlagen können Sie selbst solche erstellen und abspeichern. Inkscape merkt sich die entsprechenden Werte und Sie können mit einem Klick auf Ihre abgespeicherte Stift-Vorlage zugreifen. Das ist sehr praktisch, wenn Sie mit verschiedenen Vorlagen arbeiten und nicht jedes Mal die entsprechenden Einstellungen neu vornehmen wollen.

Inkscape speichert die Kalligrafie-Vorlagen im Programm selbst und nicht in der Zeichnung ab. Sie können daher Ihre eigenen Vorlagen in jeder Zeichnung verwenden.

Mit der Spraydose, die es seit der Version 0.48 gibt, lassen sich bestehende Objekte schnell kopieren oder klonen. Auch können Sie Objekte in einen einzelnen Pfad sprühen.

Bild 3.57 Werkzeugeinstellungsleiste für die Spraydose

Um überhaupt mit der Spraydose arbeiten zu können, ist es erforderlich, zu Beginn das entsprechende Objekt zur Vervielfältigung auszuwählen. Ihnen stehen über die Werkzeugeinstellungsleiste verschiedene Optionen zur Verfügung. Über den Modus wählen Sie aus, ob Sie Kopien vom ausgewählten Objekt sprühen, Klone erstellen oder Objekte in einen einzelnen Pfad sprühen wollen. Der nächste Regler bestimmt die Breite des Sprühbereichs, relativ zum Dokumentausschnitt.

Bild 3.58 die zweite Blume ist das Original, alle anderen sind entweder Klone oder Kopien mit unterschiedlichen Parametern.

Haben Sie ein Grafiktablett, können Sie über die Schaltfläche auswählen, ob Sie die Druckempfindlichkeit des Eingabegeräts nutzen wollen, um die Anzahl der zu sprühenden Objekte zu beeinflussen. Die Menge legt die Anzahl der zu sprühenden Objekte fest, die pro Mausklick erstellt werden.

Der Parameter **Drehung** legt fest, wie die Formen rotiert werden sollen. Über den Punkt **Skalieren** können Sie zudem bestimmen, ob die gesprühten Formen gleich groß (0 %) oder größer erstellt werden sollen. **Streuung** beeinflusst die Verteilung der Objekte und über **Fokus** legen Sie den Ringradius der Sprühung fest. Der Radiergummi entfernt (löscht) gesprühte Objekte aus der Auswahl.

Auf der rechten Seite der Werkzeugeinstellungsleiste finden Sie noch folgende Schaltflächen:

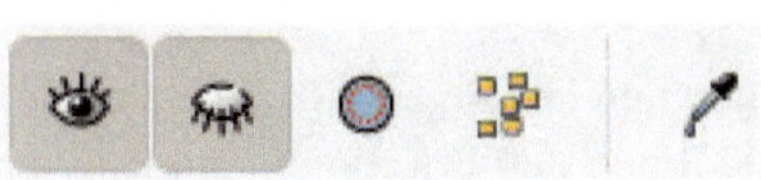

Bild 3.59
Weitere Einstellung für die Spraydose

Sie können festlegen, ob Sie über transparente und nicht transparente Bereiche sprühen wollen und wie Inkscape mit der Überlappung von Farben und Objekten umgehen soll. Mit der Pipette können Sie die Farbe aus der Zeichnung übernehmen.

Pfade entfernen

Das Werkzeug „Radierer“ eignet sich sehr gut, um Pfade oder ganze Objekte auf einfach Art und Weise zu löschen.

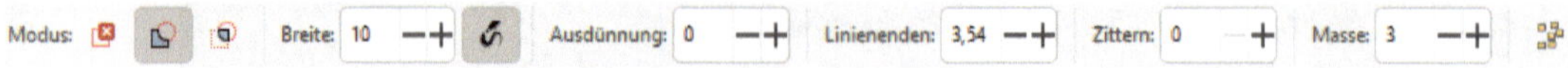

Bild 3.60 Werkzeugeinstellungsleiste für den Radierer

Inkscape hat dem Radierer gegenüber früheren Versionen einige neue Funktionen spendiert. Während Sie vorher nur den Modus und die Breite einstellen konnten, haben Sie nun die Möglichkeit, ähnlich den Mal- oder Kalligrafie-Werkzeugen, die Ausdünnung, Linienenden etc. einzustellen.

Über den Modus legen Sie fest, ob Sie Objekte, die vom Radierer berührt werden, löschen oder Teile aus einem Objekt herausschneiden wollen. Über die Breite legen Sie die Fläche des Werkzeugs fest. Der Wert für die Ausdünnung legt fest, wie dick der gezogene Radier-Strich wird. Je größer der Wert ist, desto schneller werden ausgeführte Striche dünner. Über die Linienenden bestimmen Sie, ob Sie eckige (Wert ist gleich null) oder runde (Wert ist gleich 1) Strichenden haben wollen. Werte über eins lassen das Strichende größer werden als die eigentliche Linie.

Bild 3.61
Werte: links null, Mitte eins, rechts fünf

3.5 Farb- und Füllwerkzeug

Farben und Objektfüllungen geben Ihren Zeichnungen den letzten Schliff. Daher werfen wir jetzt einen Blick in diese Kategorie und ich stelle Ihnen den Farbeimer, den Farbverlauf und die Pipette vor.

	Farbeimer	Füllt abgegrenzte Flächen mit ausgewählter Farbe.
	Farbverlaufswerkzeug	Erstellt oder ändert Farbverläufe.
	Verlaufsgitterwerkzeug	Verlaufsgitter erstellen und bearbeiten
	Pipette	Bereits verwendete Farben aus Objekten in aktuelle Auswahl übernehmen.

Farbeimer

Mit dem Farbeimer können Sie abgegrenzte Gebiete durch einfaches Klicken mit der ausgewählten Farbe auffüllen. Halten Sie beim Ausführen die **Umschalt**-Taste gedrückt, wird die neue Füllung mit der aktuellen Auswahl vereinigt. Wenn Sie hingegen **Strg** drücken und den Farbeimer verwenden, werden die neue Füllung und die Kontur des bearbeiteten Objekts zur aktuellen Einstellung geändert.

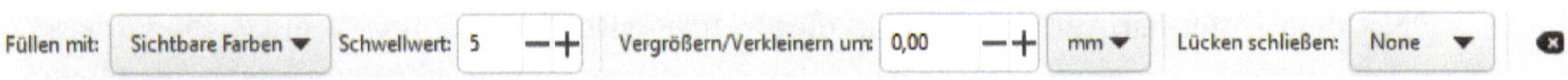

Bild 3.62 Werkzeugeinstellungsleiste

Neben der Füllung mit sichtbaren Farben können Sie auch Rot, Grün, Blau, Farbton, Helligkeit, Sättigung oder Alpha auswählen. Der Schwellwert legt den maximalen Unterschied zwischen benachbarten Pixeln fest, die noch zur Füllung gehören sollen. Ebenso lässt sich der erzeugte Füllungspfad vergrößern oder verkleinern und die Handhabung bei Lücken einstellen.

> **!** Wenn Sie einen großen Zoomfaktor eingestellt haben, kann die Abarbeitung des Befehls etwas Zeit in Anspruch nehmen.

Farbverlaufswerkzeug

Mit dem Farbverlaufswerkzeug lassen sich Farbverläufe durch einfaches Klicken und Ziehen erstellen beziehungsweise verändern. Seit der Version 0.91 hat sich die Bearbeitung der Farbverläufe verändert. Den eigentlichen Verlaufseditor gibt es nicht mehr und Sie nehmen nun die nötigen Einstellungen direkt über die Werkzeugeinstellungsleiste vor.

Ein Doppelklick auf ein Objekt wendet einen zuvor definierten Farbverlauf auf dieses an. Das Ziehen eines Anfassers hingegen verändert den Verlauf.

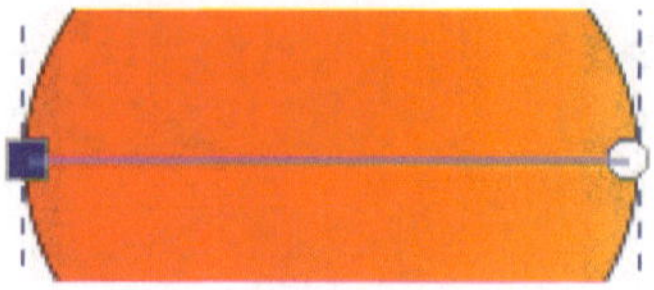

Bild 3.63
Bild mit Farbverlauf und dem eckigen sowie runden Anfassern

Dabei ist der quadratische Anfasser der Startpunkt und der runde markiert den Endpunkt. Auf die Farben und den Farbverlauf wird im Kapitel zum Farbmanagement ausführlich eingegangen.

Bild 3.64 Werkzeugeinstellungsleiste für den Farbverlauf

Über die Werkzeugeinstellungsleiste können Sie schnell anstelle eines linearen Verlaufs einen radialen wählen und festlegen, ob dieser auf die Füllung oder die Kontur wirken soll. Natürlich lässt sich der Verlauf entsprechend auswählen und bearbeiten.

Verlaufsgitterwerkzeug

Mit dem Gitter-Farbverlauf können Sie Ihre Farbverläufe anhand eines Pfadgitters über die entsprechende Form legen und jeden einzelnen Punkt des Gitters mit einer Farbe versehen oder auch mehrere Punkte auswählen, um die gleiche Farbe zu setzen.

Das folgende Bild erklärt die Arbeitsweise:

Bild 3.65
Farbverlaufs-Gitter auf einer „Gitarre"

Die eckigen Knoten beinhalten den entsprechenden Farbwert und mit den runden Anfassern können Sie die Gitterlinien wie bei der Pfadbearbeitung in die Richtung beugen, die Sie benötigen.

Für das obere Bild habe ich ein Gitter von acht Reihen und 5 Spalten genommen, da das Objekt höher als breit ist.

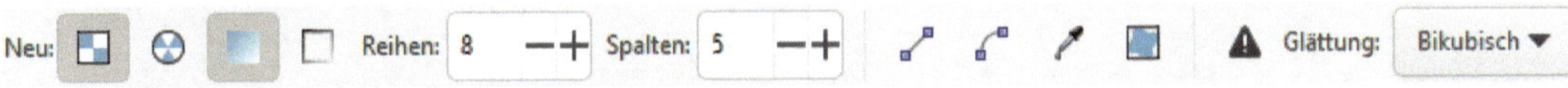

Bild 3.66 Werkzeugeinstellungsleiste für das Verlaufsgitter

Im folgenden Bild sehen Sie nochmal etwas detaillierter, wie das Gitter auf der Form liegt.

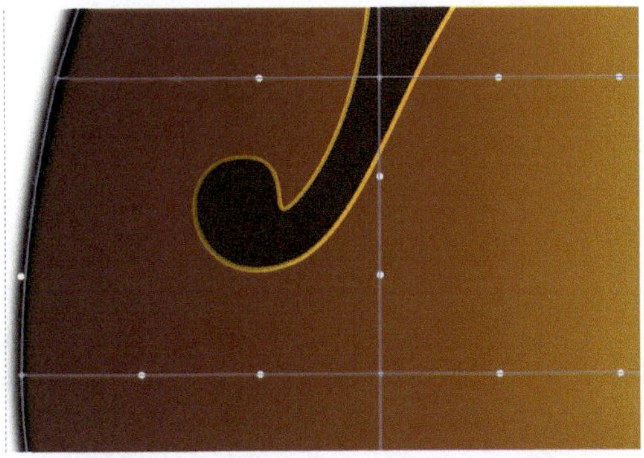

Bild 3.67
Gitter am Objekt ausgerichtet

Über die Werkzeugeinstellungsleiste können Sie bequem auch bestimmte Seiten zu Bezierkurven und Linien oder elliptisch machen. Der Wert für die Glättung legt dabei fest, ob Sie keine Glättung wünschen (Coons) oder eine Glättung über die Feldgrenzen hinweg (Bikubisch).

Achtung: Der SVG Syntax zu Verlaufsgittern ist noch im Entwurfsstadium.

Die fertige Gitarre sieht bei mir so aus:

Bild 3.68
Gitarre auf dem Ständer

Pipette

Die Pipette ist eines der letzten Hilfsmittel in der Werkzeugleiste. Mit ihr können Sie bereits verwendete Farben aus dem Bild in Ihre aktuelle Auswahl übernehmen.

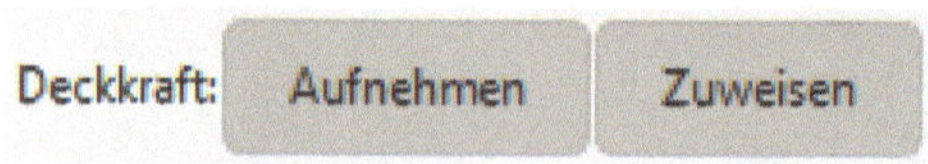

Bild 3.69
Werkzeugeinstellungsleiste Pipette

Wenn Sie zudem einen Blick in die Statuszeile werfen, sehen Sie ganz links den Hexadezimalcode der Farbe sowie den dazugehörigen Alphawert. Über den Modus **Aufnehmen** werden Farbe und Transparenz unterhalb des Cursors aufgenommen. Ist die Schaltfläche deaktiviert, wird die Farbe mit dem Transparenzwert vormultipliziert und übernommen. Die Schaltfläche **Zuweisen** wendet übernommene Transparenz auf Füllung und/oder Kontur an.

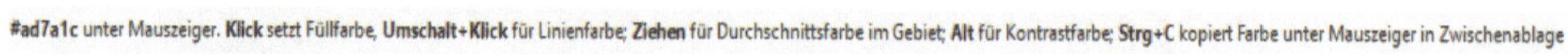

Bild 3.70 Statusleiste Pipette

Ein einfacher Klick mit der Pipette setzt die Füllfarbe; wenn Sie die **UMSCHALT**-Taste gedrückt halten, setzen Sie die Linienfarbe. Ziehen Sie hingegen einfach einen Bereich auf, wird die Durchschnittsfarbe für diesen Bereich verwendet. Mit der Tastenkombination **STRG** + **C** kopieren Sie die Farbe zur weiteren Verwendung in die Zwischenablage.

Neben den vielen Formen und Pfadwerkzeugen bietet die Werkzeugleiste noch weitere wichtige Utensilien, auf die wir nun eingehen.

3.6 Weitere Werkzeuge

	**Auswahlwerkzeug**	Markiert und verändert Objekte durch Verschieben der pfeilförmigen Anfasser.
	**Knotenbearbeitung**	Verändern von einzelnen Knoten oder ganzen Segmenten
	**Formerstellungs-werkzeug**	Pfade mit Hilfe Boolscher Operationen konstruieren.
	**Modellierwerkzeug (engl. tweak tool)**	Verändern eines Objekts oder Pfads durch Verschieben, Kürzen, Anheben oder Absenken (z. B. Einfügen der Zähne in den rechts gezeigten Kreis)
	**Lupenwerkzeug**	Verändert die Ansicht, um Objekte detailliert zu bearbeiten
	**Textwerkzeug**	Erstellt Text.
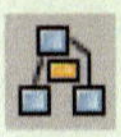	**Objektverbinder**	Verbindet Objekte miteinander wie in einem Organigramm.
	**Messwerkzeug**	Objekte ausmessen (M).
	**Seitenwerkzeug**	Dokumentseiten erstellen und bearbeiten.

Auswahlwerkzeug

Das erste Hilfsmittel in dieser Leiste ist das Auswahlwerkzeug , mit dem Sie Ihre Objekte und Formen markieren und verändern können. Zum Beispiel lassen sich die Objekte an den Anfassern skalieren beziehungsweise drehen oder scheren.

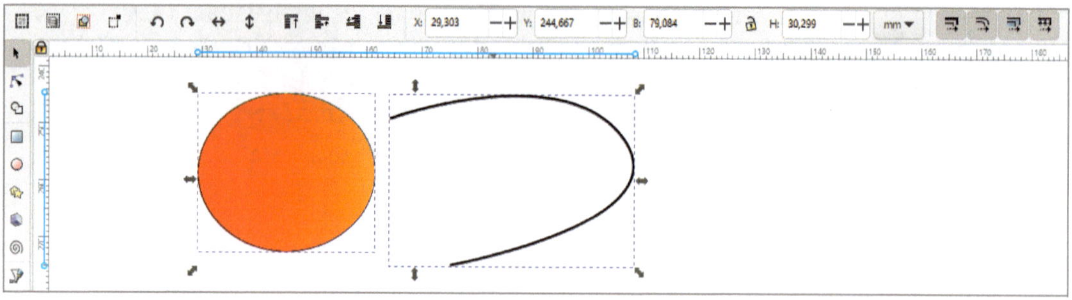

Bild 3.71 Auswahlwerkzeug mit Objektrahmen und Anfassern

Hier lassen sich Objekte drehen, anheben, absenken und verschieben, ebenso die Auswirkung auf Kontur, abgerundete Ecken, Farbverläufe und Muster.

In der aktuellen Version wurden dem Werkzeug drei neue Tastenkombinationen spendiert. So lassen sich Transformationen eines Objektes mit **STRG + ALT + T** erneut und mehrfach anwenden.

Wenn Sie auf Linux arbeiten, wird die Tastenkombination vermutlich ein Terminal öffnen. Eigene Tastenkürzel können Sie zuweisen, wenn Sie in einer Zeichnung über **Bearbeiten – Einstellungen – Benutzeroberfläche – Tastenkürzel** Ihre Tastenkombinationen entsprechend einstellen. Ebenso können Sie in genau diesem Dialogfenster eine mitgelieferte Datei, wie Corel Draw, Xara, etc. auswählen.

Die zweite Tastenkombination nutzen Sie über **STRG + ALT + D**. Sie dupliziert das Objekt, beziehungsweise die Auswahl und wendet die vorherige Transformation erneut an, sodass es um den gleichen Wert gedreht usw. wird. Somit lassen sich zügig Abfolgen von gleichmäßig verteilten Formen oder Objekten erstellen.

Auch hier wird die Tastenkombination auf Linux anders reagieren als erwartet. Daher sollten Sie sich auch hier eine eigene Kombination erstellen.

Wenn Sie einen Klon erstellen wollen, können Sie beim Ziehen die Taste **C** drücken. Damit wird es an der aktuellen Position geklont beziehungsweise mit der **LEERTASTE** eine Kopie des Objekts erstellt.

Knotenbearbeitung

Als Nächstes finden Sie die Knotenbearbeitung in der Werkzeugleiste, die Ihnen eine Vielzahl an Veränderungsmöglichkeiten für Ihre Objekte bietet. Sie können einzelne Knoten oder ganze Segmente modifizieren.

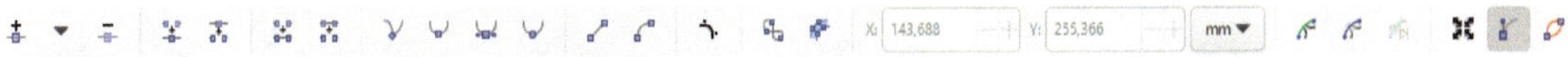

Bild 3.72 Werkzeugeinstellungsleiste Knotenbearbeitung

Haben Sie Pfade, dann können Sie hier Knoten hinzufügen oder löschen, Segmente einfügen und festlegen, ob die Knoten in Ecken oder Rundungen beziehungsweise symmetrisch gestaltet werden sollen. Objekte wie Rechtecke, Ellipsen oder Polygone müssen zur Pfadbearbeitung erst in einen entsprechenden Pfad umgewandelt werden. Dies geht mit der Tastenkombination **Umschalt** + **Strg** + **C** oder über das Menü **Pfad → Objekt in Pfad umwandeln**.

Formerstellungswerkzeug

Dieses Werkzeug ist neu bei Inkscape, funktioniert allerdings nur mit einigen Objekttypen.

Es ist das dritte Werkzeug in der Leiste und Sie erreichen es auch über die Taste X. Damit lassen sich Formen aus sich überschneidenden Objekten herstellen.

Um es zu verwenden, wählen Sie zu Beginn alle sich überschneidenden Objekte aus und klicken dann entweder auf die Schaltfläche oder über die Taste **X**.

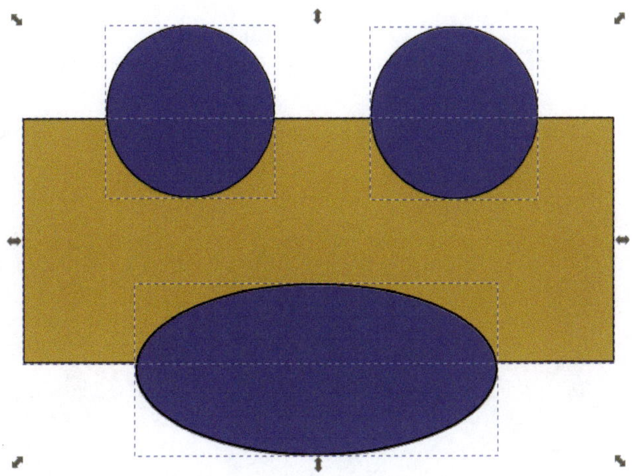

Bild 3.73 Alle entsprechenden Formen sind in der Auswahl

Nach dem Klick auf das Werkzeug werden die Objekte grau und die jeweiligen Teilformen blau, wenn Sie mit dem Mauszeigerdarüber gehen.

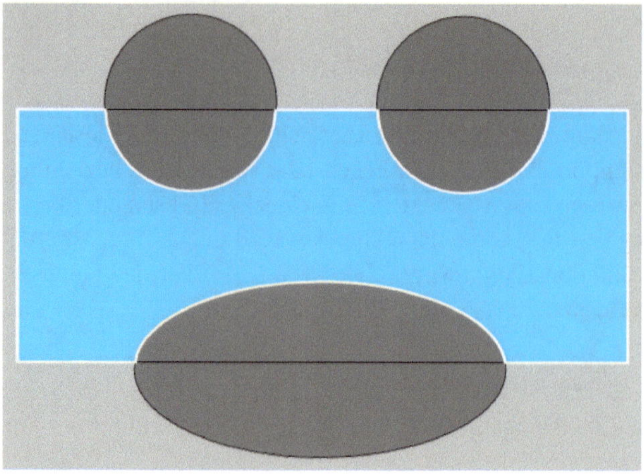

Bild 3.74 Die mittlere Form ist ausgewählt

Über die Werkzeugeinstellungsleiste entscheiden Sie, ob Objektteile hinzugefügt (blau) oder entfernt (rosa) werden sollen.

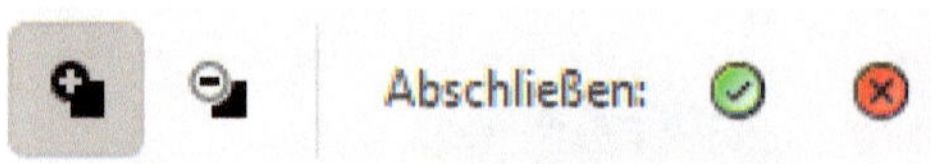

Bild 3.75 Werkzeugeinstellungsleiste

Als Ergebnis bekommen Sie alle ausgewählten Objekte entweder verbunden oder als separates Objekt.

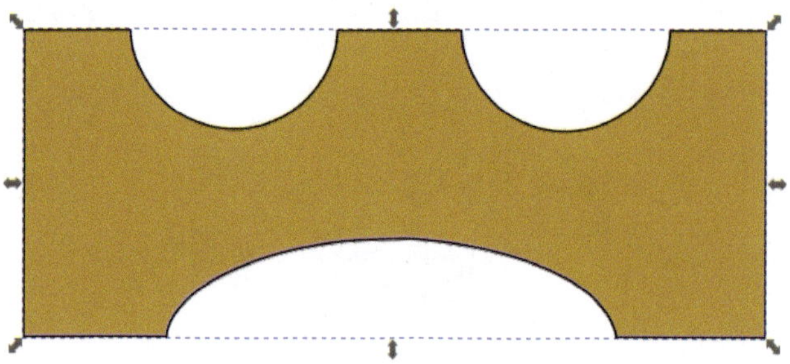

Bild 3.76 Ergebnis als EIN Objekt

Im Standardmodus (Hinzufügen) klicken Sie einfach auf ein Segment, um es in das zukünftige Ergebnis einzubinden. Mittels **Umschalt**-Taste entfernen Sie ein Segment. Wenn Sie mit der Maustaste auf einen Teil klicken und mit gedrückter Maustaste auf das nächste Teilobjekt gehen, werden die Teilobjekte miteinander verbunden. Haben Sie sich verklickt, können Sie auch den Vorgang mittels **ESC** oder dem roten Knopf abbrechen. Durch Drücken der Enter-Taste oder dem grünen Knopf wird das Ergebnis sichtbar.

Als kleine Übung erstellen wir eine einfache Sonne.

Dazu zeichnen wir einen Stern und legen zwei Ellipsen darüber. Die Mittelpunkte liegen alle direkt übereinander.

Bild 3.77
Stern mit zwei Ellipsen

Wir markieren die drei Objekte, wie im Bild zu sehen ist und wechseln auf das Formerstellungswerkzeug.

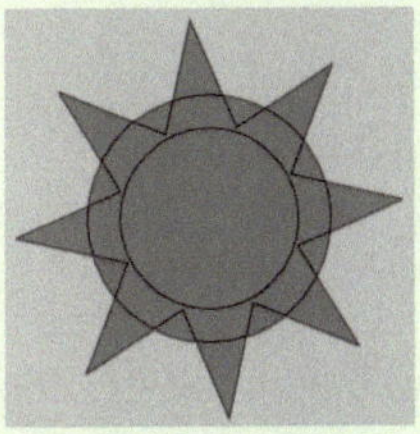

Bild 3.78
Formerstellungswerkzeug zum Auswählen der Form-Teile

Nun wählen wir die Ecken und den mittleren Kreis aus, wie im folgenden Bild zu sehen ist.

Bild 3.79
Fertige Auswahl der neuen Form

Nun schließen wir die Operation mit dem grünen Haken ab und sehen einen Kreis und die Ecken, welche die Sonnenstrahlen darstellen sollen. Im nachfolgenden Bild habe ich den inneren Kreis ausgewählt und mit der Maus bei gedrückter **STRG** + **UMSCHALT**-Taste noch etwas größer gezogen, damit der Abstand zu den Ecken nicht so riesig ist.

Bild 3.80
Fertige Sonne

Die Sonne können Sie natürlich noch nach Ihren Wünschen abändern, indem Sie Augen und Mund zeichnen.

Bild 3.81
Fröhliche Sonne

Modellierwerkzeug (engl. tweak tool)

Mit dem Modellierwerkzeug lassen sich einzelne Knoten über die Werkzeugeinstellungsleiste modifizieren.

Bild 3.82 Werkzeugeinstellungsleiste Modellierungswerkzeug

Sie können einen Knoten auswählen und diesen entsprechend modifizieren. Möchten Sie eine zuvor erstellte Form ändern, müssen Sie diese allerdings erst markieren. Das Modellierwerkzeug nimmt gezielte Veränderungen durch Verschieben, Verkürzen, Anheben und Absenken von Knoten vor. Beide Hilfsmittel werden im Kapitel Pfadbearbeitung ausführlich behandelt.

Lupenwerkzeug

Mit der Lupe können Sie die Ansicht so verändern, dass Sie Ihre Objekte detailliert bearbeiten können.

Zoomen Sie die Ansicht im Bereich von 1 % bis 25 600 % durch einfaches Klicken auf die entsprechende Stelle in Ihrer Zeichnung. Wenn Sie herauszoomen wollen, halten Sie die UMSCHALT-Taste gedrückt. Damit bekommt die Lupe am Mauszeiger ein Minuszeichen und Sie verkleinern die Ansicht. Natürlich können Sie auch einen Bereich aufziehen, der dann vergrößert dargestellt werden soll.

Bild 3.83 Werkzeugeinstellungsleiste für die Lupe

Über die Werkzeugeinstellungsleiste können Sie bereits definierte Zoomfaktoren auswählen.

Natürlich finden Sie die vorgefertigten Zoom-Schritte auch im Menü unter **Ansicht → Zoomfaktor**.

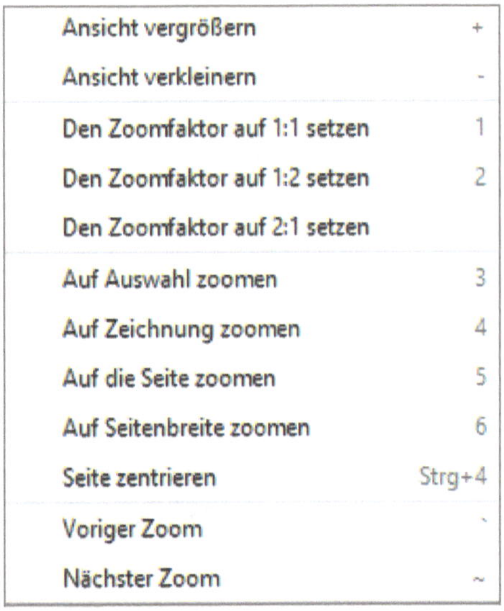

Bild 3.84
Dialogfenster für die Lupe im Menü

Textwerkzeug

Mit dem Textwerkzeug können Sie Text erstellen und in Schrift und Form anpassen. Klicken Sie einfach in Ihre Zeichnung, um Fließtext zu erzeugen, oder ziehen Sie einen Bereich auf, in dem Ihr Text stehen soll.

Bild 3.85 Werkzeugeinstellungsleiste für das Textwerkzeug mit Text

Über die Werkzeugeinstellungsleiste können Sie Schriftart, -größe und -form einstellen sowie die Absatzeigenschaften festlegen. Ebenso lässt sich der Text mittels dem passenden Dialogfenster, das Sie über STRG + UMSCHALT + T oder den Button in der Befehlsleiste erreichen, formatieren. Beim Text-Werkzeug hat sich einiges getan, so dass wir auf die Neuerungen gezielt in Kapitel 7 eingehen.

Objektverbinder

Die Objektverbinder dienen – wie der Name schon sagt – dazu, Objekte miteinander zu verlinken.

Damit lassen sich auf einfache Art und Weise ganze Organigramme oder Netzschaltpläne erstellen. Der Vorteil liegt darin, dass die Verbindungen beim Verschieben der einzelnen Formen „mitwandern". Sie ziehen eine Linie vom Mittelpunkt eines Objekts zum Mittelpunkt des Objekts, das Sie miteinander verbinden wollen, und die Linie wird zwischen ihnen entsprechend erzeugt. Die Linien enden dabei jeweils am Außenrand der Form.

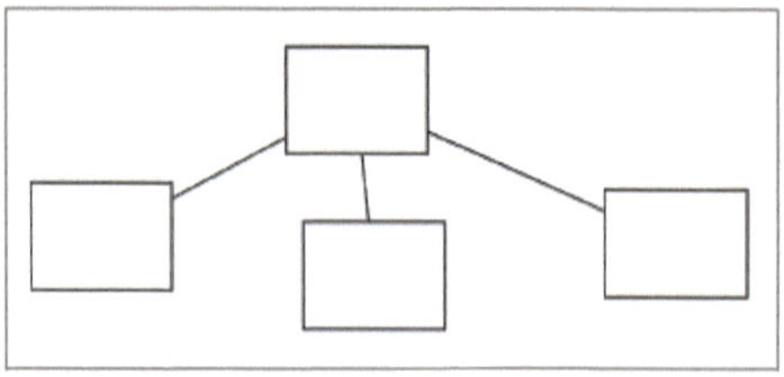

Bild 3.86
Beispielorganigramm

Bild 3.87 Werkzeugeinstellungsleiste für den Objektverbinder

Neben dem Verbinden der Objekte können Sie einstellen, ob die Verbindungslinien über die Objekte geführt werden dürfen oder um diese herum. Ebenso bestimmen Sie den Abstand und die Verwendung von Pfeilen am Linienende.

3.7 Die Zeichenhilfsmittel

Nachdem wir die Werkzeuge kurz vorgestellt haben, wollen wir uns nun mit den Linealen, Führungslinien und dem Gitter beschäftigen. Planlos im Dokument Formen zu erstellen, ist für den ersten Gebrauch ganz gut, um sich mit der Arbeitsweise der einzelnen Werkzeuge vertraut zu machen. Wer allerdings genau beziehungsweise symmetrisch zeichnen will, kommt um Gitter, Einrastpunkte und Führungslinien nicht herum. Die Einstellmöglichkeiten dafür finden Sie im jeweiligen Register im Dialogfenster Einstellungen, das Sie über das Menü Bearbeiten → Einstellungen oder die Tastenkombination **Strg** + **Umschalt** + **P** oder in der Befehlsleiste öffnen.

Lineale

Links und über Ihrer Zeichnungsfläche finden Sie die Lineale, die Sie über die Tastenkombination **Strg** + **R** oder über das Menü Ansicht → Anzeigen/Ausblenden → Lineale ein- beziehungsweise ausblenden können. Startpunkt für beide Lineale ist die linke obere Ecke Ihrer Zeichnungsfläche und die Einheit sind Millimeter.

Diese Einstellung können Sie im Dialogfenster Dokumenteneinstellungen im Register Anzeige ändern. Sie öffnen es über **(Strg)** + **(Umschalt)** + **(D)** und können dort auf andere Maßeinheiten umstellen. Je weiter Sie in Ihre Zeichnung hineinzoomen, umso genauer wird die Einteilung der Lineale. Welche Maßeinheit verwendet wird, sehen Sie, wenn Sie mit dem Mauszeiger kurz auf einem Lineal verweilen.

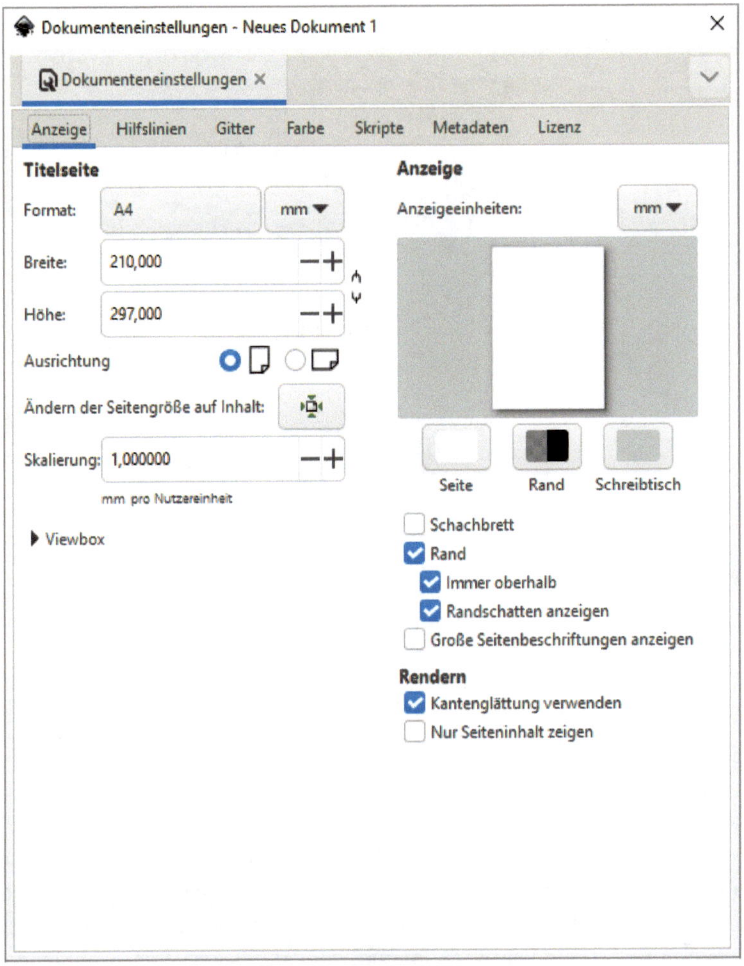

Bild 3.88 Einstellungsdialog für die Anzeigeeinheiten

Bei den Linealen sind zwei neue Anzeigebereiche hinzugekommen. Zum einen wurde der Teil, welcher der aktuellen Seite entspricht, anders eingefärbt, damit man optisch noch mal sieht, wo die Seite endet. Zum anderen wird bei den Linealen nun der Bereich eingeblendet, den Sie in Ihrer Auswahl haben.

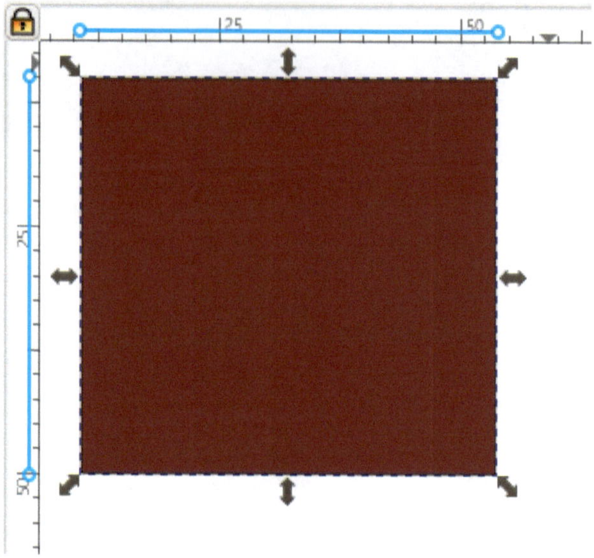

Bild 3.89 Blaue Linien bei den Linealen

Diese Markierungen können Sie über den Einstellungen-Dialog im Bereich Benutzeroberfläche (Auswahl in Linealen anzeigen) ein- oder ausblenden.

Führungslinien

Diese Hilfslinien dienen der besseren Anordnung Ihrer Objekte auf der Zeichnung, da Sie die Objekte an Führungslinien einrasten lassen können. Eine horizontale Führungslinie erhalten Sie, wenn Sie die Maustaste auf dem oberen Lineal gedrückt halten und diese einfach auf Ihre Zeichnung ziehen. Dabei erscheint eine blaue Linie. Ebenso können Sie den gleichen Arbeitsschritt auf dem linken Lineal ausführen, um eine vertikale Führungslinie zu erhalten. Die Schritte können Sie so oft wiederholen, wie Sie diese Linien benötigen. Führen Sie den Schritt in der linken oberen beziehungsweise unteren Ecke aus, erhalten Sie eine diagonale Führungslinie mit einem Winkel von 45 Grad. Im Bild sind die blauen Führungslinien zu sehen.

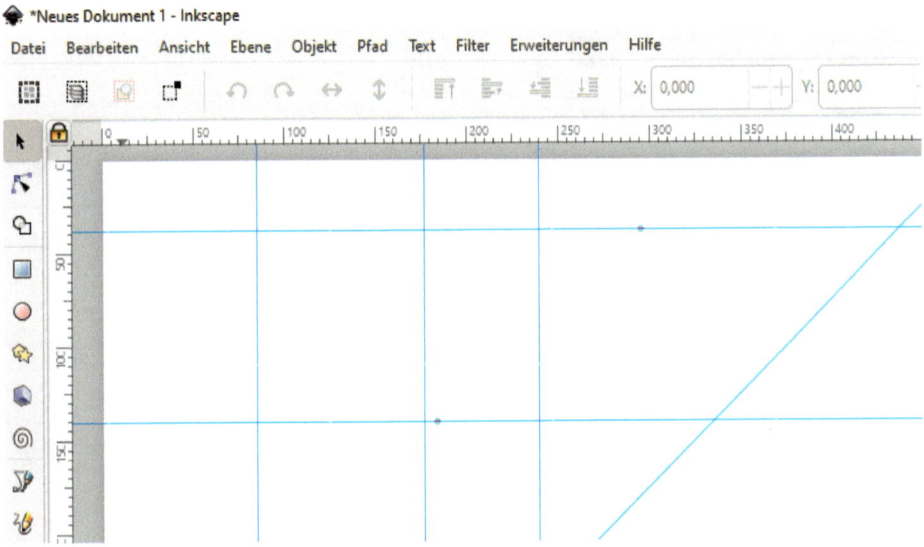

Bild 3.90 Führungslinien auf der Zeichnungsfläche

Diese Linien können Sie nach der Erstellung jederzeit mit dem Auswahlwerkzeug verändern. Ist es aktiviert, fahren Sie mit dem Mauszeiger auf die blaue Linie, bis sie sich rot einfärbt. Nun halten Sie die Maustaste gedrückt und verschieben die Leiste an den gewünschten Punkt. Wenn Sie doppelt auf die Linie klicken, erscheint ein kleines Menü, in dem Sie die Möglichkeit haben, die Linie in einem bestimmten Winkel zu drehen.

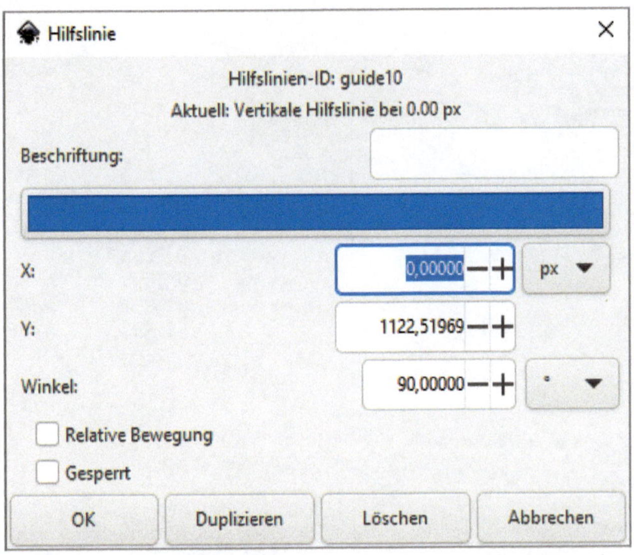

Bild 3.91 Per Doppelklick auf eine Hilfslinie

Da es sich um Hilfslinien handelt, werden diese auch nicht ausgedruckt. Sie können sie jederzeit über das Menü **Ansicht** → **Hilfslinien** aus- und einblenden.

Im Dialog für die Dokumenteneinstellung können Sie ebenso eine andere Farbe global festlegen.

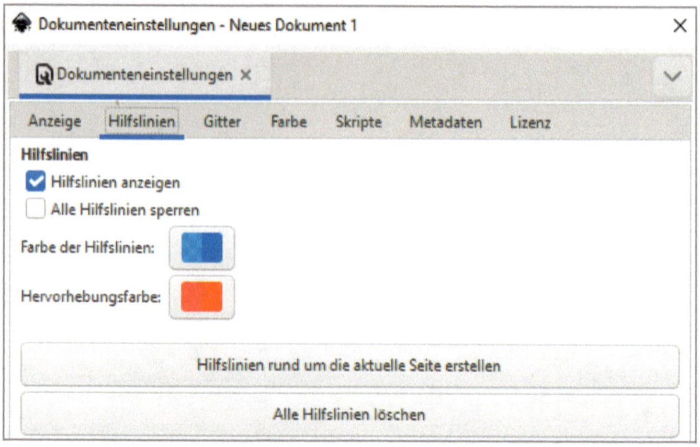

Bild 3.92 Einstellungsdialog für die Hilfslinien

Ebenso gibt es aber auch eine Erweiterung, mit der Sie passende Führungslinien automatisch erstellen lassen können. Hierzu finden Sie im Menü unter **Erweiterungen → Dokument → Hilfslinien erstellen ...** das entsprechende Dialogfenster.

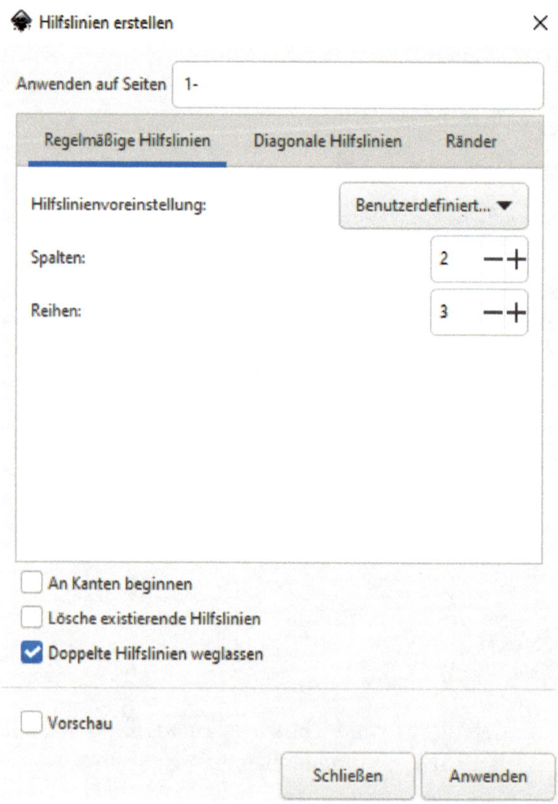

Bild 3.93 Dialogfenster zum Erstellen von Hilfslinien

Dabei können Sie auf Voreinstellungen zurückgreifen oder Sie erstellen horizontale oder/ und vertikale Linien in vordefinierten Abständen. Über die Option Vorschau können Sie vorher schon sehen, wie das Ergebnis aussehen wird. Der Befehl Anwenden setzt dann die jeweilige Einstellung.

Gitter

Das Gitter bietet neben den oben genannten Führungslinien ebenfalls eine gute Hilfe, wenn Sie Ihre Objekte anordnen und punktgenau ablegen wollen. Einblenden lässt es sich über die Taste # oder über das Menü Ansicht → Seitengitter. Neben dem normalen, rechteckigen Gitter können Sie auch das axonometrische Gitter über Datei → Dokumenteinstellungen oder **Strg** + **Umschalt** + **D**, Register Gitter einblenden.

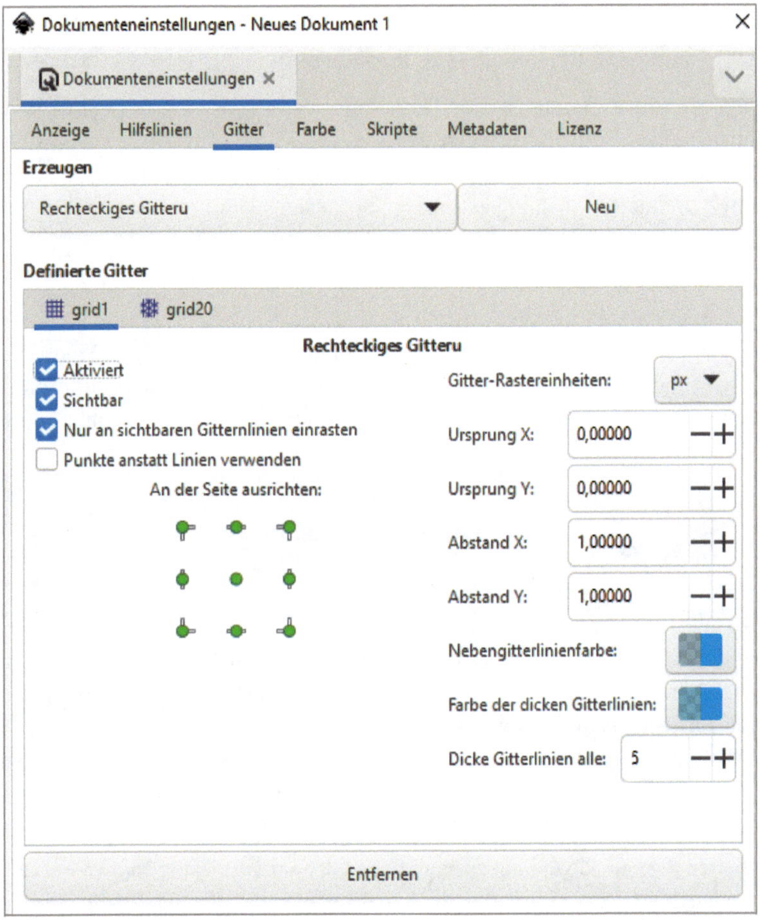

Bild 3.94 Dialog für die Einstellungen eines Gitters

Im oberen Bild sehen Sie das Gitter „grid1", ein rechteckiges Gitter und rechts daneben das „grid20", das ein axonometrisches Gitter darstellt. Mit den dazugehörenden Parametern können Sie es sich nach eigenen Wünschen einstellen.

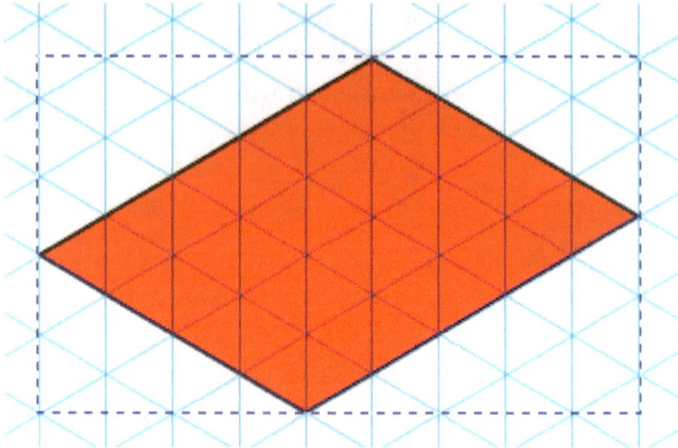

Bild 3.95 Die Form wurde bequem über die Einrastpunkte am Gitter mit dem Bézier-Werkzeug erstellt.

Hier sehen Sie ein axonometrisches Gitter mit vertikalen und schrägen Linien, die in einem eingestellten Winkel angezeigt werden. Die Anpassungen für das Gitter nehmen Sie in den Dokumenteneinstellungen vor. Hier können Sie auch den Winkel entsprechend modifizieren und das Aussehen bestimmen. So lassen sich unter anderem die Haupt- und Nebenlinien in einer unterschiedlichen Strichdicke anzeigen.

Farben

Farben spielen in jeder Zeichnung eine wichtige Rolle. Der einfachste Weg ist wohl, das zu ändernde Objekt anzuwählen und dann die passende Farbe aus der unteren Farbleiste anzuklicken. Schon hat die Form einen neuen Anstrich. Doch ist es meist mit der Farbauswahl allein nicht getan.

Bild 3.96
Dialog für die Farbe und Kontur

Inkscape stellt Ihnen mit der Farbfelder-Palette – zu erreichen über Ansicht → Farbfelder-Palette... oder die Tastenkombination STRG + UMSCHALT + W – die Auswahl nochmals etwas übersichtlicher zur Verfügung. Umfangreicher und leistungsfähiger ist jedoch der Dialog **Füllung und Kontur**, den Sie über Objekt → Füllung und Kontur..., per Tastenkombination **STRG** + **UMSCHALT** + **F** oder unten links im Programmfenster mit einem Doppelklick der Maus auf den Farbbereich aufrufen können.

> Sollten Sie kein Objekt ausgewählt haben, ist der Farbdialog leer. Weiterhin ist zu beachten, dass eine Farbe, die Sie aus dem Farbbalken unterhalb der Zeichnungsfläche und nicht aus dem Dialog heraus zuweisen, die Füllung verändert und nicht die Kontur. Zur Änderung der Konturfarbe halten Sie die **UMSCHALT**-Taste gedrückt.

Sobald ein Objekt ausgewählt ist, wird Ihnen die Füllfarbe angezeigt. Hier können Sie Ihren gewünschten Farbraum auswählen und Füllung, Füllverlauf sowie Konturlinien einstellen. Das soll an dieser Stelle aber erst einmal reichen, denn im Kapitel 5 wird näher auf das Farbmanagement eingegangen und die entsprechenden Dialoge werden ausführlich erklärt.

3.8 Workshop 1: Die ersten Schritte

Jetzt beginnen wir mit den ersten Formen, damit Sie endlich tätig werden können. In dieser Übung erstellen wir einfache Grundformen und verändern diese mit den jeweiligen Anfassern. Weiter werden Objekte gruppiert, Tastaturkombinationen genutzt, Formen dupliziert und es wird mit verdeckten Objekten gearbeitet. Im Gegensatz zu späteren Übungen im Buch wird hier weder Wert auf Farben und Kontur gelegt noch auf eine spezielle Dokumentvorlage eingegangen.

Sterne zeichnen

Klicken Sie auf das Sternwerkzeug (oder drücken Sie *) und anschließend erneut in das leere Dokument. Halten Sie dazu die linke Maustaste gedrückt und ziehen Sie die Form eines Sterns auf. Lassen Sie los, wenn Ihnen das Objekt von der Größe her gefällt. Zeichnen Sie noch einen weiteren Stern. Beachten Sie dabei die Werkzeugleiste Stern mit den Einstellmöglichkeiten für Ecken, Spitzenverhältnis, Abrundung und Zufallsänderung.

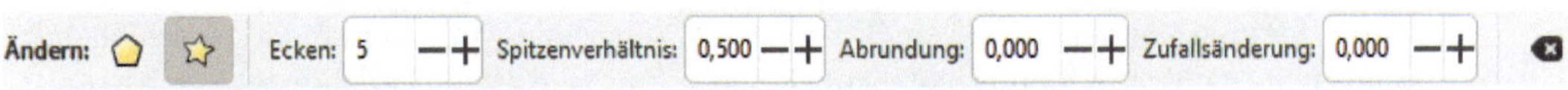

Bild 3.97 Werkzeugeinstellungsleiste für den Stern

Im Beispiel sehen Sie blassrote Sterne mit einer schwarzen Umrandung und einer leichten Transparenz. Später erfahren Sie, wie man das noch abändern kann.

Rechtecke abrunden

Mit den anderen Werkzeugen können Sie auf dieselbe Weise Spiralen, Kreise bzw. Ellipsen oder Vierecke erstellen, wie das im rechten Bild zu sehen ist. Man nennt sie auch Formwerkzeuge und jedes erzeugte Objekt hat einen oder mehrere Angriffspunkte, auch Griffe oder Anfasser genannt. Zeichnen Sie nun ein Rechteck.

Versuchen Sie, einen dieser Anfasser (Quadrat oder Kreis) mit der Maus zu ziehen, und Sie werden feststellen, dass die Quadrate die Form in Länge und Breite, der Kreis hingegen die Form an sich ändert. Der Kreis rundet die Ecken ab. Allerdings erscheint unter dem ersten kreisförmigen Anfasser ein weiterer, den Sie ebenfalls verschieben können. Spielen Sie ein wenig herum, um sich mit diesen Funktionen vertraut zu machen.

Die geänderten Werte für Breite (W), Höhe (H), horizontalen (Rx) und vertikalen (Ry) Abrundungsradius sowie die Einheit der Werte können Sie in der Rechteckwerkzeugleiste genau einstellen.

Bild 3.98 Werkzeugeinstellungsleiste

Gefällt Ihnen eine Abrundung nicht, können Sie diese mit dem Button **Spitze Ecken** wieder zurücksetzen.

Wenn der Mauszeiger über einem Anfasser liegt, sehen Sie in der Statusleiste (am unteren Rand der Programmoberfläche) einen Hilfetext, der beschreibt, wie Sie das Objekt verändern können.

Rechtecke verändern

Wenn Sie den runden Anfasser das erste Mal auswählen und senkrecht verschieben, ändern Sie damit den Radius der vertikalen Rundung und es erscheint ein zweiter kleiner Kreis, mit dem Sie in einem zweiten Schritt den Radius der horizontalen Rundung anpassen können.

> Sie können Ihre Ellipse zum Beispiel auch mit dem Rechteckwerkzeug abändern. Allerdings ändert sich dabei die Werkzeugeinstellungsleiste nicht. Nehmen Sie jedoch das für die Form passende Werkzeug, erhalten Sie über die Werkzeugeinstellungsleiste weitere Anpassungsmöglichkeiten.

Damit können Sie Ihre bisher gezeichneten Formen im Aussehen bereits stark verändern. Bei der Ellipse ist das ähnlich. Mit den beiden quadratischen Anfassern ändern Sie Höhe und Breite des Objekts, mit dem runden Anfasser bearbeiten Sie das Aussehen. Die Besonderheit bei der Ellipse oder dem Kreis ist, dass Sie mit dem runden Anfasser das Objekt in Segmente oder Bögen abändern. Ein Segment ist eine geschlossene Form mit zwei Radien und einem Bogen, ein Bogen ist eine offene Form.

Erstellen Sie ruhig noch ein paar Formen Ihrer Wahl, diese werden wir im Verlauf gruppieren.

Formen verändern

Eine weitere Möglichkeit, Ihre Objekte beziehungsweise Formen abzuändern, bietet das Auswahlwerkzeug, das Sie in der Werkzeugleiste finden oder indem Sie die Taste **F1** oder die **Leertaste** drücken. Nun können Sie auf das Objekt klicken, das Sie verändern möchten. Haben Sie etwas ausgewählt, erscheinen um dieses Objekt acht pfeilförmige Griffe ( ), die Ihnen Möglichkeiten zur Größenänderung durch Klicken und Ziehen bieten.

Verändert sich der Mauszeiger in einen gekreuzten Doppelpfeil, können Sie die Form durch Klicken und Ziehen verschieben.

> Halten Sie **Strg** gedrückt, um beim Verschieben die horizontale und vertikale Bewegung einzuschränken beziehungsweise das Seiten- und Größenverhältnis beizubehalten.

Klicken Sie mit der Maus ein zweites Mal auf das Objekt, verändern sich die Anfasser und bieten Ihnen folgende Möglichkeiten:

- Drehen der Form durch Klicken und Ziehen eines Eckgriffs
- Scheren durch Verändern der anderen Anfasser

> Wenn Sie wieder **Strg** gedrückt halten, wird die Form in 15°-Schritten gedreht beziehungsweise geschert.

Tastaturkombinationen

Neben der Bedienung mit der Maus ist Inkscape eines der Programme, die sich auch mit der Tastatur steuern lassen. Fast alle Befehle und Aktionen sind über Tastatureingaben ausführbar. So ändern Sie die Größe eines Objekts, indem Sie die Tasten < und > drücken. Die Tasten **Strg** + < und **Strg** + **Umschalt** + > verändern die Anzeigetiefe. Wenn Sie zusätzlich noch die **Alt**-Taste drücken, können Sie die Objektveränderungen pixelgenau durchführen. Das geht allerdings nur, wenn das Objekt mit dem Auswahlwerkzeug markiert wurde.

> Gemeint sind Bildschirmpixel. Wenn Sie **Alt** + **Pfeiltaste** drücken, wird das markierte Objekt um einen Pixel bei ausgewähltem Zoomfaktor bewegt. Nicht verwechseln mit der SVG-Längeneinheit px!

Wenn Sie Inkscape auf dem Betriebssystem Linux verwenden, kann es passieren, dass bestimmte Tastatureingaben durch den Fenstermanager abgefangen werden, bevor diese zu Inkscape gelangen. Hier müssen Sie die Eigenschaften des Fenstermanagers entsprechend anpassen.

Mehrfachauswahl und Gruppierungen

Die Tastatursteuerung lässt natürlich auch Mehrfachauswahl und Gruppierungen zu. Beschrieben werden diese ausführlich in der mitgelieferten Einführungsdokumentation, den sogenannten „Grundlagen". Diese finden Sie im Menü unter **Hilfe -> Einführungen -> Inkscape.Grundlagen**.

Nun versuchen wir, die eben erstellten Formen mit der Maus zu gruppieren. Klicken Sie an die Stelle in Ihrer Zeichnung, an der Sie beginnen möchten, das Auswahlrechteck aufzuziehen. Im Beispiel wollen wir bis auf die beiden Sterne alle Objekte auswählen. Halten Sie die Maustaste gedrückt und ziehen Sie das Rechteck etwas größer, als die Objekte sind. Solange ein Objekt nicht vollständig im Auswahlrechteck ist, wird es nicht mit in die Auswahl übernommen.

Nachdem Sie das Auswahlrechteck über alle Objekte gezogen haben, lassen Sie die Maustaste los. Sie sehen einen kleinen Rahmen um die einzelnen Formen und insgesamt acht pfeilförmige Anfasser an den Ecken und in der Mitte des alle Objekte umgebenden Rechtecks. Verschieben Sie einen Anfasser, skalieren Sie alle Objekte gleichzeitig. Klicken Sie nochmals auf die Objekte, verändern sich die Anfasser und Sie können alle um den Mittelpunkt drehen beziehungsweise scheren.

Zum Gruppieren; drücken Sie die Tasten **Strg** + **G** oder gehen Sie mit der Maus im Menü über **Objekt → Gruppieren**.

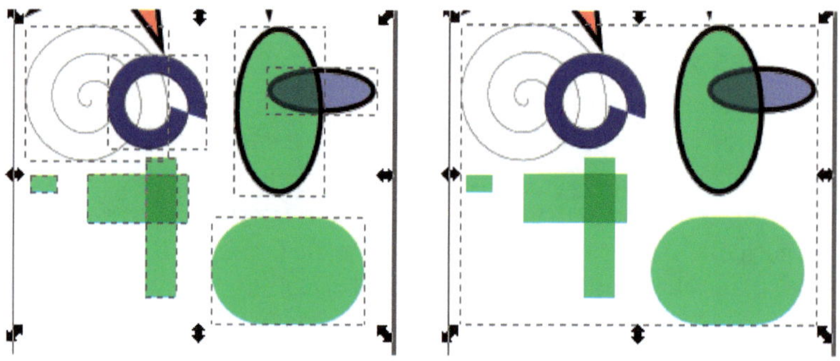

Wenn Sie sich beide Bilder genauer ansehen, werden Sie feststellen, dass die gestrichelten Rahmen um die einzelnen Formen verschwunden sind und stattdessen ein großer um alle Objekte vorhanden ist.

Mit der Tastenkombination **Strg** + **Umschalt** + **G** beziehungsweise **Strg** + **U** können Sie eine Gruppierung sofort wieder rückgängig machen. Selbstverständlich ist eine weitere Gruppierung mit schon vorhandenen Gruppen ohne weiteres möglich. Diese sogenannten rekursiven Gruppierungen können beliebig oft wiederholt werden. Allerdings macht ein einmaliges Gruppierung aufheben nur die jeweils letzte Gruppieraktion rückgängig.

Wenn Sie mehrere Gruppen erstellt haben und aus ihnen ein bestimmtes Objekt bearbeiten möchten, halten Sie einfach die **Strg**-Taste gedrückt und klicken mit der Maus auf das Objekt. Diese Auswahl können Sie anschließend modifizieren, ohne die Gruppe aufzulösen.

3.8.1 Weitere Arbeitsschritte

Bei der Erstellung Ihrer Zeichnungen werden Sie wohl um das schnelle Duplizieren von Objekten nicht herumkommen. Am einfachsten duplizieren Sie, indem Sie das Objekt auswählen und die Tastenkombination **Strg + D** drücken. Inkscape erzeugt eine Kopie, die genau auf dem bereits vorhandenen Objekt liegt und ausgewählt ist. Damit lässt sie sich sofort mit der Maus oder den Pfeiltasten an die entsprechende Position verschieben. Mit der folgenden kleinen Übung machen wir dies deutlich.

Erstellen Sie einen Kreis. Dieser wird in etwa so aussehen wie auf dem Bild.

1. Markieren Sie den Kreis, falls dieser nicht bereits ausgewählt ist, und drücken Sie **Strg + D** fünf Mal. Insgesamt liegen nun sechs Kreise übereinander. Versuchen Sie diese horizontal zu platzieren. Sicher sehen Ihre Kreise aus, wie im nachfolgenden Bild dargestellt und sind ebenso zufällig platziert.

2. Beim Verschieben mit der Maus verrutscht man schnell in der Höhe. Korrigieren Sie dies im Dialogfenster Ausrichten und verteilen, das Sie über das Menü Objekt → Ausrichten und verteilen beziehungsweise **Strg + Umschalt + A** öffnen.

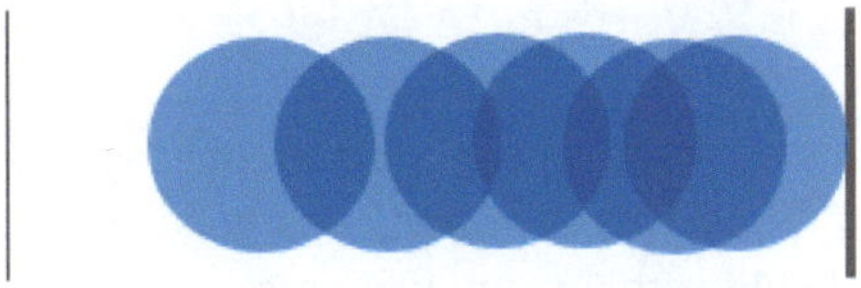

3. Markieren Sie alle Kreise und drücken Sie im Dialog die Schaltfläche Horizontal zentrieren. Damit sind die sechs Kreise auf gleicher Höhe. Drücken Sie auf die Schaltfläche Horizontal mit gleichem Abstand verteilen. Damit sind die Objekte gleichmäßig ausgerichtet und entsprechend ihrer Entfernung verteilt.

Jede Schaltfläche liefert wertvolle „Tooltipps“. Bleiben Sie mit der Maus einfach etwas länger auf der Schaltfläche und es öffnet sich ein kleines Dialogfenster.

4. Ein weiterer wichtiger Aspekt bei der Erstellung Ihrer Zeichnung ist die Anordnung der Elemente übereinander. Das heißt, welche Objekte verdecken wiederum andere? Sie können schon innerhalb einer Ebene die Formen in einer bestimmten Reihenfolge übereinander bringen: Wählen Sie die Form aus und drücken Sie **Pos1**, um sie ganz nach oben zu bringen, oder **Ende**, damit sie unten liegt.
5. Erstellen Sie ein Rechteck und duplizieren Sie es viermal. Sie werden feststellen, dass die Objekte bereits übereinander angeordnet sind. Damit man das hier im Beispiel besser sieht, wurde eine Konturlinie mit einer Breite von 2 px und für die Farbe Deckkraft 100,0 eingestellt.

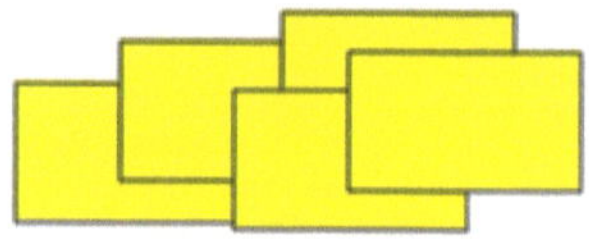

Wollen Sie Elemente nicht vollständig anheben oder absenken, helfen Ihnen die Tasten **Bild↑** und **Bild↓** bzw. die Schaltflächen und weiter, denn diese heben das Element um eine Stufe oder senken es um eine Stufe ab. Diese Reihenfolge der Anordnung nennt man auch „Z-Ordnung". Allerdings funktioniert die ebenenweise Änderung der Stufe nur bei sich überdeckenden Objekten. Ist das nicht der Fall, bewirken **Bild↑** und **Bild↓** das Gleiche wie **Pos1** und **Ende**.

Z-Ordnung:

Die Anordnung der Objekte und Formen innerhalb einer einzelnen Ebene nennt man bei Inkscape „Z-Ordnung". Räumlich dargestellt wäre jede Form auf einem separaten Blatt Papier gemalt und dann entsprechend übereinandergelegt.

3.8.2 Verdeckte Objekte bearbeiten

Es wird sicher vorkommen, dass Sie Formen mit anderen überdecken, um bestimmte Effekte hervorzurufen; zum Beispiel, wenn das darüber liegende Objekt transparent ist. Abhilfe schafft hier die Kombination **Alt + linke Maustaste**. Der erste Mausklick wählt das oberste Objekt aus, als würden Sie normal daraufklicken. Der zweite Klick an der gleichen Stelle wählt das darunter liegende aus. Dies können Sie fortführen, bis Sie das gewünschte Objekt ausgewählt haben.

Wenn Sie das unterste Objekt angewählt haben, kommen Sie mit dem nächsten Klick wieder zum obersten Objekt.

Jetzt können Sie das verdeckte Objekt über die Anfasser oder mit dem entsprechend ausgewählten Werkzeug modifizieren oder es mit **Alt + gedrückter linker Maustaste** ziehen und so an anderer Stelle positionieren.

Bild 3.99
Bild mit sichtbaren Knoten auf einem Objekt

Auf dem obigen Bild kann man im linken Bereich sehen, dass mit dem Knotenwerkzeug einige Objekte ausgewählt sind, die übereinander liegen und durch die Veränderung der Deckkraft der einzelnen Objekte durchscheinen. Die Gitarre wurde mit damals mit der Version 0.48 erstellt, als es noch keine Verlaufsgitter gab.

Damit beenden wir den ersten Exkurs und gehen im folgenden Kapitel auf die einzelnen Werkzeuge ein.

4 Inkscape-Grundlagen

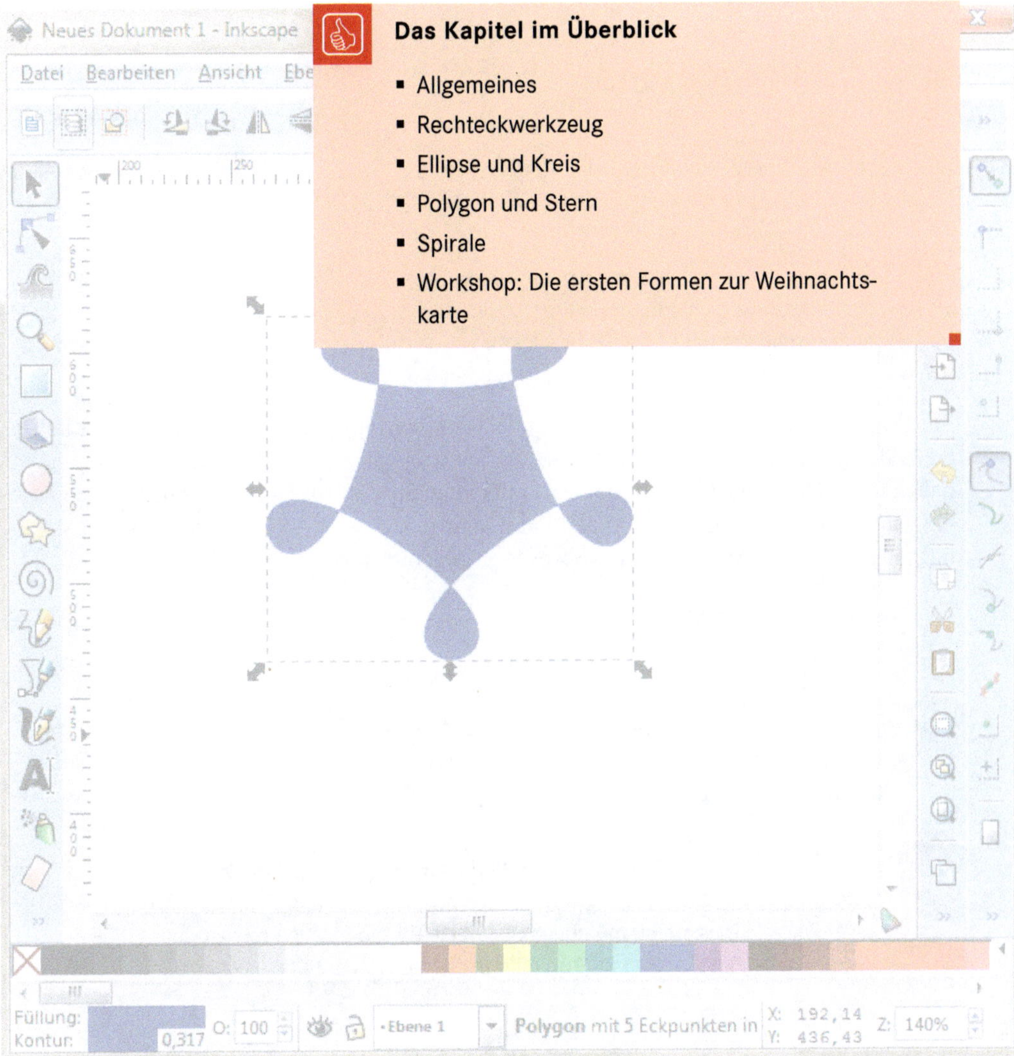

Das Kapitel im Überblick

- Allgemeines
- Rechteckwerkzeug
- Ellipse und Kreis
- Polygon und Stern
- Spirale
- Workshop: Die ersten Formen zur Weihnachtskarte

Hier beginnen wir nun mit den Basics von Inkscape. Doch was verbirgt sich eigentlich dahinter? Im vorangegangenen Kapitel haben wir bereits erste Schritte in Inkscape unternommen und Sie haben die eine oder andere Form erstellt, verschoben, dupliziert, verändert und in den Vorder- oder Hintergrund gestellt. Damit haben Sie die Grundkenntnisse für einfache Zeichnungen erlangt. Wir haben die Werkzeugleiste näher betrachtet und Einblick in deren Arbeitsweise gegeben.

In diesem Kapitel beschäftigen wir uns ausgiebig mit den einzelnen Formen Rechteck, Ellipse (Kreis), Stern (Polygon) und Spirale und damit, wie diese an die eigenen Wünsche angepasst werden können. Natürlich gehen wir auch auf die 3D-Box ein. Den Abschluss des Kapitels bildet wieder ein Workshop, bei dem wir das Gelernte anwenden und einen Schneemann vorbereiten.

4.1 Allgemeines

Eine Form beschreibt ein Objekt der Ebene oder des Raums, das mit mathematischen Mitteln exakt definiert werden kann.

> In Inkscape beschreibt die Form ein Objekt, das formspezifische Eigenschaften besitzt, die man unabhängig voneinander durch verschiebbare Anfasser und numerische Parameter verändern kann.

Eine neue Form wird mit der Maus durch Aufziehen mit gedrückter Maustaste an der Stelle des Mauszeigers im Dokument erzeugt. Solange die Form dabei ausgewählt bleibt, haben Sie die formspezifischen Anfasser, mit denen Sie das Aussehen verändern können. Ebenso sehen Sie die entsprechenden Parameter in der Werkzeugeinstellungsleiste, die nachfolgend für das Werkzeug **Auswählen** abgebildet ist.

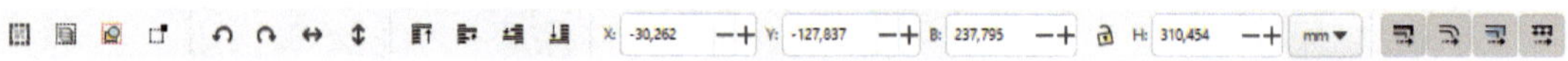

Bild 4.1 Werkzeugeinstellungsleiste Auswahlwerkzeug

Egal welche Form Sie auswählen, die Leiste zeigt für die Form passende Parameter an. Wählen Sie unterschiedliche Formen aus, werden die Parameter angezeigt, die dem ausgewählten Werkzeug entsprechen.

> Jede Änderung der Parameter in der Werkzeugeinstellungsleiste wirkt sich sofort auf neue Formen des gleichen Typs aus und jede ausgewählte Form verändert die Parameter, indem sie die Werte für die neu zu erstellenden Formen setzt. Farben und Konturlinien bleiben davon unberücksichtigt.

Beispiel: Wenn Sie ein Rechteck aufziehen und die Ecken abrunden, wird ein neues Rechteck ebenfalls mit dem gleichen Radius abgerundete Ecken haben.

4.2 Rechteckwerkzeug (F4)

In der Werkzeugleiste ist das Rechteck das erste Formwerkzeug nach dem Formenerstellungswerkzeug (X), das wir in diesem Abschnitt genauer in Augenschein nehmen. Ein Rechteck ist - wie auch die Ellipse - ein einfaches, sehr oft benutztes Objekt in Dokumenten und so bietet Inkscape die einfache und komfortable Veränderung dieser Form.

Mit wenigen Handgriffen ist ein Rechteck erstellt und an Ihre Wünsche angepasst. Nutzen Sie nur die Maus, erstellt Inkscape einfache Rechtecke. Wenn Sie allerdings die **Strg**-Taste gedrückt halten, können Sie die Form in einem ganzzahligen Größenverhältnis (2 :1; 3 :1, ...) aufziehen. Wenn Sie die Form ohne weitere Tastenkombinationen, also nur mit der Maus, erzeugen, startet das Rechteck (Quadrat) in einer Ecke und vergrößert sich in Ihre Ziehrichtung. Halten Sie aber die **Umschalt**-Taste gedrückt, wird das Rechteck entsprechend um den Mittelpunkt erstellt.

Beispielhaft sehen Sie hier ein Rechteck im XML-Editor:

```
<rect
      style="fill:#ff5555;fill-rule:evenodd;stroke:#000000;stroke-width:0.848783"
      id="rect12"
      width="109.55834"
      height="27.389585"
      x="4.6999439e-16"
      y="165.54861"
      rx="6.5213299"
      ry="6.3350058" />
```

Ist das Rechteck auf der Zeichnung als Form und das richtige Werkzeug ausgewählt, erscheinen am Rechteck drei sichtbare Anfasser, zwei quadratische und ein runder.

Die quadratischen Anfasser verändern die Größe in die X- und Y-Richtung, der kleine Kreis die Rundung der Ecke. Bei genauerer Betrachtung sind es aber zwei dieser runden Anfasser, die sich beim Erzeugen der Form überlagern. Der erste sichtbare Griff rundet die Ecke in vertikaler Richtung ab und der zweite in horizontaler Richtung.

Das nachfolgende Bild visualisiert Ihnen die unterschiedlichen Möglichkeiten.

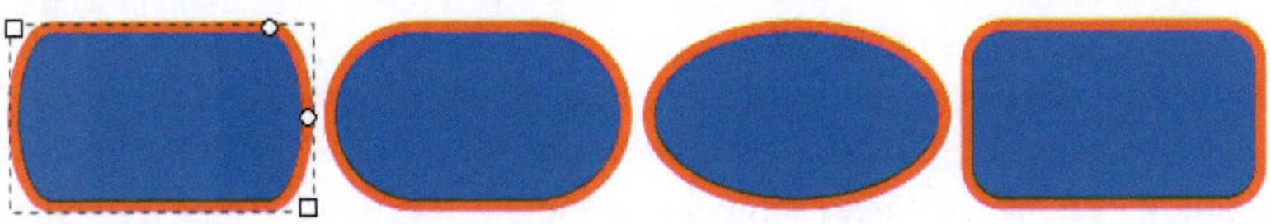

4.2.1 Parameter

Betrachten wir nun einmal die Einstellungsleiste, in der sich insgesamt fünf Parameter verändern lassen.

Bild 4.2 Werkzeugeinstellungsleiste Rechteck

Dies sind von links nach rechts: Breite (**B**:), Höhe (**H**:), RadiusX (Rx horizontal), RadiusY (Ry vertikal) und die Einheit, die standardmäßig auf „px“ eingestellt ist. Rechts neben der Maßeinheit befindet sich noch die Schaltfläche **Spitze Ecken**, mit der Sie die abgerundeten Ecken wieder aufheben können.

> Wenn Sie sehr breite Konturen verwenden, kann es passieren, dass Sie beim Abrunden der Ecken nur die Außenseite der Kontur abrunden, nicht aber die Innenseite. Hier muss der Außenradius größer als 50% der Konturbreite sein. Die Griffe beziehen sich dabei auf eine virtuelle Mittellinie der Kontur.

Solange Sie das Rechteckwerkzeug ausgewählt haben, können Sie problemlos duplizieren und die Duplikate dann mit dem gleichen Radius skalieren. Wenn Sie hingegen das Auswahlwerkzeug (F1) benutzen, sehen Sie zum einen die pfeilförmigen Anfasser am Rechteck und zum anderen erscheinen in der Werkzeugeinstellungsleiste an der rechten Seite vier weitere, sogenannte beeinflussende Schaltflächen, die im nachfolgenden Bild mittig zu sehen sind und beschrieben werden.

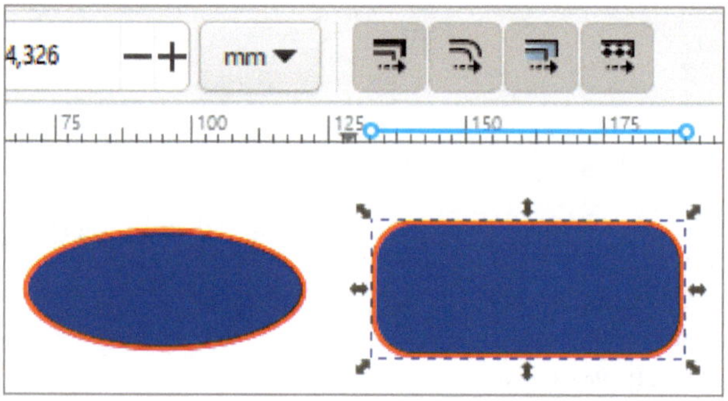

Bild 4.3 Ausgewähltes Rechteck"

Wenn Sie die linke Schaltfläche aktivieren, wird eine vorhandene Konturlinie entsprechend mit skaliert. Ist die zweite eingeschaltet, werden abgerundete Ecken bei einer Größenänderung mit skaliert. Die dritte Schaltfläche beeinflusst vorhandene Farbverläufe. Ist sie aktiviert, werden die Farbverläufe der Füllung mit dem Objekt verändert. Die rechte Schaltfläche ist für eventuell vorhandene Muster. Ob nun für Füllung oder Konturlinie, entweder wird das Muster mit skaliert oder es bleibt auch nach der Größenänderung gleich.

Probieren Sie ruhig etwas, damit Sie ein Gefühl für die einzelnen Funktionen bekommen. Ein großer Vorteil von Inkscape ist, dass Sie viele Rechteckformen in einem Schritt bearbeiten und verändern können. Drücken Sie dazu **Strg** + **A** (Alles auswählen) und modifizieren Sie die entsprechenden Parameter direkt über die Werkzeugeinstellungsleiste. Sollten Formen bei der Gesamtauswahl mit einbezogen worden sein, die keine Rechtecke sind, werden diese ignoriert und bleiben somit unverändert.

Sie werden sich bestimmt fragen, warum das nicht einfach über die entsprechenden Anfasser verändert wird. Die Antwort ist, dass die Änderung horizontal oder vertikal immer nur auf die Dokumentenseite bezogen wird und Sie bei einem gescherten Rechteck schnell Probleme bekommen. Im folgenden Bild wird das nochmals verdeutlicht.

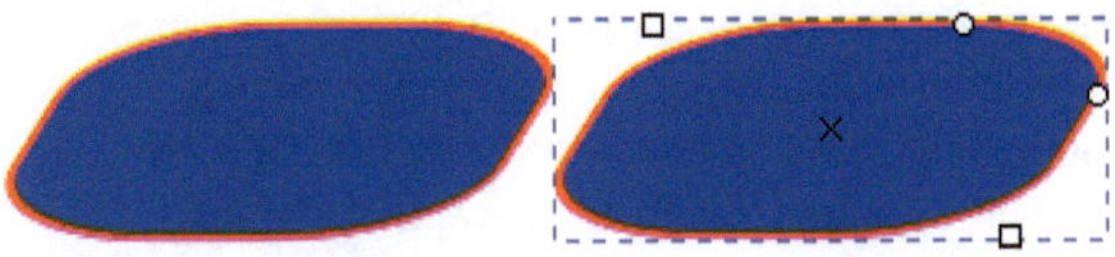

Bild 4.4
Geschertes Rechteck

4.2.2 Einfache 3D-Modelle

Durch Verschieben, Drehen, Positionieren und Scheren eines Rechtecks lassen sich sehr einfach 3D-Modelle zusammenstellen. Natürlich sind das keine echten 3D-Modelle, aber das Auge lässt sich wie immer auf sehr einfache Weise täuschen.

Hier wurden die Rechtecke mehrfach kopiert und mit dem Auswahlwerkzeug an den Griffen (Anfassern) in der Größe verändert. Hilfen bieten bei der Anpassung die **Strg**- oder die **Alt**-Taste.

Während Sie die Größenänderungsanfasser modifizieren, können Sie mit der **Umschalt**-Taste die Funktion verändern. Probieren Sie ruhig herum, um ein Gefühl dafür zu bekommen. Halten Sie die **Strg**-Taste beim Verändern gedrückt, so wird die Größe nur entlang der senkrechten und waagerechten Linien beziehungsweise entlang der Diagonale geändert.

Für die Anordnung der einzelnen Formen bietet sich auch die Zuhilfenahme der Einrastleiste an. Hier können Sie den Punkt bestimmen, an dem die Form an der anderen „andockt“. Wenn Sie ein Rechteck mit dem Auswahlwerkzeug markiert haben, sehen Sie in der Mitte ein kleines Kreuz. Sie können dieses nach Ihren Wünschen verschieben. Das Kreuz ist der Punkt, an dem oder um den die Form beim Verändern geschert oder gedreht wird. Selbstverständlich sind auch andere Kompositionen als hier dargestellt möglich. Weitere Tastenkombinationen finden Sie im Anhang.

Neben der Einrastleiste empfiehlt es sich auch, das Gitter einzuschalten. Damit lassen sich die Objekte ebenfalls schnell und einfach platzieren.

4.2.3 3D-Boxen (Umschalt + F4)

Eine besondere Form stellt die 3D-Box dar, die Sie in Inkscape in den drei Achsen (X, Y, Z) bearbeiten können, die in anderen SVG-Render-Programmen aber ganz normal aussieht. Die Box besteht aus einer Gruppe mit sechs Pfaden und die Informationen über die beiden Fluchtpunkte etc. werden im Inkscape-Namensraum (XML) abgelegt, der allerdings nur für das 3D-Box-Werkzeug benutzt wird. Im SVG-Standard ist die Box nicht vorgesehen.

Fluchtpunkt

Der Schnittpunkt von Geraden, die sich in einer perspektivischen Darstellung in einem Punkt schneiden, wird Fluchtpunkt genannt. Bei parallelen Geraden wird für mathematische Betrachtungen die Vorstellung benutzt, dass sie sich im Unendlichen schneiden würden. 3D-Boxen haben in Inkscape immer zwei Fluchtpunkte, dies entspricht dem geometrischen Projektionsverfahren der 2-Punktperspektive (Übereckperspektive). In dieser Art der Zentralprojektion sind die horizontparallelen Raumkanten nicht bild-ebenen-parallel. Sie fluchten in ihrem jeweiligen Fluchtpunkt, die vertikalen Raumkanten werden bild-ebenen-parallel abgebildet.

Das heißt, dass andere Werkzeuge, wie das Auswahlwerkzeug (**F1**), die einzelnen Seiten der Box als normales Element ansehen. Sie können diese mittels der Anfasser verändern oder sogar löschen.

So sieht der Quellcode für die Box im nachfolgenden Bild aus:

```
<g
       sodipodi:type="inkscape:box3d"
       id="g1"
       style="fill:#ff5555;fill-rule:evenodd;stroke:#000000;stroke-width:3.208"
       inkscape:perspectiveID="#perspective1"
       inkscape:corner0="3.7747431 : 0.12546745 : 0 : 1"
       inkscape:corner7="0.19901143 : 0.033191493 : 0.25 : 1">
      <path
         sodipodi:type="inkscape:box3dside"
         id="path6"
         style="fill:#e9e9ff;fill-rule:evenodd;stroke:none;stroke-linejoin:round"
         inkscape:box3dsidetype="11"
         d="M 123.51087,100.72854 76.603027,125.16581 59.565013,65.981184
118.59753,83.661161 Z"
         points="76.603027,125.16581 59.565013,65.981184 118.59753,83.661161
123.51087,100.72854 " />
      <path
         sodipodi:type="inkscape:box3dside"
         id="path1"
         style="fill:#353564;fill-rule:evenodd;stroke:none;stroke-width:3.22818;stroke-
linejoin:round"
         inkscape:box3dsidetype="6"
         d="m 132.39825,101.43405 -5.1706,-17.961012 -8.63012,0.188123
4.91334,17.067379 z"
```

```
         points="127.22765,83.473038 118.59753,83.661161 123.51087,100.72854
132.39825,101.43405 " />
      <path
         sodipodi:type="inkscape:box3dside"
         id="path5"
         style="fill:#afafde;fill-rule:evenodd;stroke:none;stroke-linejoin:round"
         inkscape:box3dsidetype="13"
         d="M 127.22765,83.473038 81.623565,61.545669 59.565013,65.981184
118.59753,83.661161 Z"
         points="81.623565,61.545669 59.565013,65.981184 118.59753,83.661161
127.22765,83.473038 " />
      <path
         sodipodi:type="inkscape:box3dside"
         id="path2"
         style="fill:#4d4d9f;fill-rule:evenodd;stroke:none;stroke-linejoin:round"
         inkscape:box3dsidetype="5"
         d="M 132.39825,101.43405 102.21409,133.0706 76.603027,125.16581
123.51087,100.72854 Z"
         points="102.21409,133.0706 76.603027,125.16581 123.51087,100.72854
132.39825,101.43405 " />
      <path
         sodipodi:type="inkscape:box3dside"
         id="path4"
         style="fill:#d7d7ff;fill-rule:evenodd;stroke:none;stroke-linejoin:round"
         inkscape:box3dsidetype="14"
         d="M 102.21409,133.0706 81.623565,61.545669 59.565013,65.981184
76.603027,125.16581 Z"
         points="81.623565,61.545669 59.565013,65.981184 76.603027,125.16581
102.21409,133.0706 " />
      <path
         sodipodi:type="inkscape:box3dside"
         id="path3"
         style="fill:#8686bf;fill-rule:evenodd;stroke:none;stroke-linejoin:round"
         inkscape:box3dsidetype="3"
         d="M 132.39825,101.43405 102.21409,133.0706 81.623565,61.545669
127.22765,83.473038 Z"
         points="102.21409,133.0706 81.623565,61.545669 127.22765,83.473038
132.39825,101.43405 " />
    </g>
    <text
       xml:space="preserve"
       transform="scale(0.26458333)"
       id="text8"
       style="white-space:pre;shape-inside:url(#rect8);display:inline;fill:#ff5555;fill-
rule:evenodd;stroke:#000000;stroke-width:3.208" />
  </g>
```

Wählen Sie die 3D-Box über die entsprechende Schaltfläche auf der Werkzeugleiste aus oder drücken Sie die Tastenkombination **Umschalt** + **F4**. Ziehen Sie eine Box auf, indem Sie links starten und mit der Maus nach rechts unten fahren. Lassen Sie die Maustaste los, wenn Ihnen die Box gefällt. Sie sehen nun, dass das Objekt insgesamt acht rautenförmige Griffe (Anfasser) für die Modifikation der Größe besitzt und zwei quadratische Fluchtpunkte.

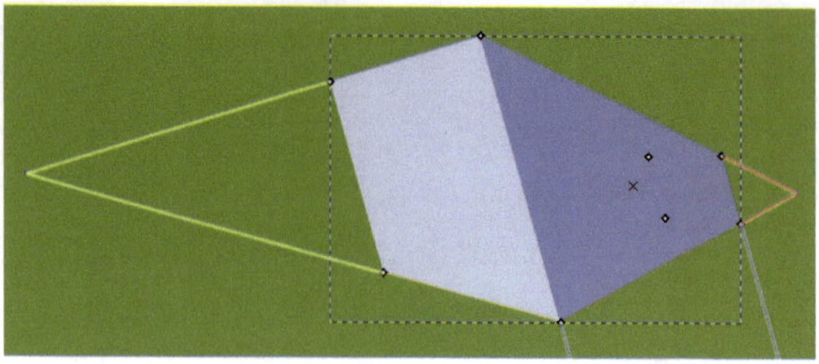

Bild 4.5 3D-Box mit zwei Fluchtpunkten (rot und gelb) und unendlich (blau)

Rote und gelbe Linien sind hier die Kantenverlängerungen zu den jeweiligen Fluchtpunkten, blau sind parallele senkrechte Kantenverlängerungen. An jeder Ecke der Box sehen Sie einen Anfasser.

Eine Besonderheit beim Erstellen der Boxen ist die **Umschalt**-Taste. Wenn Sie sie während des Erstellens der Box drücken, ändert sich die Funktion des Mauszeigers und Sie legen nun die Tiefe des Objekts fest.

Dies lässt sich für das zu erstellende Objekt nicht wieder rückgängig machen.

Während Sie die Größenänderungsanfasser modifizieren, können Sie mit der **Umschalt**-Taste die Funktion verändern. Probieren Sie ruhig herum, um ein Gefühl dafür zu bekommen. Standardmäßig wird eine 3D-Box mit zwei Fluchtpunkten in der Mitte der Seitenränder der Zeichnung erstellt. Zeichnen Sie zwei oder drei Boxen in Ihr Dokument und Sie werden feststellen, dass die Punkte genau dort liegen.

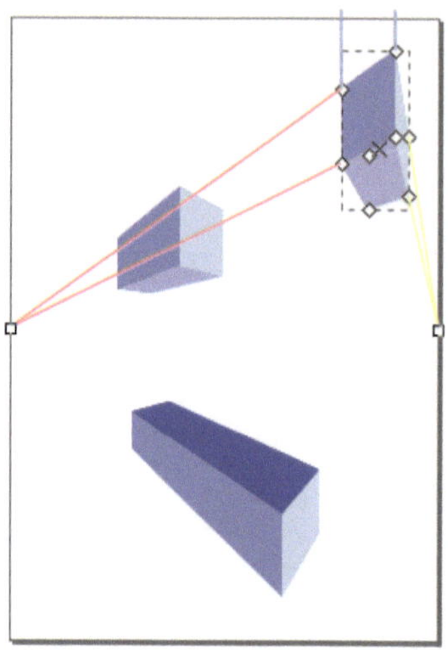

Hier das Bild dazu:

Exemplarisch ist hier das oberste Objekt mit Fluchtpunkten sichtbar. Wenn Sie die Kanten der beiden anderen 3D-Boxen an die Seitenränder verlängern, werden diese sich genau dort schneiden.

Sie können die Fluchtpunkte nun nach Ihren Wünschen verändern. Hierbei ist aber zu beachten, dass nachfolgend erstellte 3D-Boxen die Einstellungen übernehmen. Selbstverständlich können Sie die Punkte auch über den Dokumentenrand hinausziehen.

> Alle 3D-Boxen, die den gleichen Fluchtpunkt besitzen, sind bei einer Änderung betroffen und werden entsprechend angepasst. Wenn Sie nur eine 3D-Box modifizieren wollen, halten Sie die **UMSCHALT**-Taste gedrückt. Sind mehrere Boxen mit unterschiedlichen Fluchtpunkten markiert, bewirkt das Verändern, dass nah aneinander liegende Fluchtpunkte zusammengelegt werden.

4.2.4 Parameter

Die Werkzeugeinstellungsleiste für die 3D-Box:

Bild 4.6 Werkzeugeinstellungsleiste 3D-Box

Mit den Winkeln stellen Sie die Richtung einer Perspektive ein. Die parallelen senkrechten Striche geben an, ob die Fluchtpunkte für eine Richtung definiert sind.

> Wenn Sie einen Fluchtpunkt durch Ziehen verändern, verändern Sie den dieser Richtung zugeordneten Winkel. Der neue Winkel wird nur angezeigt, wenn Sie die Schaltfläche **Fluchtpunkt** aktivieren und wieder deaktivieren.
>
> Haben Sie gerade zwischen 3D-Boxen mit unterschiedlichen Fluchtpunkten umgeschaltet, sind in den nicht aktivierten Boxen für die Winkelangabe noch die Werte einer vorher benutzten 3D-Box zu sehen.

4.2.5 Perspektiven

Die 3D-Box kann mit Ein-, Zwei- und Drei-Punkt-Perspektive gezeichnet werden. Wenn Sie eine neue Zeichnung beginnen, ist das Werkzeug auf zwei Fluchtpunkte eingestellt. Sie können allerdings alle Fluchtpunkte in der Werkzeugeinstellungsleiste auf unendlich stellen. Dazu brauchen Sie nur die Schaltfläche **Fluchtpunkt** II zu aktivieren.

Das folgende Bild verdeutlicht die drei Schaltflächen, die im Beispiel aktiviert sind. Sie sehen das auch an den farbigen Linien für die Richtung der Kanten, die nun parallel verlaufen.

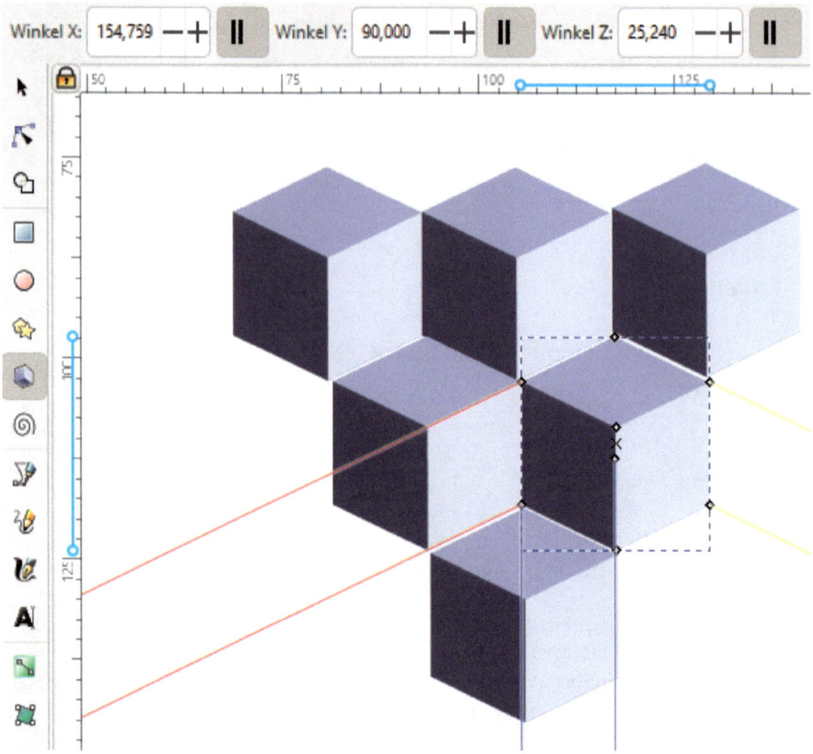

Bild 4.7 Bild mit angeordneten 3D-Boxen und Werkzeugeinstellungsleiste

4.2.6 3D-Boxen verändern

Wenn Sie zum ersten Mal mit einer 3D-Box arbeiten, wird diese in bestimmten Blautönen gezeichnet. Mit Hilfe des Rechteckwerkzeugs können Sie einzelne Flächen der Box auswählen und im Dialogfenster **Strg + Umschalt + F** diesen andere Farben, Konturlinien und Strichmuster zuweisen beziehungsweise einzelne Flächen löschen. 3D-Boxen, die Sie später zeichnen, erhalten dabei vorher eingestellte Farbwerte.

Davon ausgenommen sind allerdings Farbverläufe.

Wollen Sie immer bestimmte gesetzte Einstellungen beibehalten, können Sie über Bearbeiten → Einstellungen oder mit **Strg + Umschalt + P** das Dialogfenster Einstellungen öffnen, dort im Bereich Werkzeuge -> Formen die 3D-Box auswählen und Stilvorgaben für dieses Werkzeug auswählen.

Sie können auch die 3D-Boxen über das Menü Objekt → Gruppierung aufheben in ihre Einzelobjekte zerlegen und diese einzeln verändern oder löschen.

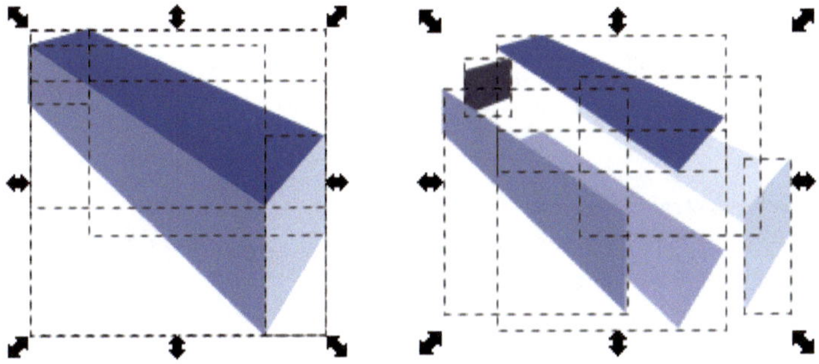

4.3 Ellipse und Kreis (F5)

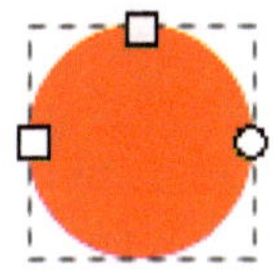

Mit dem Ellipsenwerkzeug  können Sie Kreise und Ellipsen erstellen und auch in Bögen und Segmente aufteilen. Wenn Sie mit der Maus einfach eine Form aufziehen, wird es fast immer eine Ellipse, außer Sie nehmen die STRG-Taste zu Hilfe. Dann wird es ein Kreis oder eine Ellipse mit einem bestimmten ganzzahligen Größenverhältnis (2:1, 3:1 etc.) analog dem Rechteckwerkzeug.

Der Quellcode für den nachfolgenden Kreis sieht in XML folgendermaßen aus:

```
<ellipse
      style="fill:#000080;fill-rule:evenodd;stroke:none;stroke-width:0.848783"
      id="path105"
      cx="82.080719"
      cy="38.207722"
      rx="5.4676566"
      ry="5.5335321" />
```

4.3.1 Segmente und Bögen

Der Kreis lässt sich mit Hilfe der Schaltflächen **Sektor** (in Inkscape allerdings in früheren Versionen fälschlich als Segment bezeichnet) oder **Bogen** (offene Form) bzw. Bogen (geschlossene Form) aufteilen. Das nachfolgende Bild verdeutlicht dies.

Bild 4.8
Bilf mit Kreis, Sektor, offenem und geschlossenem Bogen

Sektor

Der Kreisausschnitt oder Kreissektor wird durch zwei Radien und einen Bogen mit definiertem Öffnungswinkel α begrenzt.

Segment

Ein Kreis- bzw. Ellipsenabschnitt oder Segment ist die Fläche zwischen einem Kreis- bzw. Ellipsenbogen mit definiertem Öffnungswinkel α und der Sehne zwischen den Bogenenden.

Bogen

Ein Bogen ist die offene Umfangslinie eines Kreises oder einer Ellipse mit definiertem Öffnungswinkel α. Die Füllung eines Bogens bildet einen Abschnitt (Segment) mit einer Höhe h, für die beim Kreis gilt $0 < h < 2r$.

Mit Hilfe des Ellipsenwerkzeugs wählen Sie den Kreis aus, damit die quadratischen und runden Anfasser sichtbar werden. Ziehen Sie den runden Anfasser mit der Maus entlang des Kreises, so öffnet sich dieser. Ob es nun ein Kreissektor oder Bogen wird, hängt davon ab, ob Sie mit dem Mauszeiger innerhalb oder außerhalb des Objekts agieren. Innerhalb wird es ein Bogen, ansonsten ein Kreissektor. Natürlich lässt sich das über die entsprechenden Schaltflächen (rechts im Bild) der Werkzeugeinstellungsleiste per Knopfdruck ändern.

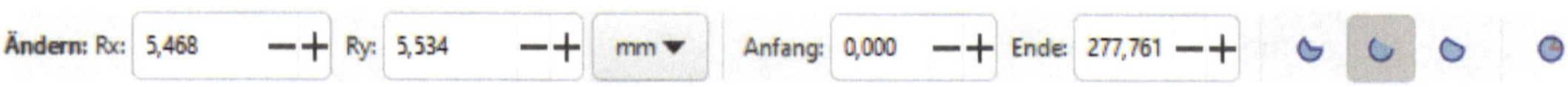

Bild 4.9 Werkzeugeinstellungsleiste für die Ellipse

Die Werte für Anfang und Ende beziehen sich auf erstellte Sektoren oder Bögen. Mit den vier Schaltflächen auf der rechten Seite können Sie zwischen Sektoren, Bögen und geschlossenen Ellipsen umschalten. So sind der Gestaltung Ihrer Kreise kaum Grenzen gesetzt und am nachfolgenden Bild können Sie sehen, was mit Bögen und Sektoren so alles möglich ist.

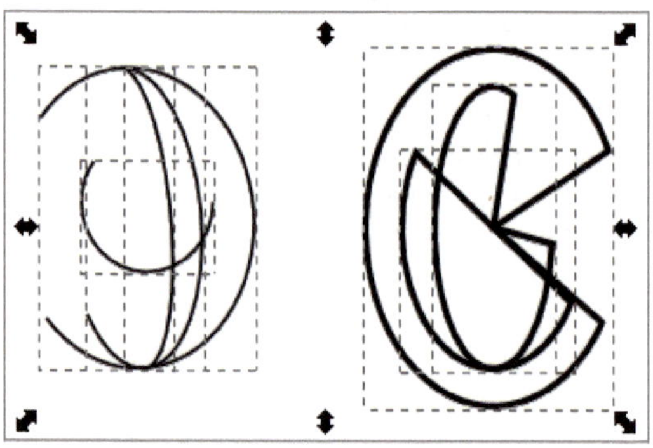

Wenn Sie bei der Erstellung solcher Bögen die Winkeleinrastfunktion mit der STRG-Taste verwenden, können Sie tolle Effekte erreichen. Dadurch, dass Sie bei den Werkzeuganfassern die Originalachsen strecken oder stauchen können, kann das Objekt auch gedreht oder geschert werden.

Ansonsten funktionieren die Anfasser analog dem Rechteckwerkzeug.

4.4 Polygon und Stern

Polygon und Stern sind zwei beliebte Formen bei Inkscape-Anwendern, vor allem die vielen Möglichkeiten, die beiden Objekte zu verändern beziehungsweise sogar zu verfremden. Die Werkzeugeinstellungsleiste bietet dazu die passenden Parameter.

4.4.1 Werkzeugeinstellungsleiste Polygon und Stern

Mit der Werkzeugeinstellungsleiste haben Sie zum einen Zugriff auf den Stern oder das Polygon und zum anderen legen Sie die entsprechenden Parameter fest.

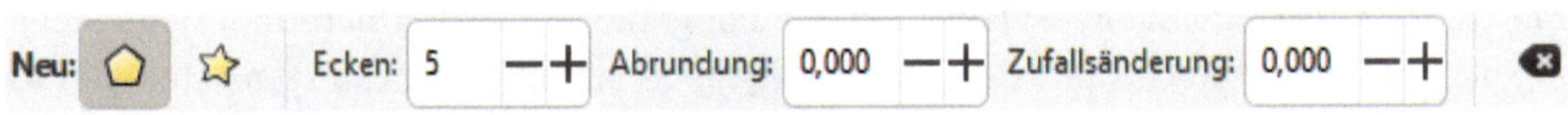

Bild 4.10 Werkzeugeinstellungsleiste für das Polygon

Der Parameter **Spitzenverhältnis** ist im Moment nicht sichtbar, da als Form ein Polygon ausgewählt ist. Probieren Sie ruhig etwas herum, denn aus einem ausgewählten Polygon machen Sie mit nur einem Klick einen Stern und umgekehrt.

> Ein Polygon oder Stern kann mindestens drei und maximal 1024 Ecken haben. Bei langsameren Rechnern wirken sich viele Ecken (ab etwa 250) aber schon auf die Performance aus.

4.4.2 Polygon

Ein Polygon ist ein geschlossener Linienzug oder eine Fläche und besteht aus mindestens drei unterschiedlichen Punkten in einer Zeichenebene, die durch aufeinanderfolgende gerade Linien miteinander verbunden sind. Somit ist im Allgemeinen das Dreieck auch ein Polygon. Im Unterschied zum Stern oder zum Rechteck, hat ein Polygon nur einen Anfasser, mit dem Sie die Größe ändern beziehungsweise die Form drehen können. Das hört sich langweilig an, aber in einem Polygon steckt noch viel mehr, wenn wir uns die Werkzeugeinstellungsleiste näher betrachten. Im folgenden Bild sehen Sie drei unterschiedliche Polygone; ein normales Fünfeck, ein ebenfalls normales Zehneck und ein abgerundetes Sechseck.

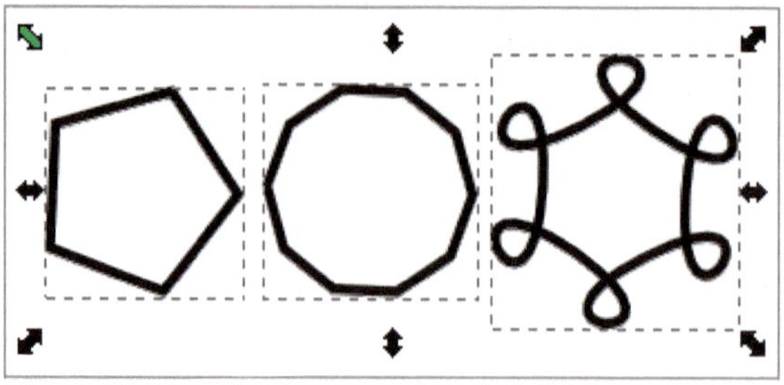

Das Sechseck hat allerdings einen Wert für die *Abrundung* von 2,5. Allein mit diesem Parameter lassen sich interessante Formen erzeugen. Bis zu einem Wert von circa 1,1 werden die Ecken eines Polygons abgerundet, danach verbiegen sich die Seiten nach innen und schlagen schließlich um. Negative Werte für Abrundung biegen die Seiten der Form sofort nach innen.

4.4.3 Stern

Ein Stern ist ein (regelmäßiges) Polygon mit einer geraden Anzahl von (mindestens sechs) Eckpunkten und abwechselnd aufeinanderfolgenden stumpfen und spitzen Winkeln zwischen den jeweiligen Eckpunkten. In Inkscape hat ein Stern zwei Anfasser, die Länge und Form der Spitze definieren. Sterne sind im Allgemeinen sehr interessant und Inkscape kann mit dieser Form viel anstellen. Hier bieten sich Gestaltungsmöglichkeiten für Aufzählungszeichen, Weihnachtskarten oder als Himmelskörper. Ein Stern kann aber auch als strahlender Glanzpunkt verwendet werden.

Der Anfasser an der Spitze des Sterns legt die Länge fest und Sie können ihn damit um den Mittelpunkt drehen. Die zweite Möglichkeit zur Veränderung der Form bietet der Anfasser, der sich im „Tal", zwischen zwei Spitzen, befindet. Dieser kann den normalen Stern in sich verdrehen und somit eine Vielzahl an Formen hervorbringen. Das Verdrehen unterbleibt, wenn Sie beim Anfassen des Griffs die Taste **Strg** drücken.

Werfen Sie immer mal wieder einen Blick in die Werkzeugeinstellungsleiste, denn dort dürfte für Sie der Wert für das Spitzenverhältnis von Interesse sein. Dieser beschreibt den Abstand der beiden Anfasser zum Mittelpunkt des Sterns. Im folgenden Bild sind verschiedene Werte für Spitzenverhältnisse zu sehen.

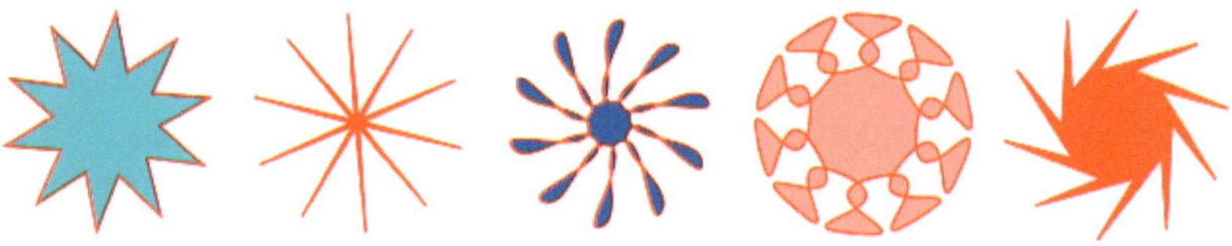

Neben dem normalen Bearbeiten über die Anfasser können Sie Ihrem Polygon oder Stern auch eine Abrundung geben, die die Form zusätzlich modifiziert. Im oberen Bild ist die linke Form ein normaler Stern mit zehn Ecken. Daneben wurde der Stern am inneren Griff zur Mitte hin verschoben. Dabei werden die Spitzen sehr schmal und verbleiben in ihrer Position. Stern drei und vier haben ebenfalls zehn Spitzen, die abgerundet sind. Bei dem Stern ganz rechts wurde der innere Anfasser einfach etwas innerhalb verdreht. Dabei bleiben die äußeren Spitzen des Sterns an ihrer Position. Ein Stern bietet somit eine Vielzahl an Verwendungsmöglichkeiten.

Mit einem Versatz (**Strg + J**) geben Sie Ihrem Stern eine besondere Note. Mit ihm können Sie die Spitzen scharf und die stumpfen Winkel weichzeichnen oder umgekehrt. Nach Drücken der Tastenkombination bekommen Sie einen quadratischen Griff, an dem Sie den Versatz einstellen können. Hier lohnt es sich, ein wenig zu probieren. Der Versatz wird ausführlicher in Kapitel 6 bei den Pfaden behandelt.

Neben den normalen Effekten, die einen gleichmäßigen Stern produzieren, können Sie auch eine *Zufallsänderung* über den entsprechenden Parameter in der Werkzeugeinstellungsleiste erreichen. Kleinere Werte (bis ca. 0,3) lassen den Stern noch ziemlich normal aussehen, bei großen hingegen wirkt der Stern skurril.

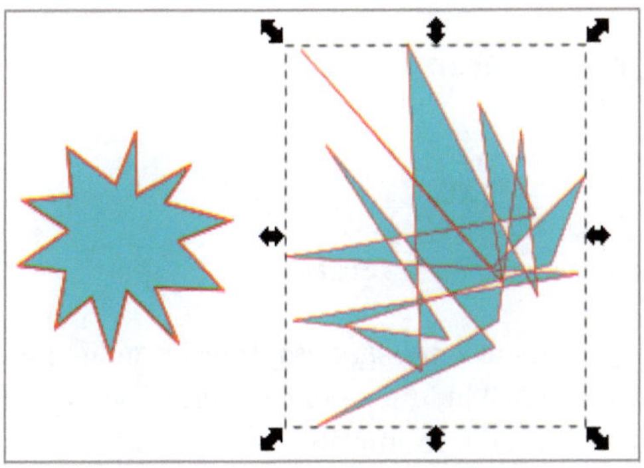

Bild 4.11 Links geringe Zufallsänderung von 0,084 und rechts 3,779

Sind Sie mit den Änderungen nicht zufrieden, können Sie diese auch über den Pfeilbutton rückgängig machen.

4.5 Spirale (F9)

Spiralen oder Schneckenlinien beschreiben eine Kurve, die um einen Punkt beziehungsweise eine Achse verläuft und sich je nach Blickwinkel annähert oder entfernt. Inkscape kann mit normalen Spiralen (auf einer Ebene) ebenso gut umgehen wie mit Sternen und bietet für diese Form auch zwei Anfasser. Die einfachste Spirale ist die archimedische Spirale.

Archimedische Spirale

Sie entsteht, wenn durch eine Drehbewegung der Radius proportional zum Drehwinkel wächst. Als Beispiel aus dem täglichen Leben finden Sie Spiralen als Lakritzschnecken oder Schallplatten.

Im Bild sehen Sie die einfache Spirale mit ihren beiden Anfassern, die sich um das Zentrum der Form bewegen lassen. Wenn Sie nun einen Blick auf die Werkzeugeinstellungsleiste werfen, sehen Sie insgesamt drei Parameter, mit denen Sie Ihre Spirale verändern können.

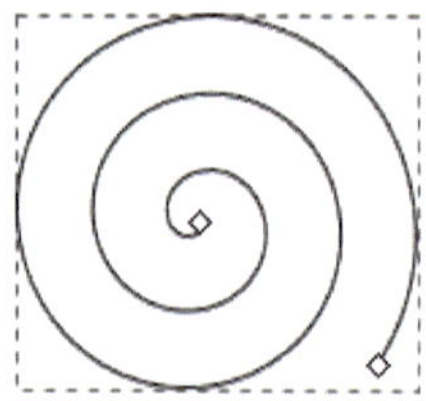

4.5.1 Parameter modifizieren

Bild 4.12 Werkzeugeinstellungsleiste für die Spirale

Als Erstes gibt es die Anzahl der *Umdrehungen*. Hier legen Sie fest, wie viele es sein sollen. Die maximale Anzahl an Windungen einer Spirale beträgt 1024. Der zweite Parameter ist die *Abweichung*. Für eine archimedische, also einfache Spirale steht dieser Wert auf 1,0 und der Abstand zwischen jeweils zwei aufeinanderfolgenden Spiralgängen ist konstant. Bei Werten größer 1,0 wird der Abstand der aufeinanderfolgenden Spiralgänge in Richtung des Zentrums immer kleiner. Werte kleiner 1,0 bewirken, dass die Spiralgänge nach außen hin dichter werden. Im folgenden Bild sehen Sie jeweils die gleiche Spirale mit den jeweiligen Abweichungen.

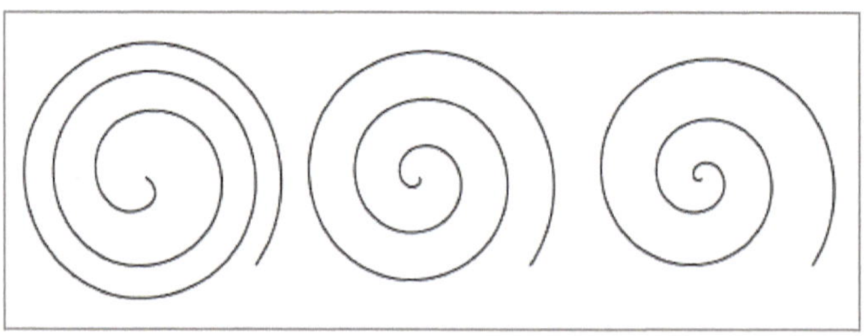

Bild 4.13 Von links nach rechts: Abweichung 0,5 - 1,0 - 1,5

Diese Parameter können Sie sowohl über die Tastatur als auch über die Mausbewegung einstellen. Wenn Sie lieber mit der Maus arbeiten, können Sie bei gedrückter ALT-Taste den inneren Anfasser nach oben ziehen, um Werte kleiner 1,0 einzustellen. Ziehen Sie den Anfasser hingegen nach unten, bekommen Sie Werte größer 1,0.

Der dritte und letzte Parameter in der Werkzeugeinstellungsleiste ist *Innerer Radius*. Mit einem Wert von null beginnt die Spirallinie im Ursprung. Je größer der eingestellte innere Radius wird, desto weiter entfernt sich der Beginn der Spirallinie vom Mittelpunkt. Allerdings kann er nicht größer als 0,999 werden, da die Spirale sonst nicht existieren würde, weil Start- und Endpunkt die gleiche Position hätten.

> **!** Beachten Sie, dass von der Angabe *Innerer Radius* ein weiteres Mal die Anzahl der dargestellten Spiralwindungen abhängt. So werden zum Beispiel von einer Spirale mit den Angaben *Umdrehungen*: 20, *Abweichung*: 1,0 und *Innerer Radius*: 0,9 lediglich zwei Spiralwindungen dargestellt. Die Angabe einer Abweichung hat allerdings keinen Einfluss auf die Anzahl der dargestellten Windungen.

Neben den einfachen Spiralen können Sie mit bestimmten Mustern der Konturlinie und Füllfarben hervorragende Effekte erzielen.

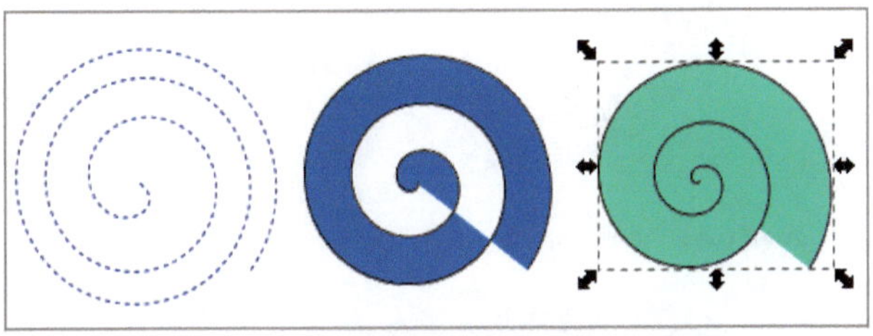

Die linke Spirale wurde über das Dialogfenster „Füllung und Kontur“ mit einem Muster für die Konturlinie versehen. Die mittlere Spirale wurde blau gefüllt und bei der rechten wurde eine andere Farbe als Füllung gewählt. Obwohl die mittlere und rechte Spirale gefüllt sind, sehen sie doch anders aus. Der Effekt in der Mitte entsteht durch eine bestimmte Füllregel. Im Dialogfenster „Füllung und Kontur“ haben Sie dazu zwei entsprechende Schaltflächen.

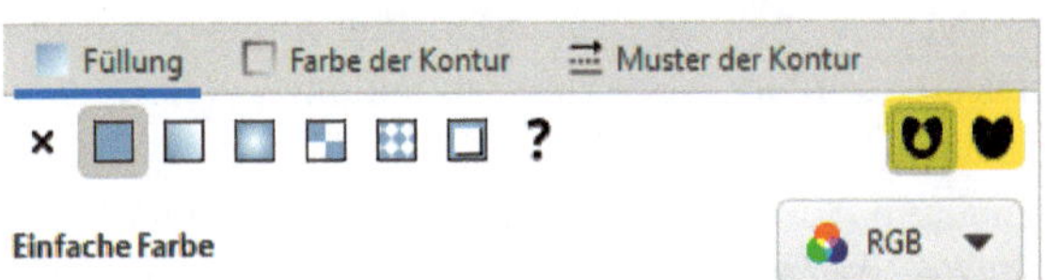

Bild 4.14
Füllregel-Schaltflächen gelb markiert

Die Füllung einer Spirale erfolgt nach der Maßgabe eines Pfads. Sie wird angewendet, wenn der Pfad mit einem Liniensegment zwischen den beiden Pfadendpunkten (innerer und äußerer Anfasser) verbunden ist.

Links im Bild sehen Sie eine duplizierte und genau übereinanderliegende Spirale. Die untere hat einen geschlossenen Farbverlauf und die obere durch die Füllregel eine blaue Füllung. Rechts im Bild sind ebenfalls zwei Spiralen, die übereinanderliegen. Allerdings hat eine Spirale eine Umdrehung weniger.

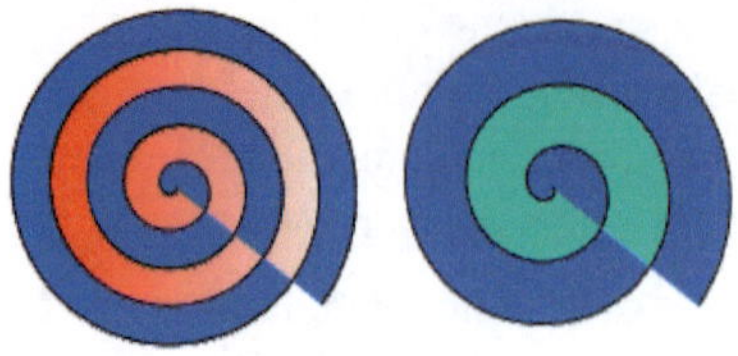

Natürlich können Sie auch wunderschöne Kompositionen erstellen, wie Sie hier im nachfolgenden Bild sehen, sei es durch Muster oder Aneinanderreihen mehrerer Spiralen.

Bild 4.15 Verschiedene Formen der Spirale, gefüllt und ungefüllt

4.6 Workshop: Die ersten Formen zur Weihnachtskarte

Jetzt beginnen wir mit den ersten Formen, damit Sie endlich tätig werden können. In dieser Übung erstellen wir einfache Grundformen und verändern diese mit den jeweiligen Anfassern. Weiter werden Objekte gruppiert, Tastaturkombinationen genutzt, Formen dupliziert und es wird mit verdeckten Objekten gearbeitet. Innerhalb dieser kleinen Übung beginnen wir, einen Schneemann sowie eine Christbaumkugel, Sterne und Schneeflocken zu erstellen, die wir später, nachdem das Bearbeiten von Pfaden bekannt ist, vervollständigen. Speichern Sie daher Ihre Zeichnung dann bitte ab.

Kreise zeichnen

Beginnen wir mit dem Schneemann. Klicken Sie dazu auf das Ellipsenwerkzeug (oder drücken Sie **F5**) und anschließend erneut in das leere Dokument. Halten Sie dazu die linke Maustaste gedrückt und ziehen Sie die Form eines Kreises auf. Dabei halten Sie während des Aufziehens die **Strg**-Taste gedrückt und ziehen Sie die Maus diagonal, damit ein Kreis entstehen kann. Sonst wird es nur eine Ellipse. Lassen Sie los, wenn Ihnen das Objekt von der Größe her gefällt. Das wird der „Bauch" des Schneemanns. Zeichnen Sie noch einen weiteren Kreis, der allerdings etwas kleiner werden sollte als der erste. Alternativ können Sie auch den ersten Kreis mittels **Strg** + **D** duplizieren und über das Auswahlwerkzeug verkleinern.

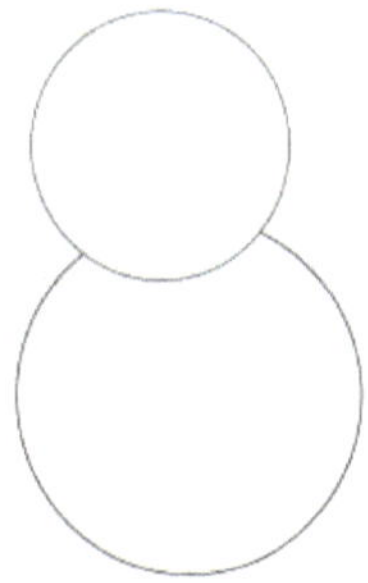

Sie sollten nun eine ähnliche Zeichnung haben. Beide Kreise haben Weiß als Füllung und eine schwarze Kontur. Füllung und Kontur werden wir später entsprechend anpassen. Der obere Kreis ist zudem etwas links neben der Mitte und liegt teilweise über dem größeren.

Mit dem bereits Erlernten können wir zwar noch keinen Hut, Schal oder Schatten hinzufügen, aber eine Nase, Augen, Knöpfe und den Mund können wir bereits hineinmalen.

Augen und Knöpfe

Als Nächstes zeichnen Sie fünf kleine Ellipsen. Zwei werden wir für die Augen nutzen und die restlichen ergeben die Knöpfe. Ordnen Sie die Ellipsen analog dem Bild und nach Ihrem Gefühl an. Die Ellipsen sind schwarz gefüllt. Mit oder ohne Kontur ist hierbei egal.

Als Nächstes gestalten wir die Nase

Ziehen Sie wieder einen kleinen Kreis auf. Dieser bekommt eine rote Füllung und keinerlei Kontur. Geben Sie dem Kreis einen radialen Farbverlauf. Dieser wird standardmäßig von rot nach transparent verlaufen.

Wechseln Sie nun auf das Farbverlaufswerkzeug und werfen Sie einen Blick in die dazugehörige Werkzeugeinstellungsleiste.

Bild 4.16 Werkzeugeinstellungsleiste für den Farbverlauf

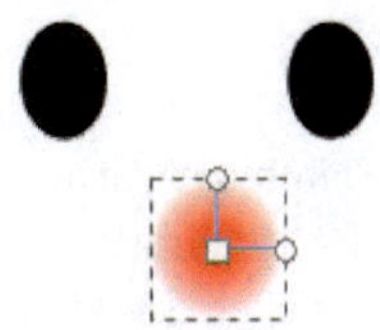

Als Nächstes kehren wir den Verlauf um, damit wir nur einen Stopp bearbeiten müssen. Wählen Sie dazu einfach einen runden Anfasser des Farbverlaufs aus und klicken Sie in der Werkzeugeinstellungsleiste auf die Schaltfläche zum Umkehren des Verlaufs ↔. Alternativ können Sie auch die Tastenkombination **Umschalt** + **R** benutzen.

Wählen Sie den ersten Stopp (im Bild stop7) aus, damit wir ihm eine andere Farbe zuweisen können. Natürlich können Sie auch auf den quadratischen Anfasser klicken.

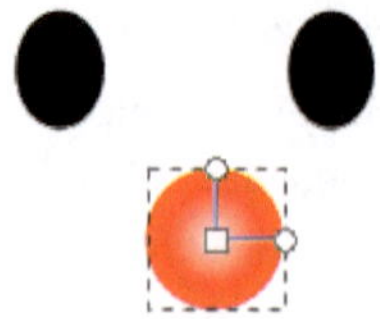

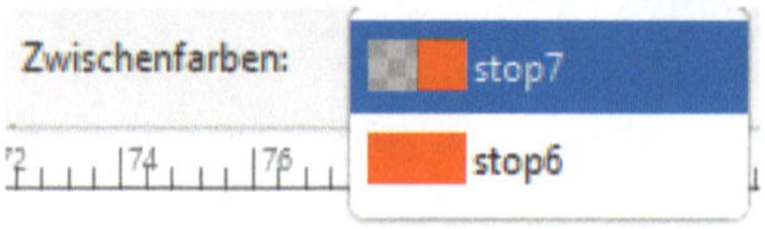

Bild 4.17
Einstellungsdialog für die Zwischenfarben

Tragen Sie im CMYK-Modell den RGBA-Wert „ff8100ff" ein oder stellen Sie die einzelnen Werte analog dem nachfolgenden Bild ein.

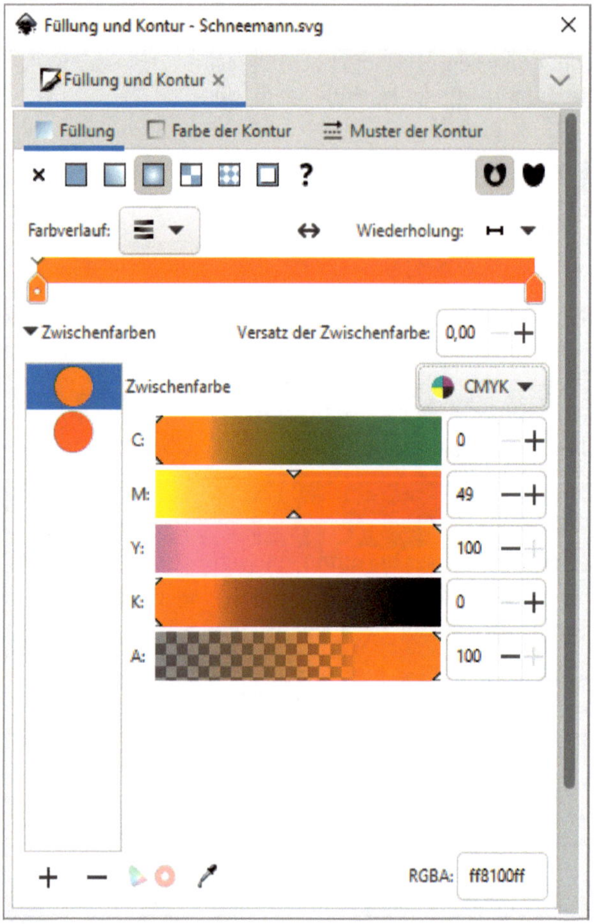

Bild 4.18
Dialogfenster für Füllung und Kontur

Damit der Farbverlauf nicht mittig im Kreis ist, klicken Sie nochmals auf den quadratischen Anfasser und halten Sie die linke Maustaste gedrückt. Drücken Sie zusätzlich noch die **UMSCHALT**-Taste, um das Zentrum des Farbverlaufs etwas nach unten rechts zu verschieben.

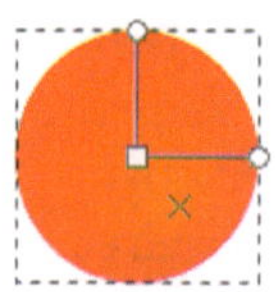

Als vorerst letzten Schritt erstellen wir noch einen „Mund“

Erstellen Sie dazu eine weitere Ellipse, die allerdings keinerlei Füllung hat und eine schwarze Kontur aufweist. Diese platzieren Sie so, wie im nebenstehenden Bild zu sehen.

Markieren Sie ihn und wählen Sie anschließend das Ellipsenwerkzeug wieder aus. Sie sehen nun den runden Anfasser (eigentlich zwei, aber sie liegen übereinander) an der Ellipse. Mit der Maus klicken Sie den runden Anfasser an und halten die Maustaste gedrückt. Ziehen Sie die Maus nach links, damit aus der Ellipse ein Kreisbogen wird. Sollte die Form geschlossen sein, so können Sie dies mittels der Schaltfläche in einen offenen Bogen umwandeln.

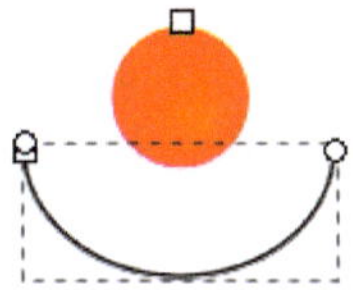

Zum Schluss geben wir der Kontur noch eine gestrichelte Linie. Öffnen Sie dazu das Dialogfenster **Füllung und Kontur** und wechseln Sie auf den Kartenreiter „Muster der Kontur“. Wählen Sie im Parameter „Strichlinien“ eine geeignete Form aus und stellen Sie die Breite der Kontur entsprechend ein. Nachfolgende Werte sind ganz brauchbar.

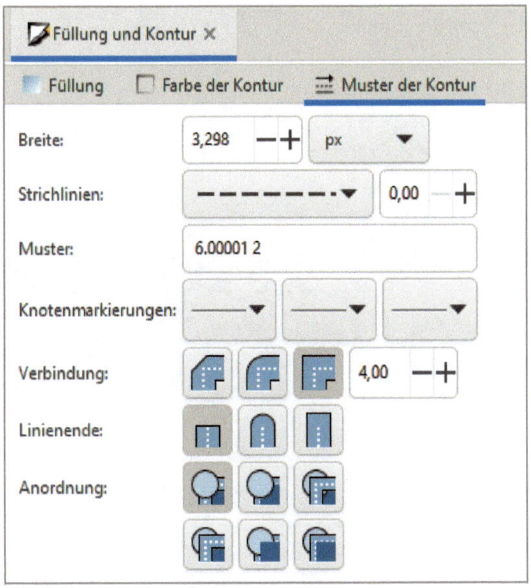

Bild 4.19
Dialogfenster für das Muster der Kontur

Damit sollten Sie nun ein ähnliches Ergebnis haben.

Ein Schneemann ist es noch nicht ganz, aber so viel fehlt auch nicht mehr für die fertige Zeichnung. Für den Hut und den Schal brauchen wir Objekte, die wir in Pfade umgewandelt haben. Dazu dient Kapitel 6 im Buch. Am Ende von Kapitel 6 ist die Weihnachtskarte fast fertig. Es fehlt dann nur noch der Text, den wir in Kapitel 7 hinzufügen.

Nachdem der Schneemann nun Gestalt annimmt, beschäftigen wir uns jetzt mit den Sternen, Schneeflocken und einer Christbaumkugel. Damit die Komposition auch weihnachtlich aussieht, ziehen wir ein Rechteck auf und färben es grün ein.

Nehmen Sie dazu das Rechteck-Werkzeug und ziehen Sie ein Quadrat auf, das so groß ist wie die linke Seite der Zeichnungsfläche. Die Zeichnungsfläche habe ich über den Dialog **Dokumenteneinstellungen** (**STRG** + **UMSCHALT** + **D**) in der Ausrichtung auf Querformat umgestellt.

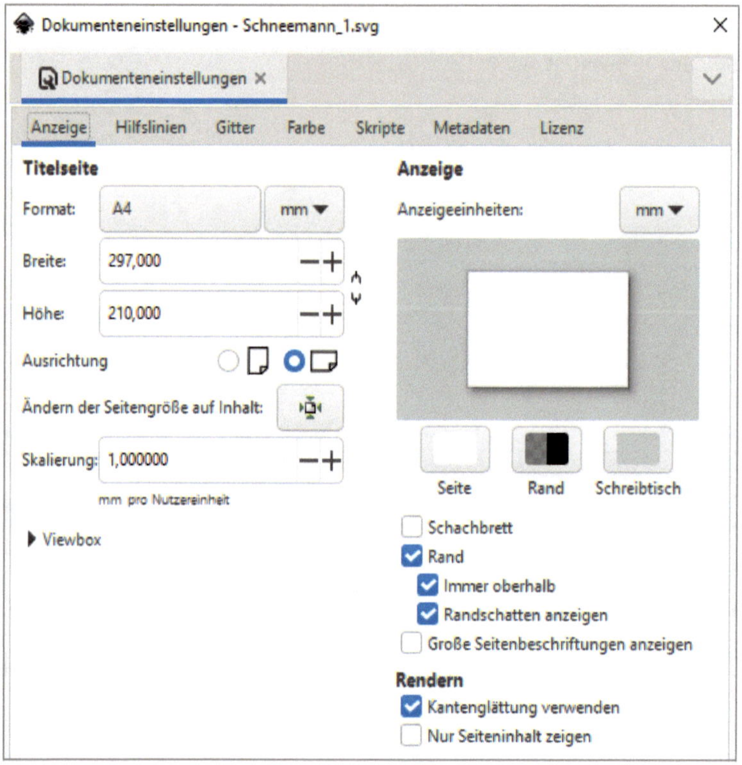

Bild 4.20 Dokumenten-Einstellungsdialog für die Anzeige: Ausrichtung Querformat

Wenn Sie die Option „Einrasten" aktiviert haben, können Sie die Ecken problemlos an den Seitenecken positionieren. Das Quadrat sollte nun oben, links und unten mit der Seite bündig abschließen. Die Rechte Seite (210 mm) legen Sie über die Werkzeugeinstellungsleiste fest.

Bild 4.21 Werkzeugeinstellungsleiste für das Rechteck

Als Farbe habe ich ein Grün gewählt. Der Farbraum ist CMYK und der Farbwert (RGBA) ist „4d7f00ff". Das Quadrat hat keine Konturlinie. Senken Sie es mit der Taste **ENDE** ganz nach unten ab.

> Mehr zu den Farbräumen finden Sie im nachfolgenden Kapitel 5.

Positionieren Sie den angefangenen Schneemann etwas links und unterhalb von der Mitte. Ihr Ergebnis sollte nun in etwa so aussehen wie bei mir.

Bild 4.22 Bild mit grünem Hintergrund und Schneemann-Figur

Damit sich der Schneemann leichter platzieren lässt, können Sie die ganzen Formen dazu auch auswählen und gruppieren. Ziehen Sie dazu mit dem Auswahlwerkzeug einen Rahmen auf, der alle Teile des Schneemanns einschließt, und drücken Sie dann die Tastenkombination **STRG** + **G**.

Als Nächstes erstellen wir Sterne und Schneeflocken. Klicken Sie dazu auf das Polygon/Stern-Werkzeug und erstellen Sie einen kleinen, fünfeckigen Stern in weißer Farbe, ohne Kontur. Danach duplizieren (**STRG** + **D**) Sie diesen ein paar Mal. In meiner Zeichnung habe ich den Stern insgesamt drei Mal. Verteilen Sie die Sterne ganz nach Ihren Wünschen auf der Zeichnung.

Bild 4.23 Schneemann mit Sternen

> Sollten die Sterne nicht zu sehen sein, liegen diese vermutlich unterhalb des grünen Quadrats. Markieren Sie dann die Sterne und drücken Sie **BILD↑**.

Insgesamt werden wir die Weihnachtskarte noch mit fünf weiteren Sternen schmücken. Das heißt, dass wir nun einen Stern mit acht Ecken zeichnen, der ein wenig größer wird als die ersten drei Sterne.

Der neue Stern bekommt diesmal keine Füllung, dafür aber eine weiße Kontur und als Muster der Kontur eine punktierte Strichlinie (Muster 14).

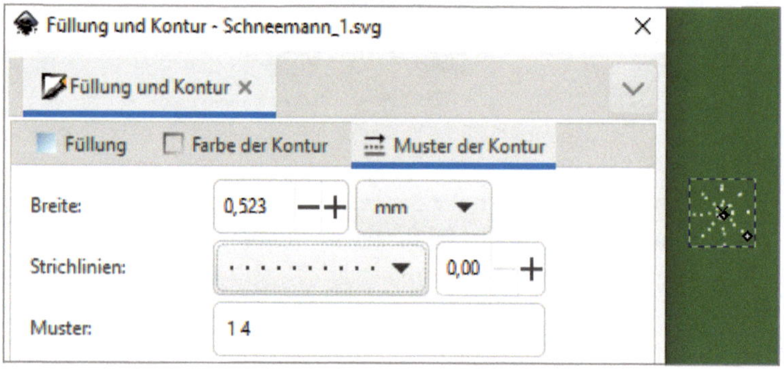

Bild 4.24 Dialogfenster Füllung und Kontur, Bereich „Muster der Kontur"

Den neu entstandenen Stern habe ich auch noch zweimal dupliziert und auf der Zeichnungsfläche verteilt.

Der vorletzte Stern wird wieder etwas größer, mit acht Ecken und einem Spitzenverhältnis von 0,078. Er hat keine Kontur, als Füllung Weiß mit einer Deckkraft von 97 % und einer Unschärfe von 14 %.

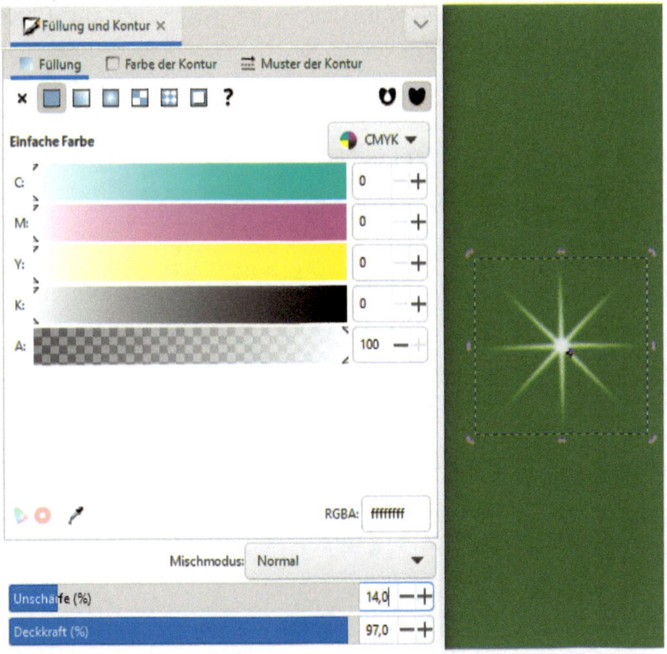

Bild 4.25 Dialogfenster Füllung und Kontur, Bereich „Füllung"

Der letzte Stern bekommt 15 Ecken mit einem Spitzenverhältnis von 0,100, Füllung Weiß und keine Kontur. Die Deckkraft habe ich auf 81 % und die Unschärfe auf 10 % eingestellt. Als Letztes habe ich die beiden Sterne noch auf der Zeichnung verteilt.

Ihre Zeichnung könnte nun in etwa so aussehen wie bei mir.

Bild 4.26 Schneemann mit Sternen

Als vorerst letzten Schritt in diesem Workshop erstellen wir noch eine Christbaumkugel. Diese ist leicht erstellt, denn wir brauchen nur vier Kreise bzw. Ellipsen dazu.

Als Erstes ziehen wir einen Kreis auf. Halten Sie dabei die Taste **STRG** gedrückt, damit es ein Kreis und keine Ellipse wird. Als Farbe habe ich in CMYK den RGBA-Wert „aa0000ff“ gewählt, ohne Kontur mit 100 % Deckkraft.

Bild 4.27
roter Kreis

Nun erstellen Sie eine Ellipse, die etwas kleiner ist und als obere „Halterung“ dienen soll.

Bild 4.28
roter Kreis mit zweiter Ellipse

Die Ellipse liegt auf der gleichen senkrechten Achse wie der Kreis und überdeckt ihn. Der RGBA-Wert ist „d40000ff“, keine Kontur mit 100 % Deckkraft. Die letzten beiden Ellipsen sollen eine Art Spiegelung ergeben. Daher werden sie senkrecht sein und viel heller. Schauen Sie sich dazu das folgende Bild an.

Bild 4.29
Fertige Christbaumkugel

Die linke Ellipse hat den RGBA-Wert „ff8080ff“ mit einer Unschärfe von 24 % (Deckkraft 100 %) und die rechte hat den RGBA-Wert „ff5555ff“ mit der gleichen Unschärfe und Deckkraft.

Wie Sie nun die ganzen Formen auf Ihrer Weihnachtskarte positionieren, überlasse ich Ihnen selbst. Bei mir sieht es nun so aus:

Bild 4.30 Fast fertige Weihnachtskarte

Dieser Workshop ist damit erst einmal beendet und wird am Ende des sechsten Kapitels weitergeführt.

Bitte speichern Sie die Zeichnung unter einem Namen auf Ihrem Rechner ab, damit wir später wieder darauf zurückgreifen können. Alternativ finden Sie das derzeitige Ergebnis „*Schneemann_1.svg*“ im Zusatzmaterial auf plus.hanser-fachbuch.de.

Auch wenn wir bei diesem Workshop schon mit Füllungen, Konturen und anderen Farbthemen begonnen haben, bekommen Sie einen ausführlichen Einblick in die „Farbwelt“ im folgenden Kapitel.

5 Farbmanagement

Das Kapitel im Überblick

- Farbräume
- Füllung und Kontur
- Muster der Kontur
- Der Farbeimer

Jeder hat schon mal mit Farben gespielt und so bietet auch Inkscape ein Farbmanagement, mit dem Sie Ihre Zeichnungen aufwerten beziehungsweise für die Weitergabe an Druckereien aufbereiten können. Dabei spielt die Wahl des Farbraums eine wichtige Rolle, vor allem, wenn die Zeichnung für den Offset-Druck aufbereitet werden soll.

5.1 Farbräume

Beim Erstellen von Zeichnungen, die an Druckereien gehen, ist die Wahl des richtigen Farbraums wichtig, da es sonst zu unschönen und meist unerwarteten Ergebnissen kommen kann. Ein häufiger Fehler hierbei ist die Abgabe der Zeichnung mit Farben des RGB-Farbraums. Jeder, der schon mal Druckereien mit Arbeiten beauftragt hat, weiß, dass diese den subtraktiven Farbraum verwenden.

Additiver und subtraktiver Farbraum

Der Unterschied zwischen beiden ist gravierend, nicht allein, weil der additive nur drei Farben verwendet und der subtraktive vier. Werte von einhundert Prozent jeder Farbe ergeben bei dem RGB-Modell die Farbe Weiß und beim CMYK-Modell Schwarz, da auch „Black" mit 100 % zu Buche schlägt. Zudem kann der RGB-Farbraum weit mehr Farbtöne darstellen als das CMYK-Modell. Das heißt, dass bis zu 16 777 216 Farben, also TrueColor (16,8 Mio.), dargestellt werden können.

Eine digitale Fotografie, aufgenommen von einer Digitalkamera, wird zum Beispiel standardmäßig immer im RGB-Format (Rot, Grün, Blau) abgespeichert. Dieser additive Farbraum wird vor allem im digitalen Sektor verwendet, da beispielsweise die Fernsehtechnik auf RGB aufgebaut ist und somit Videos und Bilder diesen erweiterten Farbraum nutzen.

Druckereien nutzen den subtraktiven Farbraum, der sich durch das CMYK-Modell auszeichnet. Hierbei werden die vier Grundfarben *C*yan, *M*agenta, *Y*ellow und Blac*K* (Blau, Rot, Gelb und Schwarz) für den Druck verwendet. Wird nun versucht, mit dem CMYK-Modell Farben aus dem RGB-Modell zu drucken, die es gar nicht gibt, kommt es zu unvorhersehbaren Ergebnissen. Daher sollten Sie immer darauf achten, alles vorher in das CMYK-Modell zu konvertieren.

> Gewisse Anpassungen können Sie innerhalb des Programms, im Bereich **Inkscape-Einstellungen**, vornehmen. Weitere Informationen dazu finden Sie in Kapitel 11.

5.2 Füllung und Kontur

Das Dialogfenster *Füllung und Kontur* werden Sie wohl am häufigsten benutzen, denn Farben und Umrandungen sind schon immer ein wichtiges Gestaltungsmittel. Sie haben drei Möglichkeiten, den Dialog aufzurufen: über das Menü **Objekt → Füllung und Kontur ...**, über die Tastenkombination **Strg + Umschalt + F** oder über das Symbol (Icon) in der Befehlsleiste.

Der Dialog besteht im Einzelnen aus den drei Registerkarten **Füllung**, **Farbe der Kontur**, **Muster der Kontur** und im unteren Bereich jeweils aus den Schiebereglern für Deckkraft und Unschärfe. In der Mitte lassen sich die Farbwerte in den jeweiligen Farbmodellen genau einstellen.

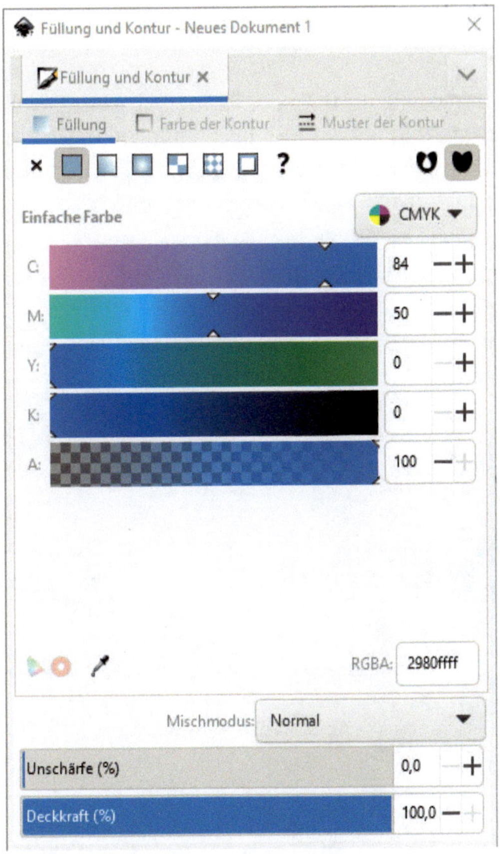

Bild 5.1
Dialogfenster für Füllung und Kontur

Die Schaltflächen im oberen Bereich sind für Füllung und Farbe der Kontur gleich, bei Muster der Kontur aber gibt es andere Parameter, die im Abschnitt 5.3 erklärt werden.

Bild 5.2 Einstellungsmöglichkeiten

Das Kreuz steht für „nicht zeichnen“ und bedeutet, dass die Form nicht mit Farbe gefüllt- beziehungsweise die Kontur nicht sichtbar ist. Die im Bild ausgewählte Schaltfläche steht für „einfache Farbe“ und wenn Sie diese aktiviert haben, erscheint unterhalb ein Register mit den in Inkscape möglichen Farbmodellen und deren Einstellung. Danach folgen die beiden Buttons für linearen und radialen Farbverlauf sowie Muster , Farbmuster und das Fragezeichen ?, bei dem die Farbe nicht gesetzt wird, um sie zu vererben oder zu übernehmen. Relativ neu ist das Verlaufsgitter , auf das wir in Abschnitt 5.2.2 näher eingehen.

Wie eingangs bereits beschrieben, sollten Sie darauf achten, für welchen Zweck Sie Ihre Zeichnungen erstellen. RGB hat viele Farbnuancen, kann aber beim Offsetdruck zu Problemen führen. Druckereien arbeiten mit dem CMYK-Modell.

5.2.1 Farbraummodelle

Insgesamt stehen in Inkscape die Farbraummodelle für RGB, das Farbrad als HSL, HSLuv und HSV sowie CMYK und CMS zur Auswahl und bis auf HSL haben alle vier oder fünf Schieberegler beziehungsweise Eingabefelder für Farbwerte. Im Register CMS für geräteabhängige Farbbeschreibungen können keine Einstellungen vorgenommen werden.

- **RGB:** Im Bild ist das RGB-Farbmodell zu sehen und zusätzlich zu den drei Farben sehen Sie den Wert „A“, der für „Alpha“ steht. Der Alpha-Wert bestimmt die Transparenz der ausgewählten Farbkombination und kann ebenso wie die Farben von null (100 % transparent) bis 255 (volle Farbe) eingestellt werden. Unten rechts im Dialogfenster sehen Sie den RGBA-Wert, der hexadezimal die einzelnen Parameter darstellt.

Bild 5.3
RGB-Modell

- **HSL:** Die Abkürzung steht für die englischen Bezeichnungen „*H*ue", „*S*aturation" und „*L*ightness", übersetzt „Farbton", „Sättigung" und „Helligkeit". Im Deutschen werden Sie es auch unter **HSV**-Modell finden, da der Farbton als Farbwinkel „H", die Sättigung als „S" und der Helligkeitswert als „V" bezeichnet werden.

  Der Farbton wird in der Einstellungsleiste als Regenbogen angezeigt und mit der Sättigung legen Sie fest, ob die Farben neutral-grau (0 %) oder reine Farbe (100 %) dargestellt werden sollen. Die Helligkeit lässt Werte von völliger Dunkelheit (0 %) bis volle Helligkeit (100 %) zu und wie bereits im RGB-Modell gibt es auch hier den Alphawert.

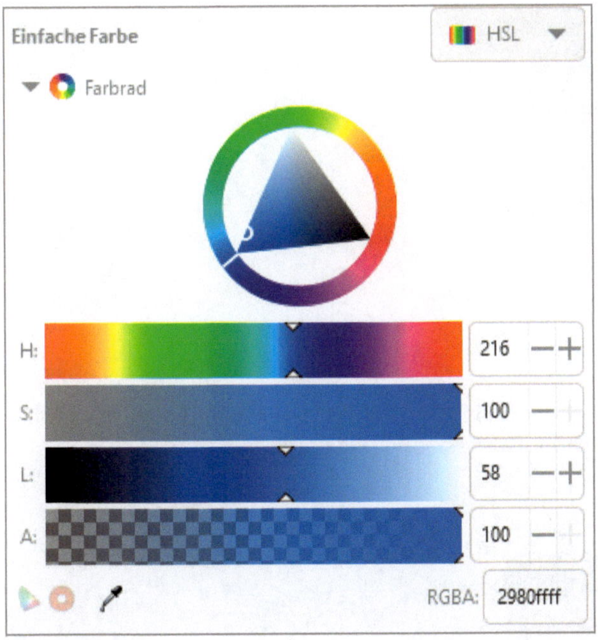

Bild 5.4
HSL-Modell

- **HSLuv:** In der Farbmetrik stellt dieser Farbraum eine bedienerfreundliche Alternative zum HSL-Farbraum dar.

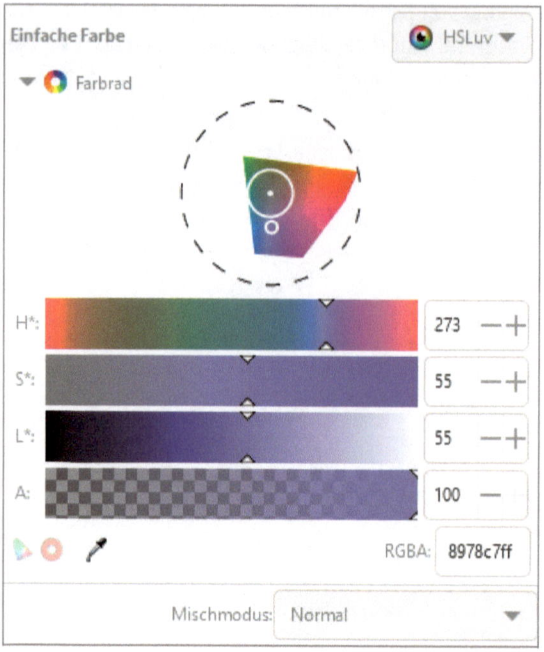

Bild 5.5
HSLuv- Farbraum

- **CMYK:** Das Farbraummodell wurde ja bereits zu Beginn des Kapitels erläutert, so dass hier nur noch mal die einstellbaren Parameter im Bild dargestellt werden.

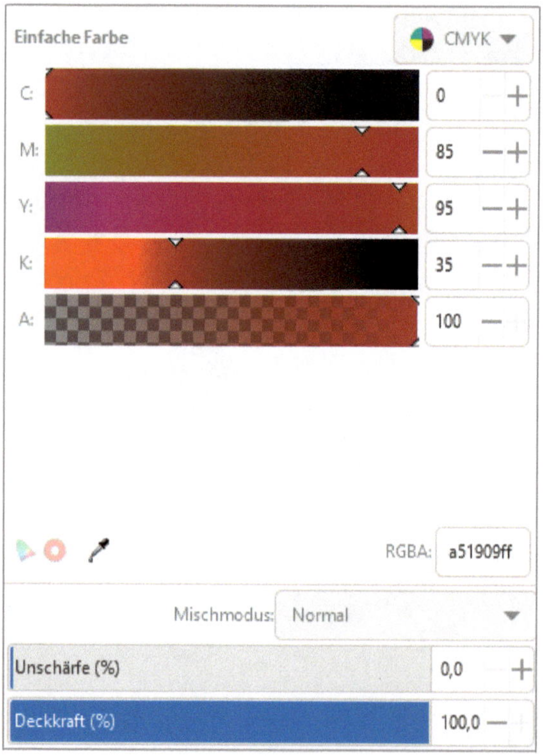

Bild 5.6
CMYK-Modell

- **CMS:** Die Abkürzung steht für *C*olor *M*anagement *S*ystem, dessen Aufgabe es ist, die geräteabhängigen Farbbeschreibungen mit Hilfe des geräteunabhängigen Austauschfarbraums ineinander umzuwandeln. Dadurch kann jedes Gerät in einem CMS die Farben nahezu gleich darstellen.

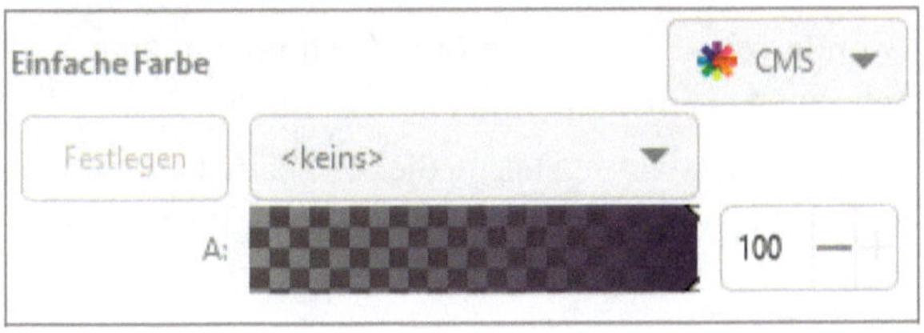

Bild 5.7
CMS-Einstellung

Als Gerätefarbprofil wird in der Regel das ICC-Profil genutzt. Farbmanagement wird häufig in der Druck- und Werbeindustrie eingesetzt und viele Gerätehersteller unterstützen ICC-Profile (**.icc* und **.icm*) beziehungsweise liefern sie gleich mit. Scanner, Drucker, Monitore und Digitalkameras beispielsweise nutzen ICC-Profile, damit die Farbunterschiede angepasst werden.

Der Ursprung des CMS in Inkscape ist die SVG-Spezifikation selbst. SVG definiert, dass der Farbraum für Daten und Interpolationen der sRGB-Farbraum (Standard-RGB-Farbraum) ist. Damit sind die Farben für jede SVG-Datei spezifiziert. In Inkscapes Version 0.44 wurden die ICC-Profile erstmals unterstützt und mit Version 0.46 wurde die Unterstützung um „Anzeige-Anpassung“, „Soft-Proofing“ und „Farbauswahl“ erweitert. Bei der Anzeige-Anpassung wird ein ICC-Profil für den Monitor (oder andere Anzeigegeräte, wie Tablets, Smartphones etc.) benutzt, welches die Farben entsprechend anpasst.

> **!** Jedes Anzeigegerät hat unterschiedliche Auflösungen und Farbspektren, so dass es schnell passieren kann, dass die Farben auf dem Gerät anders aussehen als später auf einem gedruckten Auszug.

Soft-Proofing versucht, das Aussehen von Grafiken auf dem Zieldisplay zu simulieren. Profile für die Druckausgabe werden in der Regel erstellt, um die Auswirkungen der Farben, die verwendet werden, die bestimmte Papiersorte, auf der gedruckt wird, und die Details des Druckprozesses selbst anzuzeigen. Bei einem geeigneten Zielprofil und einem aussagekräftigen Anzeigeprofil kann ein Benutzer schnell beurteilen, wie seine Arbeit später aussehen wird. Unterschiedliche Profile können bei der gleichen Grafik eine Vorschau darauf geben, wie sie später auf verschiedenen Zielmedien aussehen werden.

Programme zur ICC-Profilerstellung gibt es viele; „LPROF“[1] oder „Argyll Color Management System“[2] sind dazu OpenSource-Alternativen.

[1] *http://lprof.sourceforge.net/*
[2] *http://www.argyllcms.com/*

5.2.2 Farbverläufe

Für ein ausgewähltes Element mit einer einfachen Farbe können Sie im Dialogfenster **Füllung und Kontur** über die entsprechenden Buttons sowohl den linearen als auch den radialen Farbverlauf auswählen. Mit diesen auf den ersten Blick unscheinbaren Einstellmöglichkeiten lassen sich wunderschöne Effekte in Ihre Zeichnungen einbauen, gerade wenn Sie zweidimensionale Formen als 3D-Objekt darstellen wollen.

Seit der Version 0.91 gibt es die Werkzeugeinstellungsleiste, die Sie bei den Farbverläufen nutzen. Der frühere Verlaufseditor wurde abgeschafft und die Einstellungsleiste ersetzt nun alle Parameter.

Bild 5.8 Werkzeugeinstellungsleiste für den Farbverlauf

Wenn Sie Inkscape zum ersten Mal starten, sind die Parameter in der Einstellungsleiste ausgegraut. Haben Sie hingegen schon einige Objekte erstellt und ausgewählt, können Sie mit einem Klick auf das Werkzeugsymbol die Auswahl öffnen und den gewünschten Farbverlauf anklicken.

Im nachfolgenden Bild sehen Sie vier unterschiedliche Verläufe: linear/horizontal, linear/diagonal, radial/mittig und radial an einer Ecke.

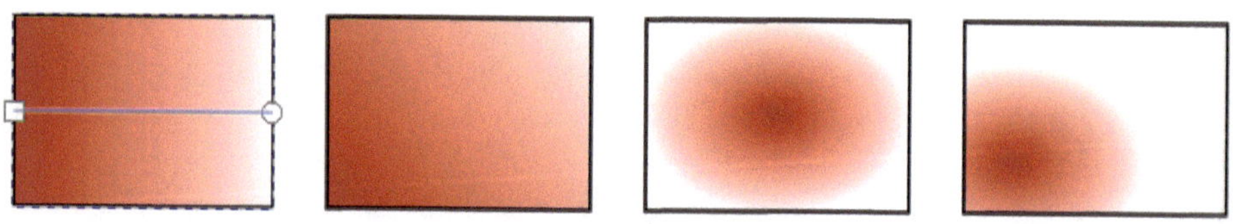

Bild 5.9 Bild mit verschiedenen Farbverläufen

Im linken Rechteck sehen Sie zudem den Farbverlauf, beginnend am rechteckigen Anfasser und endend an dem kleinen Kreis. Solange keiner der kleinen Anfasser ausgewählt ist, haben Sie auch keine Möglichkeit, eine andere Farbe zuzuweisen. Dazu klicken Sie entweder auf das kleine Quadrat oder den Kreis.

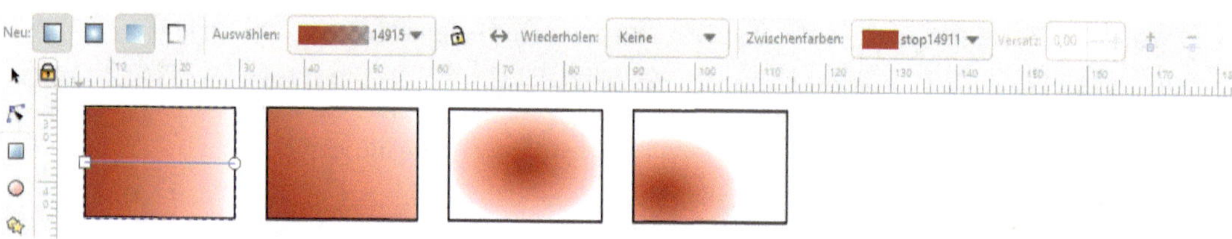

Bild 5.10 Werkzeugeinstellungsleiste für den Farbverlauf und die vier Verläufe

Über die Werkzeugeinstellungsleiste können Sie nun den Verlauf über die bekannten Farbraummodelle nach Ihren Wünschen anpassen. Standardmäßig verläuft jeder erst einmal von der ausgewählten Deckfarbe zu transparent; Sie können aber auch Zwischenfarben hinzufügen, um spezielle Effekte hervorzubringen.

Wenn Sie das Drop-down-Feld bei *„Zwischenfarben:“* anklicken, können Sie den Verlaufsanfang beziehungsweise das -ende jeweils bearbeiten. Natürlich lassen sich weitere Zwischenfarben einstellen. Dabei greift Ihnen Inkscape unter die Arme und wählt eigenständig eine ähnliche Farbe aus, die einen entsprechenden Versatz zwischen den angrenzenden Farben darstellt.

Beispiel: Wenn Sie einen Farbverlauf von Blau nach Rot erstellt haben und eine Zwischenfarbe hinzufügen, wird dies in etwa der Farbe Lila entsprechen, da dies den Mittelwert zwischen beiden Farben darstellt.

Farbverlauf linear und radial

Der Farbverlauf wird erst mal zentriert auf dem Objekt ausgegeben; Sie können diesen aber den eigenen Wünschen anpassen. Wählen Sie aus der Werkzeugleiste den Farbverlauf aus und sofort sehen Sie am Objekt die entsprechende Linie.

Sie können die Anfasser bequem am Objektrand oder über das Objekt hinaus positionieren. Der radiale Farbverlauf hat gegenüber dem linearen einen weiteren Anfasser und die Linie ist abgewinkelt. Die nachfolgenden Bilder verdeutlichen den Unterschied.

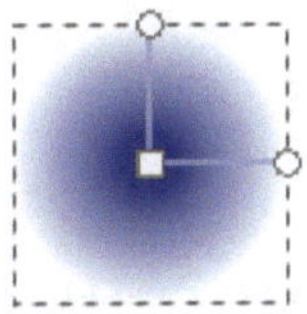

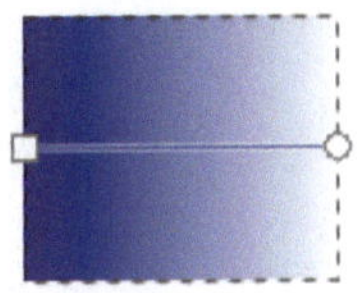

Der radiale Farbverlauf kann ebenso schnell modifiziert werden wie der lineare, nur dass hier die Linie im rechten Winkel verläuft. Die drei Anfasser können unabhängig voneinander verändert und über die Objektränder hinaus verschoben werden.

Farbverläufe dienen nicht nur als farbiges Gestaltungsmittel, sondern können bei bestimmten Formen auch den Eindruck von Tiefe vermitteln beziehungsweise Lichtreflexionen schaffen.

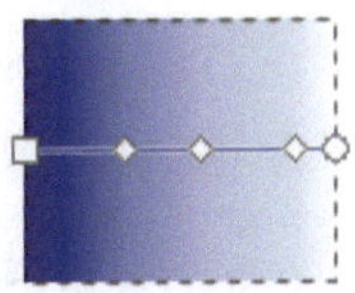

Haben Sie einen Farbverlauf mit mehreren Farben, so werden die Versatzpunkte auf der Linie mit angezeigt.

Versatzpunkte

Hiermit sind die Abstände gemeint, bei denen die nächsten Farben wirksam werden. Jede Zwischenfarbe bekommt einen Versatz, den Sie entweder über die Werkzeugeinstellungsleiste oder den Farbverlauf selbst einstellen beziehungsweise verändern können.

Mit Versatzpunkten haben Sie die Möglichkeit, den Farbverlauf punktgenau anzupassen.

Verlaufsgitter

Das Verlaufsgitter gibt es seit Version 0.92 und es bietet ungeahnte Möglichkeiten, Farbverläufe darzustellen.

> Die Syntax von Mesh SVG kann sich in den neuen Inkscape-Versionen ändern und die Mesh-Unterstützung in Browsern ist nicht unbedingt sicher.
>
> Für die Einbindung auf Webseiten sollten Sie daher das Gitter durch eine Bitmap ersetzen, indem Sie im Menü auf Bearbeiten->Bitmap-Kopie erstellen klicken.

Das folgende Bild zeigt zwei gleiche Kreise. Links ist das Verlaufsgitter ausgewählt und rechts ist das Ergebnis, das uns Inkscape automatisch errechnet.

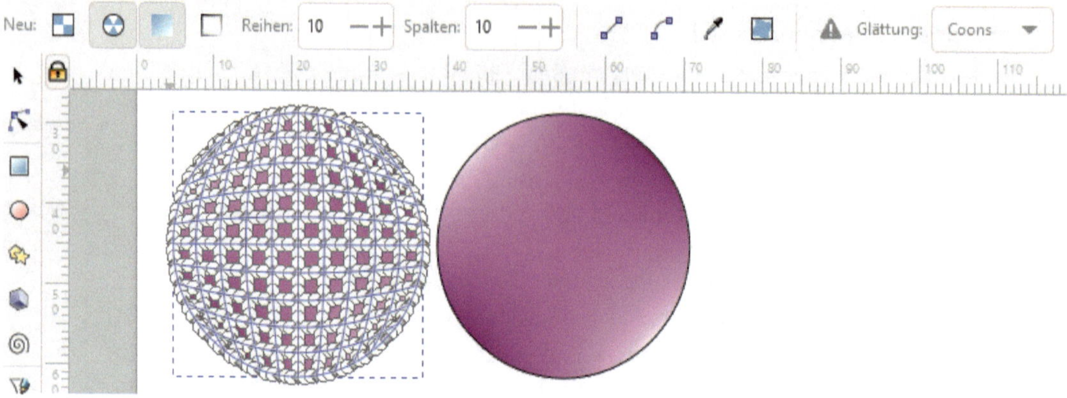

Bild 5.11 Farbverlaufsgitter

Wenn Sie ein Verlaufsgitter erstellen möchten, bietet Inkscape zwei Möglichkeiten:

- Sie klicken auf das Werkzeugsymbol, wählen den Gittertyp aus (normal oder konisch) und danach, ob es auf die Füllung oder die Kontur wirken soll. Sie geben die Anzahl Reihen und Spalten an und klicken mit dem Mauszeiger auf das entsprechende Objekt. Ziehen Sie das Gitter auf das Objekt.
- Wählen Sie das Objekt aus, auf welches das Verlaufsgitter angewendet werden soll. Über den Dialog „Füllung und Kontur“ wählen Sie aus, ob Sie die Füllung und/oder die Kontur bearbeiten wollen und über das Drop-down-Feld wählen Sie einen Verlauf aus.

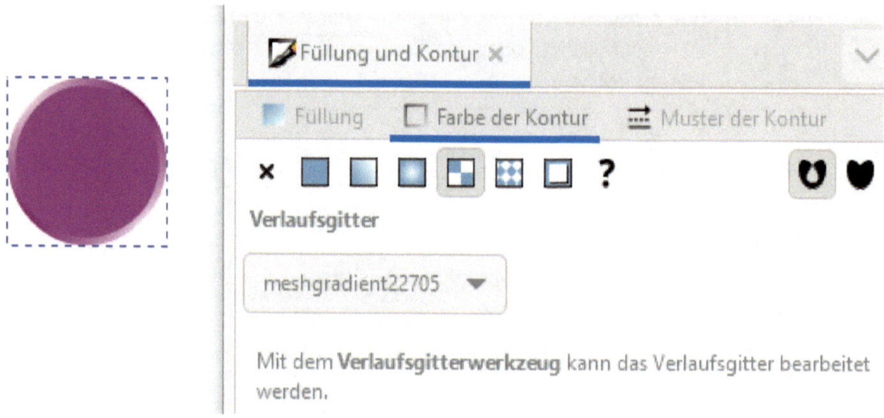

Bild 5.12 Dialogfenster Farbe der Kontur

Das Verlaufsgitter hat die Größe des Begrenzungsrahmens vom ausgewählten Objekt und beim Anwenden wird eine Kopie des Netzes erstellt.

Zum Bearbeiten klicken Sie entweder auf den Knoten oder auf den Kreis, ähnlich wie beim Knotenwerkzeug. Mit der Umschalttaste können Sie weitere zur Auswahl hinzufügen/entfernen. Wenn Sie mit der Maus einen Bereich aufziehen, werden alle darin befindlichen Knoten markiert. Sollten Sie die Größe des Objekts ändern, wird das Netz automatisch mitgeändert.

Inkscape bietet Ihnen bei der Bearbeitung der Gitter folgende Tastenkombinationen an:

STRG - **A**: Wählt alle Eckknoten aus

ALT - **B**: Schalten Sie die ausgewählten Knotenpunkte zwischen linear und kurvenförmig um. Wählen Sie beide Eckknoten der Linie aus, um die Linie zu verändern.

ALT - **C**: Gewählte Seiten lassen sich in elliptische Bögen umwandeln, indem Sie die Länge der Bezier-Griffe ändern.

Experimentelle Funktionen:

ALT - **G**: Hiermit können Sie Tensorpunkte für ausgewählte Patches ein- bzw. ausschalten. (Wählen Sie alle vier Eckknoten eines Feldes aus, um es markieren.) Tensorpunkte sind nicht Teil von SVG 2-Gittern.

Umschalt-I: Unterteilt das Gitter zwischen zwei ausgewählten Knoten.

5.2.3 Farbverlauf über Interpolation

Über die Interpolation können Sie ein Objekt in seiner Form und Farbe verändern. Inkscape berechnet die jeweiligen Zwischenschritte, die notwendig sind, um das Objekt zu transformieren. Die Erweiterung finden Sie über das Menü **Erweiterungen → Aus Pfad erzeugen → Interpolation ...**

Das obere Bild zeigt einen Stern, der von Blau innerhalb von fünf Schritten zur Farbe Rot wechselt. Im Beispiel habe ich einen blauen (ganz links) und einen roten Stern (ganz rechts) gezeichnet. Danach wurden beide Objekte markiert und mittels der oben genannten Erweiterung sind die interpolierten Sterne entstanden.

Ebenso einfach lassen sich auch die Formen verändern. Im nachfolgenden Bild hat der rechte Stern eine Ecke mehr, also sechs Ecken. Über insgesamt sieben Interpolationsschritte haben sich sowohl die Form als auch die Farbe verändert.

Es sind Ihnen bei der Gestaltung Ihrer Ideen kaum Grenzen gesetzt.

5.2.4 Unschärfe und Deckkraft

Unschärfe und *Deckkraft* sind als Schieberegler implementiert. Bei der Unschärfe legen Sie fest, wie exakt die Ränder voneinander abgegrenzt sind. Je höher der Wert der Unschärfe, desto verwaschener wird die Farbe beziehungsweise die Form oder der Farbverlauf.

Der Wert für Deckkraft legt die Transparenz der Farbe in Prozent fest. Einhundert Prozent ist volle Farbe, null Prozent bedeutet volle Transparenz.

Die beiden Sterne rechts und links sind Duplikate der darunterliegenden Objekte. Hier habe ich das vorherige Beispiel genommen und die interpolierten Formen unscharf gestellt und die Deckkraft verringert.

Bild 5.13
Dialogfenster für Unschärfe und Deckkraft

Spielen Sie ruhig etwas herum. Meist sind nur geringe Werte für die Unschärfe nötig, um die passenden Effekte zu erzielen.

5.2.5 Muster

In den Registern **Füllung und Farbe der Kontur** können Sie über den Button neben normaler Farbe und Verläufen Muster als Gestaltungsmittel für Ihre Zeichnungen einsetzen. Dieses Muster unterscheidet sich von dem, was Sie über das Register **Muster** der Kontur einstellen können.

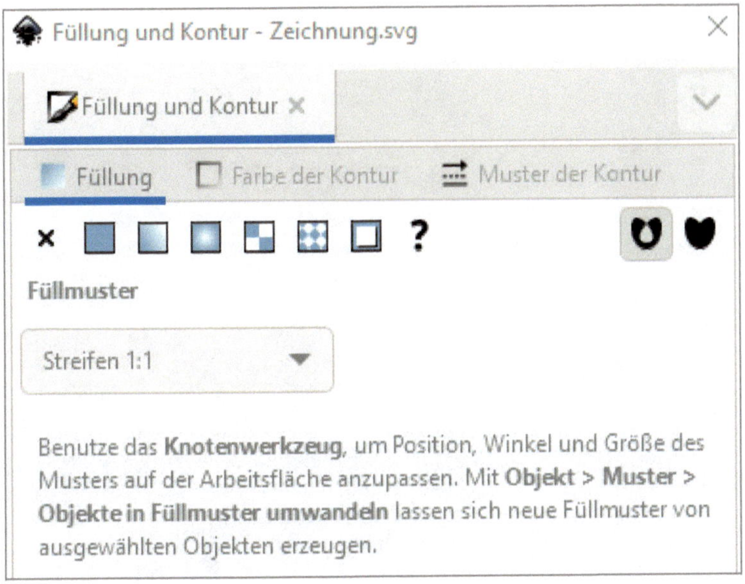

Bild 5.14 Dialogfenster Füllung und Kontur mit Muster

Wie Sie im Bild sehen, ist die Schaltfläche für das Muster ausgewählt und anstelle eines Farbraums haben Sie nur ein Auswahlmenü. Standardmäßig ausgewählt ist „Streifen 1:1“. Wenn Sie nun auf der rechten Seite das schwarze Dreieck klicken, öffnet sich ein Auswahlmenü, in dem Sie verschiedene Streifen in unterschiedlichen Verhältnissen, Wellen und Bitmaps für Ihre Formen verwenden können.

Unterhalb der Auswahl sehen Sie noch einen kleinen Hinweis, wie Sie das als aktiv markierte Muster verändern.

5.3 Muster der Kontur

Dieses Register ist für die Stärke und das Aussehen der Konturlinie zuständig.

> Sollten Sie nichts einstellen können und alle Funktionen ausgegraut sein, so ist dem Objekt keine Kontur zugewiesen.

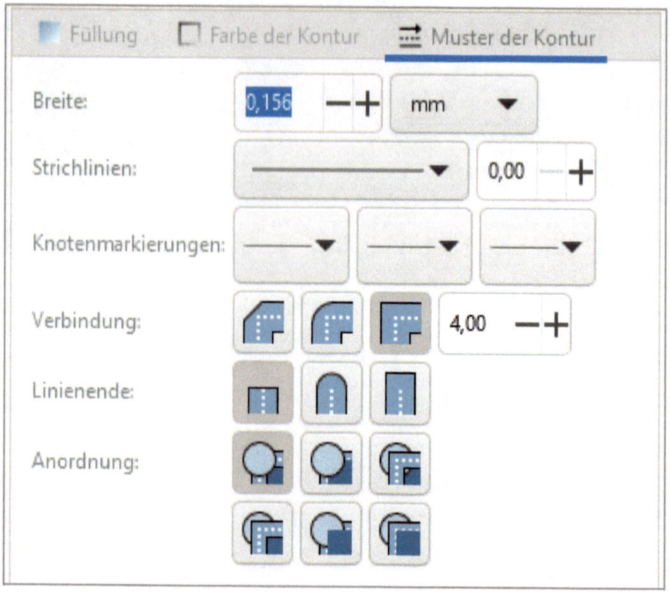

Bild 5.15 Dialogfenster für Muster der Kontur

Die Parameter sind so weit selbsterklärend und wenn Sie ein Objekt ausgewählt haben, sehen Sie sofort das Ergebnis der Parameteränderung. Strichlinien bietet Ihnen Zugriff auf eine Vielzahl unterschiedlicher Linienvariationen, die gerade bei der Spirale interessante Effekte hervorbringen.

Mit etwas Unschärfe bekommt man so schnell eine Art Welle hin. Dabei wurde die Spirale gestaucht. Wenn Sie den Parameter für Linienende modifizieren, können Sie die einzelnen Striche abrunden oder eckig darstellen. Über die Markierung dazwischen haben Sie zudem die Möglichkeit, das ausgewählte Strichmuster mit Punkten, Diamanten oder anderen Symbolen zu versehen.

5.4 Der Farbeimer (Umschalt + F7)

Passend zum Kapitel Farbmanagement gibt es das Farbeimerwerkzeug, mit dem Sie angrenzende Gebiete mit einer Farbe füllen können. Bei der Beschreibung der Werkzeugleiste wurde dieser ja bereits kurz vorgestellt.

Die einfachste Anwendung besteht darin, einen Bereich in Ihrer Zeichnung mit einer Farbe und/oder Kontur zu versehen. Wenn Sie eine neue Form erstellen, können Sie die

Füllung und Kontur bereits festlegen. Manchmal wollen Sie aber nachträglich einen Bereich anders haben und so kommt der Farbeimer ins Spiel.

Bild 5.16 Werkzeugeinstellungsleiste

Damit Sie dessen Arbeitsweise besser verstehen, befassen wir uns erst einmal mit der Werkzeugeinstellungsleiste. Das Drop-down-Menü *Füllen mit*: legt fest, mit welchem Inhalt Sie Ihre Flächen füllen möchten. So können Sie sichtbare Farben, eine RGB-Farbe, Farbton, Sättigung, Helligkeit oder die Deckkraft (Alpha) auswählen, um vorzugeben, wie gefüllt wird.

Die Einstellung für den Schwellwert gibt den maximal erlaubten Unterschied zwischen dem angeklickten und dem benachbarten Pixel an, um noch zum Füllbereich zu gehören. Das heißt, je kleiner der Wert, desto weniger wird gefüllt.

Beim Füllen spielt der Zoomfaktor eine entscheidende Rolle. Ist er sehr groß, dauert das Füllen eines Objekts sehr lange beziehungsweise wird nur ein kleiner Bereich mit der Farbe gefüllt.

Mit dem Wert für *Vergrößern/Verkleinern um* geben Sie an, wie der Bereich gefüllt werden soll. Positive Werte vergrößern den Bereich, negative Werte verkleinern ihn. Die Einheit können Sie dabei selbst festlegen. Mit *Lücken schließen* geben Sie an, wie Inkscape mit der Füllung interpolieren soll.

Den Abschluss der Leiste bildet die Markierung, mit der Sie die Parameter des Fülleimers auf die Vorgabewerte zurücksetzen können.

Damit sind wir auch schon am Ende des Kapitels und wie Sie sicher ganz leicht festgestellt haben, Farben sind nicht gleich Farben, vor allem, wenn Sie diese für Vorlagen in Druckereien verwenden wollen. Farben und Farbverläufe, an der richtigen Stelle angebracht, lassen jede Kreation aufleben. Konturen und Muster sind ebenfalls ein interessantes Mittel und der Farbeimer hilft Ihnen, große Flächen zu füllen.

Das folgende Kapitel befasst sich mit Pfaden und deren Bearbeitung. Pfade sind ein spannendes Thema bei Inkscape, denn sie bieten Ihnen ungeahnte Möglichkeiten.

6 Pfade und Bearbeitungswerkzeuge

Das Kapitel im Überblick

- Pfade erstellen
- Pfade bearbeiten
- Formen zusammenfügen
- Modellieren – Tweak Tool
- Text als Pfad umwandeln
- LPE – Live Path Effects
- Workshop: Eine fast fertige Weihnachtskarte

Mit Pfaden und deren Bearbeitungswerkzeugen geben Sie Ihren Formen und Objekten den Feinschliff. In diesem Kapitel gehen wir detailliert auf die Pfade ein und das, was man damit machen kann. Im ersten Abschnitt erstellen wir Pfade und nutzen dabei unterschiedliche Ansätze. Danach gehen wir in deren Bearbeitung über und fügen mehrere Pfade zusammen. Das Modellierwerkzeug und die Live-Path-Effects bilden den Abschluss des Kapitels. Der anschließende Workshop beinhaltet die bis dahin gezeigten Möglichkeiten und vertieft diese.

Es lassen sich alle Objekte in Pfade umwandeln, die dann mit dem Knotenwerkzeug bearbeitet werden können. Pfade bieten Ihnen mit der Bearbeitung Ihrer Objekte durch Vereinigung, Differenz, Überschneidung, Teilung, Schrumpfen, Erweitern oder Richtung umkehren viele Möglichkeiten, um nur ein paar Beispiele zu nennen. Detailliert wird ab Abschnitt 6.3 auf die einzelnen sogenannten booleschen Operationen eingegangen.

Pfad

Pfade repräsentieren die Außenlinie eines Objekts. Dieses kann gefüllt, mit einer Kontur versehen, eine Begrenzung sein oder eine Kombination der drei Möglichkeiten darstellen. Er ist eine Abfolge von durch Knoten begrenzten geraden Linien und/oder Bézier-Kurven.

Ein Pfad kann durch Endpunkte begrenzt werden oder auch ein in sich geschlossener Linienzug sein.

Knoten

Ein Knoten ist ein Punkt auf einem Pfad, mit dem - abgesehen von Start- oder Endknoten - der Bereich links und rechts davon verändert werden kann.

Pfadsegment

Ein Segment ist hier der Teil eines Pfads, der sich zwischen zwei Knoten befindet.

Pfade sind eine Abfolge von geraden Linienabschnitten und/oder Bézier-Kurven, die ebenso wie Formen und andere Objekte unterschiedliche Füllungs- und Kontureigenschaften besitzen können. Sie unterscheiden sich von den normalen Objekten, da sie nicht definierten Formen wie dem Rechteck, der Ellipse oder dem Stern in ihren Formeigenschaften entsprechen. Wenn diese zum Beispiel über einen Anfasser modifiziert werden, ändert sich mindestens ein weiterer. Verändern Sie hingegen Pfade beziehungsweise Formen, die in Pfade umgewandelt wurden, so ändert sich nur ein Knoten oder das Segment zwischen zwei Knoten.

Pfade werden im Allgemeinen als Bézier-Kurven bezeichnet und können offen, also mit zwei Enden, geschlossen, somit ohne Ende, oder ein Pfadverbund sein. Ein Pfad wird in Inkscape durch vier Anfasser definiert: zwei Knoten, die Anfang und Ende darstellen, sowie zwei Anfasser, mit denen Sie die Knoten modifizieren können.

6.1 Pfade erstellen

Zur Erstellung eines Pfads bietet Inkscape insgesamt vier Möglichkeiten:

- Ein bereits erstelltes Objekt können Sie in einen Pfad umwandeln über das Menü **Pfad → Objekt in Pfad umwandeln** oder den Button in der Werkzeugeinstellungsleiste des Knotenwerkzeugs.
- Neue Pfade erstellen Sie mit Freihand-, Kalligrafie- oder Bézier-Kurven-Werkzeug.
- Natürlich können Sie auch die Tastenkombination **STRG** + **UMSCHALT** + **C** nehmen, um Objekte in Pfade umzuwandeln.

6.1.1 Objekte und Konturen in Pfade umwandeln

Inkscape kann erstellte Formen wie Rechteck, Ellipse, Stern oder Spirale per Tastenkombination **STRG** + **UMSCHALT** + **C** ( ) in einen Pfad umwandeln. Aber neben den Objekten kann das Programm auch Konturen in Pfade umwandeln. Das heißt, dass die Kontur damit ein gefülltes und geschlossenes Objekt wird, das aus zwei parallelen Sub-Pfaden besteht. Das erreichen Sie mit der Tastenkombination **STRG** + **ALT** + **C** ( ).

Damit haben Sie mehr Kontrolle über den Pfad und können ihn so noch besser modifizieren und an Ihre Vorstellungen anpassen. Das bedeutet aber im Umkehrschluss, dass die ursprünglichen Informationen über die Formen verloren gehen und Sie zum Beispiel das Rechteck nicht mehr mit dem dafür vorgesehenen Werkzeug bearbeiten können, um eventuell die Ecken noch abzurunden.

Sub-Pfad

Ein Sub-Pfad beziehungsweise Unterpfad ist eine Aufeinanderfolge von Knoten. Hat ein Pfad mehr als einen Unterpfad, sind nicht alle seine Knoten miteinander verbunden.

Im Bild sehen Sie einen Pfadverbund, der aus fünf Unterpfaden besteht. Wenn Sie den Pfad auswählen, wird der komplette Verbund ausgewählt.

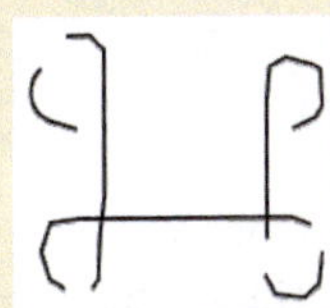

Im linken Bild unten sehen Sie einen Pfad, der mit dem Freihandwerkzeug erstellt wurde. Ebenfalls sichtbar sind Anfang und Ende durch die beiden grauen Knoten. Nach dem Umwandeln der Kontur in einen Pfad entsteht das rechte Bild. Hier sehen Sie die jeweiligen Knotenpaare.

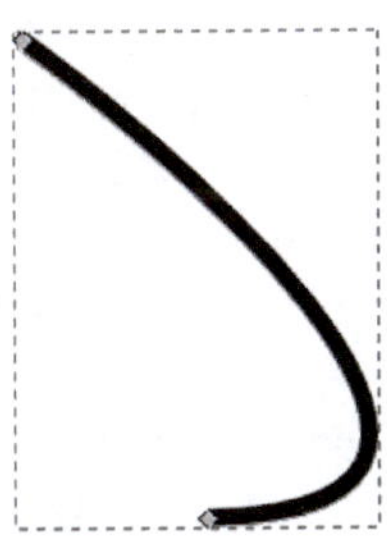

Wenn Sie zu Beginn eine breitere Kontur einstellen, das Objekt in einen Pfad umwandeln und die Konturbreite wieder zurücknehmen, erhalten Sie ein ähnliches Bild, wie nachfolgend zu sehen. Die doppelten Knotenpaare sind sehr deutlich zu erkennen und wenn Sie die Endknoten auftrennen, entstehen dadurch zwei parallele Linien.

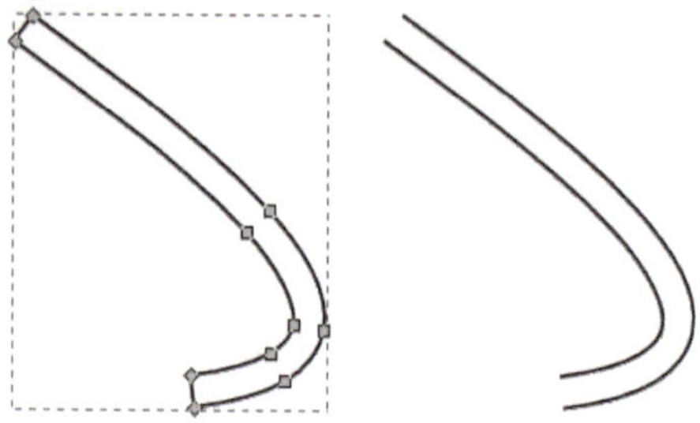

Aufgetrennt werden die Endknoten mit dem Knotenwerkzeug. Sie wählen das Segment dazwischen aus und drücken die Schaltfläche **Pfad zwischen zwei Knoten auftrennen**. Wiederholen Sie das für das andere Ende.

6.1.2 Freihandlinien (F6)

Freihandlinien sind die einfachsten Pfade, da Sie einfach mit der Maus einen „Strich" auf die Zeichnungsfläche bringen können. Es ist vergleichbar mit einem Bleistift, mit dem Sie auf einem Blatt Papier malen.

Da Sie die Maus aber sicherlich nicht absolut ruhig führen können, sieht die Linie meist etwas zittrig aus, wie bei einem Malwerkzeug. So entstehen dabei viele Knoten, die über das Knotenwerkzeug sichtbar werden. Allerdings können Sie mit dem Werkzeug auch gerade Linien erstellen, indem Sie einfach mit einem Mausklick den Startpunkt setzen und mit einem zweiten Mausklick den Endpunkt festlegen.

Wenn Sie mit dem Werkzeug zeichnen, sollten Sie einen Blick auf die Einstellungsleiste werfen.

Bild 6.1 Werkzeugeinstellungsleiste für Freihandlinien

Im Modus wählen Sie zwischen einem regulären Bézier-, einem Spiral oder B-Spline-Pfad. Den Unterschied sehen Sie in den nachfolgenden Bildern.

Der obere Pfad wurde als Bézier-Pfad erstellt, der zweite als Spiralpfad. Eine Spirale kann man hier nicht sehen, denn ich habe lediglich eine Wellenlinie gemalt. Im unteren Teil des Bilds wird deutlicher, was der Modus zu leisten vermag.

Links wurde die Spirale im Modus Bézier-Kurve gezeichnet, rechts hingegen als Spiral-Pfad. Man erkennt deutlich die glattere Form. Der Effekt ist, dass eine Reihe von Knoten in einen definierten, seidenweichen Pfad vollständig von der Position der Knoten abhängig verwandelt werden. Diese Methode wurde von Raph Levien entwickelt, um Schriftarten zu gestalten. Spiro-Kurven haben Verbindungen, die nahtlos miteinander verbunden sind. Die Glättung der Linie geben Sie im nächsten Abschnitt der Einstellungsleiste vor. Geringe Glättung hat viele Knoten und eine zittrige Linie zur Folge. Ein hoher Wert für die Glättung erstellt wenige Knoten, dafür aber auch eine weichere Linie. Probieren Sie also etwas aus, bis Sie einen geeigneten Wert haben.

Wenn Sie den Modus B-Spline-Pfad auswählen, können Sie eine Reihe glatter Kurven erstellen. B-Spline ist die Abkürzung von Basis-Spline. Das wird Ihnen vermutlich nicht viel sagen. Näheres dazu finden Sie in Wikipedia[1].

Den Abschluss der Einstellungsleiste bildet die Auswahl der Form, mit der Sie zeichnen wollen. Anfänglich steht das Drop-down-Menü auf **Keine**. Sie haben hier die Möglichkeit, vorgefertigte Stile zu verwenden.

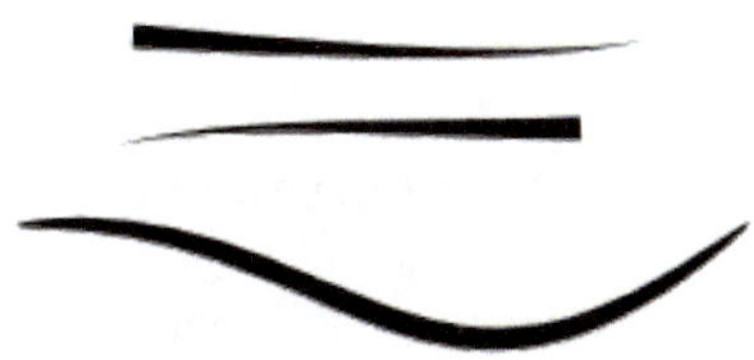

Im Bild sehen Sie drei Freihandlinien; jede mit einer anderen Form. Dabei wurden alle Freihandlinien in einer Art Sinuskurve von links beginnend nach rechts gezeichnet.

Die erste Linie wurde mit der Form Dreieck Anfang gezeichnet. Hier sieht man deutlich, wie die Linie stark beginnt und dann in einem Punkt endet. Ebenso die Form Dreieck Ende, die den Gegensatz zur vorigen Form darstellt. Diesmal beginnt der Pfad in einem Punkt und endet als dicker Strich. Die dritte, nun sinusartige Form, wurde mit der Einstellung Ellipse gezeichnet. Hier sieht man deutlich die spitzen Ecken und das breite Mittelfeld des Strichs.

Pfade lassen sich ganz schnell verlängern, indem Sie einfach am Start- oder Endpunkt erneut ansetzen und Ihre Striche weitermalen. Wollen Sie das nicht, heben Sie einfach die Markierung des erstellten Pfads auf und Inkscape zeichnet einen weiteren Pfad auf. Ebenso können Sie einen angefangenen Pfad mit der **Esc**-Taste abbrechen.

Alle Linien haben jeweils EINEN Start- und Endpunkt. Lediglich die Form ist eine andere.

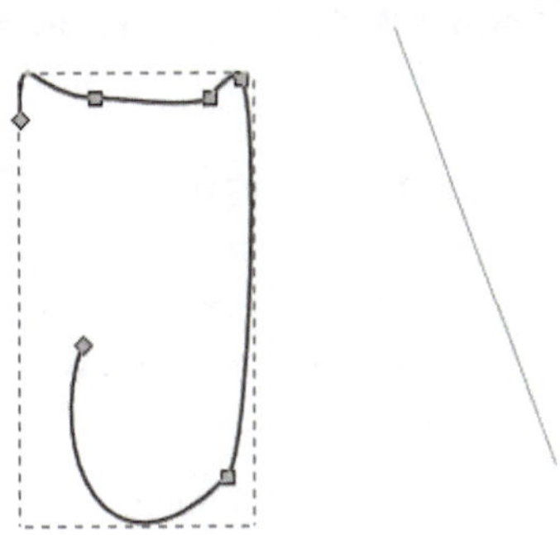

Sie sehen hier zwei Pfade. Der linke Pfad ist eine Freihandlinie, bei gedrückter Maustaste. Der rechte Pfad ist eine Gerade, die durch Setzen von Start- und Endpunkt erstellt wurde.

1 *https://de.wikipedia.org/wiki/Spline*

Pfade mit Füllung können allerdings auch so aussehen. Hier ist die gleiche Form zu sehen.

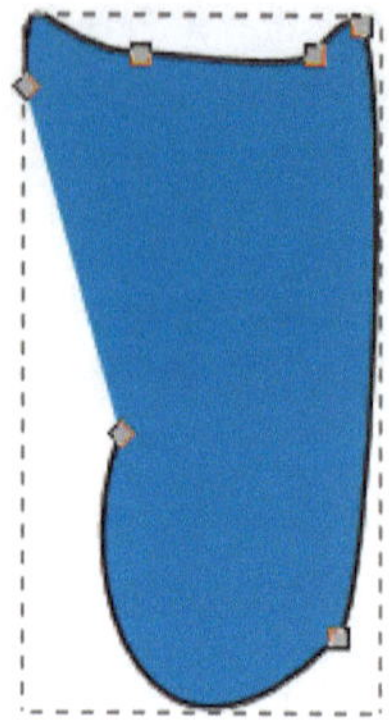

6.1.3 Bézier-Kurven und gerade Linien (UMSCHALT + F6)

Die Bézier-Kurven[2] sind ebenfalls Pfade, über die Sie aber mehr Kontrolle ausüben können als bei den Freihandlinien. Zu Beginn sollten wir allerdings erst einmal die Frage klären, was Bézier-Kurven eigentlich sind.

Bézier war ein französischer Ingenieur, der für Renault gearbeitet hat. Dort beschrieb er eine Kurve für die Gestaltung der Karosserie, die später ein elementares Werkzeug für mit Computern generierte Grafiken werden sollte.

Neben den Kurven können Sie natürlich auch gerade Linien zeichnen. Wenn Sie diese benötigen, so erstellen Sie mit einem Klick in Ihre Zeichnung einfach den Startpunkt und mit einem zweiten Klick den Endpunkt beziehungsweise den nächsten Knotenpunkt. Dabei wird Ihnen eine rote Linie angezeigt, die dann später gesetzt wird. Das ist relativ einfach und geht schnell von der Hand. Bevor wir allerdings das Thema vertiefen, werfen wir wieder einen Blick auf die Einstellungsleiste, die im nachfolgenden Bild zu sehen ist.

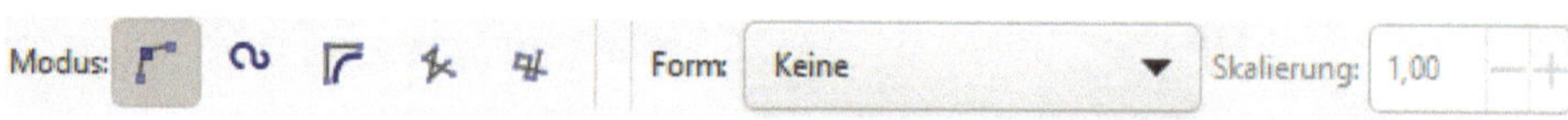

Bild 6.2 Werkzeugeinstellungsleiste des Bézier-Werkzeugs

> **Bézier-Kurven**
>
> Diese Kurven sind aus wenigen Knotenpunkten aufgebaut, in denen weitere Informationen wie die Art des Knotens, also spitz oder symmetrisch, sowie Richtung und die Intensität der abzweigenden Linien mitgegeben werden.

Gegenüber der Freihandlinie können Sie hier vier anstatt zwei unterschiedliche Modi einstellen und jederzeit zwischen diesen wechseln. Neben dem Bézier- und dem Spiralpfad haben Sie noch den B-Spline-Pfad sowie die geraden Liniensegmente

2 http://de.wikipedia.org/wiki/B%C3%A9zierkurve

und achsparallele Liniensegmente zur Auswahl. Was das bedeutet, erklärt der nachfolgende Abschnitt.

Gerade Liniensegmente bestehen aus einem Start- und einem Endpunkt und stellen die kürzeste Verbindung zwischen diesen her. Beim Zeichnen können Sie jeden Winkel erstellen. Achsparallele Segmente hingegen können nur im 90°-Winkel gezeichnet werden. Dabei ist es aber egal, in welche Richtung Sie zeichnen.

Während Sie die Linien und Kurven erstellen, werden Ihnen in der Statusleiste allerhand Informationen über den Pfad mitgeteilt. So sehen Sie sofort den Winkel, den Sie zeichnen, sowie die Entfernung der einzelnen Punkte. Wenn Sie während des Zeichnens die **STRG**-Taste gedrückt halten, können Sie die Pfade in 15°-Schritten anlegen. Damit lassen sich schnell offene oder geschlossene Pfade erstellen.

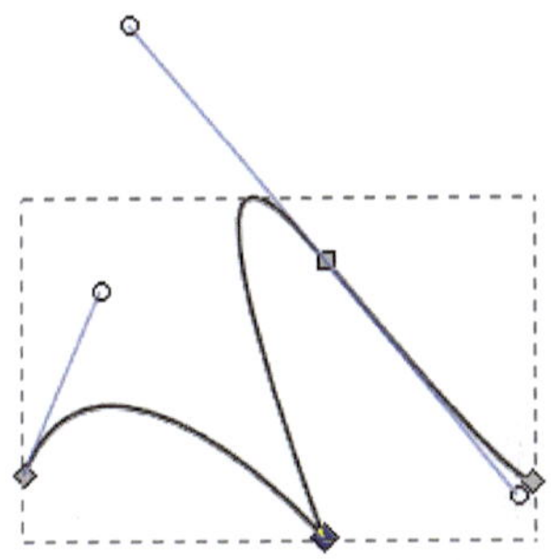

Eine Kurve erzeugen Sie auf fast die gleiche Weise. Allerdings klicken Sie nicht einfach nur die einzelnen Punkte auf Ihrer Zeichnung an, sondern Sie halten beim Klicken die Maustaste einfach gedrückt. Nun erscheint anstelle einer roten Geraden ein Bogen, der sich je nach Einstellung symmetrisch oder asymmetrisch verformt. Zum Beenden einer Kurve drücken Sie entweder die **RETURN**-Taste oder die rechte Maustaste. Damit ist die Kurve auf der Zeichnung und kann mit dem Knotenwerkzeug weiterbearbeitet werden.

Hier sehen Sie eine Kurve mit drei Knotenpunkten, darunter Start- und Endpunkt. Im Gegensatz zum oberen Bild ist hier allerdings kein Knoten ausgewählt. Daher sind auch keine runden Anfasser zu sehen.

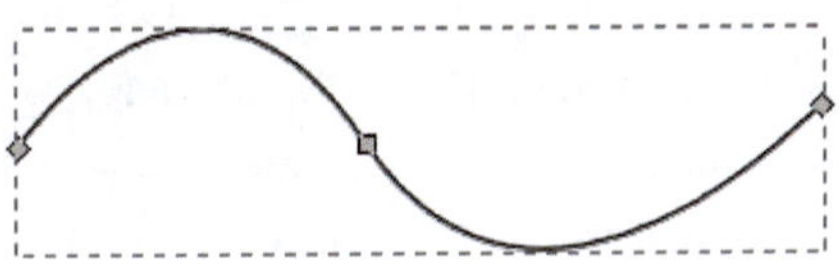

Ein nützliches Hilfsmittel beim Zeichnen Ihrer Linien sind die vier Pfeiltasten. Mit ihnen können Sie den jeweils letzten Punkt in die vier Richtungen verschieben. Wenn Sie dazu noch die **ALT**-Taste drücken, wird der Punkt um einen Bildschirmpixel verschoben. Haben Sie einen Knotenpunkt falsch gesetzt, genügt die Rücktaste, um diesen zu löschen. Dabei geht Ihnen der Pfad mit mehreren Knoten nicht verloren.

Beim Zeichnen Ihrer Kurven sind die Tastenkombinationen ↑ + **L** und ↑ + **U** ebenfalls nützlich, denn damit lässt sich jeweils das letzte erstellte Pfadsegment in eine gerade Linie umwandeln und umgekehrt, solange die Pfaderstellung noch nicht beendet ist.

6.1.4 Kalligrafisch zeichnen (STRG + F6)

Mit dem Kalligrafiewerkzeug arbeiten Sie so, als hätten Sie einen Tuschzeichner in der Hand. Gegenüber den beiden anderen Werkzeugen zur Pfaderstellung arbeitet das Kalligrafiewerkzeug mit zwei Sub-Pfaden, die annähernd parallel verlaufen.

Das allein macht dieses Werkzeug aber nicht besonders. Hier spielt die Werkzeugeinstellungsleiste eine wichtige Rolle, die wir nachfolgend in mehreren Schritten näher unter die Lupe nehmen.

Bild 6.3 Werkzeugeinstellungsleiste des Kalligrafiewerkzeugs

Die Werkzeugeinstellungsleiste beginnt mit einer Auswahlbox, bei der Sie festlegen, wie Ihr kalligrafischer Pfad aussehen soll. *Tuschstift* bezeichnet hier den Tuschstift, der mit seinen Ecken wahrlich an den Zeichenunterricht erinnert. Weitere Vorlagen sind *Filzstift*, *Pinsel*, *Wackelig*, *SPLOTCH* (*Klecksig*) und *Nachzeichnen*, die alle unterschiedliche Formen hinterlassen. Natürlich können Sie auch ohne Vorlage zeichnen.

In der aktuellen Version 1.3 können Sie nun auch ein kalligrafisches Profil hinzufügen beziehungsweise bearbeiten. Sie legen die entsprechenden Parameter in der Werkzeugeinstellungsleiste fest und speichern diese dann entweder in die vorhandenen Profile oder wenn Sie „**keine Vorlage**" ausgewählt haben, als neues Profil in Inkscape ab. Vergeben Sie dafür einen für Sie „sprechenden" Namen. Die Breite gibt an, wie weit die beiden Sub-Pfade auseinanderliegen sollen. Hier lassen sich Werte von 1 bis 100 einstellen. Die Breite bezieht sich immer relativ zur sichtbaren Arbeitsfläche. Rechts neben der Breite legen Sie über Schaltflächen die Druckempfindlichkeit und die Helligkeit des Stifts fest. Die Druckempfindlichkeit hat nur dann eine Bedeutung, wenn Sie ein externes Grafikmaltablett über USB angeschlossen haben. Weitere Informationen darüber finden Sie in der Benutzerkonfiguration in Kapitel 11.

Die Helligkeit wirkt sich auf die Strichbreite aus, indem der Malhintergrund maßgebend ist. Ein weißer Hintergrund ergibt einen dünnen, ein schwarzer hingegen einen dicken Strich.

Der blaue Strich wurde in einem Arbeitsgang gezogen. Auf der weißen Arbeitsfläche ist er sehr dünn und über der schwarzen Ellipse wird er dick.

Die *Ausdünnung* nimmt Einfluss auf das Verhältnis zwischen Malgeschwindigkeit und Linienbreite. Wenn Sie schneller zeichnen, gibt es weniger Knotenpunkte. Hier können Sie Werte zwischen minus 100 und plus 100 vorgeben. Rechts daneben können Sie noch den Wert für die Masse einstellen. Hohe Werte lassen das Werkzeug „nachschleppen", als würde es durch Trägheit verlangsamt. Der Einstellbereich liegt von null bis 100. Wenn Sie die Masse einmal auf den Maximalwert von 100 stellen, werden Sie es sofort sehen, wenn Sie mit schneller Bewegung einen Strich ziehen. Nach dem ersten Separator finden Sie die Parameter für Winkel und Fixierung.

Bild 6.4 Einstellungen für Winkel und Fixierung

Der Winkel gibt die Neigung der Stiftspitze zum Blatt an, die Fixierung das Verhalten zum Winkel. Eine Fixierung von 100 bedeutet einen fixierten Winkel. Mit der kleinen Schaltfläche neben dem ersten Parameter können Sie die Winkeleinstellung deaktivieren und hingegen die Neigungsempfindlichkeit des Eingabegeräts nutzen, um den Winkel der Füllerspitze zu beeinflussen.

> **!** Der Winkel hat keinen Einfluss, wenn die Fixierung den Wert Null hat.

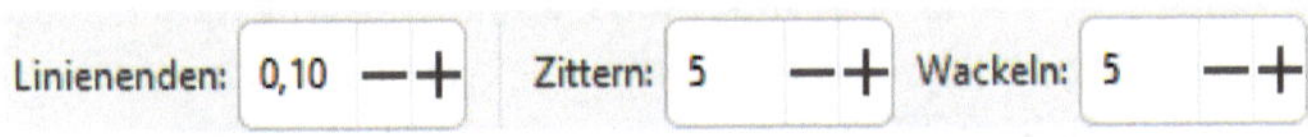

Bild 6.5 Einstellung für Linienenden, Zittern und Wackeln

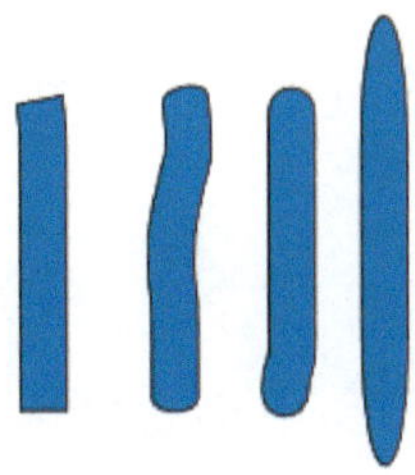

Mit den *Linienenden* können Sie die Enden des Strichs hochstehen lassen. Das folgende Bild zeigt vier Striche mit unterschiedlichen Werten für die Linienenden. Angefangen von 0,0 ist der zweite Strich mit 0,5 gezeichnet, der dritte mit 1,0 und der vierte mit dem Maximalwert von 5,0.

Die zwei Parameter für *Zittern und, Wackeln* wirken sich sowohl auf den Strich als auch auf den Stift aus. Zittern lässt den Strich dabei zittrig und ausgefranst aussehen. Wackeln simuliert eine unruhige Hand und Masse verlangsamt den Stift, als ob er nachgeschleppt wird.

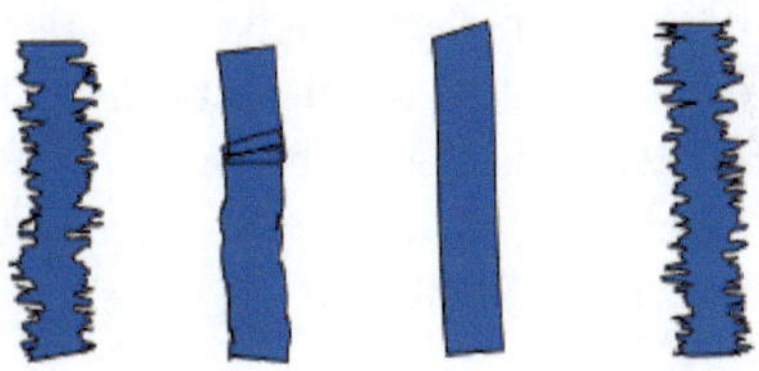

Im Bild sehen Sie links einen Strich mit eingestelltem Wert bei Zittern von 50, daneben Wackeln mit dem Wert 50. Der dritte Strich ist unscheinbar, aber hier ist die Masse auf 50. Aber wie schon beschrieben, wirkt sich das auf das Zeichnen aus, nicht auf das Objekt. Rechts im Bild wurde jeweils der Wert für Zittern und Wackeln auf 50 gestellt.

Eine Erleichterung beim Arbeiten mit dem Werkzeug bietet die Möglichkeit, an Führungspfaden entlang zu zeichnen. Dieser Führungspfad kann aber nur ein normaler Pfad oder Text sein. Um diese Möglichkeit zu nutzen, markieren Sie den Pfad mit dem Auswahlwerkzeug und wechseln dann mit **STRG** + **F6** auf das Kalligrafiewerkzeug. Wenn Sie jetzt die **STRG**-Taste gedrückt halten, erscheint am Mauszeiger ein Kreis, der den Abstand zum Führungspfad visualisiert. Mit gedrückter Maustaste können Sie nun einen Strich parallel zum Führungspfad zeichnen.

Nachfolgendes Bild verdeutlicht dies.

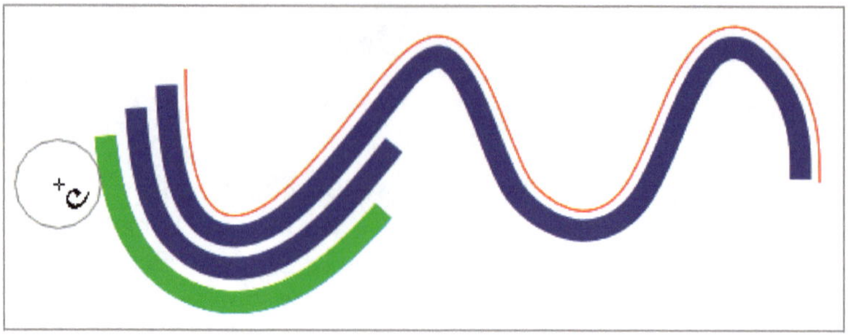

Die rote Linie ist dabei der Führungspfad, der mit dem Freihandwerkzeug angelegt wurde. Die blauen und grünen Striche sind jeweils die parallele Führung dazu. Sie können somit den gesamten Pfad zur Führung nutzen oder nur einen Teil davon. Der Mauszeiger mit dem Kreis zeigt Ihnen die gewählte Funktion und die Entfernung dabei an. Während des Zeichnens muss sich der Mauszeiger allerdings innerhalb des Kreises befinden, damit der Führungspfad erkannt wird. Je größer der Kreis um den Mauszeiger, desto weiter weg wird die neue Linie vom Führungspfad gezeichnet.

Es kann schnell passieren, dass Sie die Führung verlieren. Hier können Sie zum Beispiel die Führungslinie verlängern oder die Ecken abrunden.

6.2 Pfade bearbeiten

Pfade bieten eine Vielzahl an Veränderungsmöglichkeiten. Markieren Sie ein Objekt mit dem Knotenwerkzeug und wandeln Sie dieses über **Pfad → Objekt in Pfad umwandeln . . .**, mit der Tastenkombination **STRG + UMSCHALT + C** oder über den Button in einen Pfad um. Auf den ersten Blick hat sich nichts geändert. Wenn Sie jedoch auf das Knotenwerkzeug wechseln, sieht das Objekt anders aus. Nun sehen Sie an jeder Ecke der Form Anfasser in Form von Quadraten. Dies sind die Knoten. Bei einer Ellipse sehen Sie vier dieser Quadrate.

Wenn Sie ein Objekt wie Text, Stern, Rechteck oder Ellipse in einen Pfad umwandeln, verliert es alle vorherigen Eigenschaften. Das heißt, Sie können zum Beispiel beim Rechteck danach nicht mehr einfach so über das Rechteckwerkzeug die Kanten abrunden.

Wenn Sie nun das Knotenwerkzeug benutzen und einen Knoten der Form anwählen, erscheinen daran zwei Striche mit einem Kreis an jedem Ende. Dies sind wiederum Anfasser, mit denen Sie den entsprechenden Knoten verändern können. Werfen Sie dazu ebenfalls einen Blick auf die Werkzeugeinstellungsleiste. Sie bietet viele Möglichkeiten auf Knopfdruck an.

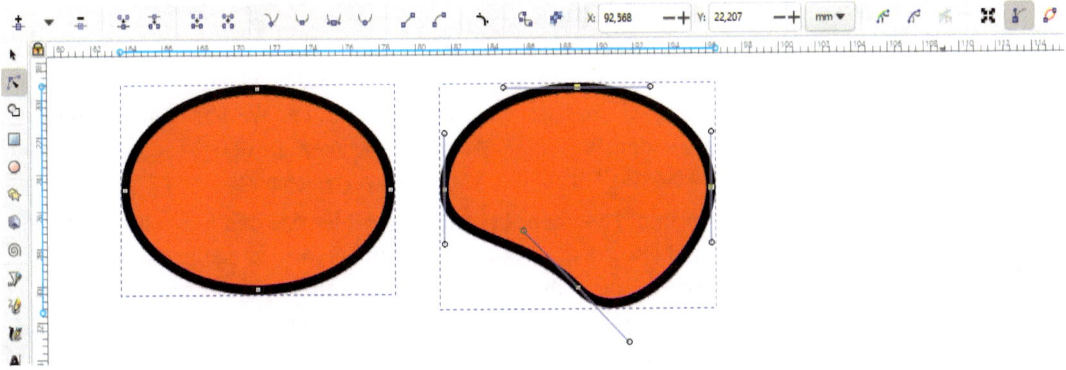

Bild 6.6 Zwei Ellipsen mit Pfad-Anfassern

In dem oben gezeigten Bild sehen Sie zwei Ellipsen, die dupliziert wurden, um Ihnen die Arbeitsweise der Anfasser zu verdeutlichen. Links sehen Sie nur die vier Griffe, rechts hingegen die vier quadratischen Griffe und acht runde Griffe, mit denen Sie die Form modifizieren können. Der untere linke Anfasser wurde aus seiner horizontalen Lage nach oben verschoben.

Neben einem Objekt kann Inkscape auch eine Kontur in einen Pfad umwandeln. Das funktioniert ebenfalls über **Pfad → Kontur in Pfad umwandeln**, mit der Tastenkombination **STRG + ALT + C** oder dem Button . Dabei verlieren die Objekte allerdings ihre Füllung und wie bei dem Objekt sind nun vier Knotenanfasser zu sehen, mit denen Sie wiederum Veränderungen vornehmen können.

> Generell lässt sich sagen, dass die Veränderung eines der vier quadratischen Anfasser die Form an sich ändert, die runden Anfasser verändern nur das angrenzende Gebiet um einen Anfasser.

In den nachfolgenden Bildern wurde die Kontur einer Ellipse in einen Pfad umgewandelt und danach wurden alle vier Anfasser in die Mitte gezogen.

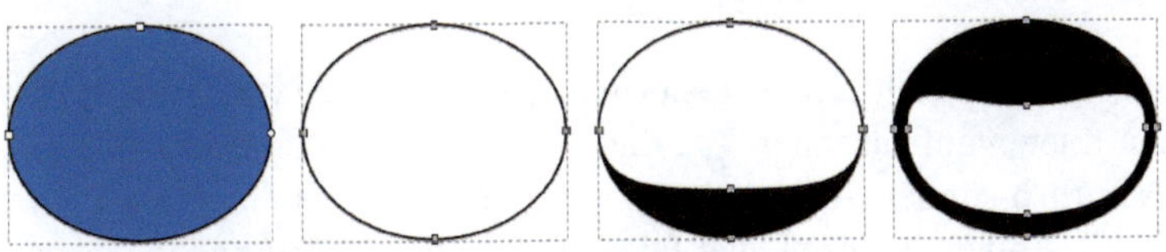

Bei größeren Formen können allerdings auch mehr als nur vier Griffe erscheinen, da die Formen dann mehrere Knoten aufweisen.

Bild 6.7 Ellipse mit mehreren Anfassern.

6.2.1 Wege der Pfadbearbeitung

Manchmal ist die Anzahl der Knoten zu Beginn der Umwandlung nicht ausreichend, um die Form nach Ihren Wünschen anzupassen. Dazu gibt es in der Werkzeugeinstellungsleiste die Möglichkeit, über den Button weitere Knoten an der passenden Stelle einzufügen beziehungsweise die Anzahl der Knoten zu verringern .

Damit Sie weitere Knoten in ein Segment bekommen, wählen Sie den Bereich zwischen den beiden Knoten aus und klicken auf das linke Icon in der Werkzeugeinstellungsleiste (gelb markiert). Im Bild wurde zweimal geklickt und somit sind drei weitere Knoten entstanden und jeder kann wiederum bearbeitet werden. Die Knoten wurden dabei genau mittig zwischen den jeweils anderen angelegt.

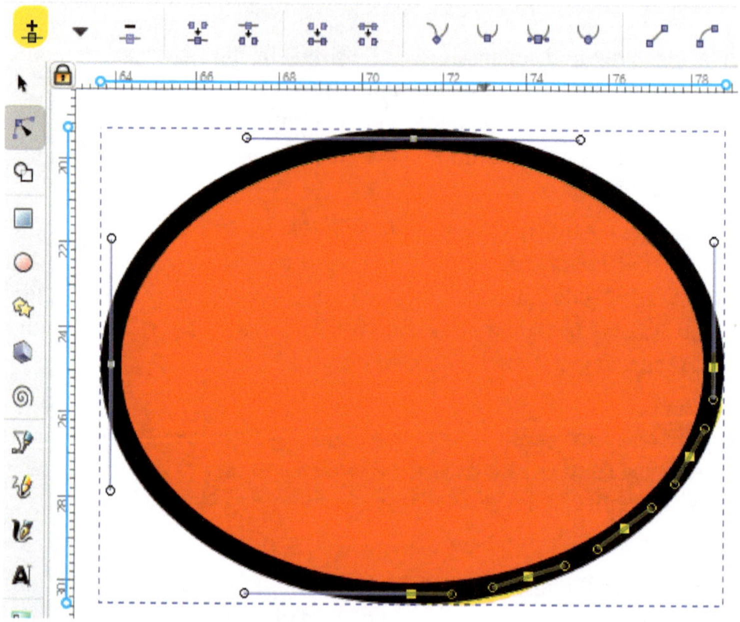

Bild 6.8 Weitere Knoten bei der Ellipse

Die nächsten beiden Schaltflächen dienen dazu, Endknoten zu verbinden beziehungsweise einen Knoten aufzutrennen . Dadurch ist eine exakte Bearbeitung der Formen möglich. Natürlich können Sie auch aufgetrennte Knoten über ein neues Segment wieder verbinden , Knoten in Ecken oder Bögen umwandeln oder Rundungen zu einer Linie abändern. Unterschiedliche Pfade lassen sich allerdings nicht durch neue Segmente verbinden.

Neben der Bearbeitung mit dem Knotenwerkzeug haben Sie auch die Möglichkeit, die einzelnen Knoten über das Dialogfenster (**STRG** + **UMSCHALT** + **A**) **Ausrichten und verteilen** zu modifizieren. Dazu finden Sie dort den Bereich **Knoten**, mit dem Sie die ausgewählten Knoten an einer Linie horizontal oder vertikal ausrichten beziehungsweise gleichmäßig anordnen können.

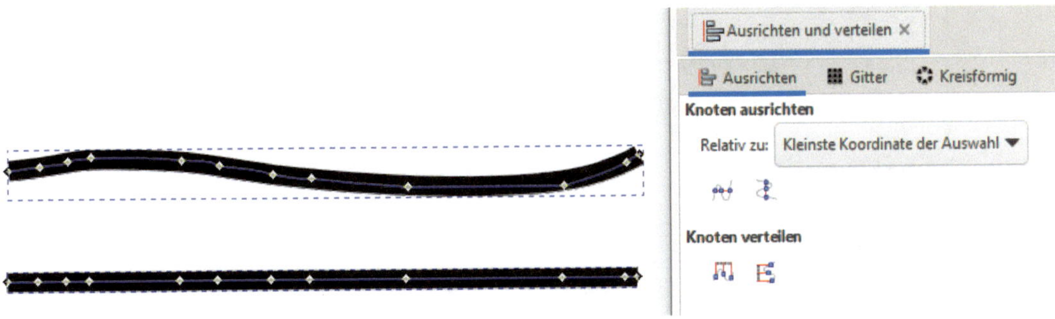

Bild 6.9 Dialogfenster Ausrichten und verteilen

Dieser obere Pfad im Bild ist „leider" etwas wellig und sollte horizontal sein. Mit einem Klick auf die Schaltfläche  werden alle Knoten ausgerichtet (siehe unteren Pfad im Bild).

6.2.2 Knoten formen

Inkscape bietet Ihnen neben der Bearbeitung einzelner Knoten auch die Möglichkeit, ganze Gruppen zu verändern. Wenn Sie mehrere zusammenhängende Knoten markieren und dann einen davon bei gedrückter **Alt**-Taste verschieben, bewegen sich die restlichen der Auswahl entsprechend mit.

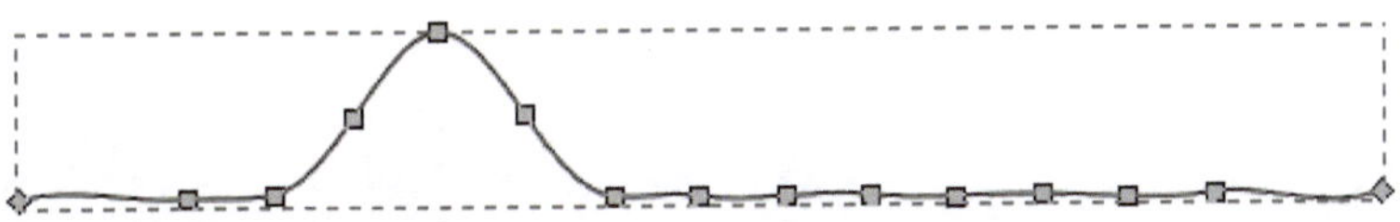

Im Bild lagen ursprünglich alle Knoten in einer Linie. Nun habe ich Knoten 3 bis 7 (von links betrachtet) markiert und bei gedrückter **Alt**-Taste den Knoten 5 nach oben verschoben. Wie Sie sehen, haben sich die Knoten 4 und 6 mit nach oben verschoben, allerdings nur um 50 %. Genauso können Sie andere Formen oder Texte, die vorher in einen Pfad konvertiert wurden, bearbeiten.

6.3 Formen zusammenfügen

Inkscape bietet Ihnen viele Möglichkeiten, Ihre Formen zu kombinieren. Über das Menü **Pfad** finden Sie die entsprechenden Werkzeuge, die ich Ihnen nachfolgend näherbringen möchte. Wichtig zu wissen ist, dass immer die obere Form die untere Form beeinträchtigt. Sie müssen daher aufpassen, dass Sie das richtige Objekt zuoberst liegen haben.

Alle Pfade werden in Inkscape als Bézier-Kurven beschrieben, auch wenn sie zum Beispiel wie ein Rechteck aussehen. Dabei ist es egal, ob es geschlossene oder offene Pfade sind.

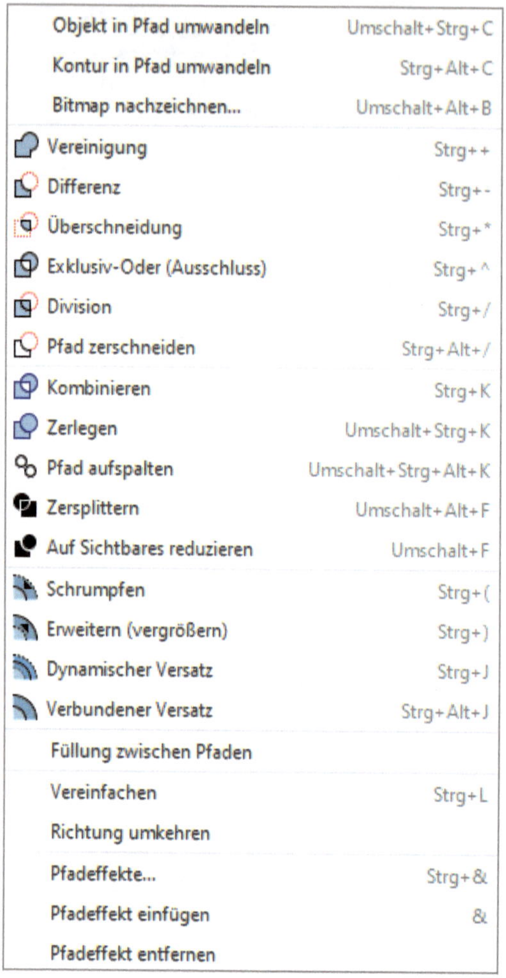

Bild 6.10
Menüfenster für Pfadbearbeitung

Das Bild hier zeigt die Möglichkeiten der Formbearbeitung und an den kleinen Bildern kann man schon sehen, wozu die einzelnen Befehle dienen. Ebenso sind die Befehle in bestimmte Bereiche unterteilt, die Ihnen den Umgang damit vereinfachen.

In der aktuellen Version von Inkscape sind ein paar neue Pfadbearbeitungsmöglichkeiten, wie „Pfad aufspalten“, Zersplittern oder „auf Sichtbares reduzieren“, hinzugekommen und ich werde mich auf den nachfolgenden Seiten damit befassen.

Oben finden Sie die Befehle, um Objekte und Konturen als Pfad bearbeitbar zu machen und Bitmaps nachzuzeichnen. Die nächsten beiden Abschnitte dienen dem Bearbeiten der Formen. Wir gehen im Buch im Bereich **Pfadoperationen** darauf ein. Die Pfadeffekte werden in Abschnitt 6.6 behandelt.

Mit *Schrumpfen*, *Erweitern*, *Dynamischer Versatz* und *Verbundener Versatz* sind die vier Befehle gruppiert, die sich direkt auf die Pfadbearbeitung auswirken. Mit diesen können Sie die Pfade vergrößern oder verkleinern, wobei jeder Punkt senkrecht zu einer tangentialen Linie zum Pfad verschoben wird. Nachfolgendes Bild verdeutlicht die Wirkungsweise.

Der rote Kreis ist der Originalkreis. Die beiden anderen wurden vom Original dupliziert (**STRG** + **D**) und zum einen über **STRG** + **UMSCHALT** + [geschrumpft (blau) und zum anderen mit **STRG** + **UMSCHALT** +] erweitert (grün). Bei beiden Befehlen wird der Kreis automatisch in einen Pfad umgewandelt.

Diese Befehle lassen sich nur über das Menü **Pfad** oder über die entsprechenden Tastenkombinationen verwenden. Eine eigene Leiste gibt es hierfür nicht.

Der dynamische Versatz verschiebt den Pfad nach innen oder außen und gibt Ihnen am Pfad einen Anfasser, mit dem Sie den gewünschten Versatz einstellen. Dabei wird der originale Pfad gespeichert und spätere Änderungen wirken sich nicht auf ihn aus. Wenn Sie aber den Originalpfad modifizieren wollen, müssen Sie den dynamischen in einen normalen Pfad entsprechend umwandeln. Dies geschieht über die Tastenkombination **STRG** + **UMSCHALT** + **C**.

Ein verbundener Versatz erstellt eine Kopie des Originalpfads, die dann verkleinert oder vergrößert werden kann. Hier bekommen Sie auch einen Anfasser, mit dem Sie den Versatz kontrollieren und einstellen können. Bei dem verbundenen Versatz bleibt das Original allerdings bearbeitbar, da es nicht umgewandelt wird. Wenn Sie das Original ändern, wird somit auch der damit verbundene Versatz geändert. Es kann dabei allerdings passieren, dass Ecken abgerundet werden.

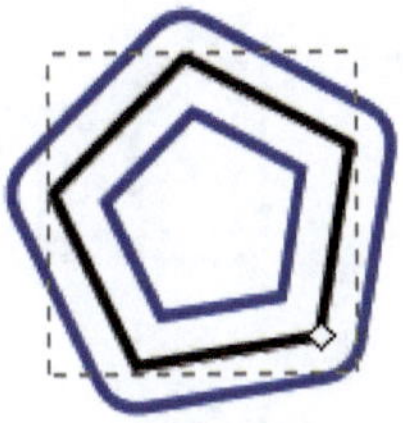

Das markierte schwarze Polygon ist das Original und die beiden blauen sind jeweils ein verbundener Versatz nach innen und außen. Im folgenden Bild habe ich das Original über das Sternwerkzeug im Wert „Abrundung" auf 4,0 verändert und beide blauen haben sich automatisch mit verändert, auch wenn man das im Bild nur bei dem äußeren so deutlich sieht.

Im Bild sehen Sie noch den quadratischen Anfasser, mit dem sich das Polygon skalieren lässt.

Kombinieren (STRG + K)

Inkscape kann Formen mit der Tastenkombination **STRG** + **K** zu einem Pfadverbund zusammenfügen. Wenn Sie mit diesem Befehl arbeiten, ist es wichtig, dass Sie auf die Z-Ordnung achten, wenn Sie unterschiedliche Formen kombinieren wollen. So bekommt der Pfadverbund die Eigenschaften des ganz oben liegenden Objekts zugewiesen.

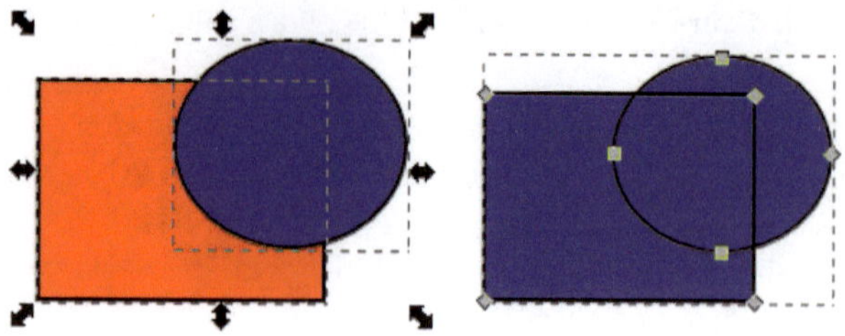

Links sind die beiden Formen noch unabhängig und rechts mittels **STRG** + **K** ein Pfadverbund.

Zerlegen (STRG + UMSCHALT + K)

Das Zerlegen eines Pfadverbunds ist das Gegenteil von Kombinieren. Wählen Sie den Verbund mit dem Mauszeiger aus und drücken Sie die Tastenkombination. Danach können Sie alle Objekte wieder als einzelne Pfade bearbeiten.

Pfad aufspalten (STRG + ALT + UMSCHALT + K)

Mit dieser Funktion werden die ausgewählten Pfade in nicht überlappende Abschnitte aufgeteilt. Wenn Sie einen Text in einen Pfad umwandeln (**STRG** + **UMSCHALT** + **C**), wurde in der Vergangenheit in eine Gruppe von Buchstaben umgewandelt und jeder Buchstabe stellte einen einzelnen Pfad dar. Jetzt wird der gesamte Text in einen einzigen Pfad umgewandelt (falls Sie einzelne Buchstaben benötigen, können Sie dies über das Menü **Pfad -> Pfad aufspalten** erreichen). So lassen sich viele Texte wieder in einzelne Buchstaben zerlegen. Alternativ können Sie auch die Erweiterung **Text -> Text teilen...** nutzen, um den Text in einzelne Buchstaben aufzuteilen.

Bild 6.11 Text-Objekt mit aufgespaltenem Pfad

Im Bild oben wurde der Text in einen Pfad umgewandelt. Der untere Text wurde dupliziert und danach wurde der Pfad aufgespalten. Man sieht nun um jeden Buchstaben einen Auswahlrahmen.

Zersplittern (UMSCHALT + ALT + F)

Ebenso neu ist die Möglichkeit, Objekte zu zerteilen. Dabei wird jeder überlappende Bereich einer Reihe von Pfaden in ein eigenständiges Objekt aufgeteilt. Als Ergebnis gibt es keine sich überlappenden Objekte mehr. Um diese Operation zu verdeutlichen, zeige ich Ihnen die Arbeitsweise an der Christbaumkugel, die wir im Workshop mit dem Schneemann erstellt haben. Im nachfolgenden Bild sehen Sie links die Christbaumkugel (insgesamt vier Objekte) und im rechten Bild habe ich nach „Zersplittern" die helleren Ellipsen etwas in die Mitte sowie die obere etwas nach unten verschoben, damit man das darunterliegende „Loch" sehen kann. Die obere Ellipse wurde dabei auch aufgeteilt und somit haben wir nun fünf Objekte.

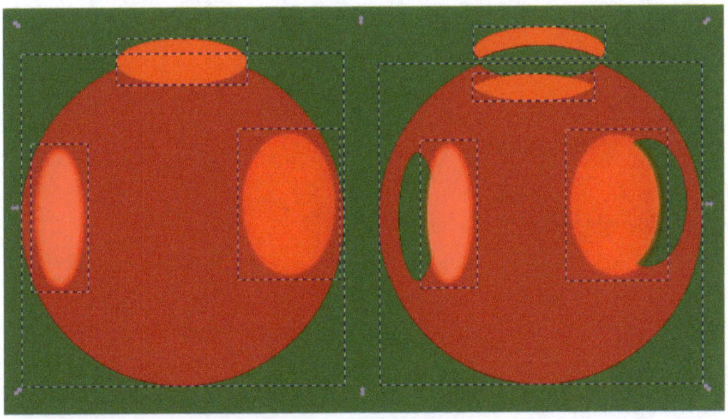

Bild 6.12 Christbaumkugel mit Wirkungsweise von Zersplittern

In früheren Versionen des Programms mussten Sie so etwas über einige boolesche Operationen ausführen.

Auf Sichtbares reduzieren (UMSCHALT + F)

Sich überschneidende Objekte werden mit der Tastenkombination **UMSCHALT + F** optisch abgeflacht. Das ist sehr hilfreich, wenn Sie beim Offset- oder Siebdruck Farben trennen wollen.

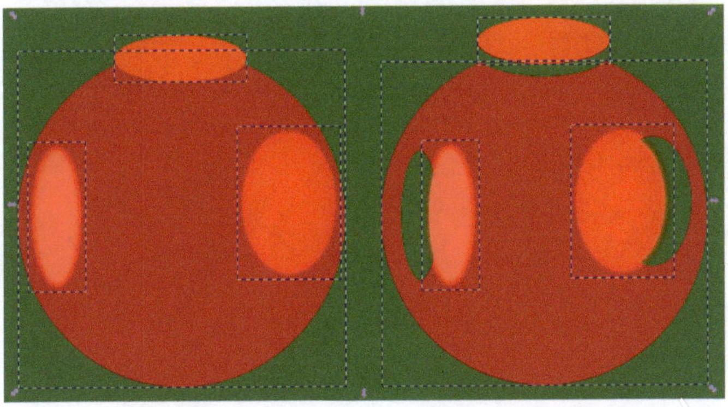

Bild 6.13 Christbaumkugel mit Wirkungsweise „Auf sichtbares reduzieren"

Im Bild sehen Sie wieder links das Original und rechts die beiden „Löcher". Allerdings wurde die obere Ellipse nicht geteilt, sondern nur der sich überlappende Teil wurde herausgeschnitten. Früher war dies auch nur mit Subtrahieren von Stapeln von Objekten machbar.

Füllung zwischen Pfaden

Dieser Befehl erzeugt ein Objekt als Füllung für die ausgewählten Pfade.

Bild 6.14 Bild mit Füllung zwischen Pfaden

Oben im Bild sieht man, dass der Buchstabe „D" mit einer Füllung versehen wurde. Im unteren Teil des Bilds habe ich im Nachgang die Farbe für die Schrift verändert, aber die Füllung in „D" ist die ursprüngliche geblieben.

Vereinfachen (STRG + L)

Dieser Befehl dient dazu, die Anzahl der Knoten eines Pfads zu minimieren, ohne dabei die Form an sich zu verändern. Natürlich gelingt das nicht vollständig, aber Sie müssen das Vereinfachen auch nicht übertreiben. Das Hauptanwendungsgebiet dieses Befehls sind gezeichnete Freihandlinien, da hier durch eine unruhige Hand mehr Knoten als nötig erstellt werden.

Die obere Linie wurde mit dem Malwerkzeug erstellt und hat 264 Knoten.

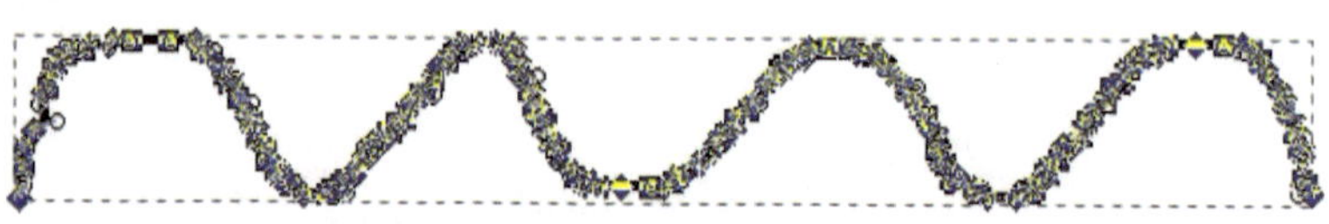

Die untere Linie wurde einfach dupliziert und genau zweimal vereinfacht. Das Ergebnis sind 16 übrig gebliebene Knoten. Dabei wurde die Grundlinie nur geringfügig verändert und automatisch geglättet.

Richtung umkehren

Manchmal möchten Sie einen Text an einem Pfad ausrichten, aber der Text will nicht so, wie Sie es gerne hätten. Nehmen wir zum Beispiel einen Text, der kreisrund dargestellt werden soll. Sie erstellen einen Text und einen Kreis, wandeln Letzteren in einen Pfad um, markieren beide und richten über das Menü **Text → An Pfad ausrichten** den Text am Pfad aus. Das Ergebnis sehen Sie im folgenden Bild links: Der Text wird im Uhrzeigersinn am Pfad ausgerichtet.

Mit dem Befehl **Richtung umkehren** können Sie den Text gegen den Uhrzeigersinn laufen lassen, indem Sie den Kreis in einen Pfad umwandeln (**STRG** + **UMSCHALT** + **C**) und die Richtung des Pfads umkehren, bevor Sie den Text daran ausrichten. Genauso funktioniert es auch bei anderen Formen wie beispielsweise der Spirale.

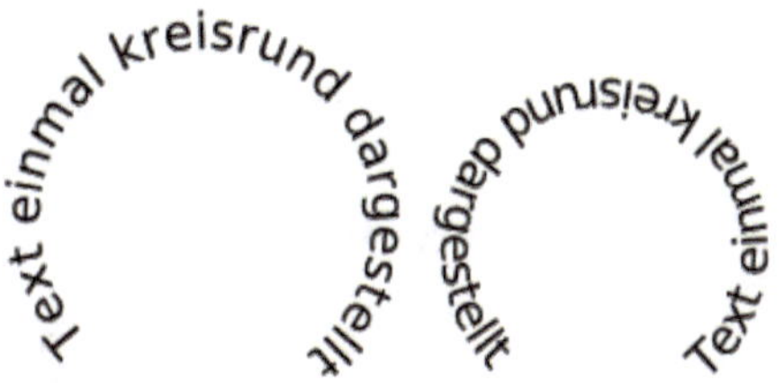

Wenn Sie die Richtung umkehren, wird der Text dann innerhalb des Kreises dargestellt. Im obigen Bild ist es deutlich zu erkennen.

6.3.1 Pfadoperationen

Inkscape bietet eine Reihe von Möglichkeiten zur Veränderung Ihrer Formen. Dabei ist es sehr wichtig zu wissen, wie die einzelnen Befehle arbeiten, damit Sie die gewünschten Ergebnisse erhalten. Nachfolgend werden wir alle booleschen Operationen ausführlich betrachten.

Vereinigung (STRG + +)

Die Vereinigung von Objekten oder Formen zu einem Pfad erfolgt mit der Tastenkombination **STRG** + **+**oder über das Menü **Pfad → Vereinigung**. Dabei werden manche Sektionen gelöscht, da ein neuer Pfad erstellt wird und dieser alle Flächen umschließt. Daher besteht auch ein Unterschied zwischen der **Vereinigung** und dem Befehl **Pfad kombinieren**.

Im Bild habe ich vier unterschiedliche Formen übereinandergelegt, indem ich diese nacheinander gezeichnet habe.

Sie sehen, dass in der Reihenfolge zuerst das Polygon kommt, dann die Ellipse, danach das Rechteck mit den abgerundeten Ecken und oben liegt der gelbe Stern.

Ich habe bewusst unterschiedliche Farben verwendet, weil die Reihenfolge eine ganz wichtige Rolle spielt. Das ist die sogenannte Z-Ordnung, die wir bereits in Kapitel 3 angesprochen haben.

Wenn Sie jetzt alle Formen auswählen und **STRG + +** drücken, werden die Objekte vereint.

Allerdings wird das unten liegende Objekt zugrunde gelegt und daher ist das Objekt nach der Vereinigung in roter Farbe.

Differenz (STRG + –)

Die **Differenz** ist im Prinzip das Gegenteil der **Vereinigung**. Liegen zwei Objekte übereinander, bewirkt dieser Befehl das Wegschneiden der Fläche des oberen Objekts vom unteren.

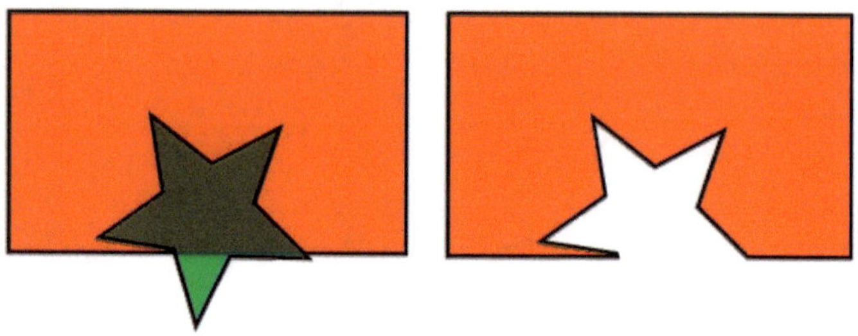

Überschneidung (STRG + *)

Bei der Überschneidung bleiben nur die Flächen übrig, die von allen markierten Objekten gemeinsam überlagert sind. Dabei ist es egal, welche Fläche sich unten oder oben befindet.

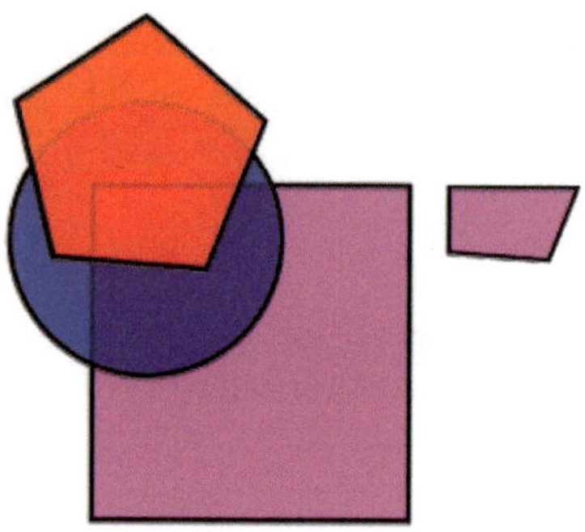

Wie Sie hier erkennen können, wird nur dieser kleine (trapezförmige) Teil von allen drei Objekten überlagert. Das Ergebnis nimmt die Farbe der untersten Form an.

Exklusiv Oder (Ausschluss) (STRG + ^)

Dieser Befehl erstellt einen neuen Pfad und spart die Flächen, die sich überlagern, einfach aus. Übrig bleibt ein Pfad, der die nicht überlappenden Flächen beinhaltet.

Nach dem Exklusiv-Oder wurde der überlappende Teil entfernt und die Form hat ebenfalls die Farbe des untersten Objekts.

Division (STRG + /)

Bei der Division wird die obere Form an der unteren abgeschnitten und der überlappende Teil bleibt als eigenständige Form übrig.

Der abgeschnittene Teil des Sterns wurde nach oben verschoben, um zu zeigen, dass dieser Teil als Einzelobjekt übrig bleibt.

Pfad zerschneiden (STRG + ALT + /)

Wenn Sie diesen Befehl anwenden, wird der untere Pfad – also die Kontur – an der Stelle aufgeschnitten, wo die Kontur des oberen Objekts überlagert.

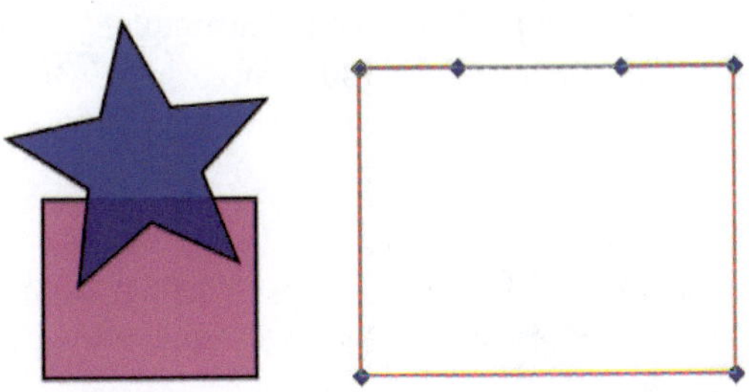

Im rechten Bild (vergrößert) sieht man den zerschnittenen Pfad (rot dargestellt). Der Rest vom Stern ist die graue Linie, die zwischen den beiden mittleren Knoten sichtbar ist. Diese lässt sich nun unabhängig vom anderen Objekt verschieben. Wie Sie ebenfalls sehen, haben die neuen Pfade keinerlei Füllung mehr.

6.4 Modellieren – Tweak Tool

Neben den umfangreichen Möglichkeiten, Pfade zu bearbeiten, wollen wir das Modellieren nicht ungenannt lassen, denn damit können Sie kleinere Änderungen an Pfaden und Farben vornehmen. Neben der Schaltfläche können Sie auch die Tastenkombination **UMSCHALT + F2** nutzen oder den Buchstaben **W** auf Ihrer Tastatur drücken, um das Werkzeug zu aktivieren.

Das Modellierwerkzeug arbeitet wie ein Schwamm, der in einem kreisförmigen Bereich modifiziert. Dabei wirkt der Effekt im Zentrum des Kreises mehr als am Rand. Werfen wir zunächst einen Blick auf die Werkzeugeinstellungsleiste.

Bild 6.15 Werkzeugeinstellungsleiste für das Modellieren-Werkzeug

Die beiden linken Werte geben die Wirkungsbreite an und die Kraft, mit der das Werkzeug die Form bearbeitet. Stellen Sie sich das so vor, als ob Sie mit einem Pinsel einfach stärker aufdrücken, um Ihren Effekt zu erzielen. Die Werte lassen sich von 1 bis 100 einstellen und wenn Sie ein Grafiktablett Ihr Eigen nennen, können Sie mit der Schaltfläche neben der Kraft die Druckempfindlichkeit Ihres Stifts aktivieren. Je stärker Sie auf Ihr Grafiktablett aufdrücken, desto größer wird der Parameter für die Kraft.

Das Modellierwerkzeug bietet über die Einstellungsleiste insgesamt dreizehn verschiedene Modi zur Pfad- und Farbbearbeitung an.

Bild 6.16 Modi für das Modellieren

Mit den ersten sechs Modi nehmen Sie Veränderungen am Objekt derart vor, dass die Formen verschoben, verkleinert, vergrößert, gedreht oder dupliziert werden. Umfangreichere Modifikationen nehmen Sie mit den angrenzenden Schaltflächen vor. Dies sind: Pfadteile in bestimmte Richtungen verschieben, Schrumpfen, Verbiegen, Anrauen oder die Farben verändern. Sie können die Wirkungsweise der Optionen mit gedrückter **UMSCHALT**-Taste jeweils in das Gegenteil umkehren.

> Der Parameter **Genauigkeit** ist für alle Schaltflächen wirksam. Ein geringer Wert ergibt eine grobe Verformung mit wenigen Knoten. Ein hoher Wert verformt sehr weich, aber es werden sehr viele Knoten erstellt.

> Bevor Sie mit den Befehlen im Bild arbeiten können, müssen Sie die zu bearbeitende Form mit dem Auswahlwerkzeug markieren.

Tabelle 6.1 Wirkungsweise der einzelnen Schaltflächen

Symbol	Werkzeug	Aussehen
	**Schieben:** Dieser Befehl wird standardmäßig gewählt, wenn Sie auf das Modellierwerkzeug wechseln. Wenn Sie bei gedrückter Maustaste den Zeiger zur Kreismitte ziehen, wird dieser nach innen verformt. Ziehen Sie ihn indes nach außen, gibt es eine Beule. Die Größe des Kreises ist abhängig vom eingestellten Wert der Breite.	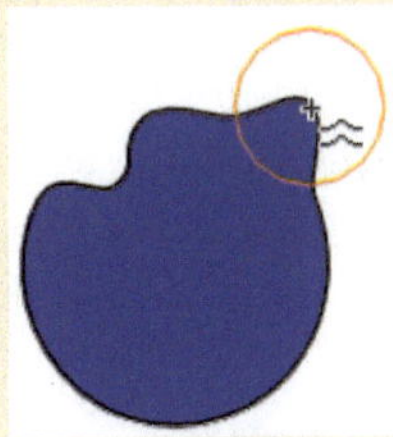
	**Schrumpfen:** Dieser Modus schrumpft beziehungsweise erweitert den Pfad in der Nähe vom Zentrum des Mauszeigers.	
UMSCHALT + 	**Wachsen:** Dieser Befehl lässt den Pfad am Mauszeiger wachsen.	
	**Anziehen:** Verschiebt den Pfad nach innen zum Mauszeiger hin, während Sie ihn bewegen.	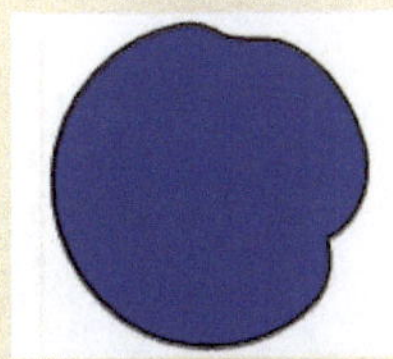
UMSCHALT + 	**Abstoßen:** Stößt den Pfad vom Zentrum des Mauszeigers ab.	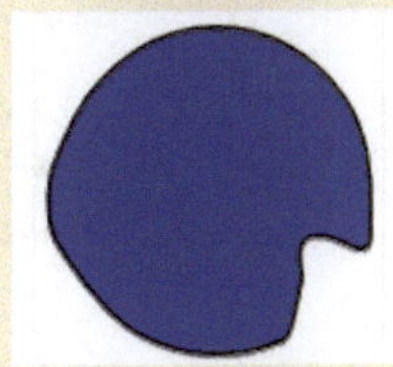
	**Aufrauen:** Der Pfad wird unter dem Mauszeiger aufgeraut. Dabei werden sehr viele Knoten in dem bearbeiteten Bereich angelegt.	

Für die Farbbearbeitung gibt es zwei Befehle, die in der nachfolgenden Tabelle beschrieben werden. Wird eine Schaltfläche ausgewählt, erscheint in der Werkzeugeinstellungsleiste ein weiterer Bereich, der sich auf die Farben auswirkt.

Bild 6.17 Farbkanäle für das Modellier-Werkzeug

Hier können Sie auswählen, welche Kanäle mitbenutzt werden. Die Kanäle lauten von links nach rechts: H = Farbton (engl. Hue), S = Sättigung (engl. Saturation), L = Helligkeit (engl. Lightness) und O = Transparenz (engl. Opacity). Sind die Kanäle ausgewählt, so wird der gesamte Bereich genutzt.

Tabelle 6.2 Wirkungsweise

Symbol	Werkzeug	Aussehen
	**Farb-Mal-Modus:** Mit diesem Befehl können Sie die Farbe auf eine neue Zielfarbe ändern, ohne dass andere Objekte von der Farbänderung betroffen sind. Beim Bewegen der Maus und mit gedrückter Maustaste wird die Farbe dann kontinuierlich auf den neuen Wert geändert. Im Beispiel war die Ursprungsfarbe Blau und die neue Farbe Rot.	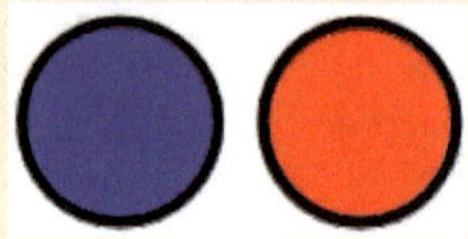
	**Farb-Flacker-Modus:** Die Farben werden per Zufall ausgewählt. Der Befehl funktioniert auch bei Farbverläufen.	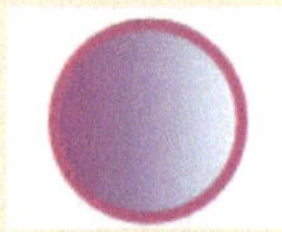
	**Unschärfe:** Dieser Modus stellt die Unschärfe für das Objekt ein. Mit der **UMSCHALT**-Taste kann die Wirkung umgekehrt werden.	

6.5 Text als Pfad umwandeln

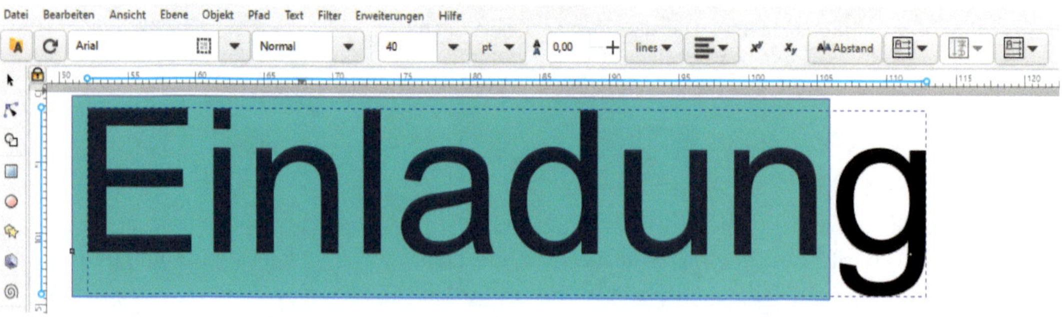

Bild 6.18 Werkzeugeinstellungsleiste für Text mit markiertem Textobjekt

Text kann als Textbaustein in Ihrer Zeichnung verbleiben, allerdings werden die verwendeten Schriftarten nicht mit abgespeichert. Eine Möglichkeit, damit das Ergebnis Ihrer Zeichnung auf allen Systemen gleich aussieht, ist, dass Sie den Text in einen Pfad umwandeln. Dabei verlieren Sie allerdings alle Informationen über den Text, wie Schriftart, -größe und -form.

Der obere Bildausschnitt zeigt, dass der Text noch ganz normal ist und sich genauso weiterbearbeiten lässt. Ich habe die Schriftart „Arial" mit der Größe „40" verwendet.

Bild 6.19
Textobjekt aus umgewandelter Pfad

An den einzelnen Buchstaben, die ich im Bild mit dem Knotenwerkzeug ausgewählt habe, sehen Sie, dass der Text nun ein Pfad ist. Um das zu erreichen, wurde das Textobjekt mit dem Auswahlwerkzeug markiert und mittels der Tastenkombination **STRG** + **UMSCHALT** + **C** in einen Pfad umgewandelt.

Durch die Umwandlung sind allerdings die Informationen über die Schriftart und -form verloren gegangen. Wenn Sie Text als Pfad weiterbearbeiten wollen, können Sie ihn also markieren, über das Menü **Pfad → Objekt in Pfad umwandeln** umformen, dann zum Knotenwerkzeug wechseln, damit den Pfad markieren und den Text (bzw. hier Buchstaben) über **STRG** + **UMSCHALT** + **K** zerlegen. Dabei werden bei bestimmten Buchstaben die eingeschlossenen Formen sichtbar. Das sind zum Beispiel das „A", „B", „D", „P" usw.

Bild 6.20
Objekt als zerlegter Pfad

Sie sehen im Bild, dass vor der Zerlegung der Buchstabe innen „hohl" ist und danach mit einer Form gefüllt wird, die Sie einzeln auswählen können. Ein Beispiel dazu gibt es im Abschnitt 7.7.5.

6.6 LPE – Live Path Effects

LPE ist die Abkürzung für „Live Path Effects", also die Pfadeffekte, mit denen Sie Sonderformen erstellen beziehungsweise vorhandene Zeichnungselemente abwandeln können und gleichzeitig das Ergebnis sehen. Jede Veränderung am Pfad wirkt sich sofort auf das Objekt in der Zeichnung aus und kann bei Nichtgefallen einfach rückgängig gemacht werden.

Sie erreichen die LPE über das Menü **Pfad → Pfad-Effekte ...** oder über die Tastenkombination **STRG** + **UMSCHALT** + **&**. Es öffnet sich das Dialogfenster für den Pfad-Effekt-Editor.

Während Sie in früheren Versionen wie der 0.48 den Effekt noch aus einer Liste hinzufügen mussten, sehen Sie die Effekte nun übersichtlich, mit kleinen Vorschaubildern, wenn Sie das Drop-down-Menü aufklappen. Wählen Sie den für Sie passenden Effekt aus und passen Sie ihn an Ihre Wünsche an.

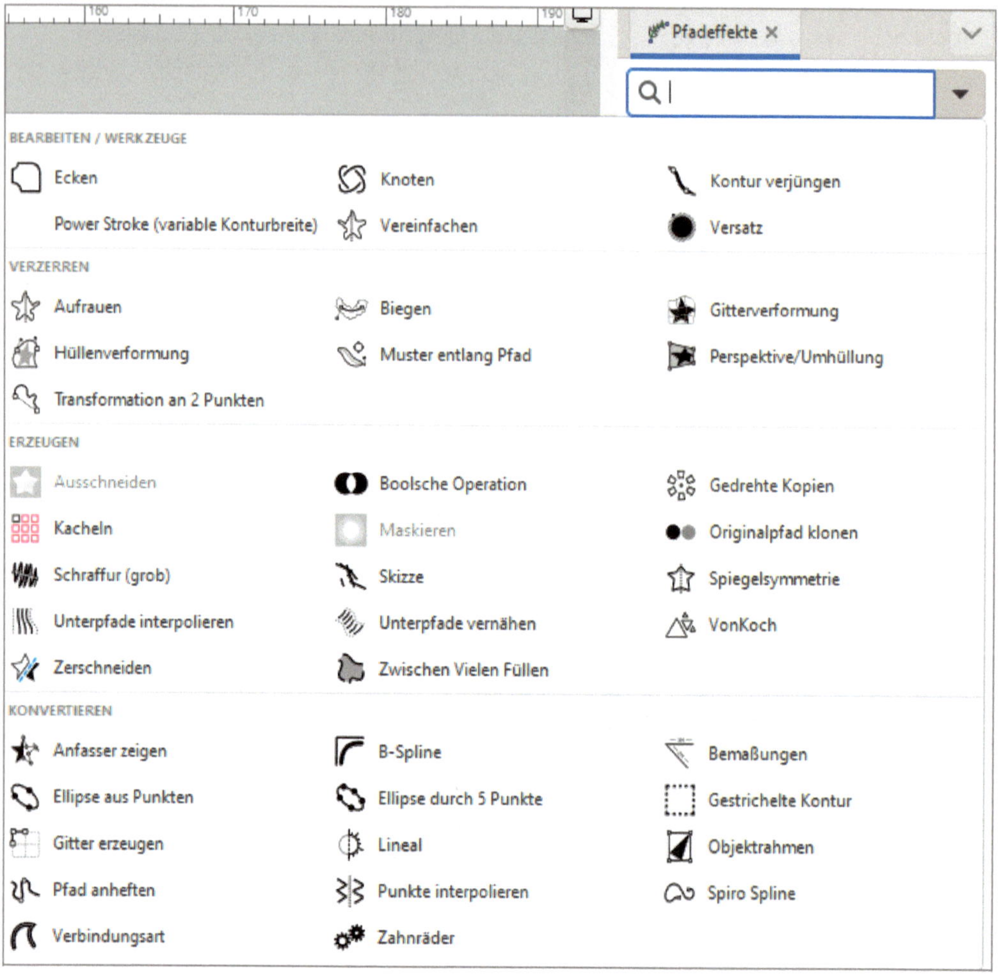

Bild 6.21 Dialogfenster für die Pfadeffekte

In der aktuellen Version von Inkscape gibt es bereits 41 dieser Effekte, auf die wir noch genauer eingehen.

> **!** Die über das Menü sichtbare Tastenkombination **STRG** + **&** öffnet **nicht** den Pfad-Effekt-Dialog, sondern kollidiert hier mit dem Befehl für die geteilte Ansicht. Das &-Zeichen liegt ja auf der Zahl 6. Nutzen Sie daher **STRG** + **UMSCHALT** + **&**.

In den Abbildungen steht die falsche Tastenkombination. Während sich diese in vorherigen Versionen nur mit einem Editor beheben ließen, können Sie das ganz bequem über die Inkscape-Einstellungen (**STRG** + **UMSCHALT** + **P**) vornehmen. Im Bereich **Benutzeroberfläche** → **Tastenkürzel** finden Sie alle verwendeten Kombinationen. Klicken Sie die entsprechende Zeile an und vergeben Sie über die Tastatur eine neue Kombination.

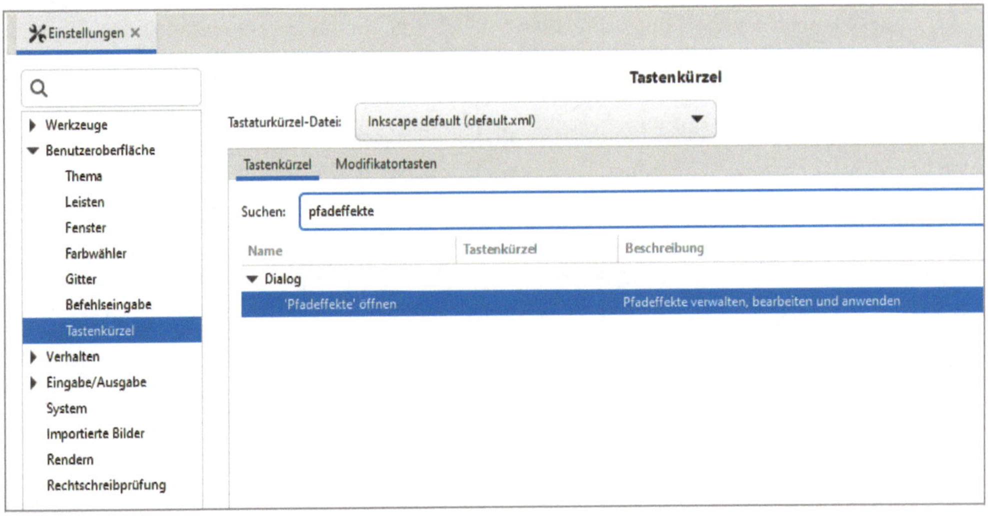

Bild 6.22 Einstellungsdialog für Tastenkürzel

Da es sehr viele Tastaturkürzel gibt, können Sie das Gewünschte einfach in der Suchleiste eingeben.

> **!** Die Änderung erfolgt aber auf eigene Gefahr.

Bevor Sie aber einen Pfad-Effekt anwenden können, müssen Sie zuerst ein Objekt oder eine Form ausgewählt haben. Ansonsten ist das Dialogfenster ausgegraut.

> **!** Im Dialogfenster ist die Auswahl des Pfad-Effekts ebenfalls ausgegraut, wenn Sie Text ausgewählt haben. Dieser muss vorher mit **STRG** + **UMSCHALT** + **C** oder über die Schaltfläche im Dialog in einen Pfad umgewandelt werden.

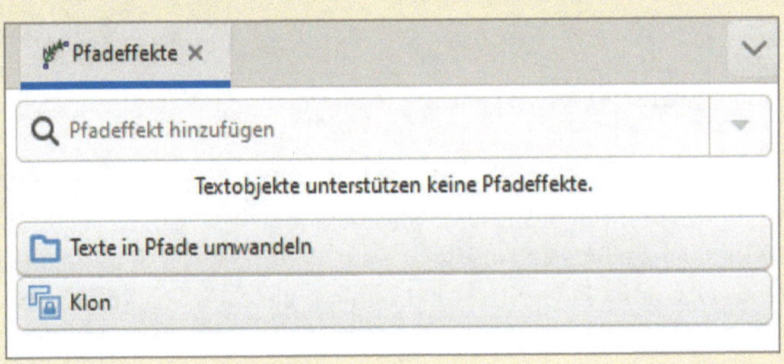

Wenn Sie auf das Drop-down-Menü klicken, öffnet sich ein Dialog, der die verfügbaren Effekte in den Kategorien „Bearbeiten/Werkzeuge“, „Verzerren“, „Erzeugen“ und „Konvertieren“ auflistet. Es gibt noch eine weitere Kategorie, die nicht sofort sichtbar ist. Dies sind zu Beginn des Dialogs die Favoriten. Sie sind versteckt, solange Sie keine Favoriten erstellt haben. Experimentelle Effekte gibt es natürlich auch. Sie sind allerdings versteckt und lassen sich nur nutzen, wenn Sie den alten LPE-Dialog nutzen und die experimentellen LPE auch aktiviert haben. Wählen Sie sich den entsprechenden Effekt aus dem Drop-down-Menü aus.

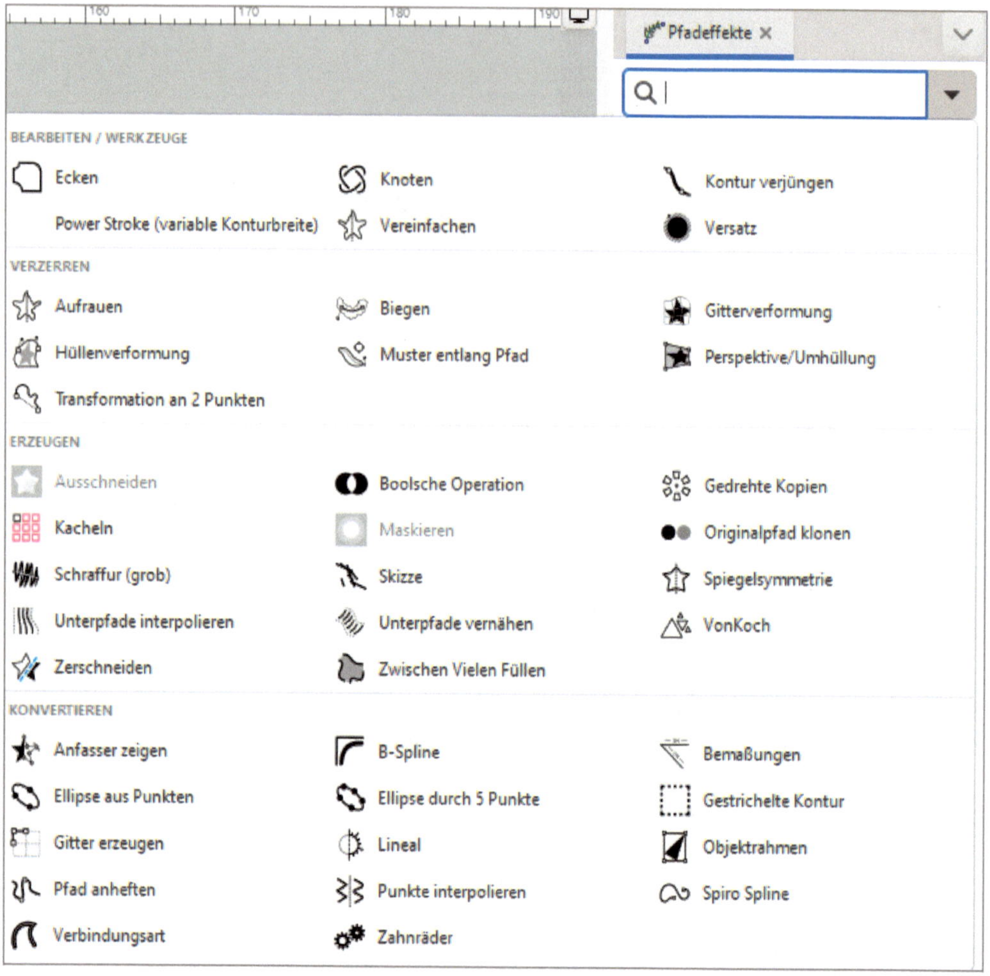

Bild 6.23 Dialogfenster für die Pfad-Effekte

Der neu strukturierte Dialog macht es nun sehr einfach, mit den Pfad-Effekten zu arbeiten, da sowohl die Auswahl des Effekts als auch die jeweiligen Einstellungen kompakt in einem einzelnen Dialogfenster verfügbar sind. Natürlich hat sich damit auch die Handhabung verbessert, denn jeder Effekt hat nun die gleichen Schaltflächen:

- Das Dreieck öffnet oder schließt die Werkzeugeinstellung.
- Das Auge blendet den Effekt ein oder aus.
- Das Kreuz löscht den Effekt.
- Das senkrechte Dreieck öffnet eine Auswahl für:
  - Duplizieren
  - In Pfad umwandeln
  - Nach oben oder unten verschieben
  - Als Benutzerstandard festlegen
  - Als Favorit festlegen oder eben kein Favorit mehr
- Griffe zum Ändern der Reihenfolge der Effekte

Natürlich ist nicht jeder Effekt auf jeder Form zweckmäßig; hier sind Sachverstand und Spieltrieb gefragt. So finden Sie sehr schnell heraus, wie Sie die Funktionalitäten am besten für Ihre Zwecke einsetzen. Ebenso sind für bestimmte Formen oder Objekte manche Pfadeffekte ausgegraut und nicht verwendbar.

Sie können auch mehrere Effekte nacheinander hinzufügen und die Reihenfolge der Anwendung festlegen. Die dafür notwendigen Schaltflächen finden Sie neben den Effekten.

Gehen Sie mit dem Mauszeiger über die Punktreihe, können Sie den Effekt mit gedrückter Maustaste vor oder hinter den anderen Effekt stellen.

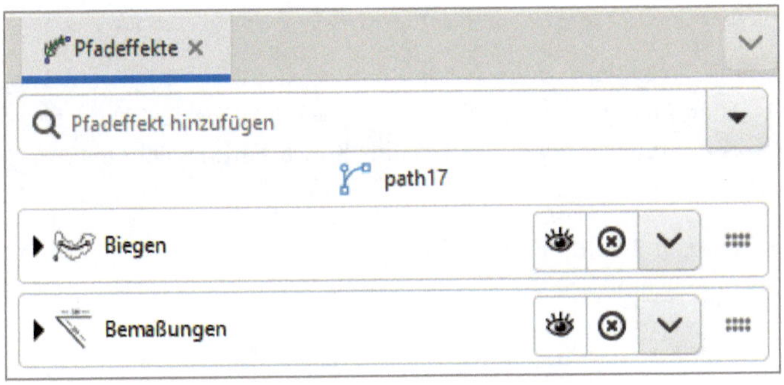

Bild 6.24 Dialog für Pfad-Effekte

Neben dem neuen Dialog wurden weitere Änderungen an den Pfadeffekten gemacht. So gibt es nun in den Einstellungen (**STRG** + **UMSCHALT** + **P**) im Bereich „Verhalten → Pfadeffekte (LPE)“ die Möglichkeit, experimentelle Effekte anzuzeigen bzw. den alten LPE-Dialog zu nutzen und weiterführende Option für die Kachelansicht einzustellen.

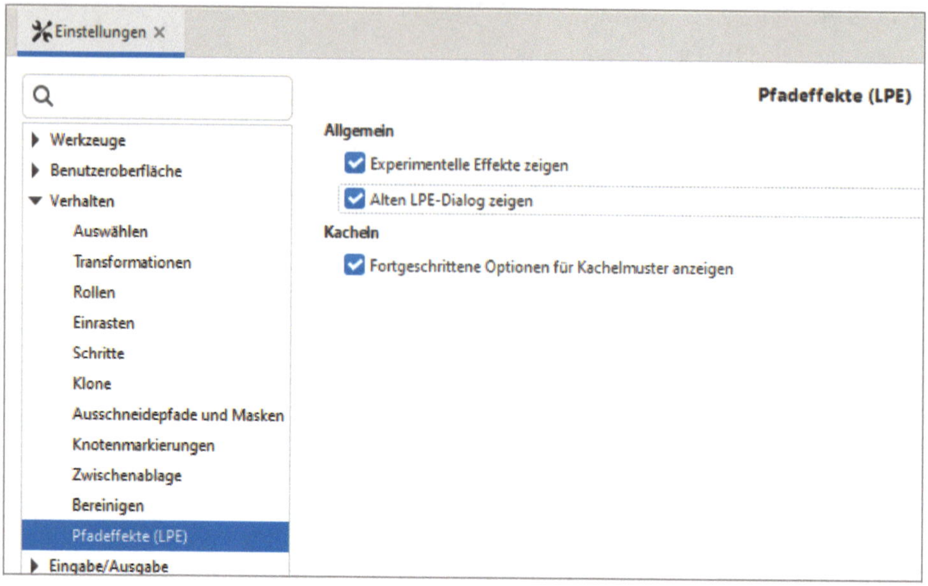

Bild 6.25 Dialogfenster Einstellungen: Pfad-Effekte (LPE)

Dadurch wird auf der rechten Seite des Suchfelds eine Schaltfläche hinzugefügt. Klicken Sie darauf, öffnet sich der alte LPE-Auswahldialog, in dem Sie alles in einer schnellen Übersicht erfassen können.

> Sollten Sie ein Textobjekt ausgewählt haben, wird Ihnen vorgeschlagen, den Text in einen Pfad oder in einen Klon umzuwandeln. Da Text keine Live-Path-Effects unterstützt, kommen Sie um eine Konvertierung nicht herum.

Im unteren Bild sehen Sie alle Effekte (inkl. experimentelle Effekte), die in der aktuellen Version 1.3 verfügbar sind.

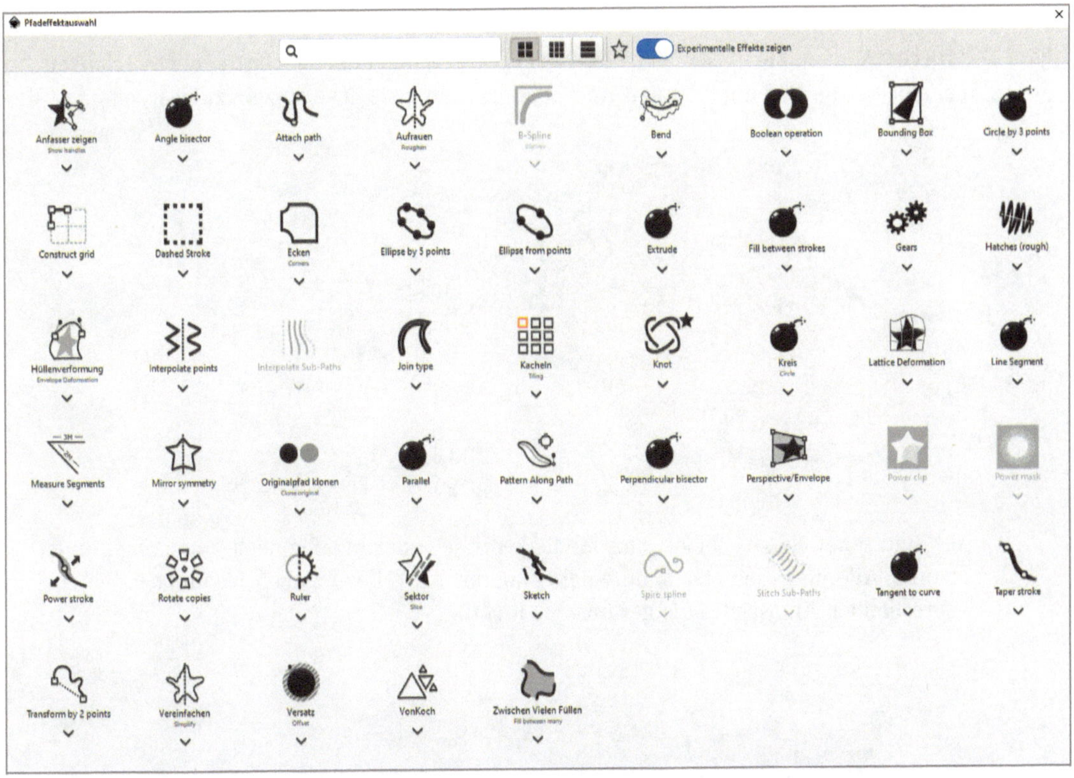

Bild 6.26 Dialogfenster mit allen derzeit verfügbaren Pfad-Effekten

Der kleine Pfeil unterhalb der Bilder gibt noch drei Schaltflächen preis: Das „i“ für Informationen zum Effekt, der Stern, um es zu einem Favoriten zu erklären, und der Haken, um den Effekt anzuwenden bzw. im Dialog zur Bearbeitung zu haben. Die Ansicht der Effekte können Sie zudem über die Schaltflächen verändern.

Nachfolgend werden die Effekte näher beschrieben.

6.6.1 Die Kategorie Bearbeiten/Werkzeuge

Im folgenden Abschnitt stelle ich Ihnen die Pfad-Effekte vor, die in dieser Kategorie zusammengefasst werden.

Ecken

Hierbei können Sie die Ecken eines Objekts bearbeiten. Dabei haben Sie die Möglichkeit, alle Ecken gleichzeitig über den Wert „Radius“ oder jede Ecke einzeln zu bearbeiten.

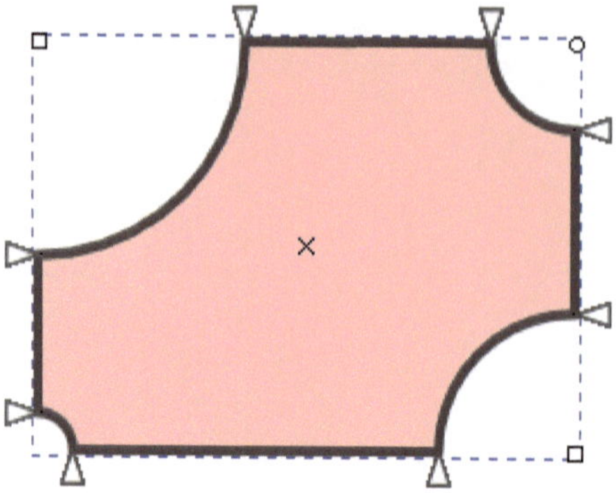

Bild 6.27
Ursprünglich ein normales Rechteck.

Im Bild sehen Sie, dass jede einzelne Ecke für sich gleichmäßig nach innen abgerundet wurde. Allerdings jede Ecke mit einem anderen Wert. Dazu ziehen Sie einfach den entsprechenden Anfasser in die gewünschte Richtung.

Bild 6.28
Im Bild leicht blau ist noch der ursprüngliche Stern zu sehen.

Das Werkzeug bietet ein paar Einstellungsmöglichkeiten, die sich selbst erklären.

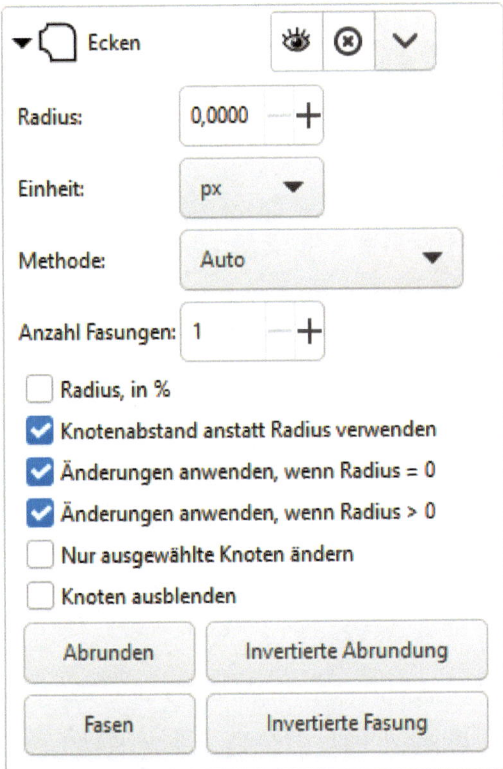

Bild 6.29
Einstellungsdialog für die Ecken

Knoten

Haben Sie einfache Pfade mit Überschneidungen, können Sie mit diesem Effekt die Überlagerungen so darstellen, als verlaufe ein Teil über dem anderen. Dabei wird ein Pfad aufgetrennt, um das zu visualisieren. Das nachfolgende Bild verdeutlicht es. Hierbei habe ich eine Spirale genommen, sie in einen Pfad umgewandelt und dann ein paar Knoten über andere gezogen.

Bild 6.30 Einstellungsdialog Knoten (die Werte rechts erklären sich selbst).

Kontur verjüngen

Hierbei wirkt sich der Effekt auf die Kontur des ausgewählten Objekts aus. Über die verschiedenen Einstellungswerte können Sie sehr schöne Effekte erstellen. Im nachfolgenden Bild sehen Sie links das Original und rechts die veränderte, verjüngte Kontur.

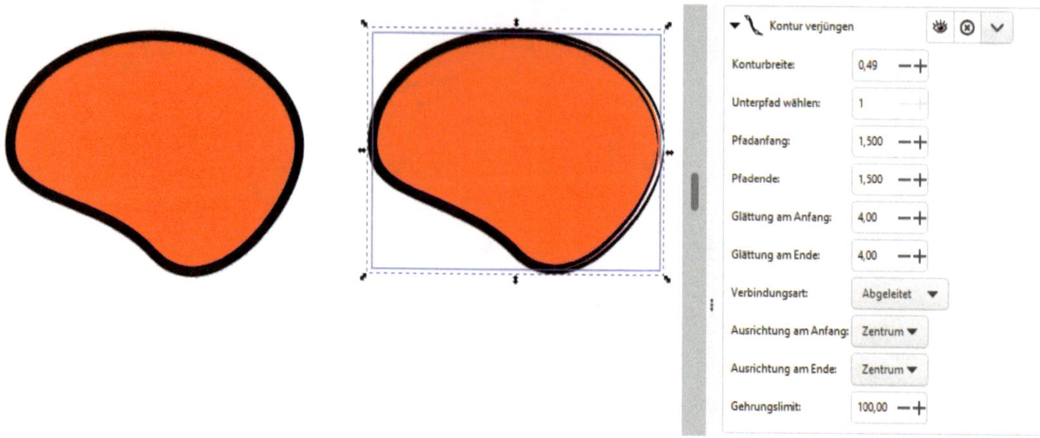

Bild 6.31 Bild mit Pfad-Effekt „Kontur verjüngen“

Power Stroke (variable Konturbreite)

Der nächste Effekt in der Liste ist der Power Stroke, mit dem Sie eine variable Konturbreite einstellen können. Ebenso lässt sich die Kontur mit dem ausgewählten Knotenwerkzeug weiterbearbeiten und mit den Knotenanfassern verändern. Die Einstellungswerte sehen Sie im folgenden Bild.

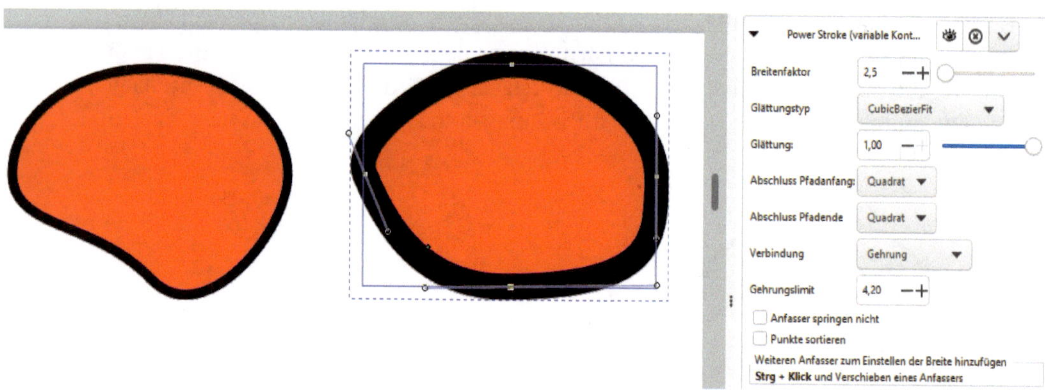

Bild 6.32 Dialog Power Stroke

Links ist wieder das Original und rechts der angewandte Effekt.

Vereinfachen

Mit diesem Effekt können Sie das Objekt vereinfachen. Die Funktion glättet einen Pfad durch die Wegnahme von einzelnen Knoten. Es funktioniert genauso wie das Vereinfachen mittels **STRG + L**.

Bild 6.33 Einstellungen zum Effekt

Versatz

Dieser Effekt versetzt den Pfad nach innen oder außen. Dazu können Sie auch angeben, wie die Verbindung, also die Form der Pfad-Ecken, aussehen soll.

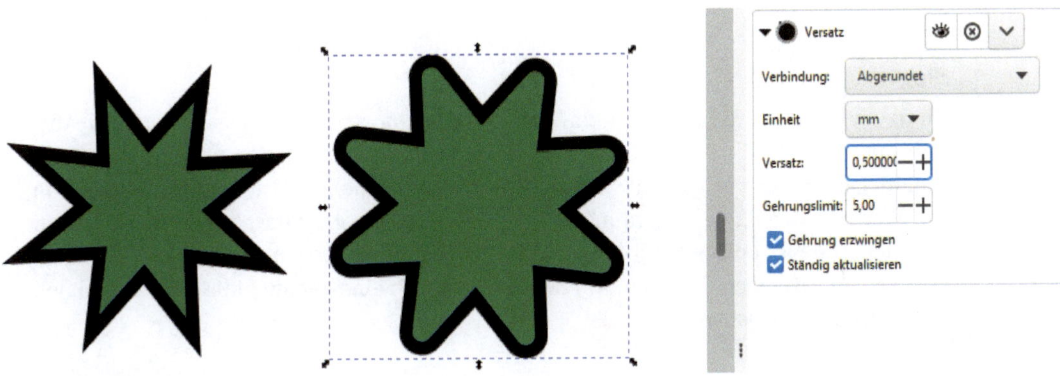

Bild 6.34 Pfadversatz am Stern

6.6.2 Die Kategorie „Verzerren“

Nachfolgend werden die Pfad-Effekte beschrieben, die zu Verzerrungen an Ihren Objekten führen.

Aufrauen

Mit dem LPE Aufrauen fügen Sie weitere Knoten zu dem Pfad zu und verändern diesen minimal, damit der Pfad rau erscheint.

Bild 6.35 Einstellungsdialog „Aufrauen“

> **!** Wenn Sie auf das Knotenwerkzeug wechseln, werden Sie die zusätzlichen Knoten erst dann sehen, wenn Sie über das Menü **Pfad -> Objekt in Pfad umwandeln** oder über **STRG + UMSCHALT + C** gehen.

Biegen

Hierbei können Sie die Form auf einfache Weise symmetrisch verbiegen. Nach der Auswahl des Effekts passiert noch nichts Sichtbares, denn Sie aktivieren ihn erst mit der Schaltfläche **Verbiegepfad** (im Bild die linke Schaltfläche). Inkscape wechselt dabei in das Knotenwerkzeug. Jetzt wird in die Mitte der Form ein grün dargestellter Pfad gelegt, den Sie mit dem Mauszeiger in die gewünschte Richtung verschieben können. Die komplette Form passt sich damit an. Als Beispiel habe ich eine gerade Linie erstellt und den Effekt **Biegen** angewendet.

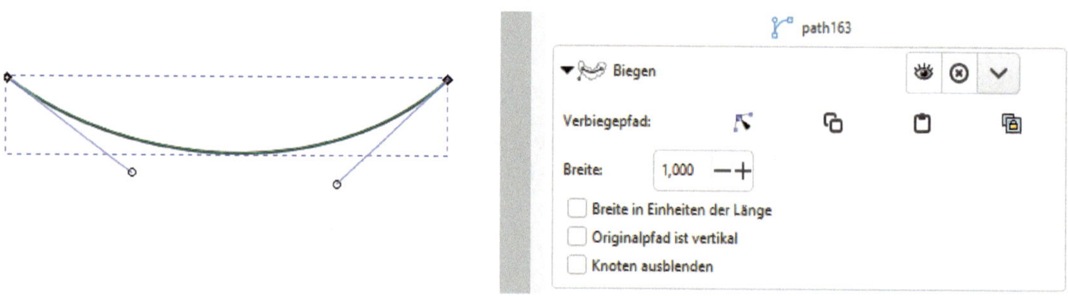

Bild 6.36 Biegen-Effekt

Neben dem Band (Pfad) haben Sie auch die Möglichkeit, Start- und Endknoten zu verschieben beziehungsweise die runden Griffe zu modifizieren. Selbstverständlich können Sie die Liniensegmente über die dazugehörenden Parameter ebenfalls verändern.

Bild 6.37 Gebogener Text

Am Beispiel des Textes sieht man nochmal deutlich die Anfasser, mit denen sich das Objekt verändern lässt.

Gitterverformung

Wenn Sie diesen Effekt nutzen, wird dem Objekt ein Knotengitter von 5 x 5 Knoten aufgelegt, mit denen Sie das Objekt beziehungsweise den Pfad verändern können.

Bild 6.38 Gitterverformung am Textbeispiel.

Hüllenverformung

Am besten lässt sich die Verformung an einem Rechteck zeigen, wenn man sich darunter zum Beispiel einen Briefumschlag vorstellt. Der Effekt bewirkt, dass beim Ändern einer Seite (oben, rechts, unten oder links) die anderen Seiten (wenn aktiviert) abhängig davon ebenfalls verformt werden, so, als ob man diesen Briefumschlag leicht zerknüllt. Natürlich lässt sich dieser Effekt auch auf andere Formen wie einen Stern anwenden. Hier werden dann an der quadratischen Außenseite der Form die entsprechenden Pfade angezeigt.

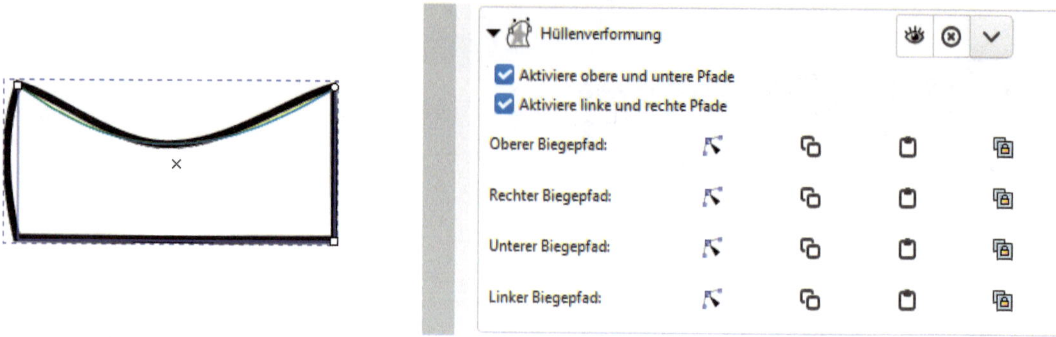

Bild 6.39 Verformtes Rechteck

Ausgangspunkt für diese Verformung war ein Rechteck, das nur am oberen Rand (Pfad) modifiziert wurde. Dieser wurde zur Mitte hin verformt und Sie können deutlich die beiden beeinträchtigten Seiten erkennen. Die untere Seite ist dabei unberührt geblieben.

Für jede Seite haben Sie ein entsprechendes Knotenwerkzeug, bei denen Sie jeden Pfad für sich modifizieren können, sowie den in grün dargestellten Pfad mit den beiden Anfassern an Start und Ende. Mit den anderen Schaltflächen, die sich rechts noch befinden, können Sie den entsprechenden Pfad kopieren , einfügen oder verknüpfen .

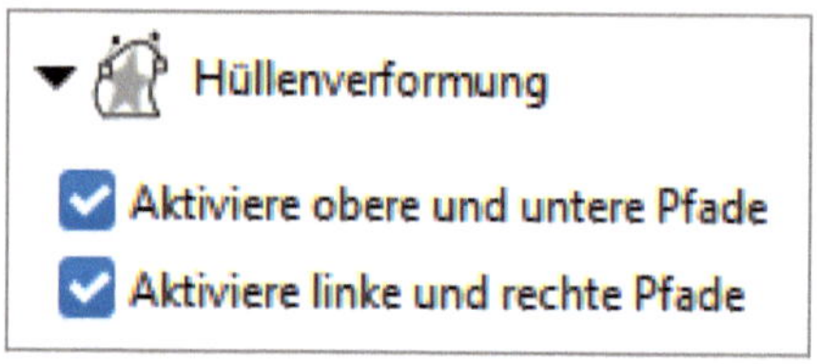

Bild 6.40 Aktivierung der jeweiligen Pfadpaare

Die beiden Optionsfelder bestimmen die Wirkungsweise der Veränderung. Sind beide selektiert, so wirken sich die Pfadverformungen auf alle Seiten aus.

Das Bild zeigt nochmals eine andere Form, die im oberen Bereich gebogen wurde. Deutlich sichtbar ist das äußere Rechteck um den Stern. Ebenso ein weiteres Beispiel mit Text, der zu einem Pfad umgewandelt wurde.

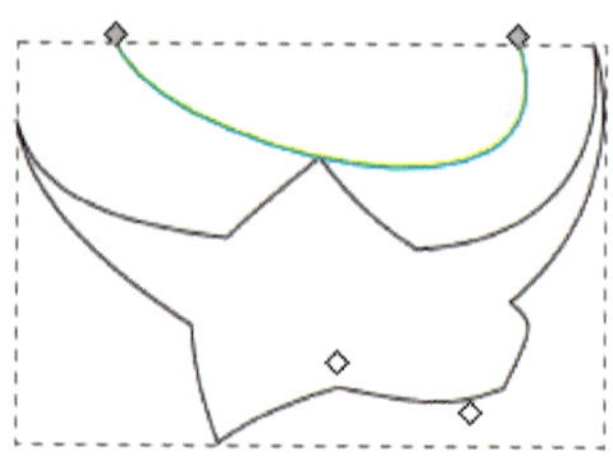

Bild 6.41 Alle vier Seiten wurden gebogen.

Jede Seite kann mittels der jeweiligen End-Griffe auch in eine andere Richtung gezogen werden.

Muster entlang Pfad

Der Effekt mit diesem Namen lässt sich sowohl über den Pfadeffekteditor als auch über die Menüleiste **Erweiterungen → Aus Pfad erzeugen … → Muster entlang Pfad** aufrufen. Allerdings arbeiten die beiden Effekte etwas unterschiedlich, so dass ich sie hier gesondert behandeln werde. Schließlich erzielen beide ein anderes Ergebnis.

Über das Pfad-Effekt-Menü

Öffnen Sie zunächst über das Menü **Pfad → Pfad-Effekte…** oder mit STRG + UMSCHALT + & das Dialogfenster **Pfad-Effekteditor**. Dort müssen Sie zunächst im Auswahlbereich den Effekt „Muster entlang Pfad auswählen".

Anschließend können Sie im Dialogfenster weitere Einstellungen vornehmen. Als Beispiel bieten sich ein Stern und eine Ellipse an. Dabei soll der Stern das Muster sein und die Ellipse der Pfad. Im Effekt-Dialog können Sie sogar festlegen, ob das Muster nur aus einer Form bestehen soll oder wiederholend dargestellt wird. Doch werfen wir erst einmal einen Blick auf das Dialogfenster.

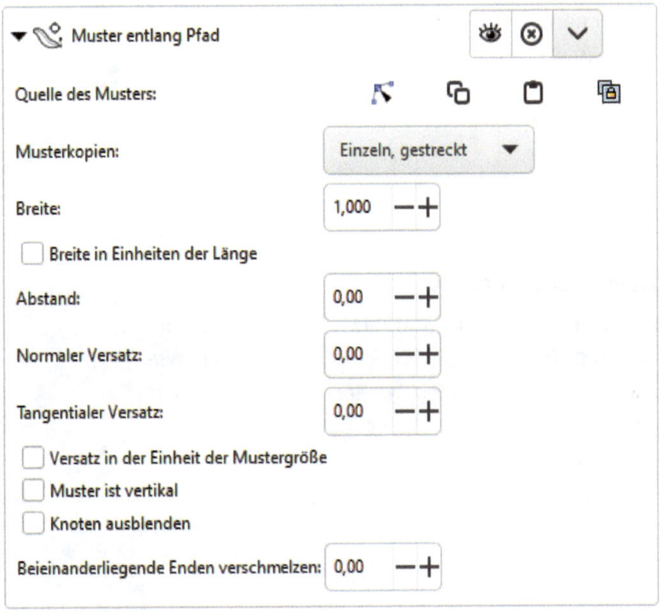

Bild 6.42 Effekt-Dialog „Muster entlang Pfad"

Über das Auswahlmenü **Musterkopien** entscheiden Sie, wie das Muster im Endeffekt aussehen wird. Hier können Sie **Einzeln**, **Einzeln gestreckt** beziehungsweise **Wiederholt** einstellen. Am einfachsten beschreibt sich dieser Effekt mit einer kleinen Übung, die wir nun beginnen.

Für unser Beispiel erstellen wir den Stern mit fünf Ecken und einen Kreis. Markieren Sie den Stern und kopieren Sie ihn mit der Tastenkombination **STRG + C**, damit er sich in der Zwischenablage befindet. Nun markieren Sie den Kreis, öffnen den **Pfadeffekt**-Dialog und weisen ihm den Effekt **Muster entlang Pfad** zu.

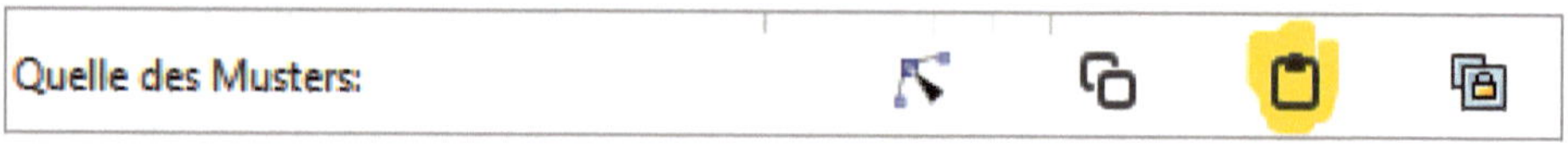

Bild 6.43 Quelle des Musters auswählen

Mit der gelb markierten Schaltfläche erklären Sie den Stern zum Muster. Da der Wert für Musterkopien auf **Einzeln gestreckt** steht, werden Sie ein ähnliches Ergebnis erzielen wie im nebenstehenden Bild.

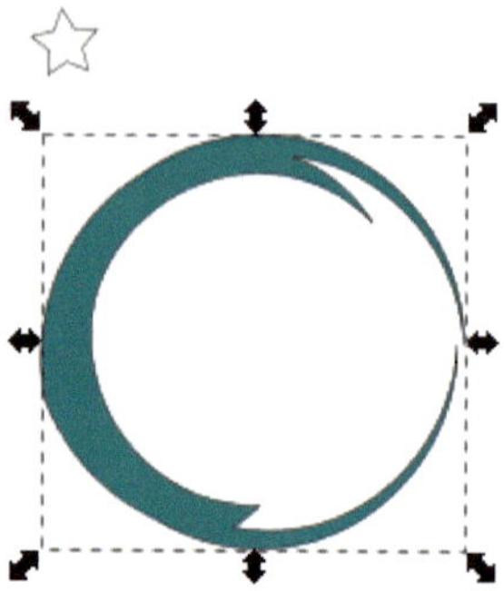

Stellen Sie den Wert hingegen auf **Wiederholt**, erhalten Sie dieses Ergebnis. Allerdings lässt sich nicht einstellen, dass es eventuell mehr Sterne sein sollen. Das erreichen Sie, wenn Sie gleich einen größeren Kreis erstellen.

Selbstverständlich können Sie das Aussehen mit dem Ellipsenwerkzeug nun noch zu einem Segment oder Bogen verändern.

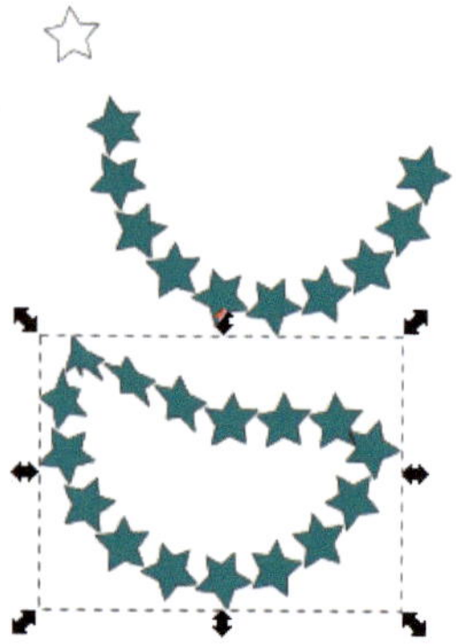

Über das Erweiterungen-Menü

Dieser Effekt wirkt etwas anders und wir nehmen dafür wieder einen Stern und diesmal eine Freihandlinie, die wir wie eine Sinuskurve malen. Doch bevor wir loslegen, werfen wir wieder einen Blick auf das Dialogfenster.

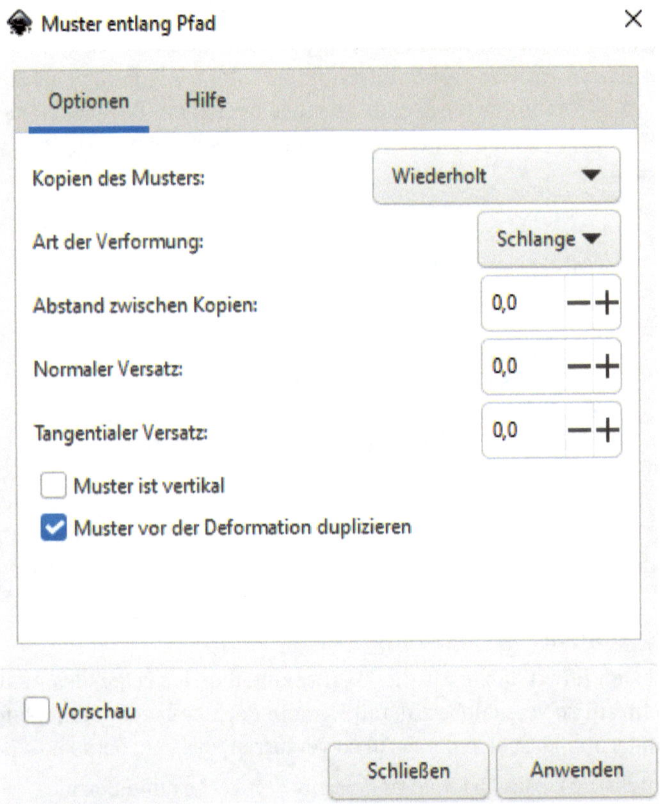

Bild 6.44 Muster entlang Pfad

Wie auch bei dem anderen Effekt, können Sie einstellen, wie die Kopien des Musters aussehen sollen, also einzeln oder wiederholt. Als weiteres Kriterium können Sie hier aber nun die Art der Verformung aussuchen. Hier stehen Schlange und Band zur Auswahl. Wenn Sie den Haken bei der Option **Vorschau** setzen, können Sie sich schon vorher ein Bild davon machen, wie das Ergebnis später aussehen wird. Über **Anwenden** setzen Sie dann den Effekt.

> Um überhaupt etwas zu sehen, müssen Sie vorher den Pfad (also die Sinuskurve) und das Muster (der Stern) zusammen auswählen.

> **Deformationstypen**
>
> Dies sind Befehle, die ein Objekt an einen Pfad anpassen. Zur Auswahl stehen Schlange und Band. Der Typ Schlange neigt das Muster flach an den Pfad und das Band windet die Objekte um den Pfad.

Zeichnen Sie also einen Stern und darunter eine Freihandlinie. Wählen Sie zuerst den Stern aus, danach die Linie und aktivieren Sie über die Menüleiste **Erweiterungen → Aus Pfad erzeugen → Muster entlang Pfad** den Effekt. Als Parameter stellen Sie **Wiederholt** und als Deformationstyp **Schlange** sowie in meinem Beispiel einen Abstand zwischen Kopien von 5,0 ein. Sie sollten nun ein ähnliches Ergebnis erhalten, wie im folgenden Bild zu sehen ist.

Dieser Effekt wirkt hervorragend bei Linienpfaden. Wenn Sie allerdings andere Formen wie Kreise oder Rechtecke haben, so ist der Stern nicht gerade das richtige Muster.

Perspektive/Umhüllung

Mit dem nächsten Effekt haben Sie die Möglichkeit, die vier Ecken des Auswahlrahmens eines Pfads einzeln zu verschieben, damit sie kein Rechteck mehr darstellen. Durch diese Art der Veränderung lässt sich die Form so verzerren, dass sie perspektivisch wirkt.

Im Bild sehen Sie links das Original und rechts den verformten Stern.

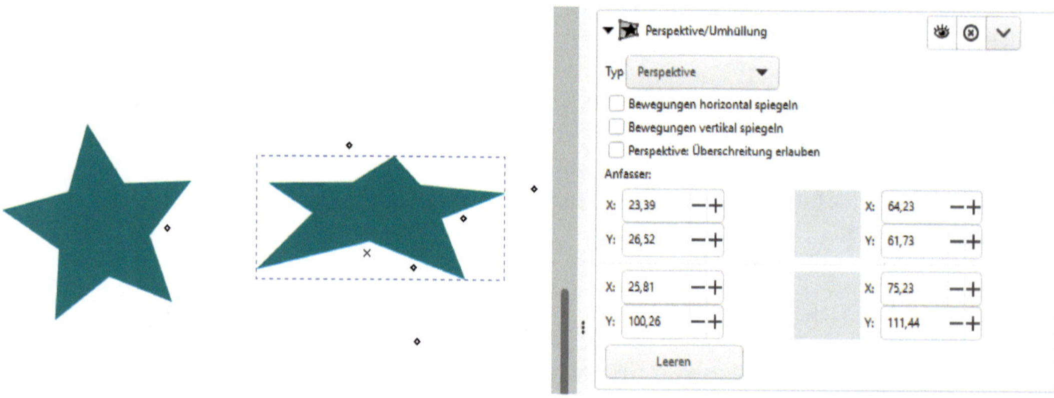

Bild 6.45 Einstellungsdialog für den Effekt

Transformation an 2 Punkten

Der letzte Effekt in dieser Kategorie bietet Ihnen zwei Anfasser am Pfad, mit denen der Pfad skaliert, gestreckt und rotiert werden kann.

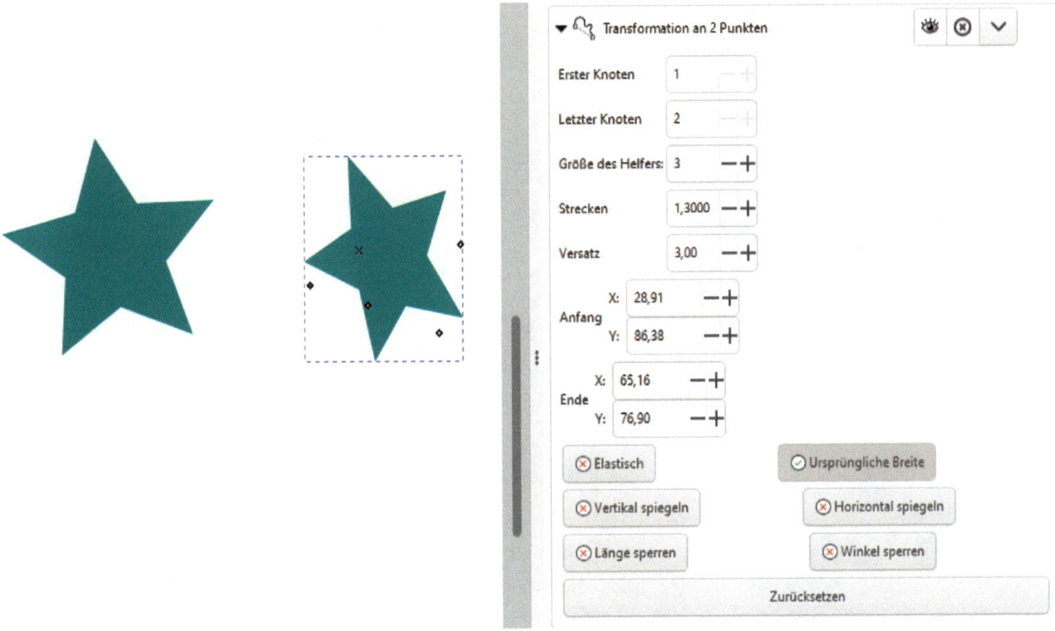

Bild 6.46 Einstellungsdialog des Effekts

Neben den beiden Griffen können Sie auch einstellen, ob vertikal oder horizontal gespiegelt werden soll, etc.

6.6.3 Kategorie „Erzeugen"

In diesem Bereich beschäftigen wir uns mit den darin befindlichen Pfad-Effekten.

Bild 6.47 Pfad-Effekte im Bereich „Erzeugen"

Ausschneiden

Dieser Effekt ist ausgegraut, da er sich so nicht verwenden lässt. Damit Sie dennoch diesen Effekt benutzen können, gehen Sie über den Menüeintrag „**Objekt**". Damit wir damit arbeiten können, habe ich einen Kreis erstellt und auf den Kreismittelpunkt noch einen Stern gezeichnet.

Bild 6.48
Kreis mit darüberliegendem Stern

Markieren Sie den Stern und wandeln Sie das Objekt in einen Pfad um. Markieren Sie nun beide Objekte. Über **Objekt → Ausschneidepfad → Umgekehrte Ausschneidemaske setzen (LPE)** bekommen Sie den gewünschten Pfadeffekt.

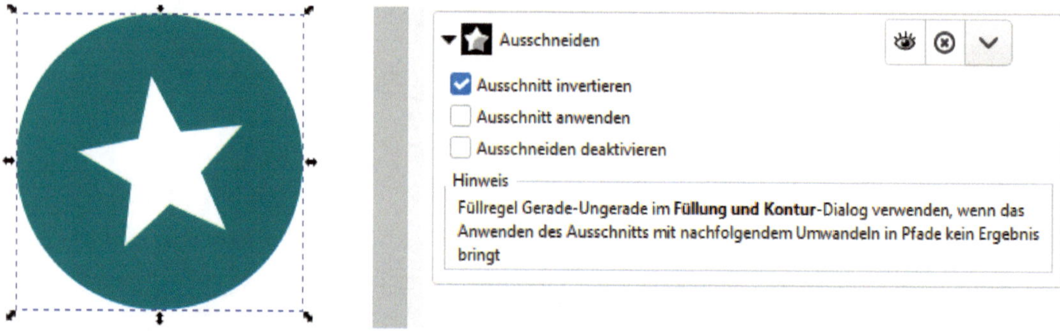

Bild 6.49 Ergebnis des Pfadeffekts.

Boolesche Operation

Die Booleschen Operationen arbeiten wie die eigentlichen Pfadwerkzeuge „Vereinigung", „Differenz", „Überschneidung" etc. Sie nehmen ein Objekt, legen ein anderes darüber und wenden den Pfadeffekt an. Um den Effekt zu verdeutlichen, habe ich für mein Beispiel den Kreis mit ausgeschnittenem Stern von eben verwendet und ein rotes Rechteck daraufgelegt.

Bild 6.50
Stern mit rotem Rechteck

Markieren Sie das Rechteck, drücken Sie **STRG + C** und wählen Sie danach den Kreis und weisen Sie den Pfadeffekt zu. Bei der Einstellung „**Operand**" drücken Sie „**Mit dem**

Objekt verknüpfen“ (im Bild gelb markiert) und wählen dann die entsprechende Operation aus.

Bild 6.51 Operand auswählen

Für mein Bild habe ich als Operator „**Vereinigung**“ gewählt.

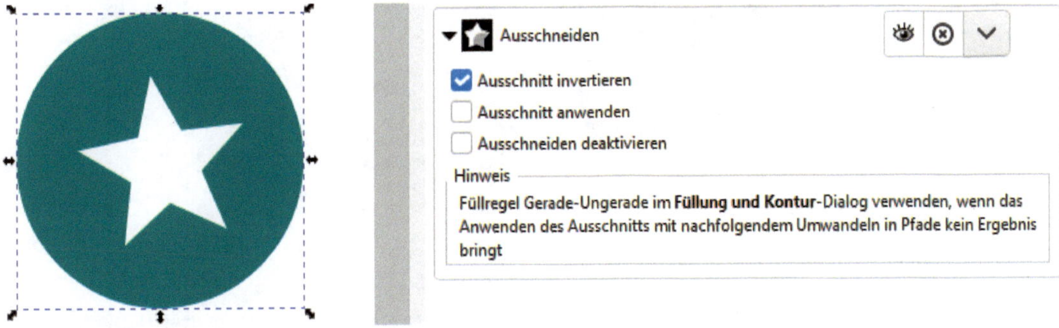

Bild 6.52 Effektparameter

Gedrehte Kopien

Dieser Effekt erzeugt von einem Pfad bzw. Objekt mehrere rotierende Kopien, die unabhängig voneinander weiterbearbeitet werden können.

Im folgenden Bild sehen Sie links das originale achteckige Polygon. Rechts davon die Kopien mit der Methode „Normal“, danach „Kaleidoskop“ und ganz rechts „Pfad verbinden“.

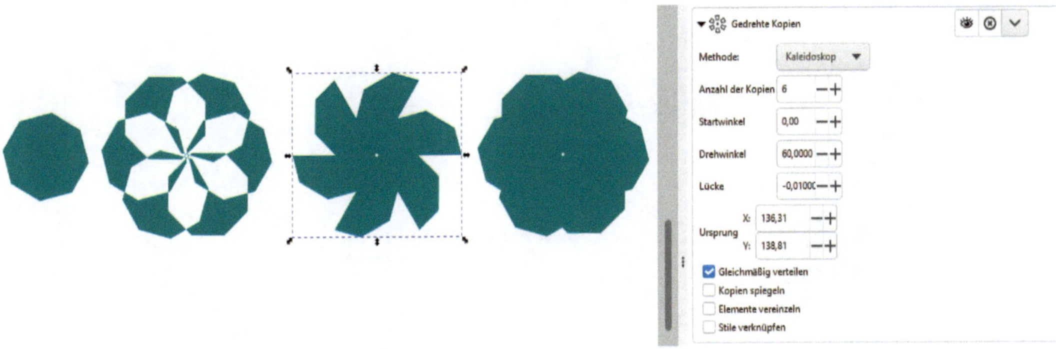

Bild 6.53 Verschiedene Einstellungen

Damit Sie jede Kopie einzeln bearbeiten können, müssen Sie die Option „**Elemente vereinzeln**“ anklicken.

Kacheln

Damit lassen sich Objekte vervielfältigen und in bestimmter Weise spiegeln.

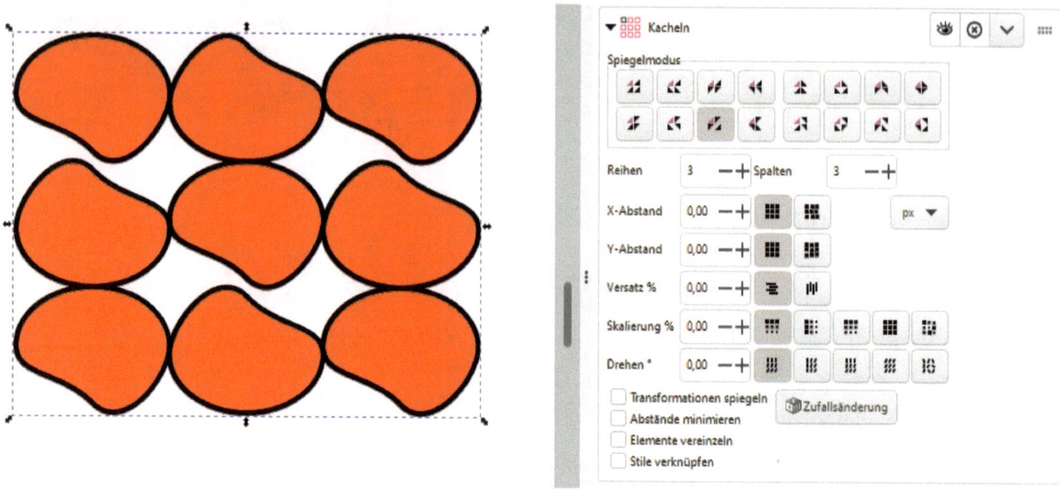

Bild 6.54 Kacheln und Spiegelmodus

Im Bild sehen Sie links oben das Originalobjekt. Die Kacheln sind in drei Reihen und Spalten sowie nach einem bestimmten Spiegelmuster bearbeitet. Hierbei haben Sie diversen Gestaltungsspielraum und können ruhig ein wenig herumprobieren.

Über die Option „**Elemente vereinzeln**“ können Sie jede einzelne Kachel für sich bearbeiten und verändern.

Maskieren

Der Effekt „Maskieren“ funktioniert ähnlich wie der Effekt „Ausschneiden“. Er ist über den Dialog „Pfadeffekte“ nicht erreichbar, sondern wird über das Menü **Objekt -> Maske -> umgekehrte Maske setzen (LPE)** aktiviert.

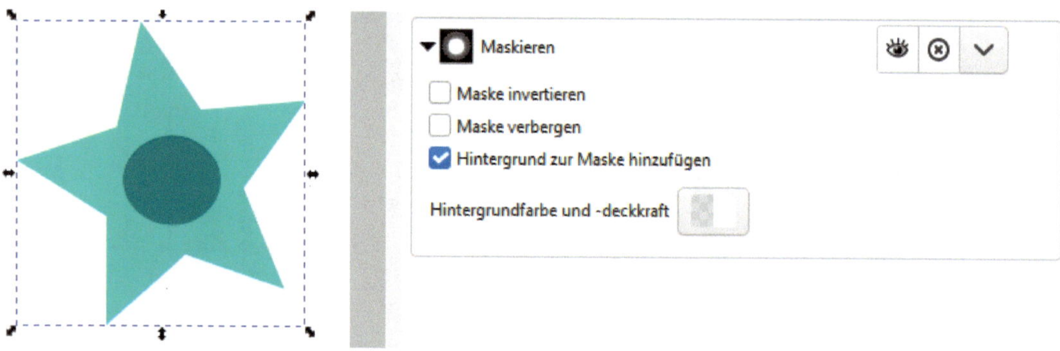

Bild 6.55 Effektdialog Maskieren

Für das Bild habe ich einen Stern gezeichnet und eine Ellipse darüber gelegt. Beide Objekte wurden markiert und über das Menü **Objekt → Maske → Umgekehrte Maske setzen (LPE)** dem Effekt hinzugefügt. Über die Optionen können Sie die passenden Einstellungen treffen und auch Hintergrundfarbe und -deckkraft einstellen.

Originalpfad klonen

Hier ignoriert der Klon die Pfaddaten, auf die er angewandt wird, und kopiert die originalen Pfaddaten, zum Beispiel die Pfaddaten vor der LPE-Kalkulation. Diese Erweiterung wird meist mit der Erweiterung „Kräftige Kontur“ verwendet. Die Erweiterung erstellt Pfade mit variabler Kontur, wobei der Pfad nicht gefüllt werden kann, da die Füllung als Kontur verwendet wird. Um einen solchen Pfad zu füllen, muss man einen zweiten Pfad erstellen (Dummy-Pfad) und dann auf diesen „Originalpfad klonen“ anwenden und ihn mit dem Pfad der kräftigen Kontur verknüpfen. Da der zweite Pfad den Originalpfad klont, kann er benutzt werden, um den Pfad zu füllen.

Im Bild sehen Sie oben das originale Objekt und links einen gestrichelten, roten Pfad. Nach dem Anwenden des Effekts hat die ehemals grüne Ellipse (im Bild markiert) die Merkmale des roten Pfads angenommen. Die Ellipse wurde vorher dupliziert, um den Effekt zu verdeutlichen.

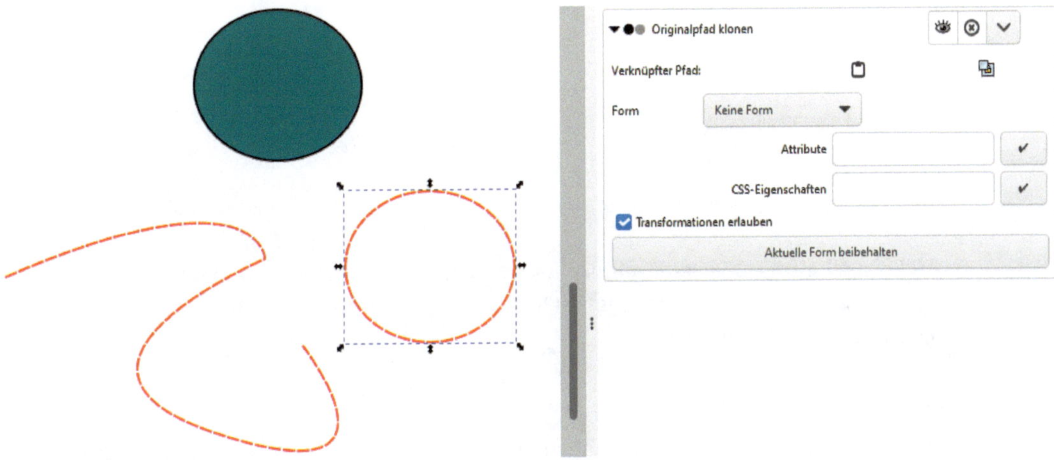

Bild 6.56 Pfadeffekt-Dialog

Schraffur (grob)

Dieser Effekt bietet die Möglichkeit, eine Form mit einer groben Schraffur zu versehen, die Sie später weiter modifizieren können. Dafür stehen im Effekt-Dialog auch einige Parameter zur Verfügung. Die Parameter des Dialogs erklären sich selbst, so dass hier im Buch nicht weiter darauf eingegangen wird.

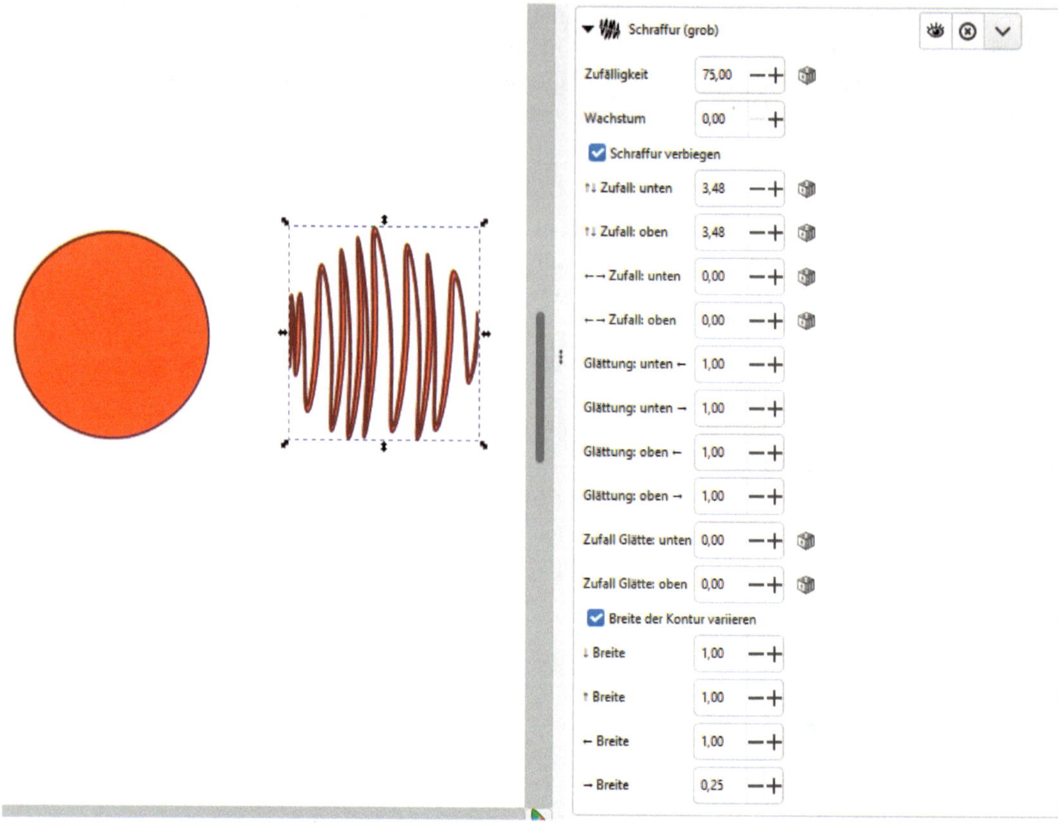

Bild 6.57 Effekt-Dialog mit Parametern

Als Beispiel wurde hier eine Ellipse verwendet, um darzustellen, wie der Effekt wirkt. Wenn Sie auf das Knotenwerkzeug wechseln, können Sie die Schraffur mit den Anfassern noch verändern und drehen.

Skizze

Die Skizze oder auch Sketch genannt, simuliert von Hand gezeichnete Linien, die Sie über ein paar Parameter Ihren Wünschen anpassen können. Die Ursprungsform im Beispiel ist ein Stern mit schwarzer Kontur und farbiger Füllung.

Nach der Anwendung des Effekts sehen Sie sehr deutlich, dass versucht wird, die Kontur der Form mit ein paar Strichen nachzuzeichnen. Durch den Parameter für die Zitterfrequenz legen Sie fest, wie die Striche am Ende wieder als Kontur durch das Programm erstellt werden. Die vormals vorhandene Füllung ist nur noch in den Sterntälern zu sehen und spielt keine Rolle mehr. Die Parameter erklären sich dabei wieder von selbst, so dass nicht näher darauf eingegangen wird.

Sollten Sie nicht genau wissen, was ein Parameter bedeutet, können Sie mit dem Mauszeiger auf diesem verweilen, damit Ihnen ein kleiner Hilfetext dazu angezeigt wird. Neben den normalen Formen können Sie natürlich auch andere Objekte mit diesem Effekt versehen.

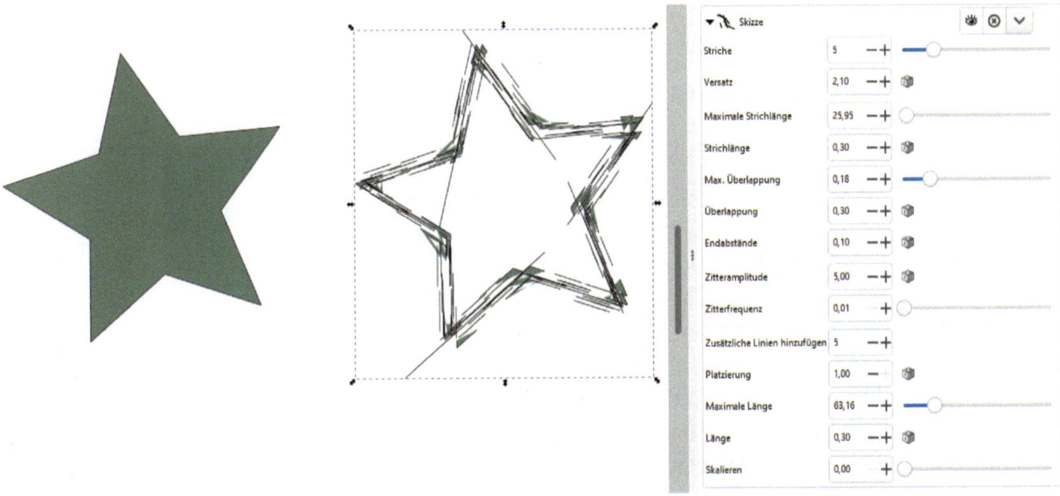

Bild 6.58 Effekt-Dialog mit Parametern

Spiegelsymmetrie

Hierbei können Sie Objekte spiegeln und dabei über den „Modus“ festlegen, wie die Spiegelung aussehen soll.

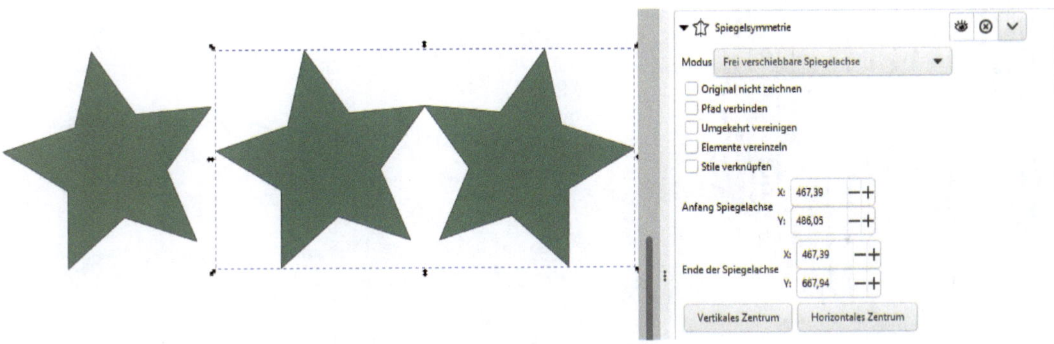

Bild 6.59 Im Bild links das Original und rechts die Spiegelung mit Parametern

Unterpfade interpolieren

Erstellen Sie mit dem Freihandwerkzeug einen Strich. Markieren Sie diesen und duplizieren Sie ihn. Das Duplikat verschieben Sie mit dem Auswahlwerkzeug etwas nach rechts, um etwas Abstand zwischen beiden Strichen zu bekommen. Danach markieren Sie beide und kombinieren diese über **STRG + K** oder **Pfad → Kombinieren**. Die beiden Auswahlrahmen verschwinden und es bleibt ein Rahmen übrig, der beide Striche beinhaltet. Öffnen Sie den Pfad-Effekt-Editor und weisen Sie dem Objekt den Effekt **Unterpfade interpolieren** zu.

Da der Effekt standardmäßig fünf Schritte interpoliert, werden Sie vermutlich eine ähnliche Form haben.

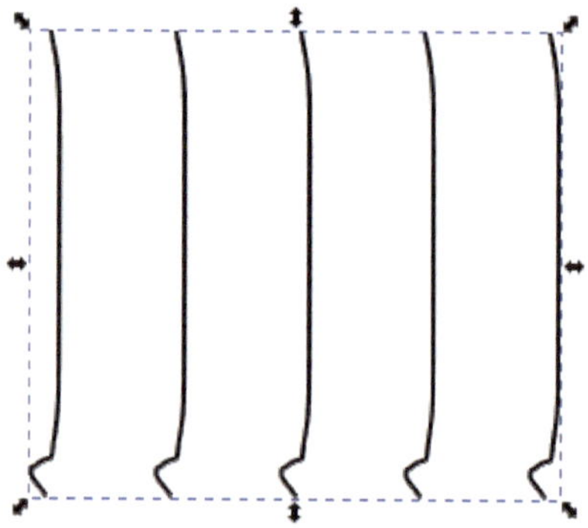

Der Effekt bewirkt also, dass zwischen beiden Subpfaden weitere mit gleichem Aussehen hinzugefügt wurden. Das allein macht den Effekt aber nicht einzigartig. Es sind vielmehr die Parameter, die Sie noch einstellen können.

Sie können zum einen weitere Schritte hinzufügen (für das Beispiel vielleicht ein Wert von 20 bis 30) und zum anderen die Kurve anpassen, was den Effekt verändert. Sobald Sie die Schaltfläche für die Kurve angeklickt haben, wird ein grünes Band mit zwei Anfassern zentriert eingeblendet.

Nun haben Sie die Möglichkeit, dieses Band beziehungsweise die Anfasser zu verändern. Weiter können Sie mittels eines Doppelklicks auf das Band weitere Anfasser erstellen und diese wiederum verschieben und modifizieren.

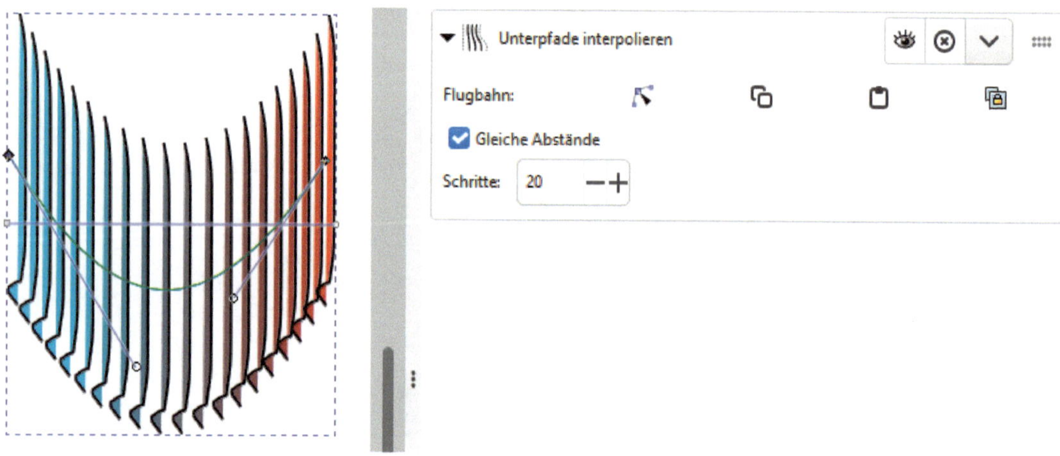

Bild 6.60 Einstellung

Mit etwas Farbfüllung und einem linearen oder radialen Farbverlauf wie im Bild benutzt lassen sich ganz spezielle Effekte erzielen. Ihrer Kreativität sind somit kaum Grenzen gesetzt.

Unterpfade vernähen

Neben dem Interpolieren der Pfade können Sie diese auch zusammenfügen (vernähen). Nehmen wir als Beispiel die Freihandlinie aus der vorherigen Übung, die wir kopiert, verschoben und dann miteinander kombiniert haben. Den vorherigen Effekt löschen Sie aus dem Pfadeffekt-Menü über das Kreuz: Nun wählen Sie den Effekt **Unterpfade vernähen** aus und weisen diesen dem Objekt zu.

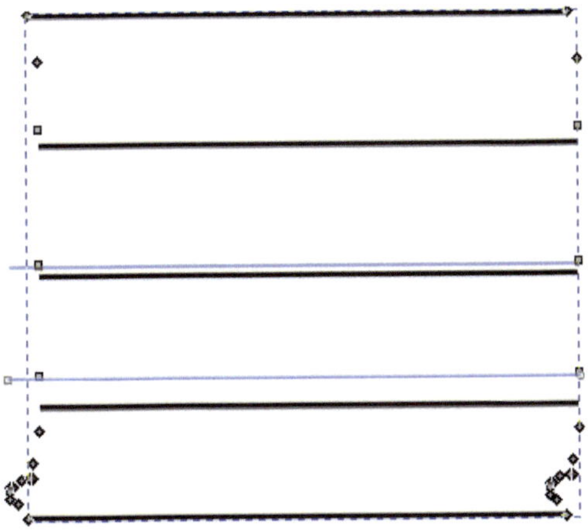

Bild 6.61
Fünf Pfade werden erzeugt

Sie sehen, dass auch dieser Effekt zu Beginn mit genau fünf Strichen aufwartet; allerdings nicht parallel zu den eigentlichen Pfaden, aber Anfang und Ende der Waagerechten sind an die Pfadvorgaben angepasst.

Nehmen wir hier auch einen Wert von 20, so sieht man die ursprüngliche Form noch besser, ohne dass das Gesamtobjekt überladen wirkt.

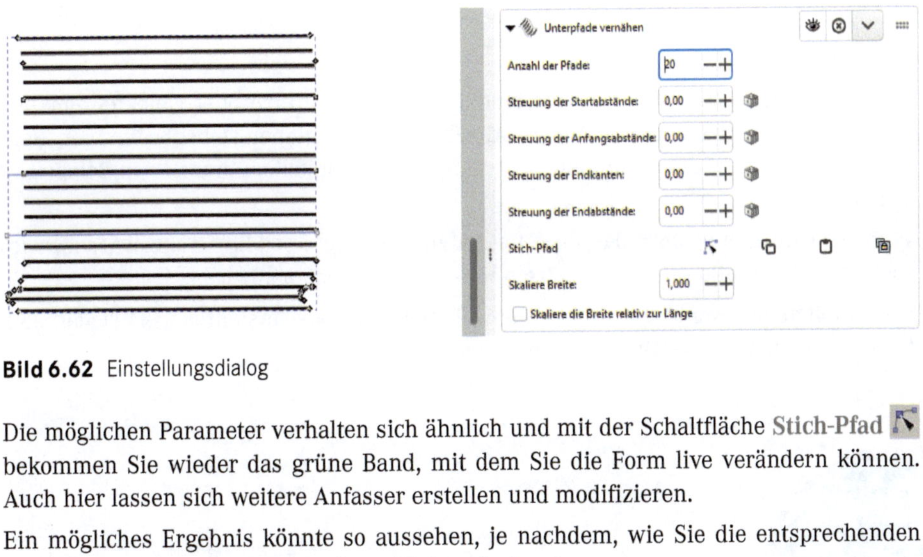

Bild 6.62 Einstellungsdialog

Die möglichen Parameter verhalten sich ähnlich und mit der Schaltfläche Stich-Pfad bekommen Sie wieder das grüne Band, mit dem Sie die Form live verändern können. Auch hier lassen sich weitere Anfasser erstellen und modifizieren.

Ein mögliches Ergebnis könnte so aussehen, je nachdem, wie Sie die entsprechenden Parameter anpassen und den grünen Pfad verändern.

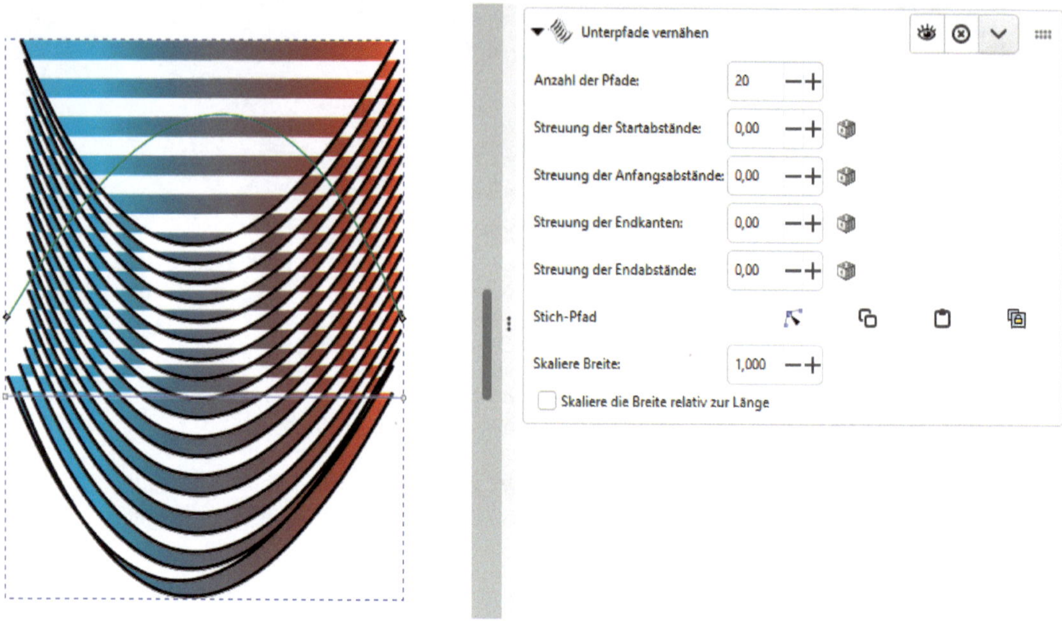

Bild 6.63 Mögliches Ergebnis

Von Koch

Der Effekt klingt ungewöhnlich und erstellt aus Ihren Formen oder Objekten entsprechende Fraktale. Dabei können Sie die Anzahl der Generationen selbst bestimmen. Sehr gut lässt sich dieser Effekt mit den normalen Formen darstellen; in unserem Beispiel ist es ein Kreis.

Wird dem Kreis nun über das Pfadeffekt-Menü der Von-Koch-Effekt zugewiesen, wird sofort eine Generation mit zwei Kreisen unterhalb des ersten angelegt.

Nun können Sie weitere Generationen anfügen. Inkscape erstellt dabei wieder zwei Kreise an denen der ersten Generation usw.

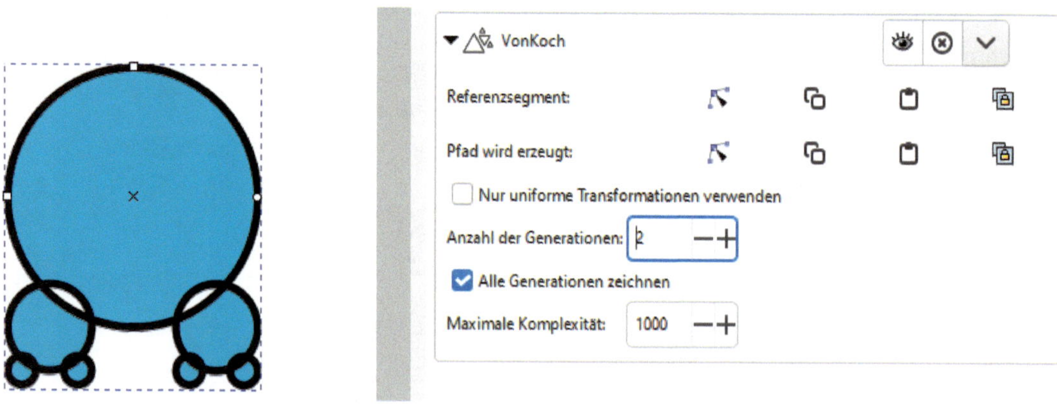

Bild 6.64 Von-Koch-Dialog

Mit dem Referenzsegment haben Sie die Möglichkeit, den Effekt zu verändern. Bei der Ausführung werden jeweils Pfade eingeblendet, die Sie aber diesmal nicht verbiegen, aber an den Enden verschieben können. Ein Verbiegen hat hier im Beispiel keinerlei Wirkung.

Dabei wirkt der Referenzpfad auf den ursprünglichen Kreis und die untere Schaltfläche auf die neue Generation. Im Bild sehen Sie zwei Generationen (der Referenzkreis wird nicht mit einbezogen). Der Pfad des großen Kreises ist rechts etwas nach oben verschoben und die Pfade der ersten Generation sind an den Außenseiten jeweils nach unten verschoben. Bei diesem Effekt können Sie ruhig etwas probieren und viele großartige Figuren erstellen.

Zerschneiden

Der letzte Effekt in dieser Kategorie zerschneidet Objekte oder funktioniert als Sektor, denn er schneidet Objekte in bestimmte Teile und kann mehrfach angewendet werden. Im nachfolgenden Bild ist oben das Original. Es wurde dupliziert und dann der Effekt Zerschneiden (im Bild „Sektor“) angewandt.

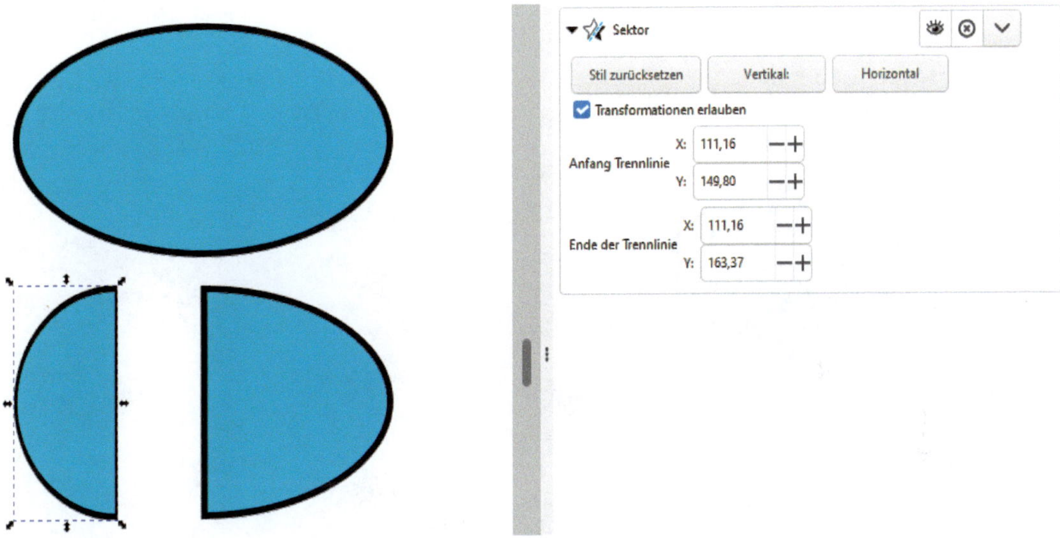

Bild 6.65 Effekt-Dialog

Die untere Ellipse wurde mittig zerschnitten und die linke Teilhälfte zur Ansicht etwas gestaucht.

6.6.4 Kategorie „Konvertieren“

In dieser Kategorie befassen wir uns mit den Effekten, die ein Objekt umwandeln oder anpassen.

Anfasser zeigen

> **!** Wenn Sie diesen Effekt anwenden, werden alle benutzerdefinierten Stile des ausgewählten Objekts entfernt.

Im Bild sehen Sie oben das Original und unten den angewandten Effekt.

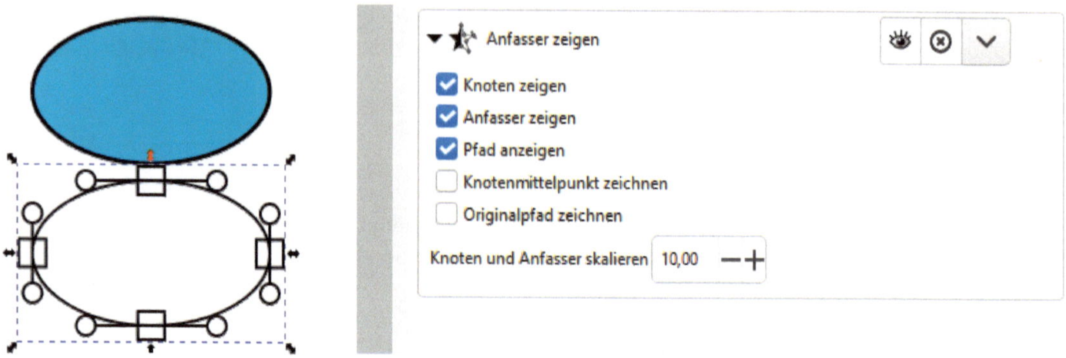

Bild 6.66 Effekt-Dialog

Sie können das Objekt (die Ellipse) im Nachgang verändern und die Anfasser ändern sich automatisch mit.

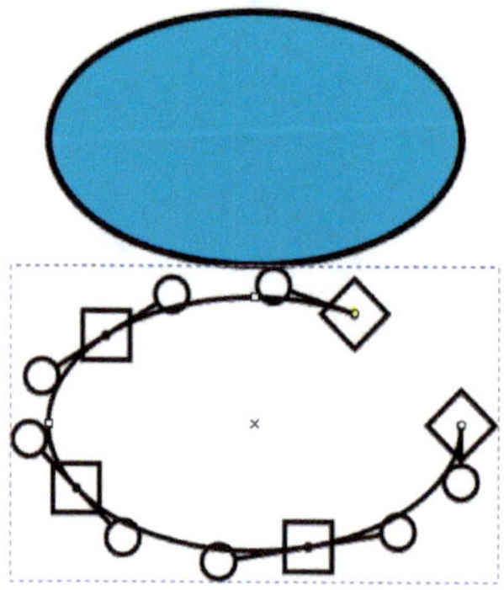

Bild 6.67 Das veränderte Objekt

B-Spline

Der Effekt erstellt eine B-Spline-Kurve, die sich in die Ecken des Pfads begibt. Normalerweise wird der Effekt über die Zeichenwerkzeuge erzeugt.

B-Spline steht für „Basis-Kurvenlineal". Mit diesem Werkzeug werden zwei Linien gleichzeitig erstellt. Das Original besteht in einem Pfad mit spitzen Knoten, in denen eine rundliche Linie „aufgespannt" ist. In der normalen Anzeige und auch, wenn das Objekt markiert ist, wird nur die rundliche Linie angezeigt. Damit Sie auch den eckigen Pfad sehen (und bearbeiten) können, müssen Sie das Objekt markieren und das Knotenwerkzeug auswählen.

Da die runde Linie durch den eckigen Pfad definiert wird, beinhaltet sie keine eigenen Knoten. Sollten Sie eigene Knoten benötigen, markieren Sie das Objekt und wählen **Pfad > Kontur in Pfad umwandeln** (STRG + ALT + C). Der eckige Pfad geht dadurch allerdings verloren.

Für die nachträgliche Umwandlung eines Pfads in einen B-Spline-Pfad gehen Sie über **Pfad > Pfadeffekte: B-Spline**.

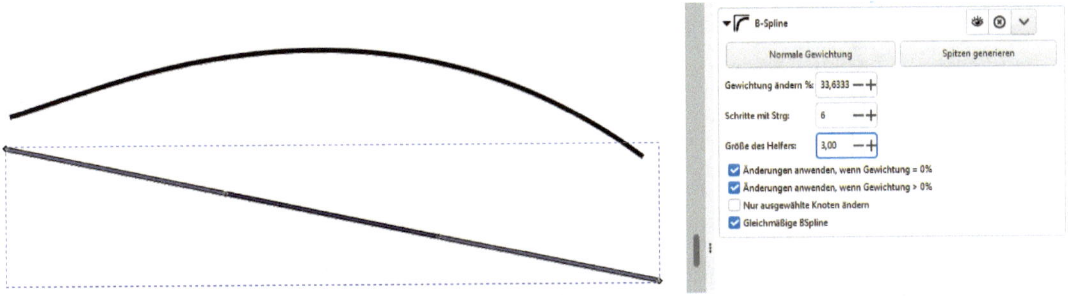

Bild 6.68 Einstellungsparameter

Bemaßung

Mit diesem Effekt können Sie die Entfernung zwischen zwei Knoten messen und am Objekt anzeigen.

Im Bild sehen Sie links das Original und rechts die Bemaßung über den Effekt.

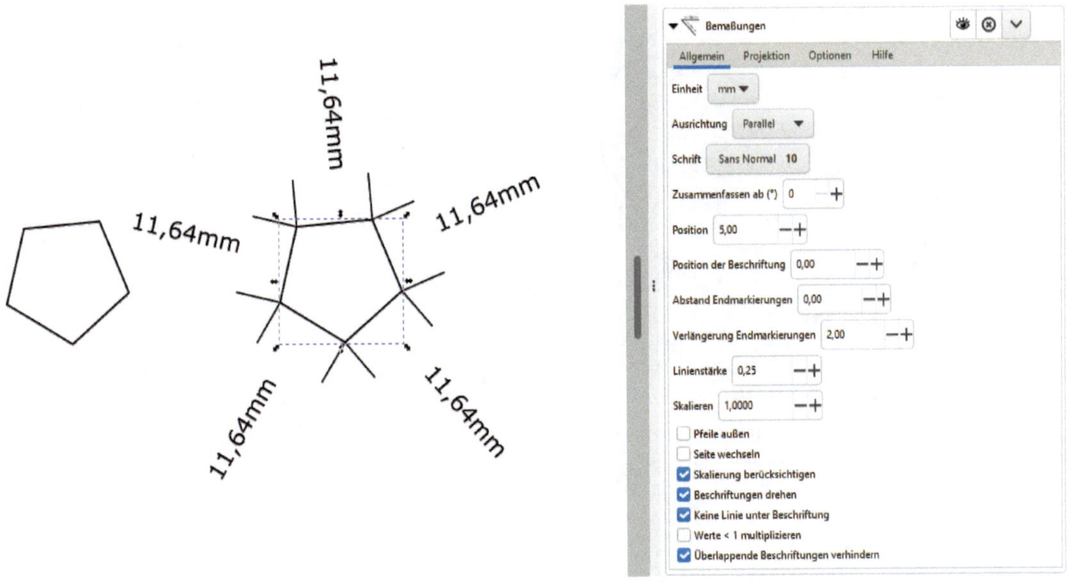

Bild 6.69 Einstellungs-Dialog

Ellipse aus Punkten

Hierbei können Sie aus ein paar Knotenpunkten eine Ellipse beziehungsweise einen Kreis erstellen. Dazu wird der Pfad dann umgewandelt. Zur besseren Verdeutlichung habe ich die ursprüngliche Linie in Rot dupliziert und stehen gelassen. Das Ergebnis ist schwarz dargestellt.

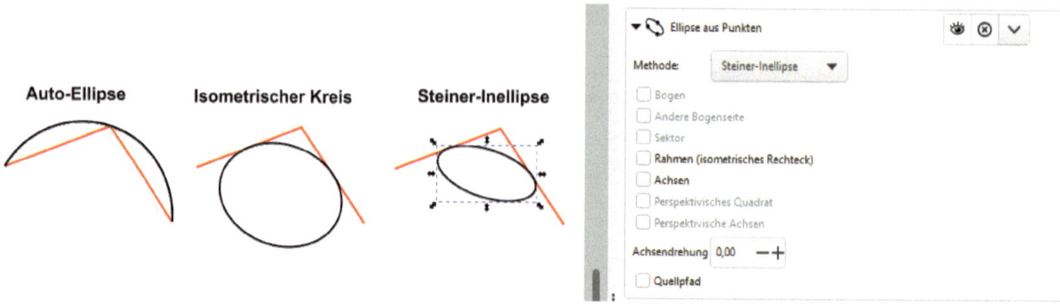

Bild 6.70 Verschiedene Ellipsen aus Knotenpunkten

Ellipse durch 5 Punkte

Dieser Effekt hat keinerlei Parameter. Sie zeichnen eine gerade Linie mit fünf Knotenpunkten und wenden den Effekt an. Im Bild habe ich die Linie in Rot dargestellt und die sich ergebende Ellipse in Schwarz. Wenn Sie die Linie noch benötigen, sollten Sie diese vorher mit STRG + D duplizieren.

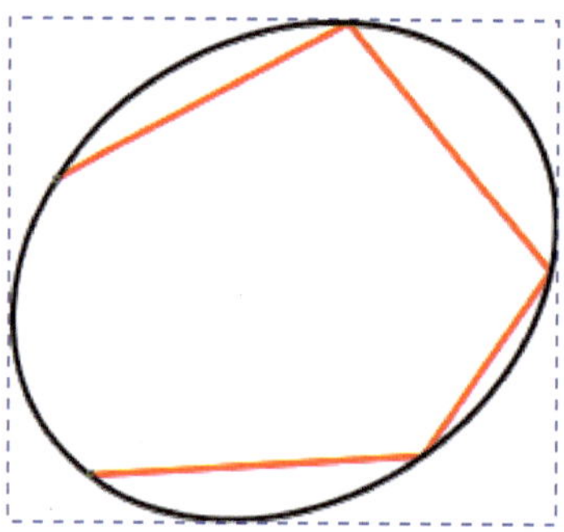

Bild 6.71
Kreis und Linie

Gestrichelte Kontur

Der Pfadeffekt erzeugt aus einer durchgezogenen Kontur eine gestrichelte, wie es auch der Dialog „Füllung und Kontur“ macht.

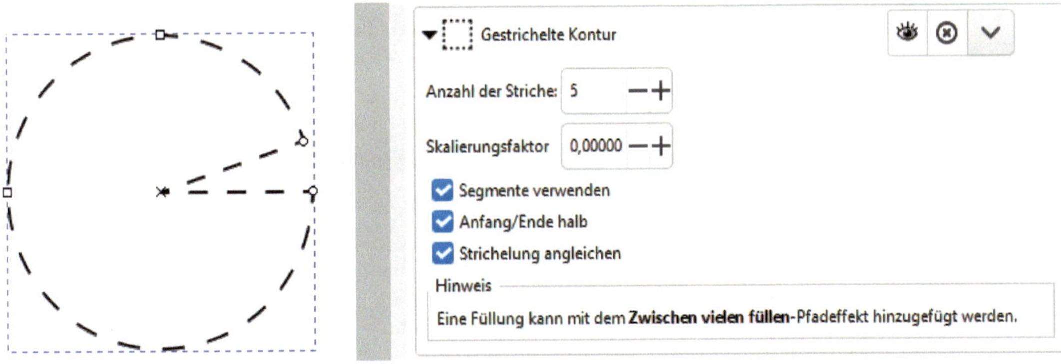

Bild 6.72 Gestricheltes Kreissegment

Gitter erzeugen

Mit diesem Effekt erstellen Sie auf einfache Art ein Gitter, das den Vorgaben des ausgewählten Werkzeugs entspricht. Dazu erstellen Sie einfach ein Rechteck (Quadrat), eine Ellipse (Kreis) oder einen Stern (Polygon) und weisen den Befehl **Gitter erzeugen** zu. Anhand des gewählten Objekts wird ein Gitter auf der Zeichnungsfläche erstellt.

Im Bild habe ich bei jeder Form den Befehl **Gitter erzeugen** angewendet. Sie können hier somit sehen, dass unterschiedliche Formen auch unterschiedliche Gitter erstellen. Wenn Sie den Dialog **Pfad-Effekte ...** noch offen haben und auf das Knotenwerkzeug wechseln, sehen Sie am Gitter Griffe, mit denen Sie das Gitter im Aussehen verändern können. Dabei sehen Sie so viele Griffe, wie die Form vorher vorgegeben hat. Das Rechteck bietet vier Griffe, die Ellipse drei und der Stern zwei.

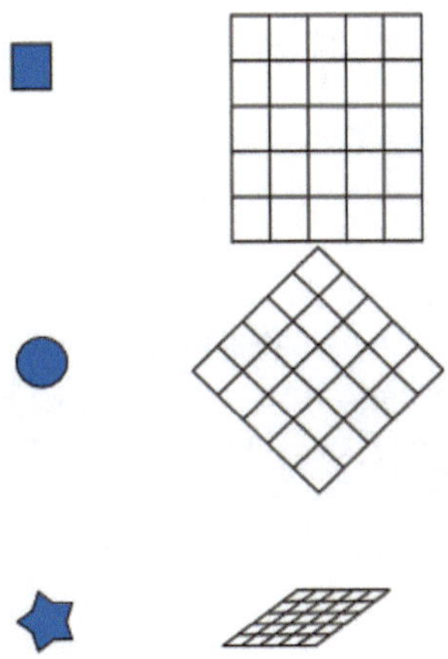

Die Parameter für diesen Effekt sind mit je einem Wert für Größe X und Größe Y sehr übersichtlich. Darüber stellen Sie die Anzahl der Gitterelemente in der jeweiligen Achsenrichtung ein.

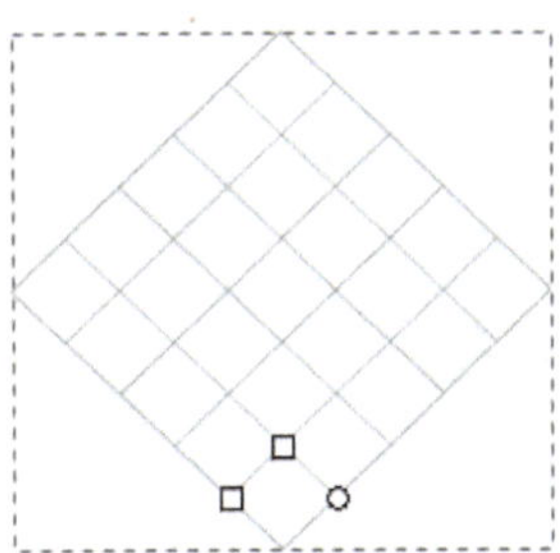

> Beachten Sie, dass Sie das Gitter nur bearbeiten können, wenn Sie das richtige Werkzeug nehmen. Wenn Sie ein Rechteck gezeichnet haben und dieses dann mit dem Effekt „Gitter erzeugen“ verändern, können Sie den Gitterabstand nur mit dem Rechteck- beziehungsweise Knotenwerkzeug modifizieren, da nur das richtige Werkzeug die entsprechenden Anfasser zeigt.

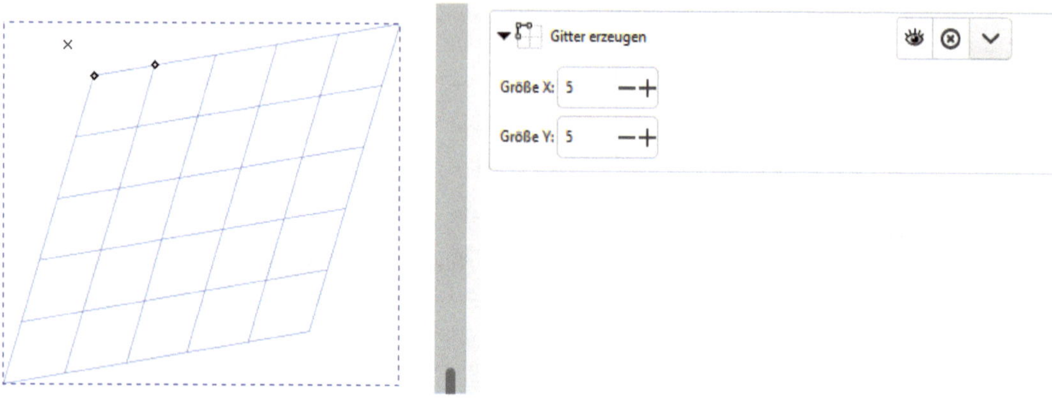

Bild 6.73 Ein Gitter aus der Sternform erzeugt

Das Gitter im Bild wurde aus einem Stern heraus erzeugt und durch das noch ausgewählte Werkzeug sind die beiden Anfasser am linken Gitter noch sichtbar. Darüber lassen sich die Größe und Form des Gitters beeinflussen. Die von Ihnen erstellte Grundform ist die Vorgabe für die Größe eines Gitterelements. Je größer Sie also zu Beginn die Form erstellen, desto größer wird auch das anschließend daraus erstellte Gitter. Über die Größenparameter stellen Sie ein, wie viele Kästchen Sie in X- und Y-Richtung erstellen wollen. Entfernen Sie den Effekt, erscheint wieder das ursprüngliche Objekt.

Lineal

Mit diesem Effekt können Sie aus einer Form oder einem Pfad ein Lineal erstellen. Im Beispiel habe ich eine Gerade gezeichnet und danach den Effekt angewendet.

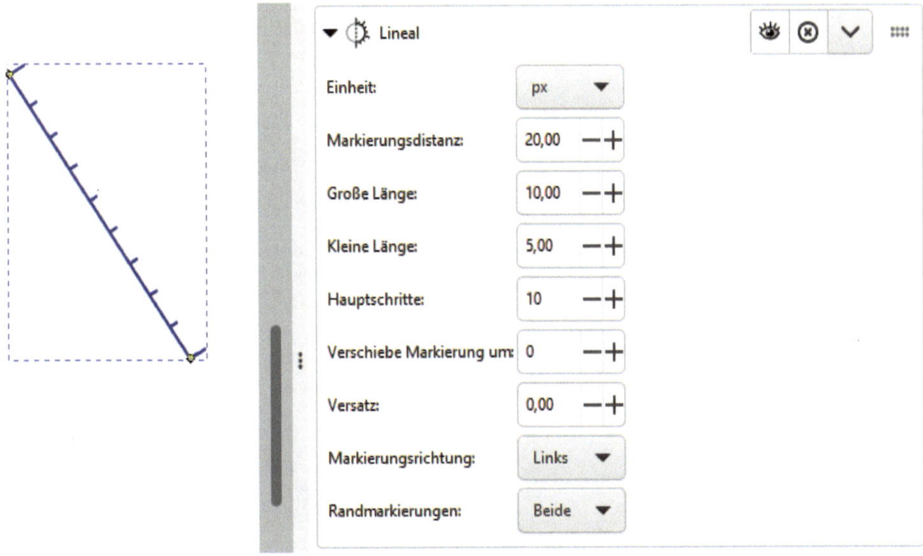

Bild 6.74 Effekt-Parameter vom Lineal

Die Parameter erklären sich dabei selbst.

Objektrahmen

Der Effekt verwandelt einen Pfad in einen Objektrahmen, der einen anderen Pfad oder ein anderes Objekt komplett umschließt.

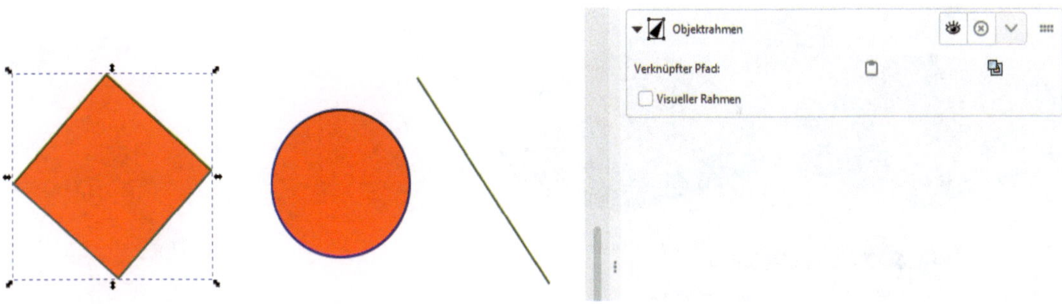

Bild 6.75 Objektrahmen

Aus dem roten Kreis und der grünen Linie wurde das rote Quadrat.

Pfad anheften

Mit diesem Effekt hängen Sie ein Ende oder beide Enden des ausgewählten Pfads an eine bestimmte Position eines anderen Pfads. Die Verbindung bleibt auch dann erhalten, wenn man die Position eines der Pfade verändert. Im nachfolgenden Bild habe ich die schwarze Linie an den roten Kreis angeheftet und nachdem der Effekt angewandt wurde, lässt sich die schwarze Linie an den Griffen verändern.

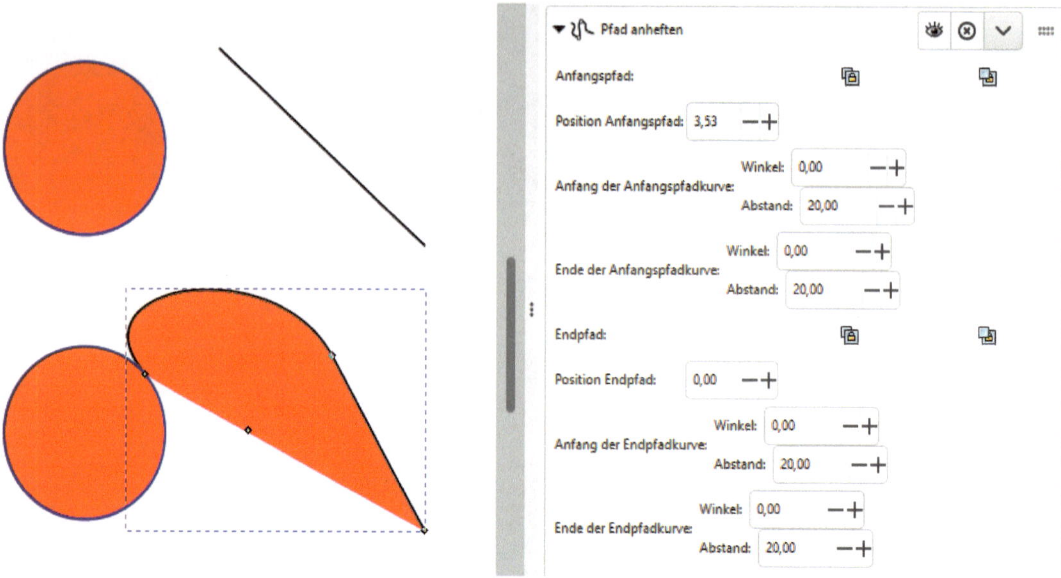

Bild 6.76 Oben die beiden einzelnen Objekte; unten miteinander verbunden

Punkte interpolieren

Hiermit werden die Formen der Knoten verändert. Im nachfolgenden Bild ist links der originale Farbfächer und auf der rechten Seite die Kopie, die mittels Interpolation verändert wurde.

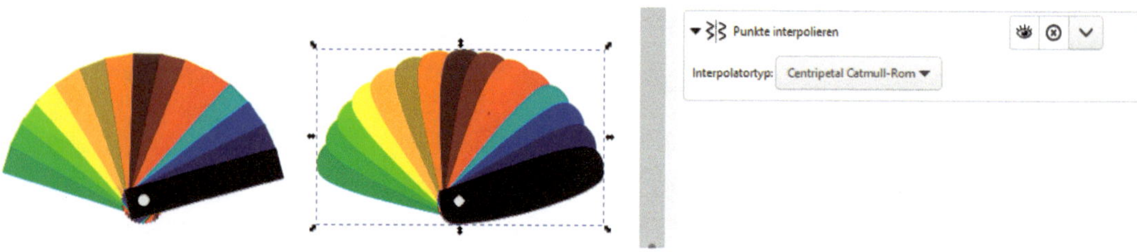

Bild 6.77 Interpolation

Spiro Spline – Spiralpfade

Dieser Effekt gibt Ihnen die Möglichkeit, kurvenförmige Pfade zu erstellen. Zwar ist dieser Effekt nicht einfach in der Handhabung, aber bei bestimmten Einsatzgebieten wie dem Erstellen oder Bearbeiten von Schriftartzeichen bietet dieser Effekt klare Vorteile gegenüber Bézier-Kurven.

Ursprünglich wurden die Spiro Splines im Programm *„FontForge - Font Editor“* eingesetzt, um eigene Schriftarten zu kreieren. Kurvenförmige Pfade erstellen Sie, indem Sie das Freihandwerkzeug auswählen und einfach eine Freihandlinie malen. Dabei müssen Sie aber beachten, dass in der dazugehörenden Werkzeugeinstellungsleiste der Modus **Erstelle Spiro-Pfad** aktiviert ist. Wenn Sie zudem noch eine Form angeben, können Sie besondere Objekte erstellen.

Spiro Spline

Ein solcher Pfad wird durch eine Aufeinanderfolge von Punkten (Knoten) definiert, die alle auf dem Pfad liegen. Im Gegensatz zu Bézier-Kurven haben die Knoten aber keine Griffe, mit denen sie modifiziert werden können. Die Kurve wird allein durch die Position der Knoten bestimmt.

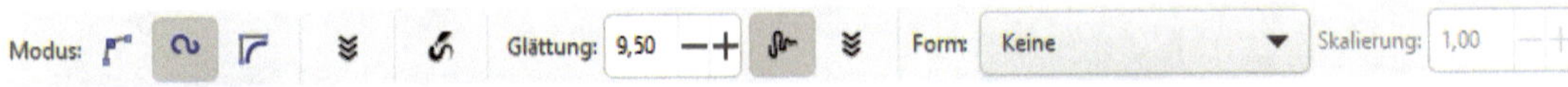

Bild 6.78 Werkzeugeinstellungsleiste der Freihandlinie

Im Beispiel wurde der Buchstabe „S“ mit dem Freihandwerkzeug gemalt und die Anzahl der Knoten wurde mit **(STRG)** + **(L)** verringert. Zur Ansicht erfolgte ein Wechsel auf das Knotenwerkzeug. Als Nächstes werden alle verbliebenen Knoten markiert (ein Rechteck mit gedrückter Maustaste aufziehen und alle Knoten einschließen) und geglättet sowie in Kurven umgewandelt.

Das Ergebnis wird wohl analog dem folgenden Bild aussehen. Man sieht deutlich die rundere Form. Nun werden noch überflüssige Knoten entfernt, so dass am Ende vier Knoten übrig bleiben, genau *vier*, die das Aussehen des „S“ festlegen.

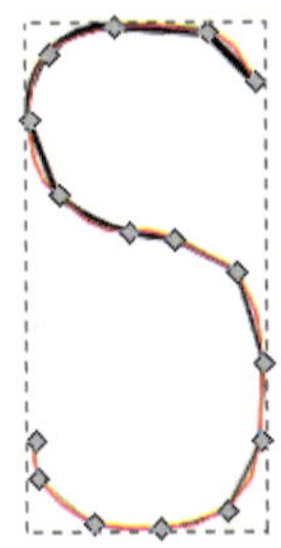

Zwar sieht die Form nun sehr abgehackt aus, aber mit zwei Handgriffen haben wir eine sehr schön abgerundete Form. Dazu markieren Sie wieder alle Knoten und klicken jetzt auf die Schaltfläche **Die gewählten Knoten automatisch abrunden** und danach noch mal auf **Glätten**.

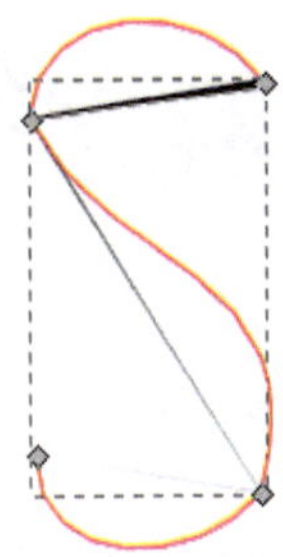

Das Ergebnis sieht folgendermaßen aus:

Wenn Sie zwischendurch in das Dialogfenster für den **Pfadeffekte-Editor** gewechselt haben, werden Sie sicherlich festgestellt haben, dass für diese Form bereits zwei Effekte zugewiesen wurden. Auch wenn Sie nicht über den Pfadeffekt-Dialog gearbeitet haben, wurden durch die Auswahl des Spiral-Pfad-Modus und der Vereinfachung die Effekte gesetzt.

Ersteres ist *Spiro Spline* und zuletzt wurde noch *Kräftige Kontur* angewendet. Sie können jeden Pfad sofort in einen Spiralpfad umwandeln und alle Knoten werden – abhängig von ihrer Funktion – ein Punkt des Spiral-Pfads.

Tabelle 6.3 Wirkungsweise der Schaltflächen

Vorher	Nachher
Spitze Knoten	Ecken
Weiche Knoten	Weiche Kurvenpunkte
Halbweiche Knoten	Verbleiben in ihrer Form

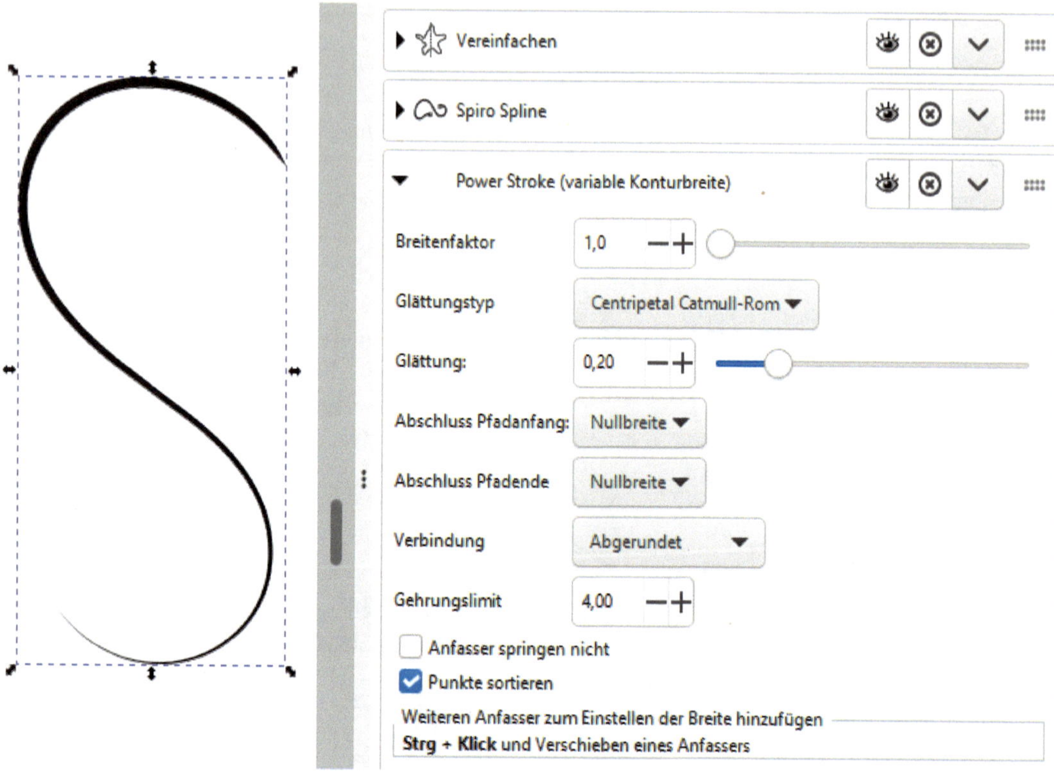

Bild 6.79 Drei Effekte für den Spiro-Pfad

Verbindungsart

Der Effekt bietet eine Auswahl an unterschiedlichen Verbindungstypen für die spitzen Knoten eines Objekts. Das sind zum Beispiel „Gehrung“, „abgerundet“, „abgeleitete Kurve“ etc.

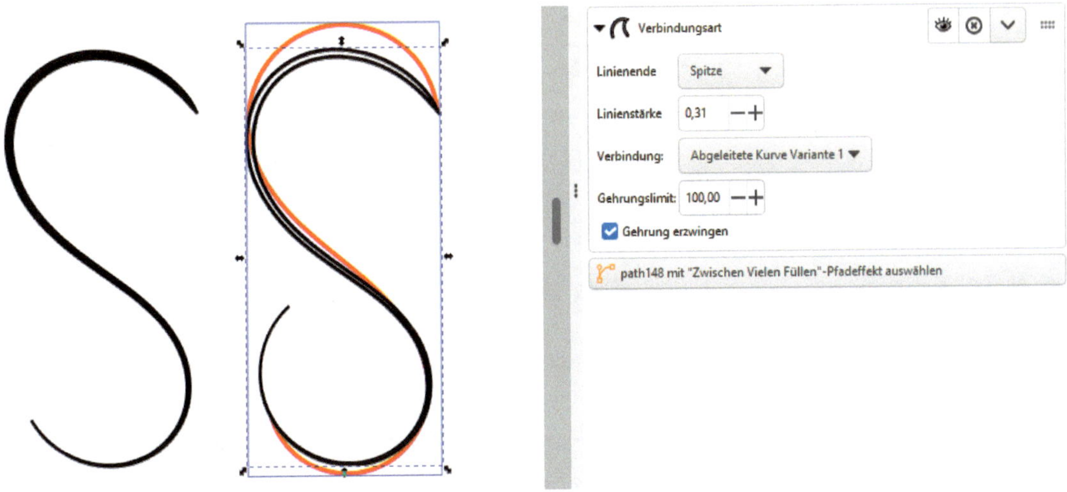

Bild 6.80 Verbindungsart

Zahnräder

Der Name dieses Effekts ist Programm, denn Inkscape erstellt an den Knoten Ihres Pfads ein Zahnrad mit der entsprechenden Zahnung, so dass diese ineinandergreifen. Ein mögliches Haupteinsatzgebiet für den Effekt sind Logos oder Visitenkarten von technischen Berufen. Mit den beiden Parametern können Sie aber ruhig ein wenig herumspielen.

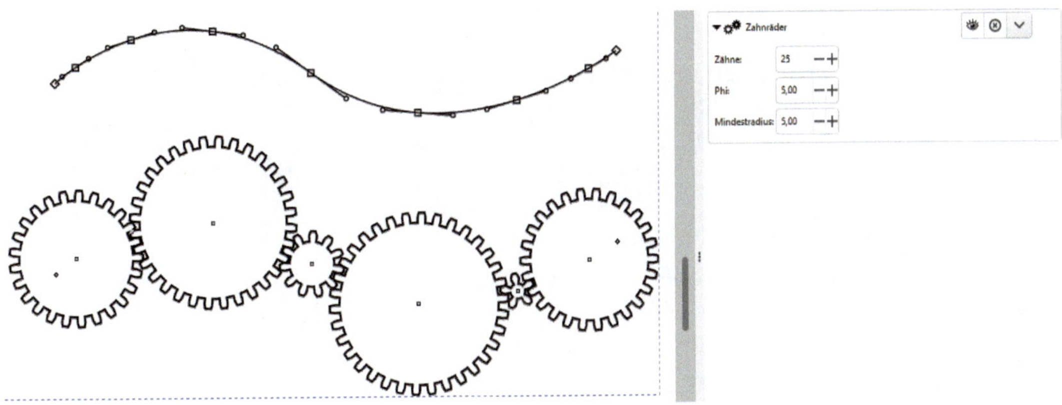

Bild 6.81 Zahnräder

Wenn Sie den Pfad verändern, passen sich die Zahnräder automatisch an. Für die Erstellung der Zahnräder benötigen Sie mindestens vier Liniensegmente. Jede weitere Linie ergibt mit diesem Effekt ein zusätzliches Zahnrad. Der Wert **Zähne** verändert alle Zahnräder im Verhältnis zu deren Größe. Der Wert **Phi** hingegen gibt die Winkelstellung der Zähne an. Wenn Sie mit den Werten herumspielen, versuchen Sie mal ein Phi von 30,0 oder 50,0.

Wenn Sie bei der Bearbeitung auf das Knotenwerkzeug wechseln, können Sie Größe, Form und Anzahl nach Ihren Wünschen ändern.

Damit haben wir nun alle normalen Effekte betrachtet und kommen jetzt zu den experimentellen Effekten.

6.6.5 Experimentelle Pfadeffekte (LPE)

Die experimentellen Effekte können Sie nur anzeigen, wenn Sie wie im Bild 6.25 die entsprechenden Einstellungen auswählen.

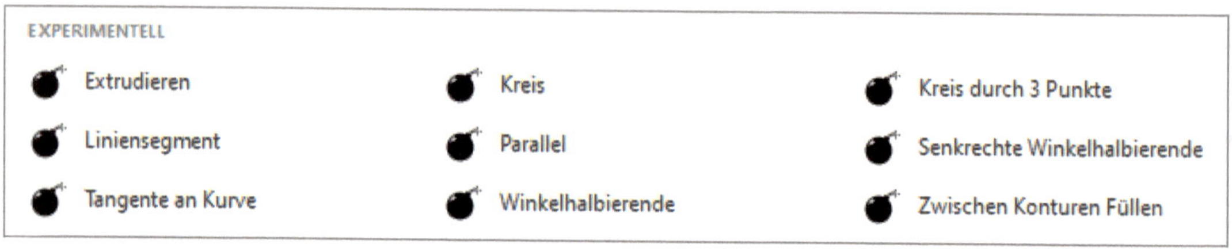

Bild 6.82 Experimentelle Pfadeffekte

Im folgenden Text gehe ich darauf ein.

Extrudieren

Dieser Effekt extrudiert den Pfad und erstellt für jedes Pfadsegment eine Fläche.

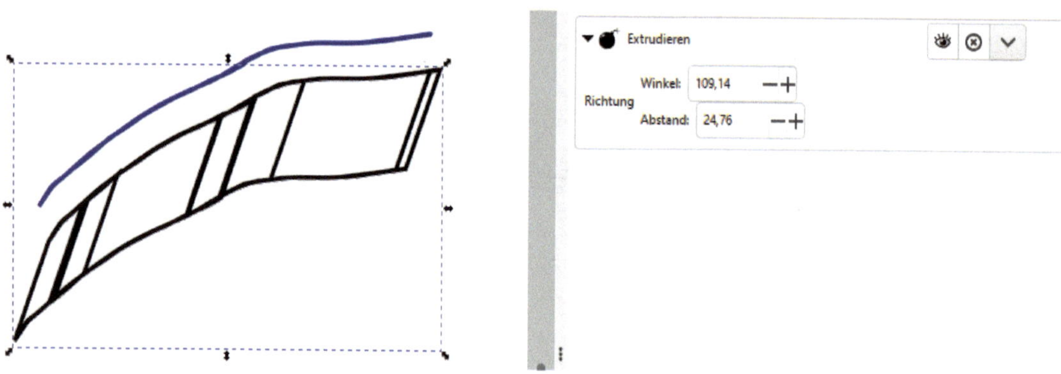

Bild 6.83 Extrudieren-Dialog

Die blaue Linie ist das Original und das Objekt im Auswahlrahmen ist das Ergebnis des Effekts.

Kreis (LPE)

Der Effekt zeichnet einen Kreis, bei dem der erste Knoten des Pfads der Mittelpunkt ist und der letzte Knoten den Radius bestimmt. Im Bild ist die gelbe Linie das Original und der Kreis der angewandte Pfadeffekt.

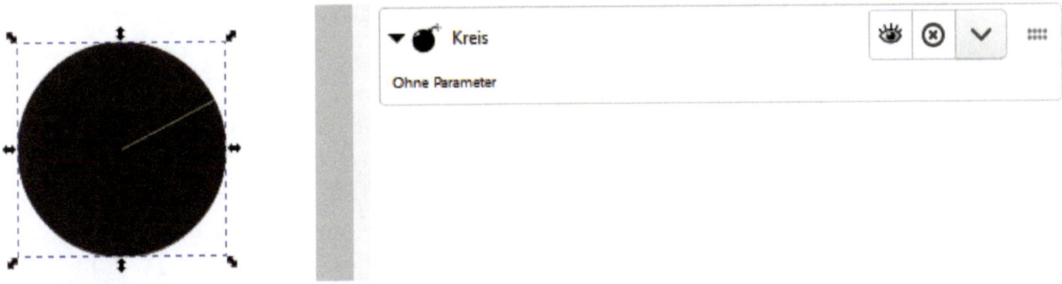

Bild 6.84 Der Kreis hat keine weiteren Parameter

Kreis durch drei Punkte (LPE)

Hierbei wird ein Kreis gezeichnet, dessen Umfang durch die ersten drei Knoten des Pfads verläuft.

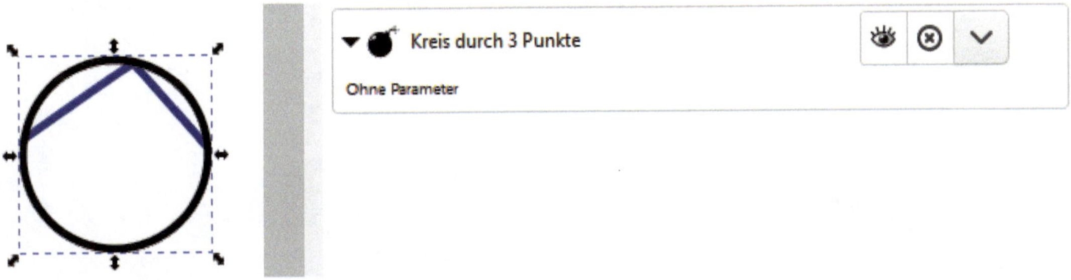

Bild 6.85 Der Effekt hat keine weiteren Parameter

Liniensegment (LPE)

Hierbei wird eine gerade Linie gezeichnet, die den ersten und letzten Knoten des Pfads miteinander verbindet.

Bild 6.86 Einstellungsdialog

Die gestrichelte rote Linie ist der entstandene Effekt beim Endtyp: Geschlossen.

Parallel (LPE)

Der Effekt erstellt eine verschiebbare Linie, die immer parallel zu einem Pfad aus zwei Knoten ausgerichtet ist.

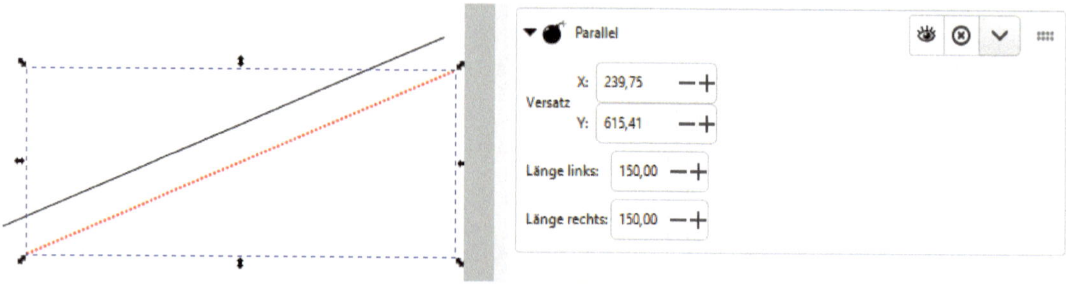

Bild 6.87 Einstellungsdialog mit Parametern

Senkrechte Winkelhalbierende (LPE)

Hierbei wird eine senkrechte Linie zu einem Pfad gezogen, die im 90°-Winkel dazu steht. Im Bild ist die schwarze Linie das Original und in Rot habe ich den Effekt dargestellt.

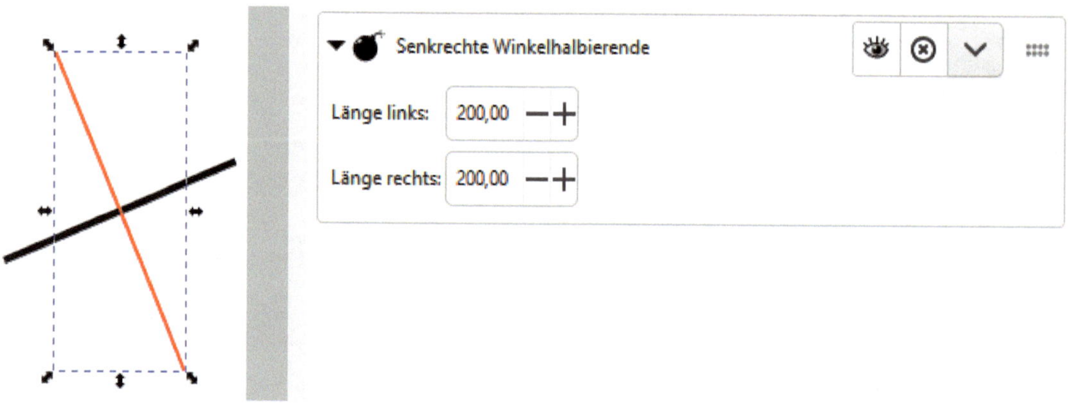

Bild 6.88 Effektdialog

Tangente an Kurve (LPE)

Mit diesem Effekt erstellen Sie eine Tangente mit einer variablen Länge und einem zusätzlichen Winkel, die entlang des ausgewählten Pfads entsprechend verschoben werden kann.

Bild 6.89 Effekteinstellung

Schwarz ist die Originallinie und in Rot ist der angewandte Effekt im Bild zu sehen. Über den Wert „Ort des Benutzer-Caches“ können Sie festlegen, wo die Tangente auf dem Pfad liegen soll (siehe Bild).

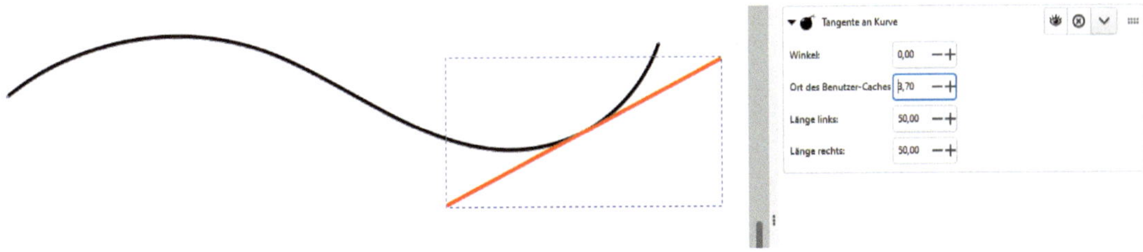

Bild 6.90 Veränderte Werte

Winkelhalbierende (Angle bisector)

Der Effekt zeichnet eine Linie, die den Winkel zwischen den ersten drei Knoten eines Pfads halbiert.

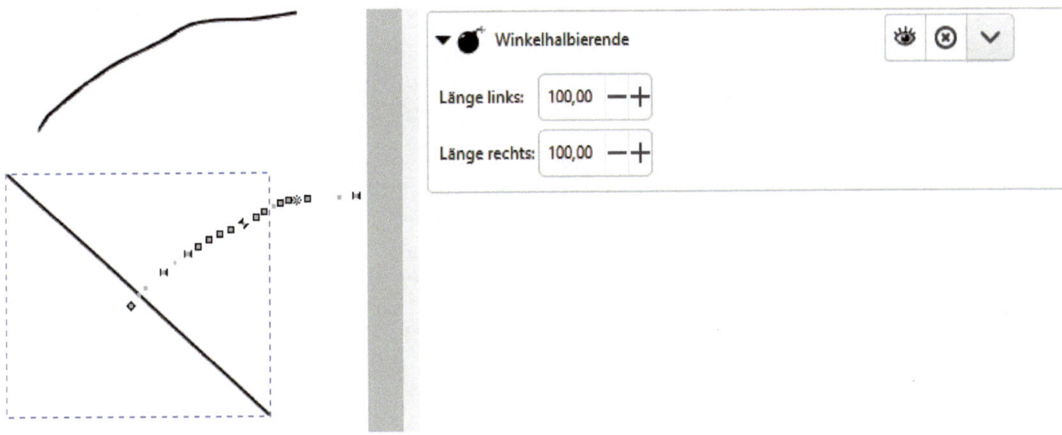

Bild 6.91 Winkelhalbierende

Die ursprüngliche Linie sieht man im Bild noch ganz gut durch die einzelnen Knotenpunkte.

Zwischen Konturen füllen (LPE)

Der Effekt wandelt den Pfad in eine Füllung zwischen zwei anderen, offenen Pfaden um.

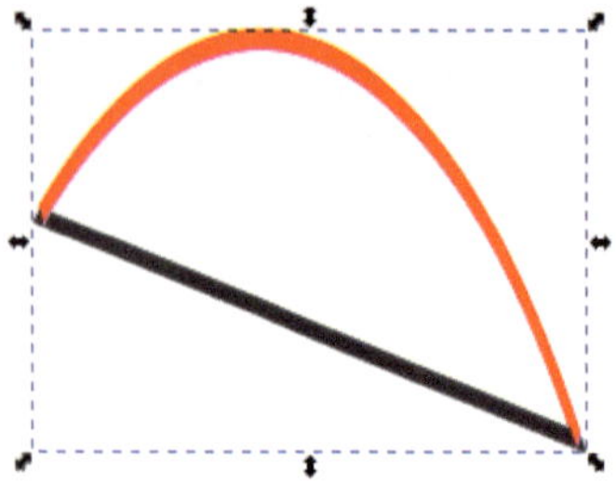

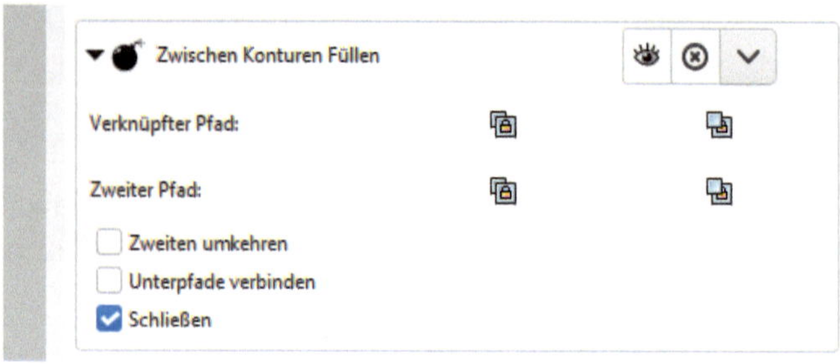

Bild 6.92 Einstellungsdialog

6.7 Workshop: Ein fertiger Schneemann

Mit dem Abschluss des Kapitels sind Sie in der Lage, den Schneemann, den wir im Kapitel 4 angefangen haben, endgültig fertigzustellen. Laden Sie sich dazu die entsprechende SVG-Datei über **Datei → Importieren** ein oder öffnen Sie einfach die Datei über Inkscape.

1. Nun duplizieren wir den großen Kreis zwei Mal, sodass wir insgesamt drei Kreise übereinanderliegen haben. Als Nächstes wählen Sie alles ab und markieren den großen Kreis. Dieser wird etwas nach unten und nach rechts verschoben, damit wir einen kleinen Schatten erstellen können.

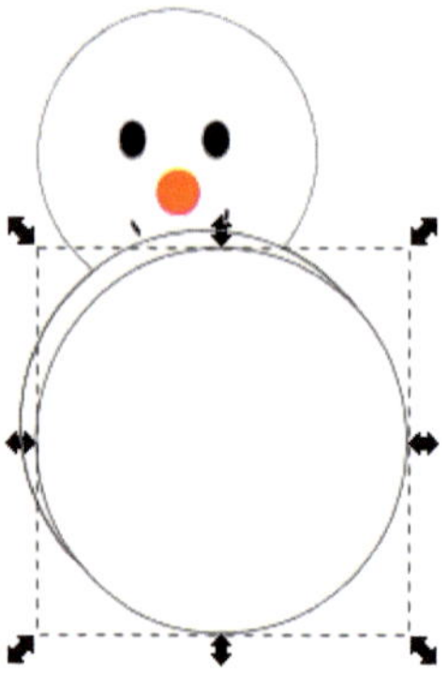

Bild 6.93
Der verschobene Kreis ist hier im Bild markiert.

2. Jetzt nutzen wir die Pfadeffekte und schneiden uns den Schatten heraus. Markieren Sie dazu zuerst den verschobenen Kreis und dann bei gedrückter Umschalt-Taste den anderen großen Kreis.

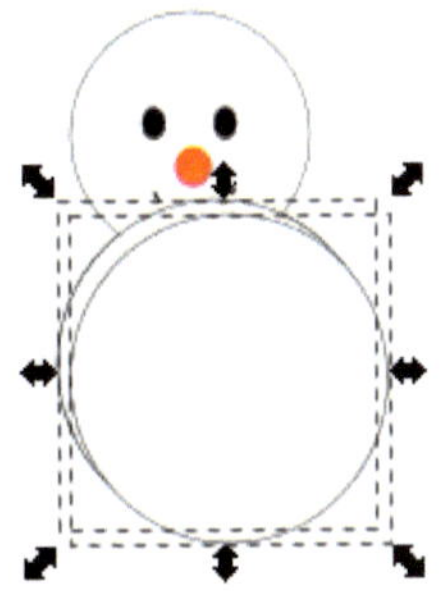

Über das Menü **Pfad → Differenz** oder mittels Tastenkombination **(STRG) + (−)** erhalten wir eine kleine schmale Sichel, die uns als Schatten dient.

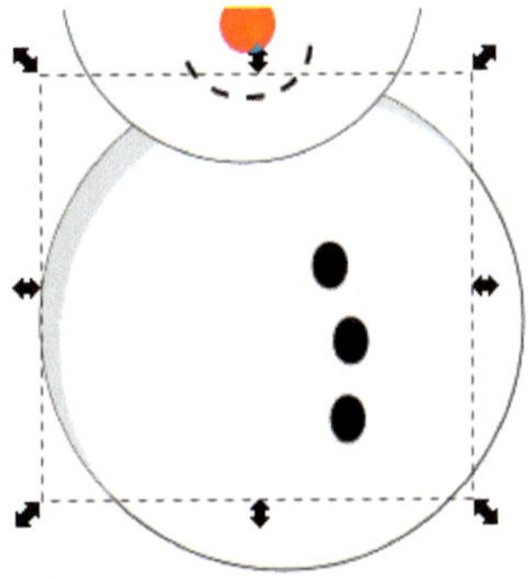

Die „Sichel" habe ich über die Taste **Bild runter** in der Z-Ordnung abgesenkt, damit sie unterhalb der oberen Kugel liegt. Als Farbe habe ich „10 % Grau" gewählt und der Kontur keine Farbe zugewiesen. Abschließend wechseln wir noch auf das Knotenwerkzeug und verschieben den rechten Knoten der „Sichel", damit der Schatten realistischer aussieht.

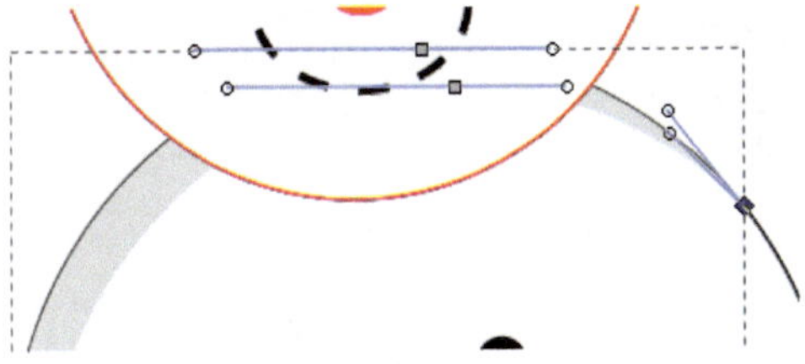

Bild 6.94
Der Knoten ist ausgewählt.

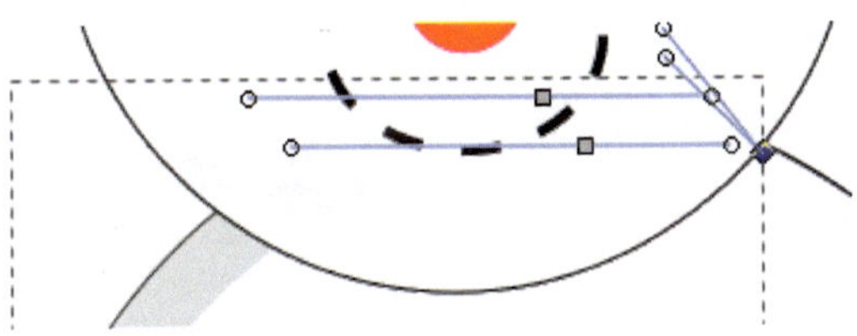

Bild 6.95
Der Knoten ist auf der großen Kugel an die kleine Kugel verschoben worden.

3. Als Nächstes wiederholen wir die gleichen Schritte bei dem kleinen Kreis.

Als Farbe habe ich dieses Mal „20 % Grau“ gewählt.

4. Jetzt fehlen noch Hut und Schal. Fangen wir mit dem Hut an. Mit dem Bézier-Werkzeug klicken Sie rechts über dem Kopf in die Zeichnung und als Nächstes links neben den Kopf in Augenhöhe. Halten Sie die Maustaste gedrückt, damit Sie eine Kurve bekommen. Lassen Sie die Maustaste dann los und ziehen Sie die Bézier-Kurve wieder auf den Startpunkt, damit die Form geschlossen ist.

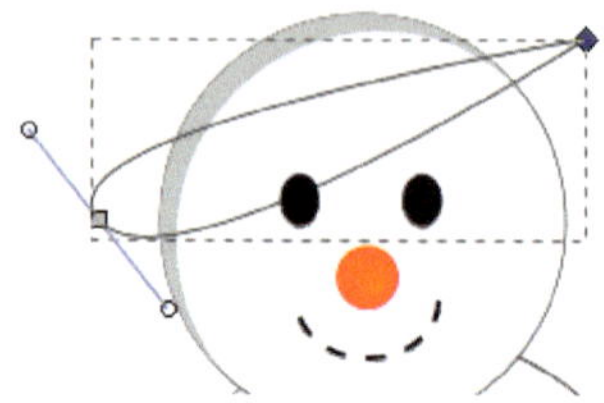

Im Bild sehen Sie den ersten Teil der Kurve (grün) und den zweiten Teil, bei dem der Mauszeiger (im Bild nicht zu sehen) gerade auf dem Startknoten ruht.

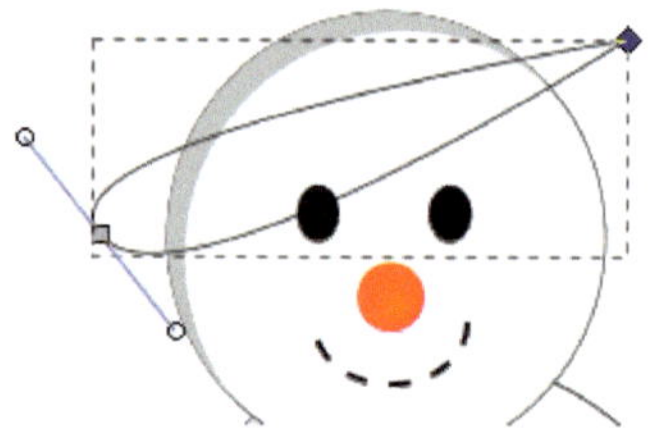

Sie sollten ein ähnliches Bild haben. Damit das eine Hutkrempe wird, wechseln wir auf das Knotenwerkzeug und verschieben den oberen Teil über den Kreis.

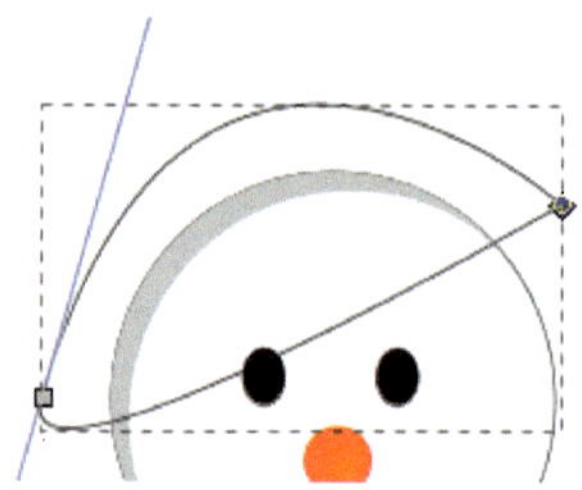

Die Form legen wir in den Hintergrund und füllen sie mit dem CMYK-Wert „333333ff“.

5. Nun nehmen Sie wieder das Bézier-Werkzeug und erstellen ein Viereck über beziehungsweise auf der Hutkrempe. Mit dem Knotenwerkzeug schieben Sie die Seiten in die entsprechende Position, wie Sie diese in dem nachfolgenden Bild sehen.

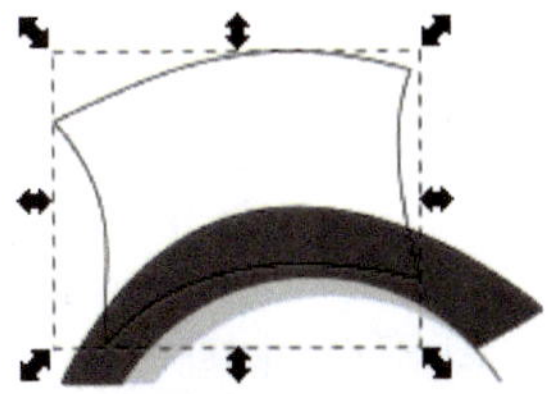

6. Das Viereck wird mit der gleichen dunkelgrauen Farbe gefüllt wie die Krempe. Danach erstellen Sie zwei weitere Vierecke mit dem Bézier-Werkzeug und formen die langen Seiten etwas aus, damit sie sich dem Hut anpassen.

   Anschließend duplizieren Sie das große graue Viereck und markieren es sowie ein schmales Viereck. Jetzt nehmen wir die Funktion **Pfad → Überschneidung** und bekommen so ein Viereck, das genau die Randmaße des Huts hat. Mit dem zweiten wiederholen wir die Schritte.

   Die beiden Formen habe ich noch in den Farben Weiß und Hellgrau eingefärbt. Alternativ können Sie auch die Konturen komplett weglassen.

7. Nun ist der Schal an der Reihe. Hier verfahren wir analog den vorherigen Schritten. Mit dem Bézier-Werkzeug erzeugen wir eine Form und mit dem Knotenwerkzeug schieben wir das Objekt in die entsprechende Form.

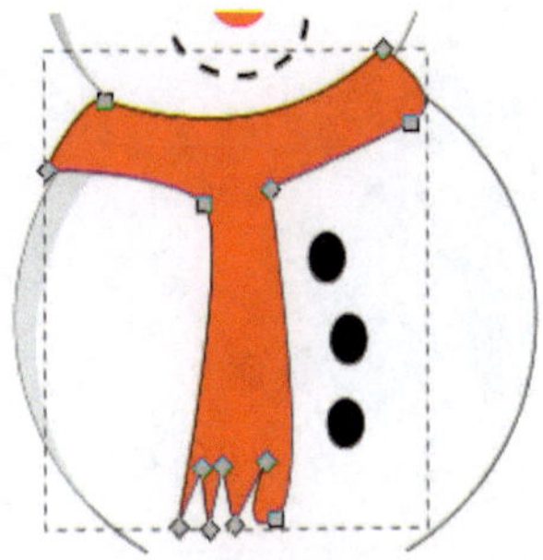

   Der erste Knoten ist in meinem Bild der rechts ganz oben. Danach habe ich im Uhrzeigersinn weitergezeichnet. Damit die Form noch etwas realistischer aussieht, wurde sie etwas an den Schneemann angepasst.

8. Damit ist der Schneemann schon fast fertig. Fehlt nur noch ein kleiner Schatten unterhalb des Schneemanns. Dazu erstellen Sie einfach eine Ellipse, positionieren sie unterhalb der Figur und geben ihr etwas Unschärfe. Eventuell lohnt es sich, die Deckkraft zu verringern. Als Füllung bietet sich ein dunkles Grau an.

   Fertig ist der Schneemann.

Bild 6.96 Fast fertige Weihnachtskarte

Damit ist die Weihnachtskarte so ziemlich fertig und im nächsten Kapitel über Text stellen wir die Karte endgültig fertig. Speichern Sie daher Ihre Zeichnung erneut ab.

7 Textbearbeitung

Das Kapitel im Überblick

- Grundlegendes
- Schrift- und Textdialog
- Speichern von Text
- Die Möglichkeiten mit Text
- Rechtschreibprüfung
- Texterweiterungen
- Gestaltungsbeispiele
- Workshop: eine fertige Weihnachtskarte

Neben der Möglichkeit, mit Formen Ihre Ideen umzusetzen, bietet Inkscape auch das Arbeiten mit Text. Dabei können Sie entweder wie in einer Textverarbeitung schreiben oder Ihre Texte und Titel als stilistisches Mittel in Ihre Zeichnungen einbauen. Geben Sie Ihre Dokumente dann an Druckereien weiter, gibt es ein paar wichtige Dinge zu beachten.

In diesem Kapitel wenden wir uns dem Thema Text zu und zeigen, wie Inkscape mit den unterschiedlichen Optionen umgeht. Wir gehen auf den Textdialog ein und liefern ein paar interessante Beispiele, was man alles mit Text machen kann.

7.1 Grundlegendes

Drücken Sie in der Werkzeugleiste oder die Taste **F8** beziehungsweise das **T**, wenn Sie Text schreiben wollen. Sie erkennen das eingestellte Textwerkzeug an dem veränderten Mauszeiger. Klicken Sie nun an die Stelle, wo der Text in Ihrer Zeichnung stehen soll. Sie können sofort losschreiben, müssen allerdings aufpassen, denn einige der allgemeinen Tastenkürzel funktionieren nicht im Textmodus, so z. B. das „+“ oder „–“, um das Zoomen zu benutzen.

Fließtext und regulärer Text

Sobald Sie mit dem Textwerkzeug in die Zeichnungsfläche klicken, können Sie normalen, *regulären Text* schreiben. Das funktioniert analog zu einem Schreibprogramm. Die Besonderheit liegt darin, dass Sie mögliche Zeilenumbrüche mit der **Return**-Taste manuell setzen müssen, ebenso eventuelle Silbentrennungen.

Ziehen Sie hingegen mit dem Textwerkzeug ein Fenster auf, haben Sie somit den Modus *„Fließtext“* aktiviert und können Ihre Buchstaben eintippen. Inkscape erledigt den Zeilenumbruch jetzt automatisch. Eine eventuell notwendige Silbentrennung müssen Sie allerdings auch hier selbst vornehmen. Das ist aber nicht weiter schwierig, denn wenn Sie einen Bindestrich an der Stelle einfügen und später den Rahmen verändern, wird das Wort an der Stelle getrennt.

Die Größe des Rahmens kann verändert werden und dadurch können Sie bestimmen, wo der Textumbruch erfolgen soll. Ebenso können mehrere Rahmen verbunden werden, so dass der Text von einem Textbaustein in den anderen überfließt. Doch dazu später mehr.

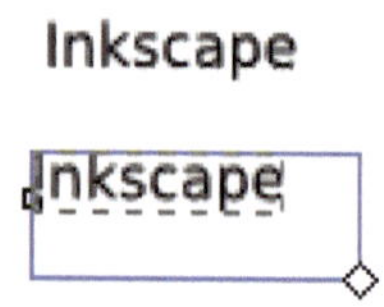

Im Bild sehen Sie oben den normalen, regulären Text ohne Rahmen und unten den Fließtext mit Rahmen und Anfasser.

Wenn Sie den Anfasser ziehen, können Sie die Textbox in der Größe anpassen. Haben Sie mit dem Textwerkzeug Passagen ausgewählt, genügt die Tastenkombination **Strg** + **B**, um den Text **fett** (engl. **bold**) darzustellen, bzw. **Strg** + **I** für *kursiv* (engl. *italic*).

Wenn Sie den Rahmen mit der Maus am Anfasser in der Größe verändern, werden drei weitere Anfasser sichtbar; zwei runde in der rechten oberen Ecke und ein quadratischer in der linken oberen Ecke. Dabei können Sie mit den beiden quadratischen Anfassern die

Größe der Textbox anpassen und mit den beiden runden (zu Beginn ist nur der oberste sichtbar) die Rundung entsprechend modifizieren. Halten Sie dabei die **Strg**-Taste gedrückt, werden beide Anfasser gleichzeitig verändert.

> Wenn Sie Bindestriche eingefügt haben und nachträglich die Größe des Textfensters ändern, kann es passieren, dass die Trennstriche dadurch irgendwo mitten im Wort erscheinen, wo sie nicht hingehören.

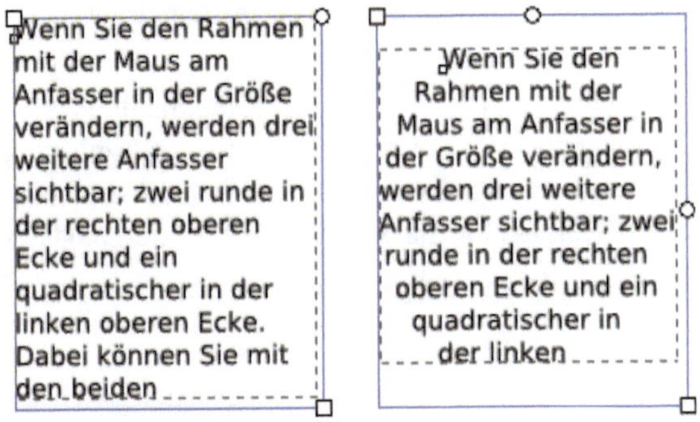

Links sehen Sie den Text, ohne dass die runden Anfasser verschoben wurden. Rechts wurden beide maximal verschoben und Sie sehen, wie sich der Text automatisch angepasst hat. Die Größe der Textbox hat sich dabei nicht verändert.

7.2 Schrift- und Textdialog

Mit der Tastenkombination **Strg** + **Umschalt** + **T** oder über den Button **T** in der Befehlsleiste öffnen Sie das Dialogfenster Schrift und Text. Hier haben Sie die Möglichkeit, andere Schriftarten auszuwählen oder die Schriftgröße einzustellen. Dabei wird Ihnen die ausgewählte Textpassage entsprechend angezeigt, damit Sie sehen können, wie das Resultat später aussieht. Zusätzlich zu den Einstellmöglichkeiten in der Werkzeugeinstellleiste können Sie im Dialogfenster noch einen Zeilenabstand einstellen.

Ihre Änderungen werden allerdings erst in das Dokument übernommen, wenn Sie die Schaltfläche **Anwenden** drücken. Wenn Sie vorher die Schaltfläche **Zur Vorgabe machen** betätigen, werden Ihre Einstellungen zum Standard für das Textwerkzeug.

Neben der Schriftart können Sie auch die Textausrichtung linksbündig, rechtsbündig, zentriert oder als Blocksatz sowie den Zeilenabstand einrichten. Im Dialogfenster sehen Sie zwei Kartenreiter; **Schrift** und **Text**. Wenn Sie auf **Text** wechseln, können Sie den vorher ausgewählten Text abändern.

Alternativ zum Dialogfenster können Sie die Änderungen der Schriftart und -form auch über die Werkzeugeinstellungsleiste vornehmen.

Bild 7.1 Werkzeugeinstellungsleiste

Hier können Sie die gleichen Schriftformatierungen vornehmen und zudem noch die Schriftstile **fett** und *kursiv* einstellen. Die beiden rechten Schaltflächen dienen dazu, Ihren Text horizontal oder vertikal auszurichten.

Links sehen Sie horizontale und rechts die vertikale Ausrichtung. Am einfachsten lässt sich das mit regulärem Text erreichen. Haben Sie hingegen Fließtext, so müssen Sie nach der geänderten Ausrichtung die Textbox entsprechend anpassen.

Neu hinzugekommen ist die Schriftartensammlung, die Sie über erreichen. Schriftarten können jetzt organisiert werden, indem sie in einer Sammlung gelistet werden, um sie nach bestimmten Eigenschaften, wie Handschrift, Serif etc. oder nach der Art des Dokuments zu sortieren, für das Sie die Schriften verwenden möchten.

Wenn Sie für sich eine neue Sammlung erstellen wollen, gehen Sie wie folgt vor:

1. Klicken Sie auf das Icon in der Werkzeugeinstellungsleiste oder entsprechend auf die Schaltfläche im Text-Dialogfenster.
2. Klicken Sie auf „Sammlungs-Editor öffnen".
3. Im folgenden Dialog klicken Sie auf das Plus-Zeichen (gelb markiert).

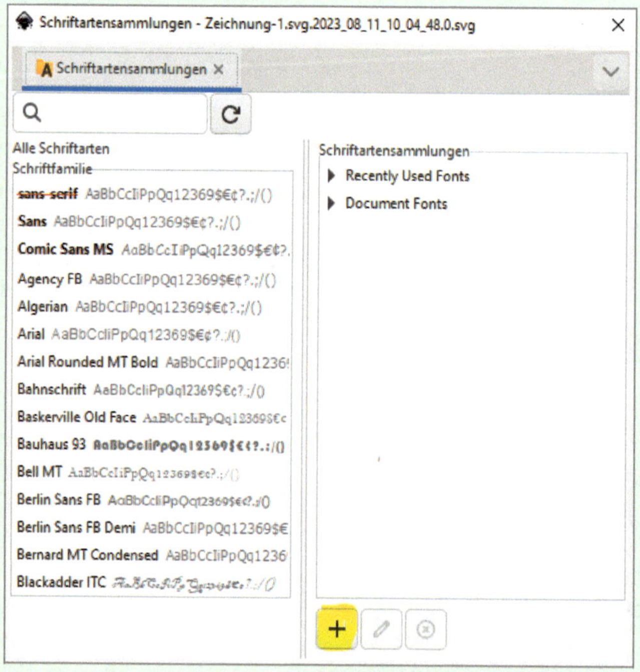

Bild 7.2 Schriftarten-Dialog

4. Geben Sie einen sprechenden Namen für die Sammlung in das entstandene Textfeld ein (bei mir nennt sich die Sammlung „schwungvolle Schriften").
5. Beginnen Sie mit dem Füllen der Sammlung, indem Sie eine Schriftart (oder mehrere) von der linken Seite mittels gedrückter Maustaste auf die neue Schriftartensammlung ziehen.

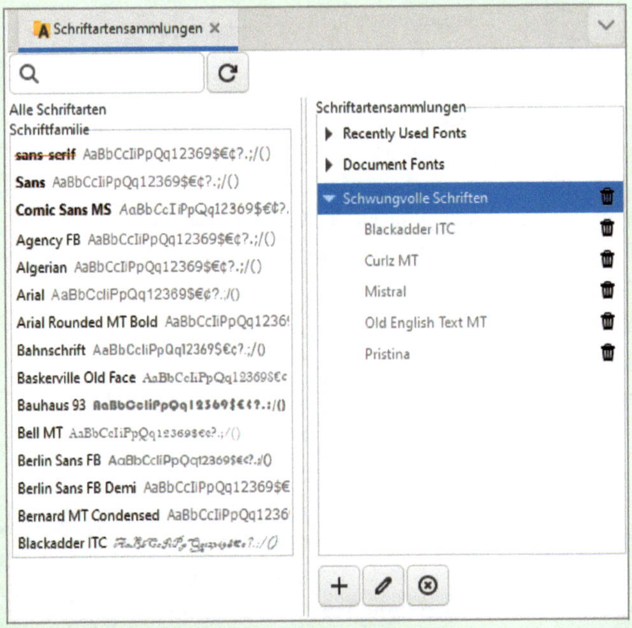

Bild 7.3 Schriftarten-Sammlung

6. Nutzen Sie das Papierkorbsymbol, wenn Sie eine Schriftart wieder aus der Liste entfernen wollen.

Wenn Sie eine Sammlung erstellt haben, können Sie diese in den Werkzeugsteuerelementen des Textwerkzeugs oder im Dialogfeld „Text und Schriftart" zum Filtern Ihrer Schriftarten verwenden.

Tastenkombinationen

Neben STRG + B und STRG + I, die oben bereits beschrieben wurden, können Sie zum Unterschneiden, dem sogenannten Kerning, für ausgewählten Text ALT + ↓ beziehungsweise ALT + ↑ verwenden. Hier verschiebt sich die Auswahl, während der Rest des Textes stehen bleibt. Mit ALT + UMSCHALT + > beziehungsweise ALT + < verändern Sie den Buchstabenabstand. Sie können aber auch einfach mit dem Textwerkzeug irgendwo in den Text klicken und dort die Änderungen vornehmen.

Nachfolgend Beispiele zur Unterschneidung und zum veränderten Buchstabenabstand.

Das „K“ wurde mit dem Textwerkzeug markiert, mit **Alt** + ↓ nach unten verschoben und das „S“ dementsprechend nach oben. Der Buchstabenabstand zwischen dem „A“ und dem „P“ sowie das zusammengerückte „PE“ wurden so ebenfalls verändert.

Das oberste Wort ist der Originaltext in „Bitstream Vera Sans“ mit einer Größe von „40“. In der Mitte wurde der Buchstabenabstand mittels **Alt** + < verkleinert und unten über **Alt** + > vergrößert. Ist der Text über das Auswahlwerkzeug markiert, hat er also den Rahmen mit den pfeilförmigen Anfassern, bewirken die Tastenkombinationen **Alt** + < und **Alt** + > eine Schriftgrößenveränderung. Schauen Sie dazu in der Statusleiste, wie sich die Schriftgröße entsprechend verändert.

> Die Unterschneidung funktioniert nur bei regulärem Text. Das heißt, Sie klicken mit dem Mauszeiger einfach auf Ihre Zeichnungsfläche, ohne einen Rahmen aufzuziehen.

Sie können auch Buchstaben rotieren. Das geht unter Windows allerdings nicht so einfach, denn die entsprechenden Tastenkombinationen **Strg** + [und **Strg** +] für die Drehung um 90° oder **Alt** + [und **Alt** +] für die Drehung in Schritten von einem Bildschirmpixel funktionieren nicht wie in Inkscape beschrieben.

Hier bietet sich die Werkzeugeinstellungsleiste an, denn sie bietet einfachen Zugriff auf die Zeichenrotation.

Bild 7.4 Zeichenrotation

Markieren Sie einfach den oder die Buchstaben, die Sie rotieren lassen wollen, und stellen Sie die gewünschte Gradzahl über den entsprechenden Parameter in der Werkzeugeinstellungsleiste ein.

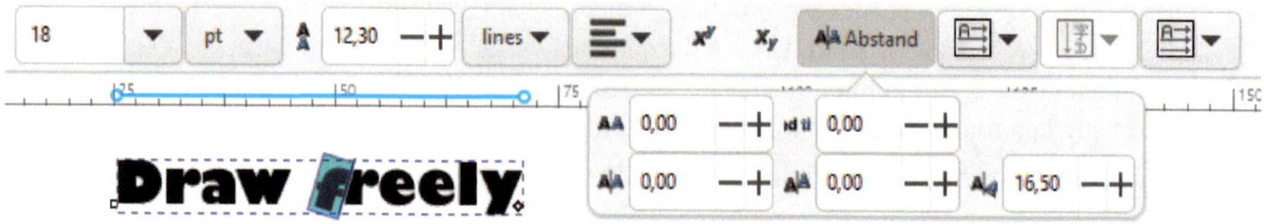

Bild 7.5 Einstellung zur Zeichenrotation

Im Bild sehen Sie den veränderten Parameter (16,50). Sie können hier auch bequem den Abstand zwischen den Buchstaben oder ganzen Wörtern einstellen.

Ebenfalls über die Werkzeugeinstellungsleiste zu erreichen sind hoch- oder tiefgestellt x^y x_y.

Markieren Sie einfach die Buchstaben oder Textstellen und weisen Sie mit der Schaltfläche den Parameter zu.

7.3 Speichern von Text

Ein wichtiger Aspekt im Umgang mit Text ist die Speicherung. Das Textwerkzeug kann mit allen installierten Schriftarten im System umgehen. Diese werden aber beim Speichern nicht mit in die SVG-Datei übernommen.

Sie können daher entweder die verwendeten Schriftarten der Zeichnung beifügen, also auf einem USB-Stick oder Diskette beziehungsweise als E-Mail weitergeben, oder die Textpassagen vorher mit **Strg** + **Umschalt** + **C** in Pfade konvertieren, damit sie auf Systemen ohne diese Schriftarten korrekt angezeigt werden. Beim Umwandeln von Text in einen Pfad sollten Sie allerdings beachten, dass alle Informationen über den Text verloren gehen. Das bedeutet, dass Sie den Text im Anschluss weder bearbeiten noch erweitern oder modifizieren können.

> Es kann vorkommen, dass eine Zeichnung auf anderen Rechnern ohne die genutzte Schriftart mit einer Ersatzschrift ein unerwünschtes Ergebnis herbeiführt. Es wird auch kein Hinweis dazu in Inkscape ausgegeben, dass die Schriftart geändert wurde.

> Den ursprünglichen Text können Sie erhalten, wenn Sie diesen duplizieren und auf einer unsichtbaren Ebene ablegen. Siehe dazu auch Kapitel 8.

Die Umwandlung von Text in einen Pfad funktioniert genauso, wie andere Objekte in Pfade zu konvertieren. Nähere Informationen entnehmen Sie daher bitte dem Kapitel 6.

7.4 Die Möglichkeiten mit Text

Text ist ein wichtiges Gestaltungsmittel und Inkscape bietet Ihnen einiges, um ihn in Form zu bringen. Neben den normalen Veränderungen können Sie Texte an Formen anpassen, an Pfaden ausrichten, 3D-Text erstellen und vieles mehr. Über das Menü **Text** erhalten Sie dazu weitere Befehle.

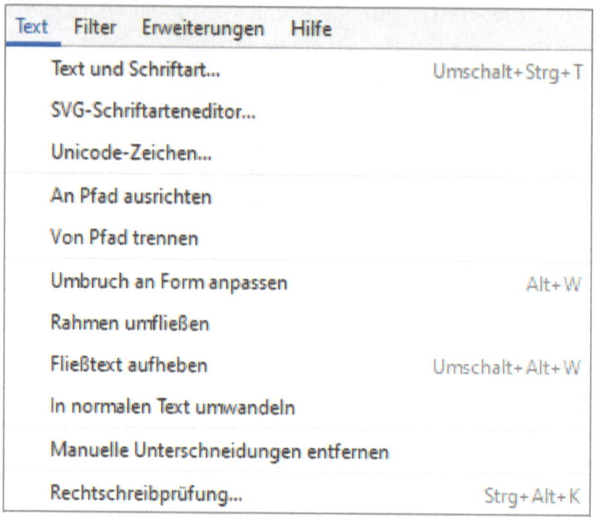

Bild 7.6
Menü „Text“

7.4.1 Text an Formen

Sie können den Textumbruch an einer Form erstellen, indem Sie einfach die Textpassage schreiben und dann die Form erstellen. Eventuell haben Sie ja bereits eine Form, in der der Text stehen soll.

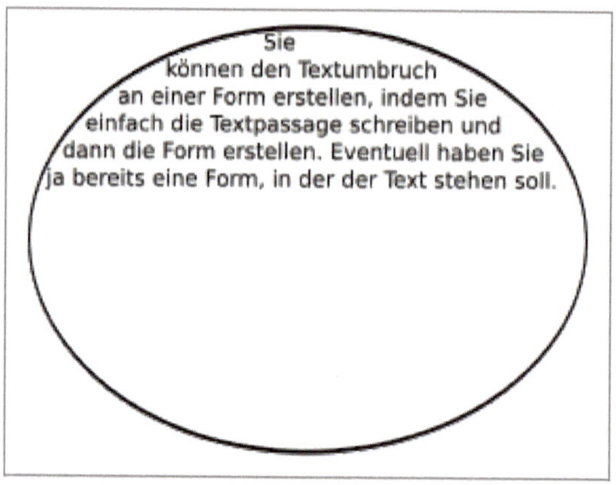

Markieren Sie den Text und mit gedrückter **UMSCHALT**-Taste die Form. Über die Menüleiste Text → Umbruch an Form anpassen oder mit der Tastenkombination **ALT** + **W** passt Inkscape den Text in die Form ein. Allerdings kann es passieren, dass danach kein Text mehr zu sehen ist. Das liegt daran, dass der Text größer als die eigentliche Form ist. Wenn Sie die Form entsprechend verändern, wird der Text auch wieder sichtbar.

Im Beispiel hier habe ich zwei Kreise erstellt und den inneren dann ausgeschnitten. Man sieht deutlich, wie der Text an dem inneren Kreis umgebrochen wird.

7.4.2 Text an Pfaden

Eine weitere Möglichkeit von Inkscape ist das Ausrichten von Text an einem Pfad. Damit lassen sich effektvolle Einladungskarten erstellen oder auch peppige Webauftritte realisieren.

Schreiben Sie Ihren Text und erstellen Sie dazu den Pfad. Diesen können Sie entweder mit einem Pfadwerkzeug wie Freihand, Bézier-Kurven oder Kalligrafie erstellen oder Sie nehmen eine vorhandene Form, wie zum Beispiel eine Spirale.

In meinem Beispiel habe ich eine Art Sinuskurve mit dem Freihandwerkzeug erstellt.

Nun wählen Sie zuerst den Text aus und danach den Pfad. Über **Pfad → Text an Pfad ausrichten** haben Sie im Handumdrehen eine geschwungene Überschrift.

Alternativ können Sie den Pfad auswählen und Füllung sowie Kontur wegnehmen. Allerdings dürfen Sie den Pfad nicht löschen, da sonst die Verbindung zwischen Text und Pfad mit gelöscht wird und der Text wieder seine ursprüngliche Form annimmt.

Der große Vorteil liegt darin, dass Sie den Text über das Werkzeug weiterhin bearbeiten können. Sie können also noch Wörter hinzufügen oder den Text unterschneiden beziehungsweise den Buchstabenabstand verändern. Reicht dann der Pfad nicht aus, können Sie diesen wieder entsprechend verlängern oder anders modifizieren. Weitere Beispielanwendungen sind zum Beispiel CD/DVD-Cover.

Natürlich lassen sich die Texte auch wieder vom Pfad abtrennen. Dies geschieht über das Menü **Text → Von Pfad trennen**.

Text wird immer von rechts nach links an den Pfad geheftet. Möchten Sie dies ändern, so müssen Sie die Richtung des Pfads umkehren. Dazu wählen Sie den Pfad aus und dann im Menü **Pfad** den Befehl **Richtung umkehren**.

7.5 Rechtschreibprüfung

Seit der Version 0.47 gibt es die Möglichkeit, den erstellten Text auf Rechtschreibfehler zu überprüfen. Allerdings ist das Werkzeug nach wie vor nur sehr eingeschränkt nutzbar und es ist nur ein Wörterbuch für Englisch integriert. Anwender mit dem Betriebssystem Linux müssen zusätzlich sogar „Aspell" installieren, um diese Funktion nutzen zu können.

Aufgerufen wird es mit der Tastenkombination **Strg** + **Alt** + **K** oder über das Menü Text → Rechtschreibprüfung. Es erscheint ein Dialogfenster und im Text ist das erste nicht erkannte Wort mit einem roten Rahmen versehen.

Das Programm macht Vorschläge, die Sie auswählen und bestätigen, ignorieren oder dem Wörterbuch hinzufügen können.

Inzwischen wurden weitere Wörterbücher integriert. Allerdings ist Deutsch noch nicht dabei.

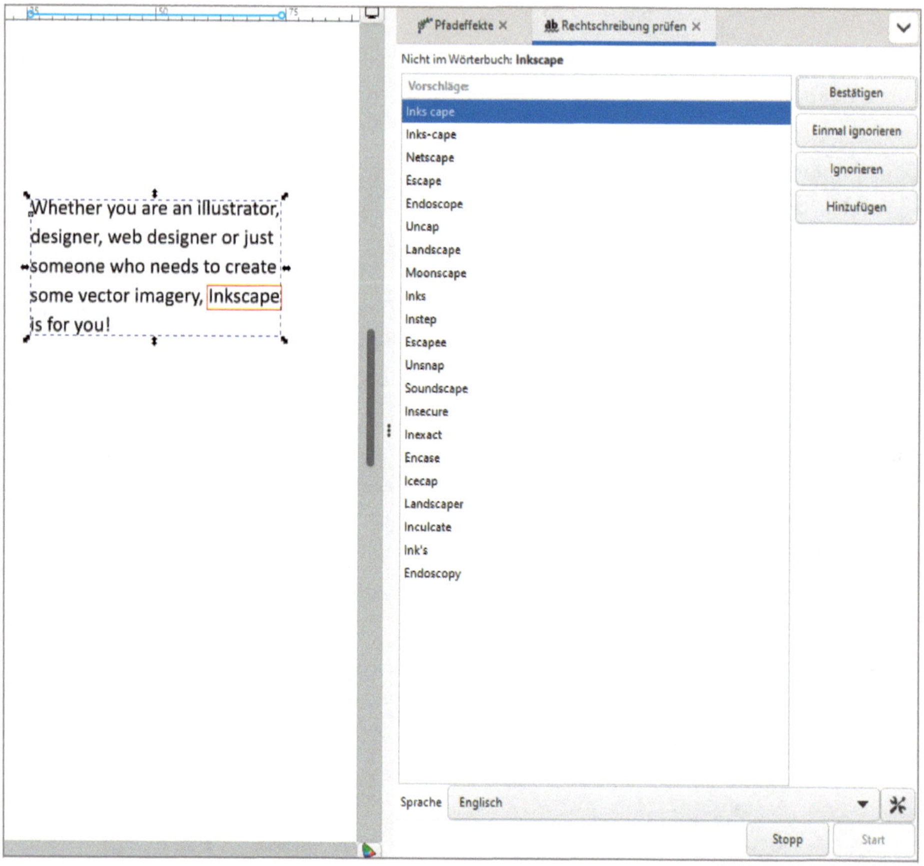

Bild 7.7 Wörterbuch

Die Einstellungen für die Rechtschreibprüfung finden Sie über das Menü Bearbeiten → Einstellungen. Hier können Sie das für sich Passende auswählen.

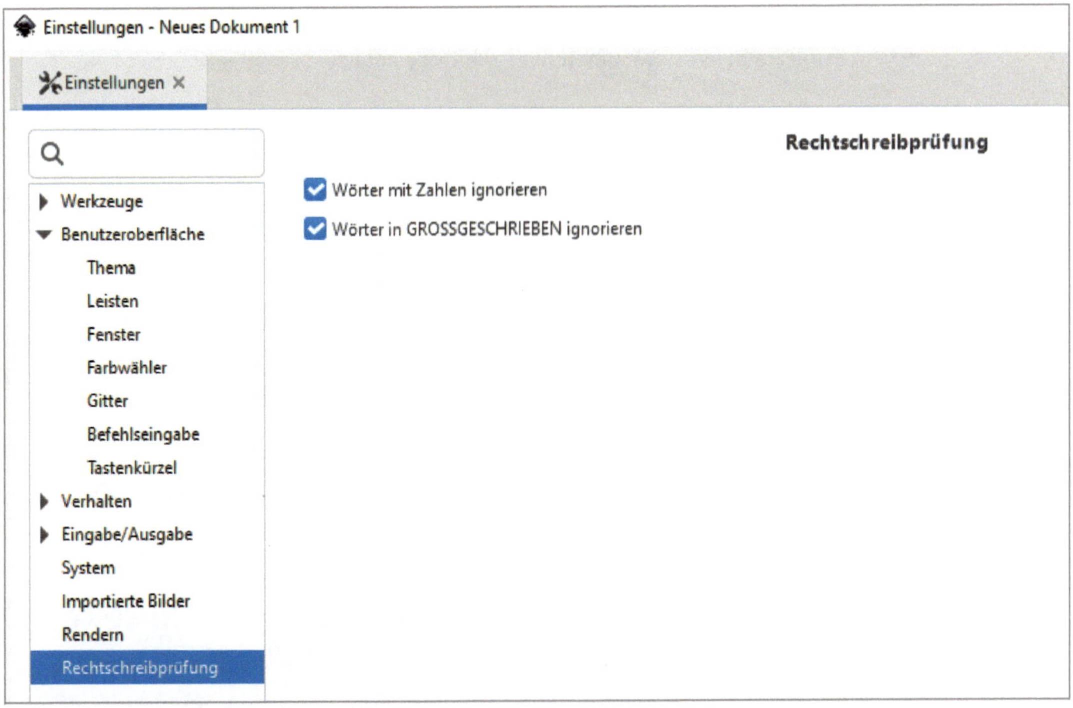

Bild 7.8 Einstellung für die Rechtschreibprüfung

Die Einstellungen, die es in vorherigen Versionen gab, wurden nicht mehr implementiert, so dass Sie nun keine andere Sprache mehr auswählen können. Allerdings ist Inkscape auch keine Textverarbeitung.

7.6 Texterweiterungen

Neben dem normalen Arbeiten mit Textbausteinen gibt es im Menü unter Erweiterungen → Text weitere Befehle, die Ihnen die Arbeit erleichtern.

Tabelle 7.1 Erweiterungen im Überblick

Befehl	Wirkung	Aussehen
GROSSSCHREIBUNG	Wandelt den markierten Text in Großbuchstaben um.	Etwas Text ETWAS TEXT
Großschreibung wie in Sätzen	Ändert den Text so ab, dass nur der erste Buchstabe großgeschrieben wird.	Etwas Text Etwas text
Großschreibung wie in Überschriften	Ändert den Text so ab, dass jeder erste Buchstabe eines Worts großgeschrieben wird.	Etwas Text Etwas Text Und Text
Kleinschreibung	Wandelt den markierten Text in Kleinbuchstaben um.	Etwas Text etwas text und text
Lorem Ipsum …	Generiert einen Beispieltext, der über ein Dialogfenster vorher angepasst werden kann.	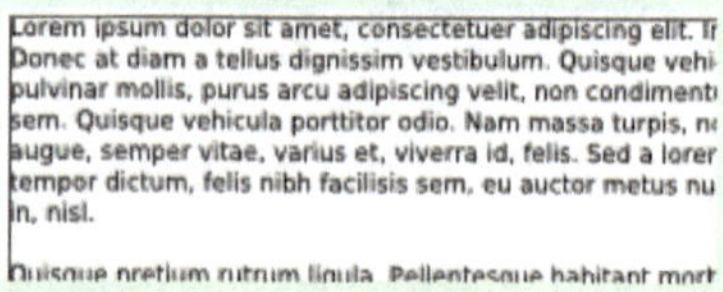
sCHREIBUNG uMKEHREN	Wandelt große Buchstaben in kleine um und umgekehrt.	eTWAS tEXT Etwas Text
Schriftart ersetzen …	Ersetzt eine Schriftart durch eine andere über ein Dialogfenster.	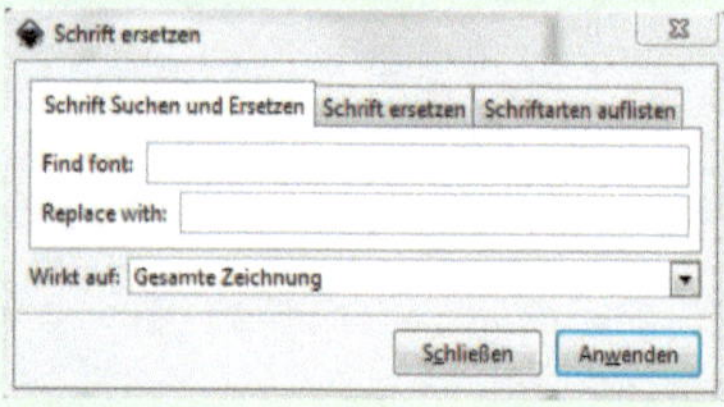
Umwandeln in Blindenschrift	Wandelt englische oder lateinische Wörter in eine Grafik um, die wie Blindenschrift aussieht. Der Text muss mit der Schriftart „DeJaVu Sans“ geschrieben sein.	Dies ist Text 

Befehl	Wirkung	Aussehen
ZuFÄLliGe ScHReiBUng	Erzeugt per Zufallsgenerator große und kleine Buchstaben.	
Text teilen ...	Teilt einen Text in Zeilen oder Wörter.	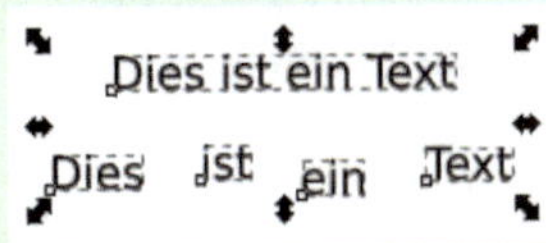
Aus Auswahl übernehmen	Vorhandener Text im SVG-Dokument wird mittels der Funktion „stderror" an das Programm zurückgeschickt, d. h., der Text ist in dem Dialog, der sich öffnet, nachdem die Erweiterung ausgeführt wurde. Von dort kann der Text einfach in die Zwischenablage kopiert und später in eine andere Anwendung eingefügt werden.	
Buchstaben-suppe	Aus einem Wort oder Satz werden wahllos Buchstaben genommen und ersetzt.	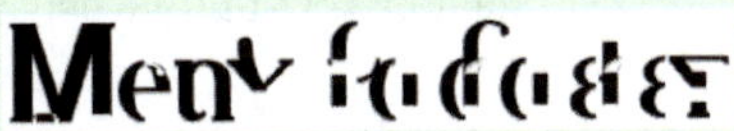
Hershey-Text	Ist eine Erweiterung zum Ersetzen von Text durch strichbasierte Schriftarten	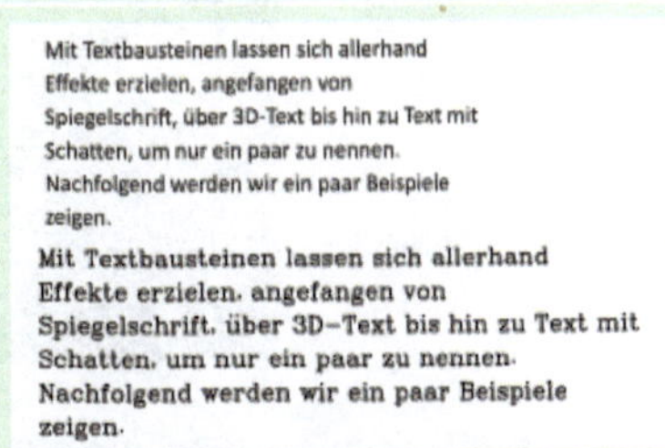
Umwandeln in Blinden-schrift	Wandelt einen Text in Brailleschrift um	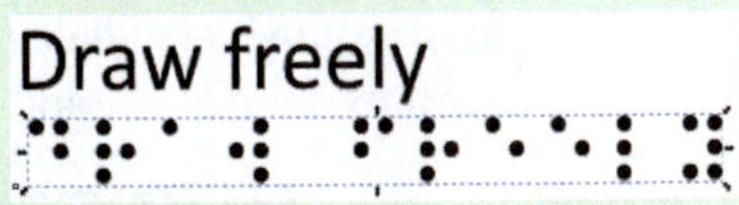
Zusammen-führen	Kopiert mehrere Texte in einen Text zusammen. Aber Achtung, hier kommt es auf die Reihenfolge beim Auswählen an.	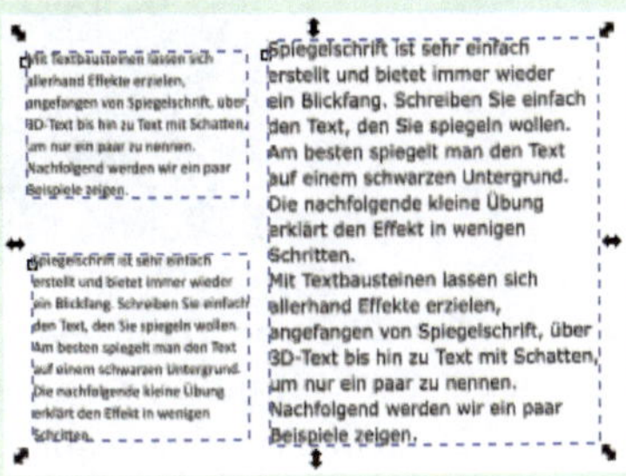

7.7 Gestaltungsbeispiele

Mit Textbausteinen lassen sich allerhand Effekte erzielen, angefangen von Spiegelschrift, über 3D-Text bis hin zu Text mit Schatten, um nur ein paar zu nennen. Nachfolgend werden wir ein paar Beispiele zeigen.

7.7.1 Spiegelschrift

Spiegelschrift ist sehr einfach erstellt und bietet immer wieder einen Blickfang. Schreiben Sie einfach den Text, den Sie spiegeln wollen. Am besten spiegelt man den Text auf einem schwarzen Untergrund. Die nachfolgende kleine Übung erklärt den Effekt in wenigen Schritten.

1. Erstellen Sie ein schwarzes Rechteck. Schreiben Sie Ihren Text am besten zu Beginn über das Rechteck, da Sie diesen sonst nicht mehr sehen (schwarz auf schwarz). Markieren Sie den Text und färben Sie ihn in einer Farbe Ihrer Wahl. Passend sind hier Neonfarben.

2. Nun duplizieren Sie den Text mit **Strg + D**, kehren ihn über das Menü **Objekt → Vertikal umkehren** um, verschieben diesen nach unten, so dass sich die beiden Schriftzüge fast berühren, und richten beide Textfelder noch vertikal zueinander aus.

Natürlich können Sie dafür auch die Werkzeugeinstellleiste verwenden. Duplizieren Sie dafür den Text und klicken Sie auf die Schaltfläche **Objekte vertikal umkehren** . Schieben Sie nun den gespiegelten Textbaustein unter den anderen.

3. Nun erstellen wir einen Farbverlauf. Markieren Sie dazu den gespiegelten Schriftzug und klicken Sie auf das Farbverlaufswerkzeug in der Werkzeugleiste. Klicken Sie an die Oberkante des oberen Schriftzugs und führen Sie den Farbverlauf nach unten. Der quadratische Griff muss dann oben sein und der runde unten.

4. Wenn Sie die beiden Wörter markieren und mittels der Tastenkombination **Strg** + **G** gruppieren, können Sie diese drehen oder scheren. Realistischer wird es, wenn der Text perspektivisch dargestellt wird. Hierzu gibt es ein Beispiel in Kapitel 8.

7.7.2 Herausgestellter Text

Natürlich kann man mit Inkscape auch Text herausstellen. Dazu schreiben Sie einfach den Text und verändern diesen nach Ihren Wünschen. Zum Beispiel sind Unterschneidungen sehr interessant.

Dieser Text wurde mit der Schriftart „Indiana" erstellt und manche Buchstaben wurden markiert und mittels Unterschneidung verändert. Sollten Sie diese Schriftart nicht auf Ihrem System haben, können Sie sich eine Alternative über http://www.dafont.com/alpha.php?lettre=i&page=15 herunterladen. Die Schriftart „Impressed Metal" hat ein ähnliches Aussehen.

Über das Pfad-Menü Pfad → Verbundener Versatz oder mit **STRG + ALT + J** generieren wir ein Duplikat, das wir über einen Anfasser verändern können. Der Anfasser legt den entsprechenden Versatz fest. Verschieben Sie diesen etwas nach oben, wird die Schrift richtig dick dargestellt. Sie können das neue Objekt einfärben und den Ursprungstext in der Farbe Weiß darstellen. Haben Sie den ursprünglichen Text markiert, wiederholen Sie den verbundenen Versatz und modifizieren Sie den Anfasser nochmals. Das neue Objekt bekommt eine andere Farbe und etwas Unschärfe. Hier können Sie ruhig ein wenig herumprobieren.

Ein mögliches Ergebnis könnte so aussehen.

Die Objekte, die als verbundener Versatz erzeugt wurden, können auch über das Auswahlwerkzeug verschoben werden, um den Gesamteffekt noch zu verstärken.

7.7.3 Schattenwurf

Texte mit Schatten sehen schick aus und sind mit Inkscape sehr einfach zu realisieren. Sie brauchen nur den entsprechenden Text zu duplizieren und als Füllfarbe Schwarz auszuwählen. Legen Sie das Objekt in den Hintergrund und geben Sie bei der Unschärfe einen entsprechenden Wert ein. Fertig!

Im Beispiel wurde ein Wert von 3,0 für die Unschärfe genommen. Hier wäre auch ein Schlagschatten möglich.

7.7.4 Einfacher 3D-Text

Dreidimensionaler Text bietet sich auf Logos an und ist nur auf den ersten Blick schwierig zu erstellen. Wenn Sie etwas Übung in der Pfadbearbeitung haben, geht Ihnen das sicher leichter von der Hand.

So kann das fertige Ergebnis aussehen, doch beginnen wir mit der Erstellung.

1. Schreiben Sie Ihren Text in einer Schriftart Ihrer Wahl und skalieren Sie ihn entsprechend. Im Beispiel habe ich keine Füllung und Schwarz als Konturfarbe gewählt. Als Nächstes duplizieren Sie den Schriftzug mit **STRG** + **D** und wandeln ihn mittels **STRG** + **UMSCHALT** + **C** in einen Pfad um.

2. Anschließend kombinieren Sie den Pfad (das Duplikat) mittels **Strg** + **K**, damit wir einen dynamischen Versatz einstellen können. Drücken Sie **Strg** + **J**, damit Sie den kleinen rautenförmigen Anfasser am oberen Textrand sehen.
3. Dieser wird bei aktivem Knotenwerkzeug ganz wenig nach unten und links verschoben, damit wir einen geringen Versatz erreichen. Wenn der Knoten „springt“, versucht er, an bestimmten Punkten einzurasten. Wenn das störend wirkt, schalten Sie einfach die Einrastfunktion mit Klick auf die Schaltfläche aus.
4. Nun wählen Sie das Original aus und verschieben es nach unten rechts so weit, dass er gerade noch auf dem duplizierten Schriftzug liegt.

5. Das Original bekommt nun als Füllung einen radialen Farbverlauf, beginnend von Weiß nach Blau. Hier können Sie nach Ihrem Geschmack vorgehen.

Im Prinzip ist der einfache 3D-Text damit fertig, Sie können diesen aber noch weiter verfeinern, indem Sie die blaue Füllung des unteren Schriftzugs mit dem gleichen Farbverlauf und analogen Einstellungen des oberen Schriftzugs vornehmen. Den oberen Schriftzug versehen wir zudem mit einer leichten Kontur und ebenfalls mit einem Farbverlauf (diesmal linear- vertikal).

7.7.5 3D-Text über Interpolation

Neben der einfachen Erstellung über einen dynamischen Versatz können Sie auch 3D-Text über Pfadinterpolationen erstellen. Ein solches Beispiel werden wir jetzt kurz behandeln.

1. Erstellen Sie Ihren Text in Schriftgröße „64“ oder „72“ bei einer Zoomstufe von 100 % und wandeln Sie ihn mit **Strg** + **Umschalt** + **C** in einen Pfad um. Klicken Sie doppelt auf das Textobjekt.

2. Danach können Sie die Buchstaben einzeln auswählen. Markieren Sie mit dem Auswahlwerkzeug , das nach dem ersten Doppelklick auf das Knotenwerkzeug wechselt, alle Buchstaben und zerlegen Sie diese mit **Strg** + **Umschalt** + **K**.

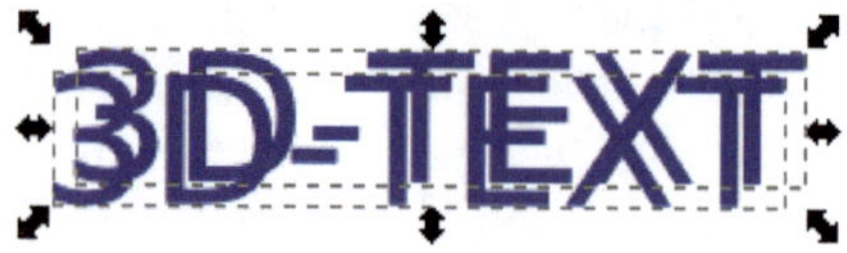

3. Die Zerlegung sieht man deutlich an der ausgewählten Form innerhalb des Buchstaben „D“. Um das zu korrigieren, wählen Sie den kompletten Text mit dem Auswahlwerkzeug aus (mit dem noch eingestellten Knotenwerkzeug können Sie nicht markieren) und kombinieren diesen über **Strg** + **K**.
4. Als Nächstes wird der Text mit **Strg** + **D** dupliziert und das Duplikat nach rechts oben verschoben. Ebenso wird es komplett nach unten abgesenkt mit der **Ende**-Taste bzw. . Markieren Sie beide Textobjekte.
5. Über das Menü **Erweiterungen** → **Aus Pfad erzeugen** → **Zwischen Pfaden Interpolieren** öffnet sich das Dialogfenster, in dem Sie folgenden Parameter einstellen.

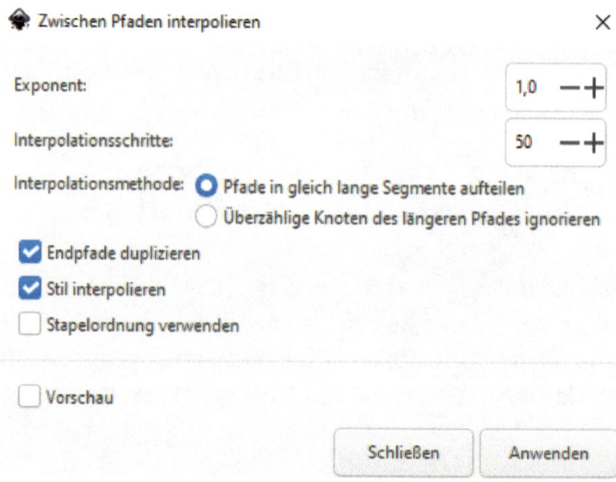

Bild 7.9
Einstellungen

6. Übernehmen Sie die Werte aus dem beigefügten Bild. Über **Vorschau** sehen Sie bereits das Ergebnis. Klicken Sie auf die Schaltfläche **Anwenden**, damit der Effekt übernommen wird.

7. Zum Abschluss legen Sie noch eine Farbe für die Kontur fest, um dem 3D-Text den Feinschliff zu geben.

7.8 Workshop: Die fertige Weihnachtskarte

Öffnen Sie die Schneemann-Datei und fügen Sie nun einen Text Ihrer Wahl ein. Bei mir ist es „Frohe Weihnachten“ in der Schriftart „Kunstler Script“. Passen Sie die Größe nach Ihren Wünschen an.

Bild 7.10 Der Text liegt im Vordergrund

Als Nächstes ziehen wir ein Rechteck auf, das wir hinter den Text legen und die gleiche Farbe hat, wie die Karte selbst. Erstellen Sie das Rechteck in der gleichen Größe wie den Text oder ein wenig größer.

Nun erstellen wir noch ein weiteres größeres Rechteck und weisen diesem einen linearen Farbverlauf zu.

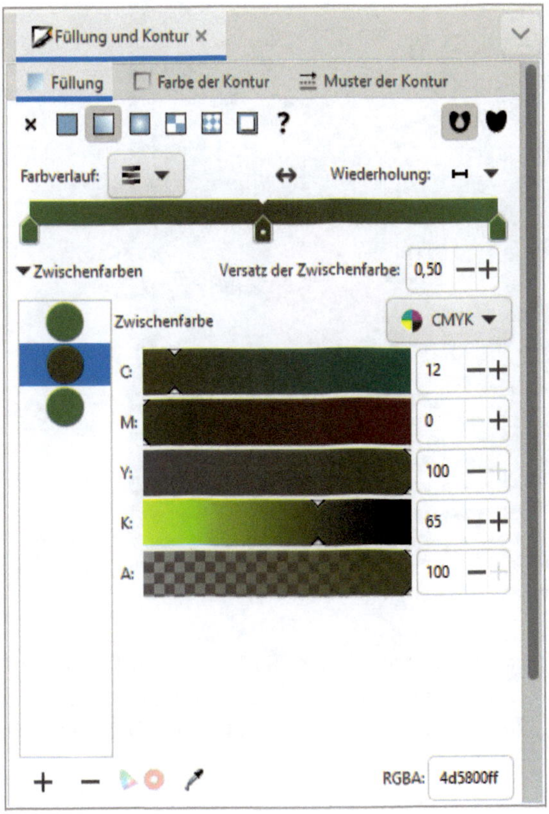

Bild 7.11
Dialog Füllung und Kontur

Dieses Rechteck kommt in der Z-Ordnung nach unten, damit es über dem eigentlichen Hintergrund liegt.

Mein Ergebnis sieht so aus:

Bild 7.12 Auswahl mit Text und den beiden Rechtecken

Mit dem Zeichenwerkzeug **B** habe ich an die Christbaumkugel noch einen „Anhänger" gezeichnet und unterhalb des Schneemanns noch ein paar gebogene Linien.

Fertig ist die Weihnachtskarte.

Bild 7.13 Die fertige Weihnachtskarte

Der Phantasie sind keine Grenzen gesetzt und Sie können die Karte nach Ihren Wünschen weiter verzieren. Damit sind wir mit diesem Kapitel am Ende. Im folgenden Kapitel werfen wir einen Blick auf Ausschneidungen, Maskierungen und Ebenen. Natürlich gibt es auch Tipps und Tricks.

8 Ausschneidungen, Masken, Ebenen und Tipps

Das Kapitel im Überblick

- Ebenen nutzen
- Ausschneiden und Maskieren
- Bitmap-Bilder
- Tipps und Tricks
- Klone – ein wichtiges Hilfsmittel
- Dialogfenster andocken
- Bearbeitungshistorie
- Die Hilfe
- Workshop: Vektorbild erstellen
- Zusammenfassung und Ausblick

In diesem Kapitel möchte ich ein wenig auf die Tipps und Tricks eingehen und Themen beziehungsweise Möglichkeiten ansprechen, mit denen Sie Ihre Ideen einfacher, schneller oder einfach mal anders umsetzen können. Dabei werden wir auf die Ebenenverwaltung eingehen, Maskierungen und Ausschneiden behandeln, das Arbeiten mit Bitmap-Bildern erklären und Tipps und Tricks geben.

8.1 Ebenen nutzen

Viele Bildbearbeitungsprogramme, wie zum Beispiel GIMP oder Adobe Photoshop, nutzen Ebenen, um Bilder, Formen oder Objekte zu überlagern. Damit lassen sich eindrucksvolle Effekte erzielen beziehungsweise Objekte besser strukturieren. Allerdings muss gesagt werden, dass die Arbeit damit auch unübersichtlich wird und schnell Objekte in der falschen Ebene angelegt beziehungsweise bearbeitet werden. Inkscape kann mit Ebenen umgehen und dadurch sind Sie flexibel in der Erstellung und Gestaltung Ihrer Zeichnungen.

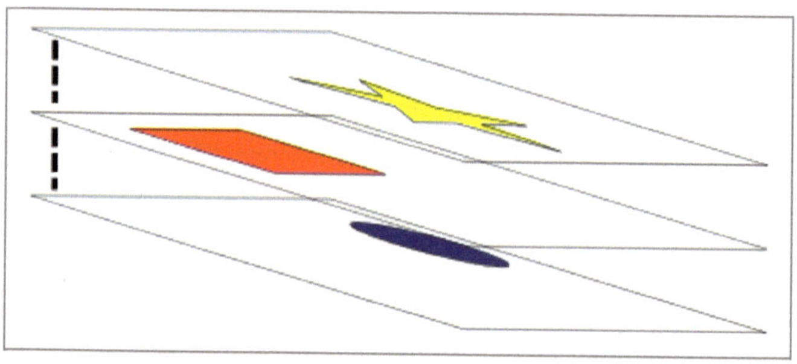

Im Bild sehen Sie drei Ebenen schematisch dargestellt. Dabei sind die drei Formen Kreis, Rechteck und Stern auf jeweils einer Ebene. Stellen Sie sich die Ebenen wie übereinandergelegte Klarsichtfolien vor. Auf jeder befinden sich Objekte, die Sie entweder mit anzeigen oder einfach für den späteren Gebrauch oder die Aufbewahrung eines Originals verdecken.

Auch wenn es auf den ersten Blick umständlich erscheint beziehungsweise einen gewissen Mehraufwand erzeugt, sind Sie dennoch auf der sicheren Seite und können problemlos ganze Teile umstellen, ohne dass Sie erst Objekte gruppieren oder anderweitig vorbereiten müssen. Gerade Text können Sie in Ihren Zeichnungen auf eine gesonderte Ebene legen und ausblenden.

8.1.1 Ebenen erstellen

Nach dem Start von Inkscape bietet das Programm eine Ebene mit dem Namen „Ebene 1“. Das können Sie sofort in der Statusleiste an folgendem Bild erkennen.

Bild 8.1
Ebene

Links neben der ausgewählten Ebene finden Sie zwei weitere Schaltflächen, mit denen Sie die ausgewählte Ebene unsichtbar schalten und vor Veränderungen schützen können. Wenn Sie zu Beginn auf Ebene 1 klicken, öffnet sich der Dialog **Ebenen und Objekte**. Der Bereich in der Statusleiste dient allerdings auch nicht der Verwaltung der Ebene, sondern nur der Auswahl beim Arbeiten an Ihrer Zeichnung.

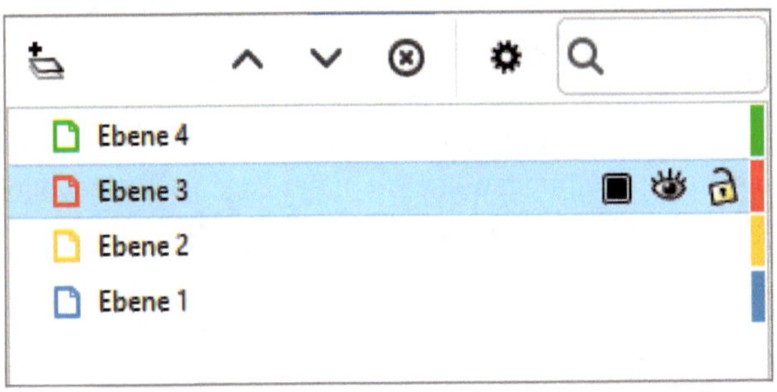

Bild 8.2
Ebenendialogfenster

Die Ebenen (engl. Layer) verwalten Sie über das Dialogfenster **Ebenen**, das Sie mit der Tastenkombination STRG + UMSCHALT + L oder über das Menü **Ebene → Ebenen und Objekte** öffnen können.

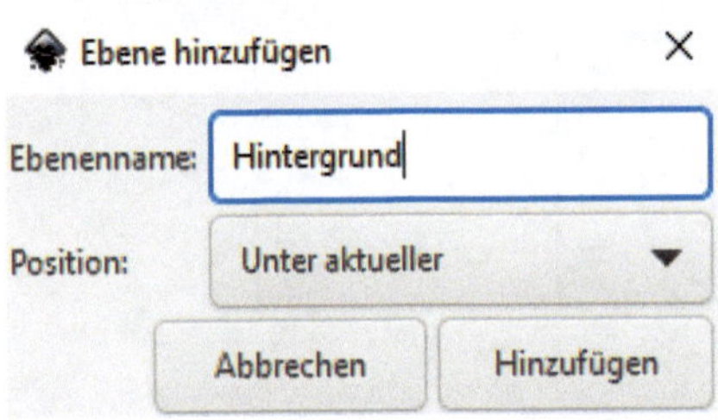

Bild 8.3
Neue Ebene hinzufügen

Über diesen Dialog können Sie neue Layer anlegen, in der Reihenfolge ändern, sie also anheben oder absenken, und sie nach Ihren Wünschen umbenennen. Wie Sie sehen, habe ich eine neue Ebene **Hintergrund** erstellt und diese unterhalb von Ebene 1 platziert.

Das bedeutet, dass **Hintergrund** nun unten liegt und Ebene 1 auf dieser drauf.

8.1.2 Mit Ebenen arbeiten

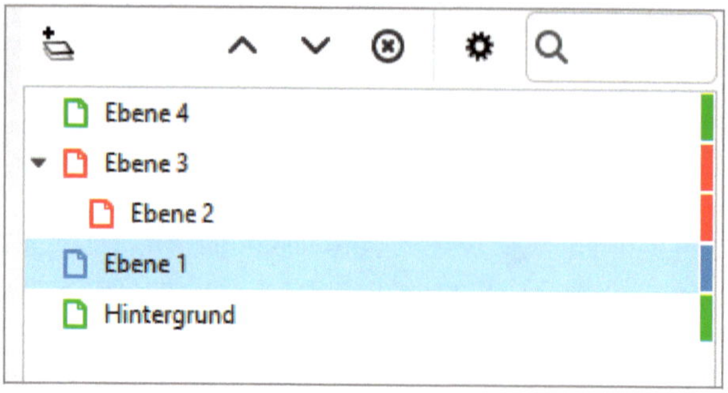

Bild 8.4
Die Ebenen

Bevor Sie praktisch in das Thema einsteigen, möchte ich Ihnen den Ebenendialog ein wenig detaillierter erklären und die einzelnen Schaltflächen sowie das Kontextmenü, das Sie über die Menüleiste erreichen, nahebringen.

Die Schaltflächen unter den Ebenen dienen dazu, Layer hinzuzufügen, diese zu löschen, an den Anfang oder das Ende zu stellen beziehungsweise sie in der Lage nach oben oder unten zu verändern. Die jeweils aktuelle Ebene ist dabei farblich hinterlegt.

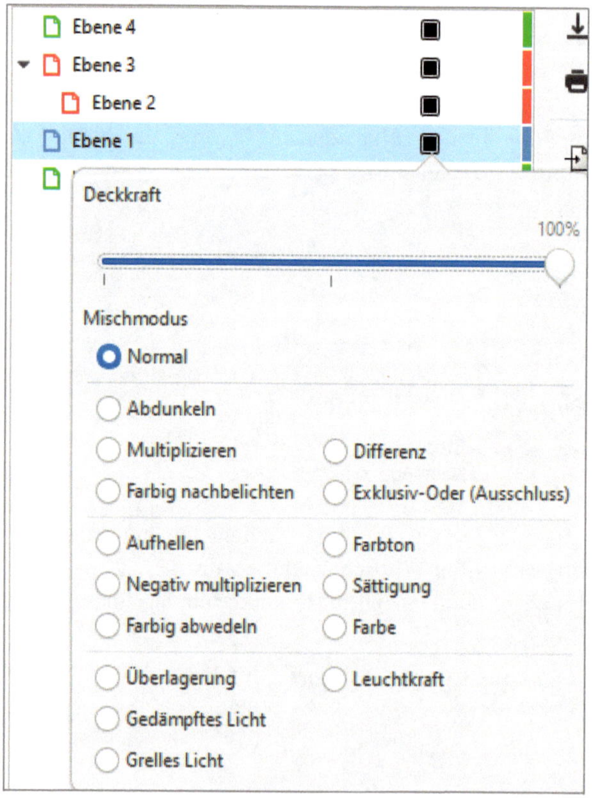

Bild 8.5
Mischmodus der Ebenen

Interessant ist der Mischmodus, der zu Beginn auf „Normal“ steht. Über diesen Modus legen Sie fest, wie sich die aktuelle Ebene zur darunterliegenden verhalten soll. Möglich sind hier inzwischen einige Einstellungen.

Tabelle 8.1 Wirkungsweise des Mischmodus

Modus	Ergebnis	Aussehen
Normal	Hier wird kein Filter gesetzt oder ein bereits gesetzter Filter gelöscht.	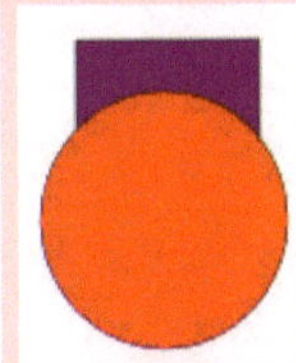
Abdunkeln	Die Objekte auf der oberen Ebene dunkeln die Objekte auf der unteren Ebene ab.	
Multiplizieren	Die obere Ebene filtert Licht/Helligkeit von der unteren Ebene. Es scheint, als ob Sie durch eine Glasscheibe blicken, die die Farbe des oberen Objekts hat, und damit auf das untere Objekt schauen.	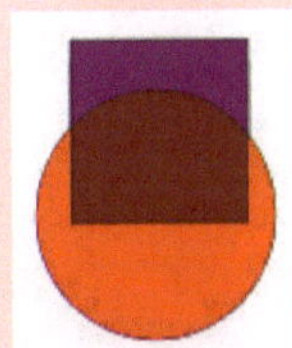
Differenz	Ist das Gegenteil von Multiplizieren.	
Farbig nachbelichten	Der Modus ist ähnlich wie Multiplizieren	
Exklusiv-Oder (Ausschluss)	Der Modus ist analog Differenz	

Modus	Ergebnis	Aussehen
Aufhellen	Die Objekte auf der oberen Ebene hellen die Objekte auf der unteren Ebene auf.	
Farbton	Die Ebene wird durchscheinend.	
Negativ multi-plizieren	Objekte auf der oberen Ebene geben Licht/Helligkeit auf die untere Ebene ab.	
Sättigung	Die untere Ebene wird intensiv und überdeckt die obere.	
Farbig abwe-deln	Erzeugt einen ähnlichen Effekt wie „negativ multiplizieren".	
Farbe	Die Ebene lässt etwas Farbe durch.	
Überlagerung	Die Ebene überlagert die darunterliegende stark licht-undurchlässig.	
Leuchtkraft	Lässt die untere Ebene durchscheinen und verstärkt die Farben.	

Modus	Ergebnis	Aussehen
Gedämpftes Licht	Dieser Modus arbeitet ähnlich wie „Farbe“.	
Grelles Licht	Dieser Modus arbeitet ähnlich wie „Überlagerung“.	

Bleibt in dem Dialogfenster nur noch der Schieberegler für die Deckkraft, der analog der Deckkraft von Objekten funktioniert, nur dass er sich auf alle Objekte der ausgewählten Ebene auswirkt.

8.1.3 Das Ebenen-Menü

Über die Menüleiste erreichen Sie die Befehle, die sich auf die Ebenen beziehen, sofern Sie mit mehreren Ebenen arbeiten. Dabei lassen sich manche Befehle mit einer Tastenkombination aufrufen und andere funktionieren nur über das Menü.

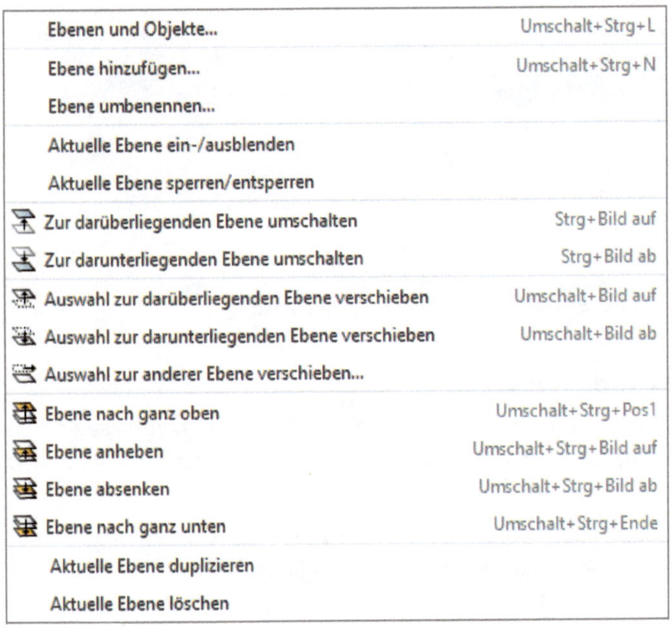

Bild 8.6 Ebenendialog über Menü

Ihnen wird auffallen, dass bereits viele Operationen über den Ebenendialog erreichbar sind. Dennoch gibt es ein paar Befehle, die Sie nur über die Menüleiste oder mittels Tastenkombinationen erreichen. Diese werden wir nun einzeln betrachten. Wir gehen dabei das Menü von oben nach unten durch.

Zur darüberliegenden Ebene umschalten Strg + ↑

Mit der Tastenkombination schalten Sie auf die nächste Ebene nach oben um.

Zur darunterliegenden Ebene umschalten Strg + ↓

Mit der Tastenkombination schalten Sie auf die nächste Ebene nach unten um.

Auswahl zur darüberliegenden Ebene verschieben Umschalt + ↑

Verschiebt die ausgewählten Objekte einer Ebene in die darüberliegende.

Auswahl zur darunterliegenden Ebene verschieben Umschalt + ↓

Verschiebt die ausgewählten Objekte einer Ebene in die darunterliegende.

Auswahl zu anderer Ebene verschieben...

Hierbei können Sie im sich öffnenden Dialogfenster die Ebene angeben, wohin die Auswahl verschoben werden soll.

Bild 8.7
Zur Ebene verschieben

Aktuelle Ebene duplizieren

Dieser Befehl kopiert die aktuell ausgewählte Ebene und legt diese darüber. Dabei wird der Name der zu kopierenden Ebene weiterverwendet und mit dem Zusatz „Kopie“ versehen.

Neben den Ebenen hat sich noch so einiges in diesem Dialogfenster seit der ersten Auflage mit Version 0.48 getan. So gibt es inzwischen auch Unterebenen und es werden die Objekte angezeigt, die sich auf den jeweiligen Ebenen befinden.

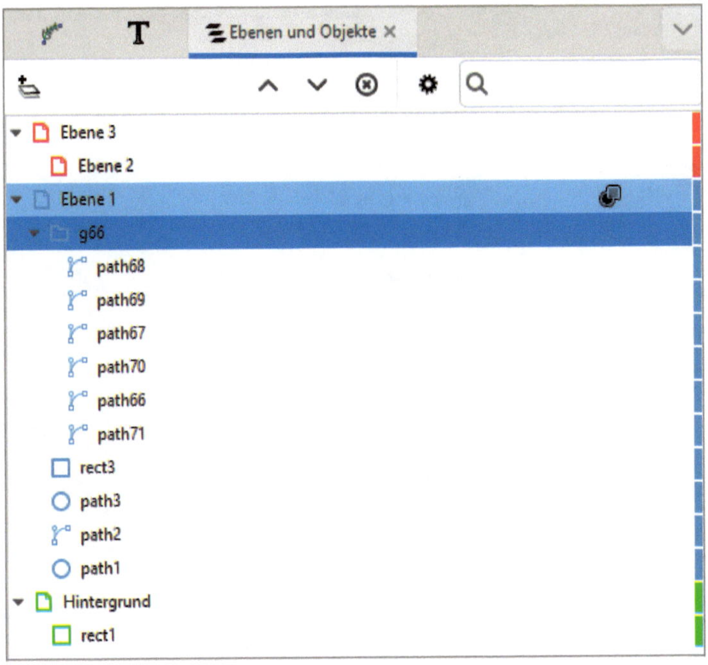

Bild 8.8 Ebenen und Objekte

Der neue Dialog unterteilt die Objekte und Ebenen sehr übersichtlich mit unterschiedlichen Farben und es gibt nun auch kleine Markierungen an Objekten, woran Sie erkennen können, ob etwas maskiert rect1 oder geschert wurde.

Der Dialog bietet noch weitere Vorteile. Sie können nun mehrere Objekte auswählen und auf andere Ebenen verschieben oder auch Unterebenen von Hauptebenen erstellen.

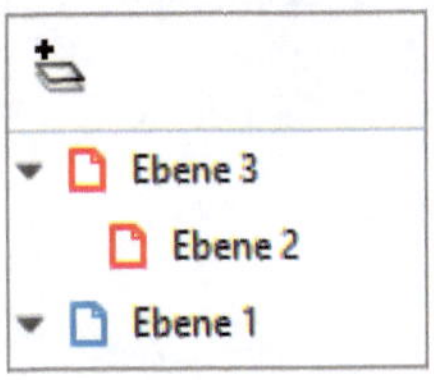

Bild 8.9
Mehrere Ebenen mit Unterebenen

Wenn Sie die Taste **ALT** gerückt halten und mit dem Mauszeiger über die Objekte im Ebenendialog gehen, werden diese auf der Zeichnung hervorgehoben.

Inkscape bietet zudem auch ein Kontextmenü an, wenn Sie mit der rechten Maustaste auf ein Objekt im Dialog klicken. Damit können Sie schnell auf die wichtigsten Befehle zugreifen.

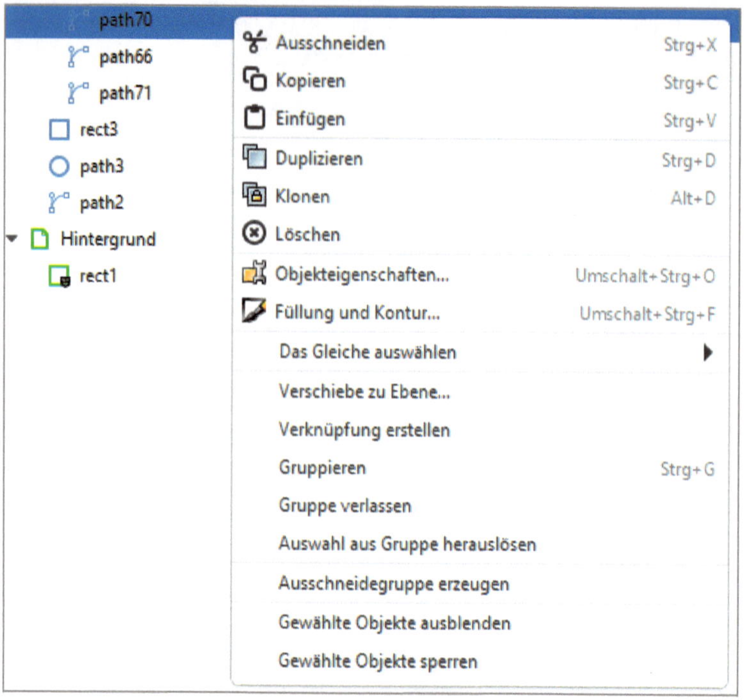

Bild 8.10 Kontextmenü im Ebenendialog bei ausgewähltem Objekt

Zusammenfassend lässt sich sagen:

Ebenen sind nicht zwingend erforderlich, mit ihnen lässt sich aber die Zeichnung geschickt strukturieren. Ebenen erleichtern nicht unbedingt die Arbeit, denn Sie müssen nun zusätzlich darauf achten, dass Sie auf der richtigen Ebene arbeiten.

8.2 Ausschneiden und Maskieren

Ausschneidungspfade und Maskierungen bringen großartige Effekte hervor, denn damit lässt sich in Inkscape festlegen, welcher Bereich eines Objekts beziehungsweise einer Gruppe sichtbar ist. Während beim Ausschneiden ein bestimmter Pfad den sichtbaren Teil der Objekte definiert, sind bei der Maskierung die Transparenz und die Helligkeit dafür zuständig. Bei diesen Operationen werden die Objekte an sich nicht modifiziert, sondern nur in ihrem Erscheinen verändert.

Aufgerufen werden beide Operationen über die Menüleiste **Objekt** → **Ausschneidepfad** beziehungsweise **Objekt** → **Maske**. Bei beiden haben Sie die Möglichkeit, diese zu setzen oder zu entfernen.

8.2.1 Ausschneidepfad

Jedes Objekt kann als Pfad benutzt werden, es muss dazu nicht extra in einen Pfad umgewandelt werden. Daher ist die Erstellung oder das Setzen eines Pfads nicht schwierig. Markieren Sie einfach das Objekt und den entsprechenden Pfad – also das Objekt, das als Ausschneidepfad dienen soll.

> Der Pfad muss in der Z-Ordnung über dem Objekt liegen, damit die Operation funktioniert. Weiter muss das obere Objekt vom unteren Objekt (Pfad) eingeschlossen werden.

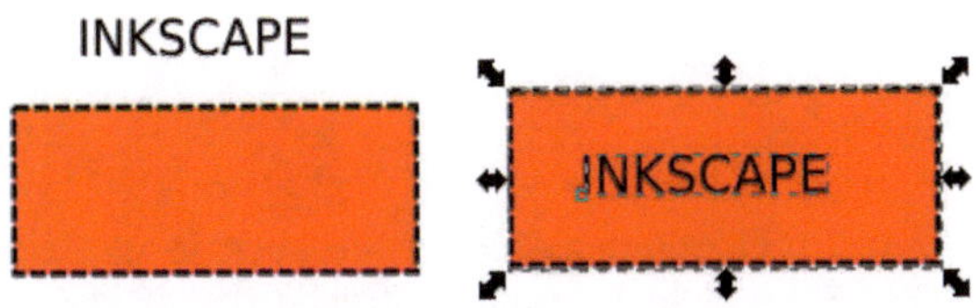

Die Lage der beiden Objekte im Bild auf der linken Seite lässt keinen Ausschneidepfad zu, da sie nicht übereinanderliegen. Im rechten Bild kann die Operation ausgeführt werden.

Das Ergebnis sehen Sie im nächsten Bild. Hier liegt der Pfad, also das Wort „INKSCAPE", auf (über) dem Rechteck und somit bleibt vom Rechteck nur noch der farbige Text übrig. Über **Objekt** → **Ausschneidepfad** → **Ausschneidemaske setzen** stanzen Sie den Text somit aus dem Rechteck aus.

> Es wird ALLES ausgeschnitten, also Füllung und Kontur der darunterliegenden Elemente.

Liegt der Text hingegen unter dem Rechteck, wird das Rechteck ausgeschnitten und der Text bleibt normal.

Selbstverständlich können Sie mehrere Objekte gleichzeitig ausschneiden, solange sich der Pfad über den Objekten befindet. Wollen Sie die Operation rückgängig machen, markieren Sie einfach das Objekt und gehen über das Menü **Objekt** → **Ausschneidepfad** → **Ausschneidepfad freigeben**. Damit werden dann alle Objekte in ihrer ursprünglichen Form und Lage wiederhergestellt.

Das sollte zum Ausschneidepfad reichen und zum Schluss sehen Sie noch ein Beispiel mit zwei Formen und Text als Ausschneidepfad.

Werfen Sie immer einen Blick in die Statusleiste. Markieren Sie ein Objekt, das einen Ausschneidepfad besitzt, wird dies entsprechend angezeigt.

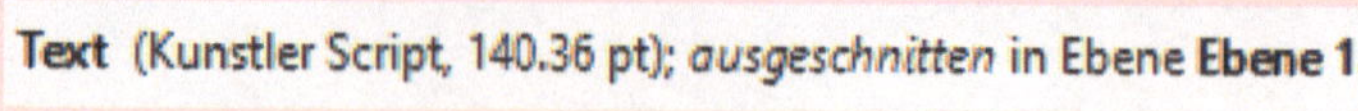

Bild 8.11 Teil der Statusleiste

Sie sehen die Ausschneidemaske auch im Ebenendialog als kleines Scheren-Symbol.

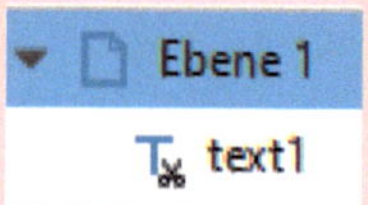

Bild 8.12 Scheren-Symbol

8.2.2 Maskierungen

Wie schon bei den Ausschneidepfaden können Sie auch jedes Objekt zum Maskieren verwenden. Dabei werden Transparenz und Helligkeit der Maske zur Transparenz des maskierten Objekts.

Transparenz

Die Transparenz – in Inkscape auch als Deckkraft bezeichnet – ist die Fähigkeit, elektromagnetische Wellen hindurchzulassen. Die Transparenz wird oft auch als Opazität bezeichnet, die ein Maß für die Lichtundurchlässigkeit von Stoffen ist.

Alphakanal

In Grafikprogrammen wird diese Transparenzeigenschaft durch den Alphawert beziehungsweise Alphakanal ausgedrückt. Dabei bedeutet die Farbe „Schwarz" völlig durchscheinend und „Weiß" komplett deckend. In einem RGB-Bild werden Werte für die drei überlagerten Farben angegeben und zusätzlich noch ein Wert für den Alphakanal, der sich darunter befindet.

Eine Maskierung wird also über die Farben Schwarz und Weiß realisiert und darin eingeschlossen sind die vielen Grautöne, wie Sie sie bei einem Farbverlauf von Schwarz nach Weiß finden. Am besten versteht man die Maskierung mit einem kleinen Beispiel.

1. Dazu nehmen wir den bereits erstellten Text und ein Rechteck, das etwas größer als der Text ist.

Bild 8.13
Von oben nach unten: Original, Original mit Rechteck, umgekehrter Farbverlauf im Text mit blauem Rechteck

Der Text hat bereits den radialen Farbverlauf, der von dunklem Blau nach komplett Weiß verläuft, und als Kontur Schwarz zugewiesen.

2. Auch bei dieser Operation gilt die Z-Ordnung und somit funktioniert das Beispiel so noch nicht. Legen Sie daher die Form unter den Text, wie oben im Bild zu sehen.
3. Als Nächstes markieren Sie beide Objekte und setzen die Maske über das Menü **Objekt** → **Maske** → **Maske setzen**. Das Ergebnis sehen Sie im nächsten Bild.

4. Hierbei sieht man, dass der obere Text in der Mitte kräftiger ist und nach außen hin schwächer wird. Der untere Text hingegen ist farblich umgekehrt, da wir vorher den Farbverlauf invertiert hatten. Der Farbverlauf wurde zuvor ausgewählt und über die Werkzeugeinstellungsleiste des Farbverlaufwerkzeugs mit Hilfe der Schaltfläche ↔ gespiegelt.

Jetzt mögen Sie sagen, der Rest des Textes wäre einfach nur weiß. Allerdings stimmt das nicht. Es ist nicht weiß, sondern je weiter Sie in den dunkleren Bereich der Maskierung kommen, desto durchscheinender wird der Text beziehungsweise das maskierte Objekt.

Zum Abschluss dieses Kapitels zum Maskieren zeige ich Ihnen noch ein weiteres kleines Beispiel mit einem eingebetteten Bild.

Für das Beispiel nehmen Sie das Bild „*Stiefmütterchen.jpg*“ aus dem Zusatzmaterial auf *plus.hanser-fachbuch.de*

1. Laden Sie das Bild über **Menü** → **Importieren** in Ihre Zeichnung und legen Sie es so ab, dass Sie neben dem Bild ein vertikal gespiegeltes Duplikat ablegen können, das als Reflexion dienen soll.

Bild 8.14 Import-Dialogfenster

2. Duplizieren Sie das Bild mit **Strg** + **D**, spiegeln Sie es mit H und positionieren Sie es rechts neben das andere Bild. Legen Sie über das gespiegelte Duplikat nun ein Rechteck, das ruhig etwas größer sein kann. Das Rechteck versehen wir mit einem linearen Farbverlauf, der von Weiß nach Schwarz verläuft. Über das Farbverlaufswerkzeug passen Sie diesen so an, wie im Bild zu sehen ist.

Damit erreichen wir, dass das Bild nicht erst am rechten Rand transparent ist, sondern schon etwa ab der Mitte und im linken Bereich bereits nicht mehr so kräftig wirkt. Wählen Sie nun das Rechteck und das Bild zusammen aus und maskieren Sie über **Objekt -> Maske -> Maske setzen.**

Am besten wirkt das Bild, wenn Sie eine mit Schwarz gefüllte Fläche unter die beiden Bilder legen.

8.3 Bitmap-Bilder

Bitmaps sind zum Beispiel digitale Fotografien (in den Formaten **.jpg*, **.wmf*, **.bmp*), die Sie in Ihre Zeichnungen einbinden können. Zum Bearbeiten oder Nutzen dieser Bilder bietet Inkscape mehrere Möglichkeiten. In diesem Kapitel möchte ich Ihnen den Umgang mit diesen Bildern näherbringen.

Inkscape nutzt als Verfahren zum Vektorisieren den Programmcode von Potrace[1] und SIOX[2] zum Separieren von Vorder- und Hintergrund. Hochauflösende Farbbilder mit vielen Formen eignen sich dafür nicht so besonders, da durch das Vektorisieren eines Bilds Tausende von Knoten entstehen, abhängig von den eingestellten Scandurchläufen.

> Das Vektorisieren eines Bilds erhebt nicht den Anspruch, im Ergebnis nah am Originalbild zu sein.
>
> Ein vergrößerter Abzug eines Originalbilds ist mit automatisierten Vektorisierungen nicht möglich.

[1] http://potrace.sourceforge.net/
[2] http://www.siox.org/

Das linke Bild ist das Originalbild und das rechte Bild das Resultat nach ein paar Knotenvereinfachungen. Ursprünglich hatte das Vektorbild weit über 10 000 Knoten, jetzt nur circa 700 Stück.

Am besten eignen sich Schwarzweißbilder mit einem geringeren Schwarzanteil. Inkscape stellt dabei drei unterschiedliche Modi zur Verfügung, auf die wir nun genauer eingehen.

8.3.1 Vektorisieren eines Bilds

Zu Beginn importieren wir das Bild auf die Zeichnungsebene. Dazu gehen Sie über das Menü **Datei** → **Importieren** oder drücken **Strg** + **I**. Das Bild wird etwas größer als die Zeichnungsfläche sein. Daher passen Sie es mit gedrückter **Strg**-Taste entsprechend ein, damit es im gleichen Seitenverhältnis skaliert wird.

Öffnen Sie jetzt als Quelle das Bild *„Margarite.png"* aus dem Zusatzmaterial auf *plus.hanser-fachbuch.de* über die Menüleiste **Datei** → **Öffnen ...** Im folgenden Dialogfenster klicken Sie sich durch die Ordnerstruktur und öffnen das Bild. Dabei öffnet Inkscape eine zweite Programminstanz und Sie können die erste schließen, denn diese wird nicht mehr benötigt.

Über das Menü **Pfad** → **Bitmap nachzeichnen ...** oder über die Tastenkombination **Alt** + **Umschalt** + **B** öffnet sich das Dialogfenster, auf das wir nachfolgend näher eingehen.

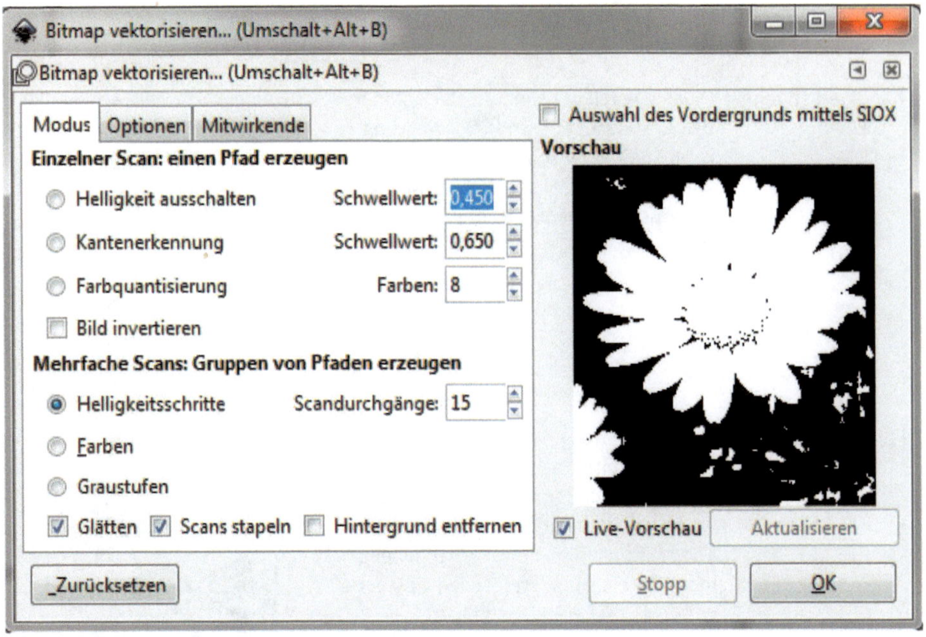

Im Dialogfenster **Bitmap nachzeichnen** können Sie in den drei Registern „Einmaliger Scan“, „Mehrfarbig“ und Pixelkunst Einstellungen vornehmen. Dabei bestimmen Sie die Art und Weise, wie das Bild vektorisiert werden soll. Das Bild kann entweder über eine einzige Abtastung (Scan) oder über mehrere Abtastungen vektorisiert werden. Daher unterteilt sich dieser Bereich in zwei Hälften. Hierbei stehen Ihnen folgende Optionen zur Auswahl:

Tabelle 8.2 Optionen der Vektorisierung

Option	Wirkung	Aussehen
Einzelner Scan – einen Pfad erzeugen		
Entlang eines Helligkeitswerts	Hier wird das Bild im angegebenen Helligkeitswert nachgezeichnet. Der Schwellwert bestimmt die Helligkeit zwischen Schwarz und Weiß. Dabei ist der Wert „Null“ Weiß und der Wert „Eins“ Schwarz.	Bei einem Schwellwert von 0,5 

Tabelle 8.2 *Fortsetzung*

Option	Wirkung	Aussehen
Kantenerkennung	Diese Einstellung sucht nach Kanten im Bild. Der dazugehörende Schwellwert kann ebenso zwischen null und eins eingestellt werden. Null bedeutet viele und der Wert eins wenige Kanten.	Bei einem Schwellwert von 0,5 
Farbquantisierung	Zeichnet entlang der reduzierten Farben. Über den entsprechenden Wert können Sie die Anzahl der reduzierten Farben vorgeben. Weniger Farben ergeben ein abstrakteres Bild, mehr Farben hingegen mehr Detail. Die Werte lassen sich dabei von 2 bis 64 Farben einstellen.	Bei einem Wert von 30 Farben 
Autotrace	Hier wird der Autotrace-Algorithmus mit der gewählten Option verwendet.	
Strichzeichnung vektorisieren (autotrace)	Der Modus versucht, die Linien in einer Strichzeichnung nachzuzeichnen.	

Option	Wirkung	Aussehen
Mehrfarbig- Gruppen von Pfaden erzeugen		
Helligkeitsschritte	Hierbei wird die angegebene Anzahl an Helligkeitsschritten nachgezeichnet. Dabei ist ebenfalls der obere Schwellwert zuständig.	
Farben	Hier wird das Nachzeichnen auf die angegebene Anzahl Farben (Scans) beschränkt.	
Graustufen	Das Ergebnis entspricht dem des Bereichs Farben, jedoch wird die Ausgabe auf Graustufen beschränkt.	
Autotrace (langsamer)	Das Ergebnis entspricht dem des Bereichs Farben, jedoch wird die Ausgabe langsamer.	

Im Reiter „Pixelkunst“ können Pixelkunst-Bilder vektorisiert werden. Dabei gibt es sowohl den Algorithmus, der einzelne Pixel erzeugt, als auch einen, der die Verpixelung entfernt.

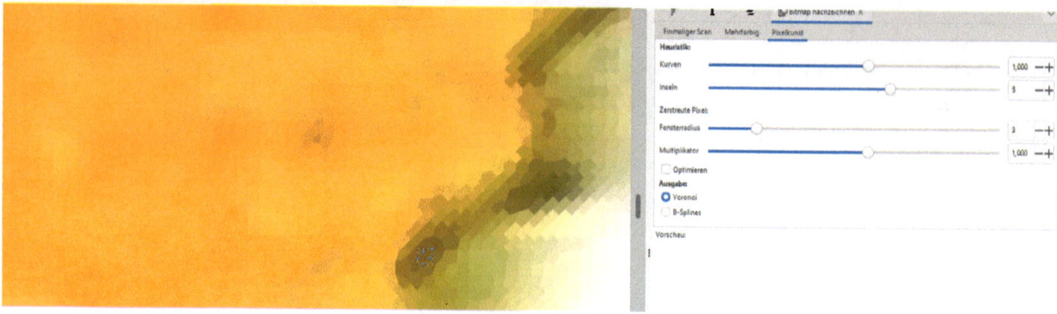

Bild 8.16 Ausgewählter Pixel mit Einstellungsdialog

Das obige Bild ist die Blume. Damit man den Effekt sieht, habe ich größer gezoomt und einen Pixel markiert.

Vor dem Vektorisieren von Bildern sollten Sie Ihre Zeichnung speichern. Die Option Pixelkunst sollten Sie nur für kleinere Bilder verwenden, da die Funktion bis zu einem Pfad pro Farbquadrat in der Zeichnung erstellt. Autotrace ist langsam und sollte nicht auf große Bilder angewendet werden. Sie können den Bildkontrast vorher in einer anderen Anwendung bearbeiten. Sollte Ihr Ziel sein, so wenige Knoten wie möglich zu erhalten, dann ist manuelles Nachzeichnen die bessere Wahl.

Die Anzahl der Scandurchgänge bestimmt die Anzahl der Objekte, die erstellt werden. Bei einem Durchlauf von acht Abtastungen werden insgesamt acht Objekte erstellt. Seien Sie also vorsichtig bei maximal 256 Scans. Schon ein Wert von 100 kann den Rechner sehr verlangsamen. Natürlich liegt dabei das Ergebnis viel näher am Original. Das Minimum von zwei Durchläufen bringt selbst im Modus Farben nur Graustufen. Ein Durchschnittswert zwischen 10 und 20 Scans liefert auf jeden Fall brauchbare Ergebnisse.

8.3.2 Vektorisierungsoptionen

In den einzelnen Bereichen haben Sie bestimmte Optionen, die über das Ergebnis entscheiden. Insgesamt stehen Ihnen dabei die drei Auswahlmöglichkeiten Flecken, Ecken glätten und Pfade optimieren zur Verfügung:

Diese Optionen wirken immer mit den eingestellten Schwellwerten im entsprechenden Modus zusammen.

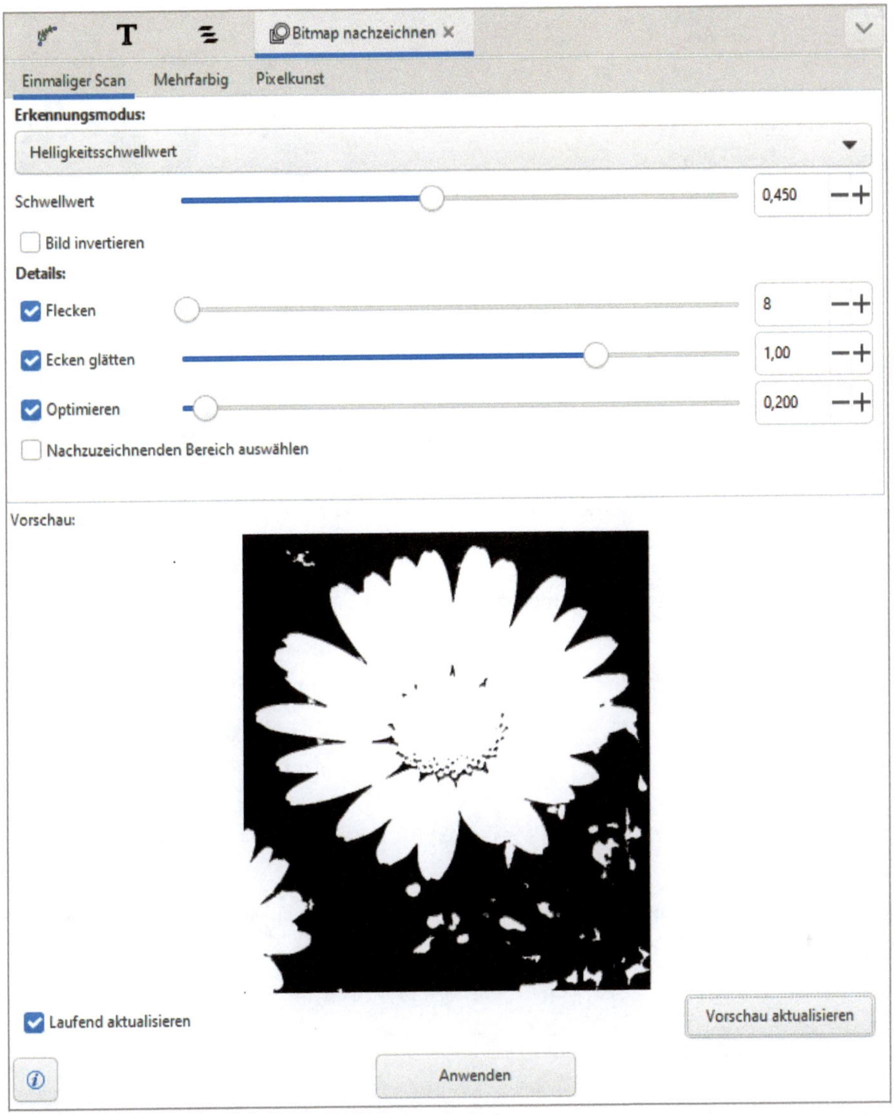

Bild 8.17 Einstellungsdialog

Tabelle 8.3 Wirkungsweise der Optionen

Option	Wirkung	Aussehen
Flecken (unter-drücken)	Löscht alle zu erstellenden Pfade, die kleiner als der eingestellte Wert sind. Werte für die Lückenschließung (v. l. n. r.): 0/60/150	

Tabelle 8.2 *Fortsetzung*

Option	Wirkung	Aussehen
Ecken glätten	Der Parameter kann zwischen 0,00 und 1,00 eingestellt werden und rundet die Ecken an den Knoten ab. Das linke Bild hat ca. 300 und das rechte Bild ca. 600 Knoten. Werte für die Eckenglättung (v. l. n. r.): 0,00/1,00	
Pfade optimieren	Bézier-Kurven werden im Durchlauf zusammengefasst und dabei in der Anzahl der Knoten reduziert. Der Toleranzbereich liegt zwischen 0,00 und 5,00. Je höher er eingestellt wird, desto eher lassen sich zwei Pfade zusammenfügen. Für ein gutes Ergebnis darf der Wert für die Glättung der Ecken nicht null sein. Das linke Bild hat 28 Knoten, das rechte 326 Knoten.	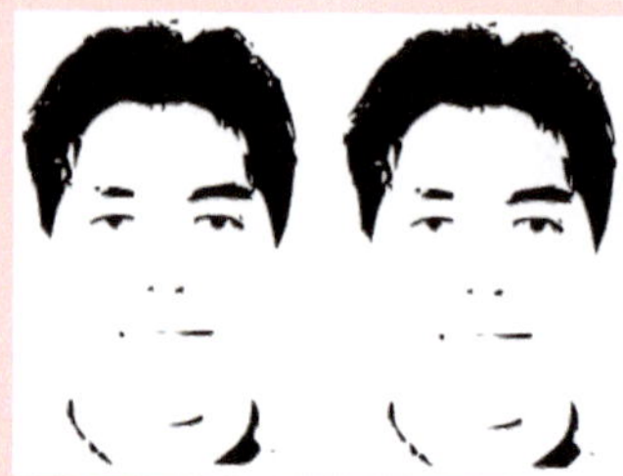

Probieren Sie ruhig etwas herum, um für sich das beste Ergebnis zu erhalten.

8.4 Tipps und Tricks

In diesem Buchabschnitt möchte ich Ihnen noch ein paar Tipps mitgeben, die Ihnen die Arbeit erleichtern.

8.4.1 Farbverläufe

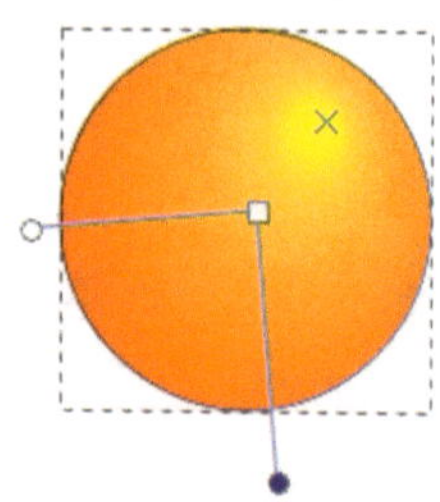

Farbverläufe sind interessant und geben einem Objekt ein wunderschönes Aussehen. Wir haben einfache Farbverläufe schon im Dialogfenster **Füllung und Kontur** (**Strg** + **Umschalt** + **F**) über den Button einem Objekt zugewiesen und dann über die Werkzeugeinstellungsleiste auch Zwischenfarben hinzufügen können. Gerade radiale Verläufe bieten sich förmlich an, um eine Art Lichtreflexion zu erzeugen. Allerdings müssen die Verläufe nicht immer symmetrisch verlaufen. Wenn Sie den mittleren quadratischen Anfasser bei gedrückter **Umschalt**-Taste verschieben, erscheint ein kleines Kreuz und der Farbverlauf richtet sich auf das Kreuz aus.

Somit können Sie sehr genau bestimmen, wo das Zentrum des Verlaufs liegen soll und wie dieser dann auf das Objekt wirken soll. Sie sehen, dass mittels der **Umschalt**-Taste das Zentrum nach rechts und etwas nach oben verschoben wurde. Trotzdem können Sie die einzelnen Anfasser modifizieren.

Nachfolgend stelle ich Ihnen noch zwei Farbverlaufseffekte inklusive deren Werte vor, die Sie im Dialogfenster **Farbverlaufs-Editor** an Ihren Objekten einstellen können.

Tabelle 8.4 Farbverlaufswerte

Farbverlauf	RGBA-Werte
Chromeffekt im CMYK-Modell mit vier Stopps	699bcdff/e6f0ffff/4b3c2cff/faf0e6ff
Metalleffekt im CMYK-Modell mit drei Stopps	808080ff/ffffffff/808080ff Modus wiederholend
Goldeffekt im CMYK-Modell mit drei Stopps	a18930ff/e3c565ff/fffbccff Modus wiederholend

8.4.2 Transformationen

Wie Sie bereits wissen, können Objekte skaliert, verschoben, gedreht, geschert und gespiegelt werden. Dabei bietet Ihnen Inkscape unterschiedliche Herangehensweisen an die Werkzeuge. Sie können mit der Maus agieren oder auch sehr oft Tastenkombinationen nutzen. Ebenso gibt es zu jedem Werkzeug eine Werkzeugeinstellungsleiste und im Menü **Bearbeiten** den XML-Editor, (**Strg** + **Umschalt** + **X**), auf den wir später noch kurz eingehen werden. In diesem Kapitel des Buchs gehe ich speziell auf das Dialogfenster **Transformationen** ein, das Sie über **Strg** + **Umschalt** + **M** oder über das Menü **Objekt** → **Transformation ...** öffnen.

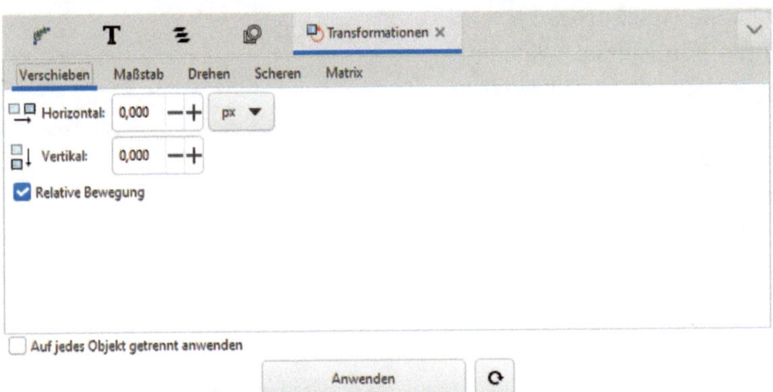

Bild 8.18 Einstellungsdialog

Das Dialogfenster ist in die fünf Register Verschieben, Maßstab, Drehen, Scheren und Matrix unterteilt.

Tabelle 8.5 Wirkungsweise der Transformationen

Transformation	Wirkung
Verschieben	Verschiebt das ausgewählte Objekt horizontal oder vertikal im eingestellten Bereich. Dabei kann die Maßeinheit festgelegt werden.
Maßstab	Skaliert das ausgewählte Objekt beziehungsweise die Gruppe um den eingestellten Wert vom Zentrum ausgehend.
Drehen	Dreht ein Objekt um sein Rotationszentrum (zu Beginn im Mittelpunkt des Objekts) im eingestellten Winkel. Positive Werte drehen dabei das Objekt im Uhrzeigersinn.
Scheren	Verschiebt ein Objekt entlang einer Seite. Die Werte für horizontale und vertikale Verschiebung können dabei getrennt voneinander genutzt werden.
Matrix	Dabei wird eine 3 x 3-Transformationsmatrix angewandt, bei der nur die oberen beiden Reihen verändert werden können. Die Werte von A bis D sind für die Größenänderung, die Drehung und das Scheren verantwortlich und E sowie F für die Übersetzung der Matrix.

In jedem Bereich können Sie bei allen die Maßeinheiten festlegen und die Änderungen auch auf getrennte Objekte anwenden. Dafür ist nur der Haken im entsprechenden Optionsfeld zu setzen.

8.4.3 Reihen und Spalten

Über das Menü **Objekt → Ausrichten und verteilen ...** erreichen Sie das entsprechende Dialogfenster und das Untermenü **Gitter** bietet Ihnen einige Möglichkeiten beim Anordnen von Objekten. So lassen sich sehr schnell Muster erzeugen, wie Sie im folgenden Beispiel sehen werden.

1. Zeichnen Sie einen Kreis und duplizieren Sie ihn achtmal. Wählen Sie danach alle Kreise aus (diese liegen nach wie vor übereinander) und öffnen Sie das Dialogfenster **Ausrichten und verteilen** und gehen auf den Kartenreiter **Gitter**.

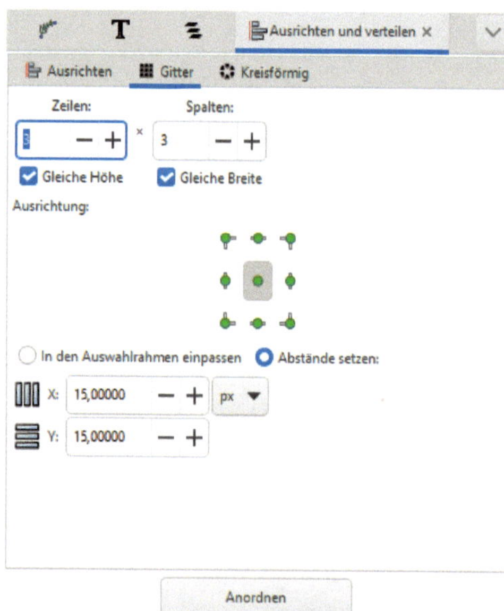

2. Die Reihen und Spalten wurden dabei automatisch auf den Wert 3 gesetzt und über die Option **Abstand setzen** können Sie festlegen, wie viel Platz zwischen den einzelnen Objekten sein soll. Klicken Sie danach auf **Anordnen**, werden die insgesamt neun Objekte mittig in drei Reihen und Spalten angeordnet.

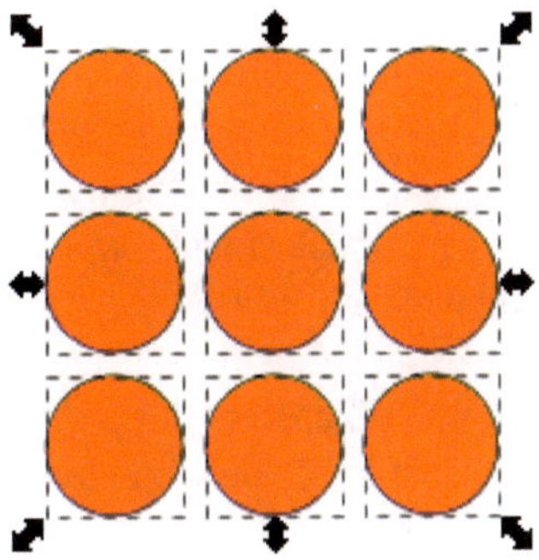

8.4.4 Einrasten

Objekte lassen sich an bestimmten Punkten einrasten und seit der Version 0.47 gibt es dafür eine eigene Leiste. Durch die übersichtliche Anordnung bekommen Sie damit ein sehr gutes Hilfswerkzeug an die Hand, um Ihre Objekte punktgenau auszurichten.

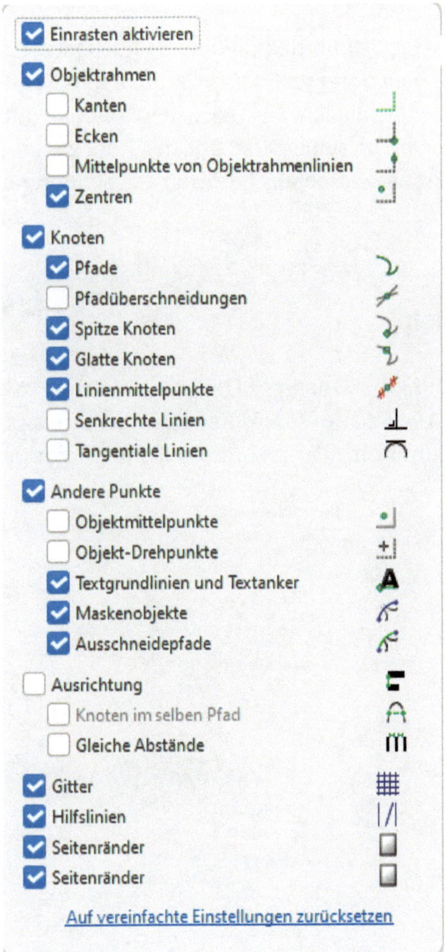

Bild 8.20
Einrast-Dialog

Die Leiste ist in vier größere Bereiche eingeteilt, wie Sie an der Aufteilung erkennen können. Mit der entsprechenden Schaltfläche aktivieren oder deaktivieren Sie das Einrastwerkzeug. Der erste Bereich bezieht sich auf das Verhalten beim Einrasten an Umrandungsboxen. Umrandungsboxen beziehungsweise Objektrahmen sind die schmalen gestrichelten Rechtecke mit oder ohne Griffe, mit denen Sie die Objekte zum Beispiel verschieben. Mit dem Setzen des Hakens aktivieren Sie den Bereich. Nun können Sie auswählen , ob Sie an Kanten, Ecken, Mittelpunkten von Umrandungslinien oder Mittelpunkten (Zentren) der Boxen einrasten möchten. Sie können alle aktivieren, jedoch wird das Justieren von Objekten dadurch schnell zur Herausforderung, da Inkscape sehr oft versucht, Objekte an den passenden Stellen einzurasten.

Die nächsten Schaltflächen beziehen sich auf das Einrasten an Pfaden und Knoten beziehungsweise an Liniensegmenten und Pfadüberschneidungen. Mit dem ersten Haken dieser Reihe aktivieren Sie wieder die anderen Schaltflächen in dem Bereich. Hier können Sie nun auswählen, ob Sie Ihre Objekte an Pfaden, Pfadüberschneidungen, spitzen oder glatten Knoten einrasten lassen beziehungsweise an Mittelpunkten von Liniensegmenten. Der nächste Abschnitt bezieht sich auf andere Punkte, wie Objektmittelpunkte oder Rotationszentren.

Mit den jeweiligen Haken rasten Ihre Objekte an Objektmittelpunkten, Rotationszentren von Objekten oder an Textankern (neu seit Version 0.91) und der Grundlinie ein. Natürlich auch an Maskenobjekten und Ausschneidungspfaden. Der nächste Abschnitt hilft Ihnen bei der Ausrichtung Ihrer Objekte an Knoten im selben Pfad und der Wahl gleicher Abstände. Die letzten Schaltflächen auf der Leiste bewirken das Einrasten am Seitenrand, am Gitter und an Führungslinien.

8.4.5 Objekte in Füllmuster umwandeln

Mit diesem Befehl, den Sie über das Menü **Objekt → Muster → Objekte in Füllmuster umwandeln** oder mit der Tastenkombination **Alt + I** aufrufen, können Sie sich Ihre eigenen Füllmuster entwerfen. Sie brauchen dabei nur ein oder mehrere Objekte zu markieren und den Befehl abzusetzen.

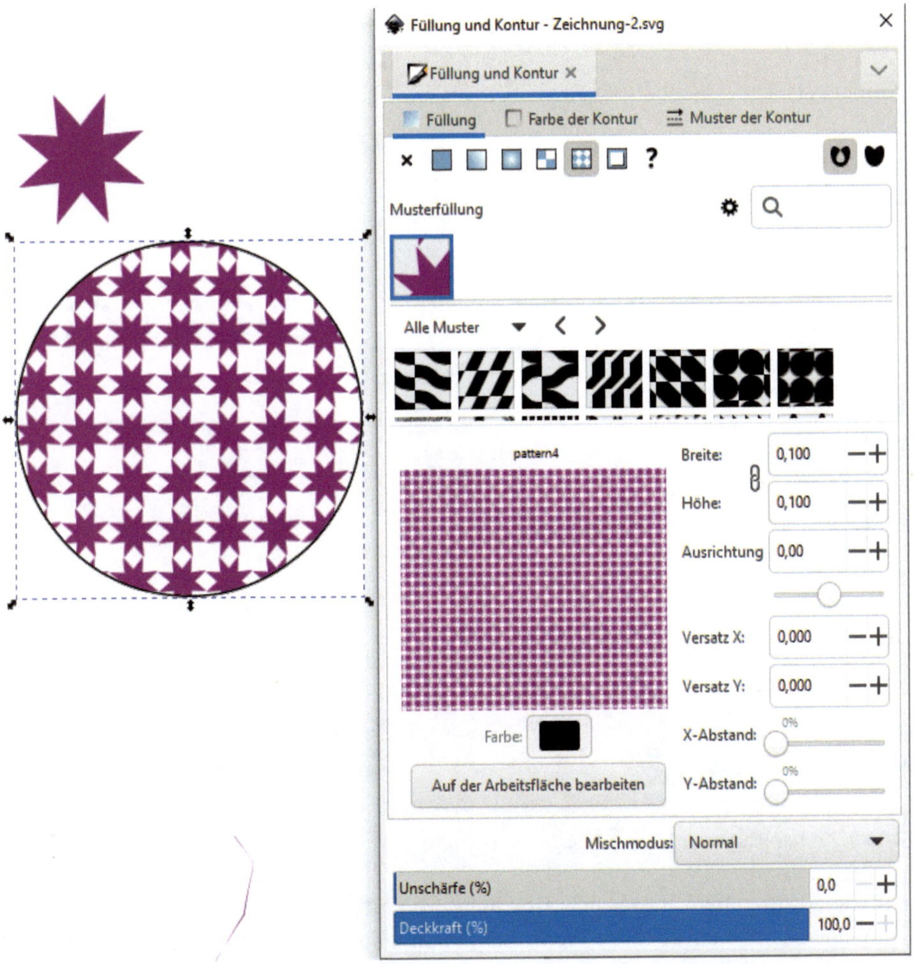

Bild 8.21 Dialog für Füllmuster

Hier im Bild habe ich zuerst einen Stern erstellt und diesen mittels **Alt** + **I** als Muster abgespeichert. Damit erscheint im Dialogfenster **Füllung und Kontur …** im Register **Füllung** ein neues Füllmuster mit einem zufällig gewählten Namen. Den Namen sehen Sie, wenn Sie den Mauszeiger über die Musterfüllung bewegen.

Danach habe ich den Kreis erstellt und diesem als Füllung das entsprechende Füllmuster zugewiesen. Die Muster fügen sich dabei im Auswahlmenü in einen besonderen Bereich oberhalb der mitgelieferten Muster ein.

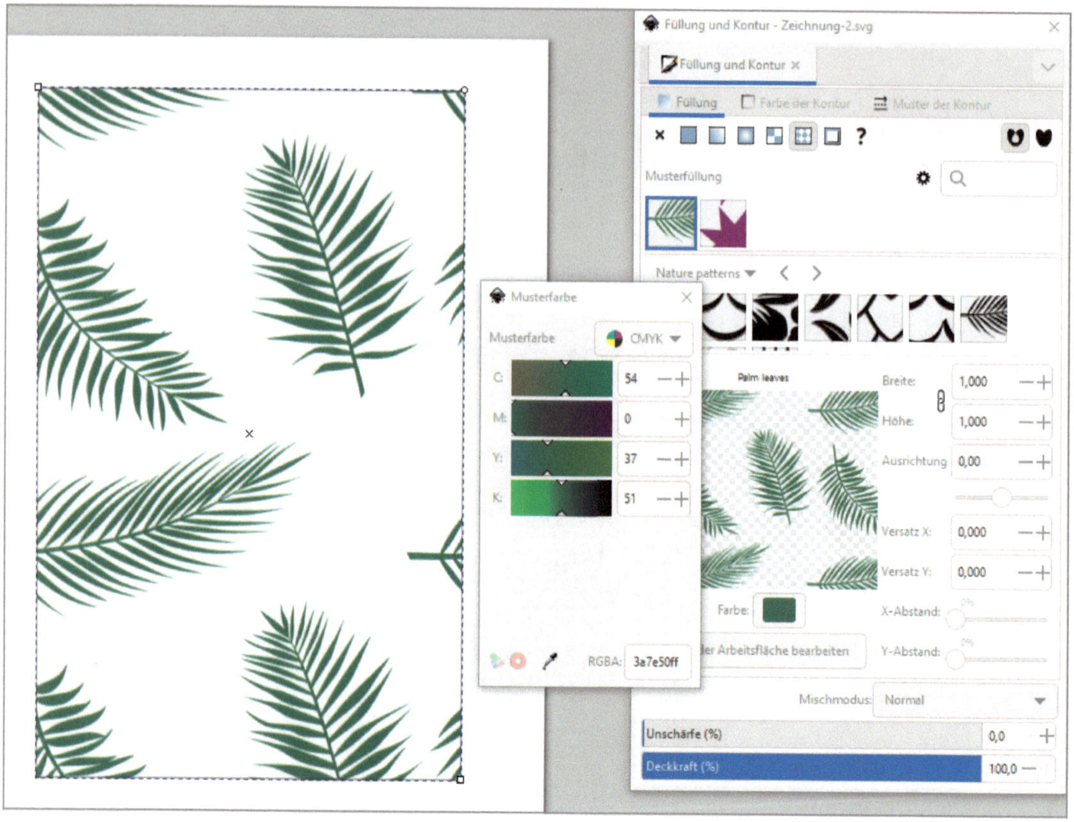

Bild 8.22 Verschiedene Musterfüllungen

Inkscape bringt allerdings schon eine Reihe von Mustern mit, die Sie bequem über das Drop-down-Feld oder über die Pfeile auswählen können. So gibt es die Kategorien „Alle Muster“, Asian patterns“, „Decoratives“, „Geometrical“, „Grids“, „Halftones“, Nature patterns“, „Patterns“, „Shading“ und „Textures“. Jede dieser Kategorien bietet Ihnen Zugriff auf verschiedene Muster und in Summe sind es über 130 Stück.

Im folgenden Bild sehen Sie ein paar Beispiele:

Bild 8.23 Beispiele für Füllmuster

Ebenso haben Sie die Möglichkeit, Füllmuster in Objekte umzuwandeln. Den Befehl geben Sie über **Objekt → Muster → Füllmuster in Objekte umwandeln** beziehungsweise die Tastenkombination **Alt** + **Umschalt** + **I**. Inkscape löscht dabei die gefüllte

Form und erstellt ein neues Objekt in Form des Füllmusters. Wenn Sie zum Beispiel einen Kreis mit dem Sternenmuster füllen und dann die Tastenkombination **Alt + Umschalt + I** drücken, löscht Inkscape den Kreis und erstellt dafür einen Stern, den Sie dann wie gewohnt bearbeiten können.

Im nachfolgenden Bild habe ich ein Natur-Muster (Blätter) gewählt und danach die Füllung in ein Objekt umgewandelt. Links ist also das Rechteck mit der Füllung, und nach Drücken von **ALT + UMSCHALT + I** ist das Rechteck leer und daneben die Füllung als Objekt entstanden. Das Rechteck hatte ich vorher dupliziert, damit das Bild vollständig wird.

Bild 8.24 Füllung zu Objekt

Zum Schluss lassen sich die einzelnen Blätter mit dem Knotenwerkzeug einzeln bearbeiten.

Bild 8.25
Füllmuster als Objekt bearbeiten

Die Objekte, die Sie in Füllmuster umwandeln wollen, sollten nicht zu groß gewählt werden, da diese in Originalgröße abgespeichert werden. Wenn Sie später ein Objekt mit einem eigenen Muster füllen wollen, das kleiner als das Füllmuster ist, werden Sie nicht viel sehen. Das Muster finden Sie überdies auch im Register **Farbe der Kontur**.

8.4.6 Perspektive

In Kapitel 7 haben wir ja bereits eine quasi Perspektive geschaffen, indem wir einen Text gespiegelt, halbtransparent sowie etwas schräg gestellt haben. Allerdings ist das keine richtige Perspektive, da die Textlinie keinen Fluchtpunkt besitzt beziehungsweise die Fluchtlinien parallel verlaufen.

Im folgenden Beispiel erstellen wir wieder einen Text und nutzen dabei aus dem Menü **Erweiterungen → Pfad modifizieren** den Befehl **Perspektive**.

Hier im Bild sehen Sie das Ergebnis und deutlich den Text, der nach rechts verlaufend perspektivisch kleiner wird.

1. Erstellen Sie einfach einen Text und geben Sie ihm eine Farbe und eine passende Schriftart.

2. Als Nächstes zeichnen Sie mit dem Bézier-Werkzeug einen passenden Pfad, der einem Viereck ähnelt. Wichtig dabei ist, dass Sie in der linken unteren Ecke beginnen und die restlichen Punkte des Vierecks im Uhrzeigersinn setzen, da der Text sonst gedreht beziehungsweise gespiegelt und gedreht wird. Schließen Sie das Viereck und damit auch den Pfad, indem Sie den letzten Knoten auf den ersten setzen. Der erste Knoten wird dabei kurzzeitig rot eingefärbt.

3. Sie können das Viereck auch klein beginnen und zur rechten Seite größer werden. Das Aussehen entscheidet letztendlich über die Richtung der Perspektive. Als Nächstes wandeln Sie den Text in einen Pfad um, **Strg** + **Umschalt** + **C**, heben die Gruppierung auf, **Strg** + **Umschalt** + **G**, markieren die einzelnen Buchstaben (wenn nicht

bereits alle markiert sind) und kombinieren diese mittels **Strg** + **K**. Damit ist der ehemalige Text ein kombinierter Pfad, den wir an dem Viereck ausrichten.

4. Markieren Sie zuerst den Text, wählen Sie zusätzlich das Viereck aus und führen Sie über die Menüleiste den Befehl **Erweiterungen** → **Pfad modifizieren** → **Perspektive** aus. Es dauert einen kleinen Moment und dann ist der Text perspektivisch dargestellt. Das Viereck können Sie nun löschen oder auf eine andere Ebene verschieben und diese unsichtbar schalten.

5. Jetzt wird der Text dupliziert (**Strg** + **D**) und vertikal gespiegelt (**V**). Verschieben Sie den gespiegelten Text unter den anderen. Wenn Sie den Text markieren und nochmals anklicken, verändern sich die Griffe und Sie bekommen ein kleines Kreuz in der Mitte. Damit lässt sich das Objekt drehen. Das kleine Kreuz verschieben Sie in die linke obere Ecke und richten damit das Objekt beim Verschieben an diesem Punkt aus. Verschieben Sie den rechten mittleren Anfasser nach oben, damit Sie den Text an der Perspektive des oberen ausrichten können.

6. Als Nächstes erstellen Sie ein schwarzes Rechteck, das den unteren Text komplett einschließt, und geben diesem Rechteck einen linearen Farbverlauf von Weiß nach Schwarz, da wir den unteren Text noch maskieren wollen. Damit Sie den Farbverlauf für die Maske richtig einstellen, können Sie sich auch noch vorher mit dem Bézier-Werkzeug eine kleine Hilfslinie zeichnen, die parallel zum Text verläuft. Diese sollten Sie danach wieder löschen.

7. Anschließend wählen Sie das Rechteck und den darunter befindlichen Text aus und aktivieren über das Menü **Objekt** → **Maske**→ **Maske setzen** die Maske.

8. Der letzte Schritt ist das Erstellen eines schwarzen Rechtecks, das komplett nach unten abgesenkt wird und den Text sowie die Spiegelung einschließt.

Somit haben Sie einen wunderschönen perspektivischen Effekt. Die Schritte können Sie auch mit Bildern oder Screenshots wiederholen.

8.4.7 XML-Editor

Mit diesem Editor haben Sie die Möglichkeit, den XML-Code Ihrer SVG-Datei direkt zu beeinflussen. Neueinsteiger sollten sich hier nur informieren, denn wenn die Werte falsch eingegeben werden, wird die Zeichnung sehr schnell unbrauchbar. Allerdings können Sie die Codeeingabe auch nutzen, um genaue Werte einzustellen. Sie können dies zum Beispiel an den Pixelwerten für die Höhe und Breite eines Rechtecks in einem neuen Dokument ausprobieren.

> **XML:**
>
> Die Abkürzung steht für Extensible Markup Language und bedeutet auf Deutsch „Erweiterbare Auszeichnungssprache“. Die XML-Tags sind dabei hierarchisch in einer Baumstruktur angeordnet.

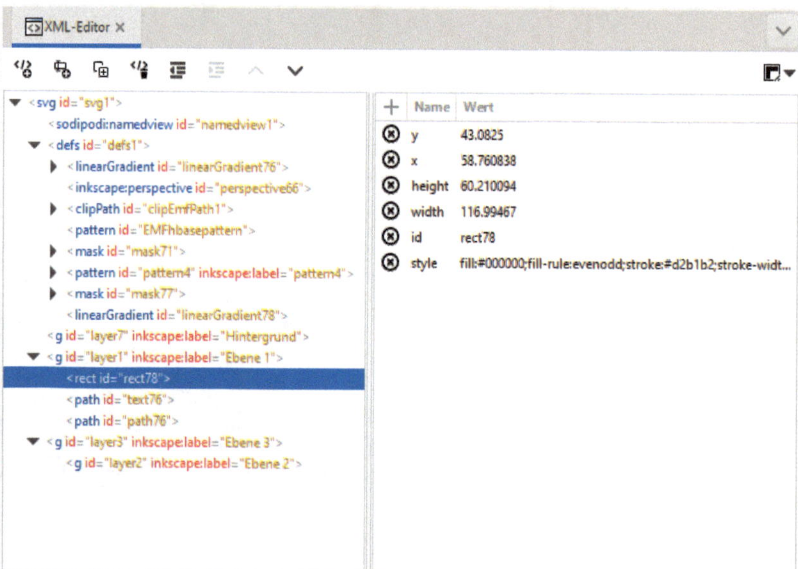

Bild 8.26 XML-Editor

Alle Einstellungen, Werte, Farbverläufe, Objekte usw. werden in der entsprechenden XML-Datei abgelegt und können über den mitgelieferten Editor sofort verändert werden. Wenn Sie ein Objekt ausgewählt haben und dann den XML-Editor aufrufen, springt dieser sofort an die entsprechende Stelle in der Baumstruktur. So können Sie zum Beispiel die exakte Lage von Objekten direkt in der XML-Datei bearbeiten.

Listing 8.1 Beispielcode aus einer Datei mit Namen *„holzprofi.svg"*.

```
<?xml version="1.0" encoding="UTF-8" standalone="no"?>
<!-- Created with Inkscape (http://www.inkscape.org/) -->

<svg
   xmlns:i="http://ns.adobe.com/AdobeIllustrator/10.0/"
   xmlns:dc="http://purl.org/dc/elements/1.1/"
   xmlns:cc="http://creativecommons.org/ns#"
   xmlns:rdf="http://www.w3.org/1999/02/22-rdf-syntax-ns#"
   xmlns:svg="http://www.w3.org/2000/svg"
   xmlns="http://www.w3.org/2000/svg"
   xmlns:xlink="http://www.w3.org/1999/xlink"
   xmlns:sodipodi="http://sodipodi.sourceforge.net/DTD/sodipodi-0.dtd"
   xmlns:inkscape="http://www.inkscape.org/namespaces/inkscape"
   inkscape:version="0.48+devel r12439"
   version="1.1"
   id="svg2"
   height="297mm"
   width="210mm"
   sodipodi:docname="Holzprofi.svg">
  <sodipodi:namedview
     id="base"
     pagecolor="#ffffff"
     bordercolor="#666666"
     borderopacity="1.0"
     inkscape:pageopacity="0.0"
     inkscape:pageshadow="2"
     inkscape:zoom="1.979899"
     inkscape:cx="385.16412"
     inkscape:cy="911.44487"
     inkscape:document-units="px"
     inkscape:current-layer="layer1"
     showgrid="false"
     inkscape:window-width="1920"
     inkscape:window-height="1018"
     inkscape:window-x="-8"
     inkscape:window-y="-8"
     inkscape:window-maximized="1"
     inkscape:snap-text-baseline="true"
     inkscape:snap-others="false" />
  <defs
     id="defs4">
```

Über das Menü **Bearbeiten** → **XML-Editor** oder mit der Tastenkombination **Strg** + **Umschalt** + **X** öffnen Sie das Dialogfenster **XML-Editor**. Wenn Sie einen roten Kreis zeichnen und danach den Editor öffnen, sehen Sie sofort, wie der Kreis eigentlich in Zahlen und Werten ausgedrückt wird.

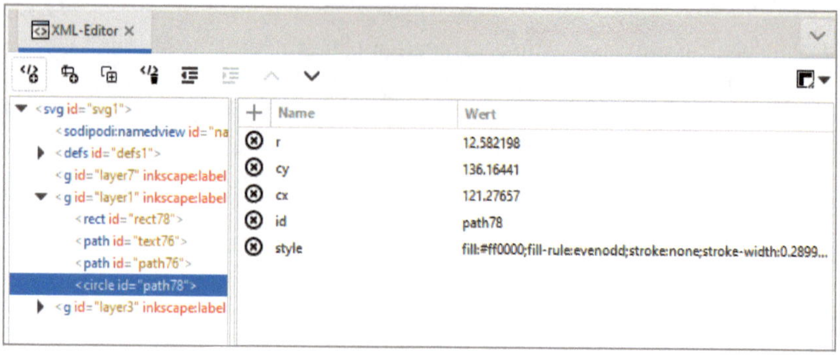

Bild 8.27 XML-Editor

Gesteuert wird der Editor mit den Schaltflächen, die sich im oberen Bereich befinden.

Bild 8.28
XML-Steuerung

Über die erste Schaltfläche können Sie neue XML-Elementknoten erstellen und die zweite dient zum Erstellen von Textknoten. Weiter können Sie noch Knoten duplizieren oder löschen sowie Knoten einrücken und im XML-Dokument hin und her springen. Mit der Schaltfläche ganz rechts (gelb markiert) können Sie die Ansicht des Editors umstellen. Möglich sind „Automatisch“, „Horizontal“ und „Vertikal“.

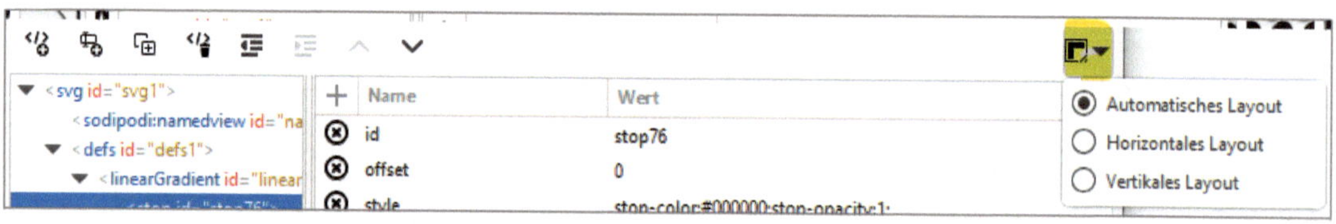

Bild 8.29 Einstellung des Layouts

Wenn der entsprechende Knoten für den Kreis im linken Fensterbereich markiert ist, können Sie dessen Attribute in der rechten Fensterhälfte ändern. Markieren Sie dazu das passende Attribut und geben Sie im Eingabe-Bereich den neuen Wert ein.

Wenn Sie zum Beispiel den Kreis auswählen und über die Objekteigenschaften STRG + UMSCHALT + O einen Titel vergeben, sehen Sie das wiederum im XML-Editor bei dem markierten Kreis.

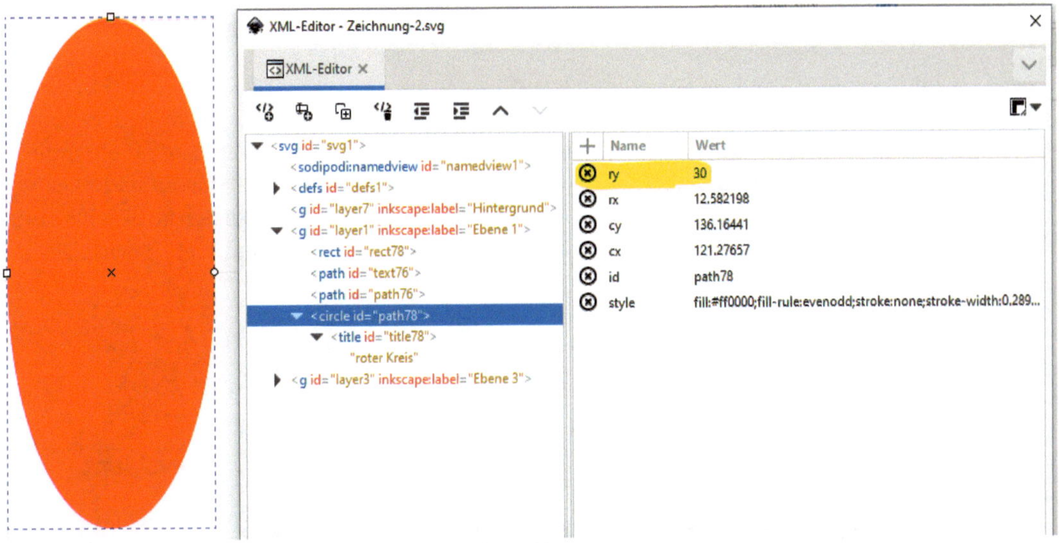

Bild 8.30 Aus dem Kreis wurde über den Wert „ry“ eine Ellipse.

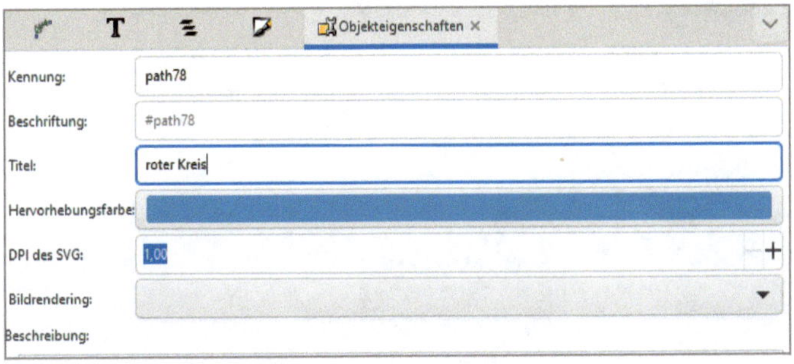

Bild 8.31 Objekteigenschaften „Titel“

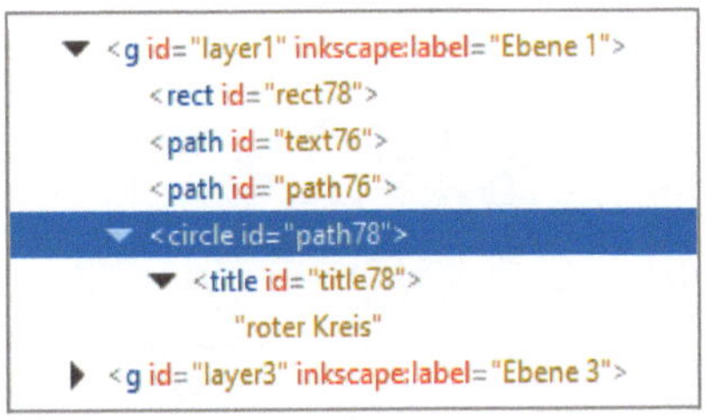

Bild 8.32
XML-Editor-Eintrag

Für den Titel sehen Sie den dazugehörenden XML-Eintrag im nebenstehenden Bild.

Das soll an dieser Stelle genügen. Es gibt sicher genug weiterführende Informationen im Internet.

8.4.8 Clip Art Library

Inkscape bietet seit langer Zeit den Zugriff auf die freie ClipArt-Galerie aus dem Programm heraus auch für das Betriebssystem Windows an. Über einen Befehl, den Sie über das Menü **Datei → Bild aus dem Internet importieren...** erreichen, können Sie unter anderem auf die freie ClipArt-Bibliothek im Internet zugreifen. Es erscheint nachfolgendes Bild, bei dem Sie einfach Ihren Suchbegriff (viele finden Sie, wenn Sie die Begriffe auf Englisch suchen) eingeben und dann durch die Ergebnisse scrollen. Viele davon haben sogar eine Vorschaugrafik.

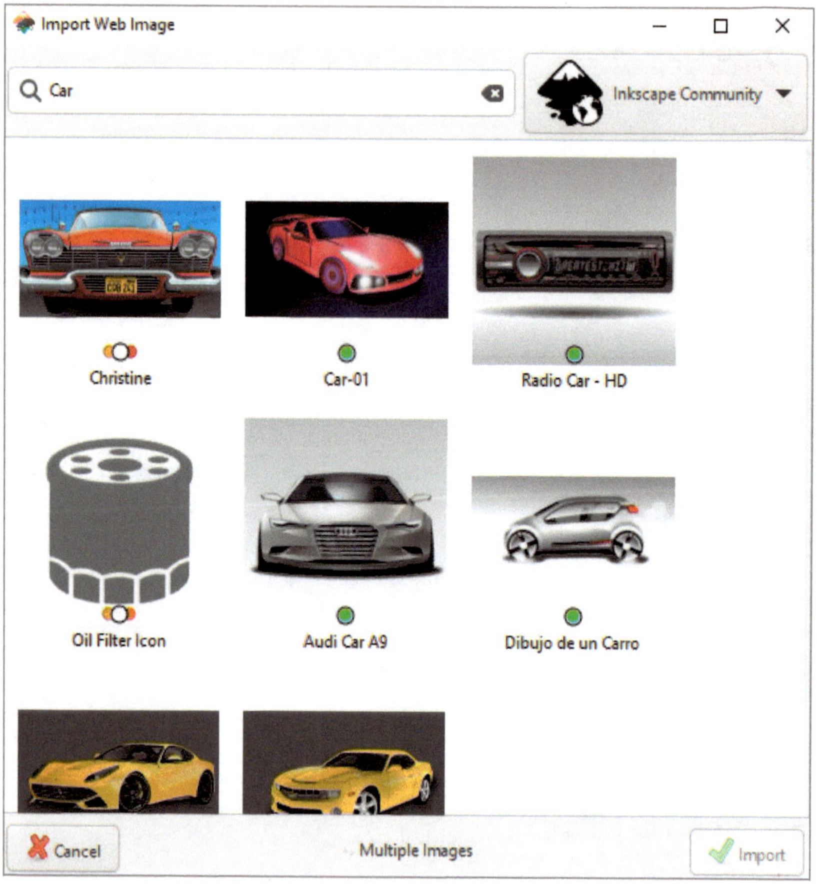

Bild 8.33 Inkscape Community

Neben der Open Clipart Gallery haben Sie in der Zwischenzeit auch die Möglichkeit, in anderen Bibliotheken zu suchen.

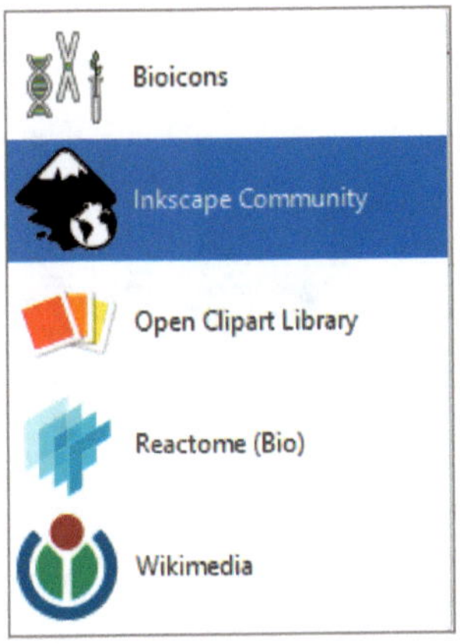

Bild 8.34
Kategorie-Auswahl

Der Dialog hilft Ihnen bei der korrekten Lizenzierung Ihrer Arbeit, da er zu jedem Bild die entsprechende Information über die Lizenz und die Anforderungen für abgeleitete Werke liefert.

Sie können zum Beispiel die Open-ClipArt-Bibliothek auch über einen Webbrowser aufrufen. Die Adresse lautet: http://www.openclipart.org/.

8.4.9 Objekteigenschaften

Die Eigenschaften eines Objekts können Sie sich über das Menü **Objekt** → **Objekteigenschaften ...** anzeigen lassen.

Neben der Kennung (ID) des Objekts stehen weitere Felder für Beschreibung und Titel zur Verfügung. Über diesen Dialog lassen sich die Objekte auch sperren und ausblenden. Im Bild ist zudem noch der Bereich **Interaktivität** eingeblendet, über den Sie dem Objekt weitere Eigenschaften beziehungsweise Befehlsfolgen mitgeben können.

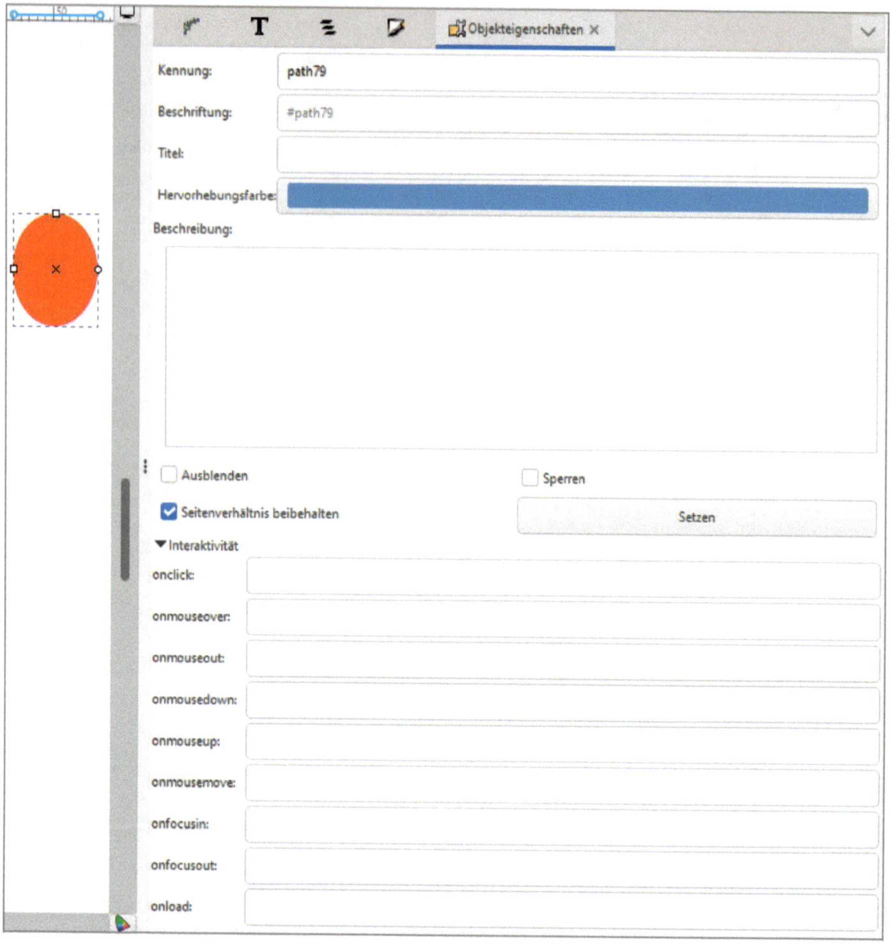

Bild 8.35 Objekteigenschaften

Gerade bei Webseiten können Sie so diverse Zustände über verschiedene Objekte in Ihrer SVG-Grafikdatei designen. Gebräuchliche Attribute sind Füllung (fill), Kontur (stroke) und Füllung mit Muster (pattern fill). Die Schreibweise in XML ist dabei „setAttribute (‚Attribut‘, ‚Wert‘)“.

Tabelle 8.6 Mögliche Attribute im XML

Füllattribute	Konturattribute	Musterattribute
fill	stroke: none	url(#Pattern)
fill-rule	stroke-width:	
fill-opacity	stroke-linecap: stroke-linejoin: stroke-dasharray: stroke-opacity:	

Weiterführende Informationen liefert auch die Präsentation des W3C:
http://www.w3.org/Consortium/Offices/Presentations/SVG/0.svg
bzw. die Seite mit den Attributen:
https://www.w3.org/Consortium/Offices/Presentations/SVG/47.svg

Als kleinen Workshop werden wir einen Kreis beim Darüberfahren mit der Maus einfärben und beim Klicken darauf mit einer schwarzen Kontur versehen.

1. Erstellen Sie einen Kreis in einer Farbe Ihrer Wahl und öffnen Sie den Objektdialog mit **Strg + Umschalt + O** oder den Menüeintrag **Objekt → Objekteigenschaften …**
2. Im geöffneten Dialog klappen Sie den Bereich **Interaktionen** mittels Klick auf das Dreieck auf.

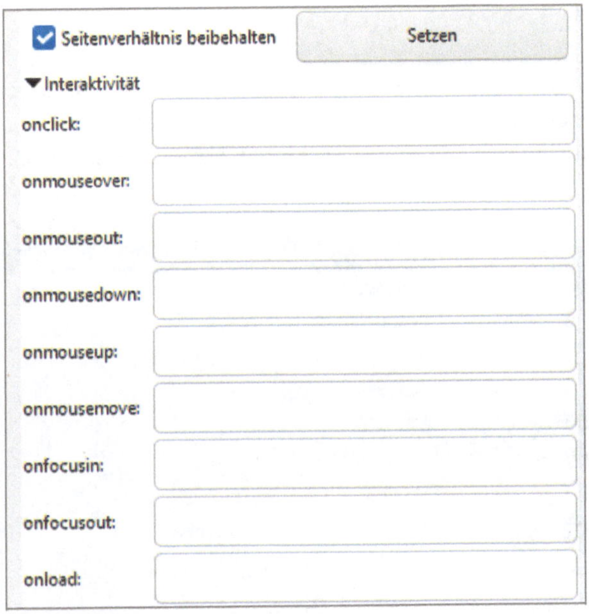

Bild 8.36
Dialogfenster

3. Geben Sie die Werte im Bild in Ihr Dialogfenster ein und klicken Sie auf die Schaltfläche **Setzen**.

Bild 8.37 Interaktivität

4. Als Nächstes öffnen Sie den XML-Editor mit STRG + UMSCHALT + X und markieren das Element für den Kreis (in meinem Beispiel <svg:path id="path79">). In der rechten Fensterhälfte sehen Sie ein Attribut *style*. Markieren Sie es und löschen Sie es mit dem Button ⊗.

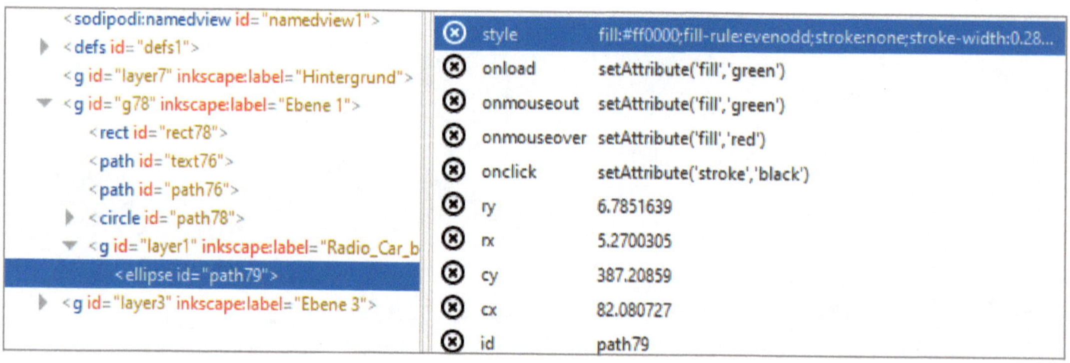

Bild 8.38 Style-Attribut

5. Wenn Sie den Stil nicht löschen, werden später die Befehle über die Webseite nicht funktionieren. Nachdem das Attribut *Style* gelöscht wurde, wird der Kreis in Ihrer Zeichnungsfläche nun in Schwarz dargestellt.

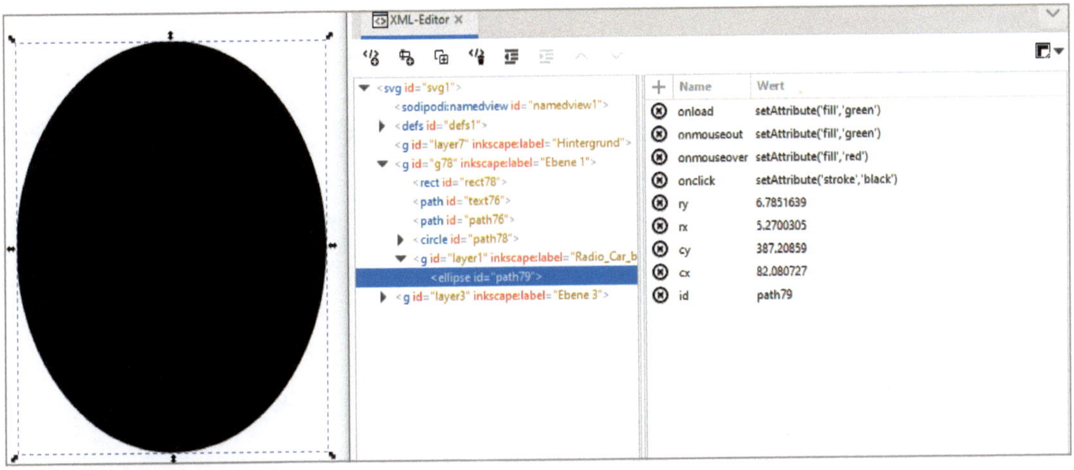

Bild 8.39 Schwarzer Kreis

6. Die Befehle für *onmouseover* und *onmouseout* bewirken, dass sich die Farbe entsprechend ändert, und der Befehl *onclick* sorgt dafür, dass der Kreis beim Draufklicken eine schwarze Kontur bekommt.
7. Für die Einbindung in eine Webseite können Sie folgenden Code verwenden, wenn Sie die Zeichnung unter dem Namen „*Objekteigenschaften.svg*“ abspeichern:

```
<html>
<head><title>Inkscape Erweiterung - Internet</title>
</head>
<body>
<Svg>
.....
</svg>
</body>
</html>
```

Kopieren Sie den SVG-Anteil des Codes entsprechend in die Datei.

8.4.10 SVG-Viewer

Neben dem Hauptprogramm liefert das Projekt ein Anzeigeprogramm für SVG-Dateien mit. Dieser sogenannte Viewer heißt „*Inkview.exe*“ und liegt im Programmverzeichnis von Inkscape. Der Viewer kann über das Startmenü oder über den Explorer geöffnet werden.

Die Arbeitsweise des Programms ist sehr einfach. Nach dem Start erscheint ein Dialogfenster mit Dateien und Ordnern zum Anschauen. Neben den zuletzt verwendeten Dateien können Sie auch bequem im persönlichen Ordner oder Schreibtisch oder anderen Ablagen schauen. Über die Schaltfläche „**Auswählen**“ öffnen Sie dann die SVG-Datei zur Ansicht.

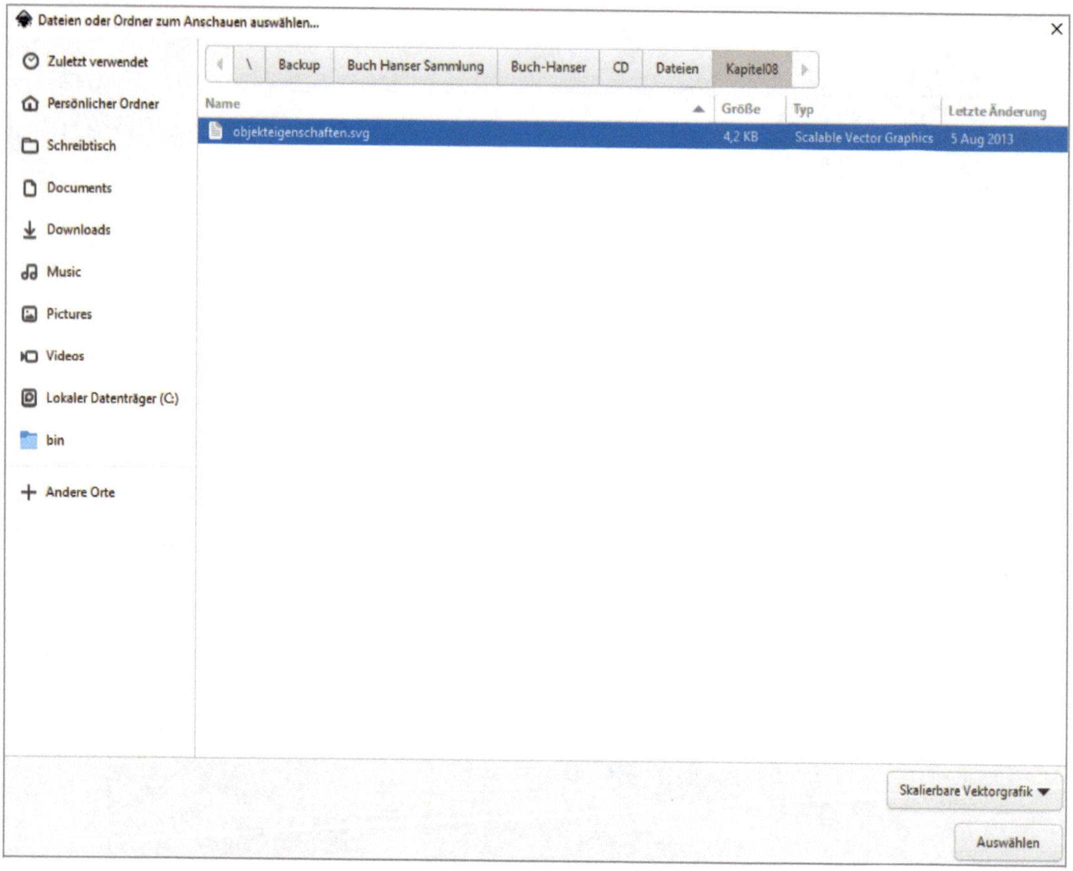

Bild 8.40 Inkview.exe

8.5 Klone – ein wichtiges Hilfsmittel

Neben dem Duplizieren von Objekten gibt es die Möglichkeit, Objekte zu klonen. Da diese Funktionalität sehr umfangreich und komplex ist, gehen wir nun detailliert in die Materie.

8.5.1 Klone

Inkscape bietet die Möglichkeit, Objekte zu klonen. Der Unterschied zum normalen Kopieren oder Duplizieren besteht darin, dass Klone immer eine Verknüpfung zum Originalobjekt behalten.

> **Klon**
>
> Immer wenn Sie das Original verändern, passt sich der Klon der Veränderung an. Ändern Sie hingegen den Klon, bleiben das Original und weitere Klone von diesem unverändert. Es lassen sich auch Klone wieder als quasi Original klonen. Ändern Sie in diesem Fall das Original, werden allerdings trotzdem alle Klone mit geändert, also auch das quasi Original, da es sich ja wiederum nur um einen Klon handelt.

Geklont werden können sowohl ein Einzelobjekt als auch mehrere ausgewählte Objekte. Dazu werden sie nicht zuvor in einer Gruppe zusammengefasst. Klonen Sie eine Gruppe und lösen Sie später die Originalgruppe auf, können Sie dann die Einzelobjekte verändern, ohne dass sich der Klon dem Original anpasst.

> **Füllung und Kontur von Klonen**
>
> Klone können nur unabhängig voneinander mit Füllungen und Konturen versehen werden, vorausgesetzt, dass der derzeitige Status auf **ungesetzt** steht.

Arbeiten mit Klonen

Ein Klon wird erstellt, indem Sie das Original auswählen und die Tastenkombination **Alt** + **D** drücken oder im Menü **Bearbeiten** → **Klonen** → **Klon erzeugen** auswählen. Dabei wird dieser direkt auf dem Original abgelegt; analog dem Duplizieren. Wenn Sie einen Klon in ein eigenständiges Objekt umwandeln wollen, verwenden Sie die Tastenkombination **Alt** + **Umschalt** + **D** oder den Menüeintrag **Bearbeiten** → **Klonen** → **Klonverbindung auftrennen**. Damit wird die Verknüpfung gelöscht und der Klon wird nicht länger modifiziert, wenn Sie das Original verändern.

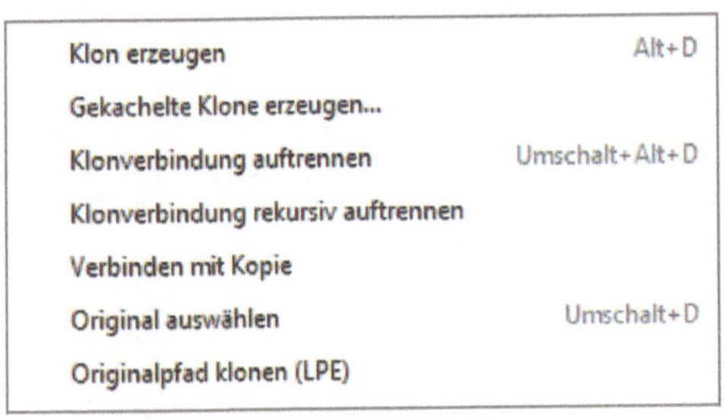

Bild 8.41
Klon-Dialog

Neben der Tastenkombination für das Klonen können Sie Klone auch über die Menüleiste **Bearbeiten** → **Klonen** erstellen. Darüber hinaus haben Sie noch weitere Möglichkeiten der Klonerstellung. So sind zum Beispiel auch gekachelte Klone möglich. Ebenso können Sie das Original eines Klons auswählen (**Umschalt** + **D**). Dabei klicken Sie einfach auf ein Objekt beziehungsweise eine Gruppe von Objekten und wenden den Befehl an. Inkscape zeigt Ihnen bei einem Klon die Verbindung zum Original über eine gestrichelte Verbindungslinie an.

In den Einstellungen im Bereich „Verhalten“ können Sie festlegen, wie Inkscape mit Klonen und Originalen jeweils bei Verschieben, Löschen und Duplizieren umgehen soll.

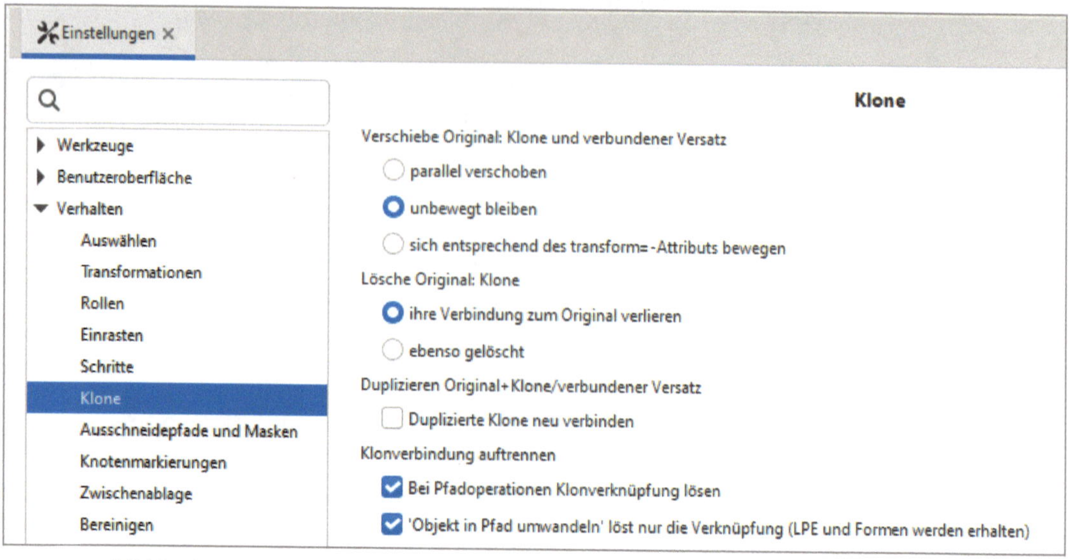

Bild 8.42 Klon-Einstellungen

8.5.2 Gekachelte Klone

Stellen Sie sich gekachelte Klone wie das Fliesenmuster in Ihrem Bad vor. Sie haben eine Originalfliese und viele identische Fliesen.

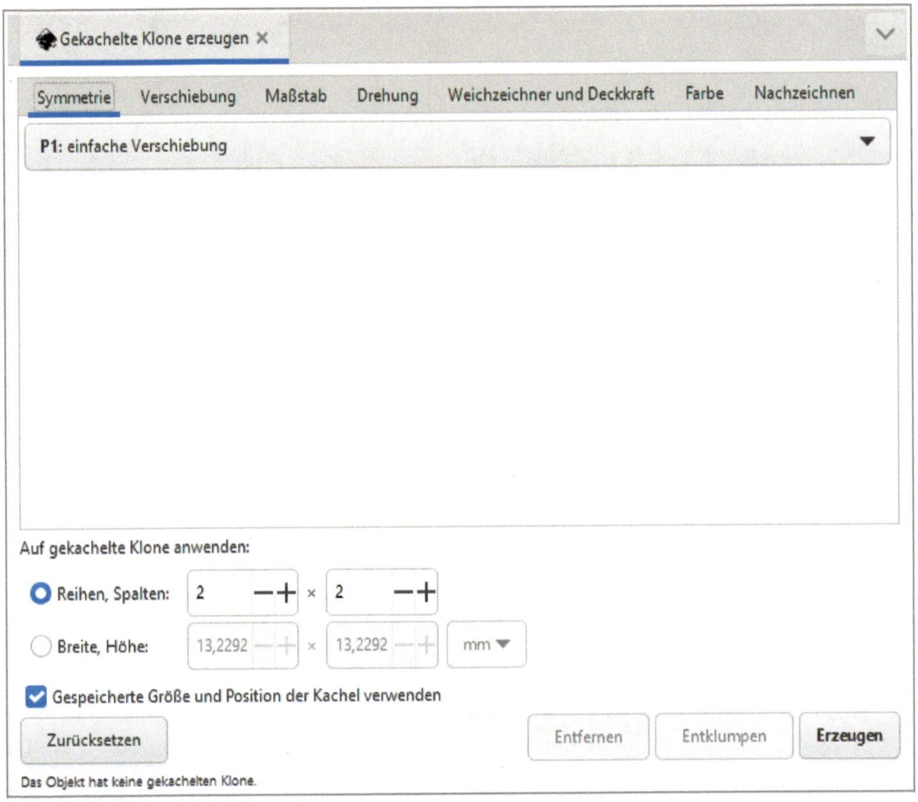

Bild 8.43 Symmetrische, gekachelte Klone erzeugen

Das Werkzeug zum Klonen von Objekten ist sehr mächtig, denn wie Sie bereits im Bild sehen, gibt es einige Register, mit denen Sie die unterschiedlichsten Typen herstellen können. Dabei weisen die Registernamen schon in die Richtung von dem, was Sie damit erreichen. Symmetrische Klone lassen sich so auf einfache Weise erstellen und Sie können sogar aus 17 unterschiedlichen Modi auswählen. Im unteren Bereich Reihen, Spalten und Breite, Höhe legen Sie fest, wie viele Klone oder in welcher Größe Sie diese anfertigen wollen.

Klondialog

Wichtig bei der Arbeit mit dem Dialogfenster für gekachelte Klone ist, dass alle Einstellungen zusammenwirken. Das heißt, wenn Sie unter Symmetrie etwas ändern und bei Rotation einen Winkel einstellen, wirken beide Parameter auf die Klone.

Im folgenden Beispiel habe ich ein Rechteck erstellt. Als Parameter habe ich zwei Reihen mit fünf Klonen und über das Register **Weichzeichner und Deckkraft** einen Wert von 10 % bei **Reihe und Spalte** eingestellt.

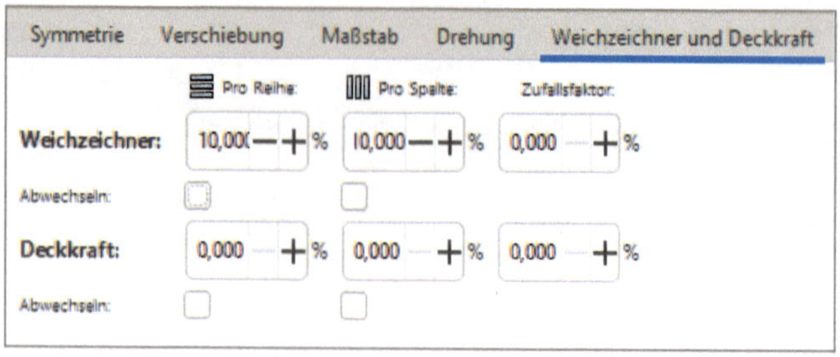

Bild 8.44 Weichzeichner und Deckkraft

Nach dem Klicken der Schaltfläche **Erzeugen** wurden diese gekachelten Klone erstellt.

Symmetrie

In diesem Bereich erstellen Sie gleichmäßige Abbilder Ihres Originals. Die Einstellungsmöglichkeiten umfassen das Rotieren in bestimmten Winkeln, die Reflektion und eine Mischung aus beidem.

Bild 8.45 Symmetrie-Möglichkeiten

Verschiebung

Hier können Sie jeweils für die Reihe und Spalte Prozentwerte eingeben, Exponentenwerte nutzen und Optionen für das Abwechseln, Anhäufen oder den Ausschluss von Kacheln erzwingen.

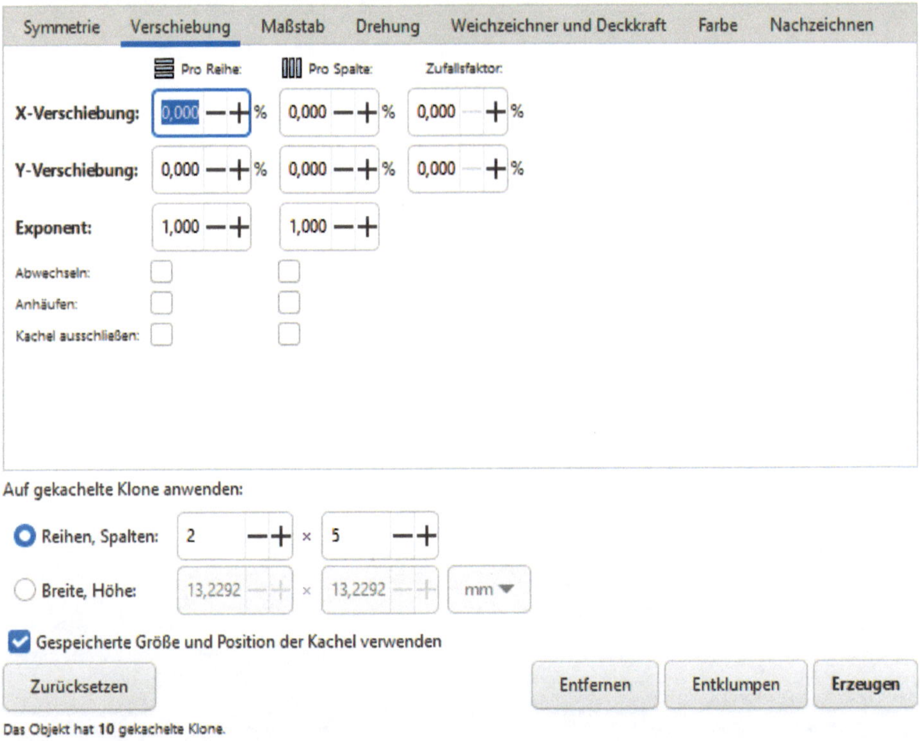

Bild 8.46 Verschiebung von Klonen

Maßstab

In diesem Register können Sie Ihre Klone verkleinern oder vergrößern. Auch hier ist die Eingabe eines Prozentwerts für die Reihen und Spalten möglich.

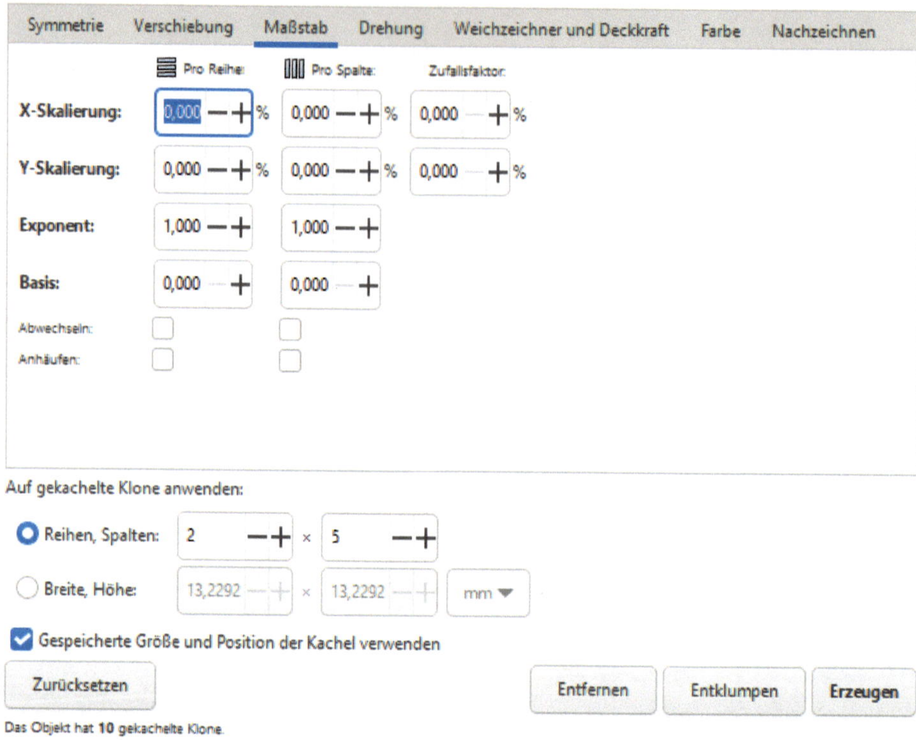

Bild 8.47 Maßstab für Klone

Drehung

Hier lassen sich die Abbilder in bestimmten Winkeln drehen.

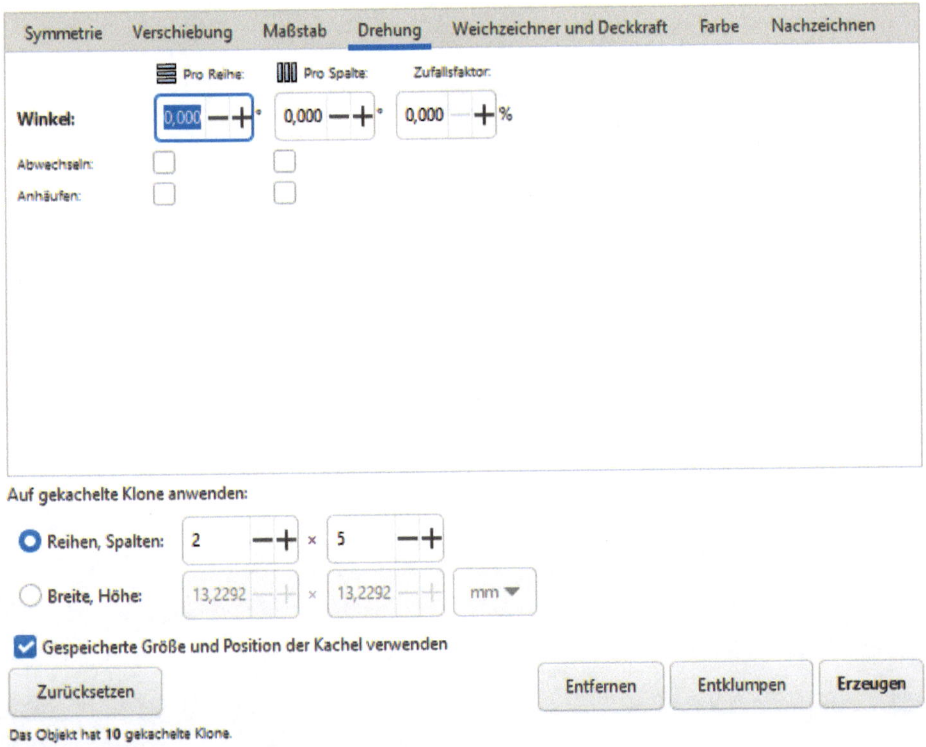

Bild 8.48 Klone drehen

Weichzeichner und Deckkraft

Hier werden Unschärfe und Transparenz der Klone in X- und Y-Richtung eingestellt. Über den Parameter *Abwechseln* legen Sie fest, welche Reihen und Spalten betroffen sind. Hier wirken die Werte aber kumulativ.

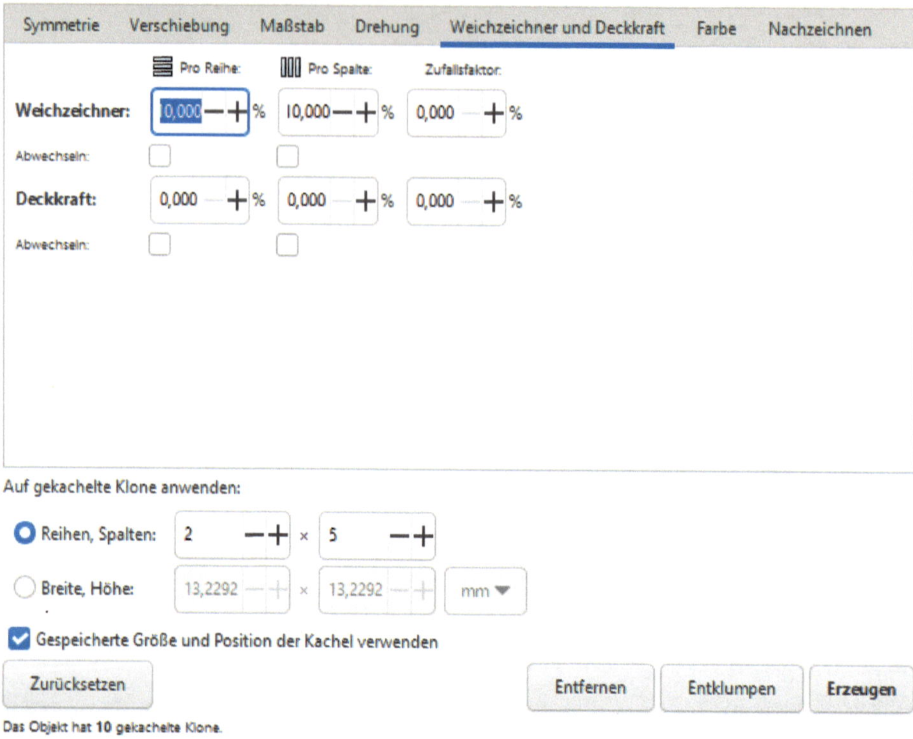

Bild 8.49 Weichzeichner und Deckkraft für Klone

Farbe

Hier legen Sie die Werte für „H“ (Farbton), „S“ (Sättigung) und „L“ (Helligkeit) fest.

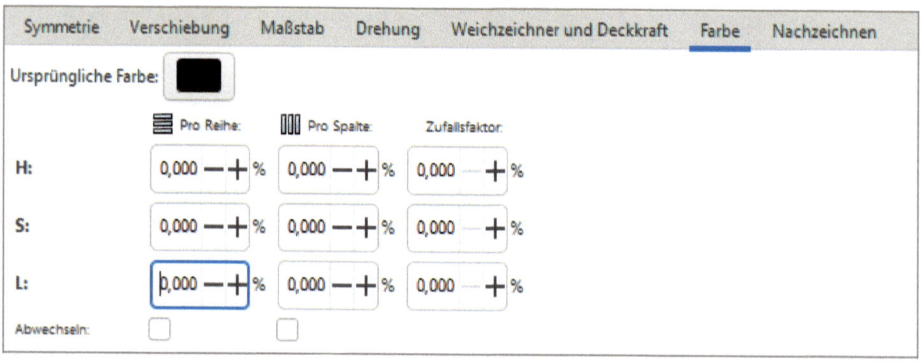

Bild 8.50 Farbe für Klone

Nachzeichnen

Das Original wird hier mit bestimmten Farbwerten oder Deckkraft geklont.

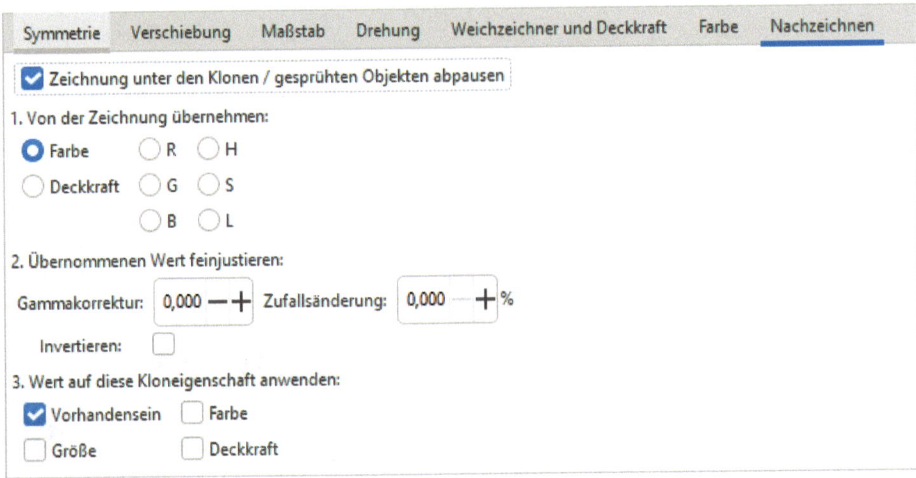

Bild 8.51 Nachzeichnen von Klonen oder gesprühten Objekten

Alle Werteeingaben in den jeweiligen Registern beziehen sich auf die Angaben unten im Dialogfenster.

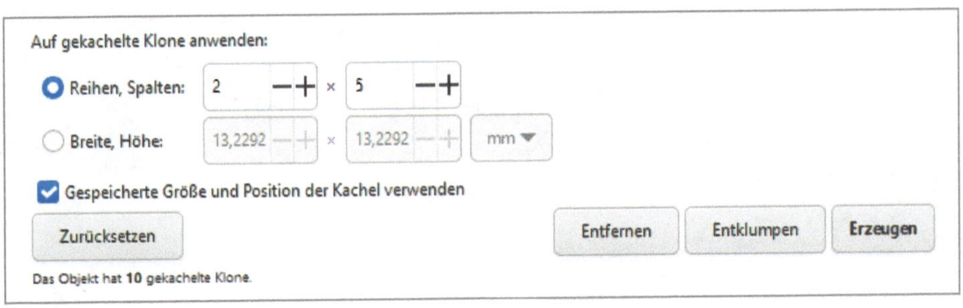

Bild 8.52 Anwenden auf Klone

Hier legen Sie die Anzahl der Reihen und Spalten beziehungsweise Höhe und Breite fest.

8.6 Dialogfenster andocken

Bei den vielen Hilfsmitteln darf ein Punkt nicht ungenannt bleiben – Fenster an- oder abdocken. Alle Dialogfenster öffnen sich standardmäßig im rechten Bereich Ihres Inkscape-Fensters. Dabei finden Sie in der Titelleiste ein Symbol – ein kleines Dreieck und am jeweiligen Dialog ein kleines Kreuz. Das Dreieck öffnet die Optionen sowie eine Reihe von Dialogen, die Sie darüber öffnen können. Das Kreuz schließt das aktuelle Dialogfenster.

Ebenso können Sie die linke Maustaste drücken und das Fenster an eine andere Stelle ziehen. Dabei wird es von der allgemeinen Instanz abgedockt und kann frei auf dem Bildschirm verschoben werden.

Bild 8.53 Dialogfenster-Leiste

Zum erneuten Andocken des Fensters klicken Sie auf die Zeile mit dem Kreuz-Symbol (nicht auf den Fenstertitel, wie Sie es von den meisten Anwendungen gewohnt sind), halten die Maustaste gedrückt und verschieben das Fenster wieder auf die rechte Seite. Sobald Sie das Fenster verschieben, wird auf der rechten Seite ein blauer Bereich angezeigt, in den Sie das Fenster fallen lassen können.

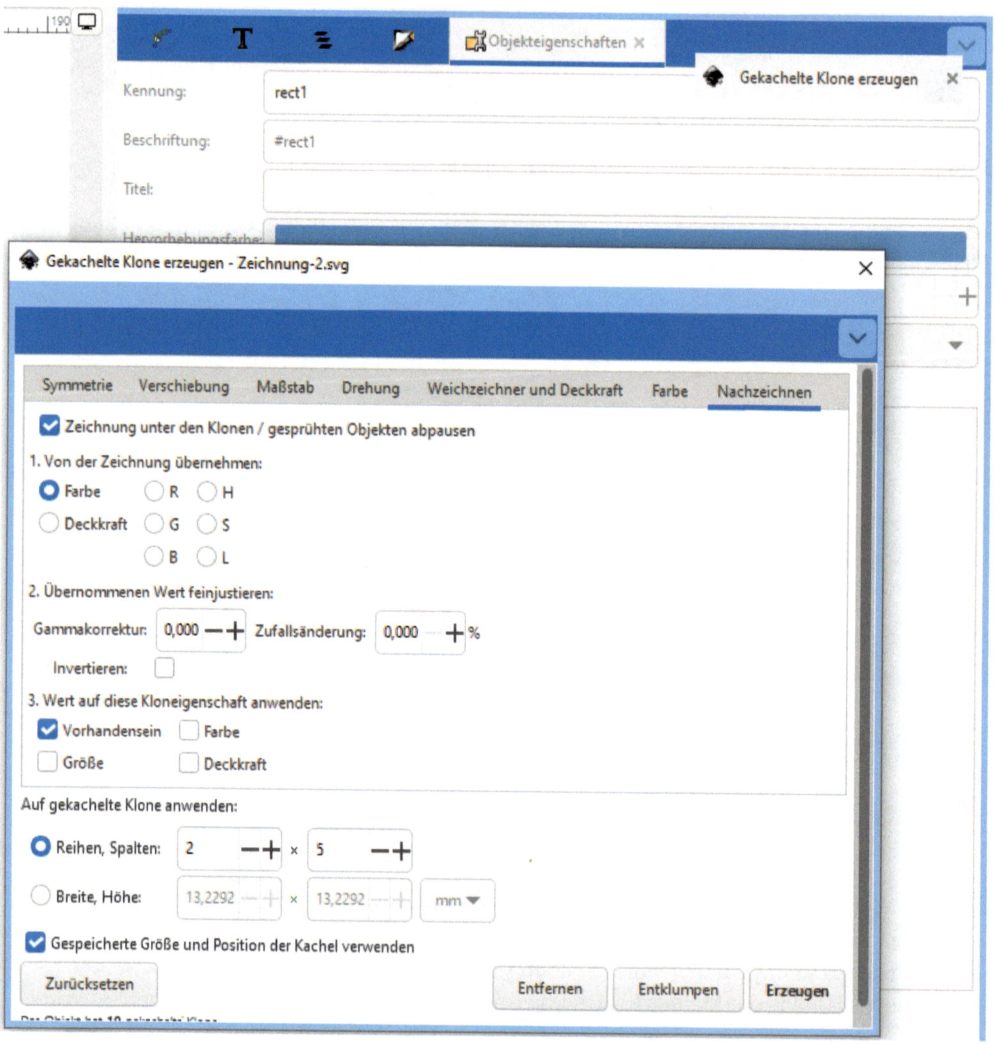

Bild 8.54 Fenster andocken

Im obigen Bild habe ich das Fenster „gekachelte Klone erzeugen“ mit gedrückter linker Maustaste in den rechten Bereich verschoben. Man sieht noch, dass ich es nicht abgelegt habe und somit das ursprüngliche Fenster sowie der allgemeine Bereich in blauer Farbe sind. Sobald ich die Maustaste loslasse, wird der Bereich wieder grau und das Fenster ist wieder in der allgemeinen Instanz.

Wenn Sie das kleine Dreieck anklicken, öffnet sich ein größerer Dialog.

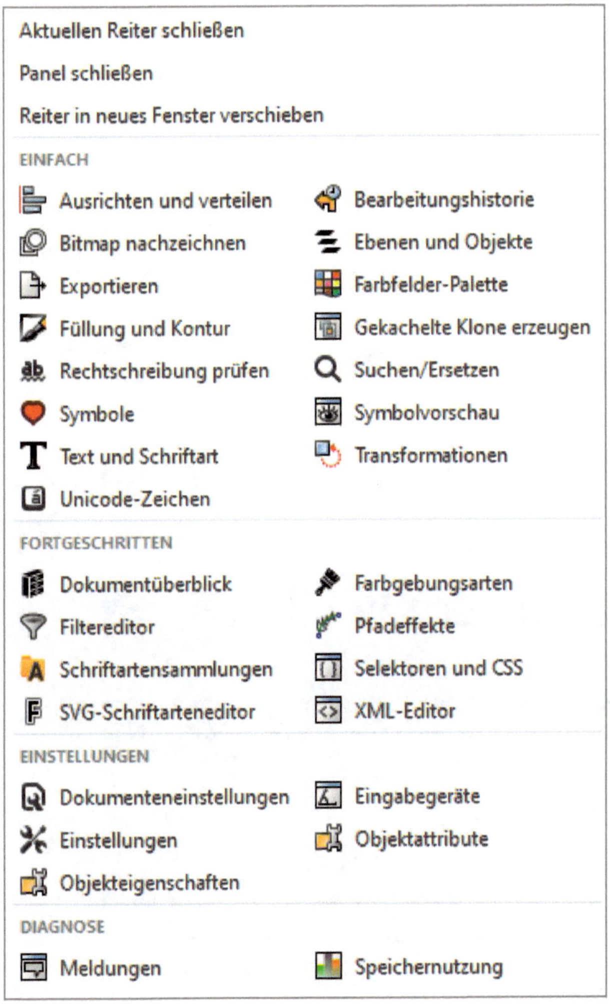

Bild 8.55
Dialogfenster

Im oberen Bereich können Sie mit dem aktuellen Dialogfenster arbeiten und nach den ersten drei Einträgen haben Sie Zugriff auf verschiedene Dialoge, die für Ihre Arbeit interessant sind. Die Bereiche unterteilen sich in „Einfach“, „Fortgeschritten“, „Einstellungen“ und „Diagnose“.

Bei den „einfachen“ und „fortgeschrittenen“ Dialogen finden Sie bekannte Fenster, wie „Ebenen und Objekte“, „Füllung und Kontur“, „Text und Schriftart“ oder den „XML-Editor“ wieder, die wir in vorherigen Kapiteln schon behandelt haben.

Inkscape hat seit der ersten Auflage des Buchs viel erreicht und einige Neuerungen in die Anwendung gepackt.

Symbole

Über diesen Dialog erreichen Sie eine große Sammlung an verschiedenen Symbolen, die Sie für Ihre Zeichnungen nutzen können.

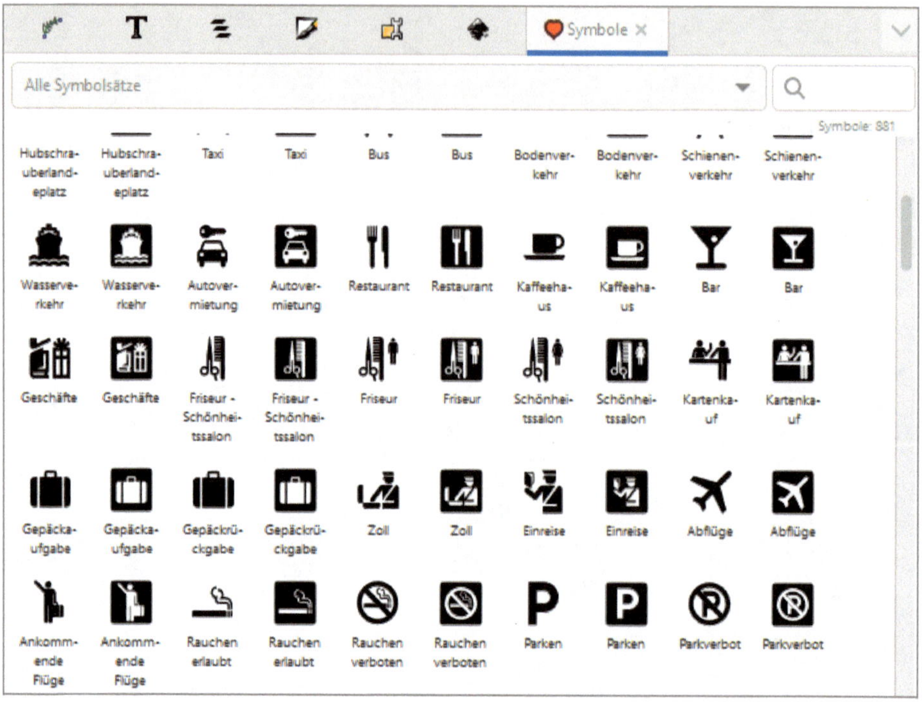

Bild 8.56 Symbolsätze

Im Unterdialog können Sie nach Symbolen suchen, es werden die verwendeten Symbole im Bereich „aktuelles Dokument“ auch angezeigt. Natürlich können Sie auch auf einzelne Symbolgruppen, wie Sprechblasen oder Flussdiagrammformen zurückgreifen.

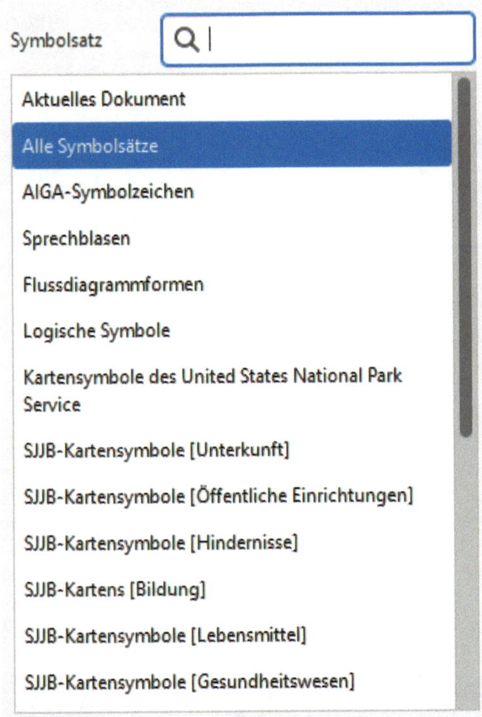

Bild 8.57
Verschiedene Symbolsätze

Sie markieren die Symbole und ziehen sie mit der Maus auf die Zeichnungsfläche. Danach lassen sie sich weiter in Form oder Aussehen verändern.

8.7 Bearbeitungshistorie

Es kommt oft genug vor, dass ein Arbeitsschritt nicht den gewünschten Erfolg hat und Sie diesen rückgängig machen beziehungsweise wiederholen wollen. Inkscape hält dafür eine Historie bereit. In früheren Versionen gab es in dem Dialogfenster noch die Möglichkeit, Befehle rückgängig zu machen, heute hält es nur noch die Liste der ausgeführten Aktionen bereit.

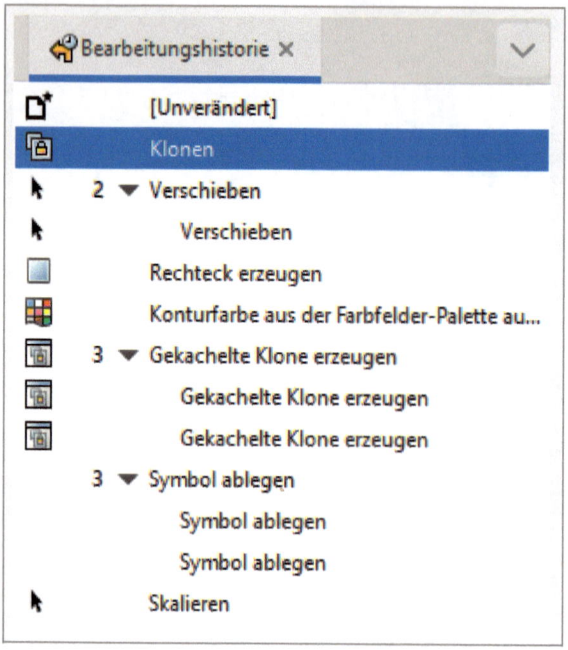

Bild 8.58
Bearbeitungshistorie

Wenn Sie daher einen Befehl oder eine Aktion rückgängig machen wollen, so klicken Sie diese in der Bearbeitungshistorie an und gehen über das Menü Bearbeiten. Dort finden Sie ganz oben die Operationen.

Bild 8.59
Operationen

Natürlich funktionieren auch die Tastenkombinationen **Strg** + **Z** und **Strg** + **Umschalt** + **Z**. Allerdings machen Sie bei allen diesen Aktionen immer nur den letzten Befehl rückgängig beziehungsweise wiederholen ihn. Bei umfangreichen Effekten ist das Wiederherstellen einer vorherigen Situation, die nicht nur einen Befehl zurückliegt, damit sehr mühsam.

Die Tastenkombination **Strg** + **Umschalt** + **H** hingegen öffnet das Dialogfenster Bearbeitungshistorie und zeigt die komplette Bearbeitungshistorie an. Hierbei können Sie durch die Befehlsliste schauen und den gewünschten Zustand wiederherstellen. Sobald Sie einen vorherigen Befehl auswählen, wird der entsprechende Zustand auf der Zeichnungsfläche angezeigt.

> Achtung: In Inkscape liegt ein Fehler vor, der das Programm zum Absturz bringt. Wenn Sie eine frühzeitige Aktion rückgängig machen wollen und danach etwas anderes zeichnen, wird das Programm mit einer Fehlermeldung geschlossen. Allerdings erstellt Inkscape eine Sicherheitskopie (Emergency Save), mit der Sie dann weiterarbeiten können. Beasrbeitungshistorie leer. Sie müssen daher auf den untersten (letzten) Schritt in der Bearbeitungshistorie klicken, damit das Programm nicht abstürzt.

8.8 Die Hilfe

Über das Menü **Hilfe** finden Sie Einträge für ein englischsprachiges Benutzerhandbuch, das sich auf die aktuelle Version 1.3 von Inkscape bezieht, ebenso die Tastatur- und Mausbefehle. Allerdings benötigen Sie zum Anzeigen dieser Informationen einen Internetzugang, da die beiden Menüeinträge eine Webseite im Internet öffnet.

Ein guter Einstiegspunkt neben diesem Buch ist der Menüeintrag **Einführungen**. Hier erhalten Sie deutsche Tutorials, die Ihnen Hilfe zum allgemeinen Umgang und zu ganz speziellen Bereichen anbieten.

> Sollte Ihr Betriebssystem beziehungsweise Virenschutz und/oder Ihre Firewall ausführbare Dateien und Scripts ins Internet blockieren, werden die Menüeinträge vermutlich nicht funktionieren.

8.9 Workshop: Vektorbild erstellen

In dieser Übung laden wir ein Bitmap-Bild und vektorisieren es. Danach wird es noch mit Farben weiterbearbeitet.

1. Laden Sie sich das Bild *„Margarite.png“* aus der aus dem Zusatzmaterial auf *plus.hanser-fachbuch.de* und speichern es zur weiteren Verwendung ab. Über das Menü **Datei → Öffnen ...** suchen Sie im Speicherordner das Bild *„Margarite.png“* heraus und öffnen es. Wählen Sie das Bild aus und drücken Sie **Alt + Umschalt + B**, um das Dialogfenster für das Nachzeichnen der Bitmap zu öffnen. Die Blume möchten wir nun mittels acht Scan-Durchläufen in Graustufen umwandeln, die dann zusammen das vektorisierte Bild ergeben.

   Legen Sie also im Kartenreiter „Mehrfarbig“ den Modus Graustufen fest und stellen Sie die Scan-Durchgänge auf den Wert 8. Die Option **Scans stapeln** deaktivieren Sie bitte.

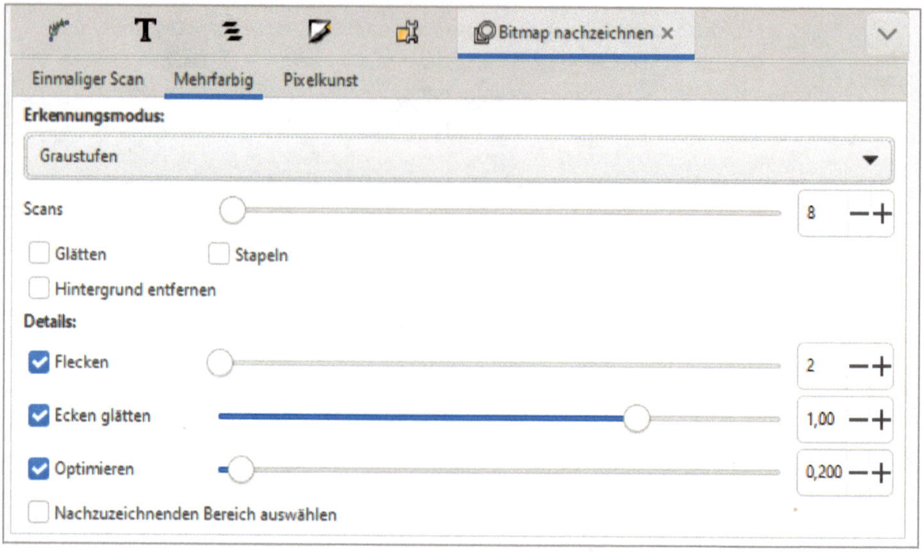

Bild 8.60 Dialogfenster „Bitmap nachzeichnen“

2. Mit der Schaltfläche **Aktualisieren** sehen Sie bereits eine kleine Vorschau auf das Ergebnis und mittels **Anwenden** erstellen wir das neue Bild.

Nach dem Erstellen liegt das Originalbild allerdings noch unter dem neu erstellten. Da wir dieses nicht mehr benötigen, werden wir es löschen. Wenn Sie einen Blick in die Statusleiste werfen, werden Sie feststellen, dass derzeit eine Gruppe von acht Objekten ausgewählt ist. Klicken Sie bei gedrückter **Alt**-Taste auf das Bild, um das im Moment verdeckte Originalbild auszuwählen. Wenn Sie nun die **Alt**-Taste loslassen, steht in der Statusleiste Farbbild 663 × 731 … Drücken Sie die **Entf**-Taste, um das Original zu löschen.

3. Als Nächstes lösen wir die Gruppe von acht Objekten mittels **Strg** + **Umschalt** + **G** oder über das Menü **Objekt → Gruppierung aufheben** auf. Als Ergebnis erhalten wir insgesamt acht ausgewählte Einzelobjekte in Form von Pfaden, die zusammen markiert sind.

> **!** Sollten Sie das Original behalten wollen, können Sie auch das ausgewählte Objekt über das Menü **OBJEKT → OBJEKTEIGENSCHAFTEN → SPERREN**. Allerdings müssen Sie es zum Bearbeiten wieder entsperren.
>
> Eine zweite Möglichkeit wäre, das Originalbild in den Hintergrund abzusenken. Alternativ bieten sich auch Ebenen an. Erstellen Sie eine neue Ebene, verschieben Sie das Originalbild dorthin und schalten Sie die Ebene dann unsichtbar.

4. Wählen Sie zunächst alles ab und dann die einzelnen zu bearbeitenden Objekte aus. Wählen Sie zum Beispiel das Objekt mit dem Blüteninneren.
5. Öffnen Sie den Dialog **Füllung und Kontur ...** und färben Sie es in einem Gelbton mit einer geringen Unschärfe.

Gehen Sie so durch die einzelnen Objekte und spielen Sie einfach etwas herum.

8.10 Zusammenfassung und Ausblick

In diesem Kapitel haben wir uns mit den Ebenen und dem Umgang damit beschäftigt. Sie haben gesehen, wofür man sie nutzen kann und welche „Gefahren“ sie mit sich bringen. Sie kennen die beiden Operationen Ausschneidepfade und Maskierungen, mit denen Sie Ihre Zeichnungen aufwerten können, und Sie wissen, wie man ein Bitmap-Bild vektorisiert.

Mit ein paar Tipps und Tricks lassen sich auf einfache Weise Klone oder schön aufgereihte Objekte erstellen und mit dem Einrastwerkzeug an den richtigen Platz verschieben. Wir haben den XML-Editor angesprochen und im Workshop haben Sie gelernt, wie man ein Vektorabbild eines Bilds erzeugt und mit ein paar Farben versieht.

Ein interessanter Aspekt von Inkscape wurde allerdings bis jetzt noch nicht beleuchtet – die Filter. Darauf gehen wir in Kapitel 10 ein und erklären, was Filter bewirken. Ein passender Workshop zeigt Ihnen, was Sie mit wenigen Klicks über Filter erreichen können.

9 Webseiten mit Inkscape erstellen

Das Kapitel im Überblick

- Webdesign oder die Möglichkeit, sich zu zeigen
- Webstandards
- Weblayoutprinzipien
- Template-Erstellung
- Architektur

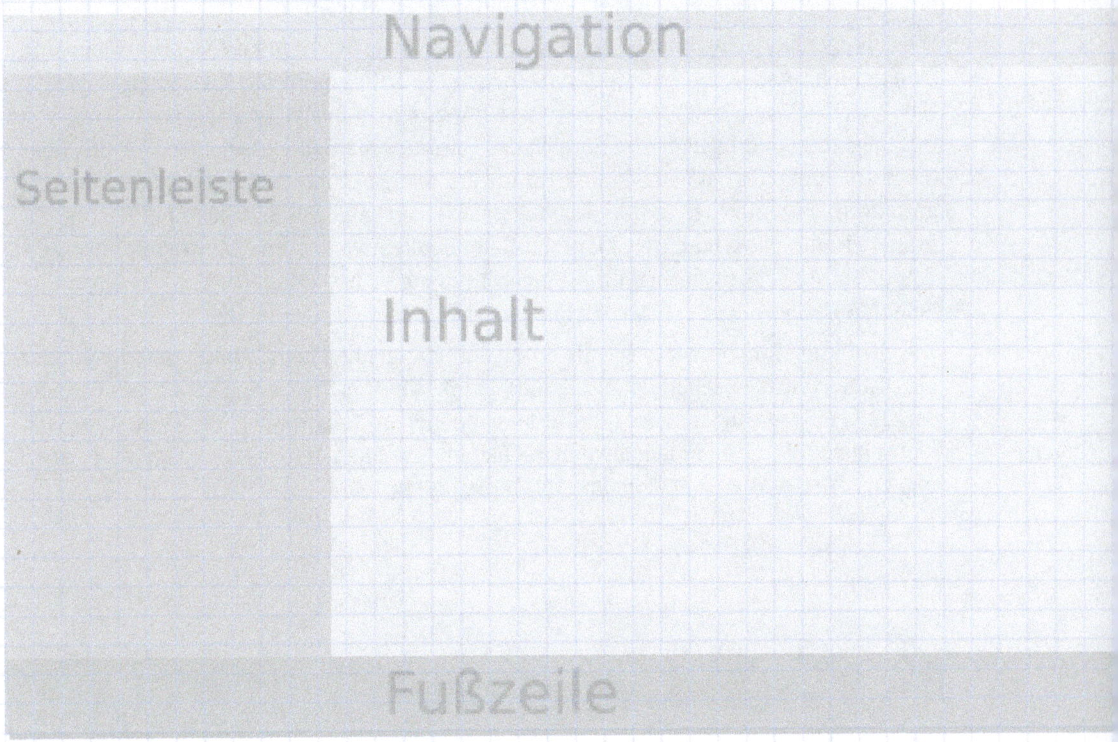

Webdesign ist ein spannendes Thema, facettenreich und mitunter auch sehr komplex. Überall begegnen uns im Internet die verschiedensten Sites und fast jede mit einer anderen Aufmachung. Vor ein paar Jahren sahen die Internetpräsenzen der Firmen und Privatpersonen noch schlicht und statisch aus und niemand hat sich um die Trennung von Inhalt und Aussehen Gedanken gemacht. In der heutigen Zeit haben sich das Aussehen und der Zweck einer Webseite jedoch sehr gewandelt, nicht zuletzt, da nun die verschiedenartigsten Medien unterstützt werden.

Websites

Dieser Begriff beschreibt eine komplette Umgebung mit allen einzelnen Seiten einer Webpräsenz.

Webseiten

Stehen im Buch für einzelne, statische oder dynamische Seiten.

So gut wie jeder hat heutzutage eine Webseite, auch wenn diese manchmal nur sehr klein ist und oft genug keinerlei Beachtung und Pflege findet. Professionelle Anbieter - sogenannte Webdesigner - gibt es genügend und sehr viele machen zudem noch einen sehr guten Job. Viele fühlen sich als Webdesigner berufen und viele davon versuchen, den Besucher mit allerlei Möglichkeiten zum Verweilen einzuladen. Doch was erwartet man als Besucher eigentlich von einer Webseite, einer Internetpräsenz und ist man wirklich ein Designer, nur weil man HTML-Konstrukte erschaffen kann?

Diese Fragen lassen sich nicht mit einem Satz beantworten, denn die Geschmäcker sind bekanntlich verschieden und jeder hat eine andere Auffassung von einer guten Webseite. Der Begriff *Design* beschreibt die Formgebung, den Entwurf und die Gestaltung von Gegenständen und bedeutet im Bereich des Internets die Grundidee einer Website, über die Erarbeitung der nötigen Struktur bis hin zur fertigen Umsetzung und grafischen Ausgestaltung der einzelnen Seiten. Neben dem Webdesigner gibt es noch den Webmaster, Frontend- und Backend-Entwickler, den Datenbankentwickler etc. Bei großen Sites werden diese Bereiche sicherlich durch mehrere Leute wahrgenommen. Bei kleineren Projekten liegt alles meist in einer Person.

Hier in diesem Kapitel werde ich Sie durch das spannende Thema führen und Sie mit der Möglichkeit der Webseitenerstellung mittels Inkscape vertraut machen. Ich gehe auf die derzeitigen Webstandards ein, die unterschiedlichen Webbrowser, die Gestaltung von Webseiten und welche Möglichkeiten Sie haben, Ihre Ideen umzusetzen. Farben, Formen und zusätzliche Medien bilden den Abschluss dieses Teils.

9.1 Webdesign oder die Möglichkeit, sich zu zeigen

In diesem Kapitel möchte ich Ihren Blick für Webseiten schärfen beziehungsweise Ihnen Ideen an die Hand geben, damit Sie Ihr eigenes Webseitenprojekt mit Inkscape erfolgreich umsetzen können.

Eine Webseite ist nicht nur eine Webseite, sondern die vielen unterschiedlichen Anzeigeprogramme, die sogenannten Webbrowser, stellen Ihre Seiten nicht immer so dar, wie Sie das in Ihrem Programm gedacht haben. „Cascading Style Sheets“ (CSS) ermöglichen es Ihnen, Ihre Webseite für verschiedene Ausgaben, wie Bild, Ton oder Papierdokumentation, aufzubereiten und so eine größere Anzahl möglicher Besucher anzusprechen.

Im Internet findet man die unterschiedlichsten Webseiten - viele davon sind persönliche und andere wiederum sind Foren oder Firmenwebseiten. Daneben gibt es Informationswebseiten wie Wikipedia zum Beispiel oder auch Übersetzungswebseiten oder solche, mit denen man eine andere Sprache lernen kann. Viele haben auch Blogs, über die sie ihre Meinung kundtun. Letztere bieten viele gute Möglichkeiten bei der Erstellung.

Blogs

Das sind Webseiten, die Beiträge zu bestimmten Ereignissen im Leben sammeln. Sie schreiben mit Videos, Bildern und Text eigene Gedanken. Ein solches Weblog ist meist endlos und in abwärts chronologischer Reihenfolge.

Bisweilen stellt ein Blog die gesamte Webseite dar, manchmal aber ist der Blog auch nur ein Teil davon. Ebenso ist es oft möglich, als Leser Kommentare unter bestimmte Beiträge zu setzen. Clevere Designs ermöglichen eine Trennung von Layout und Inhalt. Somit bleibt das Layout konsistent und nur die einzelnen Beiträge verändern sich.

9.2 Webstandards

Webstandards helfen Ihnen, Webseiten zu erstellen beziehungsweise zu betreiben, die zum einen in vielen Browsern benutzbar und zum anderen aufwärtskompatibel sind. Mit den dazu notwendigen Grundlagen haben Sie schnell ein Grundgerüst erstellt. Im nachfolgenden Bild sehen Sie jeweils den aufgeklappten Teil, den wir hier thematisieren.

9.2.1 Allgemeines

In der heutigen Zeit werden viele Webseiten über Content-Management-Systeme bereitgestellt. Diese sogenannten CMS sind vorgefertigte Pakete, die Sie einfach in Ihrem Wurzelverzeichnis Ihrer Website installieren. Alle diese Systeme benötigen eine Datenbank, die Sie bei bestimmten Paketen Ihres Anbieters erhalten. Für kleinere Sites gibt es abgespeckte Varianten und manchmal braucht man einfach nur ein paar statische Seiten und kommt ganz ohne Datenbank aus. Doch beginnen wir bei den Grundlagen und was den Webstandard so besonders macht.

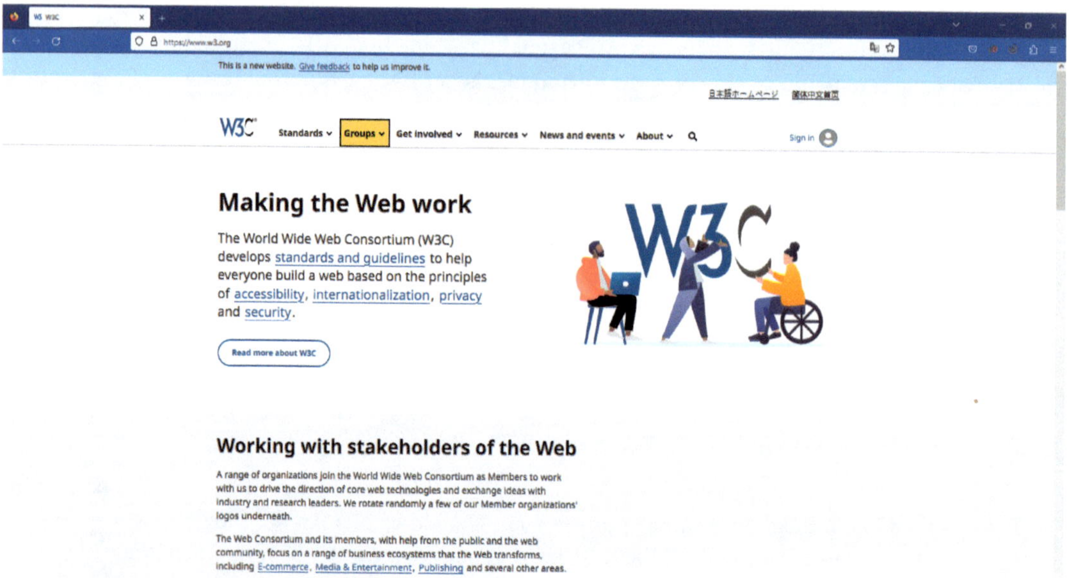

Bild 9.1 Webseite des W3C

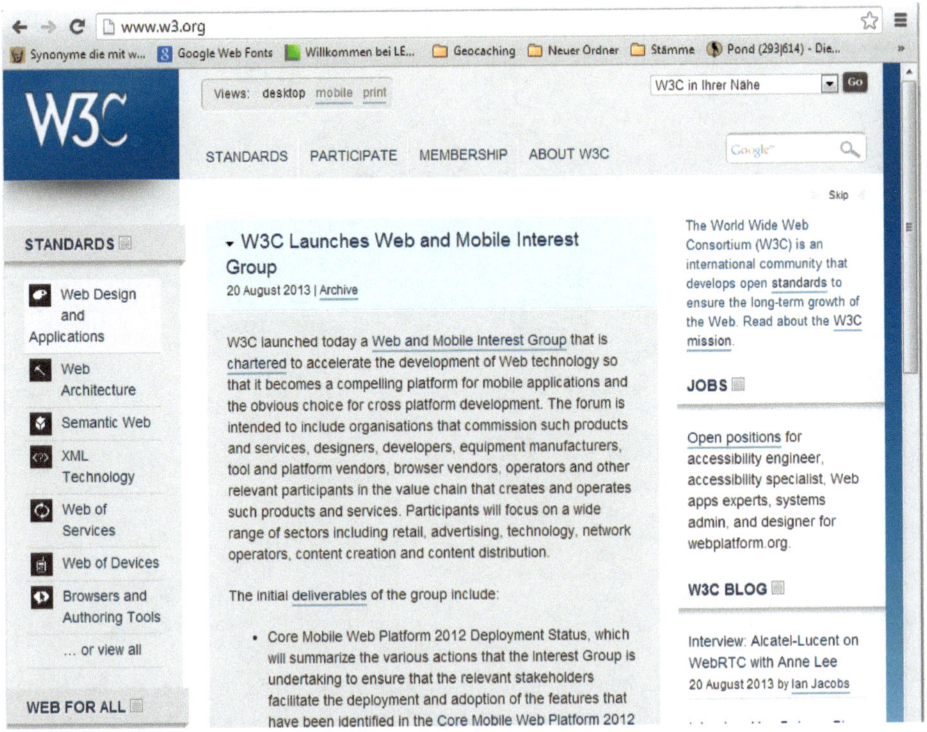

Bild 9.2 Webseite des W3C

Webstandards werden und wurden durch das World Wide Web Consortium (W3C) in Zusammenarbeit mit anderen Vereinigungen und Organisationen entwickelt, um internetbasierende Inhalte zu erstellen und nutzbar zu machen. Hierbei liegt das Augenmerk auf der Benutzbarkeit für viele Internetsurfer sowie der Lebensdauer der publizierten Inhalte. Standards ermöglichen Webseiten, die für mehr Anwender und Medien zugänglich sind. Der Markt an Geräten ändert sich heute rasend schnell und wenn Sie dabei nicht auf Webstandards setzen, geraten Sie schnell in eine Außenposition. Da sich nicht jeder an die Standards hält, klafft eine Schere zwischen den unterschiedlichen Browsern und den verschiedenen Designelementen.

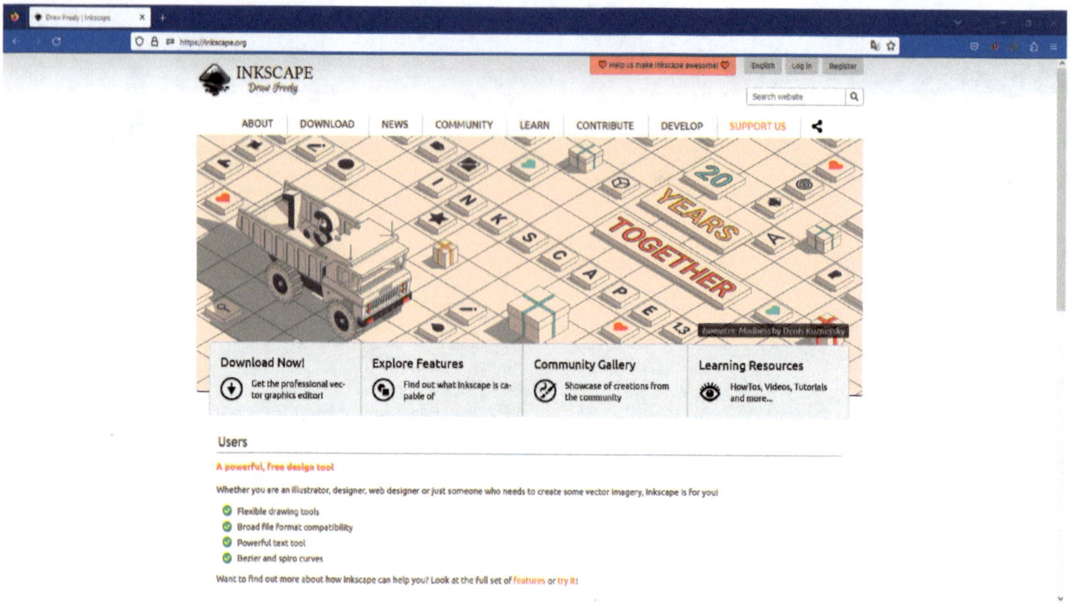

Bild 9.3 Webseite von Inkscape

Viele Designer und Entwickler standen immer wieder vor der Frage, ob sie den Inhalt eher für eine Vielzahl an Browsern erstellen und ihn somit für viele Anwender zugänglich machen oder ob sie mehr auf Darstellung achten und sich damit einigen Anwendern verschließen. Die Schere klafft heute noch genauso offen, wie zum Beginn der Webseitenerstellung, als noch ein Texteditor zum Schreiben des Codes ausgereicht hat. Noch immer gibt es Unterschiede in der Anzeige und Nutzbarkeit zwischen den Browsern und Anzeigegeräten.

Die meisten Browser unterstützen inzwischen die Standards HTML 4 und 5, CSS, XHTML 1, DOM und JavaScript und können somit die Struktur und das Design einer Webseite trennen. Zudem verbessern sie die Barrierefreiheit. Auch wenn nun fast alle Browser die Standards verstehen, werden oft genug im Internet veraltete Techniken propagiert und es entstehen Webpräsenzen, die zwar in jedem Browser gleich aussehen, aber auf Kosten der Barrierefreiheit und der Kompatibilität gehen.

Einige Entwickler verwenden noch WYSIWYG-Programme, die entstanden sind, als sich die Browser-Hersteller noch nicht an die Standards gehalten haben und dadurch nichtsemantische Seiten erstellten, die nur für bestimmte Browser optimiert waren und noch sind.

WYSIWYG

WYSIWYG ist eine englische Abkürzung und steht für „What You See Is What You Get“. In die deutsche Sprache übersetzt heißt das etwa „So wie es aussieht, wird es später dargestellt“. Die Programme bieten somit eine Vielzahl an Gestaltungselementen, die später in den HTML-Code übersetzt werden.

Damit ich Sie nicht zu Beginn schon verwirre und mit Fachchinesisch überhäufe, klären wir in den folgenden Grundlagen die wichtigsten Begriffe. Ich reiße die Sprache HTML beziehungsweise XHTML kurz an, da sie uns immer wieder beschäftigt und Sie schon jetzt einige Kenntnisse benötigen. Ebenso werde ich anfangs gleich auf die Cascading Style Sheets - kurz CSS - eingehen.

9.2.2 Grundlagen

Was ist eigentlich HTML?

HTML ist eine so vielseitige Sprache, dass sie allein schon ganze Bücher füllt. Auf den folgenden Seiten gehe ich daher nur auf das Nötigste ein, damit ich Sie nicht mit trockenem Stoff langweile. Die Abkürzung HTML steht für „HyperText Markup Language" und bezeichnet eine textbasierte Sprache zum Strukturieren von Texten, Bildern, Verweisen und Formaten, damit diese später von Anzeigeprogrammen gelesen werden können.

Jede HTML-Seite beinhaltet ein bestimmtes Grundgerüst, damit sie als solche auch erkannt wird und auf einem Ausgabegerät entsprechend angezeigt werden kann.

```
<!DOCTYPE HTML>
<HTML>
<HEAD>
<TITLE>Beispielseite</TITLE>
</HEAD>
<BODY>
<P>Text</P>
</BODY>
</HTML>
```

Der Code beginnt mit dem Dokumententyp (Doctype). Der Dokumententyp ist kein „Tag" (Auszeichnung), sondern eine Information und wichtig, damit die einzelnen Suchmaschinen den Inhalt der einzelnen Seiten besser aufbereiten und kategorisieren können. Mit dem folgenden HTML-Element „<HTML>" wird die Seite vorbereitet und Sie sehen am Ende des Listings den „</HTML>", der die komplette Seite abschließt.

TAG

Der Inhalt von HTML-Dokumenten steht zwischen bestimmten Elementen, die sogenannten Tags („Tägs" gesprochen). Fast alle diese Elemente werden durch ein einleitendes und ein abschließendes Tag markiert. Zwischen den beiden steht der Gültigkeitsbereich des entsprechenden Elements. Die Tags werden in spitzen Klammern geschrieben, zum Beispiel:

`<p>Hallo Welt</p>`.

Mit HTML-Tags können Sie Überschriften, Textabsätze, Tabellen und Listen erzeugen, um mal die wichtigsten zu nennen. Es lassen sich ebenso Verweise auf andere Inhalte setzen und HTML fungiert als Schnittstelle zur Erweiterungssprache CSS. Allerdings ist HTML -

auf sich allein gestellt - in manchen Dingen einfach überfordert. Daher gibt es heutzutage XML und CSS, um das anwendungsspezifische Design zu ermöglichen.

HTML als Klartext

HTML ist eine Klartextsprache, die in jedem beliebigen Texteditor bearbeitet, also geschrieben werden kann. Sie brauchen daher keine bestimmte Software, um HTML-Dateien bearbeiten zu können. Zwar gibt es eine Vielzahl an Programmen, die Ihnen das Schreiben des Codes abnehmen, jedoch ändert sich nichts am eigentlichen Format. Der Vorteil des Klartextes ist, dass viele Programme diesen Code eigenständig generieren können.

Nutzen Sie zum Beispiel eine Suchmaschine, werden die Ergebnisse durch ein Script automatisch erzeugt. Das Script startet eine Abfrage in der Datenbank und präsentiert die Ergebnisse wiederum in der erstellten HTML-Seite, die allerdings durch das Script generiert wurde.

HTML als Auszeichnungssprache

HTML dient zur Beschreibung der logischen Bestandteile eines textorientierten Dokuments. Dabei werden die Bestandteile hierarchisch angeordnet und der eigentliche Inhalt besteht zum Beispiel aus einer Überschrift 1. Ebene, einer Tabelle, Grafik oder einer Liste. Einige Elemente wie der Text besitzen sogar Unterelemente. So kann dieser zum Teil fett oder kursiv dargestellt werden.

HTML als Hypertext und Hyperlink

Eine wichtige Eigenschaft der Sprache ist die Möglichkeit, bestimmte Sprungpunkte, sogenannte Hyperlinks, zu setzen. Diese Verweise können zum einen an eine andere Stelle im gleichen Dokument oder in ein völlig anderes zu einer ganz anderen Domain verbinden. So lassen sich inhaltliche Verbindungen (Links) schaffen. Nehmen Sie zum Beispiel eine Seite mit einer Linkliste zu einem bestimmten Thema. Auf einer einzigen Seite können Sie somit eine Unmenge an Links präsentieren. Die Suchmaschine arbeitet nicht anders. Zu Ihrer Suchphrase werden die in Verbindung stehenden Dokumente in einer Liste angezeigt und Sie sind von den Inhalten meist nur einen Mausklick entfernt.

Diese Eigenschaft macht das Internet auch wieder interessant und gerade die Verweise werden durch den Kommerz erheblich genutzt. Banner (anklickbare Grafiken und Bilder) mit Werbebotschaften springen zu führenden Anbietern, die wiederum für die Platzierungen der Werbeträger Miete bezahlen.

9.2.3 CSS - Cascading Style Sheets

Cascading Style Sheets oder kurz CSS genannt sind eine deklarative Sprache für strukturierte Dokumente. Eigentlich treten sie immer in Verbindung mit HTML, XHTML, XML und DHTML auf. In den CSS-Dateien werden die Informationen abgelegt, wie bestimmte Bereiche einer Webseite oder/und deren Inhalte dargestellt werden sollen. Ebenen, denen eine Klasse oder ID zugeordnet ist, lassen sich bestimmte Werte zuteilen.

ID

Die ID ist ein eindeutiges Merkmal und wird nur **einmal** auf einer kompletten Website vergeben.

Class

Die Klasse kann hingegen mehrfach eingesetzt werden.

Nutzt man eine ID, wird der nachfolgende Bereich mit dem Rautezeichen begonnen. Danach folgen in einer geschweiften Klammer die entsprechenden Werte.

```
#search {
    float: right;
    width:320px;
    margin-top: -20px;
    margin-right: 30px;
    height: 40px;
    overflow: hidden;
    text-align:right;
}
```

Wollen Sie hingegen eine Klasse ansprechen, so wird zu Beginn ein Punkt verwendet und dann der Name der Klasse geschrieben.

```
.tool-tip {
    float: left;
    background: #ffc;
    border: 1px solid #D4D5AA;
    padding: 5px;
    max-width: 200px;
}
```

CSS ermöglichen es, unterschiedliche Darstellungen für verschiedene Ausgabemedien wie Sprache, Papier, Bildschirm, Smartphone oder Projektion vorzugeben. Dadurch können Sie zum Beispiel weiterführende Verweise auf Geräten mit geringer Auflösung besonders hervorheben.

Weiterführende Informationen zu den Cascading Style Sheets finden Sie im Internet unter *http://www.css4you.de/*. Dort erwartet Sie eine fast vollständige Referenz zu den einzelnen Eigenschaften und den dazugehörenden Parametern.

9.3 Weblayoutprinzipien

Nachdem wir kurz auf HTML und CSS eingegangen sind, kommen wir nun zu den allgemeinen Richtlinien, die Ihnen helfen, die Webseite effektiv und einfach zu halten, damit sich der Betrachter wohlfühlt und nicht in den nächsten fünf Sekunden wieder woanders hin surft.

„Keep it simple!“: Versuchen Sie, es einfach zu halten.

Für Webseiten gibt es viele Plug-ins und Skripte, die Sie Ihrer Webseite zwar hinzufügen können, aber nicht unbedingt nötig haben. Seien Sie daher sehr wählerisch und verwenden Sie nur die, die Ihren Besucher in den Bann ziehen, damit er auf Ihrer Webseite bleibt.

Wählen Sie die Funktionen und das Aussehen mit Bedacht. Ob nun Blog-, Firmen- oder private Webseiten, halten Sie die Funktionen auf einem Minimum. Wenn Sie Ihre Webseiten mit Inhalt und Funktionen überladen, wird der geneigte Leser schnell zu einer anderen Seite surfen.

Bei privaten Webseiten und Blogs gilt:

- ein Bild und etwas Information über sich selbst,
- wie Sie zu erreichen sind (bei Bedarf),
- Links zu anderen, ähnlichen Seiten hinzufügen.

Bei der Gestaltung einer Webseite, die zum Ziel hat, den Leser zum Kauf eines Artikels zu bewegen, sollte dieser nicht durch zu viele „unnütze“ Informationen abgelenkt werden. Wenn Sie in ihren Seitenleisten zu viel Ablenkung unterbringen, wird die Gelegenheit für einen Kauf immer kürzer. Behalten Sie die wichtigsten Aspekte vorn in der Mitte: ein Einkaufswagen, die Eingabe der Kontoinformationen und der eigentliche Kaufabschluss.

Identifizierbarkeit

Wenn ein Leser auf Ihre Seite gelangt, haben Sie ungefähr fünf Sekunden, ihn zu „gewinnen“ und auf Ihrer Seite zu halten. Nutzen Sie dieses kurze Zeitfenster mit Bedacht und geben Sie dem Surfer innerhalb von genau den fünf Sekunden alles, was er braucht, um über den Blog, die privaten Interessen oder die zu verkaufenden Artikel Bescheid zu wissen.

Das erreichen Sie, wenn Sie den Kopf Ihrer Webseite mit Sorgfalt auswählen. Eine Grafik mit Titel und/oder Slogan, der ausdrucksstark ist, reicht im Allgemeinen völlig aus. Ein Bild sagt mehr als tausend Worte. Bei privaten Blog-Seiten ist das nicht einfach, da die meisten Seiten textbasiert sind und viele Besucher sich keine Zeit nehmen, die Beiträge zu lesen.

Bei einer Firmenwebseite, wo Sie etwas verkaufen möchten, ist es durch einen ansprechenden grafischen „Header“ leichter aufzuzeigen, was der Leser hier finden wird. Dadurch wird er auch ermutigt, die Webseite weiter zu „erforschen“, um zu sehen, was Sie noch zu bieten haben. Das erhöht auch die Chance für einen Kauf.

Einfaches Navigieren!

Wahrscheinlich jeder verlässt eine Webseite sofort wieder, bei der er sich nicht zurechtfindet und nicht weiß, wie er weitere Informationen erhält. Das heißt im Umkehrschluss, dass Sie Ihre Webseite navigationsfreundlich gestalten sollten, um die Besucher zu halten. Gute Bereiche für eine Navigationsleiste sind entweder oben mittig oder an der Seite. Eine erleichterte Bedienung Ihrer Site bieten auch die sogenannten „Breadcrumbs“, die als eine Art Baum-Menü funktionieren. Sie zeigen Ihnen den Verlauf Ihres Besuchs als

Spur. Die Breadcrumb-Navigation findet sich meist im oberen zentralen Bereich der Webseite. Diese Art der Navigation finden Sie auf vielen Sites, wie zum Beispiel *http://www.heise.de* oder auch innerhalb der Onlinehilfe von Inkscape.

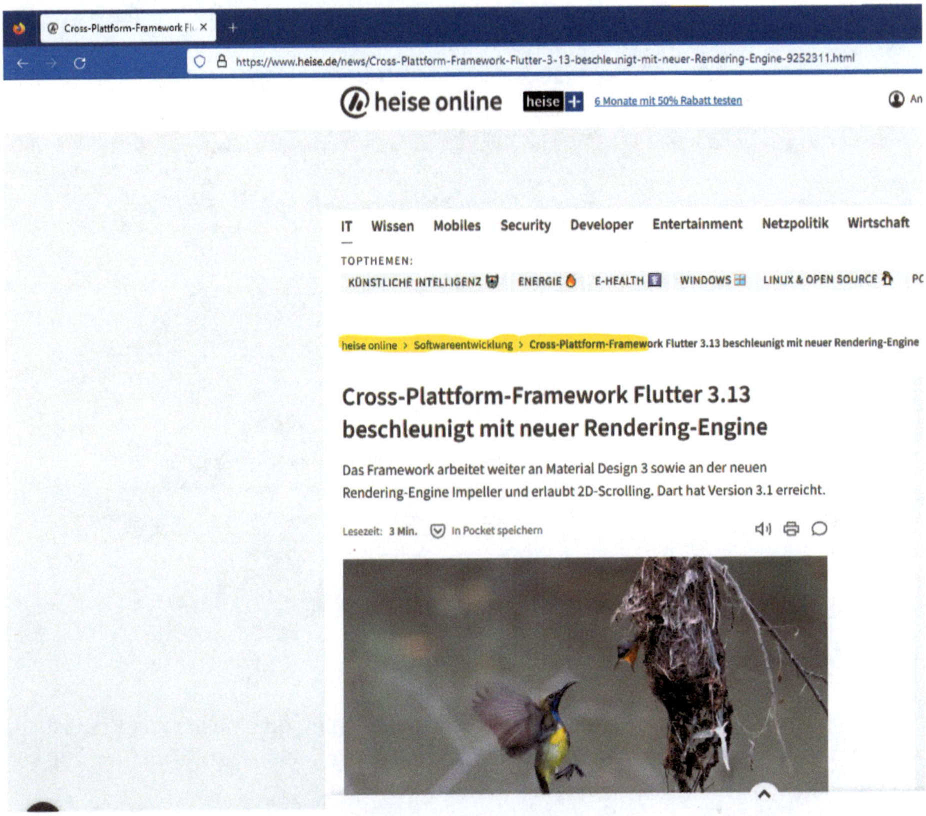

Bild 9.4 Webseite von *www.heise.de* (Breadcrumbs gelb markiert)

Bild 9.5 Breadcrumbs (gelb markiert)

Gegenüber den „Brotkrümeln" eignen sich auch Baum-Menüs, die wie im Explorer funktionieren.

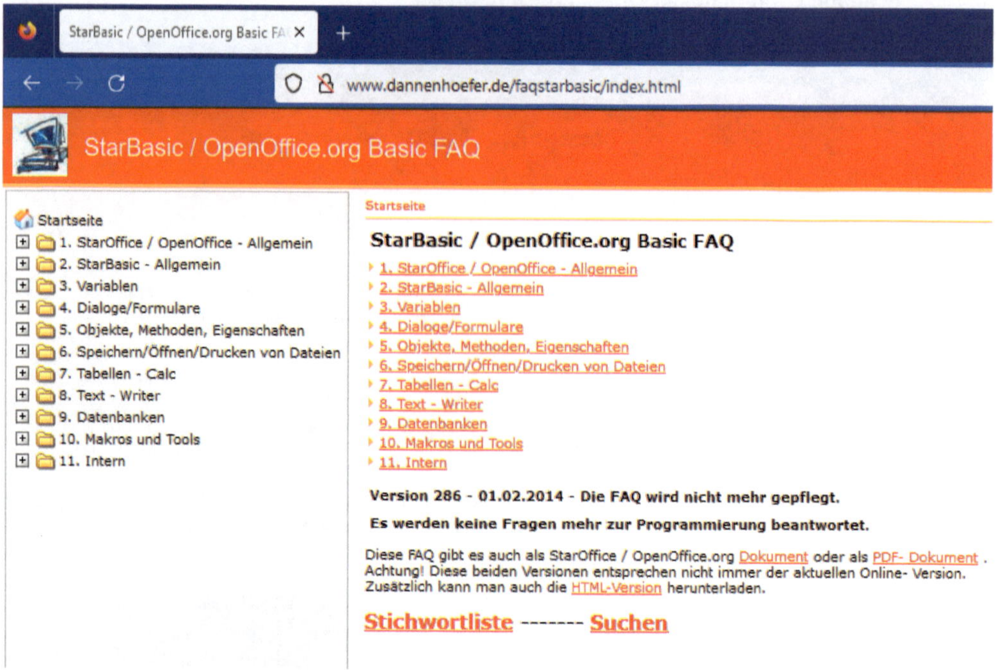

Bild 9.6 Quelle: *www.dannenhoefer.de*

Jede Ebene im Explorer kann weitere Unterebenen beherbergen. Wie in einer Baumstruktur kann eine Webseite auch Unterseiten über Drop-down-Menüs zur Navigation zur Verfügung stellen, wie nachfolgendes Bild verdeutlicht.

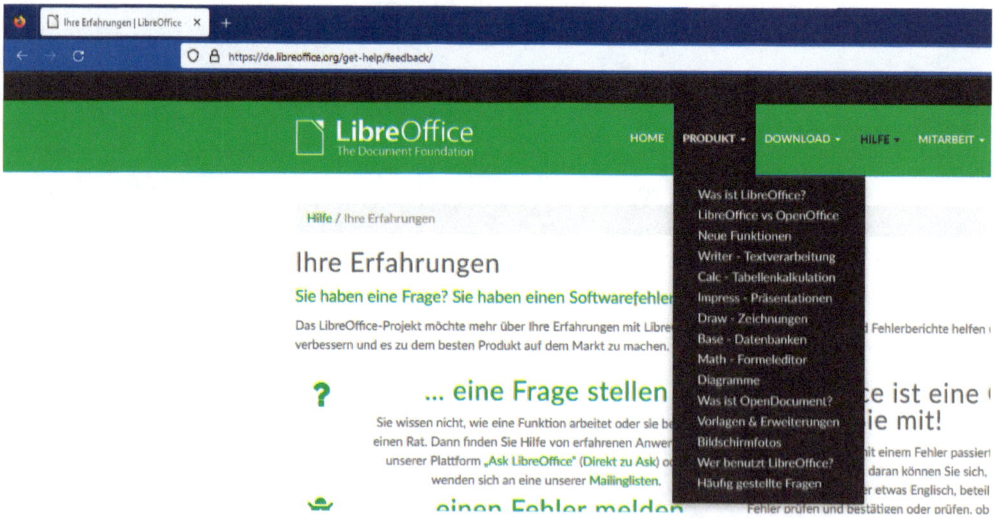

Bild 9.7 Quelle: www.libreoffice.org

Welche Art der Navigation Sie auch immer verwenden, ist allein Ihre Sache. Die Navigation ist aber ein Schlüsselelement, um schnell an gewünschte Informationen zu kommen. Und je einfacher und nachvollziehbar es ist, umso länger verweilt der Besucher auf Ihrer Seite.

Nachdem Sie über die prinzipielle Gestaltung und deren Richtlinien gelesen haben, wird es nun Zeit, ein Webseitenlayout zu erstellen.

9.4 Template-Erstellung

Die unterschiedlichen Website-Typen haben natürlich auch verschiedene Elemente bei der Gestaltung.

Private Webseiten und Blogs:

- Überschriften und Titel
- Inhalt in der Mitte
- Möglichkeiten des Kommentierens
- Fußzeile mit weiterführenden Links

Firmenseiten haben zudem meistens noch:

- Einen Warenkorb
- Listen mit Artikeln zum Kauf
- Beschreibungen und Bewertungen
- Weiterführende Information zu den Artikeln

Da diese Elemente auf vielen Webseiten zu sehen sind, lohnt es sich, eine Vorlage zu erstellen, auf der die späteren Webseiten basieren.

9.5 Architektur

Neben der Arbeit am Design der Seite müssen Sie sich auch Gedanken über das Aussehen, das sogenannte „look and feel“ der Webseite machen. Bei der Erstellung des Layouts müssen Sie schon zu Beginn entscheiden, wo sich die Navigation befinden soll und wie Sie den Leser auf der Webseite halten wollen. Machen Sie Unterseiten oder stellen Sie alles auf einer Seite dar? Wollen Sie nur auf interne oder auch auf externe Seiten weiterverweisen? Nutzen Sie eine Navigationsleiste oder bringen Sie die Links zu den Inhalten einfach untereinander an? All diesen Fragen müssen Sie sich stellen, um eine ausgewogene Entscheidung zu treffen. Sie müssen Navigationsleisten, den Kopfbereich, Suchfelder, Schaltflächen usw. ansprechend zusammenstellen.

9.5.1 Die Basics

Ob Sie nun für das Web, als Print oder andere Anzeigegeräte wie Smartphones Webseiten erstellen; Sie haben die gleichen Ziele und Erwartungen für den Endnutzer: ansprechender Inhalt, der gut mit den anderen Objekten der Webseite zusammenarbeitet.

Bringen Sie ähnliche Informationen zusammen und gruppieren Sie diese über Ausrichtung und etwas Platz zwischen den einzelnen Informationen. Seien Sie klar strukturiert. Die Ausrichtung ist das einfachste Mittel, Inhalte einer Webseite zu strukturieren. Ist alles links ausgerichtet, so sollten Sie dies über die gesamte Webseite beibehalten. Somit verschaffen Sie dem Leser ein einheitliches Bild und er findet sich auch schneller zurecht.

Ein weiteres Mittel zur Gestaltung ist der Kontrast. Verwenden Sie ihn effektiv, indem Sie diesen gekonnt bei Farben oder Schriftarten einsetzen. Auch die Schriftgröße ist ein gutes Stilmittel.

9.5.2 Das Design

Bevor Sie sich an die Erstellung einer Webseite machen, sollten Sie sich einen groben Plan machen, wie diese später aussehen soll. In unserem Beispiel wollen wir eine kleine Firmenwebseite erstellen, die einen Kopf, eine Seitenleiste, eine Navigationsleiste und eine Fußzeile beinhaltet. Natürlich darf das Wichtigste - der Inhalt - nicht vergessen werden.

Das folgende Bild stellt unsere Webseite schematisch dar:

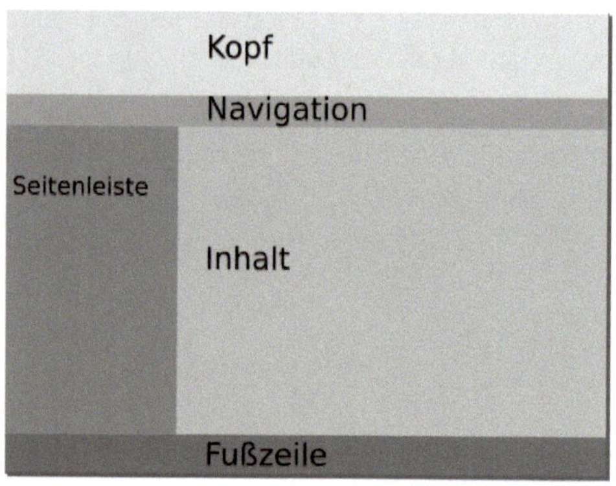

Sie sehen hier, wie wir den Inhalt und die Menüführung aufgeteilt haben, und fangen nun an, ein Template zu erstellen.

Zum leichteren Verständnis werden wir dazu in Inkscape mit mehreren Ebenen arbeiten. Sollten Sie schon Erfahrungen haben, lässt es sich auch mit weniger Ebenen realisieren.

In den folgenden Schritten sehen Sie, wie einfach es ist.

1. Öffnen Sie Inkscape und erstellen Sie ein neues Dokument. Über das Menü Datei → Neu aus Vorlage wählen Sie für unser Beispiel „Desktop 1080p" aus.

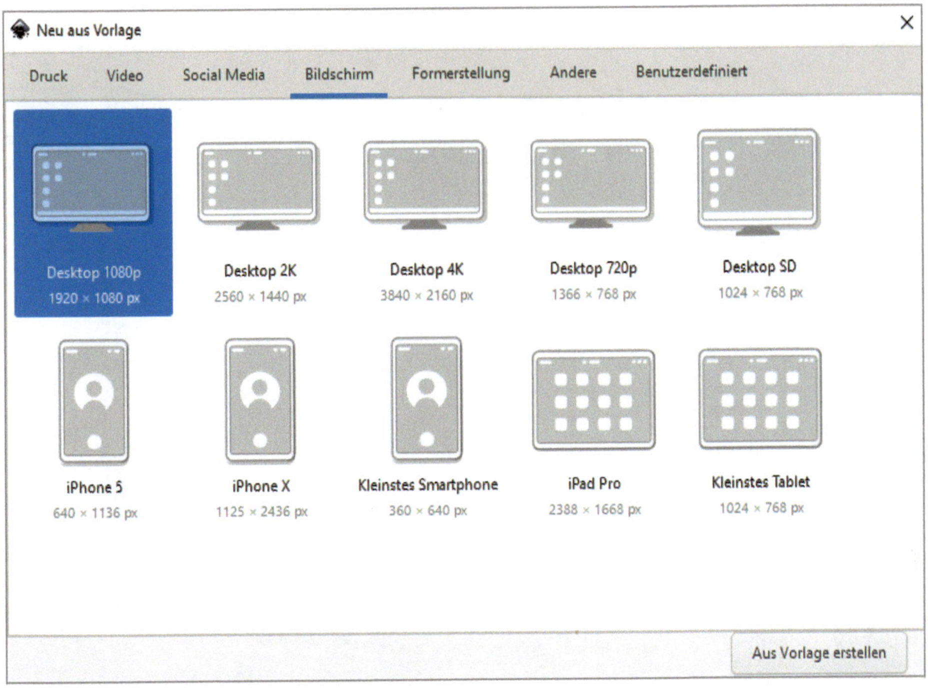

Bild 9.8 Neu aus Vorlage

Dies ist eine Standardgröße für die Browser auf dem Computer. Natürlich kann die Größe variieren, je nachdem, auf welchem Gerät, wie zum Beispiel Smartphones, die Seiten angezeigt werden sollen.

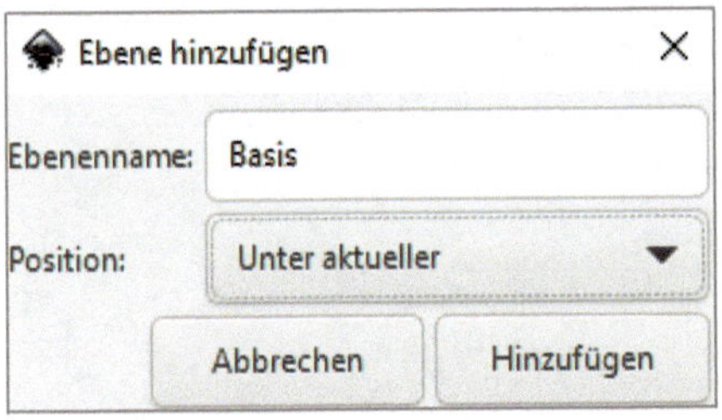

Bild 9.9 Neue Ebene

2. Als Nächstes ist eine weitere Ebene hilfreich, die wir über die Tastenkombination STRG + UMSCHALT + N erstellen. Geben Sie ihr einen sprechenden Namen.
3. Für das exakte Arbeiten ist es besser, das Gitter über die Taste # einzublenden. Wählen Sie das Rechteckwerkzeug, um die einzelnen Bereiche der Webseite festzulegen.
4. Im Beispiel verwende ich unterschiedliche Färbungen für die Bereiche, damit es leichter ist, zwischen den einzelnen zu unterscheiden.

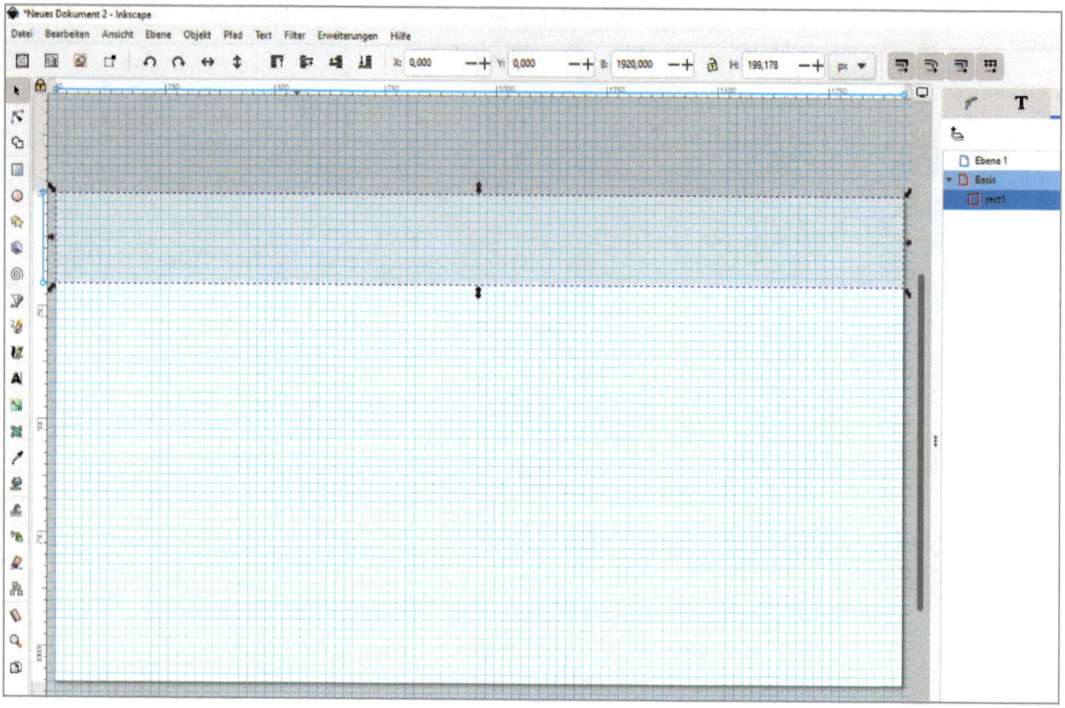

Bild 9.10 Rechteck

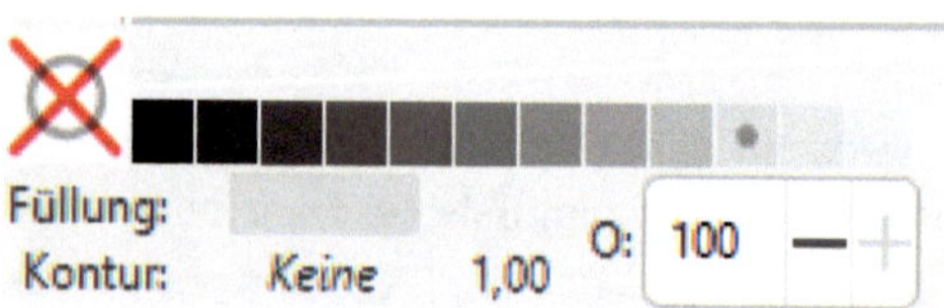

Bild 9.11
Füllung und Kontur

5. Nutzen Sie Rechtecke ohne Kontur. Sollte Ihr Rechteck noch eine Kontur besitzen, können Sie diese bei gedrückter **Umschalt**-Taste und einem Mausklick auf das Kreuz in der Farbleiste ausschalten.

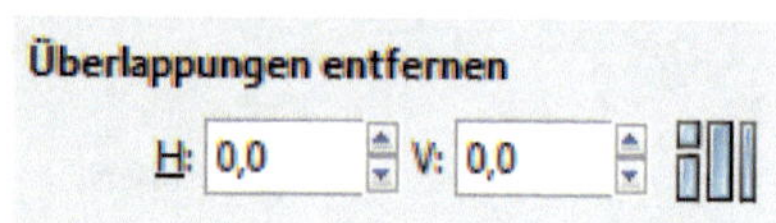

6. Als Nächstes erstellen Sie insgesamt fünf Bereiche, die das Grundgerüst Ihrer Webseite darstellen werden. Am besten zeichnen Sie, wenn Sie die Einrastfunktion für das Gitter nutzen. So können Sie sehr genau zeichnen, damit sich kein Rechteck überlappt. Alternativ können Sie die Bereiche über den Dialog **Ausrichten und verteilen ...** entsprechend anordnen. Über die Schaltfläche **Überlappungen entfernen** stellen Sie sicher, dass sich die Rechtecke nicht überschneiden.

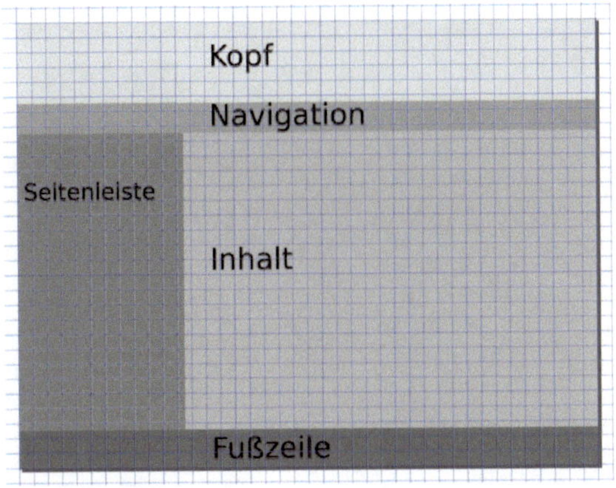

7. Die Elemente „Kopf", „Navigation" und „Fußzeile" sollten eine Breite von 1920 Pixel haben.
8. Nun brauchen wir Führungslinien. Damit wir schnell zu exakten Führungslinien kommen, markieren wir alle Rechtecke mittels **Strg + A** und duplizieren diese über **Strg + D**.
9. Die noch markierten Duplikate werden wir jetzt über das Menü **Objekt → Objekte zu Hilfslinien** in die sogenannten Guides abändern. Alternativ funktioniert auch die Tastenkombination **Umschalt + G**. Die doppelten Rechtecke wurden entfernt und anstelle dieser haben Sie an den Rändern die Führungslinien.

10. Sie sehen, wie schnell wir das Grundgerüst der Webseite erschaffen haben, doch nun ist es an der Zeit, die Zeichnung zu speichern, bevor wir später mit Grafiken arbeiten und sie für den HTML-Export vorbereiten. Über das Menü **Datei → Speichern unter ...** geben Sie Ihrer Zeichnung einen passenden Namen und speichern Sie die Datei in einem Verzeichnis Ihrer Wahl.

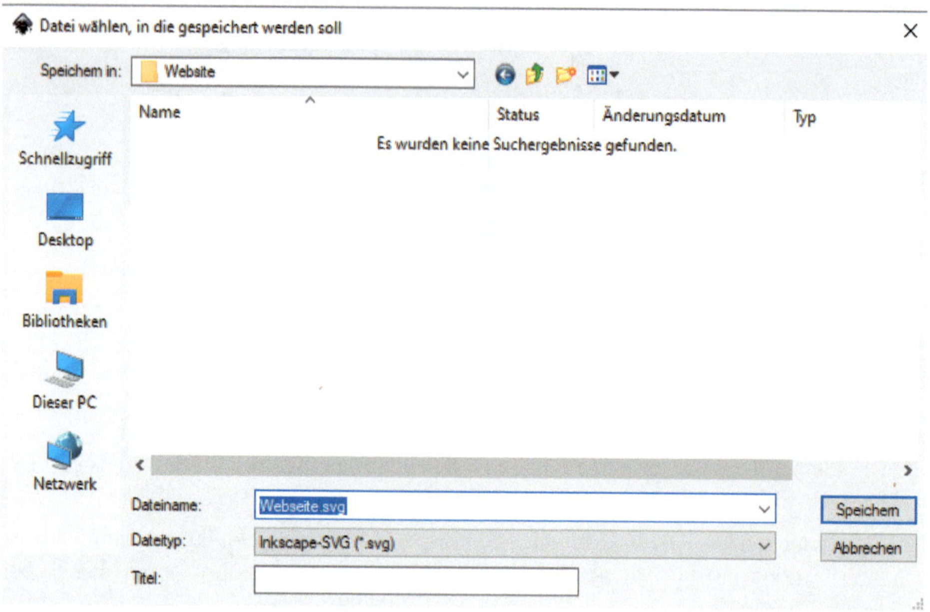

Bild 9.12 Speichern der Zeichnung (Webseite)

> **!** Achten Sie bei dem Dateityp darauf, dass die Datei im Inkscape-SVG-Format abgespeichert wird, damit Sie die Zeichnung später weiter mit den Ebenen und anderen Features von Inkscape bearbeiten können.

11. Erstellen Sie eine neue Ebene über **Strg** + **Umschalt** + **N** und nennen Sie diese „Hintergrund". Als Position wählen Sie „unter aktueller". Erzeugen Sie auf dieser Schicht ein neues Rechteck, das so groß ist wie die gesamte Zeichnung (1920 × 1080), und richten Sie es entsprechend aus. Füllen Sie es in weißer Farbe und wieder ohne Kontur. In Inkscape haben Sie zwar einen scheinbar weißen Hintergrund, allerdings täuscht das und beim Exportieren wäre nichts zu sehen. Selbstverständlich können Sie auch eine andere Farbe verwenden. Hier ist Ihre Kreativität gefragt.

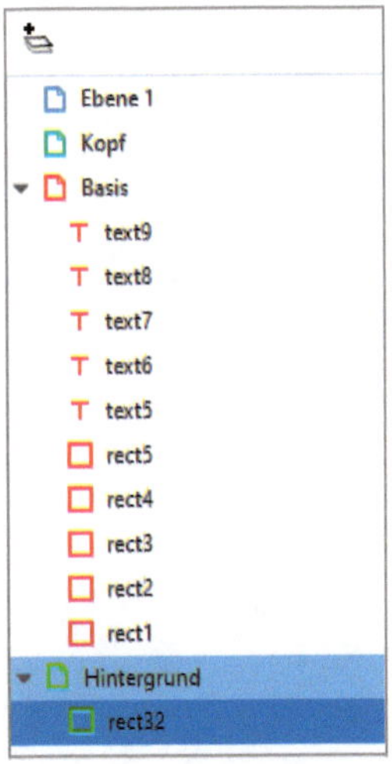

Bild 9.13
Ebenen mit Objekten

12. Nun erstellen wir den Hintergrund für den Kopf und den Navigationsbereich. Schaffen Sie eine neue Ebene über der aktuellen und nennen Sie diese „Kopf". Im Ebenendialog, den Sie über **STRG + UMSCHALT + L** aufrufen können, schalten Sie die Ebenen „Basis" und „Hintergrund" aus und sperren diese.

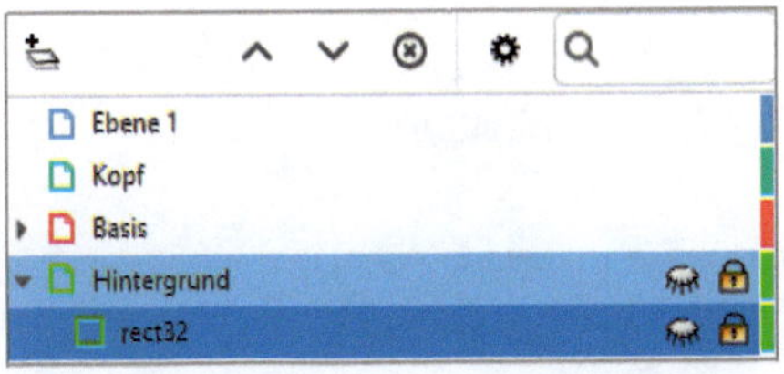

Bild 9.14
Gesperrte Ebenen

13. Zeichnen Sie ein Rechteck, das sowohl den Kopf als auch den Navigationsbereich abdeckt. In diesem Beispiel vergeben wir für beide Bereiche die gleiche Hintergrundfarbe. Sie können aber auch zwei Rechtecke zeichnen, wenn Sie den Navigationsbereich vom Kopf abheben wollen. Achten Sie darauf, dass als aktuelle Ebene „Kopf" ausgewählt ist.

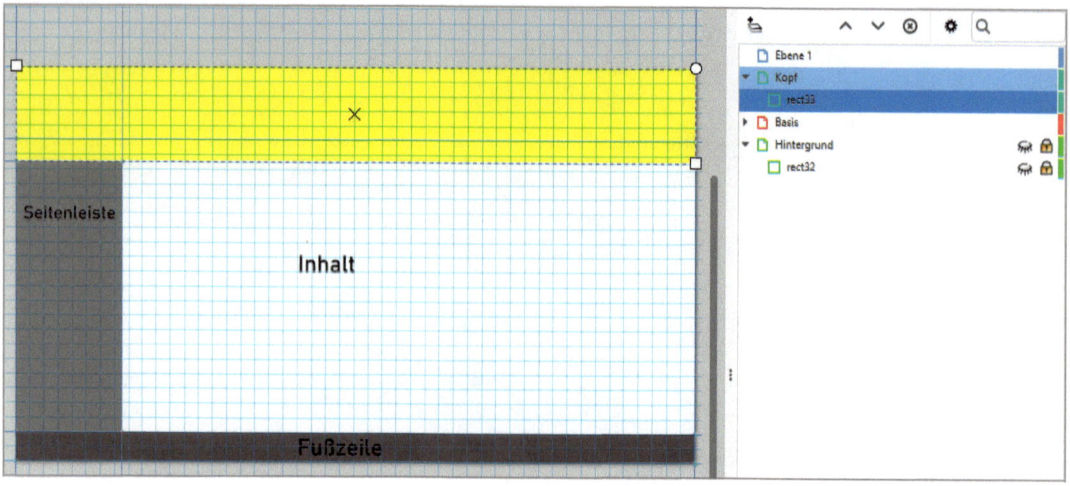

Bild 9.15 Zeichnung mit Ebenendialog

14. Wählen Sie eine ansprechende Farbe und wiederum keine Kontur aus. Haben Sie die Einrastleiste aktiviert, lässt sich das Rechteck punktgenau platzieren. Wollen Sie lieber einen Farbverlauf, so öffnen Sie den Dialog **Füllung und Kontur** und klicken Sie auf den linearen Farbverlauf. Natürlich lassen sich auch radiale Farbverläufe beziehungsweise das Verlaufsgitter nutzen.

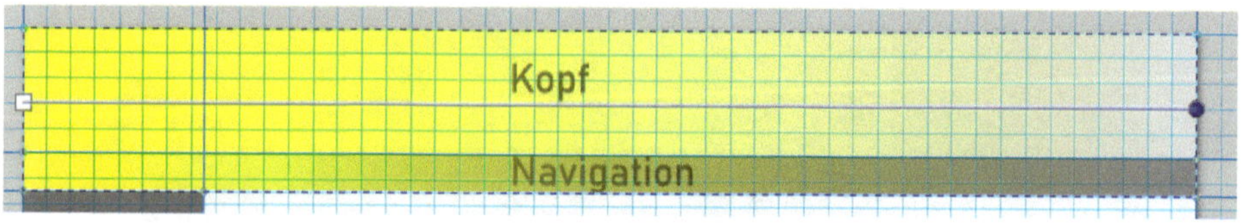

Bild 9.16 Linearer Farbverlauf

Wie Sie ja bereits wissen, wird der zweite Stopp des Verlaufs automatisch auf die Ursprungsfarbe gesetzt, allerdings mit dem Alphawert von „0“, also komplett durchscheinend. Da der Hintergrund unserer Seite weiß ist und wir dem Rechteck einen kleinen Schatten verpassen wollen, müssen wir den zweiten Stopp auf komplett Weiß setzen. Markieren Sie das Rechteck, wählen Sie das Farbverlaufswerkzeug aus  und klicken Sie den rechten Stopp an. Geben Sie im Farbdialog für R, G und B „255“ und für A den Wert „100“ an.

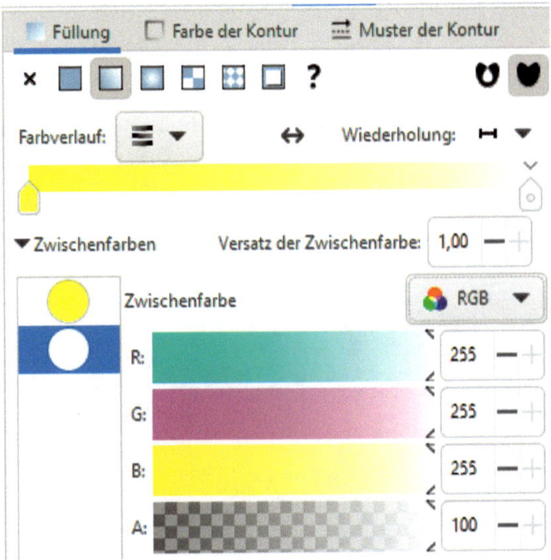

Bild 9.17
Farbverlauf

Wir hätten auch die Transparenz behalten können. Jedoch scheint dann der Schatten durch und das Gelb wird dunkel.

15. Nun schaffen wir einen Schatten. Markieren Sie das Rechteck, falls es nicht mehr aktiv ist, und öffnen Sie über **Filter → Schatten und Lichter → Abgesetzter Schatten ...** das entsprechende Dialogfenster. Übernehmen Sie die Werte aus dem nachfolgenden Bild.

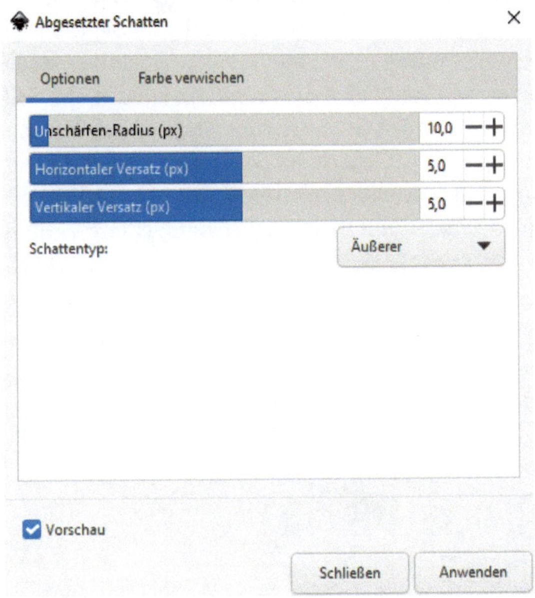

Bild 9.18
Filter: Abgesetzter Schatten

16. Klicken Sie auf **Anwenden** und schließen Sie dann das Dialogfenster. Damit ist der Kopfbereich schon fertig. Denken Sie daran, zwischendurch zu speichern, damit Ihnen nichts verloren geht.
17. Unser Hintergrund ist ja bereits fertig, sodass wir nun mit dem Fußbereich weitermachen. Dabei wiederholen Sie einfach die Schritte 12 bis 16 (Ebene erstellen, Rechteck zeichnen, Verlauf einstellen, Schatten geben).

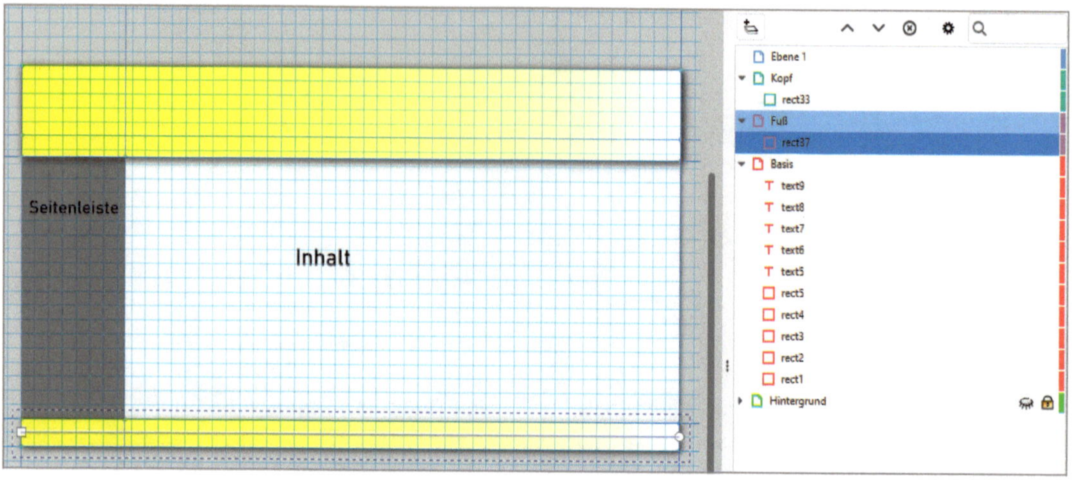

Bild 9.19 Zeichnung mit Ebenen

18. Damit haben wir für unser Beispiel den Hintergrund komplett fertig. Jetzt fehlen nur noch ein paar Details, wie der Firmenname und das Logo. Als Firmennamen denken wir uns etwas Fiktives aus und ein Logo finden Sie entweder im Zusatzmaterial auf *plus.hanser-fachbuch.de „(Gitarre.svg)“* oder auf OpenClipArtLibrary unter *http://www.openclipart.org*, wo Sie viele freie Grafiken nutzen können. Wenn Sie ein Logo haben, importieren Sie es in unsere Zeichnung über **Datei → Importieren …**, wechseln Sie in das entsprechende Verzeichnis und laden Sie die Grafik einfach ein. Sollten Sie auf die Gitarre zurückkommen, werden Sie feststellen, dass sie im Moment noch zu groß ist. Bitte denken Sie daran, dass Sie sich auf der richtigen Ebene (Kopf) befinden, bevor Sie das Logo importieren. Ansonsten müssen Sie es mittels **STRG + X** ausschneiden, auf die Ebene Kopf wechseln und dann wieder mit **STRG + V** einfügen.
19. Richten Sie Ihr Logo im oberen linken Bereich aus und geben Sie über das Textwerkzeug 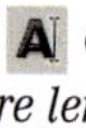 einen Firmennamen oder Ähnliches ein. In meinem Beispiel ist es *„Online Gitarre lernen“*. Richten Sie auch den Text so aus, dass er gut in Ihre Webseite passt, auch wenn er wie im Beispiel in die Navigationsleiste hineinragt.

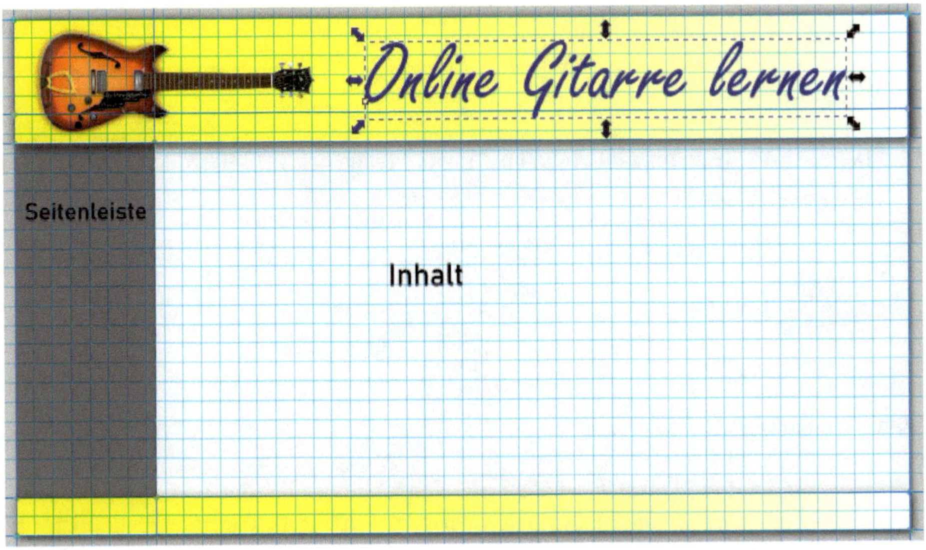

Bild 9.20 Webseite

20. Speichern Sie Ihr Werk ab.
21. Nun wenden wir uns der Navigationsbar zu. Erstellen Sie dazu eine neue Ebene über der aktuellen „Kopf"-Ebene. Markieren Sie diese als aktiv und sperren Sie die anderen Ebenen.

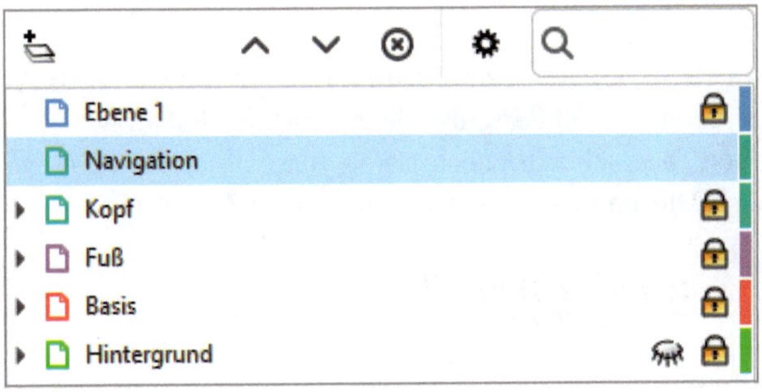

22. Als Nächstes zeichnen Sie erneut ein Rechteck ohne Kontur, das exakt 1080 px breit ist und den Bereich für die Navigation komplett ausfüllt. Als Farbe habe ich durchscheinendes Rosa-Gelb mit dem RGBA-Wert *„ffeeaa80"* genommen. Bei der Deckkraft habe ich 50 % eingestellt. Durchscheinend, da der Buchstabe „G" der Schrift in die Leiste hineinragt und ich diesen nicht abschneiden wollte.
23. Mit dem Bézier-Werkzeug erstellen Sie einen vertikalen Strich, der genauso hoch ist wie der Navigationsbereich und 2 px breit ist. Diesen duplizieren Sie noch zweimal mit **Strg** + **D**. Wir wollen so insgesamt vier Bereiche schaffen, also teilen wir den Bereich durch vier und setzen den ersten Strich bei X: 480 px.

Bild 9.22 Der dritte Strich

24. Der nächste Strich liegt bei X: 960 px und der letzte bei X: 1440 px. Damit haben wir vier sichtbare Teile.

Bild 9.23 Navigationsleiste

25. Die sogenannten Separatoren haben wir. Nun fehlt nur noch der Text, damit der Leser weiß, was ihn mit einem Klick auf den Verweis erwartet. Das nachfolgende Bild zeigt, was man zum Beispiel an Unterseiten haben kann.

Bild 9.24 Navigationsbereich

26. Nachdem wir den Kopf, den Hintergrund und den Navigationsbereich fertig haben, wenden wir uns noch mal der Fußzeile zu. Farblich haben wir den Bereich ja schon hervorgehoben. Was fehlt, ist noch etwas Text. Fast immer finden Sie einen Copyright-Vermerk. Diesen bringen wir nun in unsere Zeichnung.

Bild 9.25 Copyright

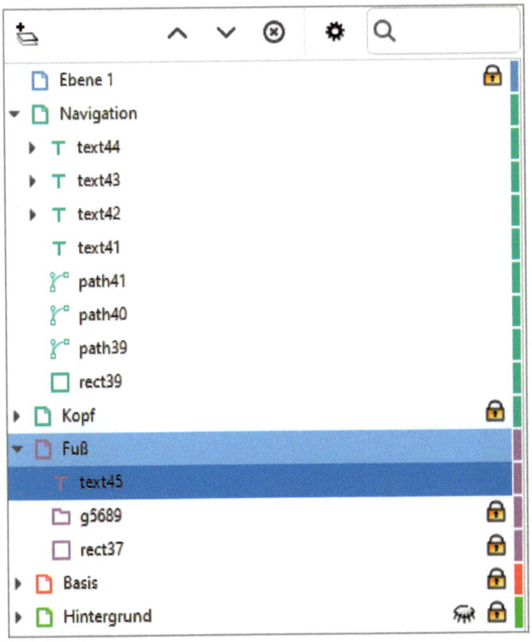

Bild 9.26
Ebenen und Objekte

27. Achten Sie darauf, auf der richtigen Ebene zu arbeiten und entsperren Sie diese. Sollten Sie noch die Navigationsebene aktuell ausgewählt haben, ist das allerdings auch kein Problem. Markieren Sie den Text und klicken Sie ihn mit der rechten Maustaste an. Im sich öffnenden Kontextmenü wählen Sie den Eintrag **Verschiebe zu Ebene ...** Im Dialogfenster wählen Sie die entsprechende Ebene und klicken auf **Verschieben.**
28. Nachdem das Grundgerüst steht, fehlt ein wenig Text, der die Seitenleiste komplettiert. Sie brauchen allerdings nicht zwingend eine Seitenleiste. Oft genug kommt man bequem ohne aus. In unserem Beispiel füllen wir die linke Seite mit Informationen über den Gitarrenlehrer.
29. Erstellen Sie dazu eine neue Ebene „Seite" und bringen Sie diese zwischen „Kopf" und „Basis". Als Nächstes erstellen Sie eine kleine Überschrift und danach ein wenig Text. Damit man sich nicht irgendetwas überlegen muss, bringt Inkscape eine passende Erweiterung mit Namen „Lorem Ipsum ..." mit. Diese finden Sie über **Erweiterungen → Text → Lorem ipsum ...** Im Dialogfenster der Erweiterung können Sie die jeweiligen Parameter festlegen.

    Damit Sie die Erweiterung nutzen können, nehmen Sie das Textwerkzeug und ziehen Sie einen Bereich auf, in dem der spätere Text stehen soll.

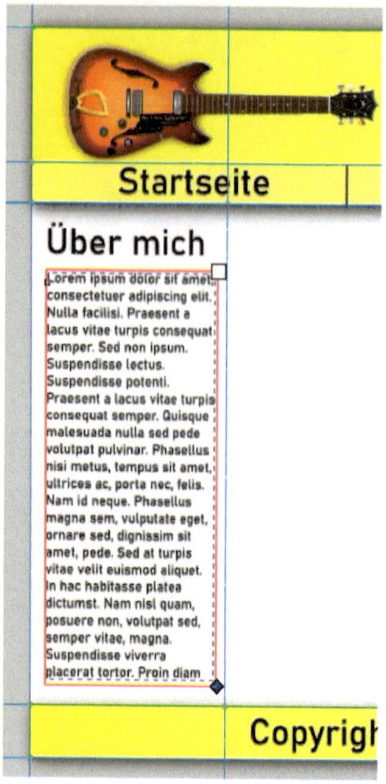

Bild 9.27 Lorem Ipsum

30. Zum Schluss erstellen wir noch etwas Text auf der Inhaltsfläche, den wir als Content bezeichnen. Natürlich erstellen wir nur aussagekräftige Überschriften und füllen den Rest mit „Lorem Ipsum“. Schließlich soll das hier nur als Beispiel dienen. Positionieren Sie den Text an der richtigen Stelle und schon sind wir fertig.

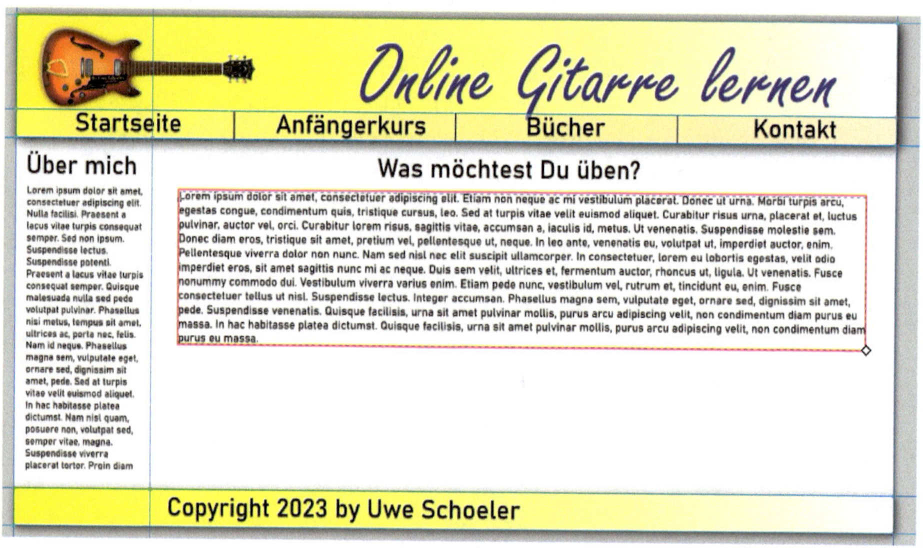

Bild 9.28 Webseite

Jetzt können Sie die Zeichnung als PNG-Datei exportieren oder auch als PDF-Datei abspeichern, um sie anderen zu zeigen, die eventuell mit an Ihrem Projekt arbeiten.

Im Folgenden zeige ich Ihnen, wie wir das Design mit Hilfe einer Erweiterung passend schneiden und in das richtige Format exportieren. Dabei ist es später egal, ob Sie statischen Text (wie Lorem ipsum) haben oder dynamischen Inhalt einbinden.

Die Erweiterung, mit der wir die einzelnen Bereiche der Webseite aufteilen, nennt sich „Slicer" und Sie finden sie über **Erweiterungen → Internet → Slicer**. Sie werden feststellen, dass es drei weitere Unterpunkte gibt. Wir befassen uns zunächst mit **„Slicer"-Rechteck erzeugen**.

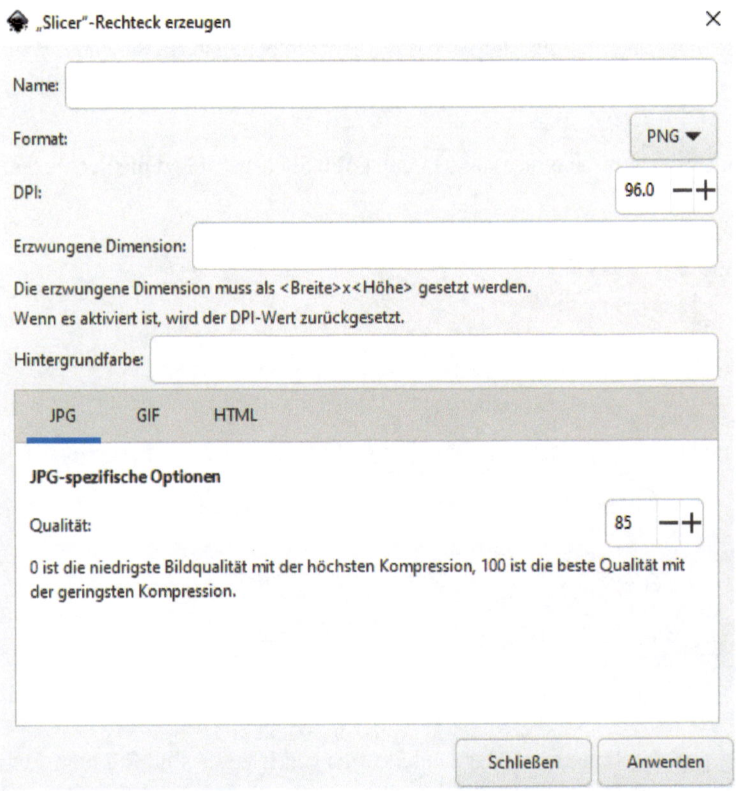

Bild 9.29 Slicer-Rechteck erzeugen

Vergeben Sie einen sprechenden Namen für diesen Teil der Webseite. Idealerweise nennen wir ihn Kopf, denn wir werden zu Beginn alles exportieren, was sich dort befindet. Das Format belassen wir bei PNG. Stellen Sie alle anderen Parameter nach Ihren Wünschen ein und klicken Sie auf **Anwenden**. Es erscheint auf der Zeichnung ein rötliches Rechteck. Passen Sie es entsprechend des Kopfs an, indem Sie es an die richtige Stelle schieben und vergrößern.

Bild 9.30 Orange eingefärbtes Rechteck

Wiederholen Sie den Schritt, bis Sie alles auf der Webseite abgedeckt haben; also Kopf, Navigationsleiste, Seitenleiste, Inhalt und Fußzeile.

> Bei dem Begriff „Fußzeile“ kann das Script stolpern. Geben Sie daher am besten ein doppeltes s anstelle des ß ein.

Die Erweiterung erzeugt eine eigene Ebene (Web Slicer) und legt die Rechtecke darauf ab.

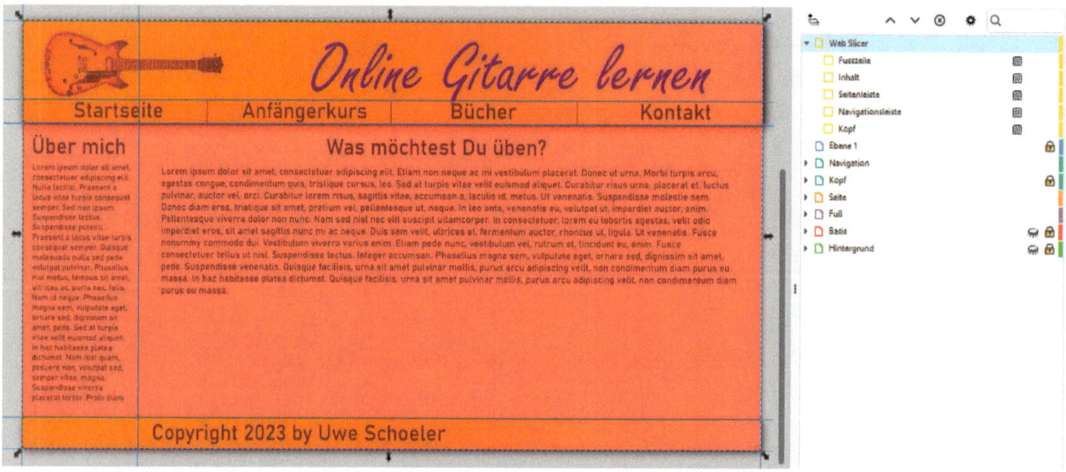

Bild 9.31 Ebene mit roten Rechtecken

Wenn Sie mit der Benamung der Objekte nicht zufrieden sind, können Sie diese mit einem Doppelklick auf die Zeile verändern.

Nun werden wir alle Teile der Webseite mittels eines Batch-Exports abspeichern. Dafür bringt die Erweiterung ein entsprechendes Dialogfenster mit. Über das Menü **Erweiterungen → Internet → Slicer → Exportiere Layout-Teile und HTML + CSS-Code** öffnet sich der Dialog.

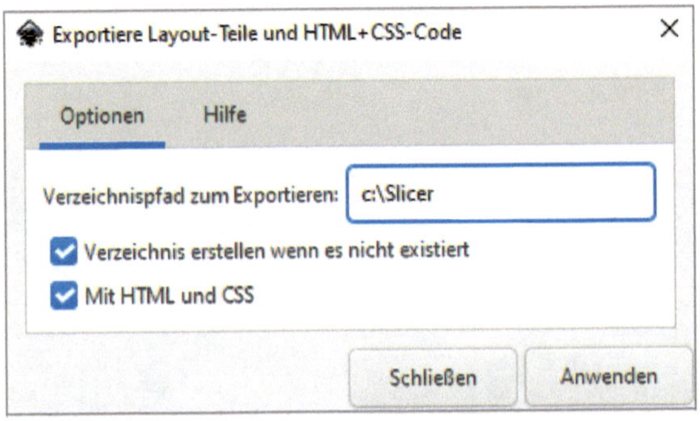

Bild 9.32
Dialog Exportieren

Wählen Sie ein Verzeichnis aus, damit das Skript alle notwendigen Dateien, also die PNG-Bilder und den HTML-Code, abspeichern kann, und drücken Sie **Anwenden**. Sollte das Verzeichnis nicht existieren, wird es durch die Erweiterung automatisch mit angelegt. Je nach Umfang kann der Export etwas Zeit in Anspruch nehmen.

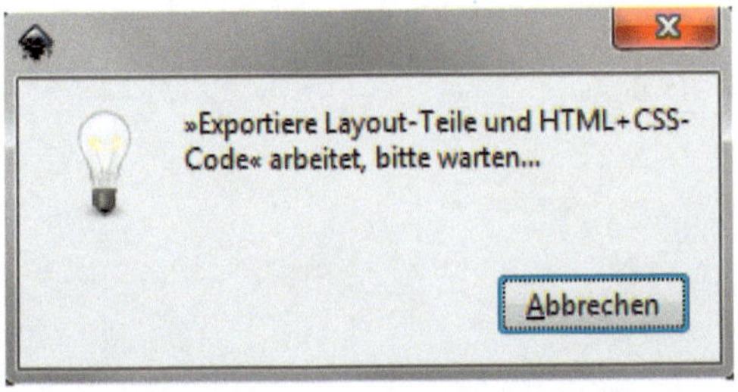

Ist der Export fertig, finden Sie die entsprechenden Dateien in dem Verzeichnis, das Sie angegeben haben. Sie sehen dort die PNG-Dateien, die CSS-Datei sowie die entsprechende HTML-Datei. Über einen Browser können Sie sich das Ergebnis anschauen. Damit ist das von Ihnen erstellte Design exportiert und nun muss noch der Programmierer die letzten Handgriffe machen, damit die Seite später funktioniert.

Damit möchte ich den Exkurs in das World Wide Web beenden. Sie finden alle Dateien als Zusatzmaterial in verschiedenen Ständen abgespeichert im Zusatzmaterial auf *plus.hanser-fachbuch.de* im *Kapitel 09*. Dort finden Sie auch den Webseitenexport.

10 Filter

Das Kapitel im Überblick

- Realistische vs. unrealistische Filter
- Arbeiten mit Filtern
- Inkscape-Filtertechniken
- Ansicht mit XML-Editor
- Filterelemente in der Übersicht
- Eigene Filter definieren

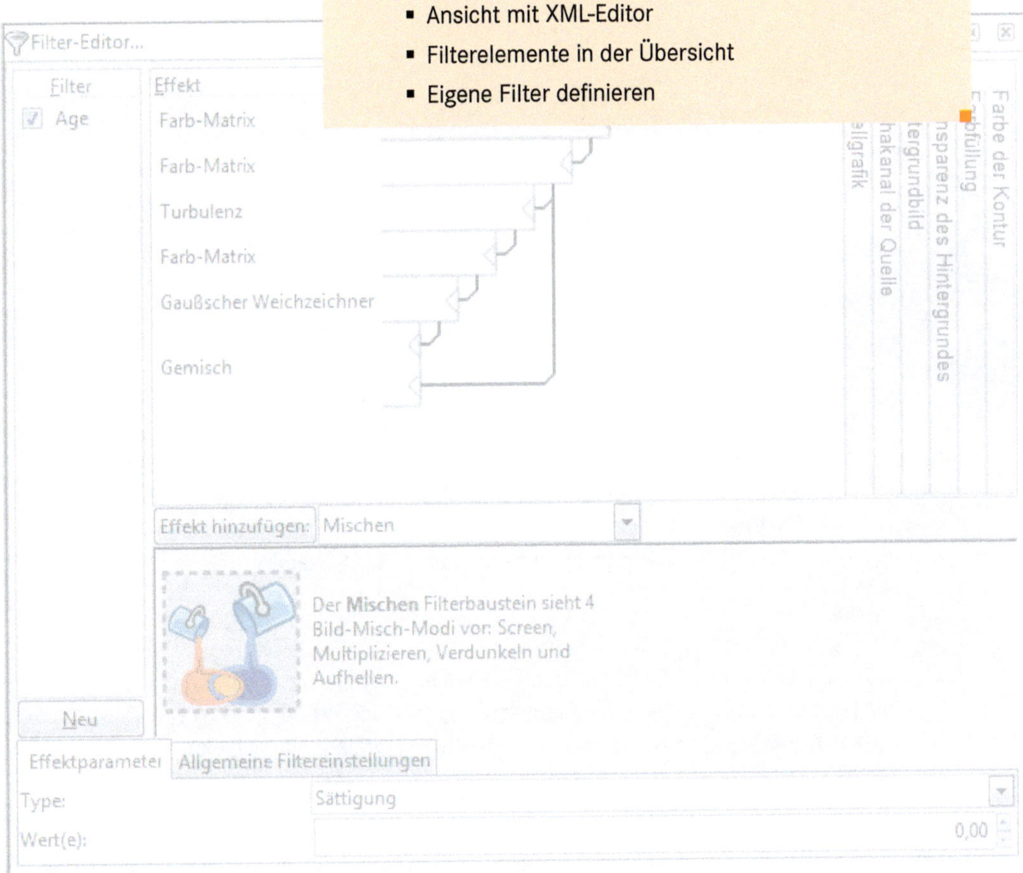

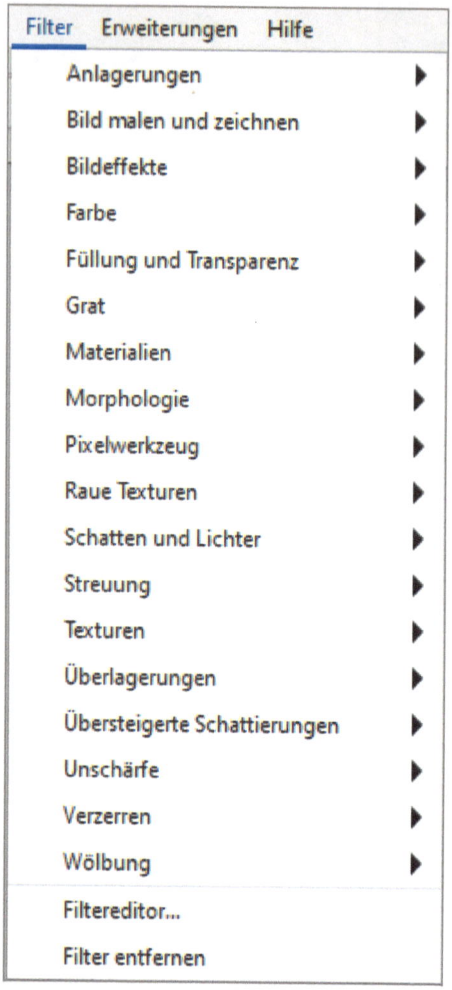

Bild 10.1
Die Filter

Für viele Bildbearbeitungen, die in Handarbeit viel Zeitaufwand erfordern würden, liefert Inkscape sogenannte Filter mit. Mit diesen lassen sich zum Beispiel Chromeffekte erzielen oder verlaufende Tinte. Neben realistischen Filtern wie Schlagschatten, Sepia oder Bewegungsunschärfe gibt es selbstverständlich auch unrealistische, bei denen zum Beispiel gefrorenes Glas oder der eben genannte Chromeffekt Anwendung findet.

Filter

Befehle, die ein Bild oder ein Objekt mit Hilfe mathematischer Operationen verändern, nennt man Filter. Jeder Filter erzeugt dabei eine bestimmte Wirkung auf das ausgewählte Objekt. So lassen sich Kanten verändern oder Objekte mit Strukturen versehen.

10.1 Realistische vs. unrealistische Filter

Filter werden genutzt, um Zeichnungen, Objekte oder Formen zu verändern. Eine Unterscheidung zwischen realistischen und unrealistischen Filtern ist schwierig, sie hängt vom Einsatzgebiet ab. Auf den ersten Blick lassen sich die realistischen von den unrealistischen beziehungsweise übersteigerten Filtern nicht unterscheiden, bringt doch Inkscape viele dieser Helfer mit. Über das Menü **Filter** haben Sie Zugriff auf die geballte Ladung, müssen aber durch die gute Menüstruktur nicht lange nach dem richtigen Filter suchen. Erklärende Begriffe fassen die Kategorien zusammen und zum Beispiel in der Kategorie **Farbe** finden Sie den Filter für den Effekt Schwarzlicht.

Natürlich macht es keinen Sinn, alle Filter auf alle Arten von Objekten anzuwenden. Hier ist Ihr Geschick gefragt, denn ein Sepia-Filter sieht auf einem Rechteck nicht sonderlich gut aus, hingegen erweckt ein 3D-Holz-Filter den Anschein eines Bretts.

Damit dieser Filter allerdings richtig zur Geltung kommt, müssen Sie eine passende Grundfarbe wählen. In Blau oder Rot sieht dieser Effekt auch nur aufgesetzt aus.

Genutzt werden die Filter zum Erstellen von Blitzen, Texturen, Rahmen, Ölgemälden, Verzerrungen, Strudeln, Weichzeichnungen etc. Doch lassen Sie uns nun in die Arbeitsweise der Filter einsteigen.

10.2 Arbeiten mit Filtern

Für Filter gibt es einen extra Menüeintrag **Filter**, über den Sie auf alle in Inkscape verfügbaren Filter Zugriff haben. Die einzelnen Kategorien sind sehr beschreibend und in fast jeder finden Sie unzählige Operationen.

Im unteren Bereich finden Sie noch zwei Befehle, mit denen Sie zum einen einzelne Filter bearbeiten und zum anderen diese vom Objekt entfernen können. Doch zu Beginn beschäftigen wir uns damit, Filter auf Objekte anzuwenden. Das ist allerdings ganz einfach. Erstellen Sie eine Form - zum Beispiel eine Ellipse - und geben Sie dieser eine Farbe. Wählen Sie über das Menü **Filter → Grat → Metallischer Grat**.

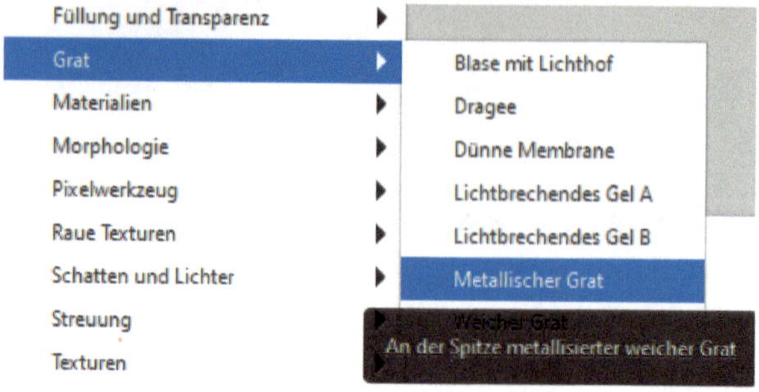

Bild 10.2
Filter: Metallischer Grat

Im Handumdrehen haben Sie das fertige Ergebnis, abhängig von der verwendeten Farbe.

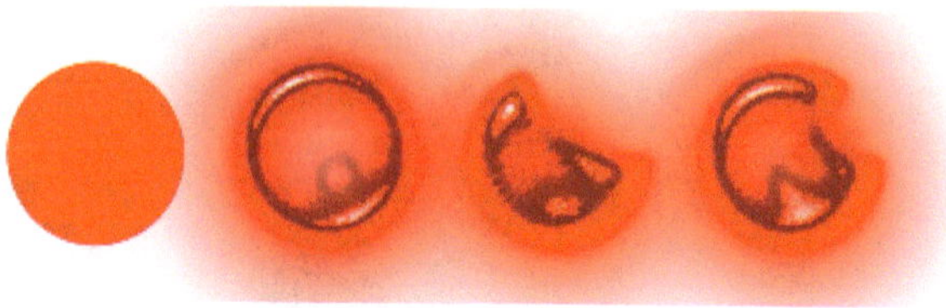

Bild 10.3 Ergebnis von Metallischer Grat

Sie sehen, es sind also sehr wenige Schritte, um einen entsprechenden Effekt auf eine Form oder ein Objekt anzuwenden. Der zweite positive Aspekt ist die Möglichkeit, die Form weiterzubearbeiten. Wenn Sie den Kreis wieder markieren und das Ellipsen-Werkzeug auswählen, bekommen Sie an dem Objekt mit angewendetem Filter die normalen drei Anfasser und können die Ellipse nun zum Beispiel in einen Bogen oder Segment abändern. Der Filter wird dabei sofort an die neue Form angepasst.

Ebenso können Sie auch Bitmap-Bilder in Inkscape mit einem interessanten Filter versehen.

Als Beispiel öffnen Sie einfach das Bild „*Stiefmütterchen2.jpg*" aus dem Zusatzmaterial auf *plus.hanser-fachbuch.de* „*Dateien\Kapitel10*".

Markieren Sie das Bild und wenden Sie den Filter **Zeichnung** aus dem Menü **Filter → Bild-Effekte** an.

Im Bild rechts wurde der Filter **Altern** (engl. Age) angewandt.

Auch wenn der Filter meist in Bruchteilen einer Sekunde angewandt wurde, möchte mancher Anwender wissen, was im Inneren eigentlich passiert. Dazu gibt es in Inkscape ein eigenes Dialogfenster, das Sie über den Menüeintrag **Filter → Filtereditor...** erreichen.

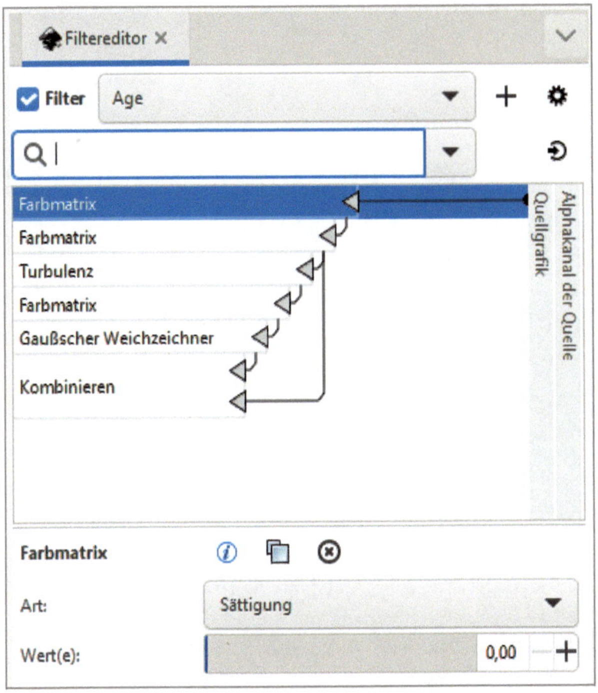

Bild 10.4
Der Filtereditor

Damit Sie alle Einstellungen sehen können, sollten Sie das Fenster schwebend anordnen (siehe Kapitel Fenster an-/abdocken) und vergrößern, da die verschiedenen Einstellungen sonst nur mit Scrollbalken zu sehen sind.

Für Einsteiger ist dieses Dialogfenster allerdings eher weniger geeignet, denn auf den ersten Blick wirkt es erschlagend und unübersichtlich. Dennoch möchte ich hier kurz auf die Einstellungen eingehen.

Das Dialogfenster untergliedert sich in vier Bereiche:

- *Oben:* Die Auflistung der Filter (im Drop-down-Menü können Sie die anderen Filter auswählen). Neue Filter - zunächst noch ohne Effekt -- lassen sich mit dem Plus-Zeichen hinzufügen.
- *Rechts:* Hier werden die Effekte und ihre Verbindungen angezeigt, so wie sie systematisch von oben nach unten in der Operation abgearbeitet werden.
- *Mitte:* Über das Auswahlfeld **Effekt hinzufügen** oberhalb der Mitte können Sie neue Filterbausteine auswählen und zu einem bestehenden oder neuen Filter hinzufügen.
- *Unten* finden Sie noch die Einstellung für die Art des Filters und dessen Werte. Das Aussehen ist jeweils vom angeklickten Filter bzw. Filterbaustein abhängig.

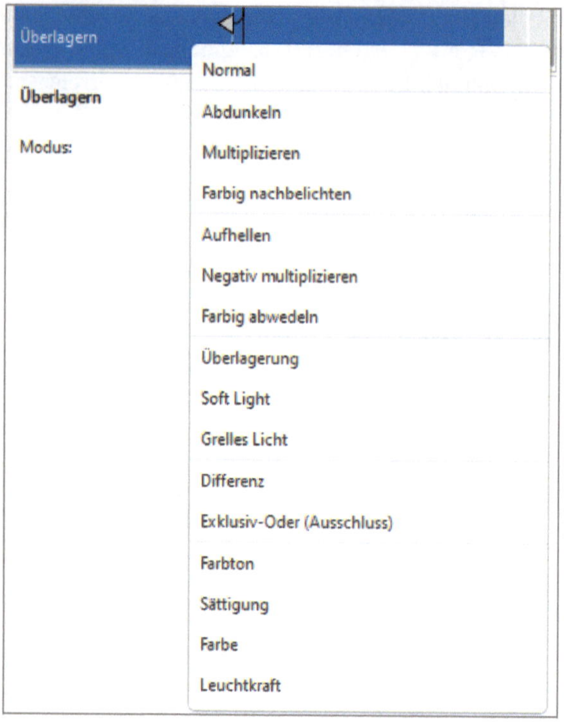

Bild 10.5
Effekte für Filter

Im Bild sehen Sie einen Teil aus den intern zur Verfügung stehenden Filterbausteinen.

10.3 Inkscape-Filtertechniken

Die Filter, die in Inkscape zur Verfügung stehen, können an den verschiedensten 2D-Objekten angewendet werden. Die Definition der Filter entstammt dem World-Wide-Web-Konsortium. Ein Filtereffekt besteht aus einer Reihe grafischer Operationen, die an einem Objekt angewandt werden, um ein verändertes Zielobjekt davon zu erhalten. Somit wird das Zielobjekt anstelle des Quellobjekts gerendert und angezeigt. Durch einen Filter entsteht somit ein neues Objekt. Nachfolgendes Bild verdeutlicht es.

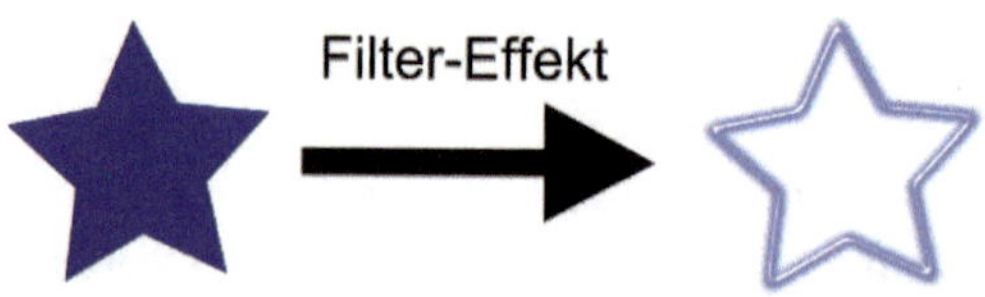

Hierbei spielt es keine Rolle, ob das Objekt eine Form oder ein Pfad ist und ob es ein Einzel- oder ein Gruppenobjekt ist. Die Filtereffekte definieren sich aus Filterelementen. Sie setzen also die Filtereigenschaft des Elements, damit es den Effekt referenziert. Die Filterelemente beinhalten eine Auswahl an Grundfunktionen und Erweiterungen und jedes dieser Elemente stellt eine grundlegende grafische Operation, wie Lichteffekte, Weichzeichnen oder Farbveränderungen, zur Verfügung, um einen grafischen Effekt zu erzeugen. Da viele dieser Elemente eine Form von Bildbearbeitung darstellen, entstehen in vielen Fällen auch einzelne RGBA-Bilder.

Um zum Beispiel eine Schattenwirkung zu erzeugen, wird eine Kopie des Originalobjekts in Schwarz erzeugt und etwas verschoben. Damit entsteht der sogenannte Schlagschatten. Im Internet gibt es eine Vielzahl an Video-Tutorials, die genau das beschreiben.

Auf den folgenden Seiten gehe ich auf die Wirkungsweise der Filter ein und beschreibe dies an dem Beispiel eines Sterns, auf den der Filter „Dragee“ (Kategorie „Grat“) angewendet wurde.

10.4 Ansicht im XML-Editor

In einem XML-Editor sieht die XML-Struktur folgendermaßen aus:

Listing 10.1 Stern mit Filter „Dragee“

```
<?xml version="1.0" encoding="UTF-8" standalone="no"?>
<!-- Created with Inkscape (http://www.inkscape.org/) -->

<svg
   width="210mm"
   height="297mm"
   viewBox="0 0 210 297"
   version="1.1"
   id="svg1"
   inkscape:version="1.3 (0e150ed6c4, 2023-07-21)"
   sodipodi:docname="Zeichnung.svg"
   xmlns:inkscape="http://www.inkscape.org/namespaces/inkscape"
   xmlns:sodipodi="http://sodipodi.sourceforge.net/DTD/sodipodi-0.dtd"
   xmlns="http://www.w3.org/2000/svg"
   xmlns:svg="http://www.w3.org/2000/svg">
  <sodipodi:namedview
     id="namedview1"
     pagecolor="#ffffff"
     bordercolor="#000000"
     borderopacity="0.25"
     inkscape:showpageshadow="2"
     inkscape:pageopacity="0.0"
     inkscape:pagecheckerboard="0"
     inkscape:deskcolor="#d1d1d1"
     inkscape:document-units="mm"
     inkscape:zoom="0.73139029"
     inkscape:cx="618.00109"
     inkscape:cy="558.52532"
     inkscape:window-width="1920"
     inkscape:window-height="1017"
     inkscape:window-x="1912"
```

```
    inkscape:window-y="-8"
    inkscape:window-maximized="1"
    inkscape:current-layer="layer1" />
  <defs
    id="defs1">
    <filter
      inkscape:label="Dragee"
      inkscape:menu="Ridges"
      inkscape:menu-tooltip="Gel Ridge with a pearlescent look"
      height="1.7992595"
      width="1.7700184"
      y="-0.39962974"
      x="-0.3850092"
      style="color-interpolation-filters:sRGB;"
      id="filter6">
     <feGaussianBlur
        stdDeviation="0.01"
        result="result1"
        id="feGaussianBlur2" />
     <feBlend
        in="result1"
        mode="screen"
        result="result5"
        in2="result1"
        id="feBlend2" />
     <feGaussianBlur
        stdDeviation="6"
        result="result6"
        id="feGaussianBlur3" />
     <feComposite
        operator="xor"
        result="fbSourceGraphic"
        in="result6"
        in2="result6"
        id="feComposite3" />
     <feColorMatrix
        result="fbSourceGraphicAlpha"
        in="fbSourceGraphic"
        values="0 0 0 -1 0 0 0 0 -1 0 0 0 0 -1 0 0 0 0 2 0 "
        id="feColorMatrix3" />
     <feGaussianBlur
        result="result0"
        in="fbSourceGraphicAlpha"
        stdDeviation="2"
        id="feGaussianBlur4" />
     <feSpecularLighting
        specularExponent="35"
        specularConstant="1"
        surfaceScale="3"
        lighting-color="rgb(255,255,255)"
        result="result1"
        in="result0"
        id="feSpecularLighting4">
       <feDistantLight
          azimuth="235"
          elevation="55"
          id="feDistantLight4" />
     </feSpecularLighting>
```

```
      <feComposite
         operator="in"
         result="result2"
         in="result1"
         in2="fbSourceGraphicAlpha"
         id="feComposite4" />
      <feComposite
         k3="1"
         k2="1"
         operator="arithmetic"
         result="result4"
         in="fbSourceGraphic"
         in2="result2"
         id="feComposite5" />
      <feComposite
         operator="out"
         in="result9"
         in2="result4"
         result="result91"
         id="feComposite6" />
      <feBlend
         mode="multiply"
         in2="result91"
         id="feBlend6" />
    </filter>
  </defs>
  <g
     inkscape:label="Ebene 1"
     inkscape:groupmode="layer"
     id="layer1">
    <path
       sodipodi:type="star"
       style="fill:#0000ff;stroke-width:0.529167"
       id="path1"
       inkscape:flatsided="false"
       sodipodi:sides="5"
       sodipodi:cx="29.663824"
       sodipodi:cy="78.138855"
       sodipodi:r1="26.271408"
       sodipodi:r2="13.135704"
       sodipodi:arg1="0.90250691"
       sodipodi:arg2="1.5308254"
       inkscape:rounded="0"
       inkscape:randomized="0"
       d="M 45.942752,98.75883 30.188731,91.264067 15.083527,99.992958
17.343211,82.693984 4.3737773,71.025458 21.52436,67.828868 l 7.089652,-15.940437
8.33996,15.323372 17.351079,1.816794 -11.996203,12.666956 z"
       inkscape:transform-center-x="0.3244101"
       inkscape:transform-center-y="-2.1981615" />
    <path
       sodipodi:type="star"
       style="fill:#0000ff;stroke-width:0.529167;filter:url(#filter6)"
       id="path2"
       inkscape:flatsided="false"
       sodipodi:sides="5"
       sodipodi:cx="29.663824"
       sodipodi:cy="78.138855"
       sodipodi:r1="26.271408"
```

```
        sodipodi:r2="13.135704"
        sodipodi:arg1="0.90250691"
        sodipodi:arg2="1.5308254"
        inkscape:rounded="0"
        inkscape:randomized="0"
        d="M 45.942752,98.75883 30.188731,91.264067 15.083527,99.992958
17.343211,82.693984 4.3737773,71.025458 21.52436,67.828868 l 7.089652,-15.940437
8.33996,15.323372 17.351079,1.816794 -11.996203,12.666956 z"
        inkscape:transform-center-x="0.3244101"
        inkscape:transform-center-y="-2.1981615"
        transform="translate(72.350792)" />
  </g>
</svg>
```

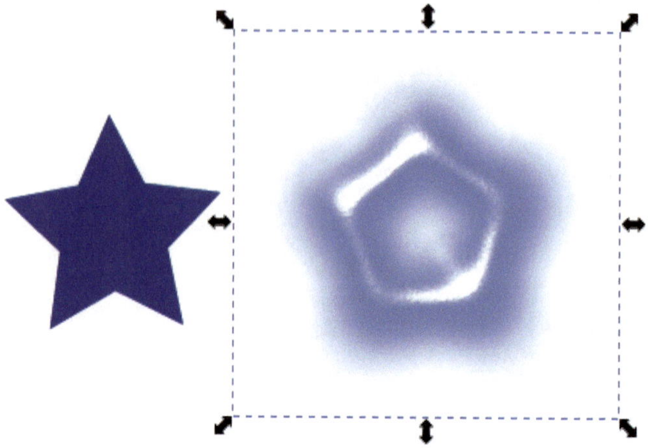

Bild 10.6 Filtereffekt „Dragee“

Insgesamt kommen für diesen Stern fünf unterschiedliche Filterelemente zum Einsatz, wobei manche mehrmals verwendet werden.

Die fünf Elemente lauten:

- *feGaussianBlur*
  Gaußscher Weichzeichner
- *feBlend*
  Blendmodus / Überlagern
- *feComposite*
  Mischen / Kombinieren
- *feColormatrix*
  Farbmatrix
- *feSpecularLighting*
  Glanzlicht / Punktlicht

Bei einigen Elementen werden sogar Child-Elemente angesprochen.

Child-Element

Ein Child-Element stellt bestimmte Attribute bereit, die zu einem bestimmten Hauptelement gehören. Zum Element „feSpecularLightning“ zum Beispiel gehört das Attribut „DistantLight“.

Aufgeschlüsselt auf die einzelnen Filterelemente werden für den Stern folgende Einstellungen über den Filter **Grat → Dragee** gesetzt:

Tabelle 10.1 Einzelschritte bei dem Filter

Schritt	Ergebnis
Quellgrafik	
Gaußscher Weichzeichner Standardabweichung: 0,01	
Mischen beziehungsweise Überlagern im Modus Negativ multiplizieren	
Gaußscher Weichzeichner Standardabweichung: 6,0	
Kombinieren mit Operator: *XOR*	

Schritt	Ergebnis
Farbmatrix im Modus „Matrix“ 0,00 0,00 0,00 –1,00 0,00 0,00 0,00 0,00 –1,00 0,00 0,00 0,00 0,00 –1,00 0,00 0,00 0,00 0,00 2,00 0,00	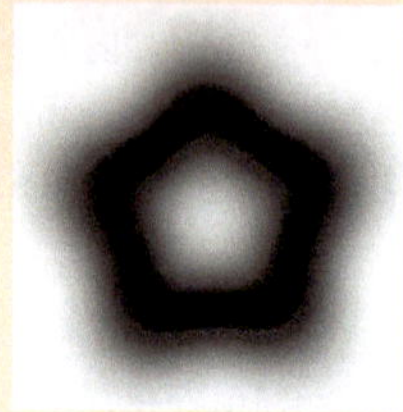
Gaußscher Weichzeichner: Standardabweichung: 2,0	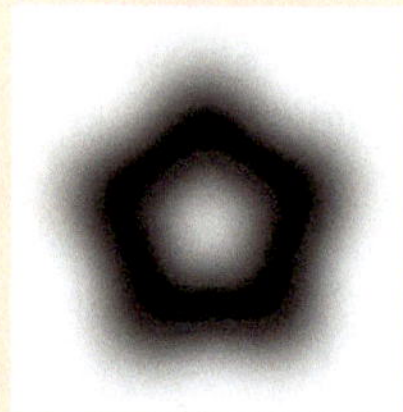
Beleuchtung mit Punktlicht Glanzpunktfarbe: 255,255,255 Oberflächenskalierung: 3,0 Konstante: 1,0 Lichtquelle: entfernte Lichtquelle Azimut: 235 Anhebung: 55	
Kombinieren mit Verbund zum Quellbild „Beleuchtung mit Punktlichtern“ und zum Quellbild „Farbmatrix“ Operator: In	
Kombinieren mit Verbund zum Quellbild des ersten Kombinieren-Effekts und zum Quellbild des letzten Resultats Operator: Arithmetisch K1: 0 K2: 1 K3: 1 K4: 0	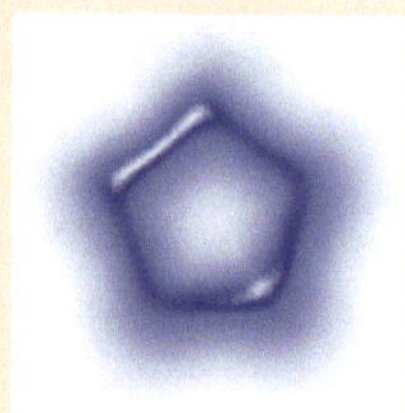
Kombinieren mit beiden Quellbildern zum letzten Resultat. Operator: Out	

Schritt	Ergebnis
Mischen beziehungsweise Überlagern im Modus Multiplizieren	

Sie sehen also sehr genau, wie die einzelnen Filterelemente auf die Quellgrafik wirken.

> **!** Gerade wenn Sie sich mit der Thematik der Filtereffekte beschäftigen und vielleicht sogar vorhandene Filter Schritt für Schritt nachstellen, kann es Ihnen dennoch passieren, dass Sie nicht das gleiche Ergebnis erhalten. Wenn Sie das eben geschilderte Beispiel nachvollziehen, werden Sie vermutlich nicht zum gleichen Ergebnis kommen, da der Effekt „Farbmatrix“ zwar auf dem Typ „Farbton rotieren“ steht, jedoch der Typ „Matrix“ verwendet wird.

10.5 Filterelemente in der Übersicht

Alle Bilderfilter arbeiten mit premultiplizierten RGBA-Bildern. Damit ein vorher festgelegter Filter auf ein Objekt oder eine Gruppe angewendet werden kann, wird diesem das Attribut „filter“ zugewiesen. Somit lassen sich viele dieser Filter kombinieren und manchmal sind einzelne Filter zum Teil ohne sichtbares Ergebnis, wenn sie nicht kombiniert werden.

Filter lassen sich zudem auch in ihrer Wirkungsweise einschränken. Das heißt, dass Sie die Koordinaten festlegen, um den Bereich zu definieren, in dem der Filter wirken soll. Die sogenannten Attribute X und Y legen den Startpunkt fest und die Attribute Breite und Höhe definieren den Wirkungsbereich. Dabei lassen sich sowohl relative als auch absolute Angaben machen, denn die Wirkungsweise wird im Attribut „filterunits“ definiert. Das soll aber an dieser Stelle reichen, denn es gibt genügend weiterführende Informationen, die die Wirkungsweise der Filterattribute ausführlich beschreiben.

In Inkscape können die Filter auf insgesamt sechs Bereiche des Objekts wirken:

- Quellgrafik
- Alphakanal der Quelle
- Hintergrundbild
- Transparenz des Hintergrunds
- Farbfüllung
- Farbe der Kontur

Die Filter werden einfach nur mit dem entsprechenden Bereich oder einem anderen Filterelement verknüpft.

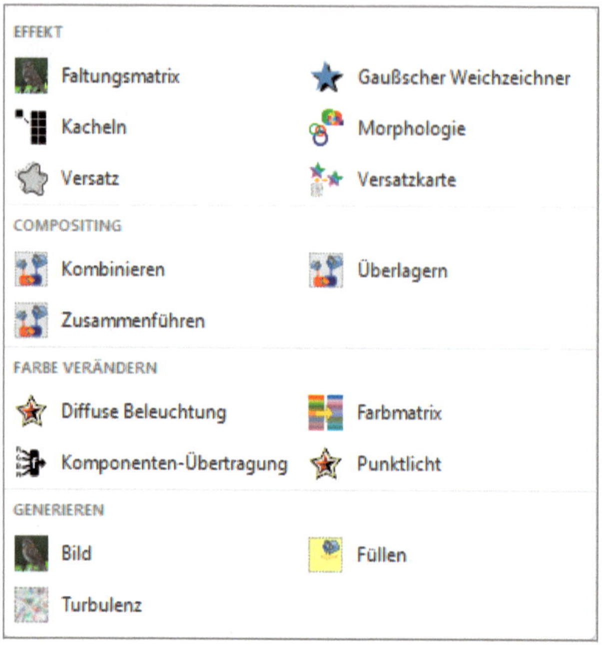

Bild 10.7
Die Filtereffekte

10.5.1 FeGaussianBlur – Gaußscher Weichzeichner

Dieser Filter wird auf die Quellgrafik angewendet, die ein Objekt, eine Form oder eine Gruppe von Objekten sein kann, und verwischt diese.

Quellgrafik	Ergebnis

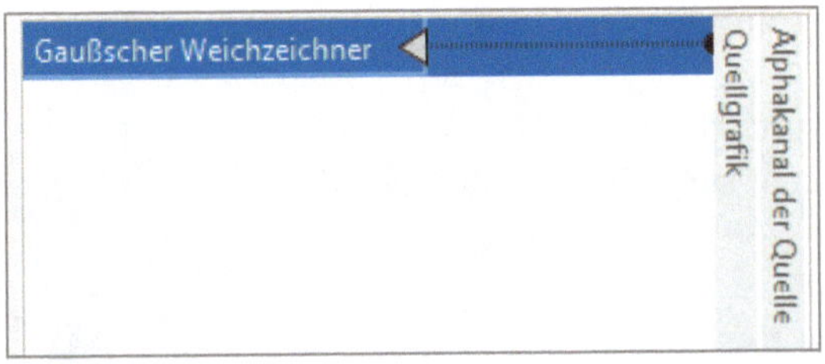

Bild 10.8
Gaußscher Weichzeichner

Würde der „Gaußsche Weichzeichner“ anstelle der Quellgrafik auf den Alphakanal des Eingangsbilds wirken, so würden wir einen schwarzen verschwommenen Stern erhalten.

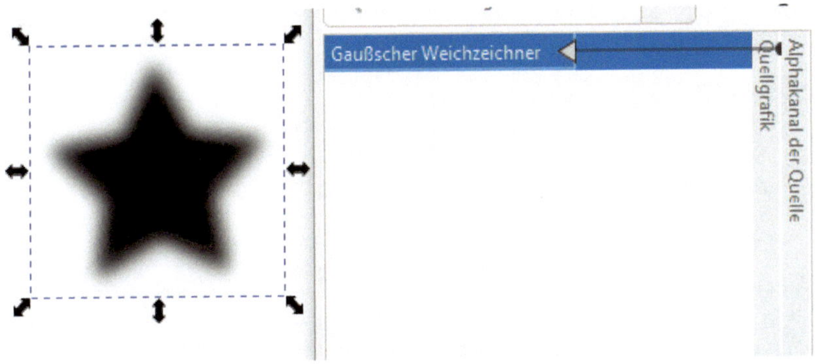

Bild 10.9 Gaußscher Weichzeichner auf dem Alphakanal der Quellgrafik

Das Filterelement **Gaußscher Weichzeichner** hat somit genau ein Quellbild und erzeugt daraus ein verschwommenes Zielbild (Resultat).

Der Weichzeichner wird normalerweise zusammen mit dem Filterelement „Versatz“ angewendet, um einen abgesetzten Schatten zu erzeugen.

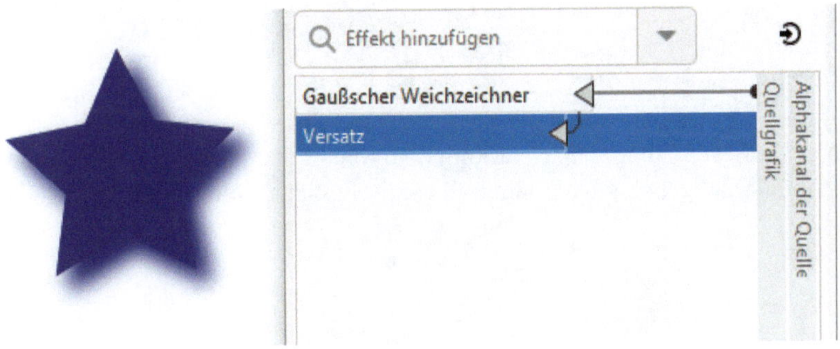

Bild 10.10 Versatz

10.5.2 FeBlend – Mischen / Überlagern

Hier wird zweimal das gleiche Objekt durch pixelweise Vermischung zu einem Objekt zusammengefügt. Dabei stellt dieser Filter einige Modi zur Verfügung.

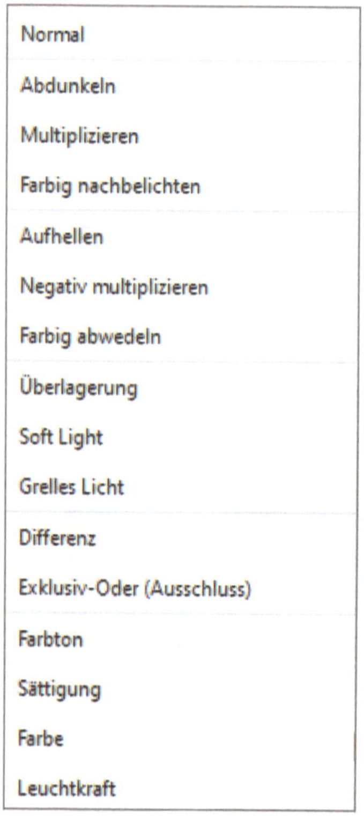

Bild 10.11
Überlagerungsmodi

Wenden Sie diesen Filter an, passiert mit dem Objekt nichts, denn es wird standardmäßig zweimal die Quellgrafik genommen und gemischt. Sie erhalten somit das gleiche Objekt.

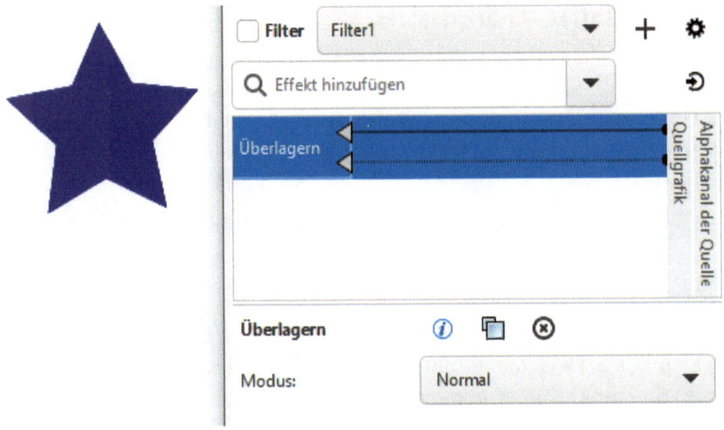

Bild 10.12 Überlagern

Wenn Sie hingegen das erste Input-Bild auf den Alphakanal der Quelle legen, färbt sich das Objekt schwarz.

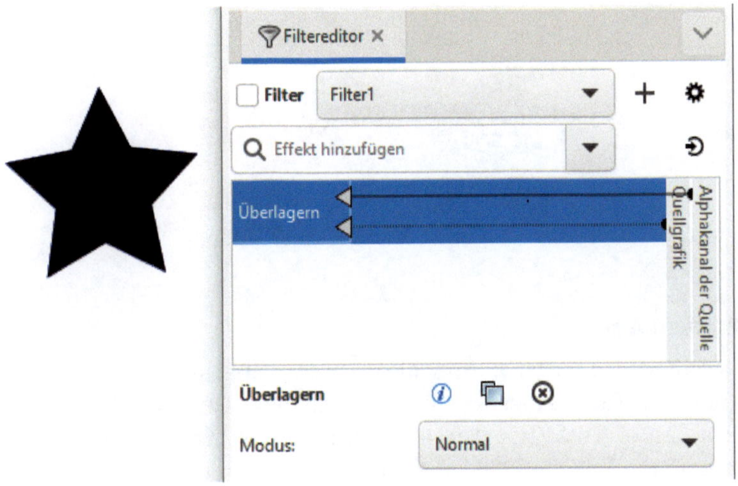

Bild 10.13 Überlagern

Sie sehen also, ein einzelner Filter ist nicht immer sinnvoll.

> **!** Der Filtereffekt „Mischen“ benötigt zwei Eingangsbilder, die er anschließend über einen bestimmten Modus überlagert.

10.5.3 FeColorMatrix – Farbmatrix

Dieser Filter wendet eine Matrixtransformation auf RGBA-Werte (Farb- und Alphawert) eines jeden Pixels der zu verwendenden Grafik an und erstellt damit eine Ausgabegrafik, die veränderte RGBA-Werte aufweist. Als mögliche Parameter stellt der Filter „Farbton rotieren“, „Leuchtkraft zu Alpha“, „Matrix“ und „Sättigung“ zur Verfügung.

Farbton rotieren

Hier lassen sich Werte zwischen 0 und 360 einstellen. Jeder Wert verändert die Farbe des Objekts ein klein wenig. Dabei kommt es auch auf die Ursprungsfarbe des Objekts an. Wenn Sie zwei Objekte mit unterschiedlicher Ursprungsfarbe erstellen und auf beide den gleichen Filter anwenden, können Sie sehr gut sehen, wie sich die Farben unterschiedlich verhalten, während Sie den Farbwert einstellen.

Leuchtkraft zu Alpha

Wenden Sie diesen Parameter an, wird die Ursprungsfarbe in einen Alphawert umgewandelt. Das heißt, die Farbe ändert sich in einen sichtbaren Grauwert. Hierbei ist allerdings zu beachten, dass sich die Farbe Weiß als Ursprungsfarbe in Schwarz ändert und Schwarz als Ursprungsfarbe am Ende vollkommen durchscheinend ist, also *unsichtbar*.

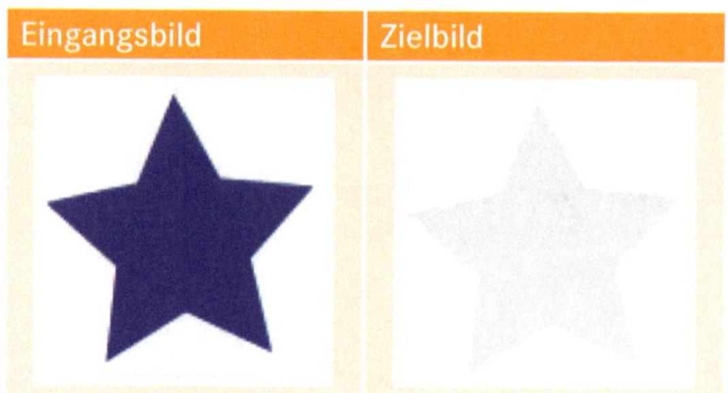

Matrix

Bei diesem Parameter wird eine 4×4-Matrix verwendet, die eine lineare Transformation im Farbraum vorsieht. Jede Reihe wirkt sich dabei auf eine Farbkomponente (Rot, Grün, Blau, Alpha) des Ausgangsbilds aus und jede Spalte bestimmt den Einfluss der Farbkomponente. Die Spalte fünf, ganz rechts, gibt einen konstanten Grundwert der Ausgangsgrafik vor.

Eingangsbild	Zielbild

Werte: 1,00 0,00 0,00 0,00 0,00 0,00 1,00 0,00 0,00 0,00 0,00 0,00 1,00 0,00 0,00 0,00 0,00 0,00 1,00 0,00	Werte: 0,00 0,00 1,00 0,00 0,00 0,00 0,00 1,00 0,00 0,00 0,00 0,00 1,00 0,00 0,00 0,00 0,00 1,00 1,00 0,00

Sättigung

Hier wird die Sättigung der Farbe eingestellt. Dabei können Werte zwischen 0,00 und 1,0 eingestellt werden. Der Wert 0,00 bedeutet keine Farbsättigung, sondern nur ein Grauwert, und der Wert 1,0 bedeutet volle Farbe.

Bild 10.14 Von links nach rechts: Eingangsbild - 0,00 - 0,50 - 0,90

> Der Filtereffekt „Farbmatrix" hat genau ein Eingangsbild, das er über vier unterschiedliche Modi farblich verändern kann.

10.5.4 FeConvolveMatrix – Matrix falten

Dieser Filter verursacht eine Veränderung der Bildpunktmatrix des Quellbilds. Durch die Vermischung von Bildpunkten mit benachbarten Pixeln eignet er sich besonders gut für Prägeeffekte, Scharf- oder Weichzeichnen und Kantenerkennung des Quellbilds. Man kann zwar zum Verwischen – also Weichzeichnen – auch den „Gaußschen Weichzeichner" anwenden, jedoch ist die Faltungsmatrix schneller und von der Auflösung unabhängig.

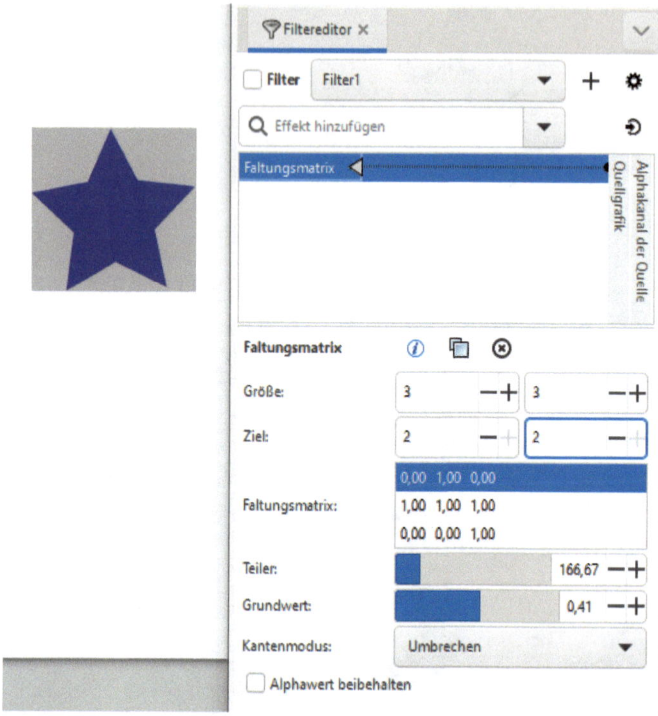

Bild 10.15 Filtereditor

Die Faltungsmatrix basiert auf einer X-zu-Y-Matrix, die beschreibt, wie der Wert des Bildpunkts der Quelle mit dem benachbarten Bildpunktwert kombiniert wird, um das Zielobjekt zu erhalten. Mögliche Parameter sind die Auswahl der Matrizengröße, das Ziel, Teiler, Grundwert und der Kantenmodus. Ebenso können Sie einstellen, ob Sie den Alphawert beibehalten wollen.

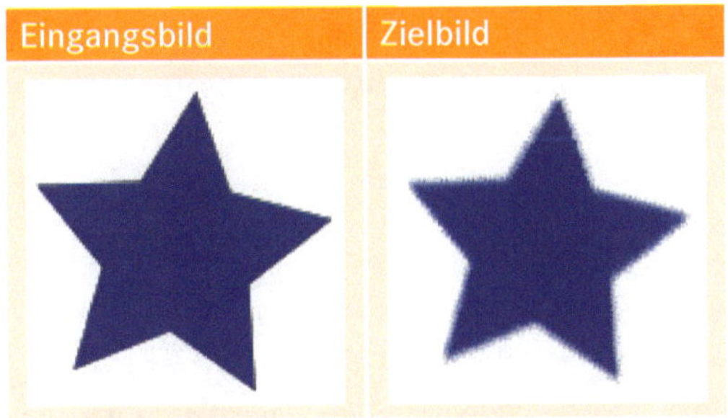

Der Filtereffekt „Matrix falten“ hat genau ein Eingangsbild, das durch verschiedene Parameter verwischt, schärft oder prägt und dabei erkennt, ob das Quellenbild Kanten aufweist.

10.5.5 FeDisplacementMap - Versatzkarte

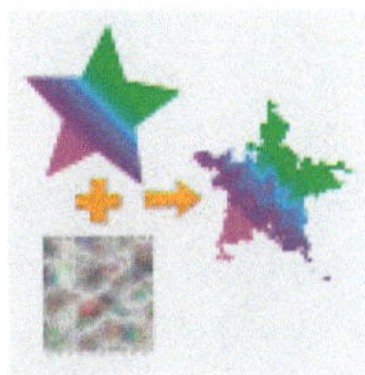

Hierbei werden Bildpunkte eines zweiten Eingangsbilds verwendet, um das erste Eingangsbild räumlich zu verschieben. Als mögliche Parameter gibt es die Skalierung und die X- beziehungsweise Y-Verschiebung. Die Skalierung vom Wert „0“ bis „100“ gibt hierbei den Versatzfaktor der beiden Bilder an. Dabei bedeutet der Wert null, dass kein Effekt angewendet wird. Die X- und Y-Verschiebung geben den jeweiligen Farb- oder Alphakanal für die X- und Y-Richtung an. Die Kanäle können dabei „Rot“, „Grün“, „Blau“ und „Alpha“ sein.

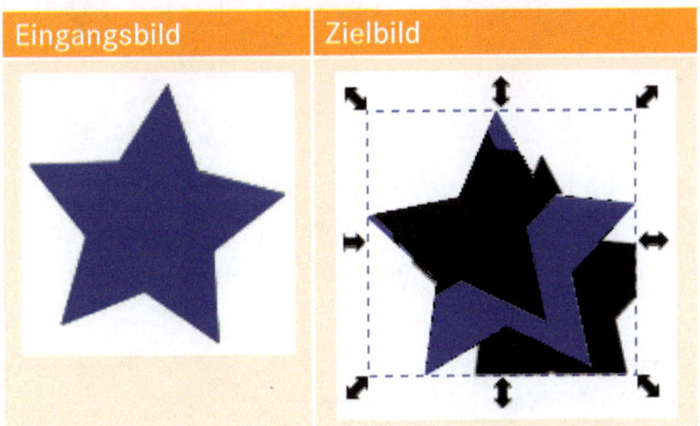

Der Stern im linken Bild hat keinen Versatz, während der rechte Stern einen Versatz von 12 aufweist. Dadurch, dass der blaue Stern zweimal als Quellbild genommen wird, bewirkt der Versatz, dass der Stern sowohl nach links oben als auch nach rechts unten versetzt wird. Dieser Filtereffekt lässt sich hervorragend mit anderen Filtereffekten kombinieren.

Das Filterelement „Versatzkarte“ benötigt zwei Eingangsbilder. Die Pixel des ersten Bilds werden dann mit Hilfe des zweiten Bilds verschoben, um Wirbel- und Quetscheffekte zu erzeugen.

10.5.6 FeOffset – Versatz

Der Versatz wirkt analog der Versatzkarte, jedoch wird nur ein Quellbild genutzt. Hierbei wird das Objekt um einen benutzerdefinierten Wert in X- und/oder Y-Richtung verschoben. Der Filtereffekt bietet sich somit sehr gut für abgesetzte Schatten an Objekten an, die sich in einer etwas anderen Position befinden als das eigentliche Original.

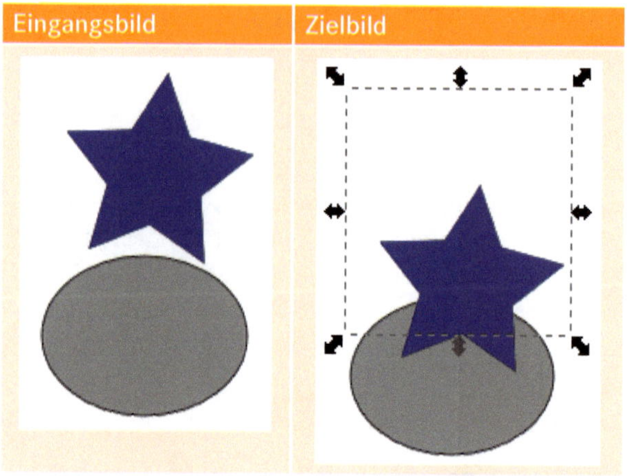

Die graue Ellipse dient im Bild nur als Anhaltspunkt, um den Effekt zu verdeutlichen. Sie sehen hier, dass der blaue Stern vor der Anwendung des Filters oberhalb der Ellipse liegt und nach Einschalten des Filters der Stern zum Teil auf der Ellipse.

Der Filtereffekt „Versatz“ verschiebt das Eingangsbild um einen definierten Betrag in X- und Y-Richtung. Somit lassen sich zum Beispiel abgesetzte Schatten bewerkstelligen.

10.5.7 FeFlood – Füllen

Dieser Filtereffekt füllt den rechteckigen Bereich des Originalobjekts mit einer vorgegebenen Farbe und Deckkraft. Üblicherweise wird dieser Effekt als Startpunkt für andere Filter verwendet, um unterschiedliche Farben zu bekommen. Als mögliche Werte können Sie die *Farbe* über das Farbrad und die *Deckkraft* mittels eines Schiebereglers einstellen.

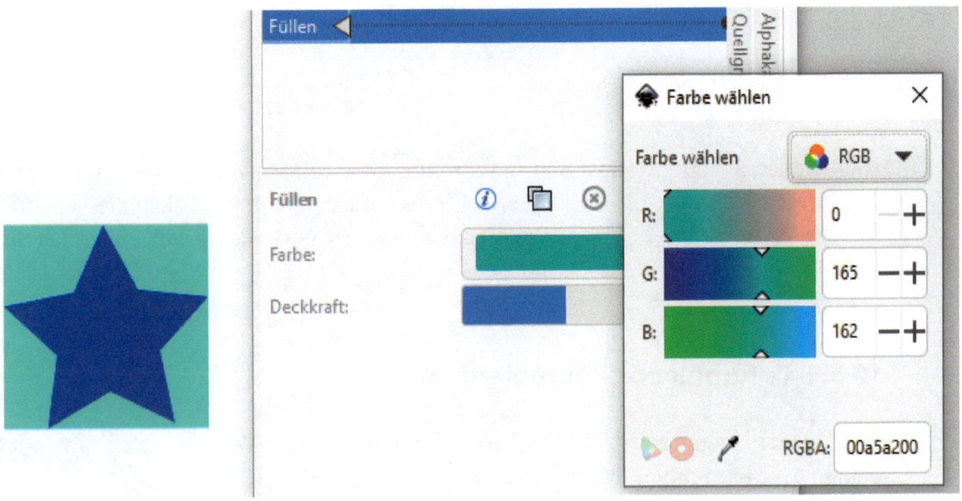

Bild 10.16 Farbwerte

10.5.8 FeImage – Bild

Hier haben Sie die Möglichkeit, ein weiteres externes Bild oder ein anderes Objekt aus Ihrem Dokument einzubinden, um den Bereich des Originalbilds zu füllen. Auch dieser Filtereffekt bietet eine gute Grundlage für kombinierte Filter.

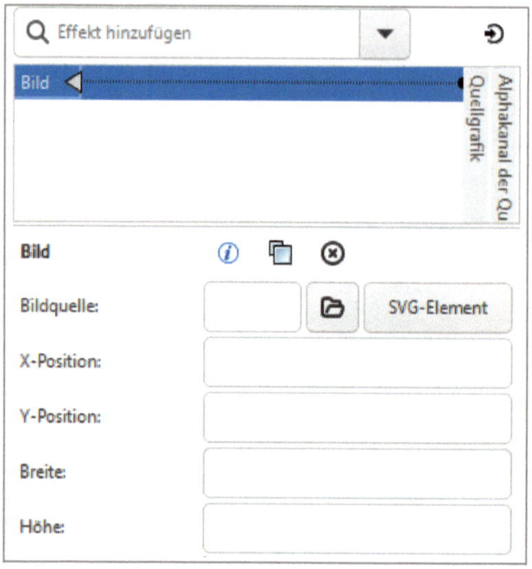

Bild 10.17
Filtereffekt Bild

Hier können Sie ein externes Bild von Ihrem Rechner einbinden oder ein anderes Objekt aus Ihrem Dokument. Dazu wählen Sie dieses einfach aus und drücken die Schaltfläche **Gewähltes SVG-Element**. Als Resultat bekommen Sie entweder das Bild oder das Objekt in den Abmessungen des Quellbilds.

10.5.9 FeTurbulence – Turbulenz

Dieser Filter erzeugt mit der Perlin-Turbulenz-Funktion eine Verwirbelung oder ein Fraktal in der Größe des Zielobjekts. Damit lassen sich künstliche Texturen wie Wolken, Nebel, Feuer oder Rauch erzeugen. Ebenso lassen sich komplexere Oberflächen wie Marmor oder Granit erstellen.

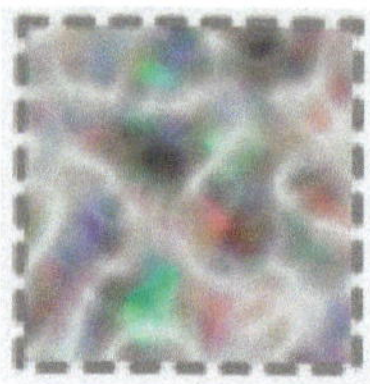

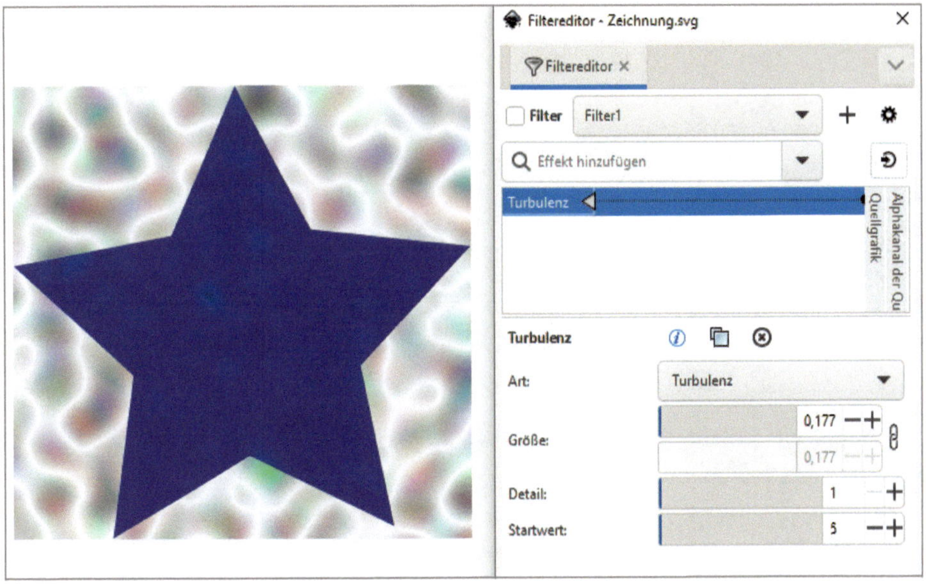

Bild 10.18 Turbulenz

Über den Parameter **Art** wählen Sie entweder **Turbulenz** oder **Fraktales Rauschen** aus. Die beiden nachfolgenden Bilder zeigen den Unterschied.

Bild 10.19 Unterschied im Filter

Im linken Bild sehen Sie den Typ **Turbulenz** und im rechten **Fraktales Rauschen**, bei gleichen Parametern. Weiter können Sie die **Größe** zwischen 0,001 und 10,000 entweder für X- und Y-Richtung gemeinsam oder getrennt einstellen. Ein Wert von 0,001 ergibt ein einfarbiges Objekt. Je größer die Werte eingestellt werden, desto detaillierter wird das Muster. Der Parameter **Detail** legt die Detailtiefe und der **Startwert** das entsprechende Turbulenz- oder Rauschmuster fest. Die Grundfarbe und Kontur des Objekts spielen dabei keine Rolle.

Tabelle 10.2 Beispiele für bestimmte Kombinationen

Einstellungen	Ergebnis
Turbulenz: Größe: 0,200/0,200 Detail: 1 Startwert: 5	
Turbulenz: Größe: 0,300/0,300 Detail: 2 Startwert: 5	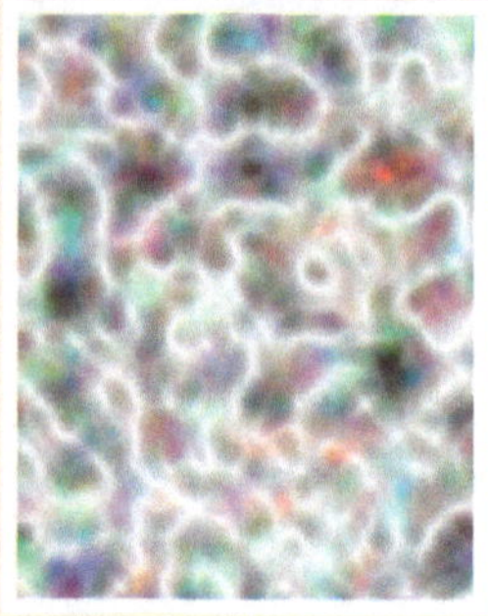
Turbulenz: Größe: 3,000/3,000 Detail: 2 Startwert: 5	
Fraktales Rauschen: Größe: 0,050/0,050 Detail: 3 Startwert: 3	

Einstellungen	Ergebnis
Fraktales Rauschen: Größe: 0,500/0,500 Detail: 3 Startwert: 3	
Fraktales Rauschen: Basisfrequenz: 3,000/3,000 Oktaven: 3 Startwert: 3	

In Kombination mit dem Effekt **Farbmatrix** können Sie die Farben der Textur ändern. Im folgenden Bild wurde zum Effekt **Turbulenz** die **Farbmatrix** kombiniert.

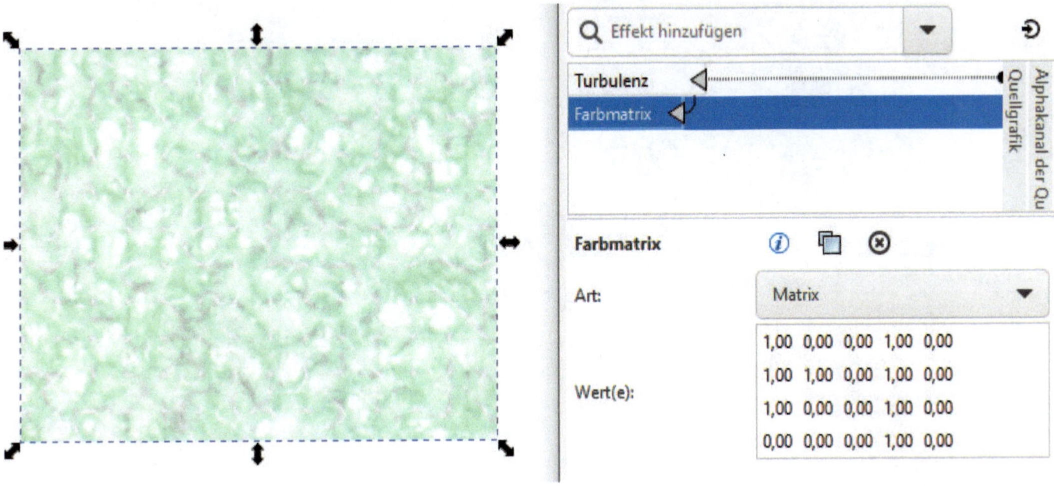

Bild 10.20 Zwei Filter

Als Werte für die Turbulenz wurden eingesetzt:

Art:	Fraktales Rauschen
Größe:	0,100/0,100
Detail:	3
Startwert:	3

Es bieten sich somit viele verschiedene Möglichkeiten, den Filter einzusetzen.

10.5.10 FeMerge – Zusammenführen

Mit diesem Filtereffekt werden mehrere Quellbilder mittels der Porter-Duff-Funktion „über" (over) zu einem Zielbild zusammengeführt. Die Quellbilder werden somit übereinandergelegt.

Im nachfolgenden Bild wurde als Beispiel ein Rechteck genommen und mit dem Filter **Texturen** → **Filz** versehen.

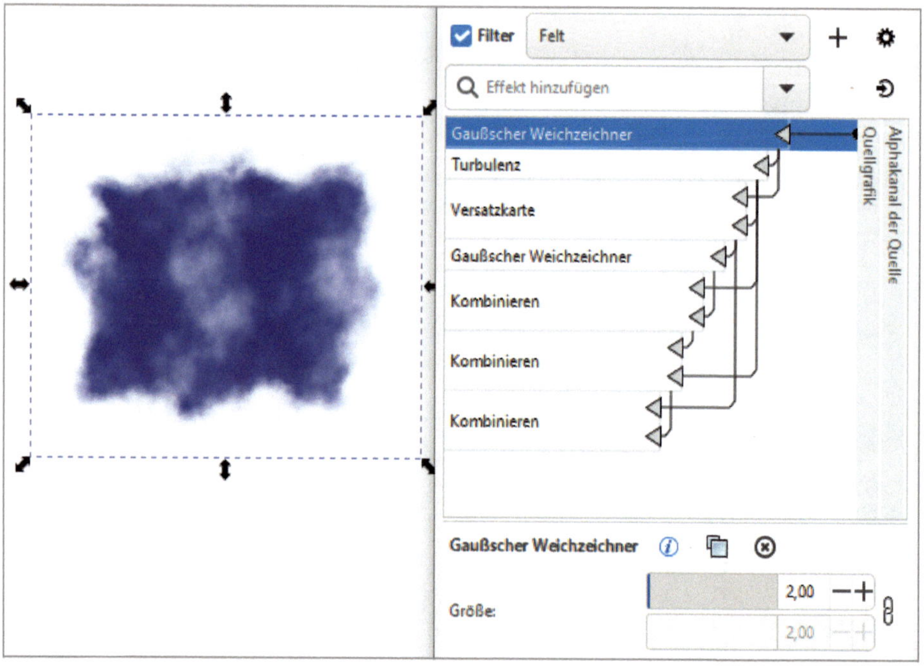

Bild 10.21 Filter: Filz (Felt)

Um Ihnen zu zeigen, wie der Filtereffekt **Zusammenführen** funktioniert, werden wir diesen jetzt hinzufügen und das kombinierte Bild mit dem Ergebnis des Turbulenzeffekts zusammenführen.

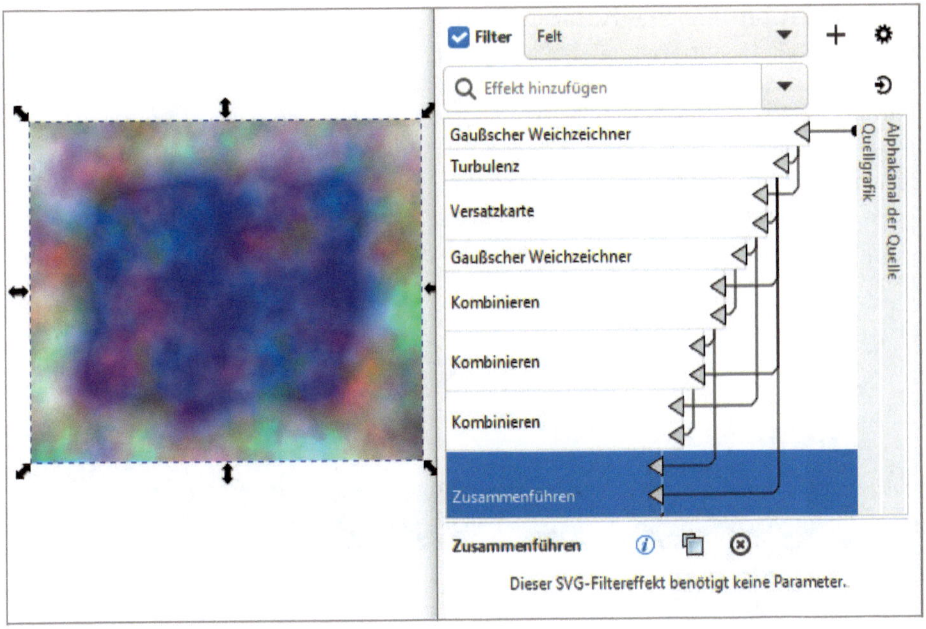

Bild 10.22 Effekt „Zusammenführen"

Zusammenführen wurde hinzugefügt und als erste Quelle wurde der Effekt **Kombinieren** verknüpft. Das zweite Quellbild soll das Ergebnis des Effekts **Turbulenz** sein und somit haben wir auch diese Verknüpfung erstellt. So können Sie beliebig viele Quellbilder in einem Zielbild zusammenführen. Man sieht hier das Turbulenz-Rechteck sehr deutlich.

10.5.11 feMorphology – Morphologie

Der Filtereffekt **Morphologie** dünnt entweder ein Quellbild aus oder weitet es auf. Als mögliche Eingabewerte können Sie den **Operator** (Ausweiten oder Erodieren) bestimmen und den **Radius** mittels Schieberegler zwischen 0,0 und 100,0 in X- und Y-Richtung festlegen.

Bild 10.23 Von links nach rechts: normal, erodiert, ausgeweitet (jeweils mit dem Wert 5,0)

10.5.12 feComposite – Kombinieren

Ähnlich wie der Filtereffekt **Zusammenführen** werden hier zwei Eingangsbilder zu einem Zielbild kombiniert. Auch hier nutzt der Effekt die Porter-Duff-Funktion für das Kombinieren, indem ein Mischmodus oder der arithmetische Modus angewendet wird. Dieser Filter hat insgesamt acht Parameter. Die Operatoren sind „Standard“, „Über“, „In“, „Out“, „Obenauf“, „XOR“, „Erhellen“ und „Arithmetisch“.

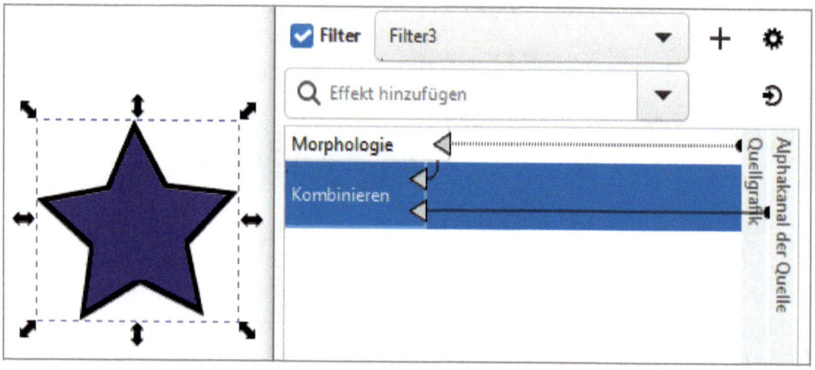

Bild 10.24 Filter: Kombinieren

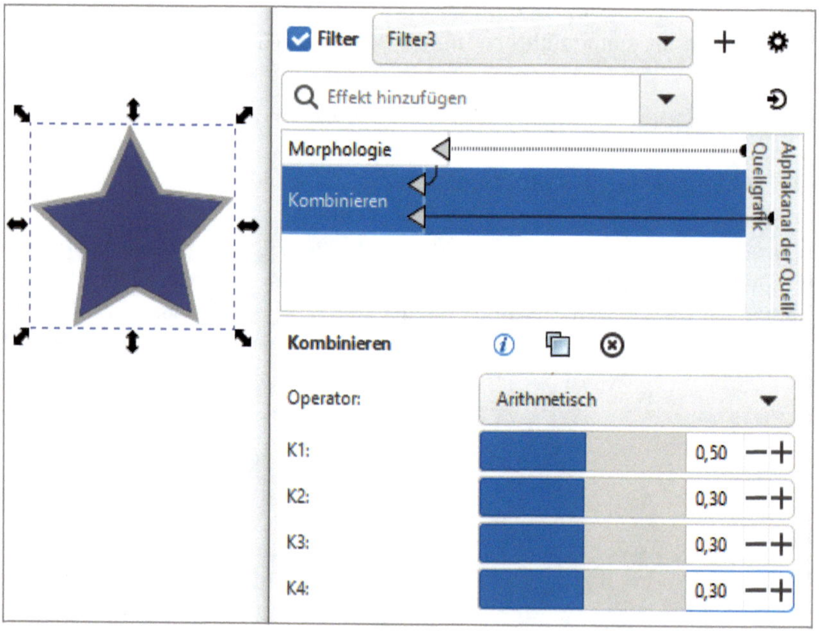

Bild 10.25 Filter: Kombinieren mit Operator Arithmetisch

10.5.13 feSpecularLightning – Beleuchtung mit Glanzlichtern

Die Filterbausteine **Diffuse Beleuchtung** und **Punktlicht** erzeugen Reliefschattierungen. Der Alphakanal des Eingangs wird verwendet, um Tiefeninformationen zu erhalten: Transparentere Gebiete werden angehoben, weniger transparente abgesenkt. Dieser Filter bringt einige Parameter mit, wie Sie im nachfolgenden Bild sehen können.

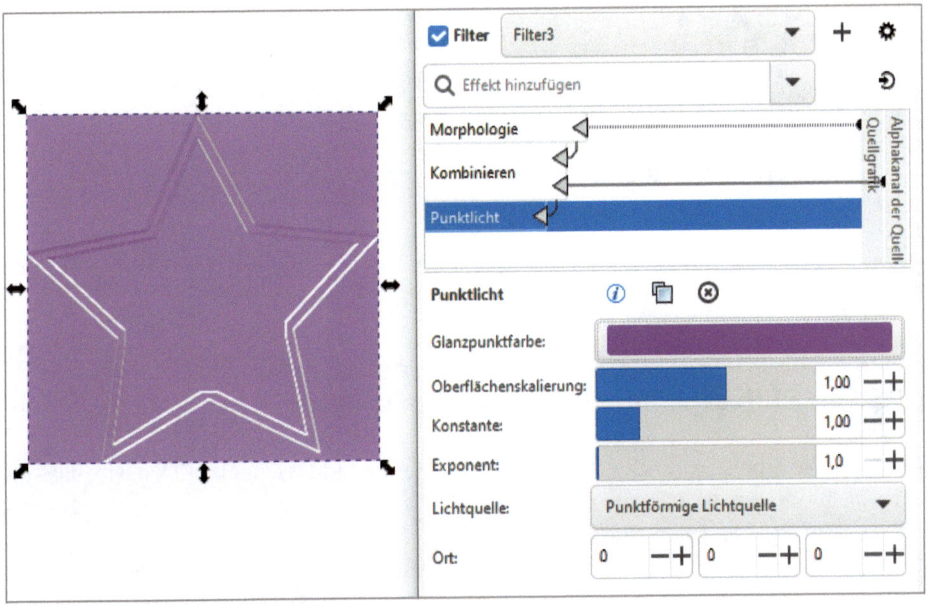

Bild 10.26 Filtereffekt Punktlicht

Der Baustein eignet sich besonders zum Setzen von Highlights.

Im nachfolgenden Bild sehen Sie noch mal eine andere Einstellung mit weißer Glanzpunktfarbe und einer entfernten Lichtquelle.

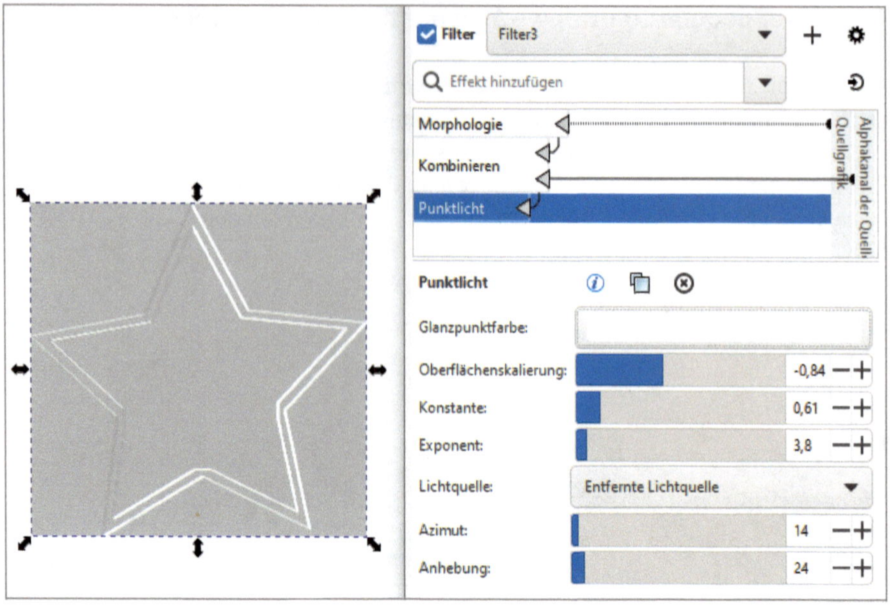

Bild 10.27 Filtereffekt: Punktlicht

10.5.14 feDiffuseLightning – diffuse Beleuchtung

Dieser Filter arbeitet ähnlich dem vorherigen Filter und unterscheidet sich darin, dass die Oberfläche des Objekts anders reflektiert wird.

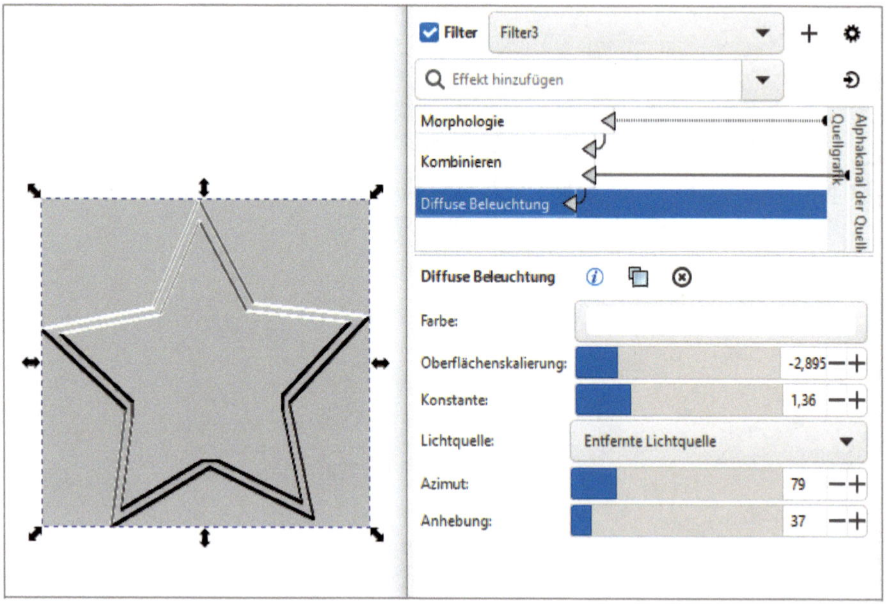

Bild 10.28 Filtereffekt: Diffuse Beleuchtung

10.5.15 feTile – Kacheln

Dieser Effekt füllt einen Bereich mit Kopien der Quellgrafik. Die Quelle der Kachel wird durch die Unterregion des Eingabe-Filtereffekts festgelegt.

> **!** Der Filter ist nicht weiter implementiert.

10.5.16 feComponentTransfer – Komponenten-Übertragung

Dieser Filtereffekt verändert die Farbkomponenten der Quelle mittels festzulegender Transferfunktionen. Dadurch sind Operationen wie Farbbalance oder Helligkeitseinstellungen möglich.

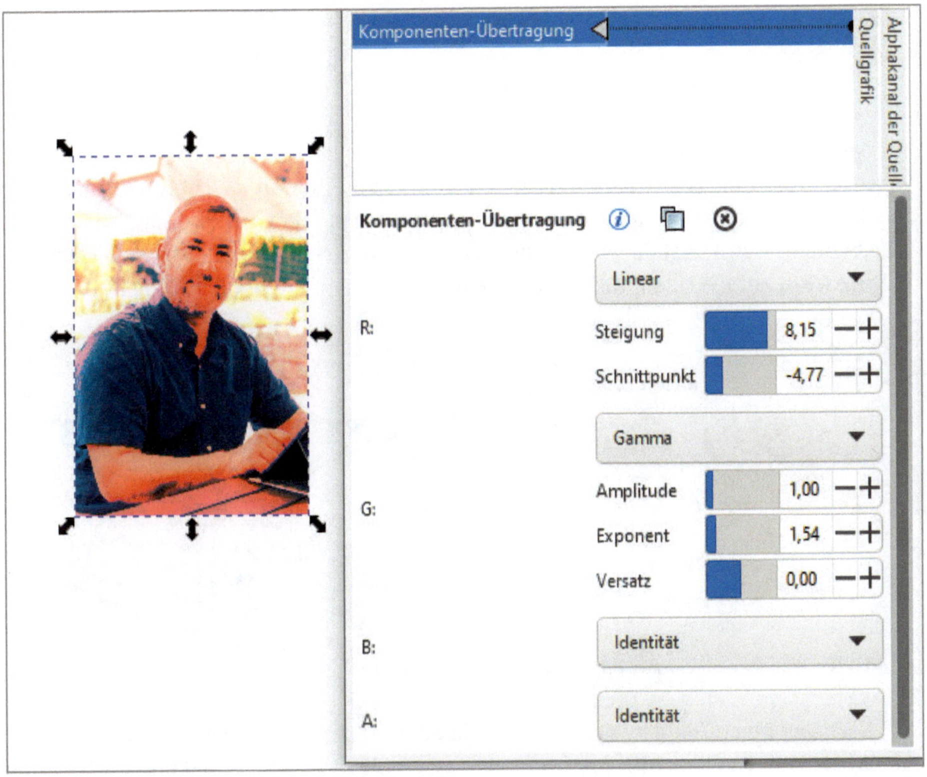

Bild 10.29 Filtereffekt: Komponenten-Übertragung

10.6 Eigene Filter definieren

Wie bereits zu Beginn des Kapitels angesprochen, können Sie Ihre Grafiken auch ganz einfach mit selbst erstellten Filtern verändern. Der Einsatz von Filtern ist gerade dann von Vorteil, wenn Sie bestimmte Filter auf mehrere Objekte anwenden wollen. Um einen Filter zu erstellen, öffnen Sie den Filter-Editor über das Menü **Filter → Filter-Editor ...**

Für ein Beispiel schreiben wir ein Wort und fügen über die Filterbausteine einen Schatten hinzu.

> Sie finden die Datei unter *„Kapitel10\ Eigener_Filter.svg“* im Zusatzmaterial auf *plus.hanser-fachbuch.de*.

Bild 10.30 Text

Für das Endresultat benötigen wir immerhin die drei Filterbausteine Versatz, Gaußscher Weichzeichner und Zusammenführen. Haben Sie den Filter-Editor offen, markieren Sie den Text und klicken Sie auf das Pluszeichen, um einen Filter zuzuweisen. Nun wählen Sie als Erstes den Baustein **Versatz** aus. Damit ist der erste Filterbaustein gesetzt. Der Versatz wirkt auf die Quellgrafik und als Parameter geben Sie jeweils −3,0 ein.

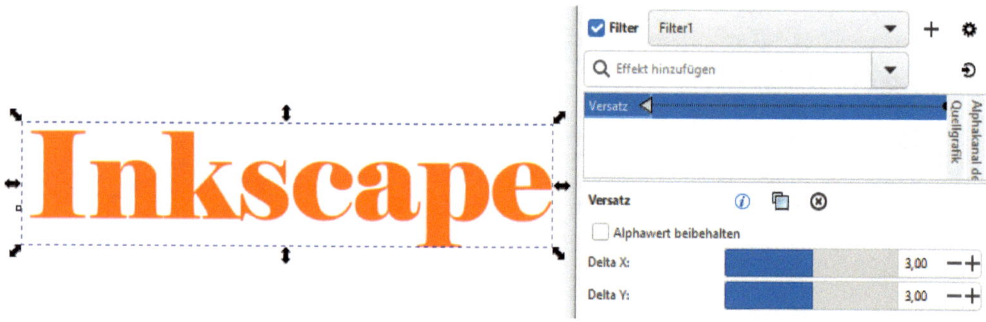

Bild 10.31 Filtereffekt: Versatz mit eingestellten Parametern

Als Nächstes fügen Sie den **Gaußschen Weichzeichner** hinzu, der allerdings auf den Alphakanal der Quelle wirkt. Als Parameter geben Sie hier 3,0 oder 4,0 ein. Je größer Sie den Wert einstellen, desto weniger sieht man noch die einzelnen Buchstaben. Damit der Baustein auf den Alphakanal wirken kann, ziehen Sie das kleine weiße Dreieck bei den Verbindungen mit gedrückter Maustaste auf das jeweilige Ziel.

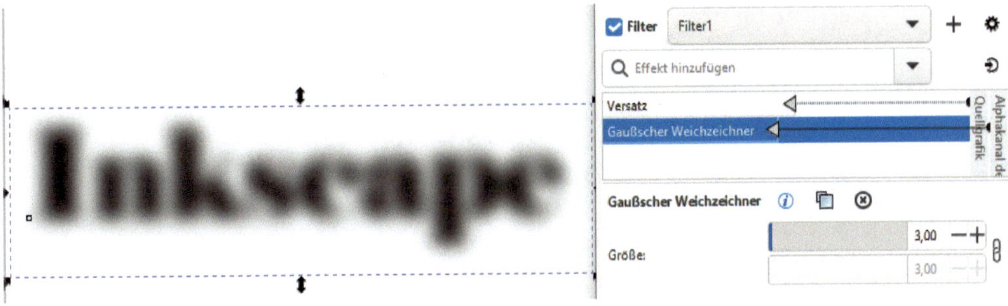

Bild 10.32 Gaußscher Weichzeichner mit Parametern

Als letzten Baustein fügen Sie nun **Zusammenführen** hinzu. Zu Beginn hat dieser Baustein keine aktiven Verbindungen. Ziehen Sie das kleine Dreieck bei gedrückter Maustaste auf den **Gaußschen Weichzeichner**. Wenn Sie nun schauen, gibt es ein zweites kleines Dreieck bei dem Filter. Dieses ziehen Sie auf **Versatz**. Damit haben Sie das Quellbild und den weichgezeichneten Alphakanal des Quellbilds zusammengeführt.

Das Ergebnis sieht folgendermaßen aus:

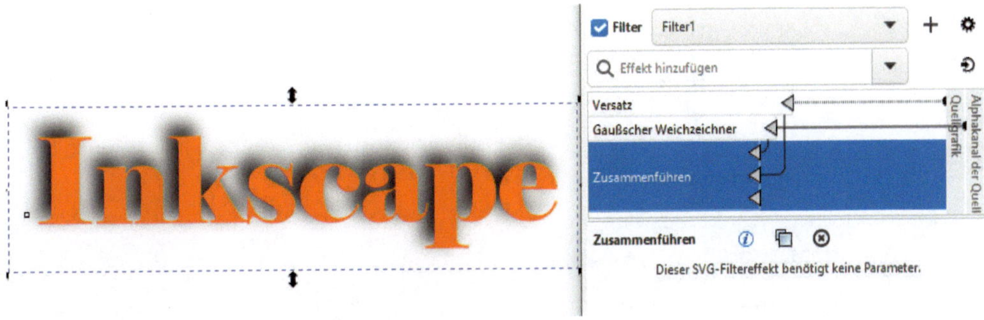

Bild 10.33 Filtereffekt: Zusammenführen

Als Quelltext sieht der Filter nun so aus:

```
<?xml version="1.0" encoding="UTF-8" standalone="no"?>
<!-- Created with Inkscape (http://www.inkscape.org/) -->

<svg
   width="210mm"
   height="297mm"
   viewBox="0 0 210 297"
   version="1.1"
   id="svg1"
   inkscape:version="1.3 (0e150ed6c4, 2023-07-21)"
   sodipodi:docname="Eigener Filter.svg"
   xmlns:inkscape="http://www.inkscape.org/namespaces/inkscape"
   xmlns:sodipodi="http://sodipodi.sourceforge.net/DTD/sodipodi-0.dtd"
   xmlns="http://www.w3.org/2000/svg"
   xmlns:svg="http://www.w3.org/2000/svg">
  <sodipodi:namedview
     id="namedview1"
```

```
    pagecolor="#ffffff"
    bordercolor="#000000"
    borderopacity="0.25"
    inkscape:showpageshadow="2"
    inkscape:pageopacity="0.0"
    inkscape:pagecheckerboard="0"
    inkscape:deskcolor="#d1d1d1"
    inkscape:document-units="mm"
    inkscape:zoom="0.73139029"
    inkscape:cx="396.50513"
    inkscape:cy="561.25984"
    inkscape:window-width="1920"
    inkscape:window-height="1017"
    inkscape:window-x="1912"
    inkscape:window-y="-8"
    inkscape:window-maximized="1"
    inkscape:current-layer="layer1" />
 <defs
    id="defs1">
   <filter
      style="color-interpolation-filters:sRGB"
      id="filter1"
      inkscape:label="Filter1"
      x="-0.040270831"
      y="-0.18952459"
      width="1.0973212"
      height="1.4580178">
     <feOffset
        dx="3"
        dy="3"
        id="feOffset1"
        preserveAlpha="false"
        result="result2" />
     <feGaussianBlur
        stdDeviation="3"
        id="feGaussianBlur1"
        in="SourceAlpha"
        result="result1" />
     <feMerge
        id="feMerge1">
       <feMergeNode
          inkscape:collect="always"
          id="feMergeNode1"
          in="result1" />
       <feMergeNode
          inkscape:collect="always"
          id="feMergeNode2"
          in="result2" />
     </feMerge>
   </filter>
 </defs>
 <g
    inkscape:label="Ebene 1"
    inkscape:groupmode="layer"
    id="layer1">
   <text
      xml:space="preserve"
```

```
      style="font-size:39.5727px;font-family:Elephant;-inkscape-font-specification:
'Elephant, Normal';fill:#ff6600;stroke-width:2.69814;font-weight:normal;font-style:
normal;font-stretch:normal;font-variant:normal;font-variant-ligatures:normal;font-
variant-caps:normal;font-variant-numeric:normal;font-variant-east-asian:normal;
filter:url(#filter1)"
      x="8.001091"
      y="95.921188"
      id="text1"><tspan
        sodipodi:role="line"
        id="tspan1"
        style="stroke-width:2.69814;fill:#ff6600;-inkscape-font-specification:'Elephant,
Normal';font-family:Elephant;font-weight:normal;font-style:normal;font-stretch:
normal;font-variant:normal;font-size:39.57270161px;font-variant-ligatures:normal;font-
variant-caps:normal;font-variant-numeric:normal;font-variant-east-asian:normal"
        x="8.001091"
        y="95.921188">Inkscape</tspan></text>
  </g>
</svg>
```

Haben Sie sich eigene Filter erstellt, können Sie diese natürlich auch in anderen Zeichnungen weiterverwenden. Damit das funktioniert, müssen Sie die Datei (in unserem Fall „*Eigener_Filter.svg*“) in den Ordner „Filters“ des Inkscape-Installationsordners kopieren. Wenn Sie zum Beispiel Inkscape nach *C:* installiert haben, ist der Ordner „*C:\inkscape\share\inkscape\filters*“. Nach einem Neustart des Programms sehen Sie den Filter dann im Menü. Für unser Beispiel finden Sie unseren Filter im nachfolgenden Bild.

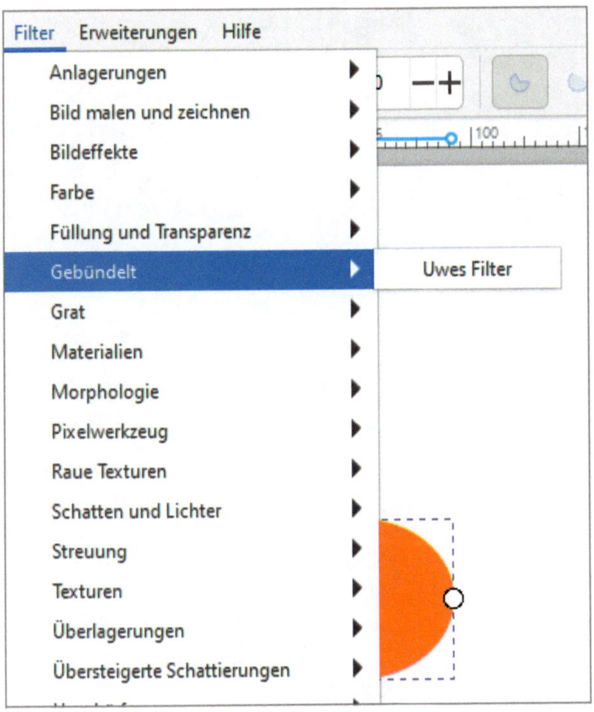

Bild 10.34
Eigener Filter

Filter geben Ihnen Operationen an die Hand, mit denen Sie sehr schnell bestimmte Effekte hervorrufen können. Viele Dinge, die sonst sehr viel Zeit in Anspruch nehmen, werden darüber in Windeseile durch das Programm verändert. Filter lassen sich nicht auf alle Objekte anwenden - hier ist etwas Feingefühl für das Objekt erforderlich.

Sie haben erfahren, wie man mit diesen Effekten arbeitet, und sie in Eigenregie erstellt. Manche lassen sich sogar kombinieren, um ganz bestimmte Resultate zu erzielen. Inzwischen haben Sie viel über das Programm und seine Werkzeuge erfahren und bis jetzt sind wir noch nicht auf die allgemeinen Programmeinstellungen und Dokumenteneinstellungen eingegangen. Das folgende Kapitel befasst sich eingehend mit diesem Thema, damit Sie Inkscape an Ihre Bedürfnisse anpassen können.

11 Benutzerkonfiguration

Das Kapitel im Überblick

- Inkscape-Einstellungen
- Dokumenteneinstellungen

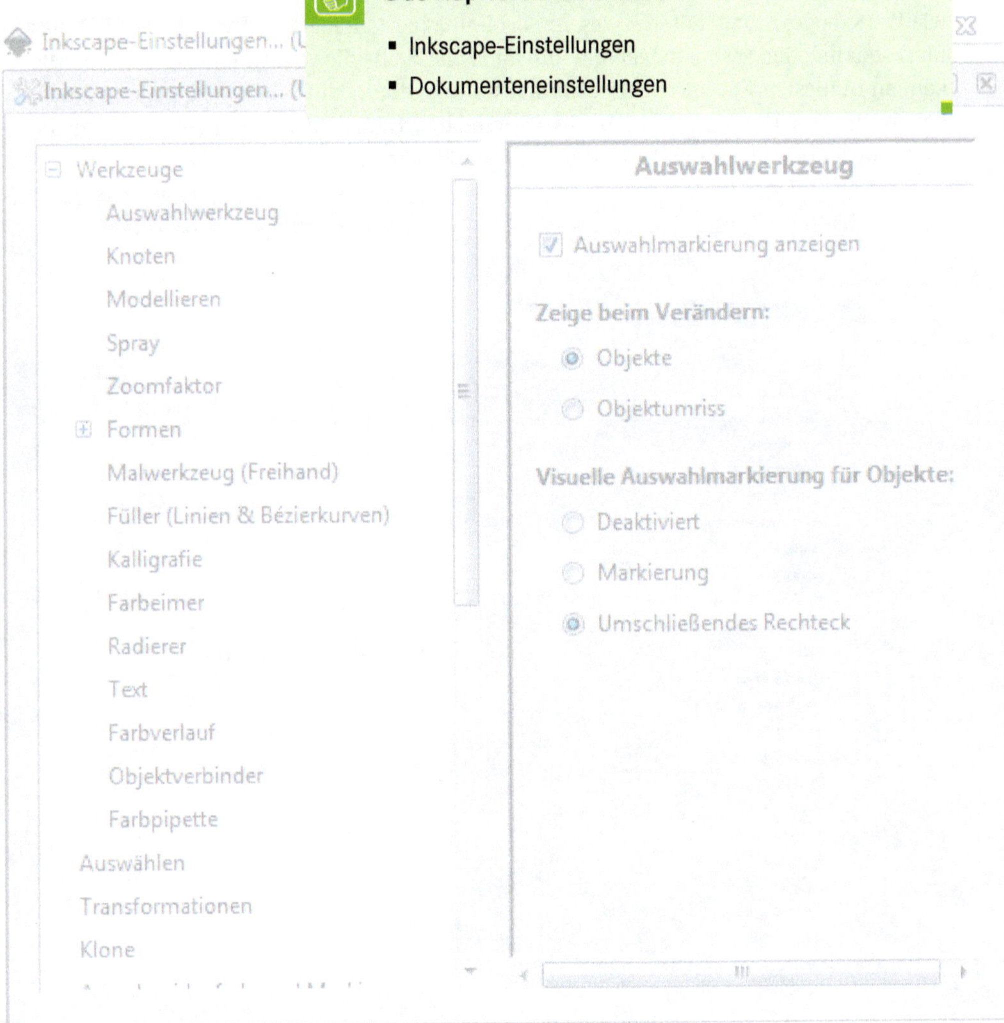

Starten Sie Inkscape zum ersten Mal, erscheint die erste Zeichnung in der Standardkonfiguration, was für alle Anwender völlig ausreichend ist. In diesem Kapitel möchte ich kurz auf die unterschiedlichen Möglichkeiten für Parameter in den Programm- und Dokumenteinstellungen eingehen.

11.1 Inkscape-Einstellungen

Die Inkscape-Programmeinstellungen erreichen Sie über die Tastenkombination **Strg** + **Umschalt** + **P** oder im Menü über Bearbeiten → Einstellungen. Hier machen Sie die Vorgaben für das Arbeiten mit dem Programm und die Standardkonfiguration der einzelnen Werkzeuge. Sie treffen auch die Grundeinstellungen für die verschiedenen Bereiche wie Werkzeuge, Klone, Filter, Gitter, Import und Export, den Mauszeiger, die Fenster, das Einrasten und das Farbmanagement, um an dieser Stelle die wichtigsten zu nennen. Alle können in diesem Kapitel nicht behandelt werden, denn dafür sind es zu viele Möglichkeiten, die den Umfang dieses Buchs übersteigen. Hier liegt es an Ihnen, das Einstellungsfenster aufzurufen und sich die einzelnen Punkte genauer anzusehen.

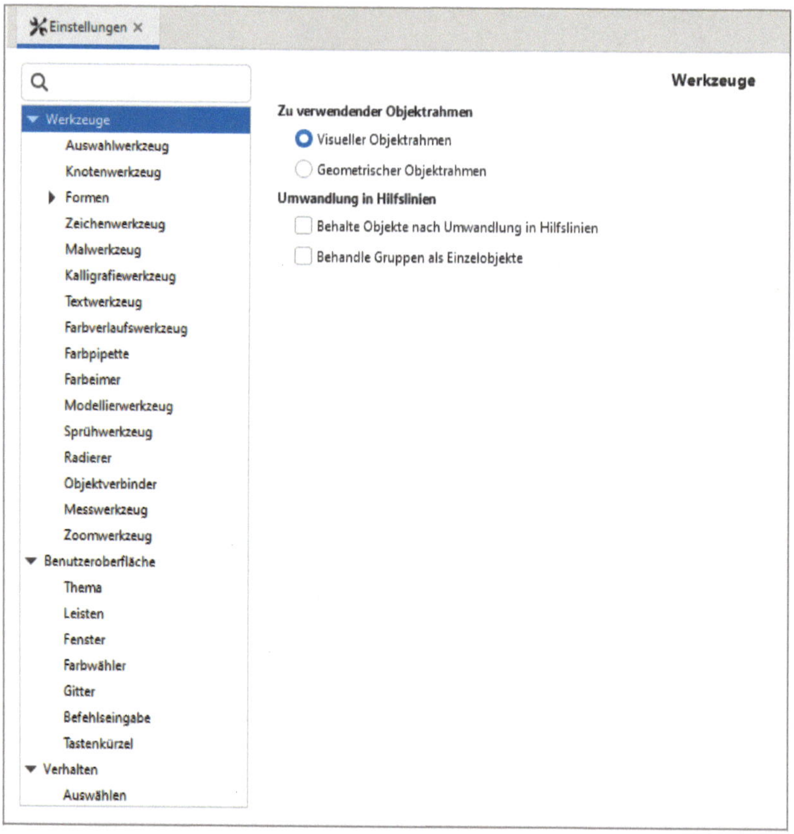

Bild 11.1 Die Einstellungen

Das Fenster gliedert sich in zwei Bereiche. Auf der linken Seite sehen Sie eine Baumansicht der möglichen Inkscape-Einstellungen und auf der rechten Seite werden abhängig davon mögliche Parameter angezeigt. Im Bereich **Werkzeuge** finden Sie zum Beispiel auch die Formen, bei denen Sie Stilvorgaben machen können. Das heißt, Sie legen von vornherein fest, mit welcher Füllung und Kontur eine Form gezeichnet werden soll.

Genauso können Sie festlegen, wie sich Klone verhalten sollen, wenn das Original verschoben wird, oder wie das Gitter aussehen soll. Weiter haben Sie die Möglichkeit festzulegen, nach wie vielen Minuten eine automatische Sicherheitskopie Ihrer Zeichnung angefertigt wird und wo diese abgelegt wird. Interessant ist auch der Bereich **Rendern**. Darüber legen Sie fest, in welcher Qualität der Gaußsche Weichzeichner und andere Filtereffekte angezeigt werden. Anwender mit langsameren Rechnern können hier Performance-Gewinne erzielen. Ebenso können Sie hier OpenGL aktivieren.

11.2 Dokumenteneinstellungen

Neben den Einstellungen, wie sich Inkscape verhalten soll, bietet das Programm auch die Möglichkeit, die Dokumenteneinstellungen für Ihre Zeichnungsdatei festzulegen.

Den Dialog rufen Sie über **Strg + Umschalt + D** oder das Menü **Datei → Dokumenteinstellungen ...** auf.

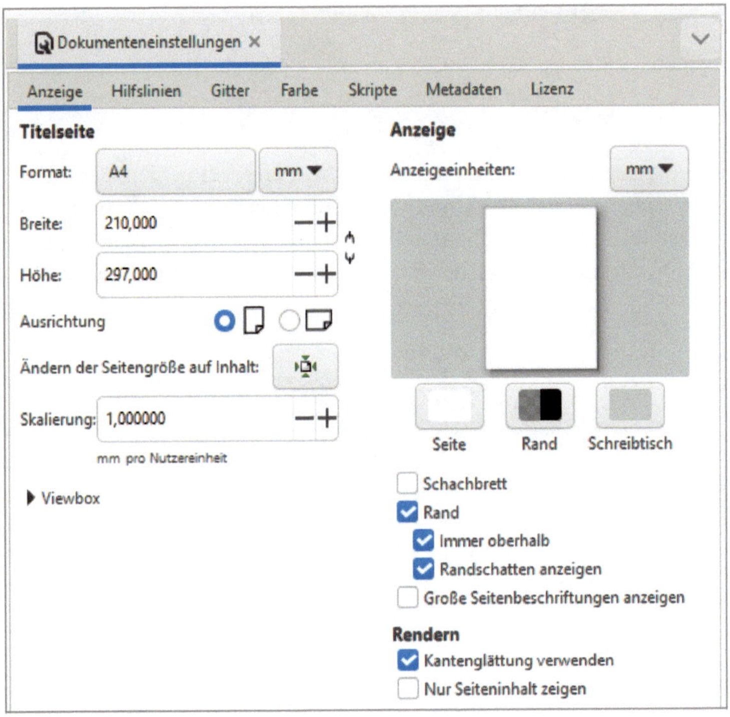

Bild 11.2 Dokumenteinstellungen

Das Fenster gliedert sich in sieben verschiedene Register, die wir hier kurz vorstellen.

- **Anzeige**
  Hier legen Sie fest, wie das Format und der Hintergrund der Seite aussehen sollen. Ebenso können Sie hier bestimmen, ob Sie die Seitenränder angezeigt bekommen wollen oder nicht.
- **Hilfslinien**
  Hier stellen Sie die Farbe für diese Linien ein und weiterhin, ob diese überhaupt angezeigt werden sollen. Ebenso lassen sich Hilfslinien mit einem Klick erstellen oder auch alle löschen.
- **Gitter**
  Mit dem Gittertyp legen Sie fest, ob Sie ein rechteckiges oder axonometrisches Gitter anzeigen lassen. Über die Schaltfläche **Neu** erstellen Sie benutzerdefinierte Gitter und legen deren Farben, Aussehen und den Abstand der Gitterlinien fest.
- **Farbe**
  Im Farbmanagement können Sie Farbprofile verknüpfen beziehungsweise sehen Sie bereits verknüpfte Profile.
- **Skripte**
  Mit Skripten binden Sie externe Befehlsfolgen in Inkscape ein beziehungsweise sehen Sie bereits eingebettete Skripte. Die Datei-Erweiterung ist „Javascript Files“.
- **Metadaten**
  In diesem Bereich vergeben Sie Informationen über Ihre Zeichnung wie zum Beispiel Titel, Datum, Autor/Urheber oder auch Beschreibung und Mitwirkende.
- **Lizenz**
  Hier vergeben Sie den entsprechenden Lizenztyp, der für Ihre Datei gelten soll, und Sie können eine externe Webseite mit weiteren Lizenzdaten einbinden, auf die dann verwiesen wird.

Über die unterschiedlichen Einstellungsmöglichkeiten können Sie Inkscape an Ihre Wünsche und Bedürfnisse anpassen. Dabei stehen Ihnen sowohl die Programm- als auch die Dokumenteinstellungen zur Verfügung. Die Metadaten geben Auskunft über den oder die Urheber und Sie wissen nun, welche Informationen in einer Zeichnung mit abgelegt werden und welche in der Programminstanz.

11.3 Dokumentüberblick

Über das Menü **Datei -> Dokumentüberblick** erreichen Sie ein Fenster, in dem Sie eine Auflistung an Farben, Farbverläufen, Filtern, Stilen etc. bekommen, die Sie in Ihrem Dokument verwenden.

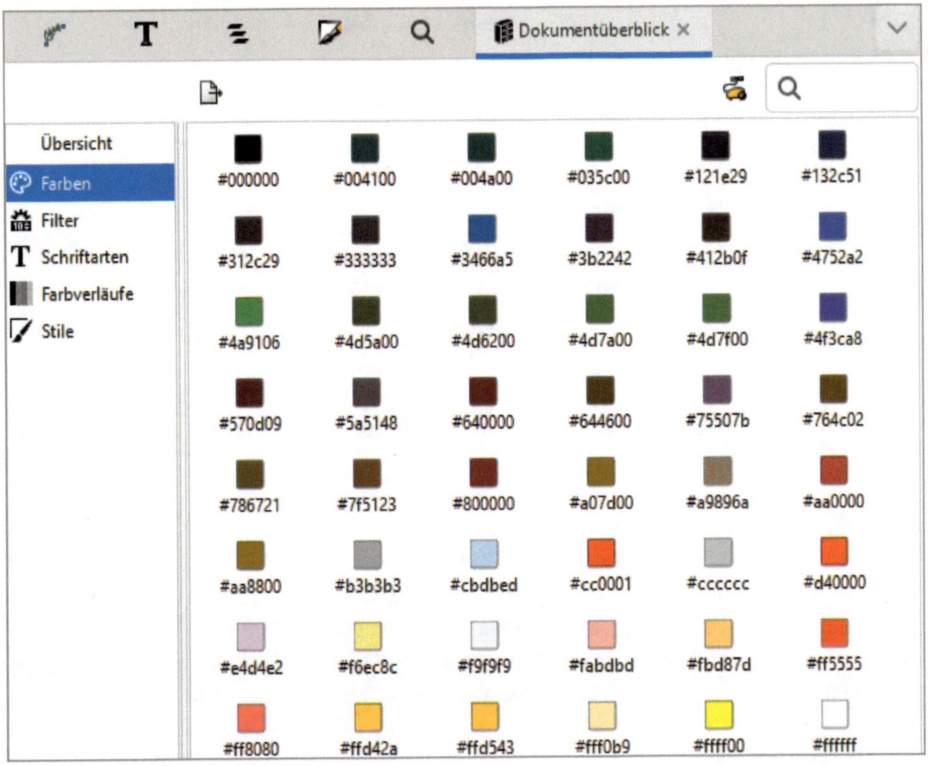

Bild 11.3 Verwendete Farben

So haben Sie einen guten Überblick über die eingesetzten Werte. Über das kleine Icon links vom Suchfeld können Sie nicht verwendete Definitionen entfernen (im Bild gelb markiert).

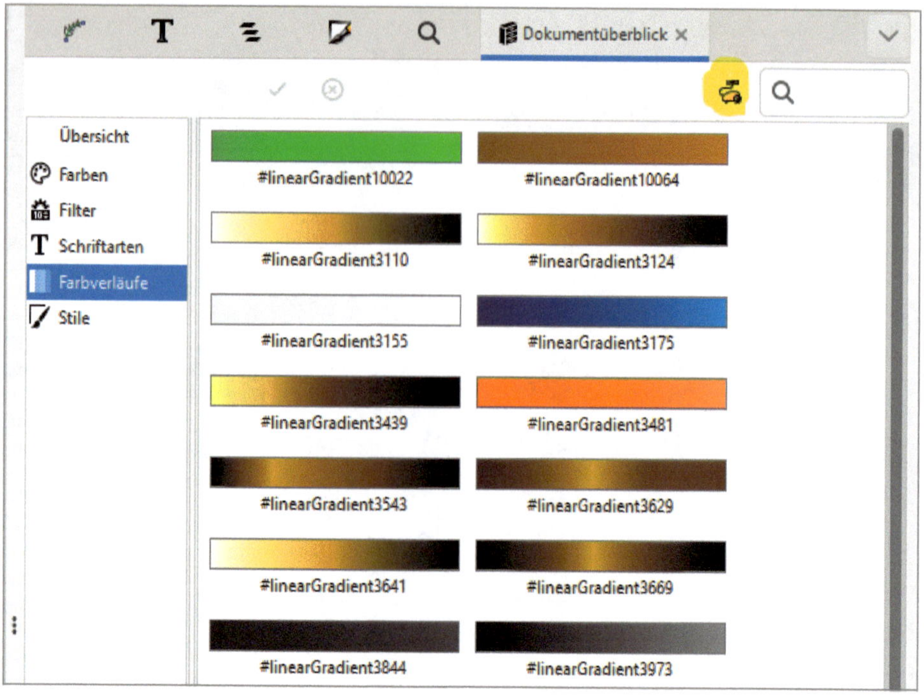

Bild 11.4 Farbverläufe und markiertes Icon

Damit ist Inkscape zum großen Teil erschlossen, aber eben nicht völlig. Neben den Filtern, Werkzeugen und Effekten gibt es Erweiterungen, die zum Teil Bestandteil von Inkscape sind, aber auch als sogenannte „Plug-ins" aus dem Internet in Inkscape eingebunden werden können. Das nun folgende Kapitel beschäftigt sich mit diesen Erweiterungen und zeigt anhand von ein paar kleineren Beispielen, was damit alles möglich ist.

12 Erweiterungen

Das Kapitel im Überblick

- Allgemeines
- Integrierte Erweiterungen
- Zusätzliche Erweiterungen

Inkscape bietet bereits Zugriff auf verschiedene Erweiterungen, die Sie einfach über den Menüpunkt **Erweiterungen** aufrufen können. Auf die bereits integrierten gehen wir hier in diesem Kapitel ein und wir stellen Ihnen auch ein paar weitere vor, die Sie bequem von der Projektwebseite oder anderen Webinhalten herunterladen können.

12.1 Allgemeines

Die Erweiterungen bestehen in der Regel aus zwei Dateien. Eine hat die Dateiendung **.inx* und die andere **.py*. INX-Dateien sind im Grunde XML-Dateien, die dem Programm mitgeben, um welche Art von Erweiterung es sich handelt und wie mit dieser umgegangen werden muss.

Die eigentliche Programmkomponente stellt die PY-Datei dar. PY steht für Python und bedeutet, dass die Datei ein Script mit Befehlsfolgen ist, das die eigentliche Arbeit macht. Sie können mit einem herkömmlichen Editor in die Dateien hineinschauen, falls Sie der Inhalt interessiert. Natürlich gibt es bei manchen Effekten noch weitere Dateien, die für die korrekte Abarbeitung erforderlich sind. Darauf gehen wir hier im Buch aber nicht weiter ein. Weiterführende Informationen zur Skriptsprache Python finden Sie im Internet auf http://www.python.org.

12.2 Integrierte Erweiterungen

Insgesamt gibt es 14 Kategorien, die über 200 Modifizierungen beinhalten. So unterteilen sich die Kategorien in die Gruppen:

- Anordnen
- Aus Pfad erzeugen
- Bilder
- Exportieren
- Farbe
- GCode-Werkzeug
- Internet
- JessyInk
- Pfad modifizieren
- Pfad visualisieren
- Raster
- Rendern

- Text
- Typographie

Jeder dieser Menüeinträge hat mehr oder wenig viele Untereinträge, die Sie durchaus genauer anschauen sollten, bevor Sie mit zu viel Handarbeit die Lust am Zeichnen verlieren. Nachfolgend stelle ich Ihnen ein paar davon vor.

12.2.1 Anordnen: alle Gruppen aufheben

Um eine Gruppe zu erstellen, wählen Sie mehrere Objekte aus und drücken **STRG + G**. Um die Gruppierung bei einer oder mehreren Gruppen aufzuheben, markieren Sie diese und drücken **STRG + UMSCHALT + G.** Gemachte Gruppierungen können Sie ebenso gruppieren wie jedes andere Objekt auch. Solche verschachtelten Gruppierungen können beliebig tief fortgeführt werden.

Einmaliges Drücken von **STRG + UMSCHALT + G** hebt nur die oberste (letzte) Gruppierung einer ausgewählten Gruppe auf. Um alle Gruppierungen der Auswahl aufzuheben, müssen Sie die Tastenkombination entweder mehrfach drücken oder die Funktion **Erweiterungen⇒Anordnen⇒Alle Gruppen aufheben** nutzen.

12.2.2 Umschichten

Seit der Version 0.47 gibt es die Möglichkeit, Objekte in ihrer Z-Ordnung umzuschichten. Was damit gemeint ist, sehen Sie im folgenden Bild. Aus einer ungeordneten Anzahl Objekte lässt sich über **Erweiterungen → Anordnen → Umschichten** ein geordnetes Bild erstellen.

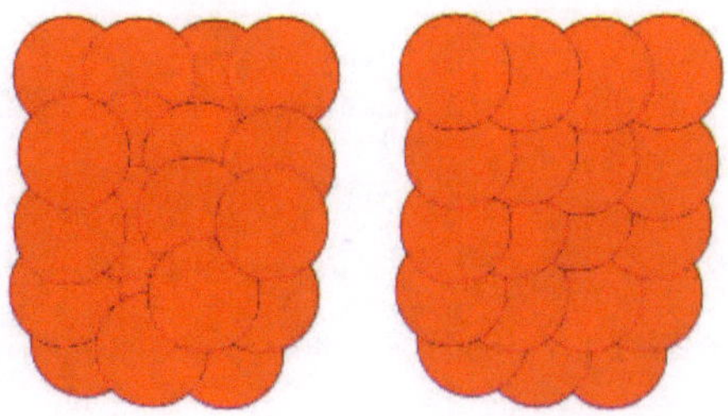

12.2.3 Aus Pfad erzeugen

Einige der Optionen in diesem Bereich wurden ja bereits im Buch behandelt. Interessant sind sicherlich noch **Schrumpfen** und **Erweitern der Halo** und **Zwischen zwei Pfaden extrudieren**. Dabei werden bei Ersterem durchscheinende Kopien des Originalpfads erzeugt und in definierten Schritten nach innen und außen abgelegt.

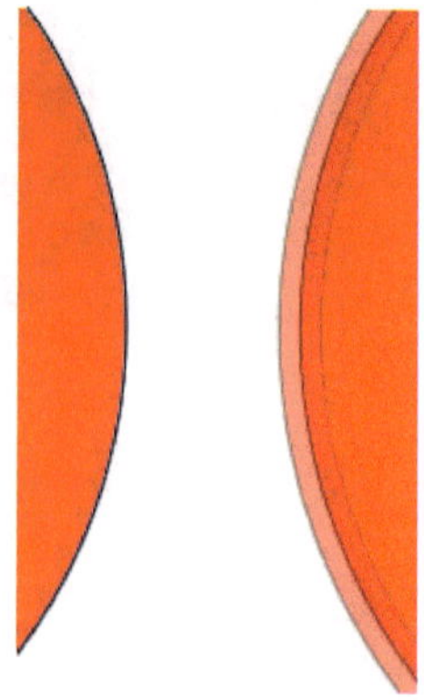

Im Bild sehen Sie einen vergrößerten Ausschnitt zweier Kreise: links der Originalkreis, rechts die Halo. Sollten Sie diese Erweiterung ausprobieren, vergessen Sie nicht, das Objekt vorher in einen Pfad umzuwandeln.

Die Operation **Zwischen zwei Pfaden extrudieren** ist ebenfalls interessant, können Sie doch Objekten einen 3D-Effekt verpassen. Als einfaches Beispiel nehmen Sie ein Rechteck und wandeln es mit der Tastenkombination **STRG** + **UMSCHALT** + **C** in einen Pfad um. Duplizieren Sie das Objekt und verschieben Sie es nach rechts oben.

Jetzt markieren Sie beide Objekte und wählen **Erweiterungen** → **Aus Pfad erzeugen** → **Zwischen zwei Pfaden extrudieren...** und Inkscape verbindet die im Objekt befindlichen Knoten entweder mittels Linien oder als Flächen miteinander.

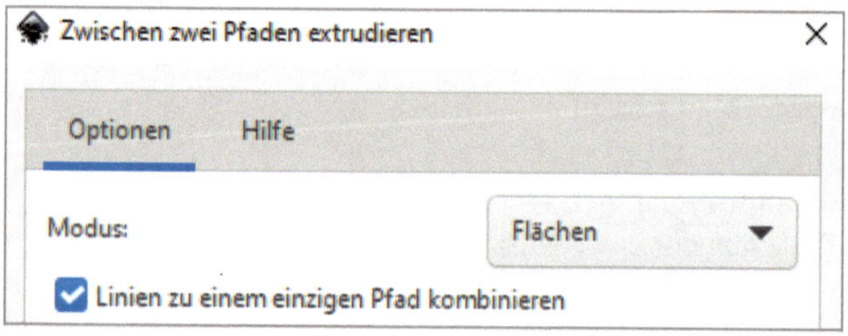

Bild 12.1 Zwischen zwei Pfaden extrudieren

Über die Option **Vorschau** können Sie sich das Ergebnis schon anschauen und auswählen, ob Sie lieber Linien oder Flächen erstellen möchten. Mit Klick auf **Anwenden** wird der Befehl umgesetzt.

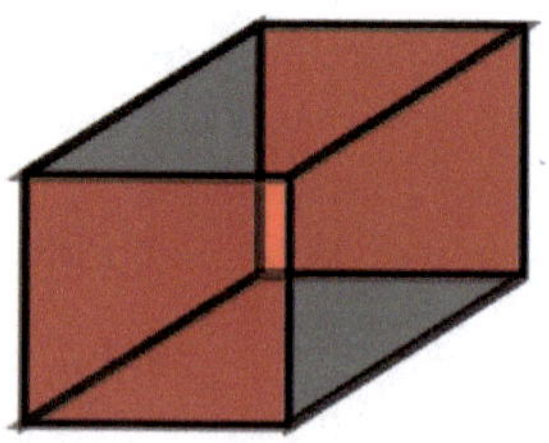

Als Ergebnis erhalten Sie in diesem Beispiel insgesamt sechs Formen: die beiden Rechtecke und eine Gruppe von vier Polygonen beziehungsweise Flächen. Den Polygonen wird dabei als Farbe Schwarz mit einem bestimmten Alphawert zugewiesen.

Da diese Operation ausschließlich mit Pfaden arbeitet, funktioniert das natürlich auch mit Text.

Allerdings ist nicht jede Schriftart dazu geeignet. Da bietet sich eher die Erweiterung Zwischen Pfaden interpolieren an, die Sie dort ebenfalls finden.

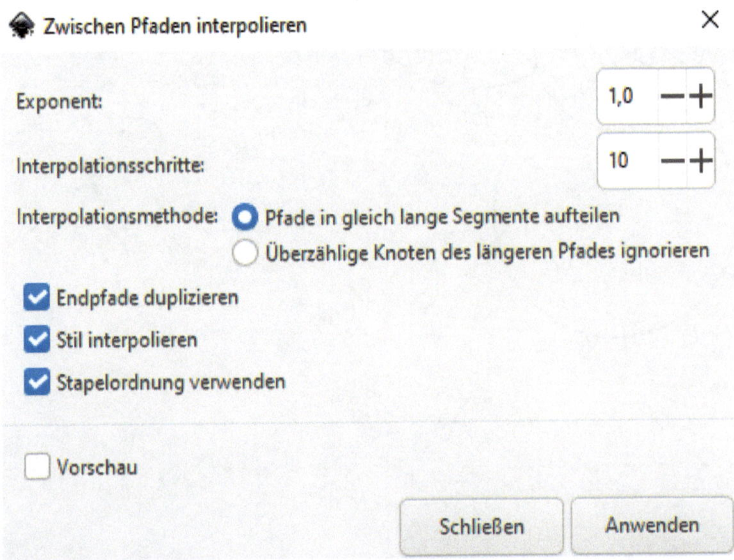

Bild 12.2 Zwischen zwei Pfaden interpolieren

Bild 12.3 Interpolierte Pfade

Aus Dreieck konstruieren

Haben Sie ein Dreieck – zum Beispiel über die Erweiterung „Dreieck“ – erzeugt, können Sie mit dieser Erweiterung die unterschiedlichsten geometrischen Figuren schaffen. Im nachfolgenden Bild sehen Sie zum einen das rote Ursprungsdreieck und zum anderen alle möglichen Figuren, die man in den Optionen anhaken kann.

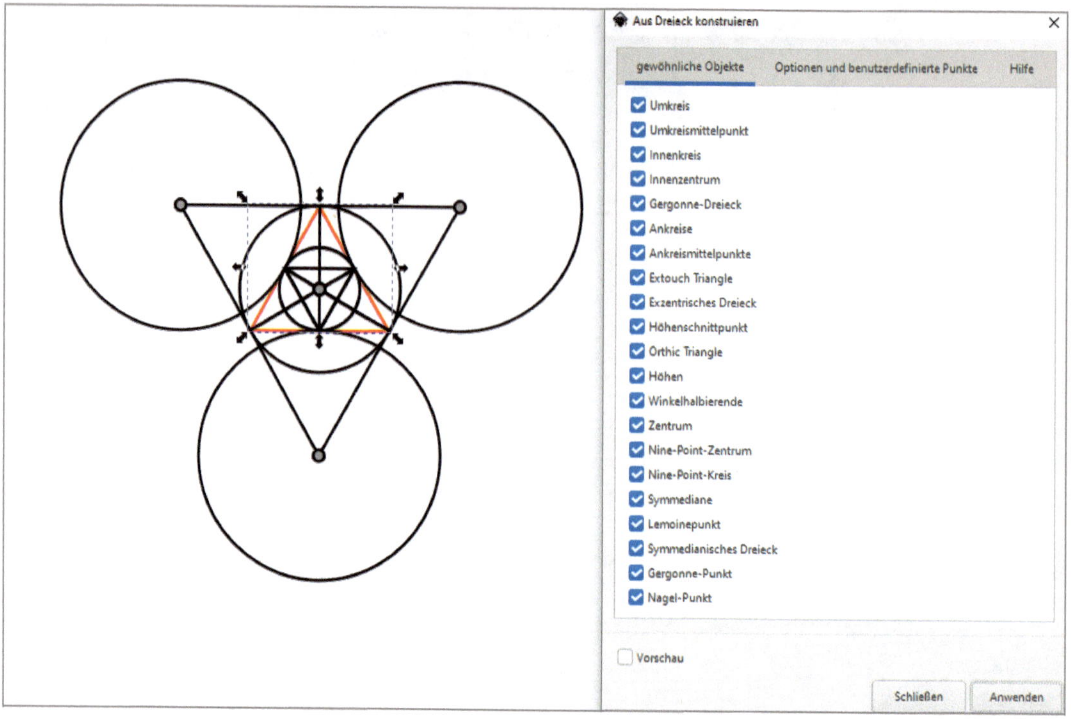

Bild 12.4 Aus Dreieck konstruieren

12.2.4 Bilder

In dieser Kategorie gibt es drei Einträge – **Alle Bilder einbetten**, **Bildattribute festlegen** und **Bilder extrahieren..** Die erste Option speichert importierte Bilder in der SVG-Zeichnung mit ab, anstatt sie nur zu verlinken. Das hat den Vorteil, dass Sie nur eine Datei weitergeben und nicht alle benutzten Bilder einzeln mitgeben müssen. Allerdings bläht das auch Ihre Zeichnungsdatei auf. Wenn Sie die Operation ausführen, können Sie dabei entscheiden, ob Sie alle oder nur ausgewählte Bilder einbetten wollen.

Mit dem zweiten Menüeintrag legen Sie die Bildattribute für die Bilder in Ihrer Zeichnung fest.

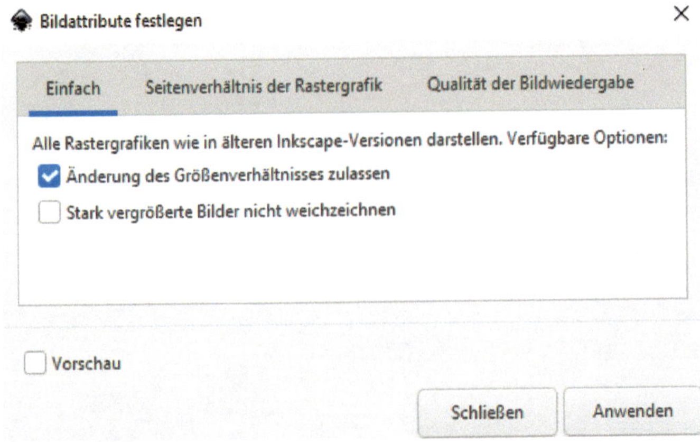

Bild 12.5 Bildattribute festlegen

Hierbei haben Sie drei Reiter im Dialogfenster, worüber Sie die Einstellungen festlegen, wie Sie Rastergrafiken darstellen. Ebenso bestimmen Sie das Seitenverhältnis und legen die Qualität der Bildwiedergabe fest.

Der dritte Befehl extrahiert eingebettete Bilder wieder. Hier funktioniert die Operation allerdings nur, wenn Sie auch ein Bild ausgewählt haben.

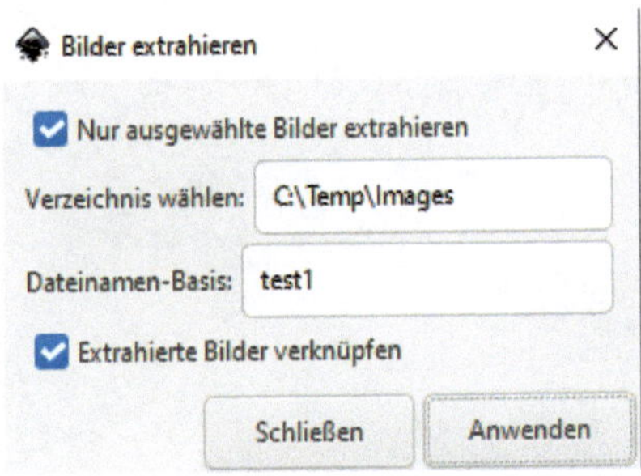

Bild 12.6 Bilder extrahieren

12.2.5 Dokument

In diesem Bereich können Sie die Dots per inch (Punkte pro Zoll) von 96 DPI auf 90 DPI verändern oder umgekehrt oder Dokumenteninformationen abrufen.

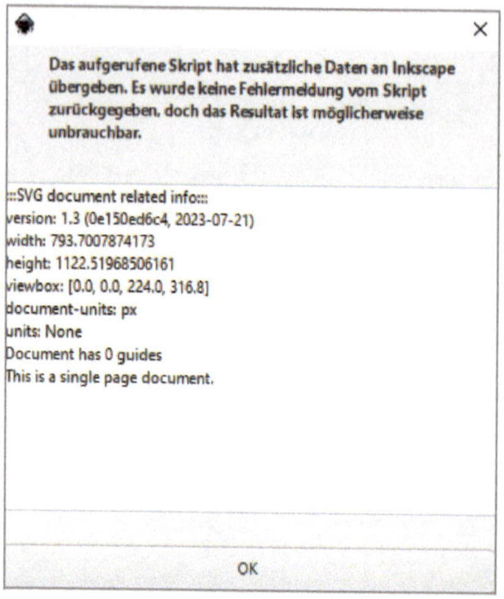

Bild 12.7
Dokumenteninformation

Ebenso können Sie über die Erweiterungen Hilfslinien erstellen. Hierbei können Sie regelmäßige Linien in Spalten und Reihen sowie diagonale Hilfslinien setzen.

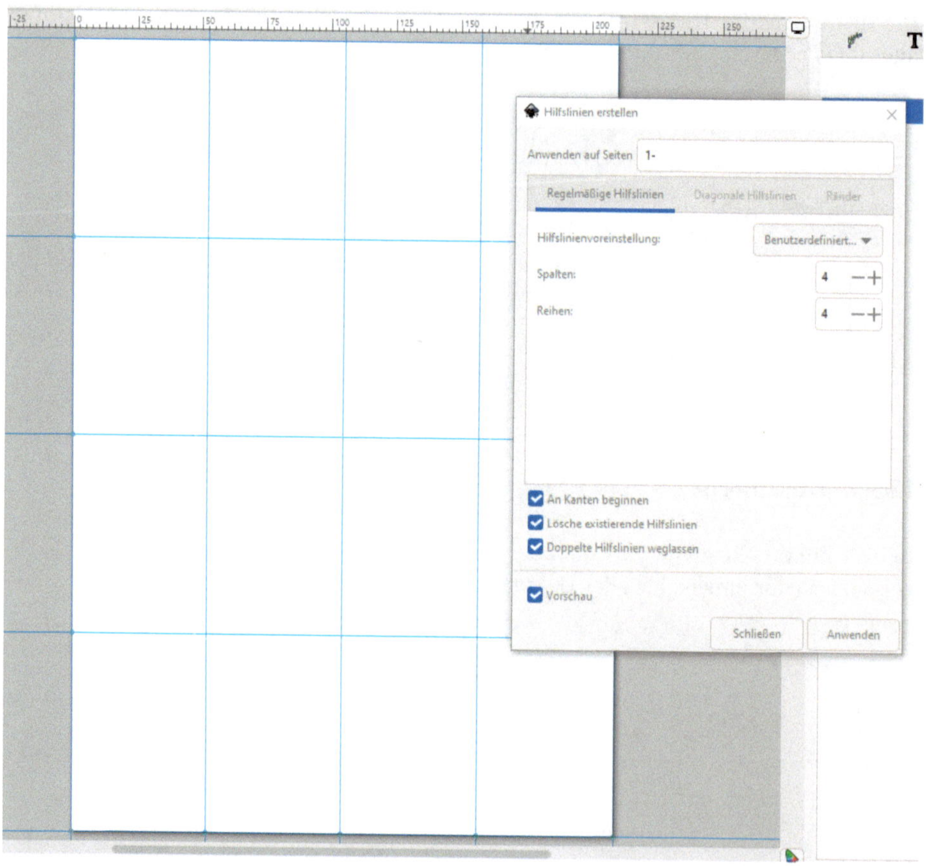

Bild 12.8 Hilfslinien per Erweiterung setzen

Weiter finden Sie eine Erweiterung für Illustrator-SVG-Dateien.

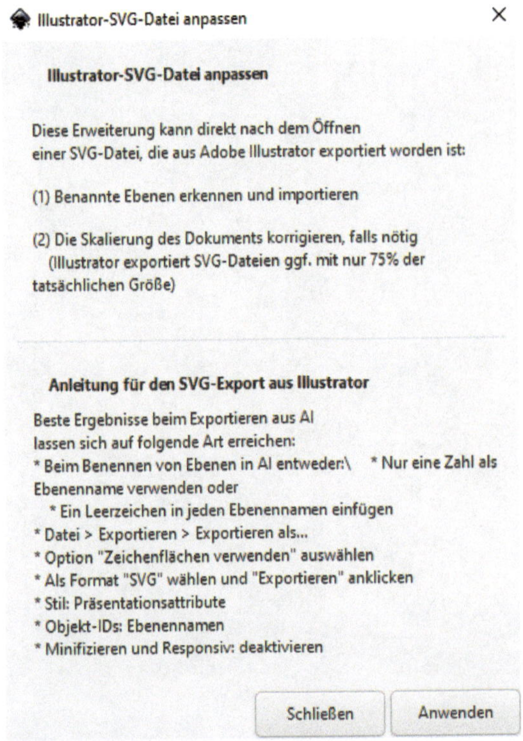

Bild 12.9
Illustrator-SVG

Zu guter Letzt finden Sie noch im Bereich **Layout** drei Erweiterungen, um Druckmarken, N-Up-Layouts oder Hilfslinien für einen Taschenbuch-Einband zu erstellen.

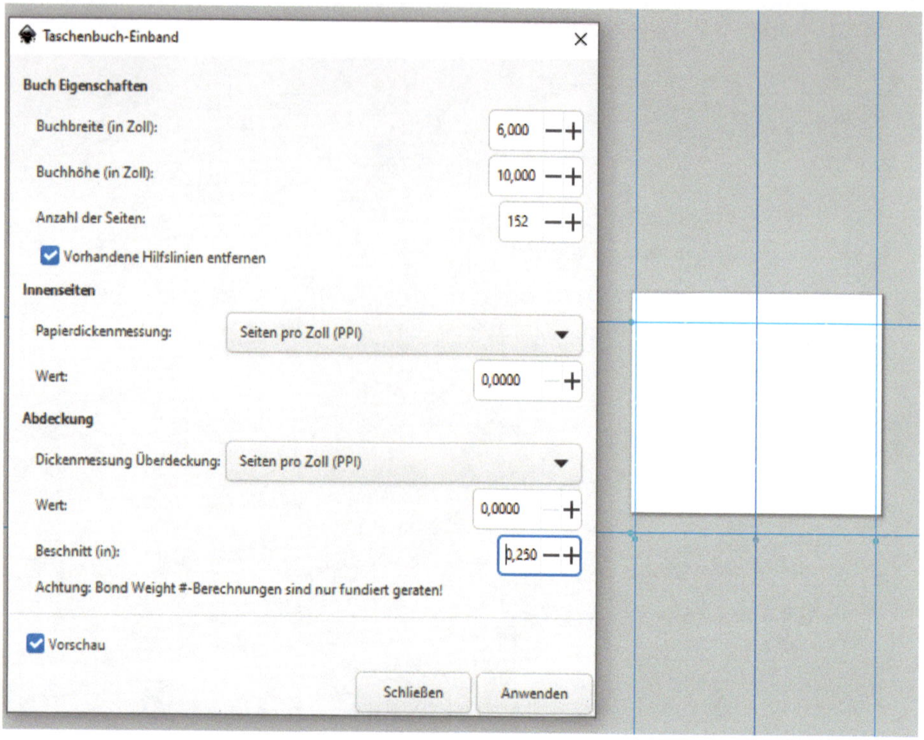

Bild 12.10 Taschenbuch-Einband

Neben dem Taschenbuch-Layout können Sie auch die **Druck-Markierung und das N-Up-Layout** nutzen.

Die erste Erweiterung erzeugt Markierungen für Druckereien und legt diese auf einer eigenständigen Ebene ab.

Das Dialogfenster bietet ein paar Einstellungsmöglichkeiten, wobei Sie unter anderem festlegen können, ob die Farbmarkierungen auf die Zeichnung oder nur auf einzelne Objekte angewendet werden sollen.

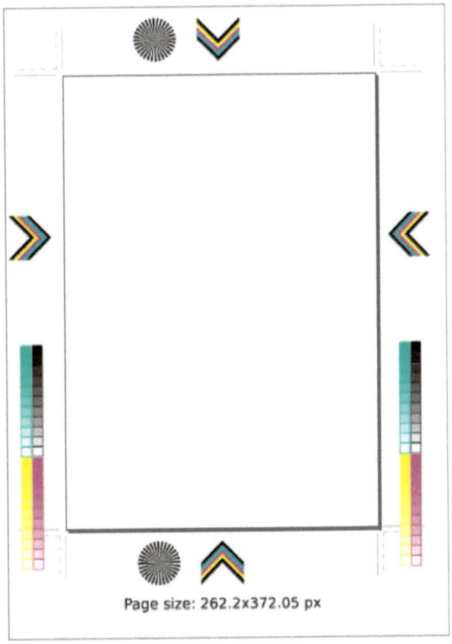

Die zweite Erweiterung **N-UP-Layout** bietet Ihnen die Möglichkeit, ein wirtschaftliches Seitenlayout zu erstellen. Sie können also das Zeichnungsblatt so aufteilen, dass möglichst viele ähnliche Objekte darauf Platz finden.

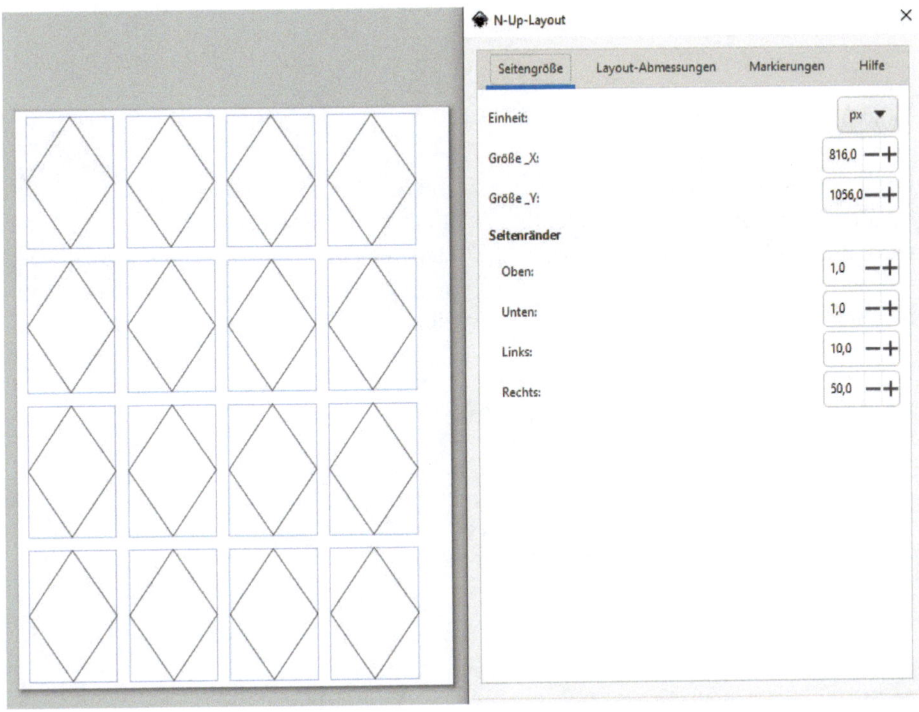

Bild 12.11 N-Up-Layout

Dabei legt die Erweiterung wieder Ebenen an.

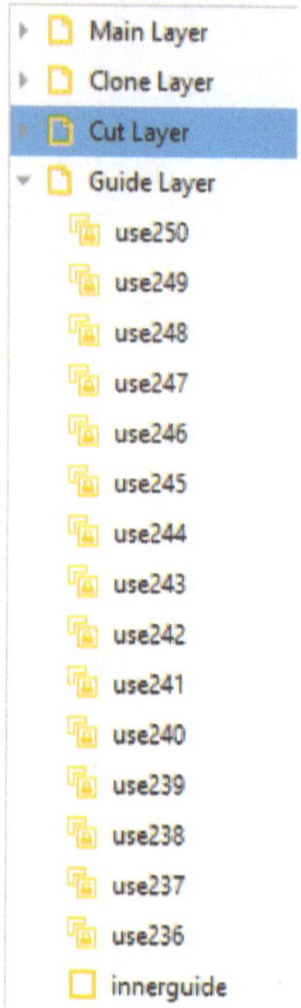

Bild 12.12
Ebenen durch N-Up-Layout erzeugt

12.2.6 Exportieren

In dieser Sektion finden Sie unter anderem die Guillotine... und den Windows32-Vektor-Druck. Die Guillotine schneidet Ihre Zeichnung nach Ihren Wünschen und speichert diese in einem Verzeichnis Ihrer Wahl ab. Ziehen Sie einfach Führungslinien an die Stellen, die geschnitten werden sollen, und die Funktion erledigt den Rest. Im Zielverzeichnis finden Sie dann entsprechend viele PNG-Dateien.

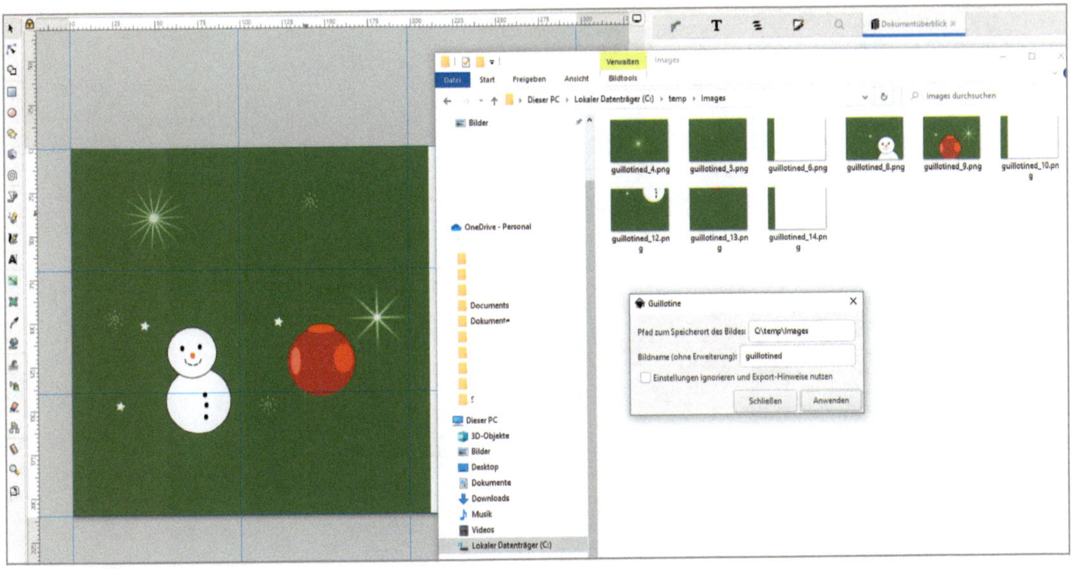

Bild 12.13 Guillotine

Im obigen Bild sehen Sie die Zeichnung, die mittels der Erweiterung „Hilfslinien" entsprechende „Schnittkanten" bekommen hat, und über die Erweiterung „Guillotine" sehen Sie im Export-Verzeichnis die insgesamt neun Dateien als PNG.

Wenn Sie die Einstellungen ignorieren wollen, müssen Sie die Zeichnung vorher exportiert haben. Andernfalls existieren keine Exporthinweise und die Erweiterung bringt eine Fehlermeldung.

Der Windows32-Vektor-Druck exportiert Objekte und Pfade aus Ihrer Zeichnung an einen Drucker. Normaler Text wird zum Beispiel nicht mit exportiert und Farbverläufe werden Sie auch nicht finden.

Die Erweiterung exportiert nur zum eingestellten Standarddrucker. Sie müssen also vorher nachschauen, ob der richtige Drucker ausgewählt ist. Selbstverständlich geht auch ein PDF-Drucker, der das Bild letztendlich als Datei abspeichert.

In den beiden nachfolgenden Bildern sehen Sie zum einen die Zeichnung in Inkscape und zum anderen den Export.

Bild 12.14
Originalzeichnung in Inkscape

Bild 12.15
Export als PDF

Wie Sie sehen, werden überstehende Objekte am Seitenrand abgeschnitten, Texte werden nicht mit exportiert und Farbverläufe werden ignoriert. Bei Pfadtexten wird die Füllung entfernt und nur die Kontur übernommen.

12.2.7 Farbe

Sie bringen Farbe ins Spiel beziehungsweise die Effekte in dieser Kategorie verschaffen Farbveränderungen. Sie können Objekte dunkler, heller oder bunter machen, desgleichen negativ umschalten oder von vielen Parametern einfach weniger nehmen: weniger Helligkeit, Sättigung oder Farbe.

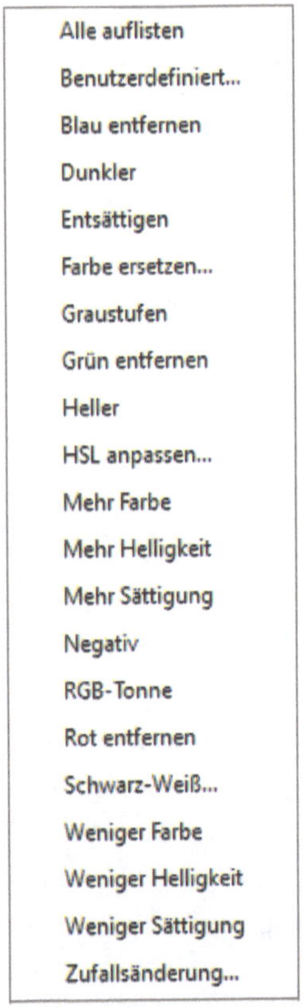

Bild 12.16
Erweiterungen für Farben

Im ersten Bild wurde der Effekt *Rot entfernen* angewendet und im zweiten Bild *Negativ*.

12.2.8 GCode-Werkzeug

Bei diesem Werkzeug definieren Sie G-Code.

> **G-Code**
>
> *G-Code* ist ein umgangssprachlicher Begriff im CNC (Computer Numeric Control) bei rechnergestützten Maschinen. Der numerische Steuerungscode wird zum Beispiel von Fräsmaschinen oder Plottern verarbeitet.

Hierbei werden an die Maschine bestimmte Befehle übertragen, um beispielsweise im Eilgang eine bestimmte Position mit den Koordinaten X und Y anzufahren, um dann dem Werkzeug mitzuteilen, einen Vorschub in einer bestimmten Geschwindigkeit zu machen.

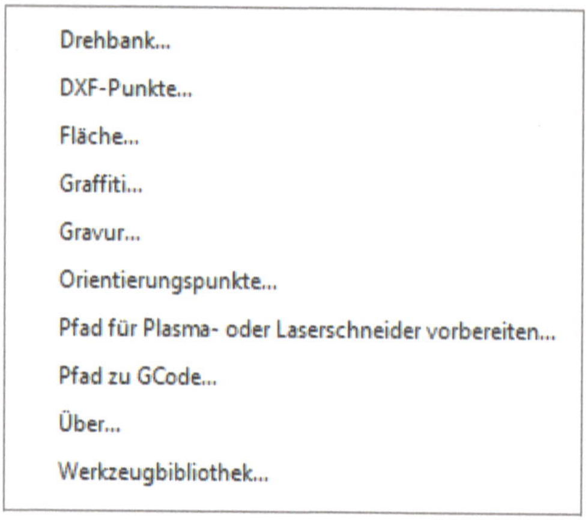

Bild 12.17
G-Code-Erweiterung

Nachfolgend ein kleines Beispiel, um die Arbeitsweise des Werkzeugs zu verdeutlichen:

1. Schreiben Sie einen Text. Danach wandeln Sie diesen mit **Strg** + **Umschalt** + **C** in einen Pfad um.
2. Damit die Erweiterung funktioniert, müssen Sie zuerst die Orientierungspunkte festlegen. Klicken Sie auf **Anwenden**, erscheinen am unteren Zeichnungsrand Orientierungspunkte für die spätere Verarbeitung.

3. Nun drücken Sie die Tastenkombination **Strg** + **J** für den dynamischen Versatz. Bevor es weitergeht, stellen Sie das Werkzeug ein. Dazu öffnen Sie im Menü **Erweiterungen** → **Gcode-Werkzeug** die **Werkzeugbibliothek...** Die Auswahl steht auf **Standard**, die wir einfach bestätigen.

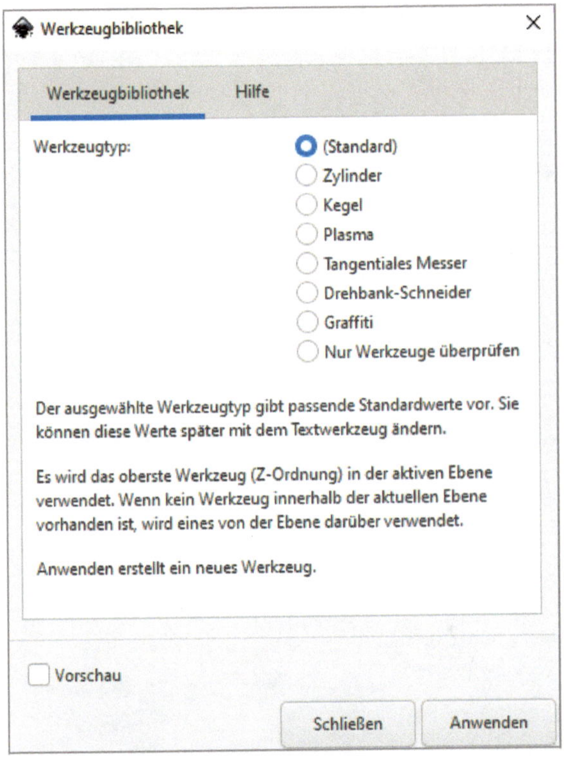

Bild 12.18
Werkzeugbibliothek

Damit erscheint auf der Zeichnung ein grüner Bereich.

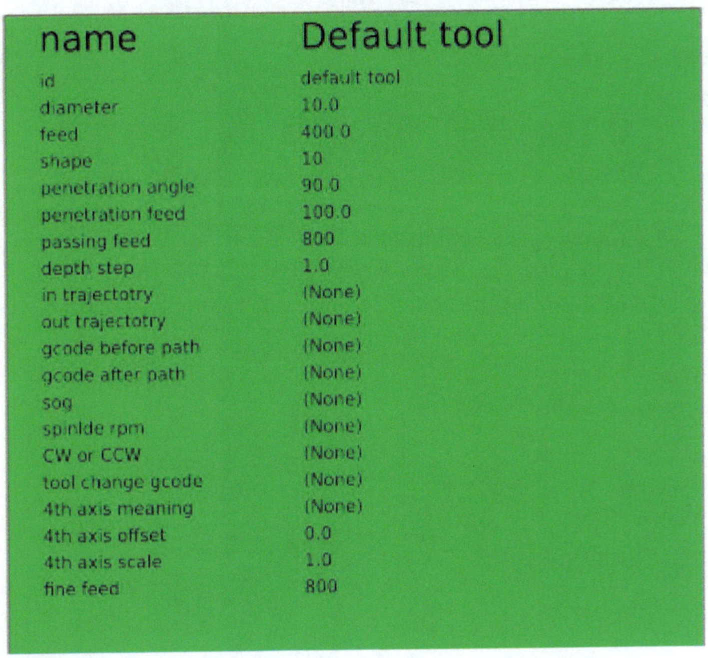

4. Als Nächstes gehen Sie im Erweiterungsmenü auf **Pfad zu GCode...** und klicken auf **anwenden**.

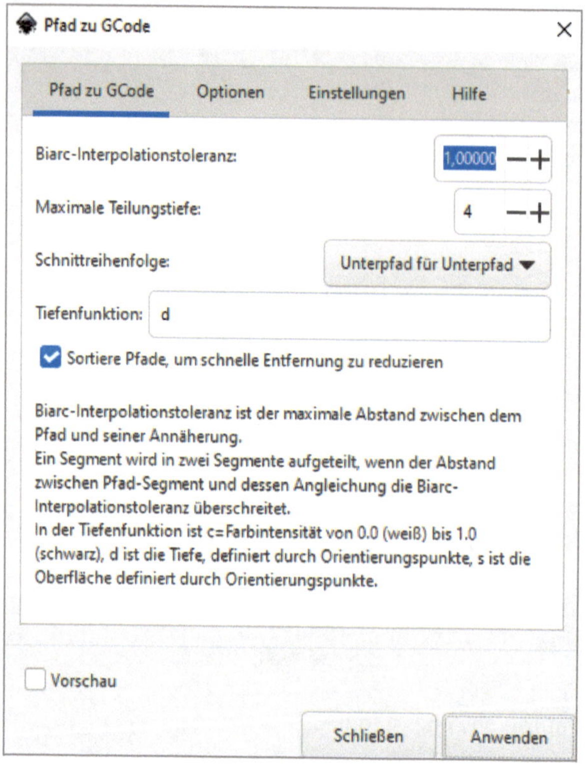

Bild 12.19
Pfad zu Gcode

5. Das Ergebnis sieht so aus:

6. Anhand der Parameter aus dem grünen Bereich hat das Werkzeug die Grafik angepasst und in einem Verzeichnis Ihrer Wahl die dazugehörige NGC-Datei *„output_0001.ngc“* abgelegt. Nachfolgend die ersten Zeilen aus der Datei zur Ansicht.

```
%
(Header)
(Generated by gcodetools from Inkscape.)
(Using default header. To add your own header create file "header" in the output dir.)
M3
(Header end.)
G21 (All units in mm)

(Start cutting path id: path3547)
(Change tool to Default tool)
```

```
G00 Z5.000000
G00 X155.615240 Y44.076523

G01 Z-1.000000 F100.0(Penetrate)
G03 X155.465597 Y44.062925 Z-1.000000 I-0.000000 J-0.830185 F400.000000
G03 X155.198522 Y44.000455 Z-1.000000 I0.509613 J-2.780896
```

7. Die Datei beinhaltet nun die Vorgaben für eine Fräsmaschine.

Weitere Informationen finden Sie auf den Webseiten der Autoren für diese Erweiterung unter http://cnc-club.ru/gcodetools.

12.2.9 Internet

Diese Kategorie beinhaltet die Einträge **Interaktiver Entwurf**, **JavaScript** und **Slicer**. Der Interaktive Entwurf ermöglicht es, interaktive Elemente in die Zeichnung einzubauen. Dadurch kann später auf Benutzerinteraktion reagiert werden, wenn die Datei in einem Webbrowser aufgerufen wird.

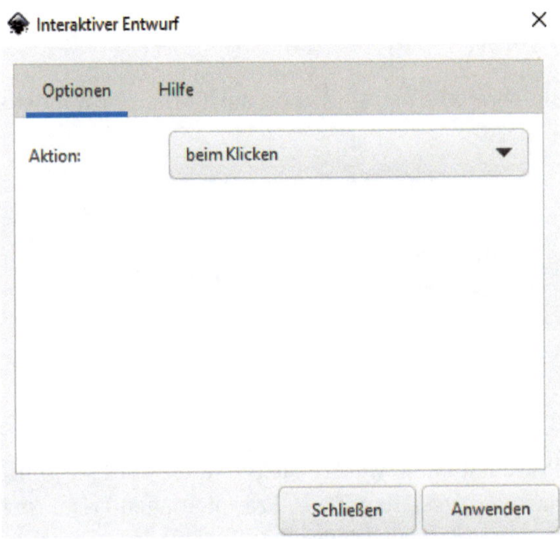

Bild 12.20
Dialogfenster Interaktiver Entwurf

Sie können verschiedene Aktionen festlegen, die dann mit dem Dokument abgespeichert werden.

JavaScript ist allerdings nur etwas für fortgeschrittene Benutzer. Hier kann der Anwender für seine SVG-Grafik bestimmte Attribute festlegen, die später nur über einen Webbrowser, wie zum Beispiel Firefox oder den Internet Explorer, angezeigt werden.

Sie können in diesem Dialog die entsprechenden Attribute festlegen oder übertragen, die dann im Webbrowser wirken sollen. Das können zum Beispiel Aktionen sein, die ausgeführt werden, wenn Sie ein Element anklicken.

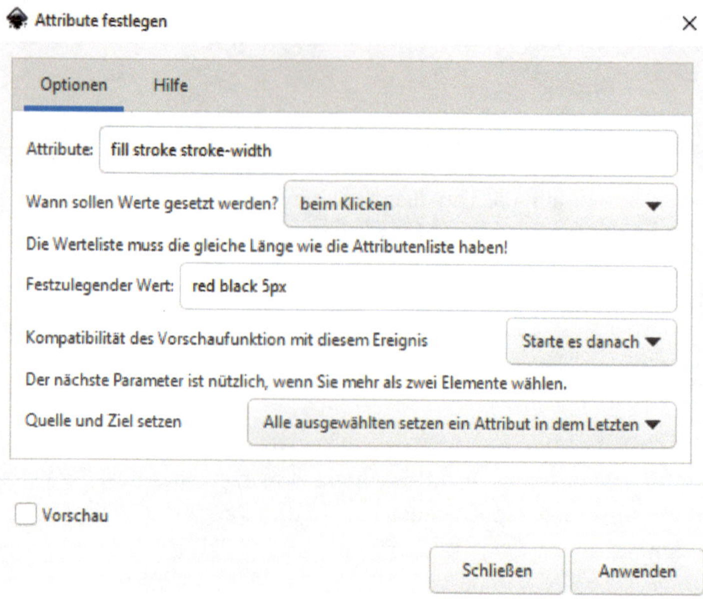

Bild 12.21 JavaScript-Dialogfenster

Die Erweiterung „Slicer" kennen Sie bereits, denn sie wurde ausführlich in Kapitel 9 behandelt.

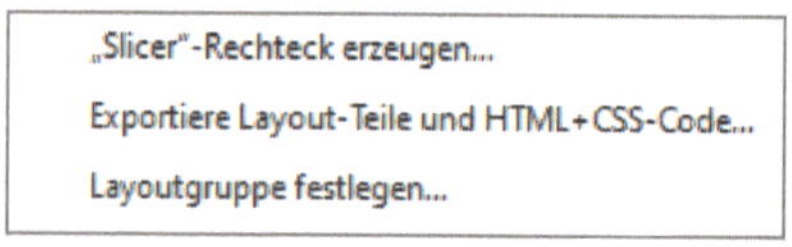

Bild 12.22 Slicer-Einstellungen

12.2.10 JessyInk

Mit diesem Werkzeug können Sie Präsentationen, wie Sie sie eventuell von LibreOffice Impress oder Microsoft PowerPoint kennen, gestalten. Diese Präsentationen lassen sich im Browser darstellen und die Übergänge werden durch JavaScript ermöglicht, der in das SVG eingefügt wird. JessyInk bietet in den Untermenüs viele Einstellungsmöglichkeiten, mit denen Sie entweder eine seitenbasierte oder eine ansichtsbasierte Präsentation erstellen können.

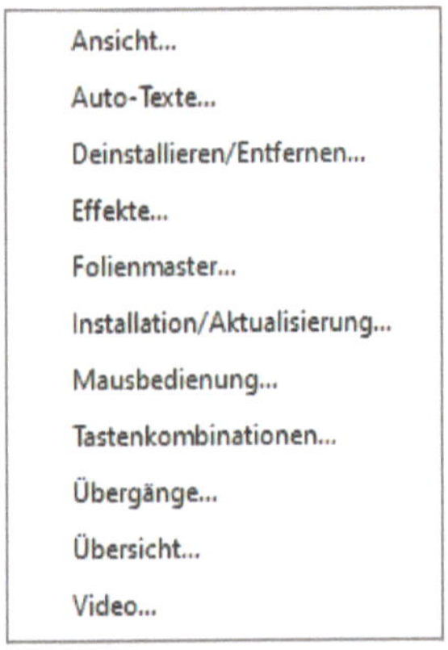

Bild 12.23 JessyInk

Zu Beginn sollten Sie sich einen Präsentationshintergrund erstellen, der auf jeder Folie zu sehen ist. Dann rufen Sie über das Menü **Erweiterungen → JessyInk → Installation/ Aktualisierung ...** auf, damit die Skripte auch aktuell in der SVG-Datei gespeichert sind. Danach sollten Sie Ihre Zeichnung abspeichern.

Damit Sie mit den „Folien" arbeiten können, benötigt JessyInk mehrere Ebenen. Jede Ebene wird später eine eigene Präsentationsfolie sein. Genauso wie in einem richtigen Programm für Präsentationen vergeben Sie einen Folienmaster und erstellen die einzelnen Ebenen. Sie können somit sehr schnell aus Ihren Objekten eine ansprechende Sammlung machen.

Über die einzelnen Untermenüs vergeben Sie Übergänge, fügen Video ein, legen fest, mit welcher Tastenkombination Sie die einzelnen Folien weiterblättern, und erstellen Auto-Texte, wie zum Beispiel Seitenzahlen.

Bild 12.24 JessyInk, Folien-Ebenen

Die Ebene „Hintergrund" wurde zum Folienmaster deklariert und hat das orangefarbene Rechteck. Auf Folie 1 bis 3 habe ich Text, Polygone und eine Spirale gesetzt, um den Effekt zu verdeutlichen.

Bild 12.25 Beispiel

Im Zusatzmaterial auf plus.hanser-fachbuch.de finden Sie dazu eine passende Datei mit Namen „*JessyInk.svg*“. Starten Sie diese einfach mal in Ihrem Browser.

12.2.11 Pfad modifizieren

Auf einige Effekte sind wir bereits im Kapitel der Pfadbearbeitung eingegangen und wir haben auch in anderen Teilen Effekte aus diesem Bereich genutzt. Für Ihre Zeichnung sind sicherlich die Effekte **Fraktalisieren**, **Knoten hinzufügen...** und **Knoten zittrig verteilen...** von Vorteil, denn mit dem einen können Sie in einem Arbeitsschritt eine bestimmte Anzahl Knoten symmetrisch hinzufügen und mit dem anderen die Knoten zufällig verteilen.

Fraktalisieren nutzen Sie ganz einfach, indem Sie das Objekt (muss ein Pfad sein) auswählen und über das Dialogfenster die Unterteilung und die Glättung festlegen.

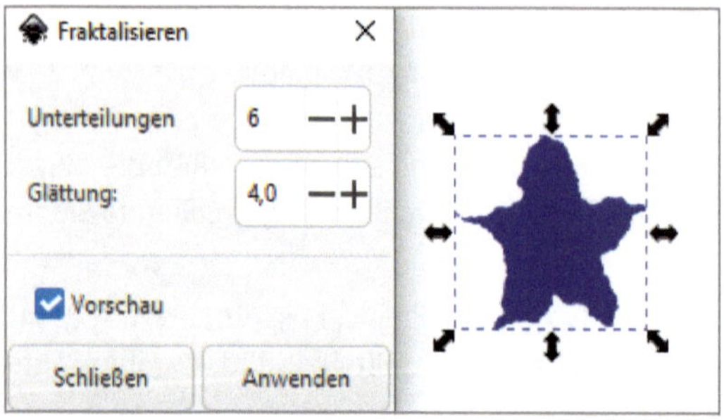

Bild 12.26 Fraktalisieren

Im Bild habe ich einen Stern in einen Pfad umgewandelt und dann den Befehl angewendet.

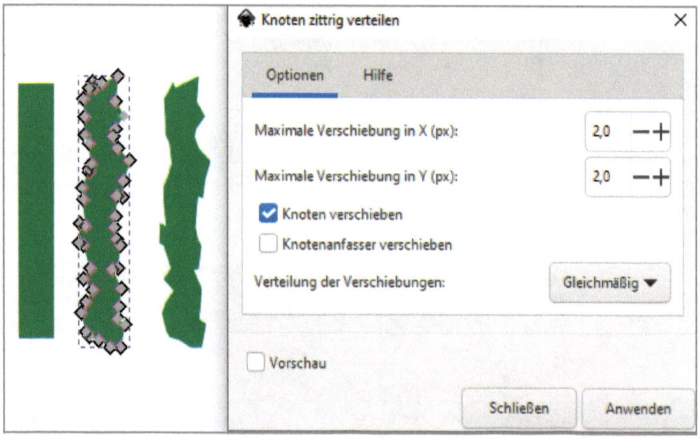

Bild 12.27 Knoten zittrig verteilen

Im linken Bild wurde oben ein Rechteck erstellt und mit **Strg** + **Umschalt** + **C** in einen Pfad umgewandelt. Danach wurden weitere Knoten über **Knoten hinzufügen** ergänzt und diese später über den Effekt **Knoten zittrig verteilen…** automatisiert verschoben. Hierbei können Sie die Verschiebung in X- und Y-Richtung vorgeben und einstellen, ob Sie die Knoten auch verschieben wollen und eine Normalverteilung verwenden möchten. Mittels der Vorschau können Sie sich vorher wieder ein Bild machen.

12.2.12 Pfad visualisieren

Dieser Bereich macht seinem Namen alle Ehre. Pfade, die später nicht mehr sichtbar sind, können über diese Kategorie angezeigt werden. So finden Sie die Operationen **Anfasser zeichnen**, **Dimensionen**, **Knoten nummerieren** und **Pfad ausmessen**. Probieren Sie ruhig damit etwas herum. Sie können immer eine Vorschau aktivieren und sich ein Bild vom Ergebnis machen.

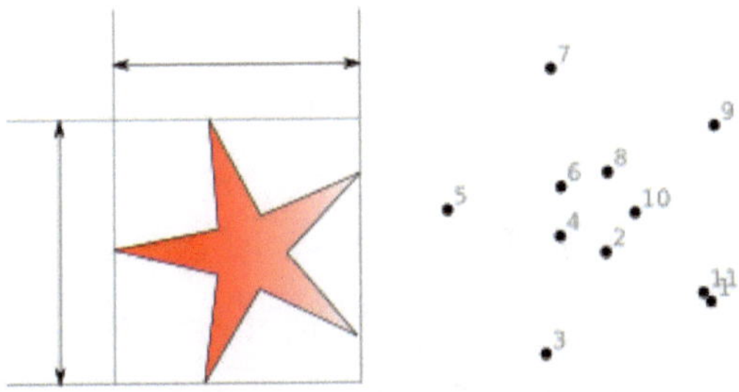

Im linken Bild wurde **Dimensionen …** angewendet und im rechten **Knoten nummerieren …**

12.2.13 Raster

Diese Effektsammlung ist etwas für eingebundene Rastergrafiken. Die Palette der Möglichkeiten ist allerdings groß und alle hier im Buch abzuhandeln, würde den Rahmen deutlich sprengen. Interessant ist aber der Effekt **Raster** → **Welle …**, denn damit lassen sich Wellen auf einem Bild erzeugen.

Wenn Sie ein wenig durch die einzelnen Optionen gehen, werden Sie sicher schnell herausfinden, welcher Effekt sich für welches Ausgangsbild eignet. Ebenso interessant sind die Effekte **Rauschen hinzufügen...** und **Rauschen vermindern...**

Die beiden Effekte fügen dem Bild also ein Rauschen hinzu beziehungsweise vermindern dieses.

Bildrauschen

Für das Rauschen charakteristisch ist die Verschlechterung eines elektronischen Bilds durch kleine Störungen bei der Signalübertragung, die mit dem eigentlichen Bildinhalt nichts zu tun haben.

12.2.14 Rendern

Bei den meisten Operationen benötigen Sie nicht mal ein Objekt, sondern können die Befehle direkt ausführen, wie zum Beispiel die Erweiterung L-System, die Sie in dieser Kategorie finden. Das L-System ist ein Werkzeug, mit dem man sich wiederholende pflanzenartige Strukturen und Muster erstellen kann.

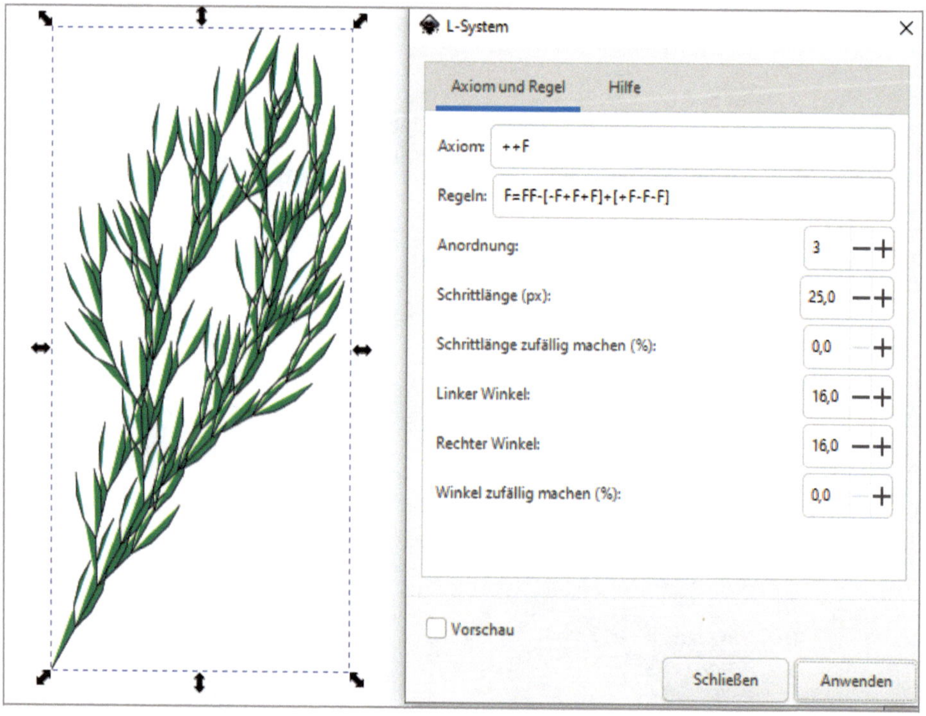

Bild 12.28 L-System

Über Buchstabencodes, die in der Hilfe erklärt werden, können Sie das initiale Axiom erzeugen und über rekursive Regeln und eine Ordnung die Strukturen erschaffen.

3D Polyeder

Mit dieser Erweiterung können Sie eine Menge an dreidimensionalen Objekten erzeugen. Das Dialogfenster ist sehr umfangreich und Sie finden die jeweiligen Optionen auf drei Karteireitern. Auf dem ersten Reiter wählen Sie das entsprechende Modellobjekt aus, auf dem zweiten nehmen Sie die Einstellungen für die Ansicht und Orientierung vor und auf dem dritten Kartenreiter legen Sie die Stileigenschaften wie Farbe, Deckkraft, Kontur etc. fest.

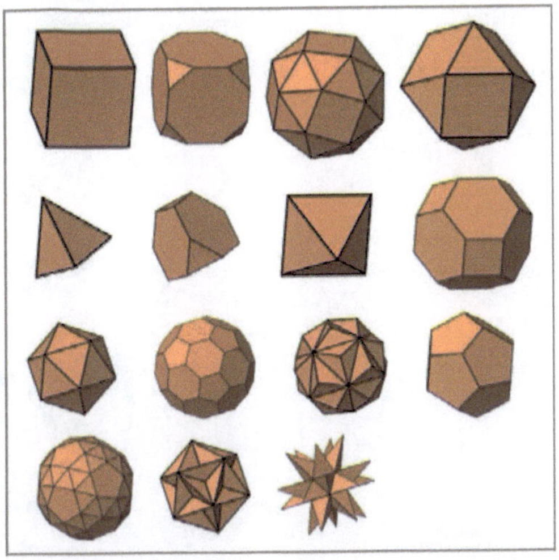

Bild 12.29 Alle Objekte, die sich derzeit mit dieser Erweiterung erzeugen lassen

Parametrische Kurven

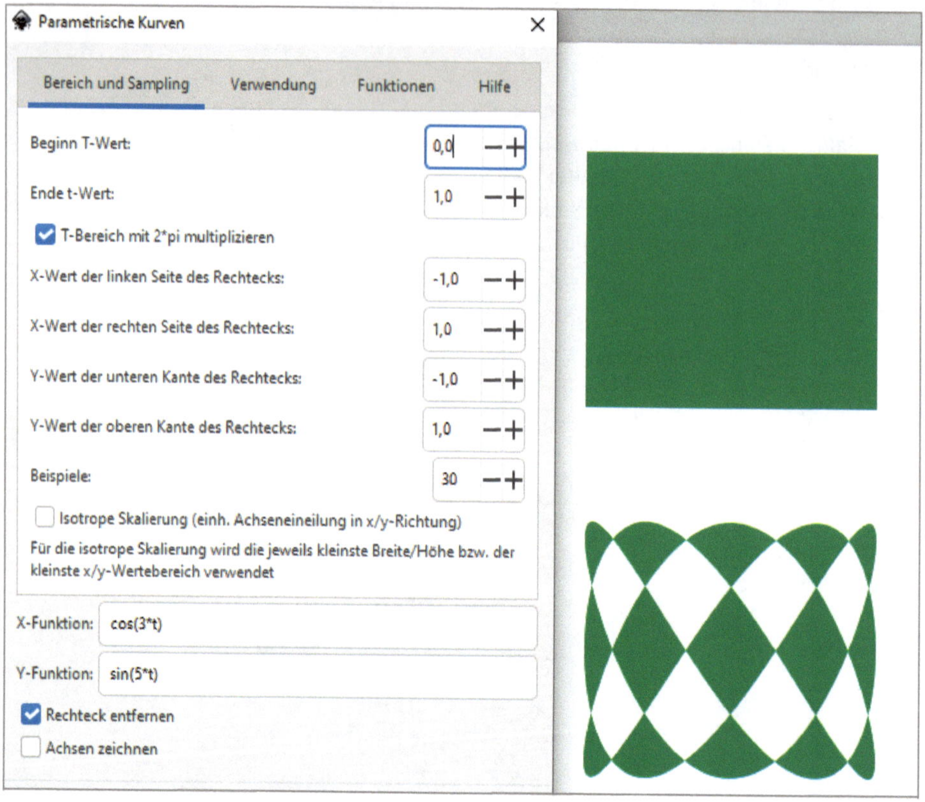

Bild 12.30 Parametrische Kurve

Mit diesem Werkzeug können Sie Kurven erzeugen, die auf mathematischen Funktionen wie cos(x), sin(x), log2(x) etc. basieren. So entstehen schöne mathematische Gebilde. Dabei können Sie die Achsen mit einzeichnen lassen. Sie zeichnen ein Rechteck, welches die Achslängen vorgibt, und wenden danach die Erweiterung an. Im unteren Teil des Bildes sehen Sie das Ergebnis.

Bild 12.31 Objekt mit schwarzer Kontur und Achsen

Mit dem Knotenwerkzeug haben Sie die Möglichkeit, das Gebilde weiter zu verändern.

Draht-Sphäre (Kugel)

Mit dieser Erweiterung können Sie ein kugelförmiges Drahtgitter erstellen. Hierbei stellen Sie die Parameter über das Dialogfenster schnell ein und Sie können sich die Kugel sogar schon mal in der Vorschau anzeigen lassen, bevor Sie diese rendern.

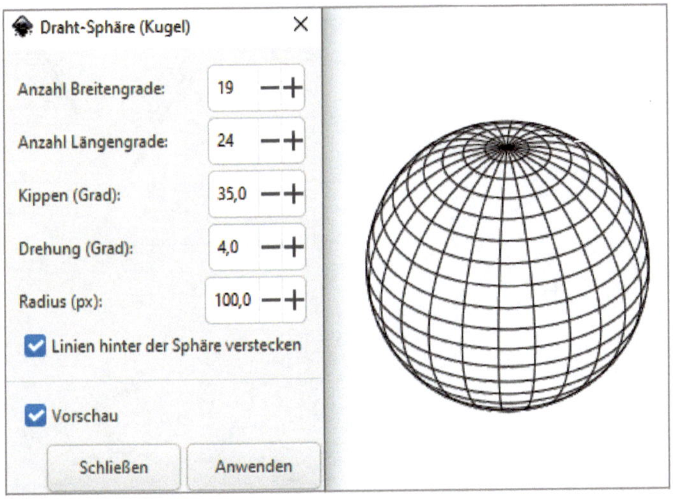

Bild 12.32 Draht-Sphäre

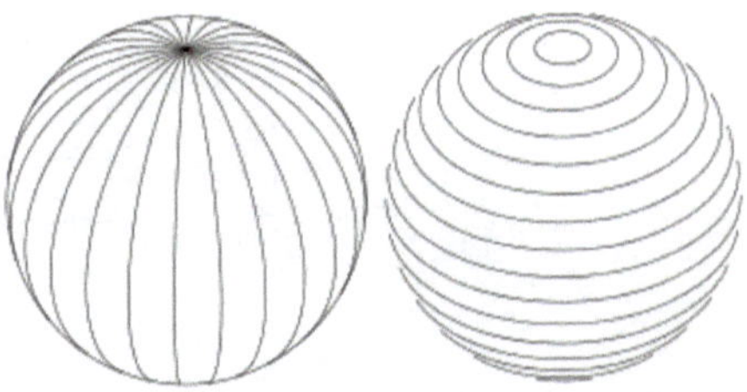

Dabei werden die Linien nach Längen- und Breitengraden gruppiert. Im nachfolgenden Bild wurde die Gruppierung aufgehoben und die beiden Objekte wurden verschoben.

Wenn Sie nun die Konturen in Pfade umwandeln und diese dann vereinigen und wieder zerlegen, erschaffen Sie die einzelnen Vierecke, die Sie dann mit unterschiedlichen Farben versehen können.

Dreieck

Dieser Menüpunkt erstellt Dreiecke. Über ein paar Parameter legen Sie Größe und Winkel fest.

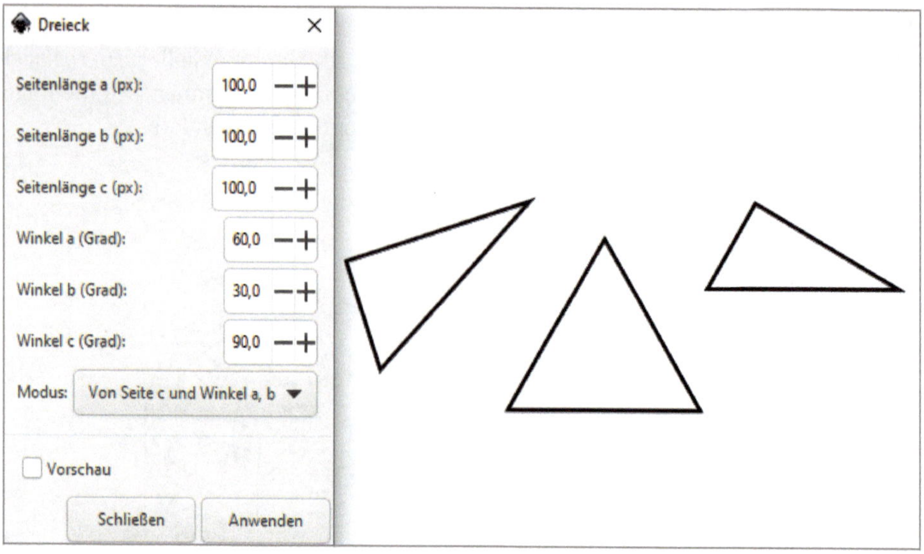

Bild 12.33 Dreieck-Dialog

Faltschachtel ...

Diese Erweiterung erstellt die Knickkanten einer Faltschachtel. Dabei legen Sie Höhe, Breite und Tiefe fest.

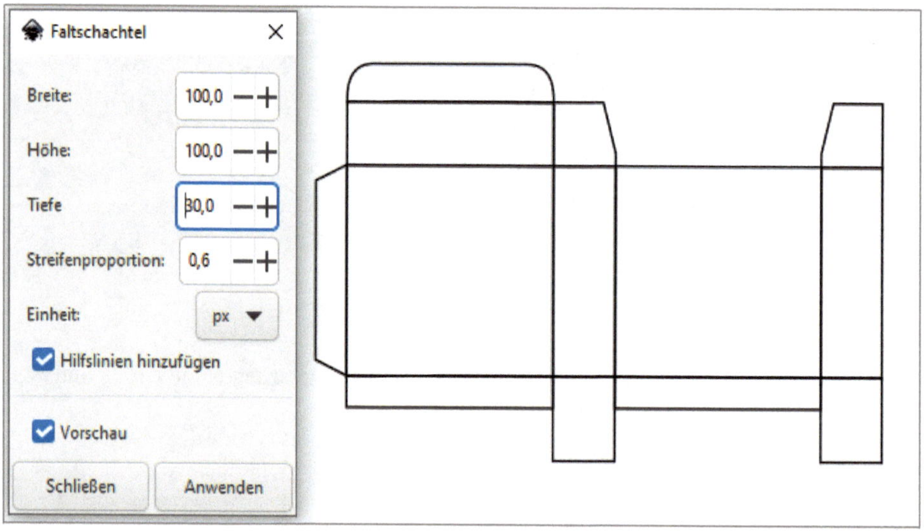

Bild 12.34 Faltschachtel-Dialog

Funktionsplotter ...

Bei dieser Erweiterung werden die mathematischen Funktionen von Python verwendet. Das Dialogfenster ist sehr mächtig und hat viele Funktionen. Um diese Funktion zu nutzen, müssen Sie vorher ein Rechteck erstellen. Weitere Informationen entnehmen Sie bitte dem entsprechenden Dialogfenster.

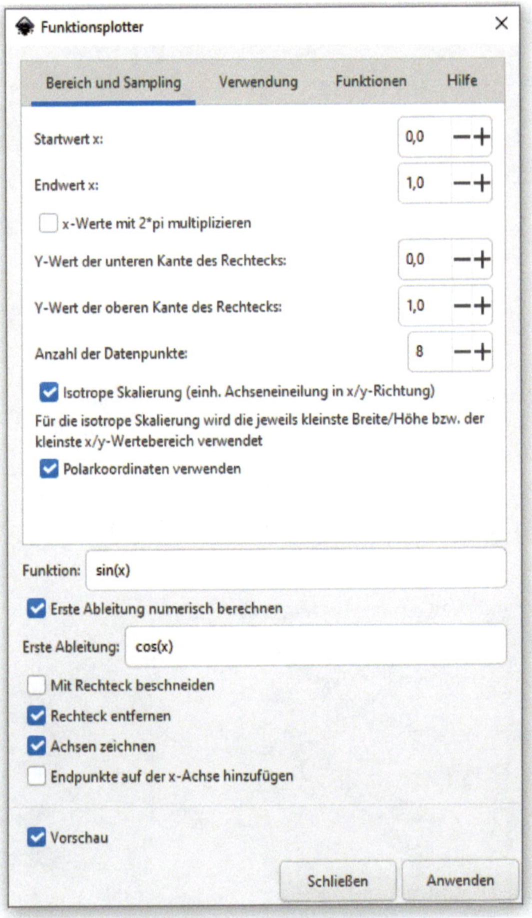

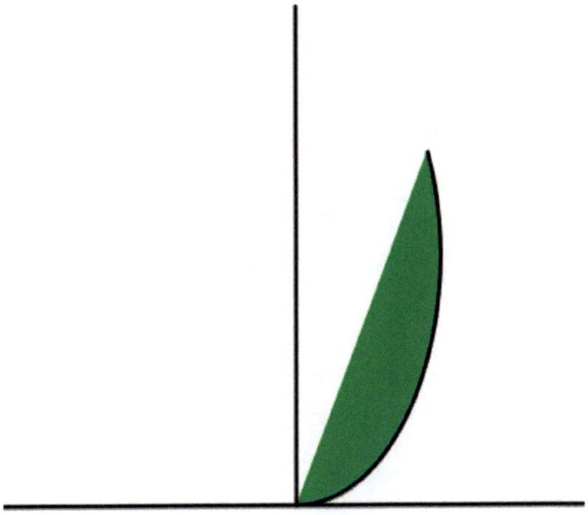

Bild 12.35 Funktionsplotter-Dialog

Grundlage war ein grünes Rechteck, welches die Achsen X und Y vorgibt.

Gitter

Hierüber erstellen Sie auf einfache Weise isometrische, kartesische oder Polargitter. Über die einzelnen Parameter legen Sie die einzelnen Abstände fest und bestimmen auch, wo sich eine Hauptlinie befinden soll.

Bild 12.36 Auswahl an Gittern

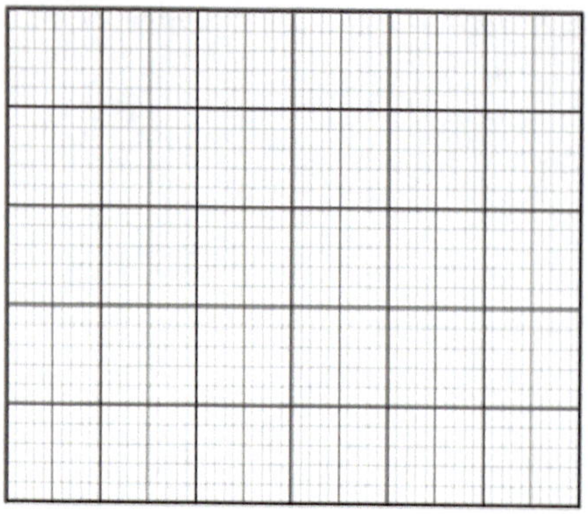

Bild 12.37
Kartesisches Gitter

Kalender

Hiermit erstellen Sie einen Kalender, den Sie ganz nach Ihren Wünschen anpassen können. Auf insgesamt fünf Kartenreitern können Sie zum Beispiel festlegen, wann Wochenbeginn ist, wie der Aufbau des Kalenders sein soll, welche Farben Sie verwenden und welche Lokalisierung Sie bevorzugen. Mit einem Klick wird der Kalender erstellt. Dabei wird alles als Text erstellt und gruppiert. Den Text können Sie bei Bedarf bequem mit dem Textwerkzeug verändern.

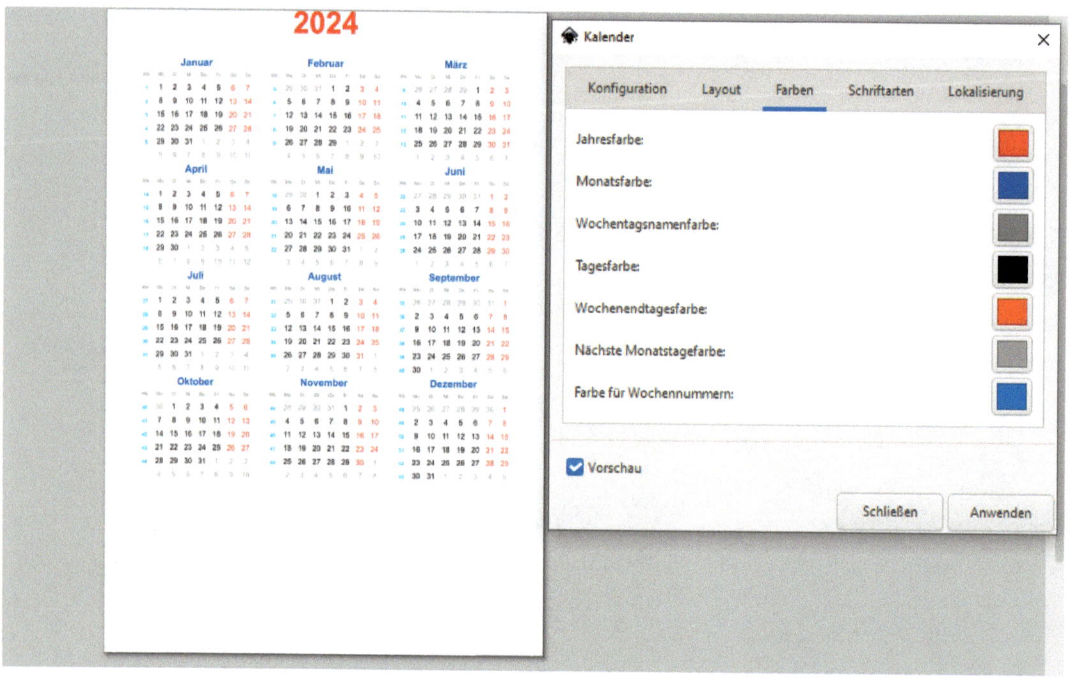

Bild 12.38 Kalender

L-System

Mittels dieser Erweiterung erstellen Sie Formen nach dem L-System von Aristid Lindenmayer. Schon zu Beginn des Kapitels habe ich das L-System kurz angerissen und ich möchte an dieser Stelle nur noch ein paar Formen abbilden. Über das Dialogfenster können Sie die Formel eingeben und nach einem Klick wird die entsprechende Form auf der Zeichnung gerendert.

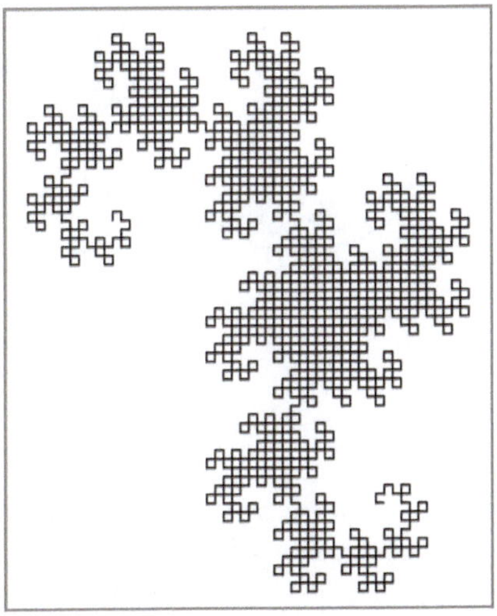

Bild 12.39
Drachenkurve: Axiom: FX/Regeln: X=X+YF+;Y=-FX-Y/Ordnung: 11 Winkel 90°

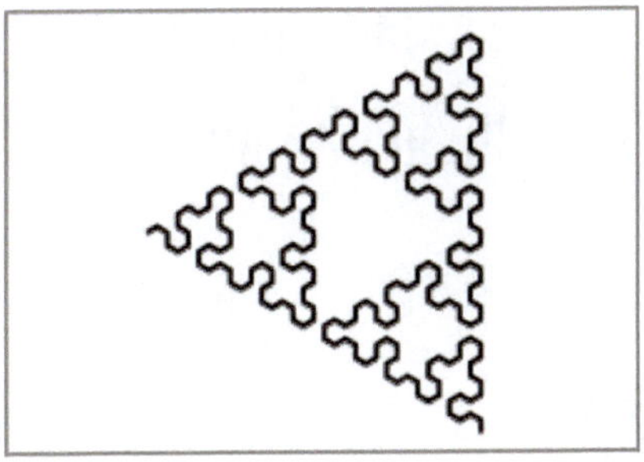

Bild 12.40
Sierpinski-Dreieck: Axiom: A/Regeln: A=B-A-B;B=A+B+A/Ordnung 5/Winkel 60°

Spirograph

Mit dieser Erweiterung können Sie Zykloide erstellen. Eventuell erinnern Sie sich an ein Kinderspielzeug, bestehend aus zwei Zahnrändern, in deren Mitte Löcher für Stifte waren. Man setzt das kleine Zahnrad in das große und steckt einen Stift in eines der Löcher. Nun bewegt man das innere Zahnrad einmal im Kreis und durch den Stift entsteht ein Zykloid.

Das Gleiche können Sie mit dieser Erweiterung machen. Dabei gibt es nicht viele Parameter, mit denen Sie die Zykloide erstellen können.

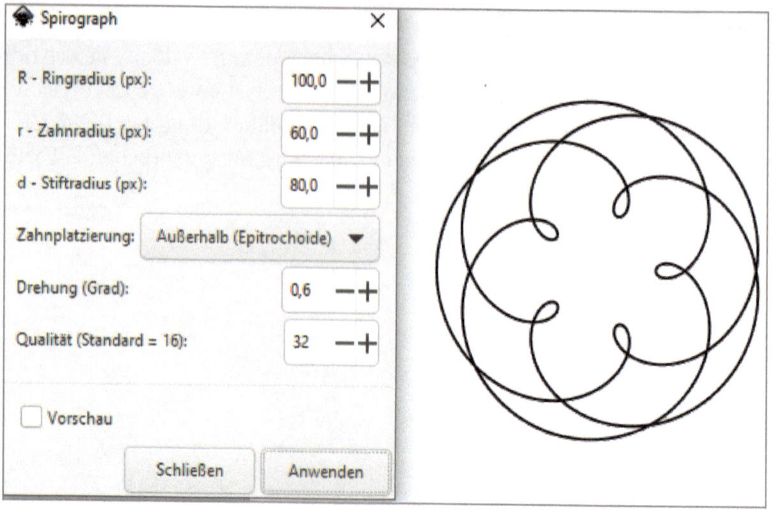

Bild 12.41 Spirograph

Strichcode

Wer kennt sie nicht, die Strichcodes auf den Verpackungen, die beim Bezahlen über den Scanner gezogen werden? Mit dieser Erweiterung können Sie neben den klassischen Strichcodes, wie EAN8, EAN13m UPC-A, Code93 oder RM4SCC, auch Datenmatritzen und QR-Codes erstellen.

EAN5 Code39 RM4CC/RM4SCC

12345 INKSCAPE Inkscape

Bild 12.42 Klassischer Strichcode

Bild 12.43
Datenmatrix – im Beispiel wurde das Wort „Inkscape“ codiert.

Bild 12.44
QR-Code – im Beispiel wurde www.inkscape.org codiert.

Zahnrad

Ähnlich wie beim Pfadeffekt, können Sie hier Zahnräder oder eine Zahnstange erzeugen. Aber im Gegensatz zum Effekt haben Sie Einstellungsmöglichkeiten für die Anzahl der Zähne, den Flankenwinkel und die Kreisteilung.

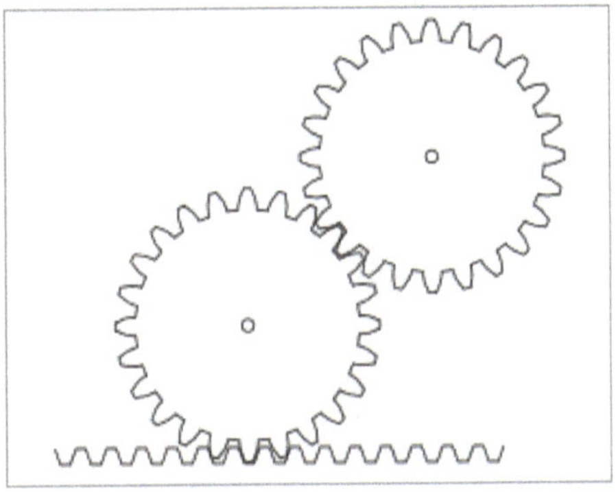

Bild 12.45 Zahnräder und Zahnstange

Zufälliger Baum

Mithilfe dieser Erweiterung können Sie baumartige Strukturen aus Konturlinien zeichnen. Das Dialogfenster bietet Einstellungsmöglichkeiten für genau zwei Parameter: die Anfangsgröße und die Mindestgröße. Mit dem ersten Wert legen Sie fest, wie viele Äste der Baum haben soll, und mit dem zweiten Wert bestimmen Sie die Verzweigung der Äste.

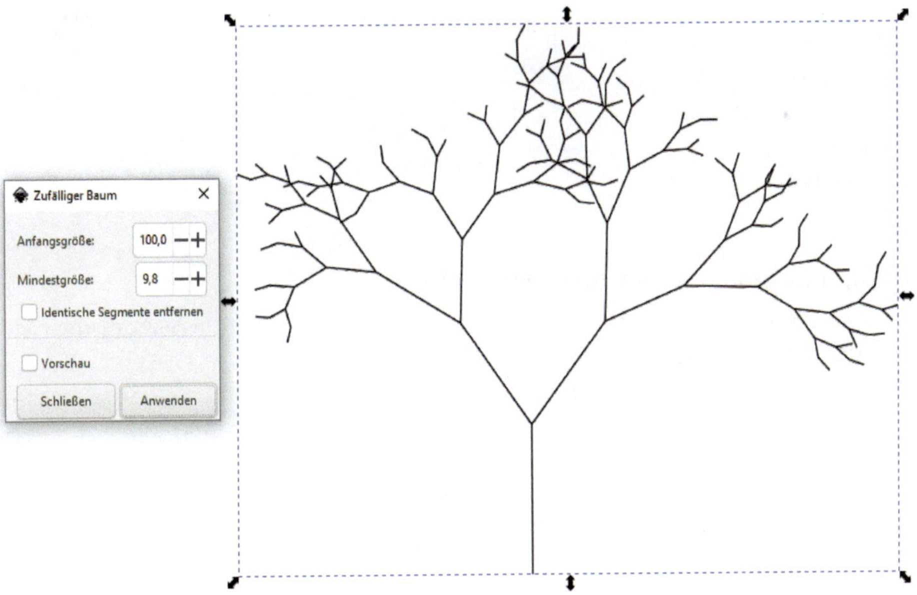

Bild 12.46 Zufälliger Baum

Über das Knotenwerkzeug lässt sich die Figur dann weiter bearbeiten.

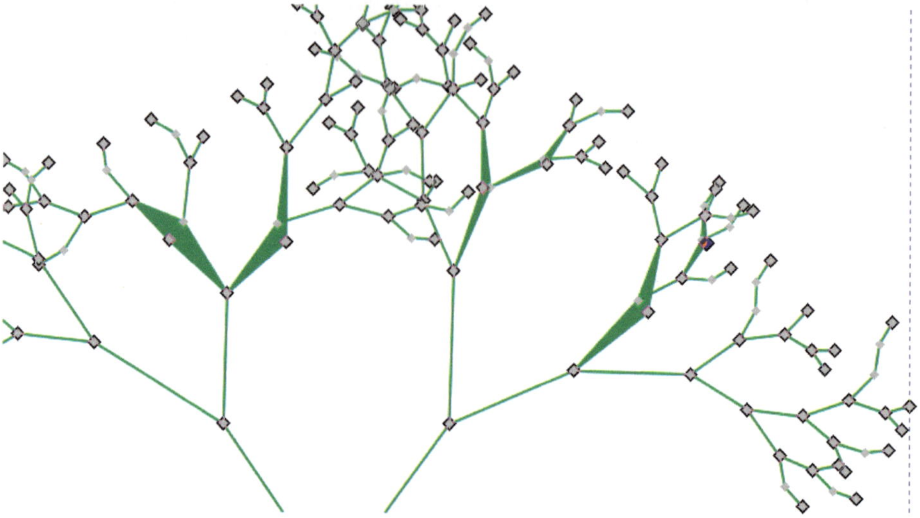

Bild 12.47 Knoten am „Baum"

12.2.15 Stile

In dieser Kategorie finden Sie Erweiterungen, die auf verschiedene Stile einzahlen.

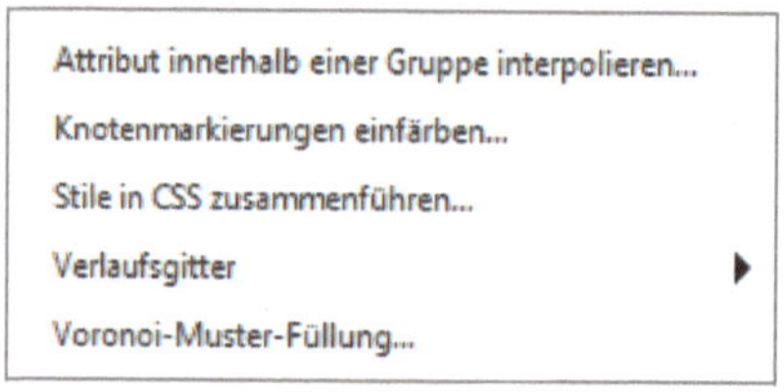

Bild 12.48 Stile-Erweiterung

Attribut innerhalb einer Gruppe interpolieren

Hierbei wird ein beliebiges interpolierbares Attribut für jedes Objekt einer Gruppe oder Mehrfachauswahl gesetzt.

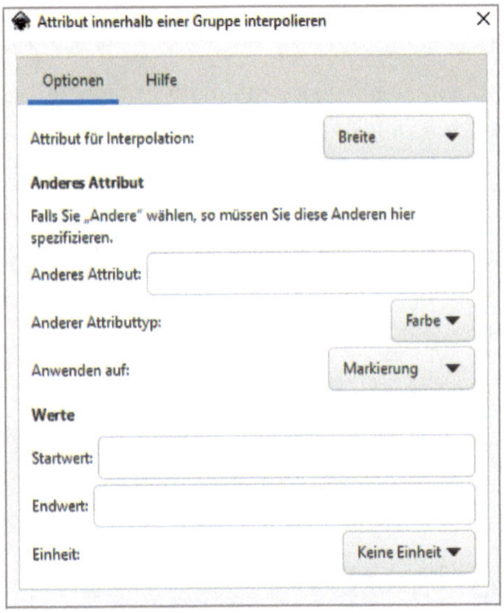

Bild 12.49 Attribut-Dialog

Voronoi-Diagram

Als Voronoi-Diagramm, auch Thiessen-Polygone oder Dirichlet-Zerlegung, wird eine Zerlegung des Raums in Regionen bezeichnet, die durch eine vorgegebene Menge an Punkten des Raums, hier als Zentren bezeichnet, bestimmt werden. Jede Region wird durch genau ein Zentrum bestimmt und umfasst alle Punkte des Raums, die in Bezug zur euklidischen Metrik näher an dem Zentrum der Region liegen als an jedem anderen Zentrum. Derartige Regionen werden auch als Voronoi-Regionen bezeichnet. Aus allen Punkten, die mehr als ein nächstgelegenes Zentrum besitzen und somit die Grenzen der Regionen bilden, entsteht das Voronoi-Diagramm.

Benannt sind Voronoi-Diagramme nach dem Mathematiker Georgi Feodosjewitsch Woronoi, die alternativen Bezeichnungen leiten sich von Alfred H. Thiessen respektive Peter Gustav Lejeune Dirichlet ab.

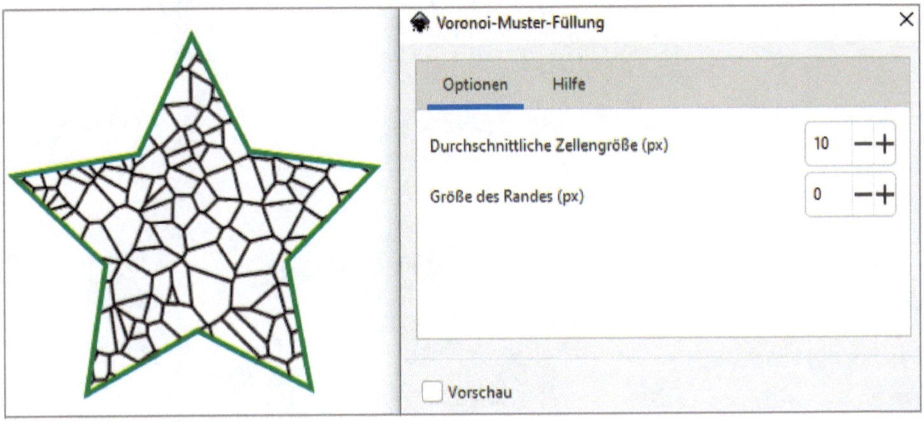

Bild 12.50 Voronoi-Muster

12.2.16 Text

Die Möglichkeiten, die dieser Menüpunkt bietet, wurden bereits zu einem großen Teil in Kapitel 7 abgehandelt. Daher dient dieser Punkt hier nur der Vollständigkeit halber.

Buchstabensuppe

Hier können Sie Buchstaben durch anders geformte Schriftzeichen ersetzen. Der Text bleibt so weit erkennbar, allerdings sieht er sehr interessant aus. Das Dialogfenster bietet dabei lediglich die drei Parameter Text, Skalierung und Zufallsänderung an.

> **!** Die Erweiterung wandelt den Text in einen Pfad um. Dadurch ist der Text danach nicht mehr bearbeitbar.

Hershey Text

Die Erweiterung **Hershey Text** erstellt eine Zeile Text mit für Plotter geeigneten Schriften. Siehe dazu auch Kapitel 7.

> **!** Umlaute funktionieren hier allerdings nicht.

12.2.17 Typografie

Der Menüpunkt **Typografie** schließt die Reihe der Erweiterungen ab. Hier finden Sie eine Reihe von Werkzeugen, mit denen Sie Schriften in Inkscape kreieren können, die Sie später in „FontForge“ weiterverwenden. Zu Beginn legen Sie die Typografieleinwand fest.

Hiermit definieren Sie die allgemeine Metrik der Schriftart mit allen dazugehörenden Maßen. Das Papierformat wird auf 1024 × 1024 Einheiten gesetzt und die Linien für Grundlinie, X-Höhe, Kappen-Höhe sowie Ober- und Unterlänge werden erstellt.

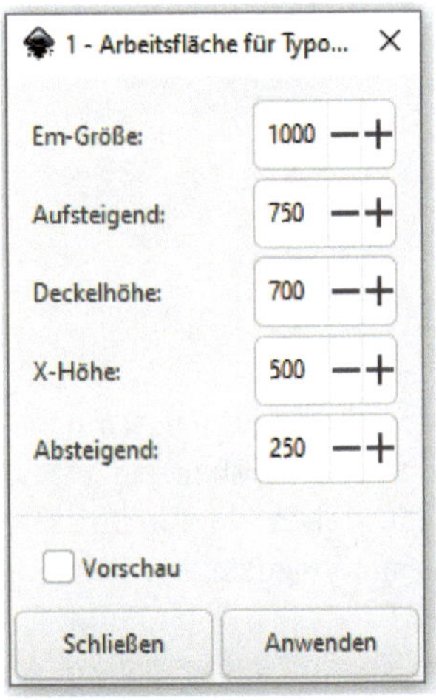

Bild 12.51
Arbeitsfläche festlegen

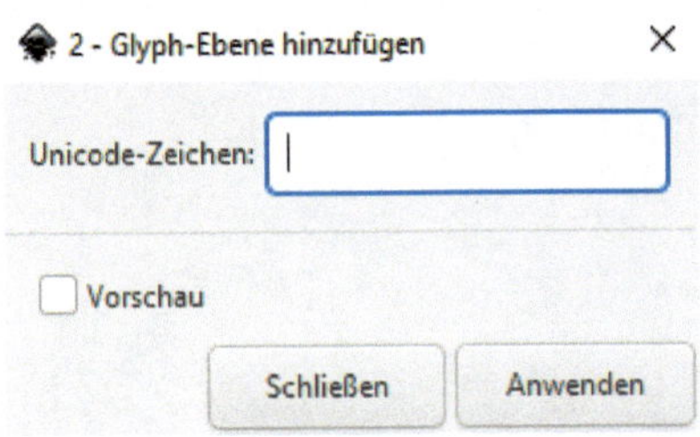

Bild 12.52
Glyph-Ebene

Nun können Sie Ihre erste Glyphe erstellen. Im nachfolgenden Bild habe ich mit dem Kalligrafiewerkzeug den Buchstaben „f“ erstellt.

Als Nächstes wird die Glyphen-Ebene erstellt. Vergeben Sie ein Unicode-Zeichen (im Beispiel „f“) und der Dialog erstellt eine neue Ebene über der aktuellen. Diese wird auch automatisch ausgeblendet.

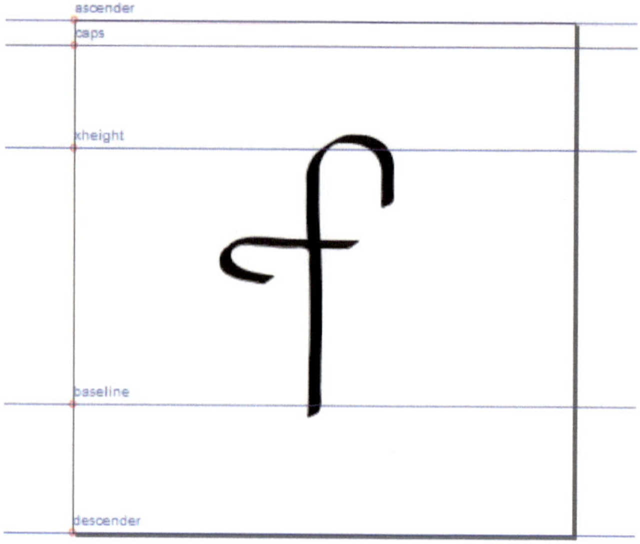

Das Beste ist, wenn Sie dann die entsprechenden Ebenen unsichtbar lassen, damit Sie immer eine saubere Zeichnungsebene haben. Manchmal lohnt es sich aber, ein bereits erstelltes Zeichen „einzublenden", damit es als Referenz dient. Haben Sie alle Ihre Glyphen entworfen, ist es an der Zeit, diese in das SVG-Font-Format umzustellen. Dazu klicken Sie einfach im Menü **Erweiterungen → Typografie → 3 – Konvertiert Glyphenebenen zu SVG Schriften** und Inkscape erledigt den Rest. Danach speichern Sie die Datei einfach ab und können das Ergebnis später in das Programm „FontForge" einladen. „FontForge" finden Sie im Internet unter: *http://fontforge.org/*. Ebenso können Sie SVG-Schriften in Glyphen konvertieren.

Damit haben wir die Erweiterungen, die Inkscape mitbringt, abgeschlossen.

12.3 Zusätzliche Erweiterungen

Neben den integrierten Erweiterungen in Inkscape gibt es im Internet unzählige zusätzliche Erweiterungen, wovon ein paar durchaus interessant sind. Die zusätzlichen Effekte liegen meist als **.zip* oder **.tar.gz* vor und werden einfach im Programmverzeichnis installiert, indem Sie die Effektdateien in das Verzeichnis *..\inkscape\share\extensions* kopieren. Sollten Sie eine Meldung erhalten, dass Ihr Betriebssystem Dateien überschreiben will, sollten Sie allerdings vorsichtig sein, damit Sie sich nicht Ihre Installation der Programminstanz zerstören.

Auf der Webseite von Inkscape finden Sie über das Extension_repository[1] viele dieser kleinen Helfer. Einige wie der *Extrude-Effekt* oder *render barcode* funktionieren einwand-

[1] *https://inkscape.4org/gallery/=extension/*

frei, aber manche sind doch noch nicht ausgereift genug beziehungsweise funktionieren noch nicht so gut in Inkscape. Hier wären zum Beispiel *InkscapeAreaCuter* oder *EQT eXSVG* zu nennen. Manche setzen sogar die Programmiererweiterung *Rubyinc* voraus.

Fast alle Erweiterungen, die Sie aus dem Internet beziehen, erklären auf ihren Webseiten auch, wie diese zu installieren sind beziehungsweise welche weiteren Voraussetzungen benötigt werden. Sie kopieren die jeweiligen Dateien in den Extensions-Ordner und starten Inkscape.

Manchmal ist es nicht so einfach, die neu installierte Erweiterung zu finden und somit haben Sie zwei Möglichkeiten, wie Sie weiter vorgehen. Entweder Sie schauen einfach alle Kategorien durch, in der Hoffnung, den neuen Effekt zu finden, oder Sie schauen mit einem einfachen Editor, wie Notepad, in welcher Kategorie dieser zu finden ist. Am Beispiel der Erweiterung *render barcode* mit dem Dateinamen *„render_barcode.inx“* möchte ich Ihnen zeigen, wo die entsprechenden Informationen zu finden sind.

```
<?xml version="1.0" encoding="UTF-8"?>
<inkscape-extension xmlns="http://www.inkscape.org/namespace/inkscape/extension">
  <_name>Classic</_name>
  <id>org.inkscape.render.barcode</id>
  <dependency type="executable" location="extensions">inkex.py</dependency>
  <dependency type="executable" location="extensions">render_barcode.py</dependency>
  <param name="type" type="enum" _gui-text="Barcode Type:">
    <item value="Ean2">EAN2 Extension</item>
    <item value="Ean5">EAN5 Extension</item>
    <item value="Ean13">EAN13 +Extensions</item>
    <item value="Ean8">EAN8</item>
    <item value="Upca">UPC-A</item>
    <item value="Upce">UPC-E</item>
    <item value="Code25i">Code25 Interleaved 2 of 5</item>
    <item value="Code39">Code39</item>
    <item value="Code39Ext">Code39 Extended</item>
    <item value="Code93">Code93</item>
    <item value="Code128">Code128</item>
    <item value="Rm4scc">RM4CC / RM4SCC</item>
  </param>
  <param name="text" type="string" _gui-text="Barcode Data:"></param>
  <param name="height" type="int" _gui-text="Bar Height:" min="20" max="80">30</param>
  <effect>
    <object-type>all</object-type>
    <effects-menu>
     <submenu _name="Render">
        <submenu _name="Barcode" />
      </submenu>
    </effects-menu>
  </effect>
  <script>
    <command reldir="extensions" interpreter="python">render_barcode.py</command>
  </script>
</inkscape-extension>
```

- Zeile 3: <_name> Hier steht der Name der Erweiterung. So steht diese dann auch in der Menüoberfläche von Inkscape.
- Zeilen 5 - 6: <dependency ...> Hier folgen Abhängigkeiten für die Erweiterungen. Im speziellen Fall „inkbar.py“ und „inkex.py“.
- Zeilen 7 - 22: <param ...> Sobald die Erweiterung Parameter verwendet, werden diese Felder gefüllt, abhängig von der Anzahl der Eingabewerte.
- Zeilen 23 - 30: <effects> Da finden Sie die wichtigen Informationen, wo Sie den Effekt später finden. Der Objekttyp (Zeile 24) ist „all“. In Zeile 26 steht, welche die Hauptkategorie ist, also „Render“ und in Zeile 27 dann die entsprechende Erweiterung.

Das heißt, die Erweiterung *render barcode* finden Sie über das Menü **Erweiterungen** → **Rendern** → **Barcode**.

Inkscape bietet in jeder neuen Version viele Erweiterungen, die auf jeden Fall einen Blick wert sind. Erweiterungen sind nützliche kleine Helfer, die Ihnen verschiedene Arbeiten abnehmen. In diesem Kapitel haben Sie erfahren, was es mit den Erweiterungen auf sich hat und wie diese aufgebaut sind. Einige interne wurden näher betrachtet und anhand von Beispielen sehen Sie, was in den einzelnen Kategorien steckt. Im Internet gibt es zusätzliche Erweiterungen, die Sie sich herunterladen und entpacken können; auf der Inkscape-Webseite werden unzählige gelistet. Sie kennen den grundsätzlichen Aufbau einer **.inx*-Datei und finden neu integrierte Erweiterungen in den entsprechenden Kategorien.

Die Zeichnung komplettiert sich so langsam und Sie haben in den bereits abgehandelten Kapiteln viel über das Programm erfahren. Im folgenden Kapitel beschäftigen wir uns mit dem Dateiimport- und -export sowie dem normalen Öffnen und Speichern Ihrer Zeichnung. Das klingt trivial, aber es gibt dennoch einiges zu beachten.

13 Der Umgang mit Dateien

Das Kapitel im Überblick

- Allgemeines
- Dateiformate
- Datei als PDF speichern
- Drucken
- Exportieren
- Zusammenfassung und Ausblick

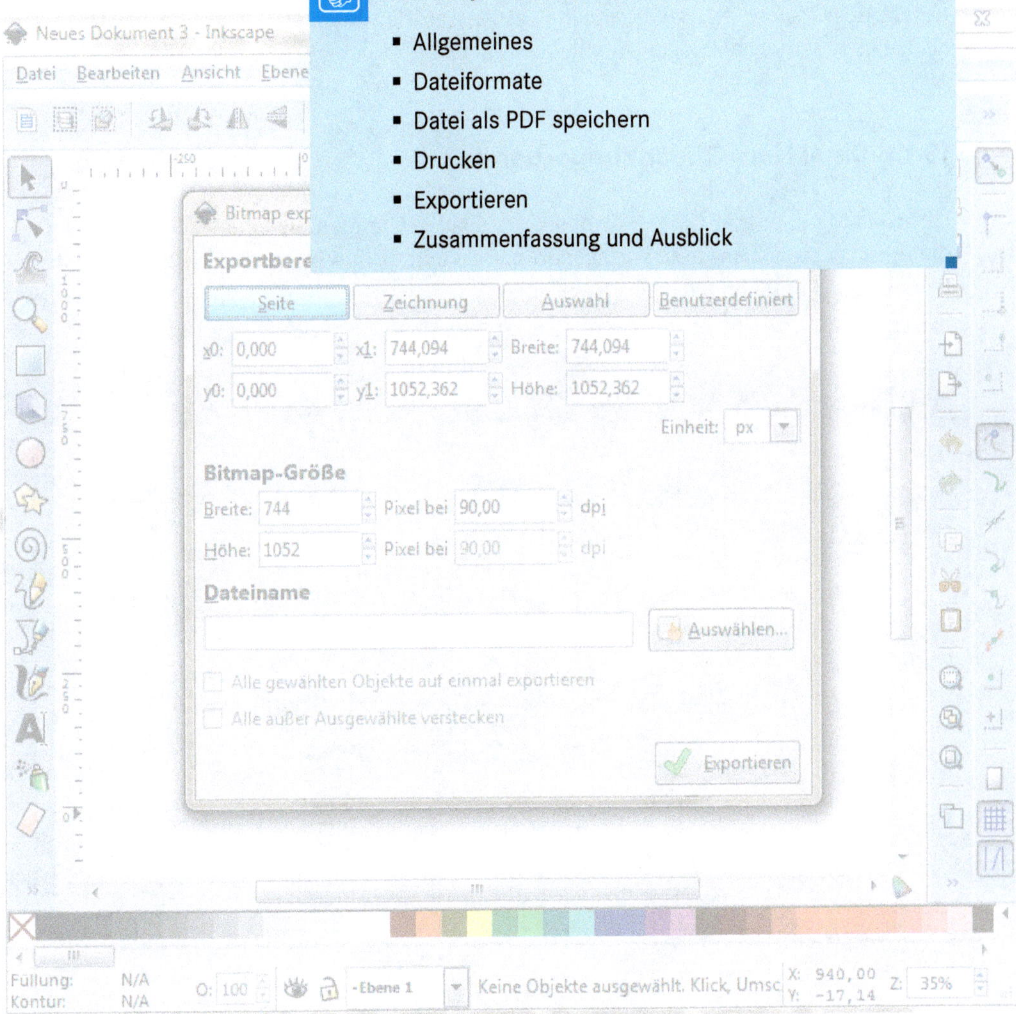

Haben Sie Ihre Zeichnung fertig, wollen Sie diese wahrscheinlich auch in anderen Anwendungen nutzen beziehungsweise Ihre Zwischenstände abspeichern. Das Kapitel beschäftigt sich nun eingehend mit dem Dateiexport und dem Speichern Ihrer Dokumente.

13.1 Allgemeines

Ihre Zeichnungen werden bei Inkscape im Inkscape-SVG-Format abgespeichert und bekommen die Dateiendung „ *.*svg*“. Wenn Sie das Programm starten, öffnet Inkscape eine leere Zeichnungsfläche im Format „A4“ mit Standardeinstellungen. So wird zum Beispiel die Anzeige auf den Zoomfaktor 35 % gesetzt und die Dokumenteneinheit auf „mm“. Änderungen dieser Starteinstellung können Sie in der *„default.de.svg“* vornehmen, die im Unterordner *„share\inkscape\template“* liegt. Natürlich können Sie in diesem Ordner auch eigene Vorlagen ablegen, die Sie dann über **Datei → Neu** auswählen können.

13.1.1 Datei Neu/Öffnen/Importieren

Über den Menüeintrag **Datei → Neu aus Vorlage** bekommen Sie eine Liste an Vorlagen, die Inkscape intern aus dem Vorlagenordner bezieht. Hier wählen Sie sich zu Beginn das Passende aus und können sofort loszeichnen.

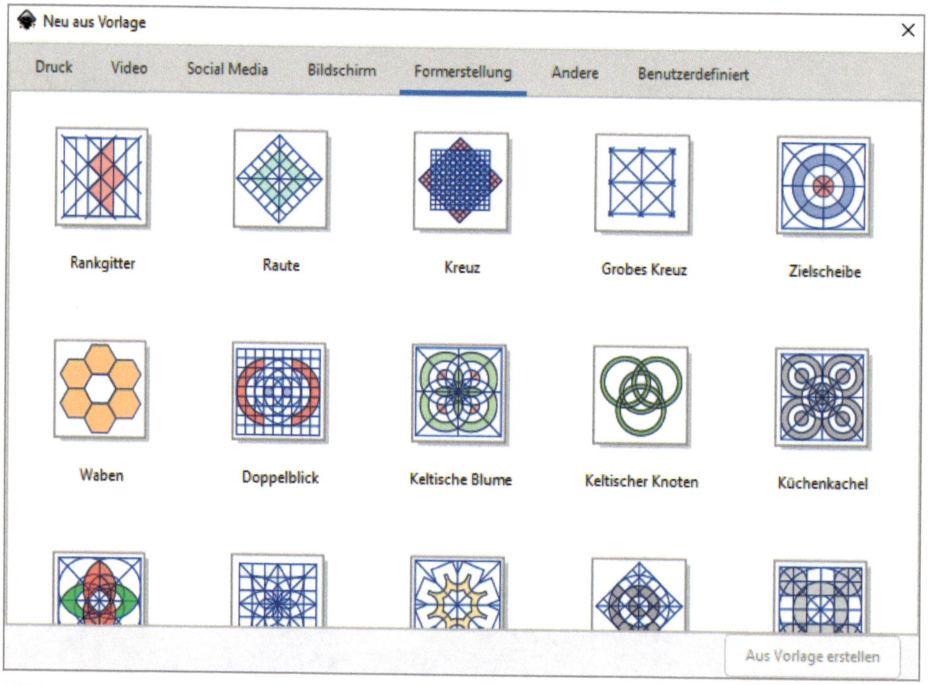

Bild 13.1 Inkscape-Vorlagen

Dabei haben Sie die Kategorien „Druck", „Video", „Social Media", „Bildschirm", „Andere" und „Benutzerdefiniert" zur Auswahl.

Über die Tastenkombination **Strg + N** können Sie ebenfalls ein neues Dokument mit Standardwerten öffnen.

Mittels **Strg + O** gelangen Sie in den Datei-Öffnen-Dialog.

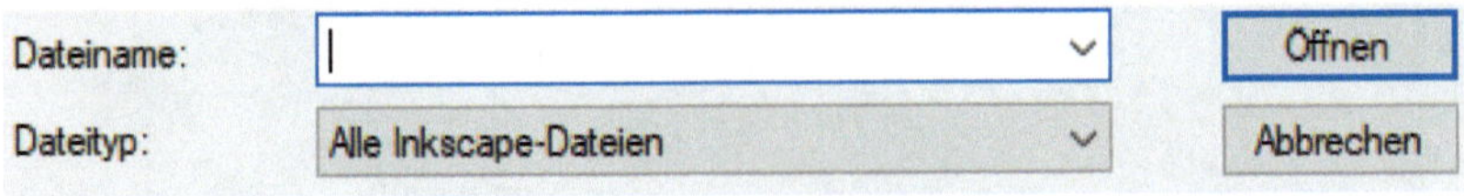

Bild 13.2 Öffnen-Dialog

Hier können Sie im Bereich **Dateityp** einen Filter setzen und dann durch die einzelnen Ordner schauen. Sie haben hierbei auch die Möglichkeit, eine oder mehrere Dateien gleichzeitig zu öffnen. Wenn Sie mehrere Dateien bearbeiten wollen, halten Sie bei der Auswahl der Dateien die **Umschalt**-Taste gedrückt. Natürlich können Sie auch die Dateien öffnen, die Sie zuletzt angeschaut oder benutzt haben. Dazu gehen Sie über **Datei → Zuletzt geöffnete Dateien** und es erscheint ein Auswahlmenü mit den Dateien, die Sie erst vor Kurzem bearbeitet oder angesehen haben.

Haben Sie eine Zeichnung in Bearbeitung und möchten bereits erstellte Elemente hinzufügen, bietet sich ein Import dieser Objekte an. Über die Tastenkombination **Strg + I** oder das Menü **Datei → Importieren...** öffnen Sie ein Fenster, in dem Sie wie beim Öffnen die entsprechenden Dateien auswählen und einladen. Dabei werden die zu importierenden Dateien, Bilder etc. in die vorhandene Zeichnung integriert.

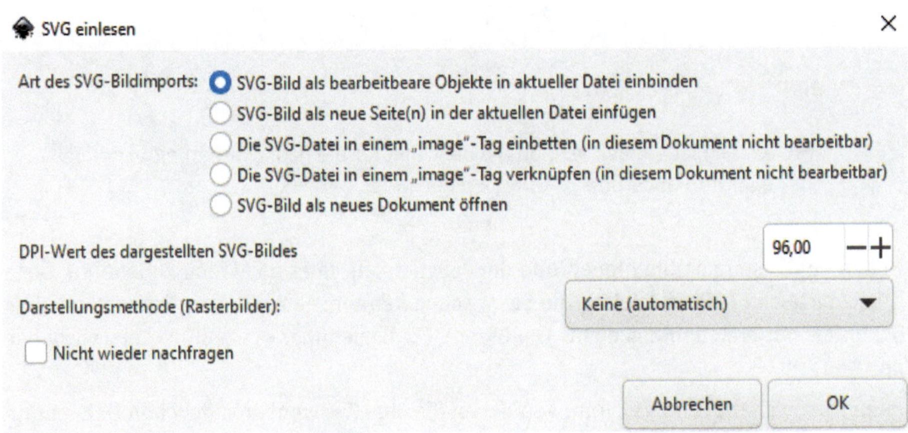

Bild 13.3 SVG importieren

Wenn Sie ein älteres SVG importieren, welches mit 90 DPI erstellt wurde, wird neben dem Import-Dialog ein weiteres Dialogfenster mit der Umwandlung angezeigt.

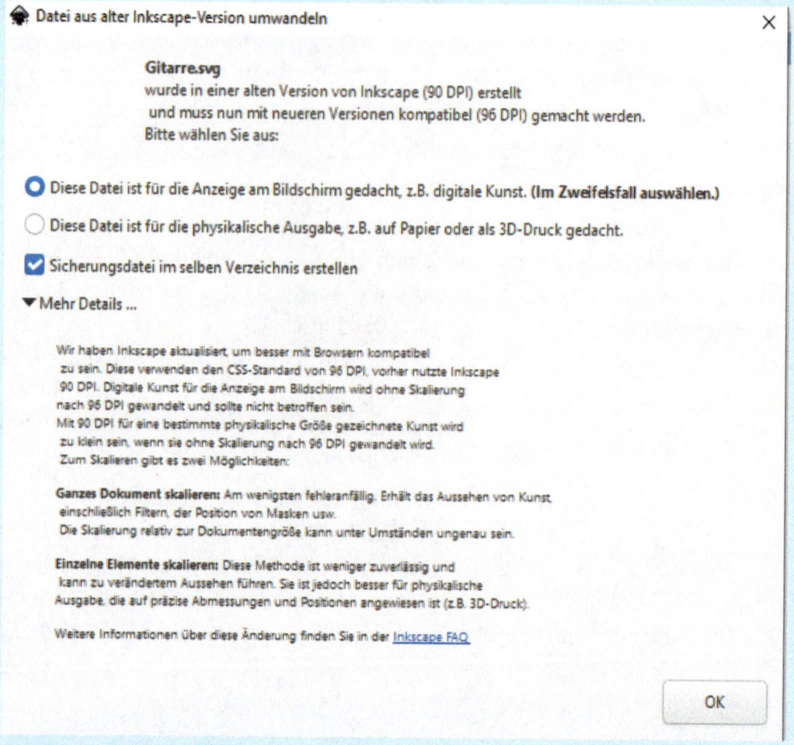

Bild 13.4 Umwandlungsdialog

Wählen Sie hier einfach aus, ob Sie die Datei für die Bildschirmarbeit benötigen oder eher für Papier oder 3D-Druck gedacht ist.

Neben den Tastenkombinationen und der Möglichkeit, über das Menü zu agieren, bietet Inkscape auch die Befehlsleiste, die Sie ja schon kennengelernt haben. Die ersten beiden Schaltflächen erstellen ein neues Dokument  beziehungsweise öffnen ein vorhandenes .

Beim Abspeichern Ihrer Zeichnungen haben Sie eine Auswahl an möglichen Dateiendungen und ebenso eine Unterscheidung zwischen normalem SVG und Inkscape SVG.

Die Unterschiede werden in den folgenden Listings sichtbar. Das erste Listing bezieht sich auf normales SVG (Plain SVG) und das zweite auf Inkscape SVG.

Listing 13.1 Normales SVG

```
<?xml version="1.0" encoding="UTF-8" standalone="no"?>
<!-- Created with Inkscape (http://www.inkscape.org/) -->

<svg
   width="210mm"
   height="297mm"
   viewBox="0 0 210 297"
   version="1.1"
   id="svg1"
   xmlns="http://www.w3.org/2000/svg"
   xmlns:svg="http://www.w3.org/2000/svg">
  <defs
     id="defs1" />
  <g
     id="layer1" />
</svg>
```

Listing 13.2 Inkscape SVG

```
<?xml version="1.0" encoding="UTF-8" standalone="no"?>
<!-- Created with Inkscape (http://www.inkscape.org/) -->

<svg
   width="210mm"
   height="297mm"
   viewBox="0 0 210 297"
   version="1.1"
   id="svg1"
   inkscape:version="1.3 (0e150ed6c4, 2023-07-21)"
   sodipodi:docname="Zeichnung.svg"
   xmlns:inkscape="http://www.inkscape.org/namespaces/inkscape"
   xmlns:sodipodi="http://sodipodi.sourceforge.net/DTD/sodipodi-0.dtd"
   xmlns="http://www.w3.org/2000/svg"
   xmlns:svg="http://www.w3.org/2000/svg">
  <sodipodi:namedview
     id="namedview1"
     pagecolor="#ffffff"
     bordercolor="#000000"
     borderopacity="0.25"
     inkscape:showpageshadow="2"
     inkscape:pageopacity="0.0"
     inkscape:pagecheckerboard="0"
     inkscape:deskcolor="#d1d1d1"
     inkscape:document-units="mm"
     inkscape:zoom="0.73139029"
     inkscape:cx="397.18876"
     inkscape:cy="561.25984"
     inkscape:window-width="1920"
     inkscape:window-height="1017"
     inkscape:window-x="1912"
     inkscape:window-y="-8"
     inkscape:window-maximized="1"
     inkscape:current-layer="layer1" />
  <defs
     id="defs1" />
```

```
  <g
     inkscape:label="Ebene 1"
     inkscape:groupmode="layer"
     id="layer1" />
</svg>
```

Einfaches (Plain) SVG

Dieses SVG-Format ist ein Dateiformat von Inkscape und anderen SVG-Editoren, das für die Kompatibilität zwischen unterschiedlichen SVG-Zeichenanwendungen entwickelt wurde, um alle programmbezogenen Informationen zu entfernen, die in anderen SVG-Editoren und aufgrund der Dateigröße keinen Nutzen haben.

Sie speichern Ihre Zeichnungen über die Tastenkombination **Strg** + **S** beziehungsweise über das Menü **Datei** oder die Befehlsleiste mit dem Symbol ↓ ab.

Wenn Sie Änderungen an einer Zeichnung vornehmen und diese unter einem anderen Namen abspeichern wollen, nutzen Sie im Menü **Datei** den Befehl **Speichern unter...**, den Sie auch mittels **Strg** + **Umschalt** + **S** aufrufen können. Hier können Sie dann einen anderen Namen vergeben oder gleich in einem anderen Format sichern.

Es empfiehlt sich, Ihre Zeichnungen im SVGZ-Dateiformat abzuspeichern. Das ist eine normale SVG-Datei, die mit GNU-Z gepackt ist. Dadurch wird die Datei kleiner und nimmt weniger Platz auf Ihrem Rechner ein. Allerdings entsteht eine Binärdatei, die in ihrem Zustand nicht für Menschen lesbar ist.

Neben diesen beiden Befehlen der Dateispeicherung haben Sie in Inkscape noch die Möglichkeit, eine Kopie der Zeichnung abzuspeichern. Dazu verwenden Sie die Tastenkombination **Strg** + **Umschalt** + **Alt** + **S** oder wählen im Menü **Datei** den Befehl **Kopie speichern ...**

Seit der Version 0.46 gibt es in Inkscape den Befehl **Zurücksetzen**, mit dem Sie den vorherigen Zustand einer Datei herstellen können und die neu gemachten Änderungen zurücksetzen. Diesen Befehl erreichen Sie allerdings nur über das Menü **Datei**.

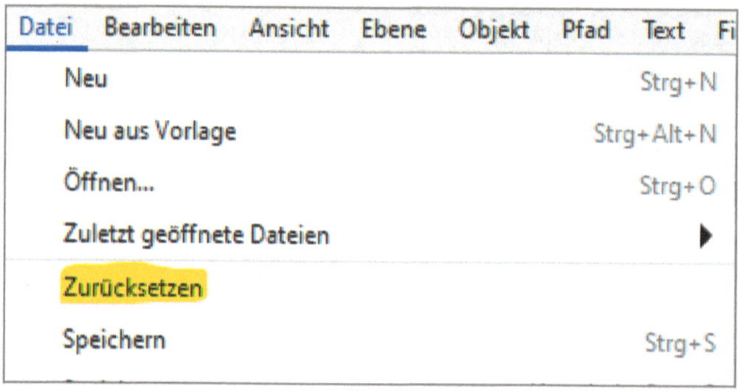

Bild 13.5 Zurücksetzen von Änderungen

Der Export einer Datei ist so einfach wie das Sichern. Mit der Tastenkombination **Strg** + **Umschalt** + **E** oder über das Menü Datei → Exportieren… exportieren Sie Ihre Zeichnung oder Teile daraus in eine neue Datei. Mit dem Befehl öffnen Sie das Dialogfenster Exportieren…, über das Sie einige Einstellungen treffen können.

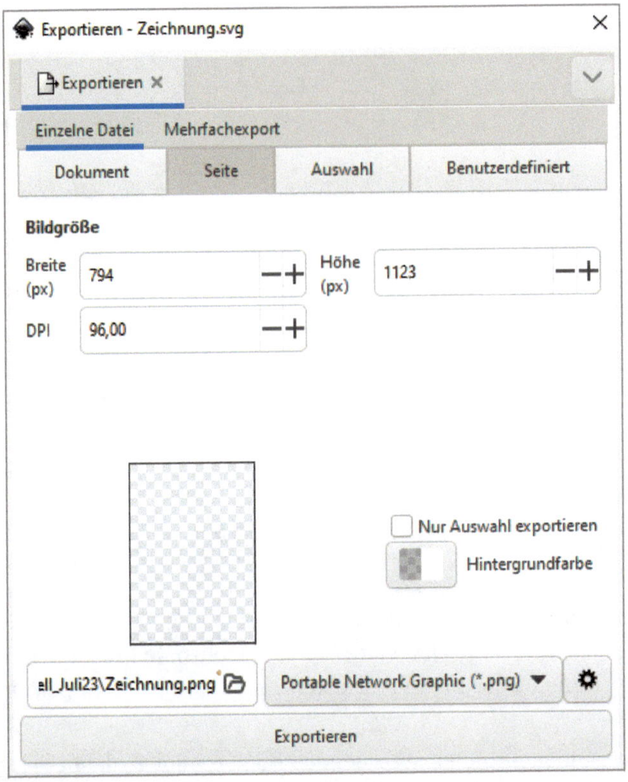

Bild 13.6 Export-Dialog

Gehen wir zum besseren Verständnis durch die einzelnen Optionen.

- **Seite:** Exportiert die Zeichnung im Format der Seite. Überhängende Objekte werden am Seitenrand abgeschnitten. Daher sollten Sie – bevor Sie exportieren – eventuell ausgeblendete Seitenränder wieder einblenden.
- **Dokument:** Exportiert die gesamte Zeichnung.
- **Auswahl:** Exportiert nur ausgewählte Bereiche beziehungsweise Objekte.
- **Benutzerdefiniert:** Hier legen Sie die Parameter selbst fest.

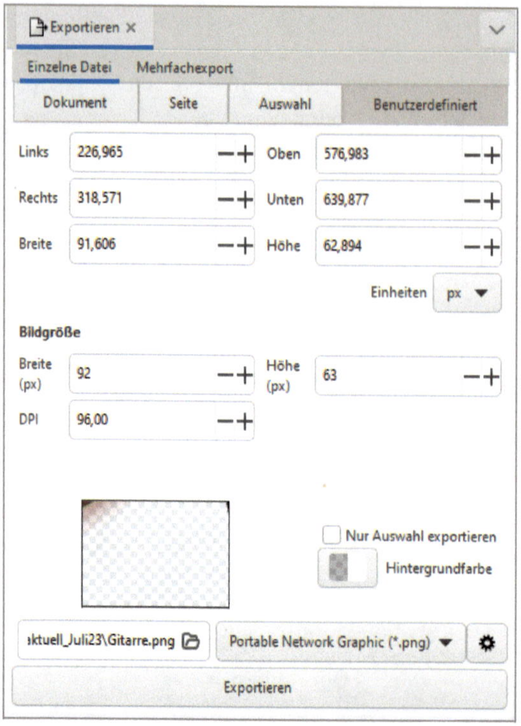

Bild 13.7
Benutzerdefinierter Export

Die Bitmap-Größe bestimmt die Auflösung der Zeichnung. Standardmäßig sind 96,0 dpi eingestellt. Sie können aber auch andere Werte eingeben. Je größer der Wert wird, desto größer wird auch die Auflösung der Zeichnung und desto mehr Speicherplatz benötigt Ihre Datei.

Als Dateinamen sollten Sie einen sprechenden Namen wählen, damit Sie später schneller sehen, was der eigentliche Inhalt ist. Die Dateierweiterung wird dabei automatisch auf „*.png*" gesetzt. Allerdings können Sie inzwischen auch andere Exportformate auswählen.

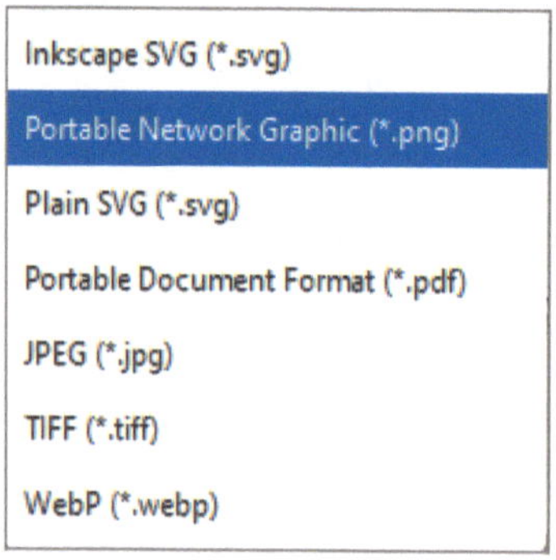

Bild 13.8
Exportformate

Neben dem normalen Export Ihrer Zeichnung können Sie auch den Mehrfachexport nutzen. Im Dialogfenster haben Sie dabei die Wahl zwischen „Auswahl“, „Ebenen“ und „Seiten“.

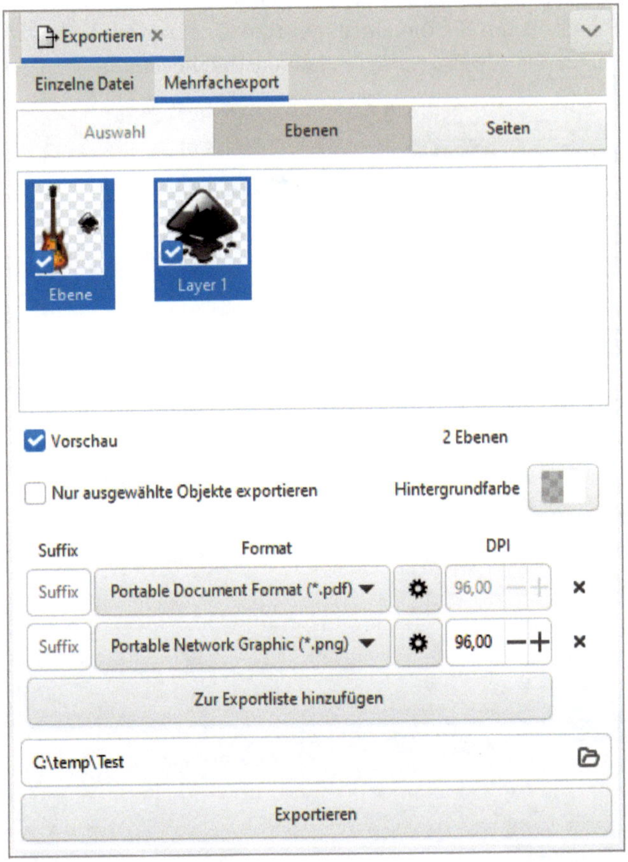

Bild 13.9
Mehrfachexport

In meinem Beispiel habe ich die Gitarre auf einer Ebene (genannt „Ebene“) und das Inkscape-Logo auf einer zweiten (genannt „Layer 1“). Zusätzlich habe ich neben dem PNG-Bild-Export über die Schaltfläche „Zur Exportliste hinzufügen“ noch den PDF-Export ausgewählt sowie den passenden Ordner, wo die Dateien abgelegt werden sollen.

Nach Klicken auf „Exportieren“ speichert Inkscape in Summe vier Dateien ab, deren Namen den Ordner sowie die entsprechende Ebene beinhalten.

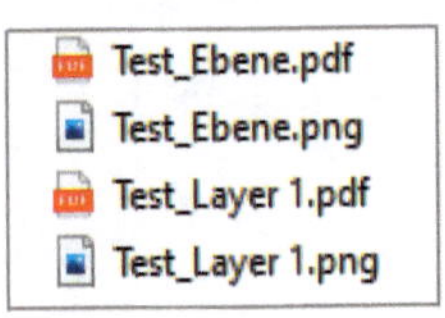

Bild 13.10
Exportierte Dateien

Auch hier lassen sich die derzeit sieben Export-Formate (Bild 13.8) entsprechend auswählen.

13.2 Dateiformate

Inkscape kennt eine Reihe von Dateiformaten, die das Programm sowohl im Import als auch im Speichern-Dialog anbietet. Wenn Sie die einzelnen Dialoge aufrufen, sehen Sie jeweils ein Drop-down-Feld, über das Sie die entsprechenden Dateiformatfilter setzen können.

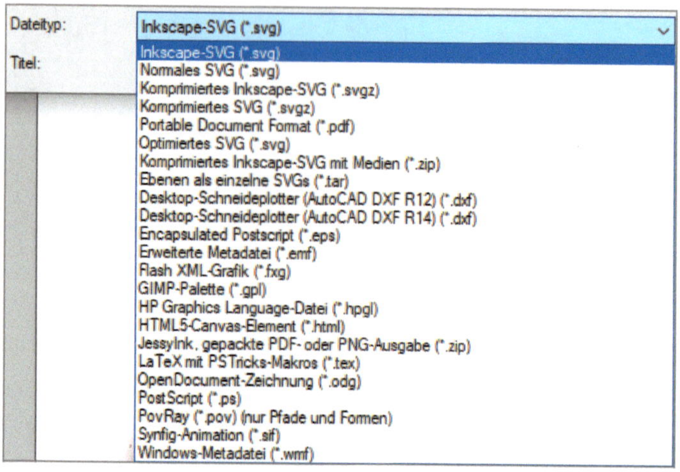

Bild 13.11 Exportformate

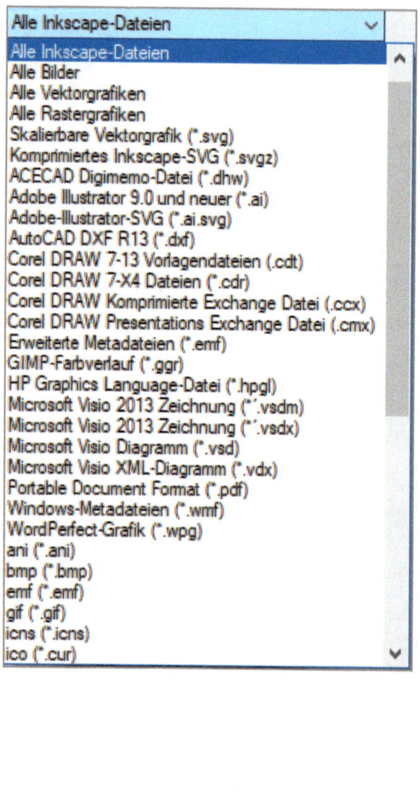

Bild 13.12 Öffnen-Formate

Diese Arbeit müssen Sie sich allerdings nicht machen, da zu Beginn „Alle Inkscape-Dateien“ ausgewählt ist und Inkscape somit alle benutzbaren Dateien anzeigt. Ebenso lassen sich globale Filter für Bilder und Vektoren setzen.

13.3 Datei als PDF speichern

Gemeint ist hier das Speichern unter... im „*.pdf“-Format. Dieses portable Dokumentenformat ist vom Betriebssystem unabhängig und kann somit von überall gelesen werden. Ein Grund, das Format einzuführen, war ja, dass unterschiedliche Programme zum Beispiel verschiedene Auffassungen von Textformatierungen oder Schriftarten haben.

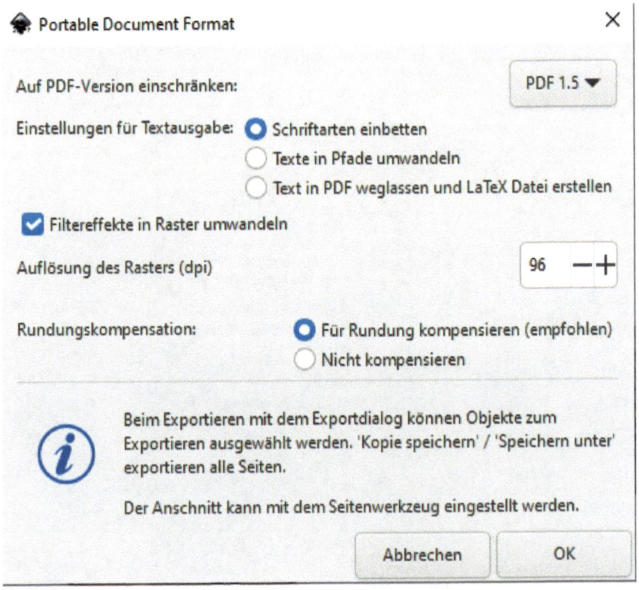

Bild 13.13 PDF-Export

Inkscape kann also Ihre Zeichnungen in diesem Format abspeichern. Sobald Sie über den Befehl Speichern unter... das PDF-Format ausgewählt und einen Namen vergeben haben, öffnet Inkscape ein weiteres Fenster mit speziellen Einstellungen für dieses Format.

Der „*Export*“ Ihrer Zeichnung kann in der Version der PDF-Datei eingeschränkt werden. Hier sind die Versionen 1.4 und 1.5 anwählbar. Der nächste Punkt Texte in Pfade umwandeln sollte Beachtung finden, damit Sie eventuell später keine Probleme mit Schriftfamilien bekommen. Die Option Filtereffekte in Raster umwandeln heißt, dass angewandte Effekte als Rastergrafik übernommen werden.

Ebenso können Sie die Auflösung der Zeichnung im PDF-Dokument entsprechend einstellen. Auch hier gibt Inkscape den Standardwert 96 dpi vor.

Neben dem Export als PDF können Sie Ihre Zeichnungen auch in eine PDF-Datei drucken. Dazu sollte das Betriebssystem die passende Software mitbringen. Die Anwendung stellt einen softwareseitigen Drucker bereit, der die zu „druckenden“ Dokumente beziehungsweise Zeichnungen als PDF abspeichert.

13.4 Drucken

Wer eine Zeichnung auf dem Computer erstellt hat, möchte diese neben dem Abspeichern höchstwahrscheinlich auch zu Papier bringen. Was liegt da näher, als diese auf einem installierten Drucker auszudrucken?

Allgemeines

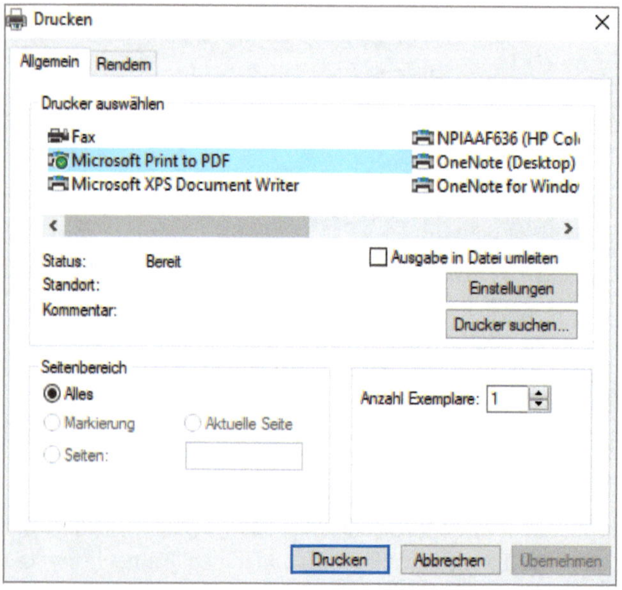

Bild 13.14
Druck-Dialog

Über die Tastenkombination **Strg** + **P** oder das Menü **Datei** → **Drucken...** können Sie Ihre Zeichnungen auf einem installierten Drucker ausgeben. Natürlich funktioniert auch der Weg über die Befehlszeile mit der Schaltfläche .

Das Fenster unterteilt sich in die zwei Register **Allgemein** und **Rendern**. Im Bereich **Allgemein** wählen Sie Ihren Drucker aus, der sich auch durchaus im Netzwerk befinden kann. Dazu sehen Sie ein paar weitere Informationen, auf die wir im Buch allerdings nicht weiter eingehen. Über das **Rendern** gelangen Sie zu weiteren Optionen für eine mögliche Speicherung Ihrer Zeichnung. Auf den Ausdruck haben die Optionen allerdings keinen Einfluss.

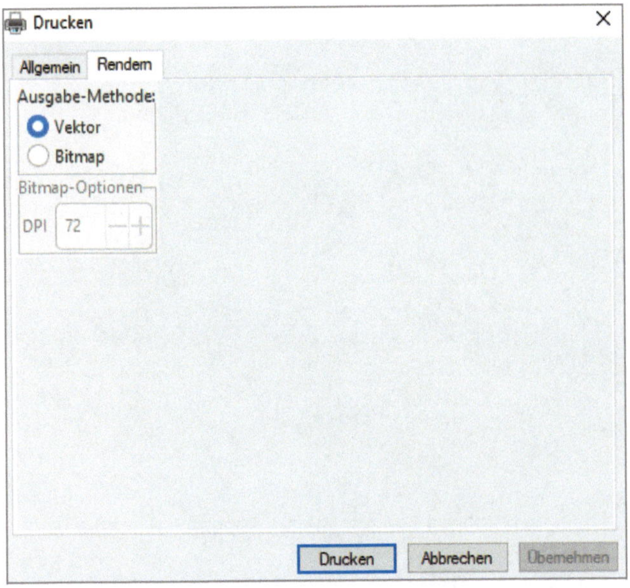

Bild 13.15
Render-Modus

Sie haben die Wahl zwischen **Vektor** und **Bitmap**, wobei Sie bei Bitmap die Auflösung einstellen können. Der Unterschied zwischen beiden besteht darin, dass bei der ersten Option Vektoroperationen benutzt werden und die Zeichnung skalierbar bleibt. Allerdings verlieren Sie dabei ein paar Eigenschaften. Mit der Option **Bitmap** wird die Ausgabedatei gerastert. Die eingestellten 72 DPI sind allerdings sehr gering, so dass das Resultat gerade bei Farbverläufen sehr grob und unansehnlich ist. Werte von 300 DPI liefern hier gute Ergebnisse. Doch nehmen Sie nicht zu große Werte, denn dann werden die Objekte nicht abgespeichert.

13.5 Zusammenfassung und Ausblick

In diesem Kapitel haben wir uns mit dem Erstellen und Öffnen einer Zeichnung beschäftigt und Sie haben erfahren, wie Sie Bilder oder andere Objekte in eine Zeichnung importieren. Sie wissen nun, wie Sie Ihre Zeichnungen abspeichern und ein PDF erzeugen können. Inkscape kann mit vielen Formaten anderer Softwarehersteller umgehen und diese in seine Programmoberfläche zum Bearbeiten einladen. Ebenso ist es flexibel in der Sicherung Ihrer Zeichnungen. Der Ausdruck Ihrer Zeichnungen ist simpel und gerade unter Windows ein Kinderspiel. Sie können neben dem normalen Ausdruck auch ein PDF erstellen, sofern Sie einen softwareseitigen Drucker installiert haben.

A Anhang A: Glossar

Alpha-Kanal	Die Durchsichtigkeit oder Transparenz eines Objekts oder einer Ebene.
Bitmap-Bild	Digitale Bilder, die in einzelne Pixel aufgeteilt sind. Sie werden auch Rastergrafiken genannt.
CMYK	Farbraum, der über die Farben Blau (engl. Cyan), Rot (engl. Magenta), Gelb (engl. Yellow) und Schwarz (engl. BlacK) definiert wird.
CSS	Cascading Style Sheet ist eine deklarative Sprache für strukturierte Dokumente. Eigentlich tritt sie immer in Verbindung mit HTML, XHTML, XML und DHTML auf. In den CSS-Dateien werden die Informationen abgelegt, wie bestimmte Bereiche einer Webseite oder/und deren Inhalt dargestellt werden soll.
DPI	Steht für engl. Dots per inch (Punkte pro Zoll) und beschreibt die Punktdichte einer Grafik, die ein Qualitätsmerkmal darstellt.
HSL	Steht für Farbton (engl. Hue), Sättigung (engl. Saturation) und Helligkeit (engl. Lightness). Diese Begriffe werden verwendet, um Farben zu beschreiben.
HTML	Steht für HyperText Markup Language und verkörpert die standardisierte Seitenbeschreibungssprache für WWW-Seiten im Internet. HTML ist in der ISO-Norm 8879 definiert.
HTTP	Das HyperText Transfer Protocol (Hypertext-Übertragungsprotokoll) ist das Übertragungsprotokoll von WWW-Dokumenten zwischen WWW-Servern (Hosts) und Webbrowsern (Clients).
Hyperlink	Querverweise, die meist farblich hervorgehoben sind und per Mausklick aktiviert werden. Mithilfe von Hyperlinks können die Leser zu bestimmten Informationen innerhalb eines Dokuments oder in anderen Dokumenten springen.
JavaScript	Skriptsprache, die für das „Document Object Model" in Webbrowsern eingesetzt wird.
Kerning – Unterschneidung	Bezeichnet in der Typografie die Justierung des Buchstabenabstands innerhalb eines Worts.
Kontextmenü	Im Kontextmenü werden die Befehlsschaltflächen einer grafischen Benutzeroberfläche mit einem kurzen Text erläutert. Um das Kontextmenü eines Objekts zu aktivieren, wählen Sie das Objekt zunächst durch Klicken mit der linken Maustaste aus und klicken dann mit der rechten Maustaste. Einige Kontextmenüs lassen sich auch dann aufrufen, wenn das Objekt nicht ausgewählt ist. Nahezu überall in Inkscape sind Kontextmenüs vorhanden.

Lorem Ipsum	Ein Text, der den Schriftrhythmus der meisten Sprachen mit lateinischer Schrift imitiert, jedoch selbst kein richtiges Latein ist und keinerlei Bedeutung hat.
Multithreading	Hierbei werden mehrere Prozesse (Threads) genutzt, damit Inkscape schneller wird. Wenn der Prozessor Ihres Rechners über mehr als einen Kern verfügt (was vermutlich der Fall ist), kann dies zu einer zwei- bis vierfachen Beschleunigung beim Zoomen/Schwenken/Transformieren von Objekten führen.
Objekt	Ein Objekt ist ein Element auf dem Bildschirm, das Informationen enthält. Dabei kann es sich z. B. um Anwendungsdaten handeln, wie Texte oder Grafiken. Objekte sind selbstständig und beeinflussen sich nicht gegenseitig. Jedem Objekt, das Daten enthält, werden bestimmte Befehle zugeordnet. Ein Grafikobjekt wird so mit Befehlen zur Bildbearbeitung versehen.
PDF	PDF (Portable Document Format) ist ein Dateiformat für elektronische Dokumente. Die Dokumente können unabhängig vom ursprünglichen Programm in anderen Anwendungen und Betriebssystemen wiedergegeben werden.
PNG	PNG (Portable Network Graphics) ist ein Grafikdateiformat. Die Dateien werden mit einem wählbaren Faktor und, im Gegensatz zu JPG, stets verlustfrei komprimiert.
Potrace	Potrace ist ein Dienstprogramm zur Konvertierung von Rastergrafiken in Vektorgrafiken. Es ist Bestandteil in Inkscape und kann Bitmap-Bilder in die Formate .svg und .pdf umwandeln.
Python-Script	Python ist eine Scriptsprache, die eine Mischung aus C++, Pascal und Modula3 darstellt. Sie ist für viele Betriebssysteme verfügbar und lässt sich einfach in andere Anwendungen integrieren.
RGB	Farbraummodell, auf das die digitale Fotografie und Fernsehbilder zurückgreifen.
SGML	Abkürzung für Standard Generalized Markup Language (dt. Normierte Verallgemeinerte Auszeichnungssprache), bezeichnet eine Metasprache, mit der man verschiedene andere Sprachen für Dokumente definieren kann.
SVG	Abkürzung für Skalierbare Vektor-Grafik (engl. Scalable Vector Graphics), ist eine XML-Erweiterung zur Beschreibung zweidimensionaler Vektorgrafiken.
Template	Eine Vorlage in Inkscape ist ein normales SVG-Dokument, das Sie bei jedem Start erstellen.
XML	XML steht als Abkürzung für „eXtensible Markup Language“ und ist eine „vereinfachte“ Version der Standard Generalized Markup Language (SGML). XML bietet die Möglichkeit, strukturierte Daten wie z. B. Kalkulationstabellen, Adressbücher oder auch technische Zeichnungen in einer Textdatei darzustellen.
Z-Ordnung	Anordnung von Elementen und Objekten, die auf einer Ebene übereinanderliegen. Neue Objekte werden höher abgelegt.

B Anhang B: Wichtige Tastenkombinationen

Tastenkombination	Beschreibung
Allgemeines Dokument	
STRG + N	Neues Dokument
STRG + ALT + N	Öffnet die Vorlagenauswahl für ein neues Dokument
STRG + O	Öffnen-Dialog
STRG + S	Normaler Speichern-Dialog
STRG + UMSCHALT + S	Öffnet Dialog „Speichern unter“
STRG + UMSCHALT + ALT + S	Speichert eine Kopie
STRG +I	Importdialog
STRG + W	Dokument schließen
STRG + Q	Programm beenden (Quit)
STRG + UMSCHALT + P	Programmeinstellungen
STRG + Z	Letzten Befehl rückgängig machen
STRG + X	Ausschneiden
STRG + C	Kopieren
STRG + V	Einfügen
STRG + F	Suchen
STRG + D	Objekt duplizieren
STRG + A	Alles auswählen
STRG + P	Druckendialog
Werkzeugleiste	
F1 oder LEERTASTE	Auswahlwerkzeug
F2	Knotenbearbeitung
UMSCHALT + F2	Verformungswerkzeug (Tweak tool)
F3	Veränderung der Anzeigentiefe (Zoom)
F4	Rechteckwerkzeug
UMSCHALT + F4	3D-Boxen erstellen
F5	Kreise, Ellipsen und Bögen erstellen
UMSCHALT + +bzw. STERNTASTE „*“	Sterne und Polygone erstellen

Tastenkombination	Beschreibung
F9	Spiralen erstellen
F6	Freihandlinien zeichnen
Umschalt + F6	Bézier-Kurven und gerade Linien zeichnen
STRG + F6	Kalligrafisch zeichnen
Umschalt + F7	Füllwerkzeug
F8	Textobjekte erstellen/bearbeiten
STRG + F1	Farbverläufe erstellen/bearbeiten
STRG + F2	Objektverbinder erzeugen
F7	Farben aus Bild übernehmen (Pipette)
Farbverläufe	
STRG + R bei ausgewähltem Stopp	Dreht den Farbverlauf um
Pfadbearbeitung	
Pfeil_Hoch + L	Letztes erstelltes Pfadsegment in eine gerade Linie umwandeln und umgekehrt
Pfeil_Hoch + U	Letztes erstelltes Pfadsegment in eine gerade Linie umwandeln und umgekehrt
Textbearbeitung	
STRG + I	Text kursiv
STRG + B	Text fett
ALT + Pfeil_Runter	Kerning bei markiertem Text nach unten verschieben
ALT + Pfeil_Hoch	Kerning bei markiertem Text nach oben verschieben
ALT + UMSCHALT + >	Buchstabenabstand vergrößern
ALT + <	Buchstabenabstand verkleinern
Dialoge	
STRG + Umschalt + F	Füllung und Kontur
STRG + Umschalt + M	Transformation
STRG + Umschalt + L	Ebenen und Objekte
STRG + Umschalt + Y	Symbole
STRG + Umschalt + Q	Selektoren und CSS
STRG + Umschalt + O	Objekteigenschaften
Fenster	
STRG + B	Ein-/Ausblenden der Scrollleiste
STRG + R	Ein-/Ausblenden der Lineale
F11	Vollbild ein- oder ausschalten
Umschalt + Alt + P	Ein-/Ausblenden der Palette

Eine Liste über die Tastaturkürzel finden Sie auch auf der Projekt-Webseite: *https://inkscape.org/de/doc/keys.html*

C

Anhang C: Die Filtereffekte im Gesamtüberblick

Nachfolgend finden Sie alle aktuellen Filtereffekte in der Version 1.3 von Inkscape nach den Menüeinträgen aufgeschlüsselt. Bei den Objekten handelt es sich um vier Formen und ein eingebettetes Bild.

Da manche Filter Dialogfenster bieten, in denen Sie noch verschiedene Parameter einstellen können, wurde ein beispielhaftes Ergebnis abgebildet. Die anderen Bilder sind die Grundeinstellungen für die Filter, die sich über den Filtereditor verändern lassen. Bei Bildern mit Parametereingabe habe ich die Parameter genommen, die das jeweilige Bild zeigt.

> **!** Nicht jeder Filter eignet sich für alle Objekte. Manche wurden zum Bearbeiten von Rastergrafiken entwickelt und liefern bei SVG eher schlechte Resultate.

C.1 Anlagerungen

Diese Filter sind besser für Vektorgrafiken geeignet.

Filter	Beispiel
Original-Objekte	
Auslaufende Farben	

Filter	Beispiel
Flammen	
Kaugummi	
Schneekrone	
Tropfend	

C.2 Bildeffekte

Diese Filter sind besser für Rastergrafiken geeignet.

Filter	Beispiel
Alter	
Filmkörnung	

Filter	Beispiel
Kantenerkennung ...	Dialogfenster mit verschiedenen Möglichkeiten 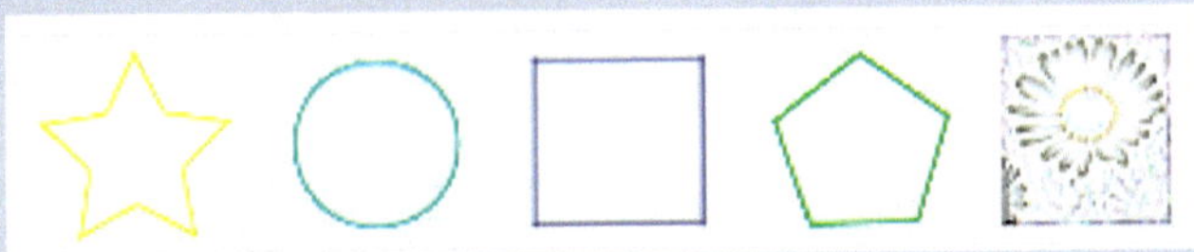 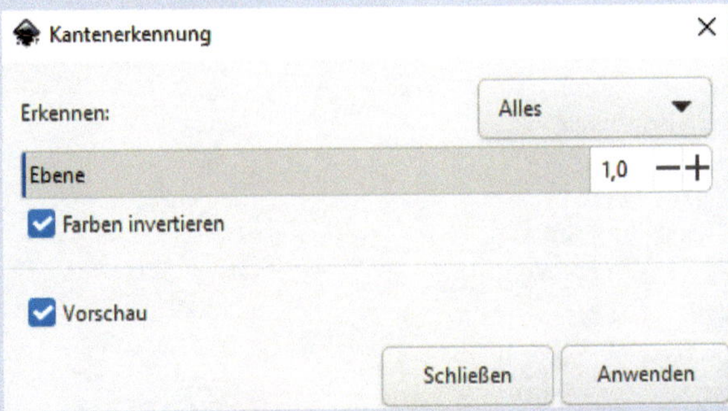
Schärfen	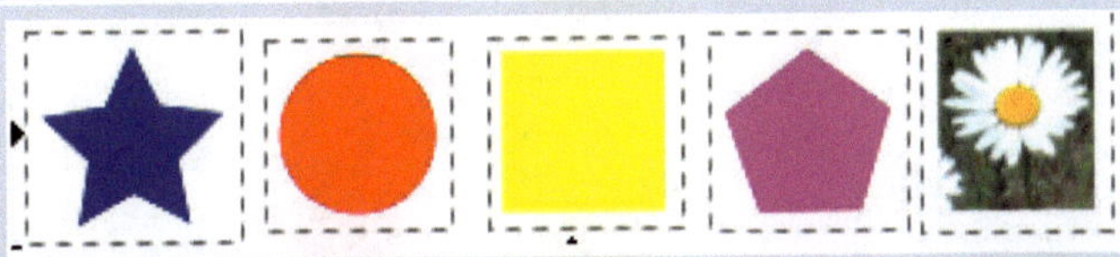
Stärker Schärfen	
Weichzeichner	

C.3 Bild malen und zeichnen

Viele dieser Filter wirken nur auf eingebettete Bilder und nicht auf normale Objekte. Diese Filter sind besser für Rastergrafiken geeignet.

Filter	Beispiel
Alpha Gravur	
Alpha Zeichnung, flüssig	
Alphagravur B	
Alte Postkarte	
Blaupause	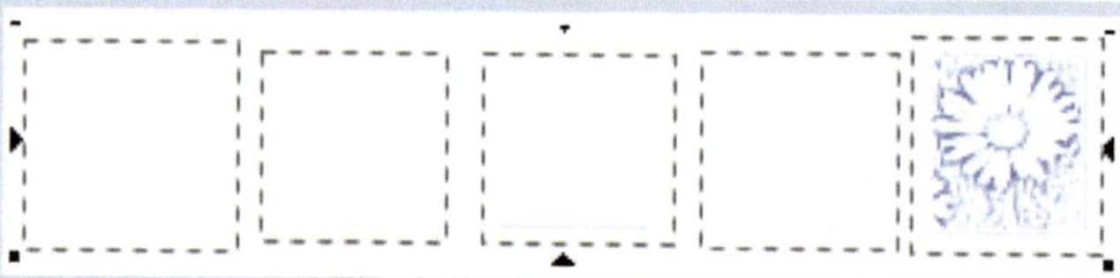
Chromolitho abwechselnd	

<table>
<tr><th>Filter</th><th>Beispiel</th></tr>
<tr><td>Chromolitho …</td><td>Dialogfenster mit verschiedenen Möglichkeiten

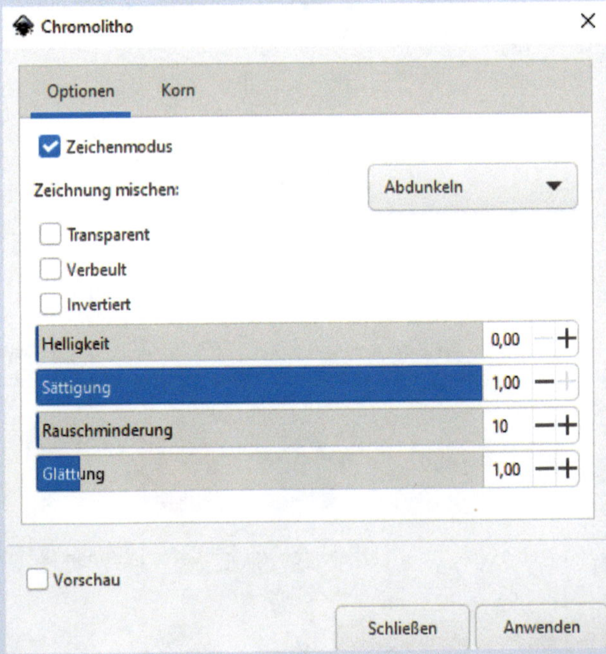
</td></tr>
<tr><td>Einfache Zeichnung</td><td>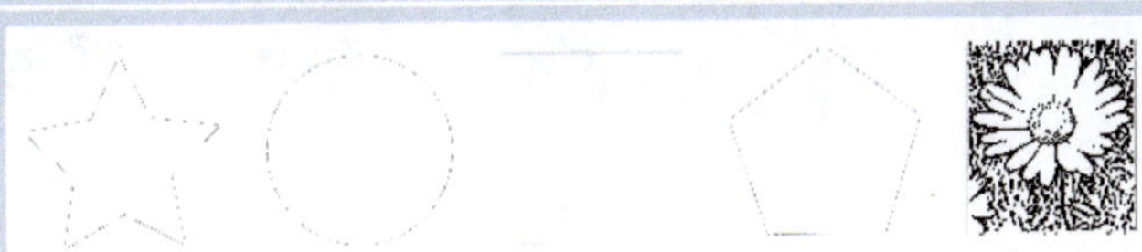</td></tr>
</table>

<table>
<tr><th>Filter</th><th>Beispiel</th></tr>
<tr><td>Elektrisieren ...</td><td>Dialogfenster mit verschiedenen Möglichkeiten

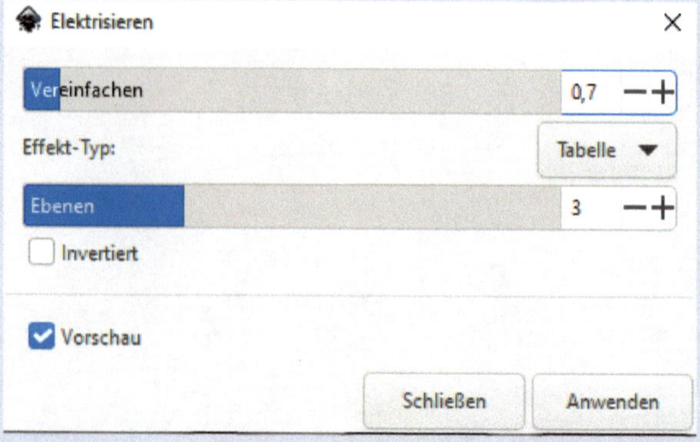

</td></tr>
<tr><td>Flüssige Zeichnung</td><td>

</td></tr>
<tr><td>Kreuzgravur ...</td><td>Dialogfenster mit verschiedenen Möglichkeiten

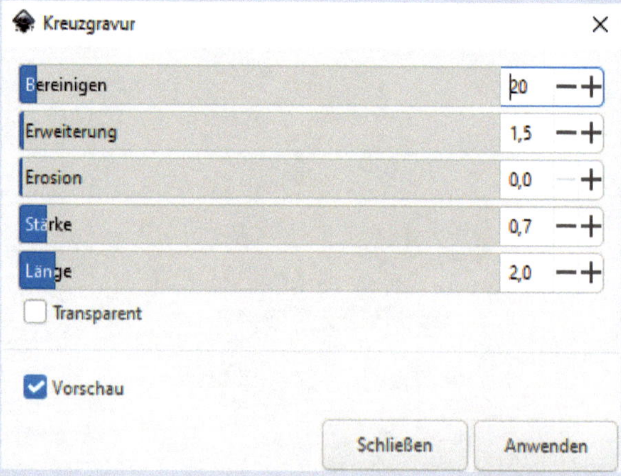

</td></tr>
</table>

Filter	Beispiel
Lichtkontur	
Lithografie	
Malwerkzeug (Freihand)	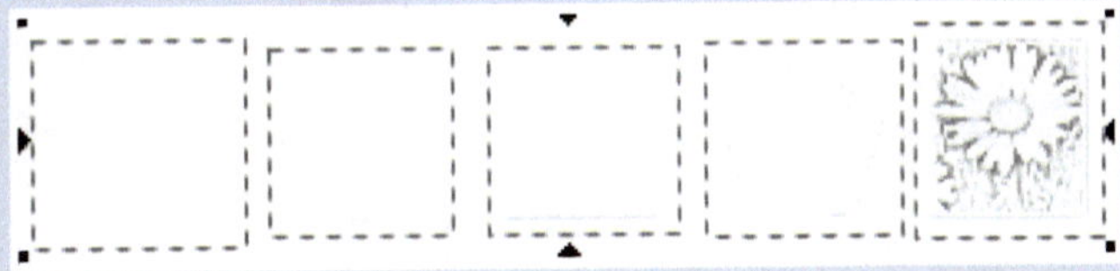

Filter	Beispiel
Marmorierte Tinte	 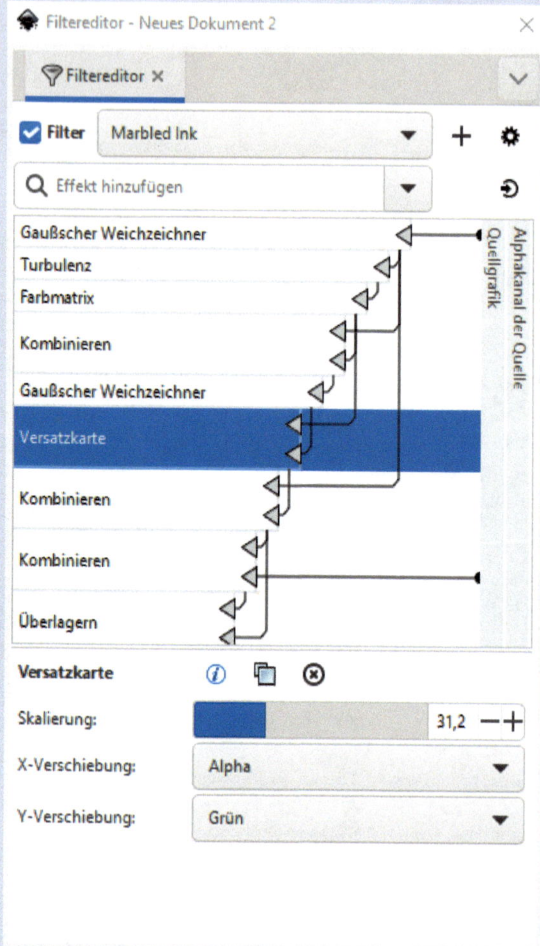 Der originale Filter hat eine Skalierung von 100. Damit war nicht viel zu sehen.

Filter	Beispiel
Neonzeichnung …	Dialogfenster mit verschiedenen Möglichkeiten  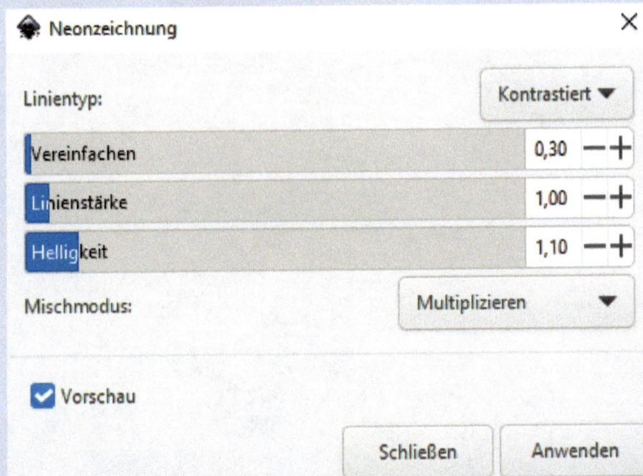
Ölgemälde	

Filter	Beispiel
Poster-Malen	Dialogfenster mit verschiedenen Möglichkeiten  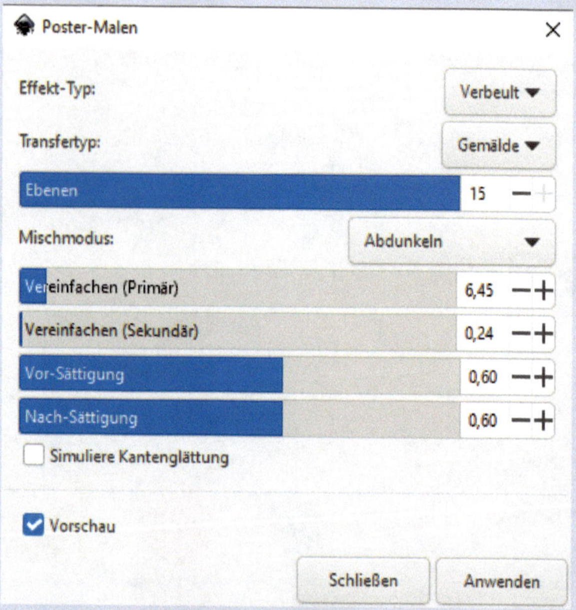
Poster Farbspaß	
Poster Kreuzrauschen	
Poster Kreuzrauschen B	

<table>
<tr><th>Filter</th><th>Beispiel</th></tr>
<tr><td>Posterisieren (einfach)</td><td>Dialogfenster mit verschiedenen Möglichkeiten

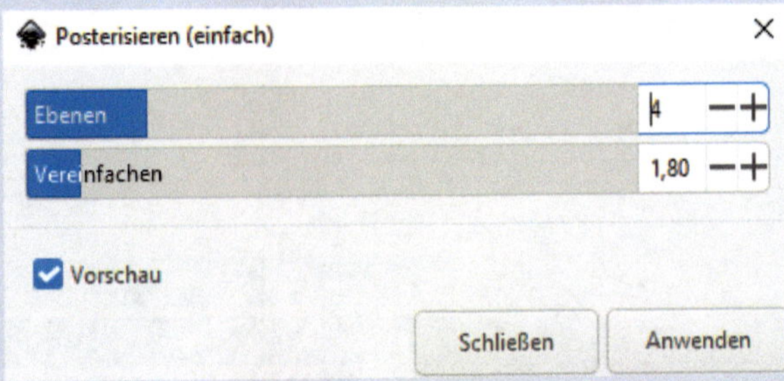
</td></tr>
<tr><td>Posterzeichnung</td><td></td></tr>
</table>

Filter	Beispiel
Punkt-Gravur …	Dialogfenster mit verschiedenen Möglichkeiten  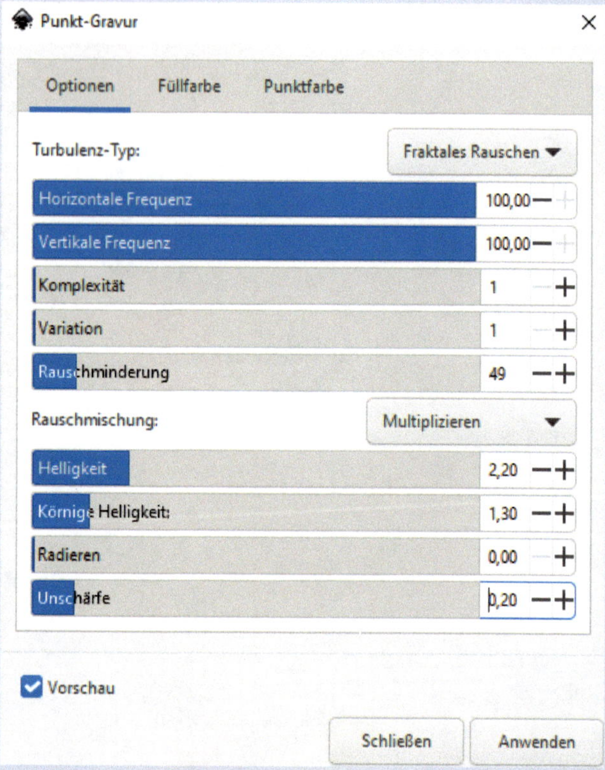
Raues Poster	

Filter	Beispiel
Zeichnung ...	Dialogfenster mit verschiedenen Möglichkeiten  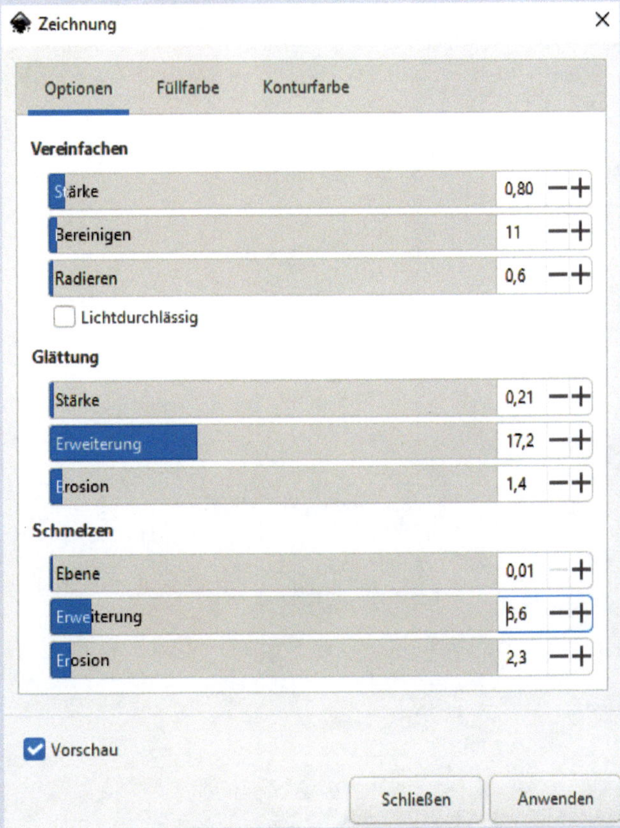

C.4 Farbe

Diese Filter sind sowohl für Vektorgrafiken als auch für Rastergrafiken geeignet.

<table>
<tr><th>Filter</th><th>Beispiel</th></tr>
<tr><td>Beleuchtung</td><td>Dialogfenster mit verschiedenen Möglichkeiten

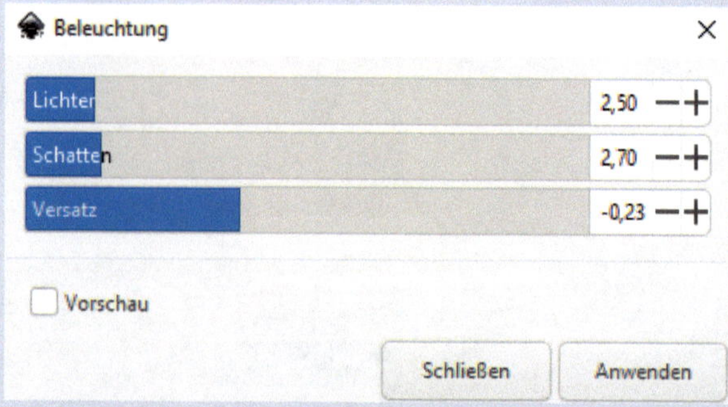
</td></tr>
<tr><td>Brillanz ...</td><td>Dialogfenster mit verschiedenen Möglichkeiten

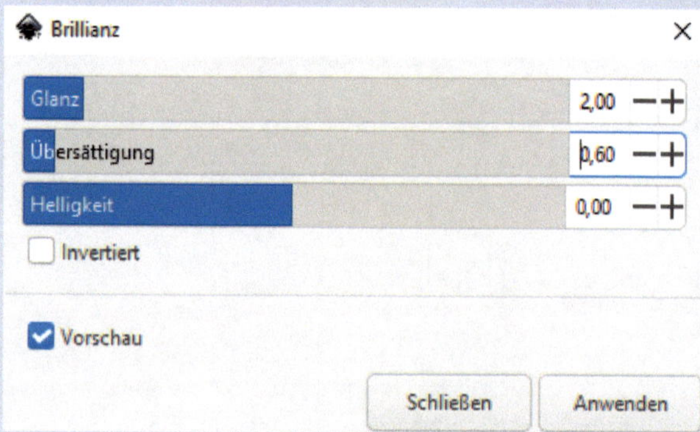
</td></tr>
</table>

Filter	Beispiel
Drei-Farben-Palette ...	Dialogfenster mit verschiedenen Möglichkeiten 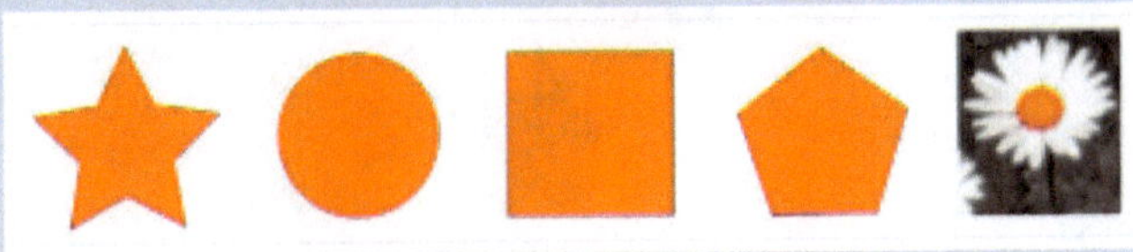 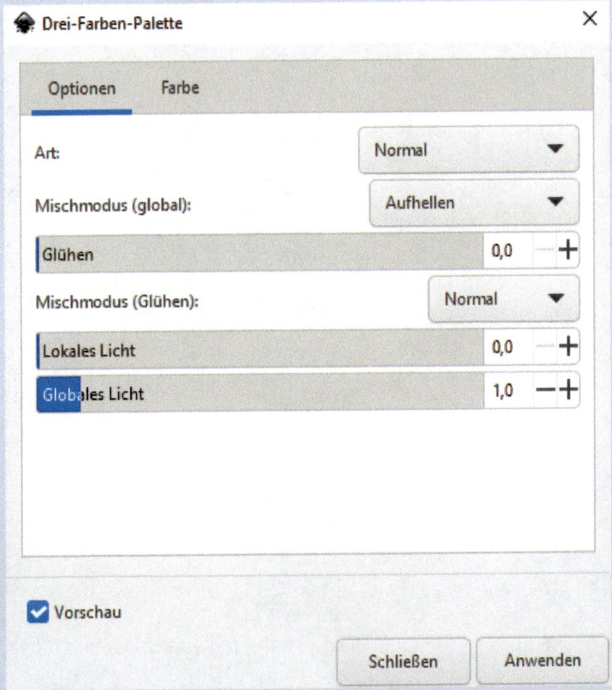
Duochrom ...	Dialogfenster mit verschiedenen Möglichkeiten  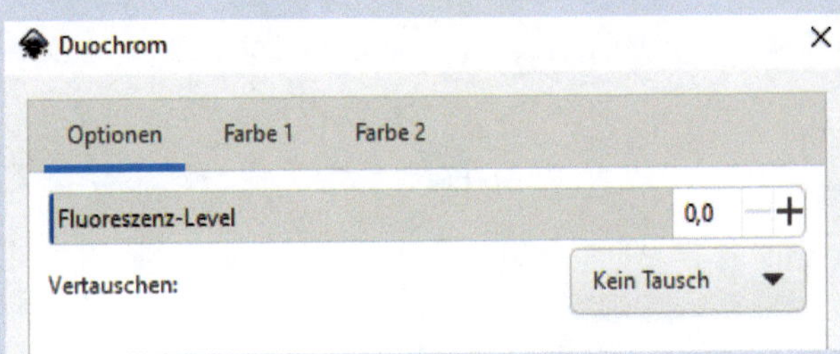

<table>
<tr><th>Filter</th><th>Beispiel</th></tr>
<tr><td>Einfache Unschärfe</td><td>Dialogfenster mit verschiedenen Möglichkeiten

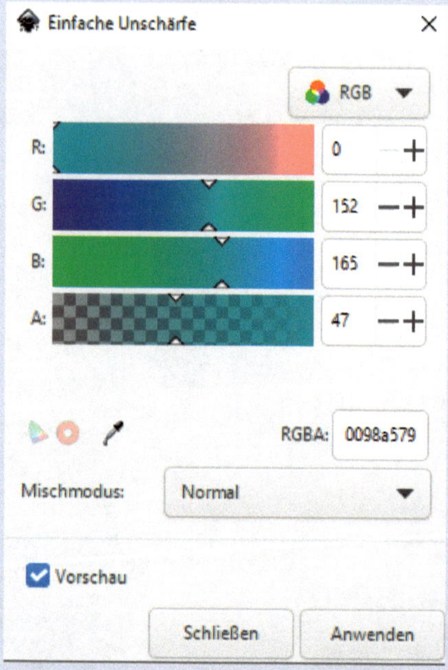

</td></tr>
<tr><td>Einfärben …</td><td>Dialogfenster mit verschiedenen Möglichkeiten

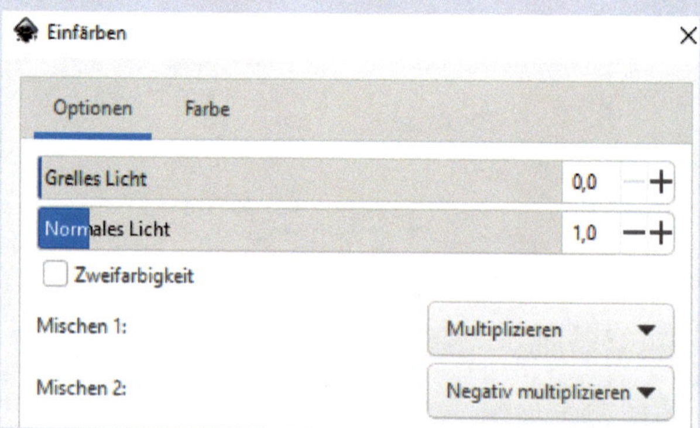

</td></tr>
</table>

Filter	Beispiel
Farbkanäle	
Farbton zu weiß	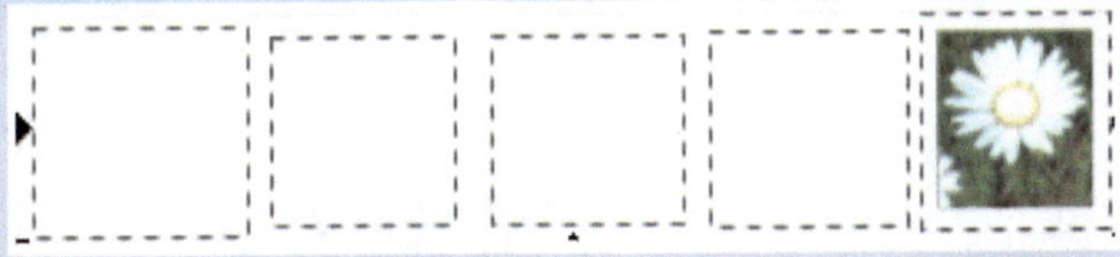
Farbverschiebung …	Dialogfenster mit verschiedenen Möglichkeiten  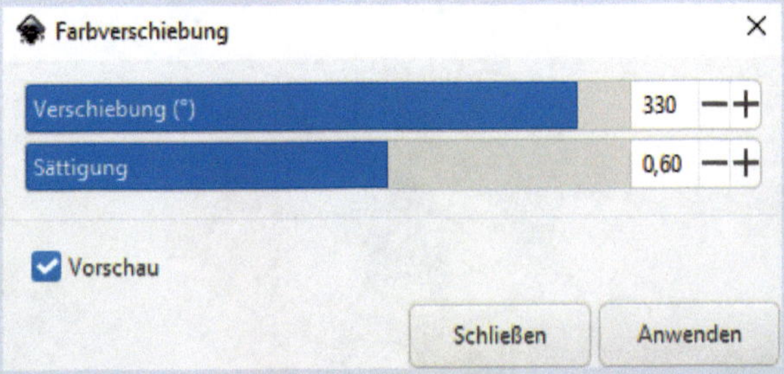
Fluoreszenz	
Gegensätze mischen	

Filter	Beispiel
Graustufen …	Dialogfenster mit verschiedenen Möglichkeiten  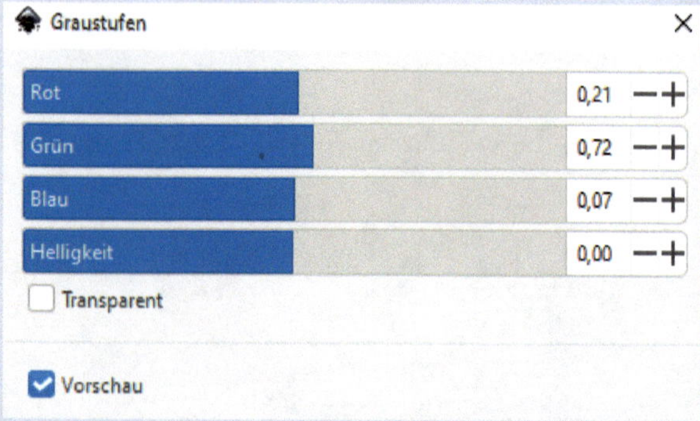
Helligkeit-Kontrast …	Dialogfenster mit verschiedenen Möglichkeiten  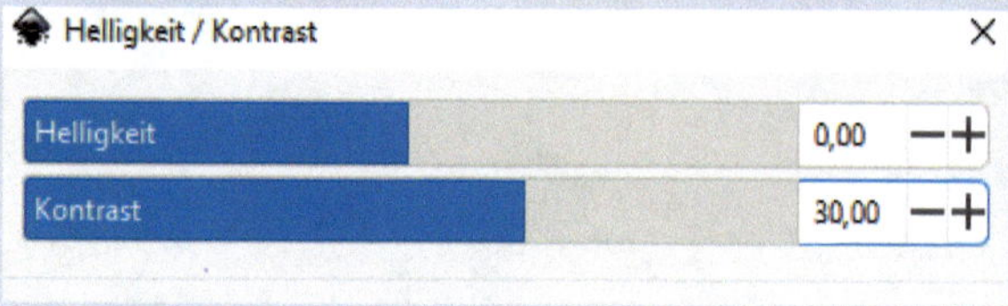

Filter	Beispiel
Invertieren …	Dialogfenster mit verschiedenen Möglichkeiten  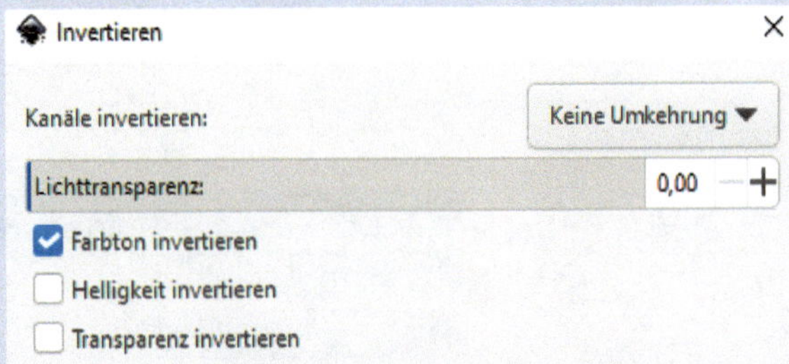
Kanal extrahieren …	Dialogfenster mit verschiedenen Möglichkeiten  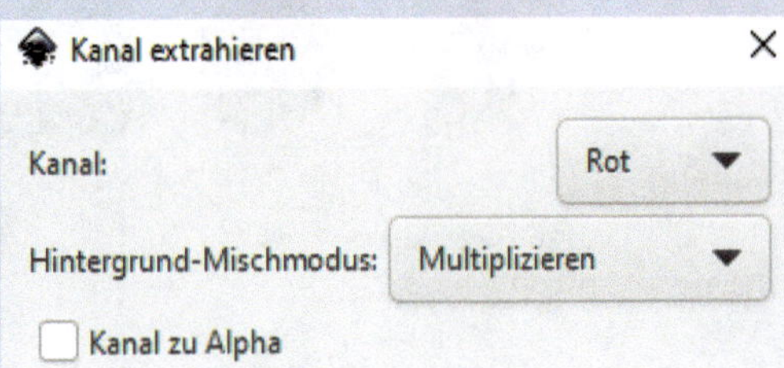

Filter	Beispiel
Kanalfarbe …	Dialogfenster mit verschiedenen Möglichkeiten  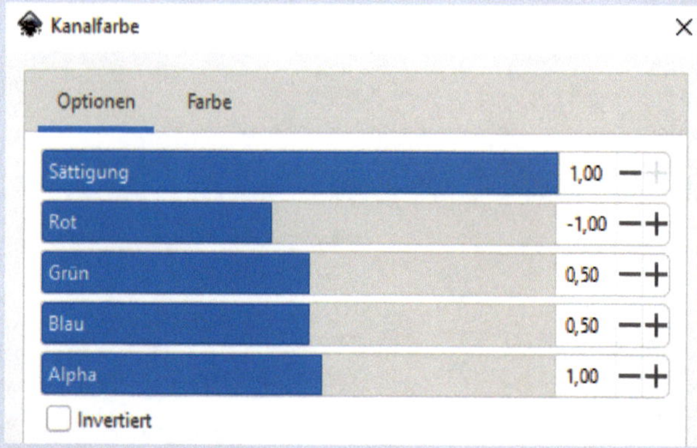
Komponenten-Übertragung …	Dialogfenster mit verschiedenen Möglichkeiten  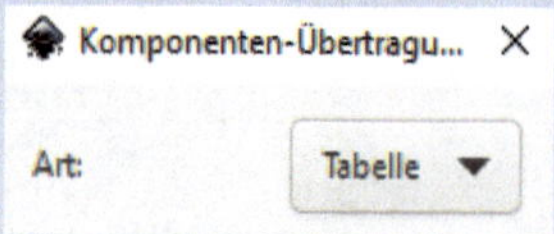

<table>
<tr><th>Filter</th><th>Beispiel</th></tr>
<tr><td>Präzisionsausrichtung RGB ...</td><td>
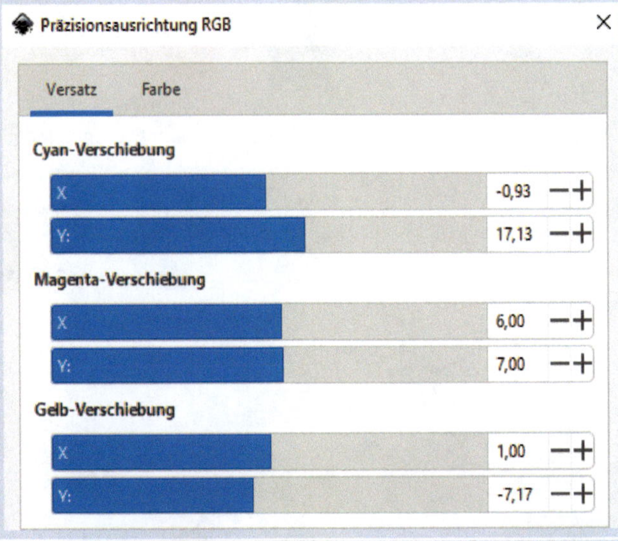
</td></tr>
<tr><td>Präzisionsausrichtung RGB ...</td><td>
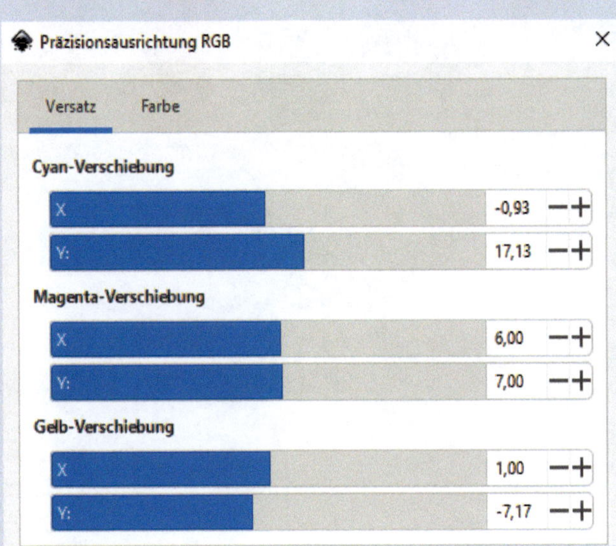
</td></tr>
</table>

Filter	Beispiel
Schwarzlicht	
Simuliere CMY	
Solarisieren …	Dialogfenster mit verschiedenen Möglichkeiten  
Trichrom	
Vierfarben-Fantasie …	Dialogfenster mit verschiedenen Möglichkeiten  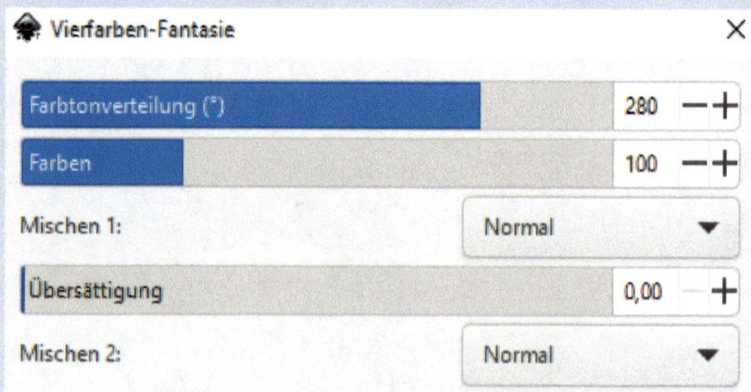

Filter	Beispiel
Weiche Farben	
Zu Schwarz oder Weiß ausblenden ...	Dialogfenster mit verschiedenen Möglichkeiten  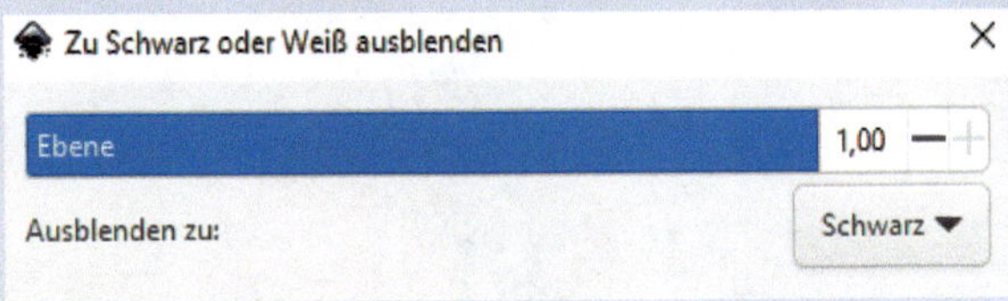

C.5 Füllung und Transparenz

Diese Filter sind sowohl für Vektorgrafiken als auch für Rastergrafiken geeignet.

Filter	Beispiel
Deckkraft ...	Dialogfenster mit verschiedenen Möglichkeiten  

Filter	Beispiel
Helligkeitsradierer …	Dialogfenster mit verschiedenen Möglichkeiten  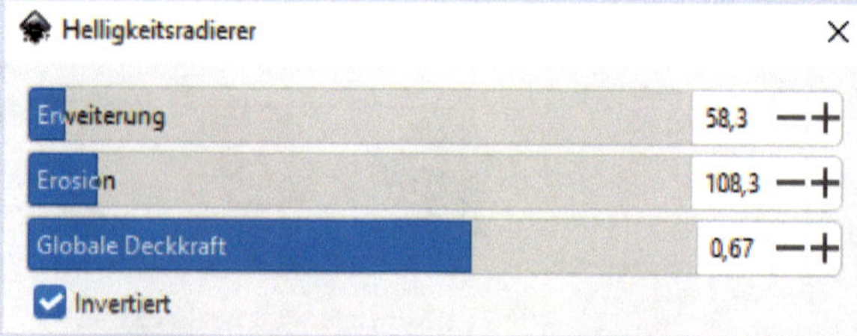
Hintergrund füllen	
Kanal-Transparenz …	Dialogfenster mit verschiedenen Möglichkeiten  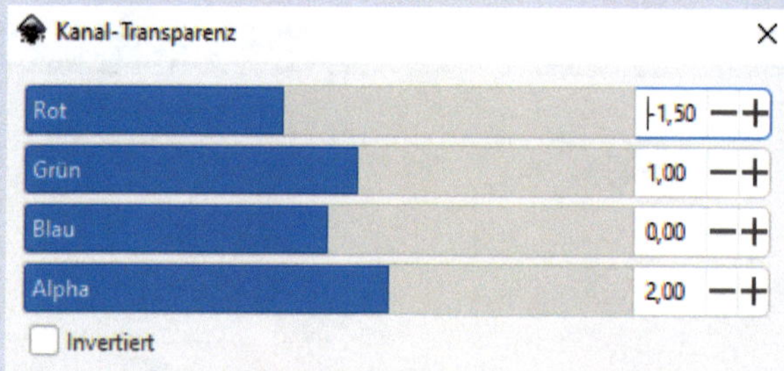
Posterisierender Helligkeitsradierer	
Sättigungskarte	

Filter	Beispiel
Silhouette …	Dialogfenster mit verschiedenen Möglichkeiten  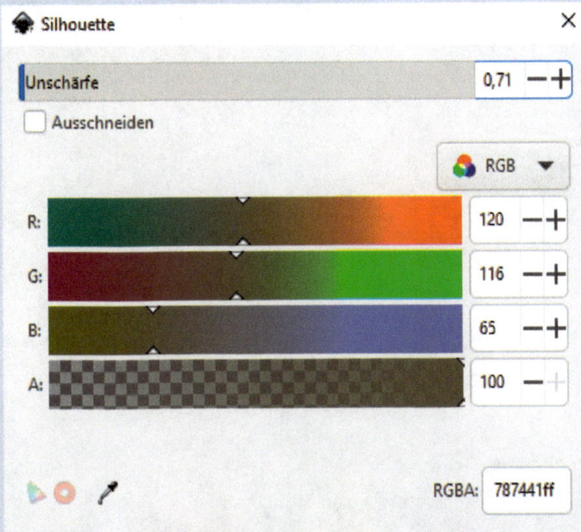
Überlagern	 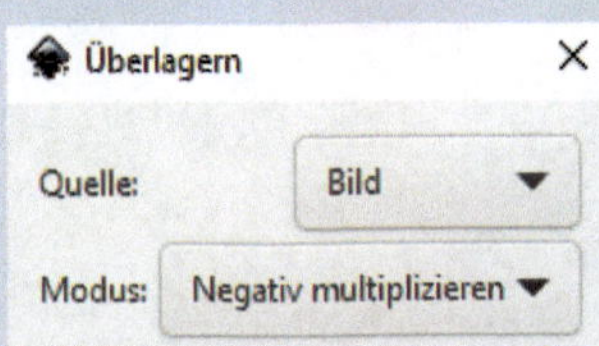
Weißer Hintergrund	Hier sieht man nur etwas, wenn der Hintergrund nicht weiß ist. 

C.6 Grat

Diese Filter sind besser für Vektorgrafiken geeignet.

Filter	Beispiel
Blase mit Lichthof	
Dagree	
Dünne Membrane	
Lichtbrechendes Gel A	
Lichtbrechendes Gel B	
Metallischer Grat	
Weicher Grat	

C.7 Materialien

Diese Filter sind sowohl für Vektorgrafiken als auch für Rastergrafiken geeignet.

Filter	Beispiel
3D Holz	
3D Marmor	
3D Perlmutt	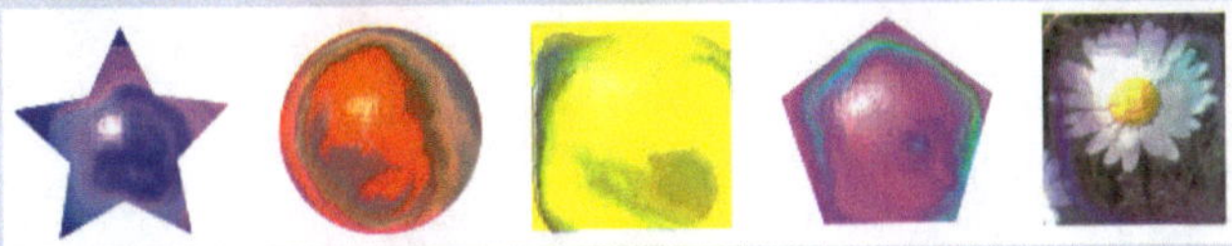
Abblättern	
Eidechsenleder	
Emaille Schmuck	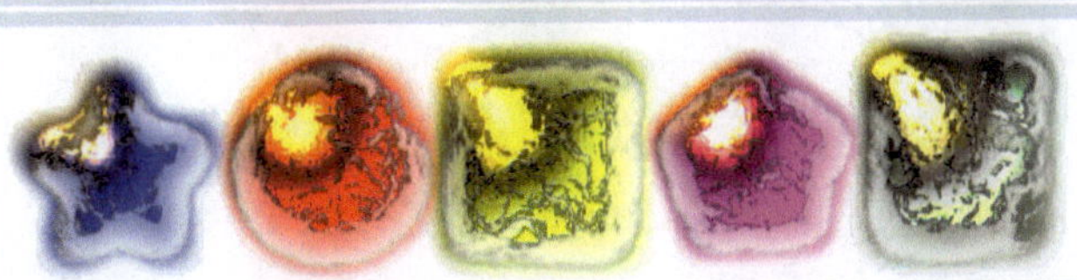
Flexibles Metall	
Goldpaste	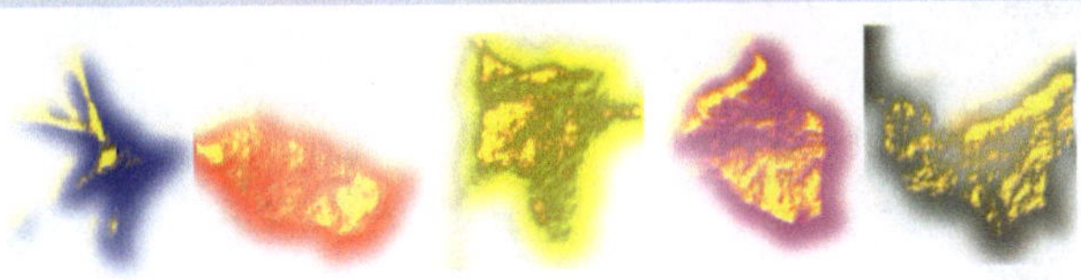

Filter	Beispiel
Goldsplitter	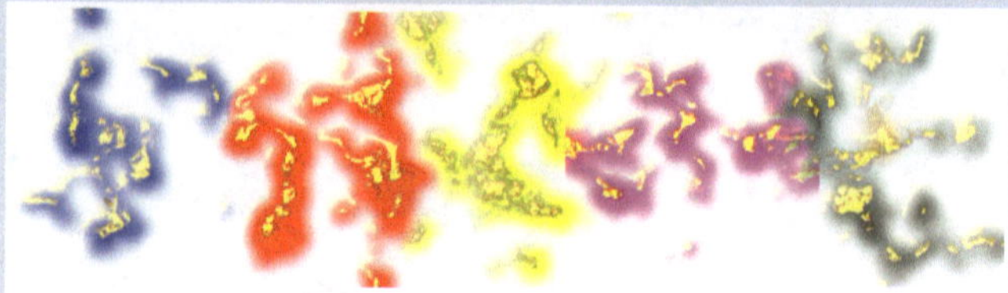
Leopardenfell	
Metalliclack	
Schimmerndes Bienenwachs	
Verrostetes Metall	
Zerborstene Lava	

C.8 Morphologie

Filter	Beispiel
Kalte Außenseite	

Filter	Beispiel
Multiple Konturen (hart)	
Multiple Konturen (weich)	
Posterisiertes Verwischen	
Schwarzes Loch	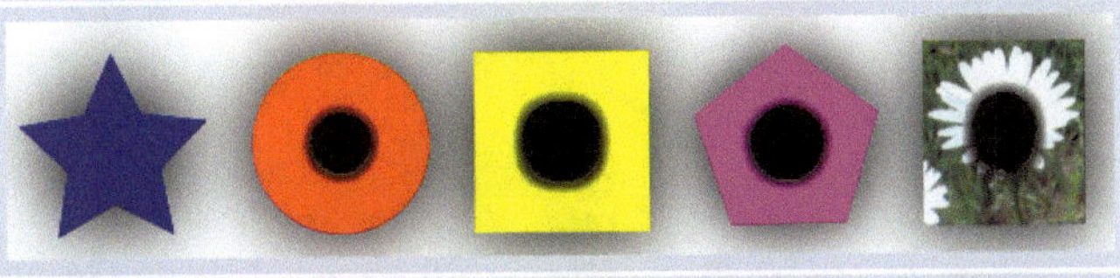
Umriss …	Dialogfenster mit verschiedenen Möglichkeiten  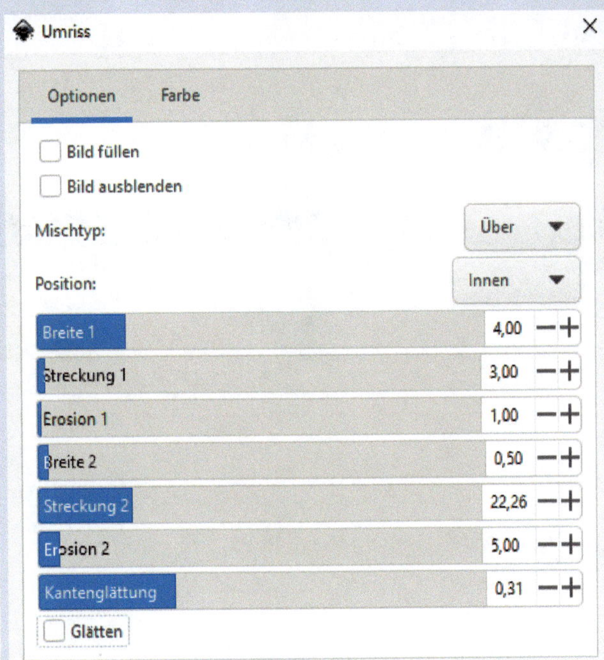

Filter	Beispiel
Warm innen	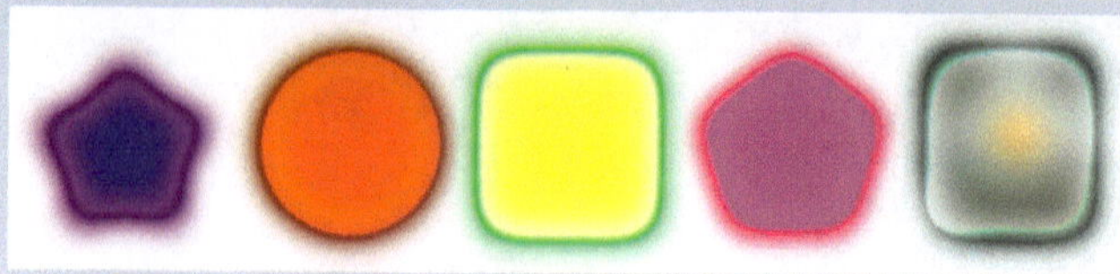
Weiche Überschneidung …	Dialogfenster mit verschiedenen Möglichkeiten  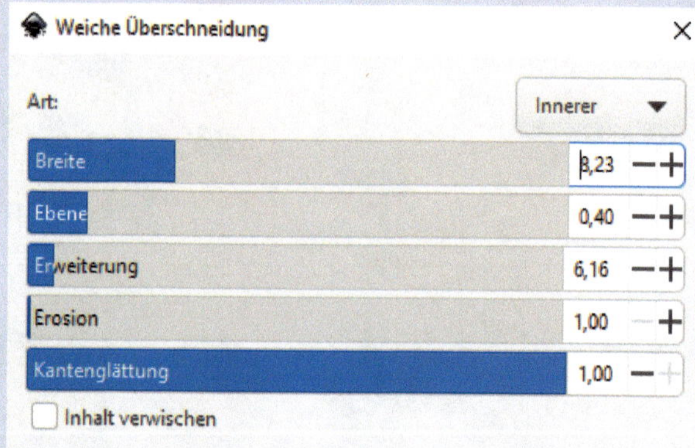

C.9 Pixelwerkzeug

Filter	Beispiel
Verpixeln	

C.10 Raue Texturen

Diese Filter sind sowohl für Vektorgrafiken als auch Rastergrafiken geeignet.

Filter	Beispiel
Alufolie	
Bläschenstruktur, Alpha	
Bläschenstruktur, matt	
Blasige Oberfläche	
Dicke Acrylfarbe	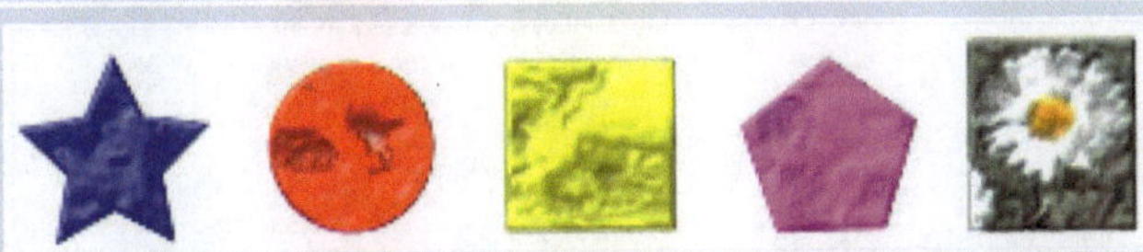
Dicke Farbe	
Dunkle Prägung	
Einfache diffuse Beule	

Filter	Beispiel
Einfache spiegelnde Beule	
Einfache Zwei-Lichter-Beule	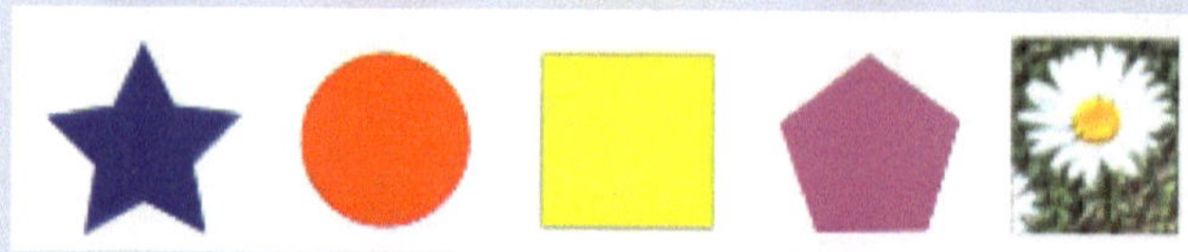
Eingefärbter Gips	
Erhöhung …	Dialogfenster mit verschiedenen Möglichkeiten  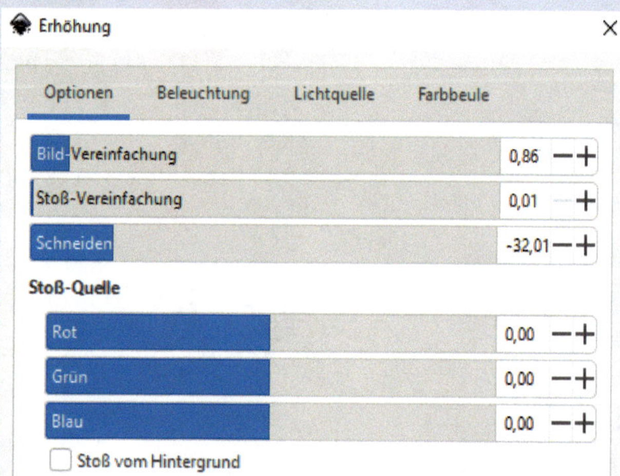
Geleewellen	
Geprägtes Leder	

Filter	Beispiel
Gewundene Delle	
Gips	
HSL Rauigkeit, Alpha	
Knetmasse	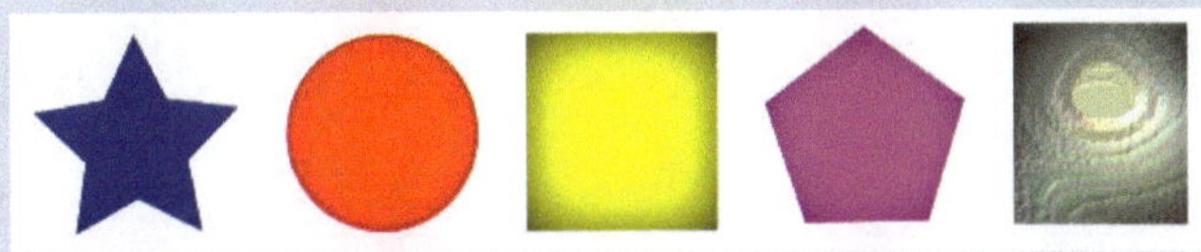
Leinwand	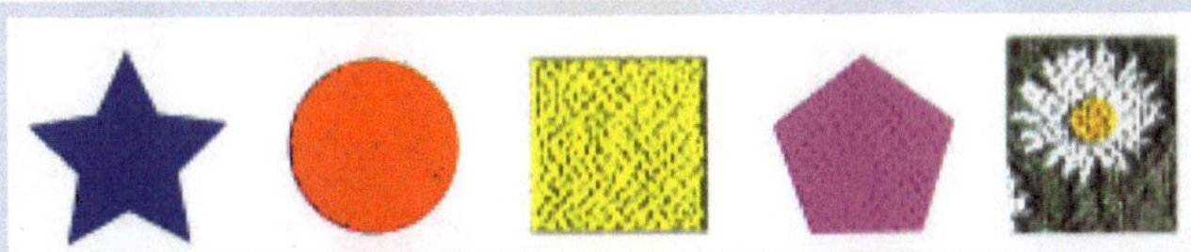
Leinwandstruktur, matt	
Leinwandtextur	
Leinwandtextur, Alpha	
Raues Leinwandgemälde	
Raues Papier	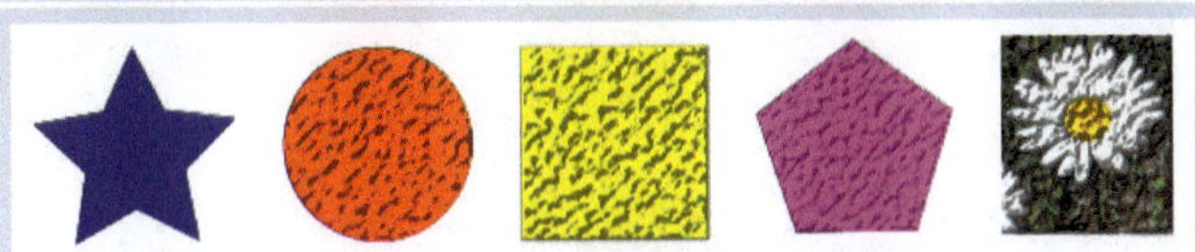

Filter	Beispiel
Reliefdruck	
Samtene Oberflächenstruktur	
Stoß-Gravur	
Wachsbeule …	Dialogfenster mit verschiedenen Möglichkeiten  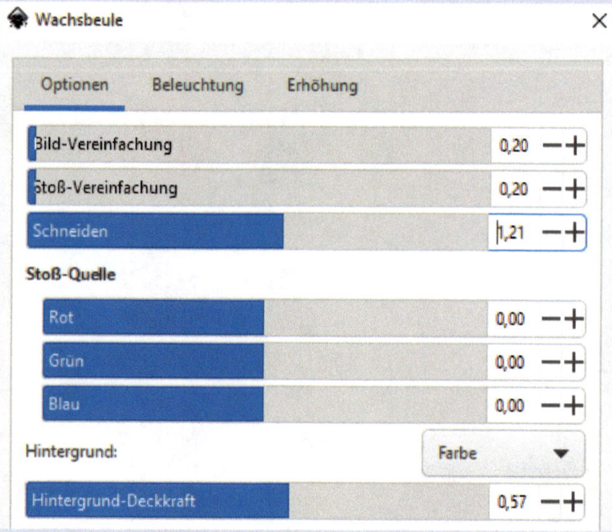
Weich machen	

Filter	Beispiel
Zerknitterter Lack	

C.11 Schatten und Lichter

Filter	Beispiel
Abgesetzter Schatten …	Dialogfenster mit verschiedenen Möglichkeiten  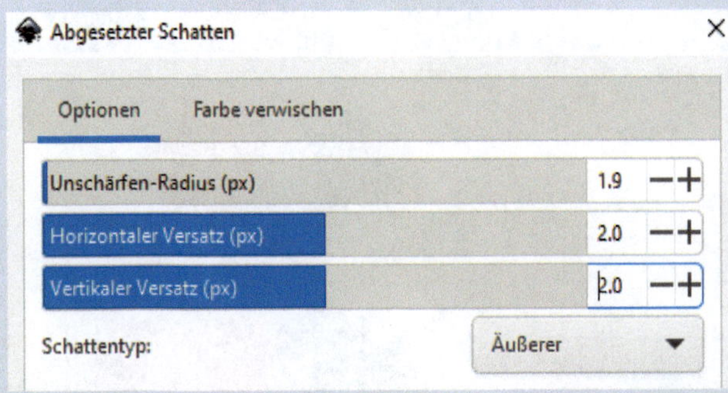
Erscheinung	
Glühende Vertiefung	
Innen und Außen	

Filter	Beispiel
Leuchtender Umriss	
Vertiefung	

C.12 Streuung

Diese Filter sind sowohl für Vektorgrafiken als auch für Rastergrafiken geeignet.

Filter	Beispiel
Airbrush	
Laub	
Pointillismus	
Würfel	

C.13 Texturen

Diese Filter sind sowohl für Vektorgrafiken als auch für Rastergrafiken geeignet.

Filter	Beispiel
Aquarell	
Bruch	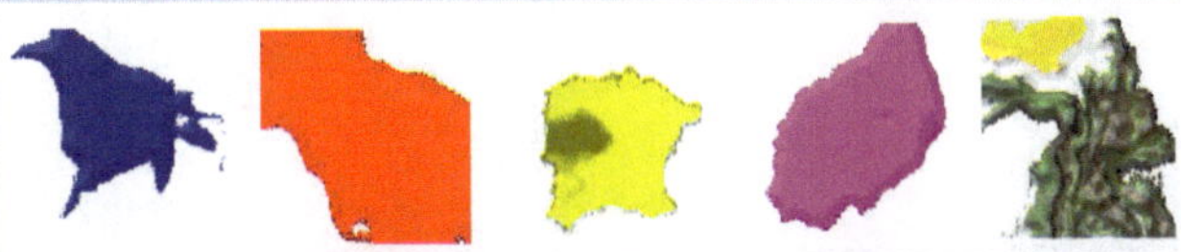
Durchsetzt	
Filz	
Geschmolzener Regenbogen	
Getönter Regenbogen	
Gouache	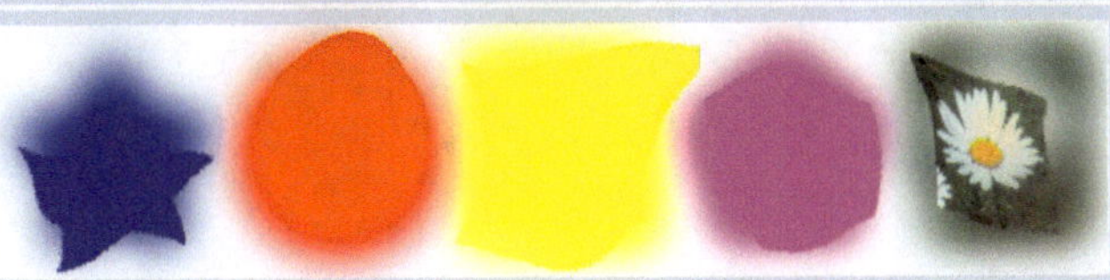

Filter	Beispiel
Löschpapier	
Marmeladenaufstrich	
Organisch	
Rau und Glänzend	
Raues Papier	
Rinde	
Seidenteppich	
Steinwand	

Filter	Beispiel
Tintenklecks ...	Dialogfenster mit verschiedenen Möglichkeiten  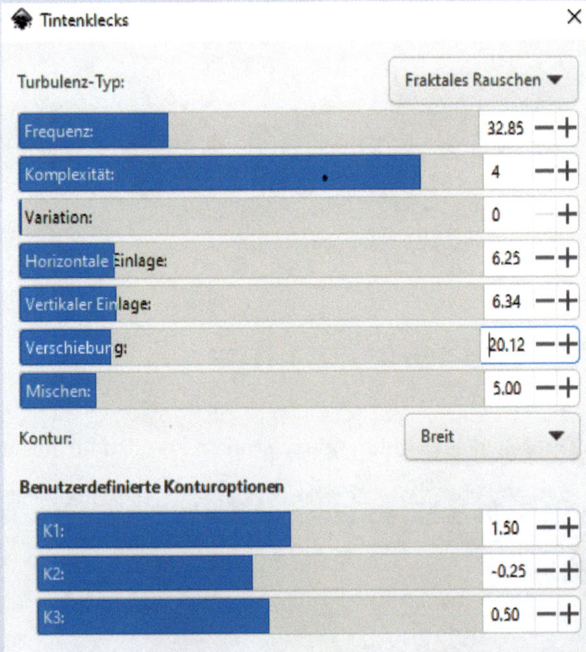
Verbrannte Kanten	
Verzerrter Regenbogen	
Wachs-Druck	

Filter	Beispiel
Wasserfarbe	
Zerbrochenes Glas	
Zerknitterter Kunststoff	

C.14 Überlagerungen

Diese Filter sind sowohl für Vektorgrafiken als auch für Rastergrafiken geeignet.

Filter	Beispiel
Alpha, Schwarzweiß gebrochen	
Alpha-Turbulenz	
Batik	
Bewegte Flüssigkeit	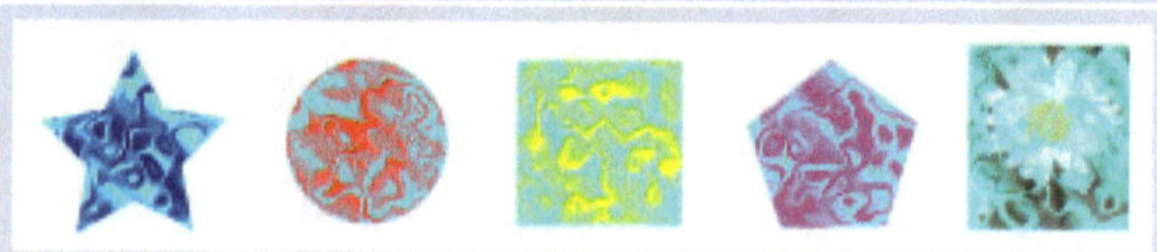

Filter	Beispiel
Blaukäse	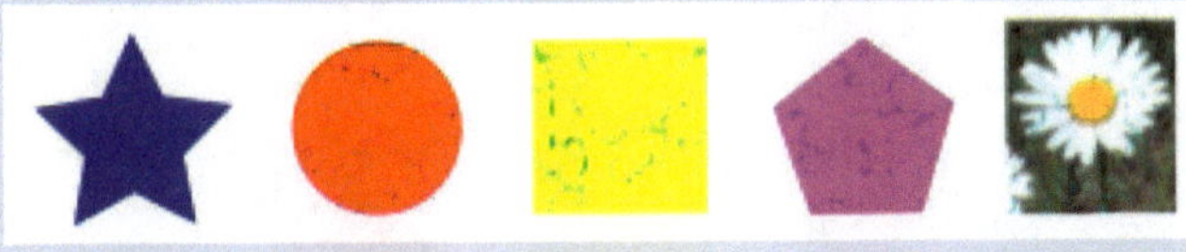
Einfärbende Turbulenz	
Flecken	
Flüssigkeit	
Frost	
Garten der Lust	
Helligkeitsradierer (rissig)	
Kreuzrauschen	
Kreuzrauschen B	

Filter	Beispiel
Leinwand-Transparenz	
Marmorierte Silhouette	
Menschen	
Ölschmutz	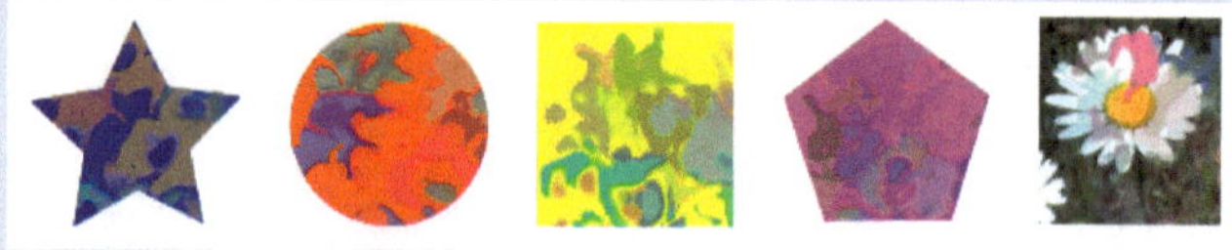
Poster Turbulenz	
Punkt-Transparenz	

<table>
<tr><th>Filter</th><th>Beispiel</th></tr>
<tr><td>Rauschen …</td><td>Dialogfenster mit verschiedenen Möglichkeiten
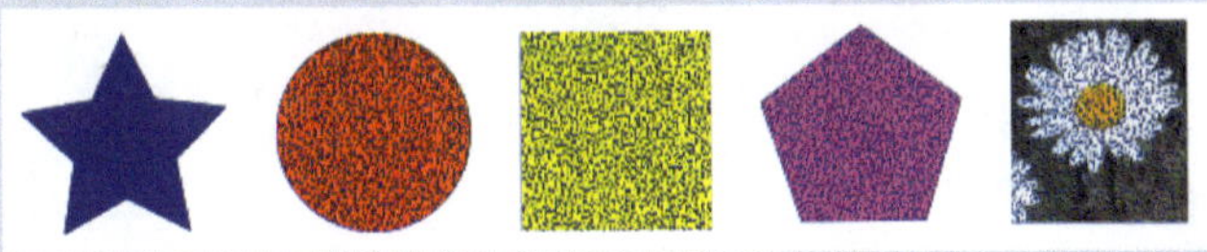
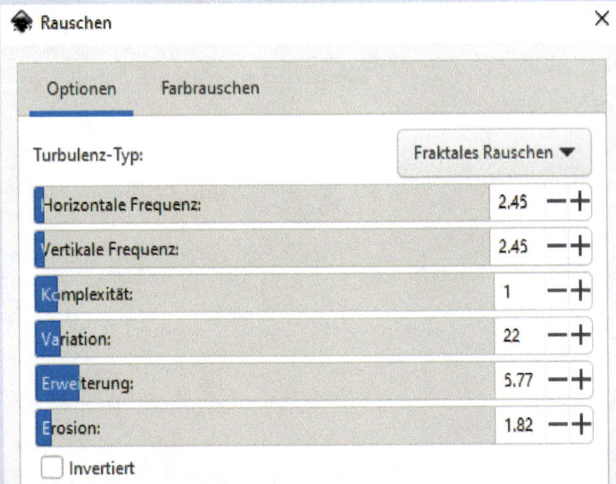
</td></tr>
<tr><td>Schottenkaro</td><td>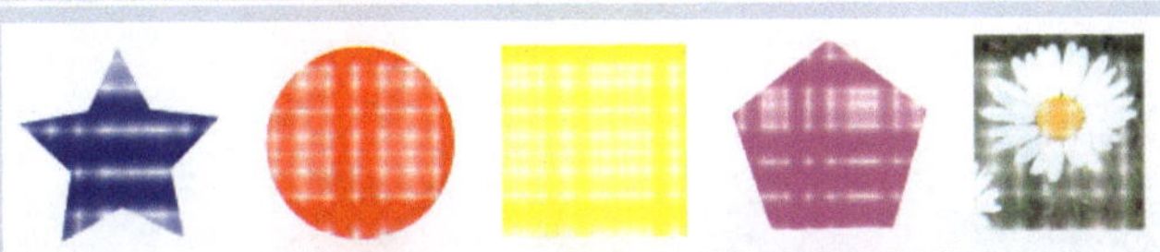</td></tr>
<tr><td>Schottland</td><td></td></tr>
<tr><td>Schweizer Käse</td><td>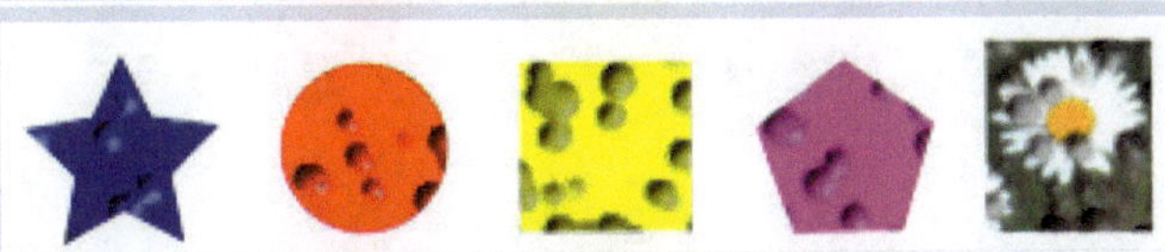</td></tr>
<tr><td>Stacheldraht</td><td></td></tr>
<tr><td>Stempel</td><td></td></tr>
</table>

Filter	Beispiel
Tartan (schick)	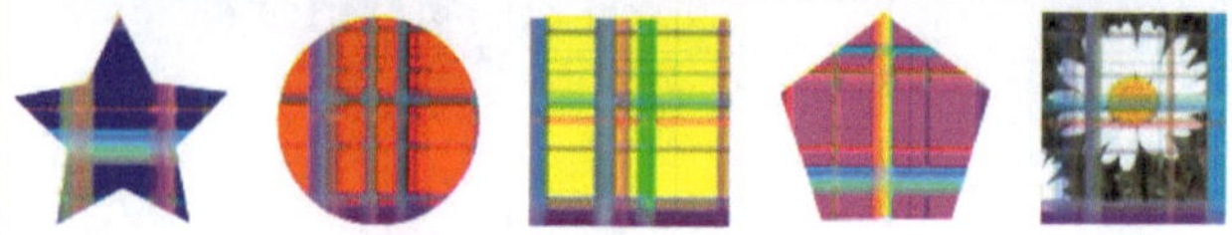
Tigerfell	
Transparenzrauschen	
Verschmierte Transparenz	
Wachsende Zellen	
Welliges Tartan	
Wolken	
Zebra	
Zweifarb Turbulenz	

C.15 Übersteigerte Schattierung

Diese Filter sind besser für Vektorgrafiken geeignet.

Filter	Beispiel
Aluminium	
Aluminium geprägt	
Chrome	
Chromeprägung	
Comic	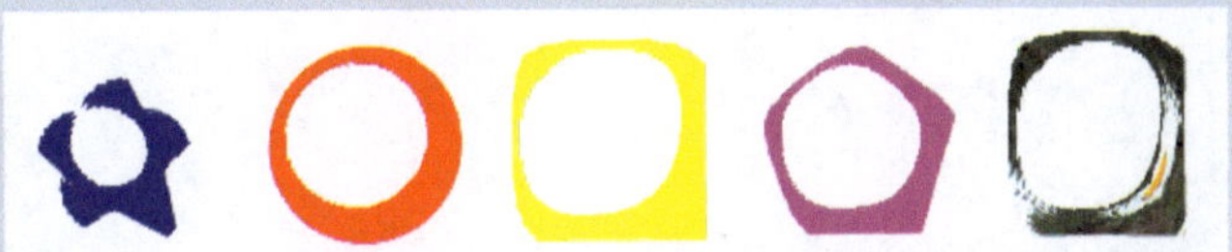
Comic mit Wellen-transparenz	
Comicartiges Ausbleichen	
Comicskizze	

Filter	Beispiel
Dunkles Metall	
Gebürstetes Metall	
Gefrorenes Glas	
Kontur-Prägung	
Lichtbrechendes Glas	
Opal	
Pinselzeichnung	
Prägeschattierung	
Scharfe Deco	

Filter	Beispiel
Scharfes Metall	
Tiefes Chrom	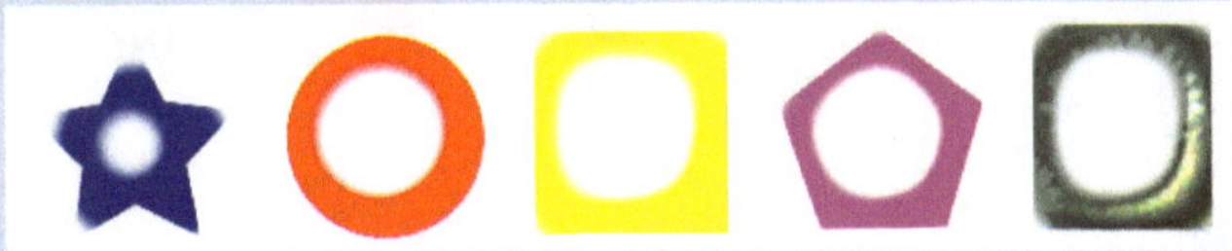

C.16 Unschärfe

Diese Filter sind sowohl für Vektorgrafiken als auch Rastergrafiken geeignet.

Filter	Beispiel
Erscheinung	
Feder …	Dialogfenster mit verschiedenen Möglichkeiten  

Filter	Beispiel
Kreuz-Unschärfe …	Dialogfenster mit verschiedenen Möglichkeiten  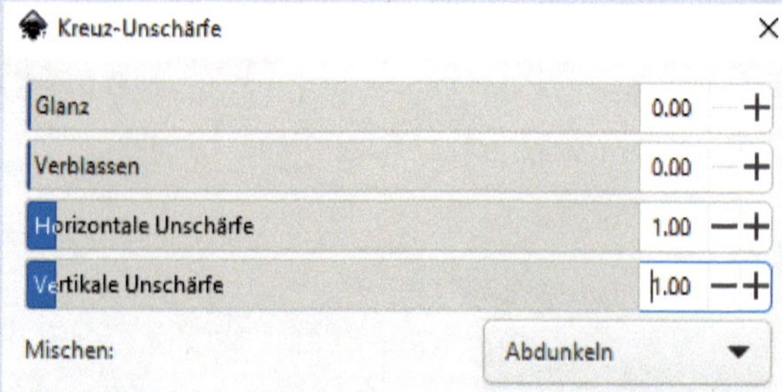
Saubere Kanten …	Dialogfenster mit verschiedenen Möglichkeiten  
Schwindend	

Filter	Beispiel
Unscharf eingestellt ...	Dialogfenster mit verschiedenen Möglichkeiten  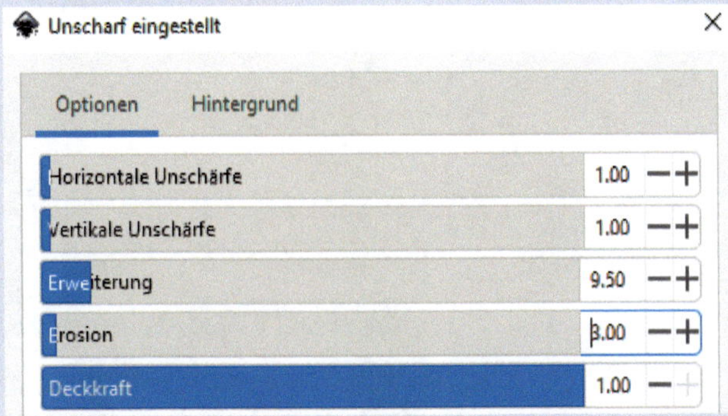
Unschärfe doppelt	
Unschärfe ...	Dialogfenster mit verschiedenen Möglichkeiten  

C.17 Verzerren

Filter	Beispiel
Aufrauen …	 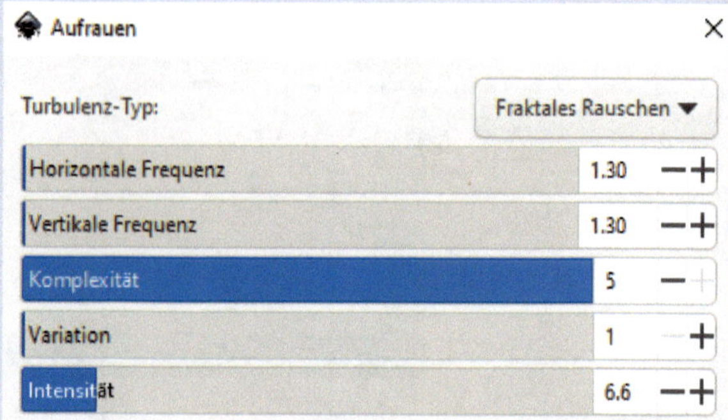
Ausgerissene Kanten	

<table>
<tr><th>Filter</th><th>Beispiel</th></tr>
<tr><td>Filz-Feder …</td><td>
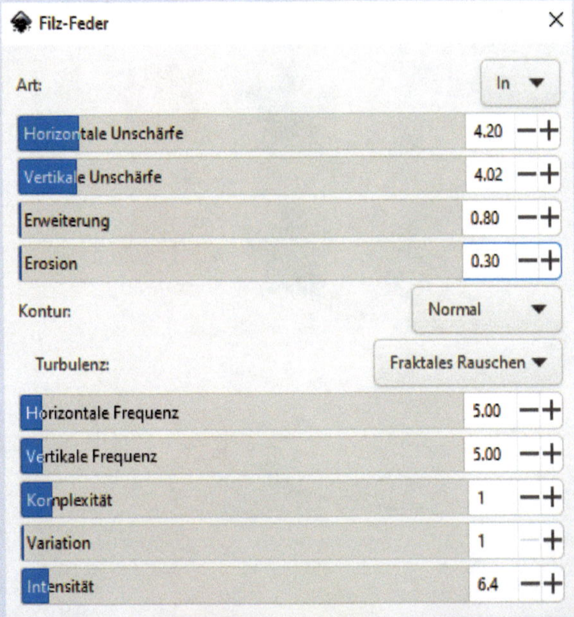
</td></tr>
<tr><td>Inneres aufrauen</td><td></td></tr>
<tr><td>Kreide und Schwamm</td><td></td></tr>
<tr><td>Läppen</td><td></td></tr>
</table>

Filter	Beispiel
Rau und erweitert	
Riffel	
Verschmierte Pixel	
Verwirbeln	

C.18 Wölbung

Diese Filter sind besser für Vektorgrafiken geeignet.

Filter	Beispiel
Diffuses Licht ...	Dialogfenster mit verschiedenen Möglichkeiten 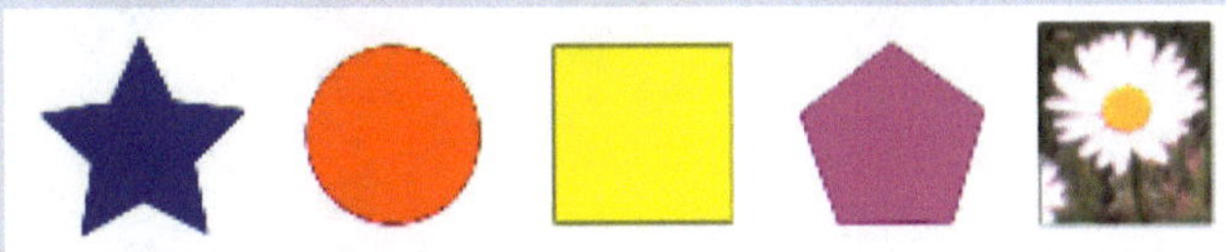 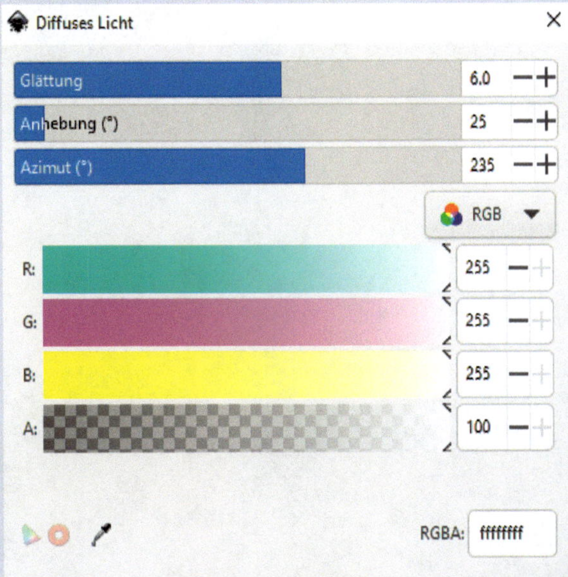
Dunkles Glas	
Elektronenmikroskop	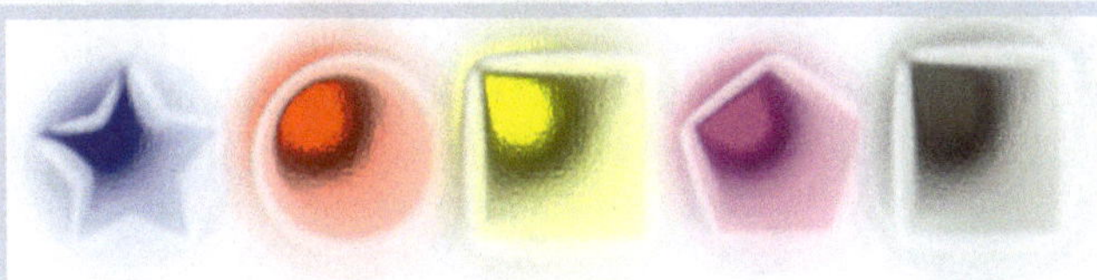

Filter	Beispiel
Erhöhter Rand	
Fettes Öl	
Gepresster Stahl	
Geschmolzenes Gelee	
Geschmolzenes Gelee, matt	
Geschmolzenes Metall	
Gezahnter Rand	
Glühendes Metall	

Filter	Beispiel
Helles Metall	
Knallbuntes Plastik	
Kombinierte Helligkeit	
Lichtdurchlässig	
Matte Schräge	

Filter	Beispiel
Mattes Gelee ...	Dialogfenster mit verschiedenen Möglichkeiten  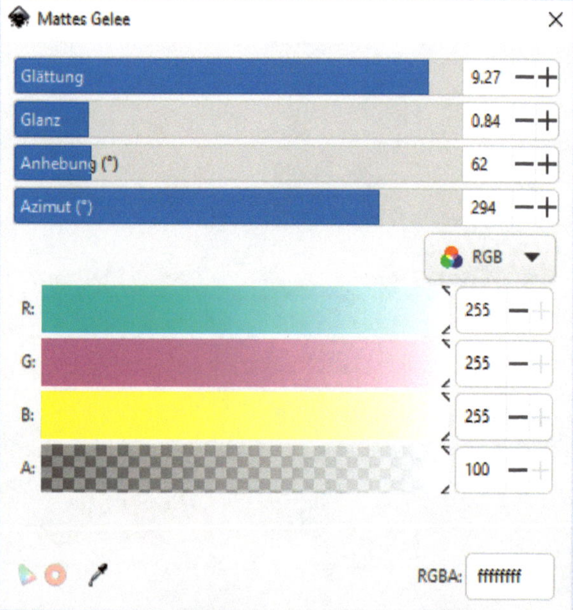
Metallguss	
Neon	
Puzzleteil	

Filter	Beispiel
Satiniertes Glas	
Schaltfläche	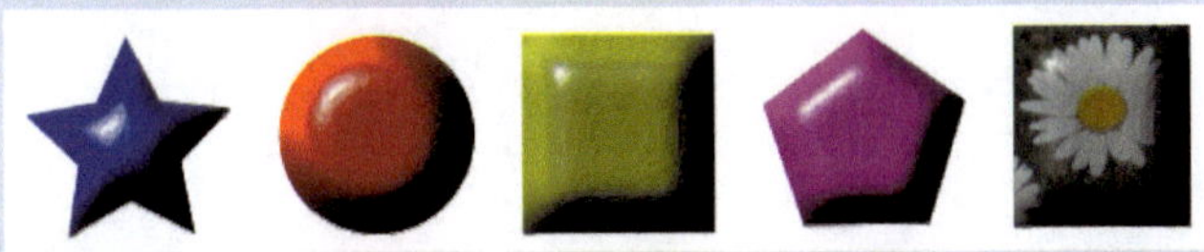
Schmuckes Gelee	
Spiegelndes Licht …	Dialogfenster mit verschiedenen Möglichkeiten  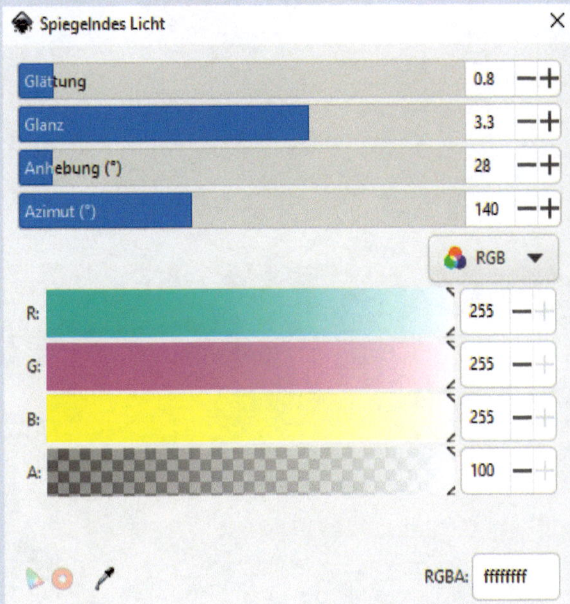

Filter	Beispiel
Überstrahlung	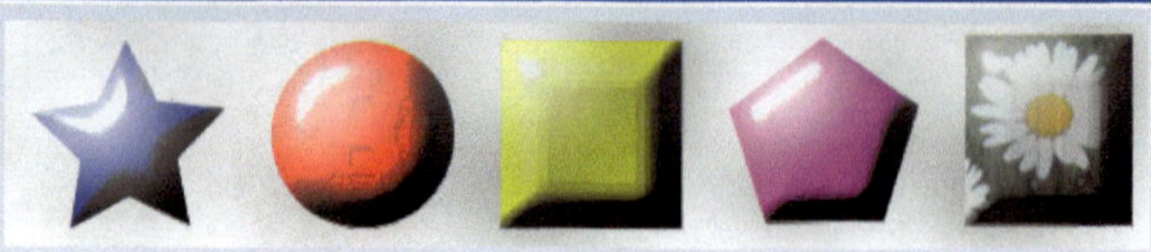

D Anhang D: Nützliche Links

An dieser Stelle gebe ich Ihnen noch ein paar interessante und weiterführende Links zu Informationen im Internet.

- Die Projektwebseite:
  https://inkscape.org/de/?switchlang=de
- Wiki von Inkscape (englisch):
  https://wiki.inkscape.org/wiki/Inkscape
- Englisches Handbuch (Hilfe):
  http://tavmjong.free.fr/INKSCAPE/MANUAL/html/index.php
- Webseite für die portable Version
  https://portableapps.com/de/apps/graphics_pictures/inkscape_portable
- Viele englischsprachige Videos:
  http://inkscapetutorials.wordpress.com/
- Fehler in Inkscape melden:
  https://gitlab.com/inkscape/inbox/-/issues/

Ebenso sind viele Inkscape-Begeisterte und Mitarbeiter über einen Chat verfügbar:

https://chat.inkscape.org/channel/inkscape_user

Index

E

F

G

H

I

J

K

L

M

N

O

P

Q

R

S

T

U

V

W

X

Y

Z